Holm-Torsten Klemm, Michael Wich (Hrsg.)

Ärztliche Begutachtung

Holm-Torsten Klemm,
Michael Wich (Hrsg.)

Ärztliche Begutachtung

Strukturierte Curriculare Fortbildung nach den Vorgaben der Bundesärztekammer, Module I und II

DE GRUYTER

Herausgeber
Dr. Holm-Torsten Klemm
FIMB – Freies Institut für medizinische
Begutachtungen Bayreuth/Erlangen
Ludwigstr. 25
95444 Bayreuth
E-Mail: dr.klemm@fimb.de

Prof. Dr. Michael Wich
Unfallkrankenhaus Berlin
Klinik für Unfallchirurgie u. Orthopädie
Warener Str. 7
12683 Berlin
E-Mail: wich.michael1@googlemail.com

ISBN: 978-3-11-069335-5
e-ISBN (PDF): 978-3-11-069336-2
e-ISBN (EPUB): 978-3-11-069338-6

Library of Congress Control Number: 2021934674

Bibliografische Information der Deutschen Nationalbibliothek
Die Deutsche Nationalbibliothek verzeichnet diese Publikation in der Deutschen Nationalbibliographie; detaillierte bibliografische Daten sind im Internet über http://dnb.d-nb.de abrufbar.

Einbandabbildung: Talaj / iStock / Getty Images Plus
Satz/Datenkonvertierung: L42 AG, Berlin
Druck und Bindung: CPI books GmbH, Leck

www.degruyter.com

Ärztliches Vorwort
Hon.-Prof. (DPU) Dr. med. Günther Jonitz
Präsident der Ärztekammer Berlin a. D.

Sehr verehrte Frau Kollegin,
sehr geehrter Herr Kollege,
die wesentliche Aufgabe des Arztes und der Ärztin besteht darin, Krankheiten zu erkennen und zu heilen, Beschwerden zu lindern, Leben zu verlängern und Patientinnen und Patienten dabei zu unterstützen, trotz gesundheitlicher Einschränkung ein möglichst selbstbestimmtes Leben führen zu können. Ärztinnen und Ärzte sind dabei ausschließlich ihrem Gewissen verantwortlich und den Regeln der ärztlichen Kunst unterworfen.

Dazu gehören nicht nur die klassischen klinisch-ärztlichen Kompetenzen, sondern auch die der Begutachtung. Um ein selbstbestimmtes Leben zu führen, ist die Feststellung des medizinischen Zustandes mit seinen Auswirkungen auf den gesundheitlichen Zustand, deren Ursachen und Folgen, oft von zentraler Bedeutung. Von der Klärung dieser Fragen hängt oft nicht nur die materielle, sondern auch die emotionale Lebensgrundlage ab. Auch bei der Begutachtung gelten die Regeln der ärztlichen Kunst, sorgfältig, mit Expertise und wissenschaftsbasiert zu handeln. Dies zu unterstützen dient dieses Buch.

Das Buch bezieht sich auch auf das Curriculum „Medizinische Begutachtung" der Bundesärztekammer. Ziel des Curriculums und damit auch dieses Buches ist eine grundlegende Fortbildung von Ärztinnen und Ärzten, die sich gutachterlichen Aufgaben annehmen wollen. Dabei werden neben umfassenden Kenntnissen zur medizinischen Begutachtung die Unterschiede zwischen Kausalitäts- und Zustandsgutachten in den verschiedenen Rechtsgebieten des Straf-, Zivil- und Sozialrechts behandelt. Wichtige formale Kriterien der Gutachtenerstellung und der gutachterlichen Aussage werden ebenso vermittelt wie spezifische Aspekte aus unterschiedlichen Fachdisziplinen der Medizin.

Doch nicht nur für die Patientinnen und Patienten ist die Begutachtung wichtig. Auch für Ärztinnen und Ärzte stellt sie eine oft bereichernde Erweiterung ihrer präventiven, kurativen und palliativen ärztlichen Tätigkeit dar. Sie ist mit einem Rollenwechsel vom „Behandler" zum „Begutachter" verbunden, der bewusst vollzogen und gelebt werden muss. Vom Berater eines Gerichts oder Auftragnehmer einer Streitpartei ist ärztlicher Sachverstand gefordert. Dieser ist nach wissenschaftlichen und evidenzbasierten Kriterien vorurteilsfrei und neutral anzuwenden und anderen Professionen in verständlicher Ausdrucksweise darzulegen. Der oder die medizinisch Begutachtende ist somit nicht nur einer Patientin oder einem Patienten verpflichtet, sondern leistet gesamtgesellschaftlich einen Beitrag zur wissenschaftlich begründeten Rechtsfindung und Rechtsprechung.

https://doi.org/10.1515/9783110693362-201

Ich danke den Herausgebern und Beitragenden für dieses wegweisende Buch, das bereits jetzt die Grundlagen eines Standardwerkes für dieses wichtige Thema aufweist.

Mit freundlichen kollegialen Grüßen
Ihr Günther Jonitz

Juristisches Vorwort
Rechtsanwalt Prof. Dr. Theo Langheid
Forschungsinstitut für Privatversicherungsrecht
der Universität Salzburg

Das ärztliche Sachverständigengutachten stellt in rechtlichen Auseinandersetzungen über Körperverletzungen, Gesundheitsbeeinträchtigungen oder Unfallfolgen regelmäßig eine unverzichtbare Grundlage für die Suche nach der ‚richtigen' Entscheidung dar. Schon im Stadium vor einer gerichtlichen Geltendmachung derartiger Ansprüche sind die Sachbearbeiter in den diversen Institutionen der gesetzlichen und privaten Versicherungen auf eine sachverständige Beurteilung angewiesen. Das gilt in Haftungsfällen mit Personenschäden ebenso wie in der Unfall-, der Kranken-, der Renten- und Berufsunfähigkeitsversicherung, um nur einige zu nennen.

Das von den Herausgebern verfolgte Konzept einer Übersicht zur Vielfalt der ärztlichen Begutachtungspraxis vereint wichtige juristische Grundlagen mit der Arbeit des sachverständigen Arztes.

In der gesetzlichen Unfallversicherung können Arbeitsunfälle und deren Folgen ohne eine fachliche Begutachtung kaum in zutreffender Weise beurteilt werden. Ohne medizinisch-sachverständige Beratung kann auch in der privaten Unfallversicherung nicht entschieden werden, wie der Grad einer vollständigen oder teilweisen Invalidität zu bemessen ist. Das reicht bis in den Profisport: Wie soll der Rechtsanwender ohne sachverständige Hilfe entscheiden, wann eine permanente, eine vorübergehende oder gar keine Sportunfähigkeit vorliegt? In der Krankenversicherung gilt es, die medizinische Notwendigkeit einer ärztlichen Behandlung festzustellen. Die Berufsunfähigkeit muss als solche überprüft werden und dann die rechtliche Frage der Zumutbarkeit eines Verweisungsberufs. Ärztliche Haftungsfälle sind ohne medizinisch-sachverständige Begutachtung in der Regel nicht entscheidungsfähig, das gleiche gilt für Kfz-Unfälle ebenso wie Haftungsfragen der privaten Haftpflichtversicherung nach Körperverletzungen.

Die tägliche Regulierungspraxis zeigt, dass Anspruchsteller ihre Ansprüche mit privaten Gutachten zu belegen suchen, während die Versicherungsträger ihrerseits mit Gegengutachten oder einer gutachtlichen Überprüfung des vorgelegten Privatgutachtens reagieren. Im einschlägigen Zivilprozess ist es forensischer Alltag, dass Sachverständige mit einer schriftlichen Begutachtung beauftragt und ergänzend zur mündlichen Erläuterung ihrer Gutachten vorgeladen werden. Die Zivilprozessordnung gibt hier in den §§ 402 ff. strenge Regeln vor, was aber keineswegs bedeutet, dass die Verständniskluft zwischen medizinischem Sachverhalt und rechtlicher Beurteilung problemlos überwunden werden kann. Wenn es auch bei den Zivilgerichten inzwischen zahlreiche Fachkammern und Fachsenate gibt, deren Mitglieder sich im Laufe der Zeit ein hohes medizinisches „Fachwissen" angeeignet haben, bleibt doch

https://doi.org/10.1515/9783110693362-202

das Problem eines Kommunikationsdefizits zwischen den rechtlich ausgebildeten Entscheidungsträgern und ihren ärztlichen Helfern. Die Lösung dieses Problems liegt fast immer in einer zutreffenden Konvergenz des medizinischen Sachverhalts in juristische Entscheidungsparameter.

Seit Jahrzehnten wird an der Verbesserung dieser Konvergenz gearbeitet. Die Prinzipien des ärztlichen Fachgutachtens wurden standardisiert und ständig verbessert. Dabei wurden nicht nur die verschiedenen medizinischen Fachgebiete zunehmend einbezogen und mit den Grundlagen der neurologischen und orthopädischen Begutachtungen, die den Ausgangspunkt darstellten, verknüpft, sondern es wurde eine ‚Strukturierte Curriculare Fortbildung' (SCF) im Sinne einer zertifizierten Fortbildung etabliert. Und das vorliegende Werk spielt dabei die bedeutende Rolle, indem es in die Grundmodule dieser SCF einführt, die die Grundlagen für alle medizinischen Fachgebiete darstellen. Dabei spielen neben den medizinischen auch die rechtlichen Grundlagen für eine Begutachtung *lege artis* – wie die Beziehungen zwischen dem Gutachter und seinem Auftraggeber, die eventuelle Befangenheit des Sachverständigen oder auch die Mitwirkungspflichten der Betroffenen – eine große Rolle, neben den vor allem aus rechtlicher Sicht meist entscheidenden Parametern der Beweisführung, der Beweislast und der Kausalität. So ist ein interdisziplinärer Leitfaden entstanden, der es allen am Entscheidungsprozess Beteiligten leichter machen wird, das gemeinsame Ziel zu erreichen, nämlich eine im Ergebnis richtige und in der Begründung überzeugende Entscheidung.

Mit freundlichen Grüßen
Ihr Theo Langheid

Anmerkung: In diesem Buch wird grundsätzlich das generische Maskulinum als grammatische Form verwendet, um Professionen, Akteure oder Personengruppen zu benennen. Mit der Änderung des Personenstandsgesetzes vom 20.11.2019 wäre gemäß § 22 Absatz 3 PStG neben männlich und weiblich ohnehin auch divers (w/m/d) sprachlich zu berücksichtigen. Um der besseren Lesbarkeit willen wird auf genderbezogene Markierungen verzichtet, wenn dies nicht von der Sache her ausdrücklich angezeigt ist.

Inhalt

Modul Ib: **Kausalitätsbezogene Begutachtung**

Modul Ic: Zustandsbegutachtung Teil 2: Pflegeversicherung, Private Krankenversicherung, Berufsunfähigkeits(zusatz)versicherung, spezielle Begutachtungsfragen

Modul II: Fachübergreifende Aspekte der Medizinischen Begutachtung

Verzeichnis der Autoren

PD Dr. Christian Dohle, M. Phil
Fachklinik für neurologische Rehabilitation
Kladower Damm 223
14089 Berlin
E-Mail: Christian.Dohle@median-kliniken.de
Kapitel 6

Martin Forchert
Werner-Bock-Straße 38–40
33602 Bielefeld
E-Mail: martin.forchert@bghm.de
Kapitel 10

Prof. Dr. Peter W. Gaidzik
Institut für Medizinrecht
Universität Witten/Herdecke
Alfred-Herrhausen-Str. 50
58448 Witten
E-Mail: peter.gaidzik@uni-wh.de
Kapitel 1, 4, 8, 9

Dr. Gerhard Gail
Hagener Str. 36
82418 Murnau
E-Mail: ggail@t-online.de
Kapitel 17.2

Dr. Andreas S. Gonschorek
BG Klinikum Hamburg
Bergedorfer Straße 10
21033 Hamburg
E-Mail: a.gonschorek@bgk-hamburg.de
Kapitel 21

Dr. Kerstin Haid
MDK Berlin-Brandenburg
Leiterin Geschäftsbereich Fachservice
Lise-Meitner-Straße 1
10589 Berlin
E-Mail: Kerstin.Haid@mdk-bb.de
Kapitel 5.2

Dr. Rainer Hakimi
Hallesche Krankenversicherung
auf Gegenseitigkeit
Leitender Gesellschaftsarzt und Betriebsarzt
Reinsburgstr. 10
70178 Stuttgart
E-Mail: rainer.hakimi@hallesche.de
Kapitel 15

Dr. Wolfgang Hausotter
Martin-Luther-Str. 8
87527 Sonthofen
E-Mail: wolfgang.hausotter@t-online.de
Kapitel 22

Michael Kanert
Sozialgericht Berlin
Invalidenstraße 52
10557 Berlin
E-Mail: mikamail@onlinehome.de
Kapitel 18.1, 18.4

Oliver Kelm
Kelm/Maidaikina – Fachanwaltskanzlei
Sozial- und Versicherungsrecht
Kurfürstendamm 195
10707 Berlin
E-Mail: Info@ra-kelm.de
Kapitel 16

Dr. Holm-Torsten Klemm
FIMB – Freies Institut für medizinische
Begutachtungen Bayreuth/Erlangen
Ludwigstr. 25
95444 Bayreuth
E-Mail: dr.klemm@fimb.de
Kapitel 8, 11, 18.4, 23, 24

Andreas Kloth
Kanzlei Kloth – Fachkanzlei
für Versicherungsrecht
Europaplatz 11
44269 Dortmund
E-Mail: info@kloth-versicherungsrecht.de
Kapitel 18.3

Dr. Stephan Knoblich
MDK Westfalen-Lippe
Fachreferat Pflege
Roddestraße 12
48153 Münster
E-Mail: SKnoblich@mdk-wl.de
Kapitel 14

Dr. Heike Marschand
MDK Berlin-Brandenburg
Geschäftsbereich Fachservice
Referentin Arbeitsunfähigkeit
Lise-Meitner-Straße 1
10589 Berlin
E-Mail: Heike.Marschand@mdk-bb.de
Kapitel 5.2

Michael Meyer-Clement
Institut für medizinische Begutachtung
Hamburg
Mönckebergstraße 5
20095 Hamburg
E-Mail: michael.meyer-clement@imb-hamburg.de
Kapitel 2, 3, 19

Dr. Andreas Niedeggen
Kliniken Beelitz-Heilstätten
Paracelsusring 6a
14547 Beelitz-Heilstätten
E-Mail: niedeggen@kliniken-beelitz.de
Kapitel 17.1

Sascha Piontek
Oberlandesgericht Hamm
Heßlerstr. 53
59065 Hamm
E-Mail: saschapiontek@web.de
Kapitel 11, 18.2

Dr. Karin Reinelt
Niedersächsisches Landesamt
für Soziales, Jugend und Familie
Schiffgraben 30–32
30175 Hannover
E-Mail: karin.reinelt@ls.niedersachsen.de
Kapitel 7, 12

Prof. Dr. Walter Schaffartzik
Klistostraße 13
14165 Berlin
E-Mail: walter.schaffartzik@gmail.com
Kapitel 13

Michaela Seidl
DRV Bund
Dezernat 8051
Soorstr. 80–82
14050 Berlin
E-Mail: michaela_seidl@email.de
Kapitel 5.3

Dr. Felicitas Stiebler
Bundesagentur für Arbeit
Friedrichstr. 34
10969 Berlin
E-Mail: felicitas.stiebler2@arbeitsagentur.de
Kapitel 5.4

Prof. Dr. Michael Wich
Unfallkrankenhaus Berlin
Klinik für Unfallchirurgie u. Orthopädie
Warener Str. 7
12683 Berlin
E-Mail: wich.michael1@googlemail.com
Kapitel 5.1, 23, 24

Prof. Dr. Dr. Dipl.-Ing. Bernhard Widder
Neurowissenschaftliche Gutachtenstelle
am Bezirkskrankenhaus Günzburg
89312 Günzburg
E-Mail: bernhard.widder@bkh-guenzburg.de
Kapitel 20

Christine Wohlers
Schlichtungsstelle für Arzthaftpflichtfragen
der norddeutschen Ärztekammern
Hans-Böckler-Allee 3
30173 Hannover
E-Mail: christinewohlers@gmail.com
Kapitel 13

Abkürzungsverzeichnis

ÄApprO	Approbationsordnung für Ärzte
ÄD	Ärztlicher Dienst
ADHS	Aufmerksamkeitsdefizit-/Hyperaktivitätsstörung
ADL	Aktivitäten des täglichen Lebens
AG	Amtsgericht
AGM	Anschlussgesundheitsmaßnahmen
AHB	Anschlussheilbehandlung
ALG	Arbeitslosengeld
ALG II	Arbeitslosengeld II (Leistungen zur Grundsicherung nach SGB II)
ALS	amyotrophe Lateralsklerose
AntiDHG	Anti-D-Hilfegesetz
ArbGG	Arbeitsgerichtsgesetz
AS	Antragsteller
AUB	Allgemeine Unfallversicherungs-Bedingungen
BA	Bundesagentur für Arbeit
BAR	Bundesarbeitsgemeinschaft für Rehabilitation e. V.
BfARM	Bundesinstitut für Arzneimittel und Medizinprodukte
BGB	Bürgerliches Gesetzbuch
BGH	Bundesgerichtshof
BSG	Bundessozialgericht
BVerfGG	Gesetz über das Bundesverfassungsgericht
Bundesversorgungsgesetz (BVG)	Bundesversorgungsgesetz
CRPS	Complex Regional Pain Syndrome
CT	Computertomografie
DGNB	Deutsche Gesellschaft für neurowissenschaftliche Begutachtung
DGOU	Deutsche Gesellschaft für Orthopädie und Unfallchirurgie
DGPPN	Deutsche Gesellschaft für Psychiatrie und Psychotherapie, Psychosomatik und Nervenheilkunde
DGUV	Deutsche Gesetzliche Unfallversicherung
Dimdi	Deutsches Institut für Medizinische Dokumentation und Information
DISI	Dorsal Intercaleted Segment Instability
DRG	Diagnosis Related Groups (Diagnosebezogene Fallgruppen) die im Krankenhausfinanzierungsgesetz (KHG) geregelt sind
DRV	Deutsche Rentenversicherung
DSGVO	Datenschutz-Grundverordnung
DSM	Diagnostic and Statistical Manual of Mental Disorders
DVfR	Deutsche Vereinigung für Rehabilitation
EFL	Evaluation der funktionellen Leistungsfähigkeit
EuGH	Europäischer Gerichtshof
FamFG	Gesetz über das Verfahren in Familiensachen und in den Angelegenheiten der freiwilligen Gerichtsbarkeit
FeV	Fahrerlaubnisverordnung
FGIMB	Fachgesellschaft Interdisziplinäre medizinische Begutachtung
G-BA	Gemeinsamer Bundesauschuss
GdB	Grad der Behinderung (Schwerbehindertenrecht)
GdS	Grad der Schädigungsfolgen

https://doi.org/10.1515/9783110693362-203

GDV	Gesamtverband der deutschen Versicherungswirtschaft
GRV	Gesetzliche Rentenversicherung
GUV	Gesetzliche Unfallversicherung
HHG	Häftlingshilfegesetz
ICD(-10)	International Statistical Classification of Diseases and Related Health Problems
IfSG	Infektionsschutzgesetz
IPReG	Intensivpflege- und Rehabilitationsstärkungsgesetz
JC	Job-Center
JVEG	Justizvergütungs- und -entschädigungsgesetz
KTL	Klassifikation therapeutischer Leistungen in der medizinischen Rehabilitation
LG	Landgericht
LTA	Leistungen zur Teilhabe am Arbeitsleben
LVA	Landesversicherungsanstalt
MBOR	medizinisch-beruflich orientierte Rehabilitation
MdE	Minderung der Erwerbsfähigkeit (gesetzl. Unfallversicherung)
MDK	Medizinischer Dienst der Krankenversicherung
MedHygV	Medizinhygieneverordnung
MODIC-Phänomen	radiologische Klassifikation von Wirbelkörperveränderungen
MRT	Magnetresonanztomografie
NNFR	neurologisch-neurochirurgische Frührehabilitation
OLG	Oberlandesgericht
OPS	Operationen- und Prozedurenschlüssel herausgegeben vom Dimdi
PUV	Private Unfallversicherung
SBG	Sozialgesetzbuch
SCF	strukturierte curriculare Fortbildung
SGB	Sozialgesetzbuch
SGG	Sozialgerichtsgesetz
SOP	Standard Operating Procedure
StrlSchV	Strahlenschutzverordnung
StPO	Strafprozessordnung
StrRehaG	Strafrechtliches Rehabilitierungsgesetz
SVG	Soldatenversorgungsgesetz
UN-BRK	Übereinkommen über die Rechte von Menschen mit Behinderungen
UNO	Vereinte Nationen
UV-GOÄ	Gebührenordnung für Ärzte in der gesetzlichen Unfallversicherung
VersMedV	Versorgungsmedizin-Verordnung
VN	Versicherungsnehmer
VR	Versicherer
VVG	Versicherungsvertragsgesetz
VwGO	Verwaltungsgerichtsordnung
VwRehaG	Verwaltungsrechtliches Rehabilitierungsgesetz
WfbM	Werkstatt für behinderte Menschen
WIP	Wissenschaftliche Institut der Privaten Krankenversicherer
ZDG	Zivildienstgesetz
ZPO	Zivilprozessordnung

1 Allgemeine Vorbemerkungen, Vorgaben der Bundesärztekammer

Peter W. Gaidzik

Bei der Suche nach den Ursprüngen einer spezifisch gutachtlichen Fortbildung in der Medizin stößt man auf die jeweils 1. Auflage der „Neurologischen Begutachtung“ des Kasseler Neurologen Richard Suchenwirth sowie der „Begutachtung der Haltungs- und Bewegungsorgane“ des Heidelberger Orthopäden Gerhard Rompe und des Vorsitzenden Richters am LSG Niedersachsen Arnold Erlenkämper. 1989 erschien der erste Band des „Gutachterkolloquiums“. Ein Rezensent kommentierte das Erscheinen wie folgt:

> Das ärztliche Gutachten ist nicht nur in der Unfallversicherung von entscheidender Bedeutung für die Zuerkennung oder Ablehnung von Versicherungsleistungen. Es dient häufig als entscheidende Grundlage für Verwaltungs- und Gerichtsentscheidungen. Deshalb ist es angezeigt, dass sich mit dem Gutachten nicht nur Ärzte befassen, die es erstellen, sondern auch Juristen, für deren Entscheidung es häufig die wichtigste Grundlage darstellt. Es liegt in der Natur der Sache, dass Juristen andere Anforderungen an Gutachten stellen als Ärzte. Es ist deshalb verdienstvoll, dass sich beim „Duisburger Gutachtenkolloquium“ Ärzte und Juristen zusammengefunden haben, um die Probleme des ärztlichen Gutachtens zu diskutieren. Der Schwerpunkt der Diskussion lag auf praxisbezogenen Hinweisen zur Verbesserung des Standards der Gutachten für die gesetzliche und private Unfallversicherung.

Die genannten Lehrbücher sowie das „Duisburger Gutachterkolloquium“ als regelmäßige Einrichtung eines inter- und transdisziplinären Dialogs dürften damit wesentliche Ausgangspunkte in dem Bemühen bilden, die Begutachtung vom Makel der bloßen Erwerbsquelle in einem Randbereich ärztlicher Tätigkeit zu befreien und als ernsthafte Teildisziplin der Fort- und Weiterbildung stärker in das Bewusstsein zu rücken. Dass dabei einer der Kristallisationspunkte in einer BG-Klinik lag, kam nicht von ungefähr, zeigt sich doch gerade in der spezialisierten Versorgung von Arbeits- und Wegeverunfallten die enge Verzahnung zwischen leistungsrechtlichen Vorgaben in der Sozialversicherung einerseits und den medizinischen Versorgungsmöglichkeiten andererseits mit der ärztlichen Begutachtung gewissermaßen als Scharnier. Mit der „Arbeitsgemeinschaft für Sozialmedizin und Begutachtungsfragen“ der „Deutschen Gesellschaft für Orthopädie und Orthopädische Chirurgie“ (DGOOC) und der Kommission „Gutachten“ der „Deutschen Gesellschaft für Unfallchirurgie“ (DGU) gelang auf traumatologischem Gebiet auch relativ rasch die Verbindung mit den jeweiligen wissenschaftlichen Fachgesellschaften. Erste Ansätze einer strukturierten Gutachteraus- und Fortbildung entstammten aber weiterhin der Initiative engagierter Einzelpersonen, so aus dem „Initiativkreis medizinischer Begutachtung“ (jetzt „Fachgesellschaft für interdisziplinäre medizinische Begutachtung e. V.“) um Frank Schröter und Elmar Ludolph oder der aus der „Gutachterkommission der Deutschen Gesellschaft für Neurologie“ 1998 hervorgegangenen „Arbeits-

https://doi.org/10.1515/9783110693362-001

gemeinschaft neurologische Begutachtung“ (ANB e. V.). Deren bereits im Jahr 2000 implementiertes Ausbildungscurriculum diente auch als Vorlage, als die Bundesärztekammer 2001 an den Verfasser mit der Bitte herantrat, bei der Entwicklung eines Fortbildungsprogramms unterstützend mitzuwirken.

Das in der Folge erarbeitete Curriculum „Grundlagen der medizinischen Begutachtung“ mit 60 Stunden wurde nach intensiven Diskussionen schließlich 2003 offiziell verabschiedet. Nach ersten Testläufen, u. a. in den Ärztekammerbezirken Westfalen-Lippe und Berlin, wurde der Text überarbeitet und 2008 in einer 2. Auflage neu gefasst. Auf Initiative der Fortbildungsakademie der Ärztekammer Westfalen-Lippe wurde dann wiederum unter Schriftführung des Verfassers eine 3. Auflage vorbereitet, die nun auch wichtige interdisziplinäre (Schmerzbegutachtung, Kultursensibilität) sowie fachspezifische Aspekte umfasst und in dem neu geschaffenen Instrument der „Strukturierten curricularen Fortbildung“ (SCF) angepasst werden sollte, um zu einem ankündigungsfähigen Abschluss zu gelangen. Bei der Konzeption wurden Vertreter der für die Begutachtung maßgeblichen Fachgesellschaften eingebunden, so dass nach nochmaliger Evaluation durch Testläufe in mehreren Kammerbezirken und Zustimmung des „Deutschen Senats für ärztliche Fortbildung“ im März 2014 eine breit konsentierte 3. Auflage veröffentlicht werden konnte, nunmehr mit dem Titel „Strukturierte curriculare Fortbildung – Medizinische Begutachtung“ und einem Zeitumfang von 64 Stunden (Tab. 1.1). Neben dem beibehaltenen Grundlagenkurs in einem Umfang von weiterhin 40 Stunden (Module Ia/b/c) wurden interdisziplinäre (Modul II) und fachgebietsbezogene Aspekte (Modul III) mit 8 bzw. 16 Stunden zusätzlich aufgenommen. Die fachspezifischen Module beschränkten sich zunächst auf die Neurologie und die Orthopädie/Unfallchirurgie. Bereits im Oktober 2014 kamen die Module aus den Bereichen HNO-Heilkunde sowie Psychiatrie/Psychotherapie hinzu. Im September 2015 folgte die Innere Medizin, einschließlich ihrer Schwerpunkte und die Rheumatologie und den Abschluss bildete – bislang – im März 2016 die Augenheilkunde. Weitere Fachgebiete, u. a. Pädiatrie, Dermatologie sowie Mund-Kiefer- und Gesichtschirurgie, sind derzeit in Vorbereitung.

Aufgrund der kompetenzrechtlichen Strukturvorgaben erfolgt die berufsrechtlich verbindliche Umsetzung letztlich auf der Ebene der Landesärztekammern, was nicht überall reibungslos verlaufen ist. So kennt das Berufsrecht in einigen Kammerbezirken die SCF nicht als ankündigungsfähiges Zertifikat, so dass dort entsprechende Kurse nicht angeboten werden (können), z. B. in Niedersachsen. Andere Kammern bieten nach wie vor nur den 40-stündigen Grundlagenkurs an oder haben aufgrund der angeblich geringen Nachfrage ihrer Mitglieder kein oder ein nur sehr reduziertes Kursangebot, wobei sicherlich auch die limitierte Zahl der hierfür zur Verfügung stehenden Dozenten von Bedeutung sein dürfte. Parallel hierzu haben auch die Fachgesellschaften, soweit sie Fortbildungsprogramme für ihr Gebiet bereits entwickelt hatten, die Kurse an das SCF adaptiert, sei es im Sinne eines Komplettangebots, einschließlich der Möglichkeit einer gesellschaftsbezogenen Zertifizierung, wie bei der „Deutschen Gesellschaft für Neurowissenschaftliche Begutachtung“, die aus der schon erwähnten neurologischen Arbeitsgemeinschaft hervorgegangen ist und sich vor einigen Jahren auch weiteren „Neurofächern“ (Psychiatrie, Neurochirurgie) geöffnet hat, sei es als spezielles Angebot in den SCF-Modulen II und III, wie etwa bei der „Fachgesellschaft für interdisziplinäre Begutachtung“ (fgimb.de) oder (in Vorbereitung) der „Deutschen Gesellschaft für Orthopädie und Unfallchirurgie“. Den Teilnehmern bietet sich dann die Möglichkeit, den Besuch dieser Kurse als Äquivalent zur SCF von ihrer Ärztekammer anerkennen zu lassen, um so ebenfalls die Erlaubnis zu erhalten, den Bereich der „Medizinischen Begutachtung“ in berufsrechtlich zulässiger Weise anzukündigen. Wo dies nicht gelingen sollte, bliebe als Alternative die Ankündigung als Schwerpunktbezeichnung z. B. als „Zertifizierter Gutachter“ der FGIMB (https://www.fgimb.de/zertifizierung.html).

Ziel dieses Buches ist die synoptische Einführung in die Module I und II der SCF und richtet sich somit an alle Fachgebiete. Die nachfolgenden Darstellungen zeigen die Gesamtstruktur und – pars pro toto – die inhaltlichen Vorgaben für das Modul III im Fach Orthopädie/Unfallchirurgie.

Tab. 1.1: Inhalte des Gutachten-Curriculums der Bundesärztekammer.

strukturierte curriculare Fortbildung, medizinische Begutachtung		**64 h**
Modul I	– allgemeine Grundlagen, Zustandsbegutachtung I: Leistungsfähigkeit im Arbeits- und Erwerbsleben, Rehabilitation, Schwerbehindertenrecht (12 h) – kausalitätsbezogene Begutachtung (12 h) – Zustandsbegutachtung II: Pflegeversicherung, Private Krankenversicherung, Berufsunfähigkeits-(zusatz)versicherung, spezielle Begutachtungsfragen (16 h)	40 h
Modul II	– fachübergreifende Aspekte der medizinischen Begutachtung	8 h
Modul III	– fachspezifische Aspekte der medizinischen Begutachtung	16 h
Lernerfolgskontrolle Erstellung eines Final- und Kausalitätsgutachtens		

h = 45 min; das Erstellen jeweils eines Final- und eines Kausalitätsgutachtens soll zwischen Modul II und Modul III erfolgen.

Modul Ia: **Allgemeine Grundlagen und Zustandsbegutachtung Teil 1: Leistungsfähigkeit im Arbeits- und Erwerbsleben, Rehabilitation, Schwerbehindertenrecht**

2 Grundlagen der ärztlichen Begutachtung

Michael Meyer-Clement

2.1 Einleitung

Der ärztliche Sachverständige hat im System der sozialen und privatrechtlichen Versicherung einen hohen Stellenwert, da die Rechtsanwender, wie Rechtsanwälte, Richter oder Sachbearbeiter der Verwaltungen von Sozial- oder Privatversicherungen bezüglich einer Ermittlung und Bewertung von gesundheitlichen Unfallfolgen nicht sachkundig sind. Die Aufgabe eines Gutachters besteht darin, medizinisch begründete Voraussetzungen eines Leistungsanspruchs darzulegen.

Die Geschichte einer systematischen ärztlichen Begutachtung ist eng mit der Einführung der Bismarck'schen Sozialgesetzgebung verbunden. Während anfänglich die Begutachtung einer systematisierten und wissenschaftlichen Grundlage entbehrte und einzig individuelles Erfahrungswissen als Maßstab galt, war man bereits Ende des 19. Jahrhunderts bestrebt eine Systematik auf wissenschaftlicher Basis zu schaffen. Mit der Abhandlung von Kausalitätsfragen im *„Lehrbuch der ärztlichen Sachverständigen-Thätigkeit für die Unfall- und Invaliditäts-Versicherungs-Gesetzgebung"* [1] oder dem *„Handbuch für Unfallkrankheiten"* [2] wurden wichtige Grundlagen hierfür geschaffen. Heute ist der ärztliche Sachverständige in der Lage, auf eine Vielzahl von Publikationen mit gutachtlichem Hintergrund zurückgreifen zu können. Fundierte gutachtliche Studien zu Unfallzusammenhängen sind leider auch heute noch rar und fast ausschließlich unter Trägerschaft der Sozialversicherungssysteme möglich.

2.2 Stellung des Gutachters

Der Gutachter ist Berater eines Entscheidungsträgers. Er fällt die Entscheidung nicht selbst, er ist Gehilfe des Sachbearbeiters, des Gerichts oder sonstiger Auftraggeber und damit an die gestellten Fragen und Weisungen zur Gutachtendurchführung grundsätzlich gebunden [3].

Die Aufgabe des Gutachters besteht darin, objektive medizinische Sachverhalte im Rahmen der Tatsachendarstellung für den um Verständnis der jeweiligen Versicherungsbedingungen bemühten Versicherten nachvollziehbar zu erläutern, um juristischen Personen eine Entscheidungsgrundlage zu liefern.

Merke: Der ärztliche Sachverständige ist Gehilfe einer Verwaltung oder eines Gerichts. Er besitzt keine eigene Ermittlungsbefugnis, er ist weisungsgebunden.

Die Aufgabe des Auftraggebers ist es dagegen, medizinische Feststellungen und gutachtliche Abwägungen in eine Entscheidung entsprechend des jeweiligen Rechts-

https://doi.org/10.1515/9783110693362-002

gebietes umzusetzen. So werden ärztliche Gutachten vor allem im Sozial-, Verwaltungs-, Zivil- und Strafrecht benötigt.

Der ärztliche Sachverständige im Gerichtsverfahren unterscheidet sich vom sachverständigen Zeugen elementar. Der sachverständige Zeuge hat sein Wissen von bestimmten von ihm beobachteten vergangenen Tatsachen oder Zuständen, zu deren Wahrnehmung eine besondere Sachkunde erforderlich und nicht ersetzbar ist.

Beispiel (1): Der Arzt, der in der Rettungsstelle ein Opfer einer Gewalttat behandelt hat, wird nun im Strafverfahren zu den Details der Verletzungen des Opfers gehört. Er kann darüber Auskunft geben, was er während der Behandlung gesehen und festgestellt hat.
Der ärztliche Sachverständige dagegen begutachtet einen Sachverhalt aufgrund seiner besonderen Sachkunde. Er vermittelt besondere Erfahrungssätze und Kenntnisse des jeweiligen Fachgebietes und zieht Schlussfolgerungen aus einem feststehenden Sachverhalt aufgrund der Anwendung des aktuellen medizinischen Erkenntnisstandes.

Beispiel (2): Wenn in dem oben aufgeführten Beispielfall nun der Richter den behandelnden Rettungsstellenarzt fragt, ob aus der Art und Schwere der Verletzung des Opfers eine Tötungsabsicht beim Täter abzulesen sei, dann überschreitet dies deutlich den Aufgabenbereich des sachverständigen Zeugen und der Arzt sollte sich dann als ärztlicher Sachverständiger im Verfahren benennen lassen.

Der ärztliche Sachverständige ist grundsätzlich austauschbar. Diese Differenzierung hat auch liquidationsrechtliche Folgen. Während der sachverständige Zeuge nach § 22 JVEG lediglich einen Verdienstausfall mit höchstens 21 €/Stunde entschädigt bekommt, wird der ärztliche Sachverständige seine Leistung nach § 9 JVEG (aktuelle Fassung zum Zeitpunkt der Drucklegung) mit einem Stundensatz zwischen 80 und 120 € liquidieren dürfen.

Der kompetente Sachverständige zeichnet sich durch einen stets aktuellen fachbezogenen Wissensstand aus. Von ihm wird eine Übersicht über das einschlägige Fachschrifttum einschließlich der Leitlinien bzw. Empfehlungen der jeweiligen Fachgesellschaften erwartet.

Merke: Der Sachverständige ist zur permanenten Fortbildung auf dem Gebiet der Begutachtung verpflichtet.

Da der Sachverständige dem Auftraggeber Tatsachen vermitteln muss, die dieser für seine Entscheidung benötigt, muss er auch die Grundzüge des Rechtsgebietes, in dem er beauftragt wird, kennen, insbesondere die in den einzelnen Rechtsgebieten unterschiedlichen Kausalitätsnormen und die unterschiedlichen Beweisanforderungen. So werden vom kompetenten Sachverständigen Grundkenntnisse im Sozialrecht, im Haftungsrecht und im Zivilrecht verlangt. Auch die aktuelle Rechtsprechung durch Urteile sollte wahrgenommen werden.

Merke: Der Sachverständige muss die Grundlagen des jeweiligen Rechtsgebietes kennen, das für die Begutachtung relevant ist. Die Rechtsanwendung obliegt jedoch nicht dem Sachverständigen.

2.3 Rechtsstellung des Gutachters

Zwischen Arzt und Patient wird ein Dienstvertrag geschlossen, der Arzt schuldet dem Patienten eine sachgerechte Behandlung nach den Regeln der ärztlichen Kunst.

Der medizinische Gutachter schließt mit dem Auftraggeber einen Werkvertrag. Er schuldet diesem ein Werk, das den Regeln und Standards seines Fachgebietes entspricht. Mit dem zu Begutachtenden geht er kein vertragliches Verhältnis ein.

Der Gutachter ist, wenn er den Auftrag annimmt, verpflichtet, diesen persönlich auszuführen.

Nach § 407a ZPO ist der Sachverständige nicht befugt, den Auftrag an einen anderen zu übertragen. Soweit er sich der Mitarbeit einer anderen Person bedient, ist diese namhaft zu machen und der Umfang ihrer Tätigkeit anzugeben, falls es sich nicht um Hilfsdienste von untergeordneter Bedeutung handelt (s. dazu auch Kap. 22.3).

Im gesetzlichen Unfallversicherungsrecht ist die Beauftragung des Gutachters an § 200 Abs. 2 SGB VII geknüpft. Die Verwaltung muss dem Versicherten in der Regel drei, möglichst wohnortnahe Gutachter zur Auswahl benennen. Auf Wunsch des Versicherten kann auch ein Gutachter seiner Wahl benannt werden.

Dieses Gutachterauswahlrecht in der Gesetzlichen Unfallversicherung verlangt, dass es zumindest zu einer persönlichen Begegnung zwischen dem mit der Untersuchung beauftragten Gutachter und dem Versicherten kommt (s. dazu auch Kap. 23.2.1).

Im Sozialrecht gilt das Amtsermittlungsverfahren, die gesetzliche Unfallversicherung ermittelt von Gesetzes wegen, eine Antragstellung ist zur Leistungsgewährung nicht erforderlich. Die Verwaltung oder das Gericht erforscht den gesamten Sachverhalt von Amts wegen, dem ärztlichen Sachverständigen sollten also regelhaft zum Zeitpunkt der Begutachtung alle Befunddokumentationen lückenlos vorliegen. Neue Tatsachen, z. B. Befundberichte, die ein Proband zur Untersuchung mitbringt, können jederzeit ins Verfahren eingebracht werden.

Im Zivilrecht gilt die Partei- oder Verhandlungsmaxime. Das Gericht darf über den Streitgegenstand nur im Rahmen der Anträge entscheiden (außer bei Arzthaftungsprozessen und im Familien- und Betreuungsrecht).

Dies hat für den Sachverständigen unter Umständen erhebliche Konsequenzen. Das Zivilgericht legt fest, welche Tatsachen zugrunde zu legen sind. Das selbständige Beiziehen von Befunden ist nur mit Genehmigung des Gerichtes und unter Information aller prozessbeteiligten Parteien erlaubt. Wenn eine Partei z. B. am Tag der Begutachtung neue Befunde vorlegt, muss beim Gericht rückgefragt werden, ob sie auch verwendet werden dürfen.

Beispiel: In einem Klageverfahren im Anschluss an einen Verkehrsunfall wird von Klägerseite vorgetragen, dass eine Probandin eine Halswirbelsäulendistorsion, eine Commotio und psychische Reaktionen auf die schwere Belastung mit Arbeitsunfähigkeit von drei Monaten erlitten habe. Im Rahmen der Begutachtung äußert die Klägerin sich, sie sei sieben Monate arbeitsunfähig gewesen und könne jetzt nur noch halbtags arbeiten. Sie besteht darauf, dass der Gutachter die gesamte Dauer der Arbeitsunfähigkeit anerkennt.
Eine Nachfrage beim Gericht ergibt, dass die Dauer der Arbeitsunfähigkeit von drei Monaten vorgetragen sei, von dieser Beweisfrage dürfe der Sachverständige nicht abweichen.

Merke: Das Amtsermittlungsverfahren im Sozialrecht und die Partei- oder Verhandlungsmaxime im Zivilrecht unterscheiden sich elementar. Der Sachverständige muss die Unterschiede kennen.

Nach § 411 Abs. 3 ZPO kann das Gericht einen Sachverständigen zum Gerichtstermin laden, damit er sein Gutachten erläutert und sich den Fragen der Beteiligten stellt. Auch die Beteiligten können die Ladung des Sachverständigen verlangen. In Zivilprozessen ist dies gang und gebe, auch in Sozialgerichtsverfahren, insbesondere im norddeutschen Raum, wird auf diese Möglichkeit häufig zurückgegriffen.

Das Auftreten vor Gericht stellt hohe Anforderungen an den Sachverständigen. Er muss im Gerichtssaal sicher auftreten, er muss flexibel auf neue Sachverhalte reagieren können. Da ein Sachverständiger im Termin keine Zeit hat, an seinen Aussagen zu feilen und jedes Wort sitzen muss, erfordert dies eine langjährige Begutachtungserfahrung.

Es kommt immer wieder vor, dass Sachverständige im Gerichtssaal von Anwälten angefeindet werden, hierbei ist Ruhe und Gelassenheit gefragt. Der Vorteil des Auftretens vor Gericht liegt darin, dass der ärztliche Sachverständige aus seiner Anonymität heraustritt, er muss im Termin Rede und Antwort stehen, er muss das, was er schriftlich niedergelegt hat, den Parteien plausibel erklären können. Damit erhält der Sachverständige ein unmittelbares Feedback, ob sein Gutachten auch verstanden wurde, d. h. ob Schlussfolgerungen logisch entwickelt und nachvollziehbar begründet wurden [4,5].

2.4 Rollenverständnis des Gutachters

Der Arzt als Therapeut ist der Verbündete seines Patienten gegen die Krankheit. Die subjektiven Angaben seines Patienten veranlassen ihn, Therapiemaßnahmen zu ergreifen, wobei auch unwissenschaftliche Methoden (Therapiefreiheit des Arztes) erlaubt sind. Der Arzt ist nicht nur der Intimus seines Patienten, er fungiert auch als

Anwalt seines Patienten, sodass beim kurativ tätigen Arzt grundsätzlich nicht von Neutralität auszugehen ist [6].

Im Gegensatz hierzu ist der Arzt als Gutachter zur Neutralität verpflichtet, er objektiviert Funktionseinbußen und gibt Empfehlungen ab vor dem gesicherten wissenschaftlichen Erkenntnisstand. Verdachtsdiagnosen rechtfertigen grundsätzlich keine Regulierungsempfehlung.

Beispiel: Ein Patient erscheint in der Notfallaufnahme des Krankenhauses und es sind folgende klinische Symptome zu erheben: Kopfschmerzen, schmerzhafte Nackensteife, hohes Fieber, Übelkeit, Erbrechen, Unruhe, neu aufgetretene Verwirrtheit. Hier muss der fachgerecht handelnde Arzt die Verdachtsdiagnose einer Meningitis stellen und auch eine Behandlung beginnen. Wenn sich die Meningitis nicht bestätigt, wird der ärztliche Sachverständige diese Verdachtsdiagnose nicht mehr zu berücksichtigen haben.

Der Gutachter ist weder Interessenvertreter des Probanden noch des Auftraggebers.

Nach § 410 ZPO muss der Sachverständige sein Gutachten unparteiisch und nach bestem Wissen und Gewissen erstatten. Dies fordert eine strenge Orientierung an Fakten und an gesicherten wissenschaftlichen Erkenntnissen. Nicht erlaubt sind eine tendenzielle Einseitigkeit, Vermutungen oder Spekulationen. Eine Offenheit gegenüber dem Anliegen des Probanden ist Voraussetzung, Sympathie und Antipathie sind fehl am Platze.

Merke: Im Gegensatz zum behandelnden Arzt ist der Sachverständige zur Neutralität verpflichtet.

2.5 Pflichten des Gutachters

Neben der Übernahmepflicht und der persönlichen Erstattungspflicht hat der Sachverständige unverzüglich abzuklären, ob der Auftrag in sein Fachgebiet fällt und ohne Hinzuziehung weiterer Sachverständiger erledigt werden kann. Auch bei Zweifeln an Inhalt, Fragestellung und Umfang des Gutachtens ist eine Klärung durch den Auftraggeber vor Erstellung des Gutachtens herbeizuführen.

Der Gutachter hat unverzüglich zu prüfen, ob eventuell Umstände vorliegen, die aus objektiver Sicht geeignet sind, Misstrauen gegenüber seiner Unparteilichkeit zu rechtfertigen, z. B., wenn er den Probanden behandelt hat, wenn er mit dem Streitfall bereits vorbefasst war, oder, was sicherlich seltener ist, falls ein Verwandtschaftsverhältnis zu einem der Prozessbeteiligten besteht. Dabei geht es nicht darum, ob sich der ärztliche Sachverständige selbst für befangen hält oder nicht.

Im Zivilprozess hat der Sachverständige unverzüglich vor Erstellung des Gutachtens zu prüfen, ob ein angeforderter Kostenvorschuss ausreicht. Unterbleibt eine Rückmeldung, läuft der Sachverständige Gefahr einer Kürzung seiner Vergütung.

Im Gesetzlichen Unfallversicherungsrecht empfiehlt es sich ebenfalls, vor Erstellung des Gutachtens zu prüfen, ob die von der Verwaltung vorgeschlagene Abrechnungsziffer angemessen ist.

Der Sachverständige kann den Gutachtenauftrag nur ablehnen, wenn die oben genannten Ausschluss- und Ablehnungsgründe vorliegen. Er kann ihn auch ablehnen wegen Zeitmangels oder Arbeitsüberlastung und der Unmöglichkeit, das Gutachten in angemessener Zeit zu erstatten.

Literatur

[1] Becker L. Lehrbuch der ärztlichen Sachverständigentätigkeit für die Unfall- und Invaliditäts-Versicherungs-Gesetzgebung. Schoetz Verlag. Berlin, 1895.

[2] Thiem C. Handbuch der Unfallerkrankungen. Enke Verlag. Stuttgart, 1898.

[3] Becher S, Ludolph E. Grundlagen der ärztlichen Begutachtung. 2. Auflage. Thieme Verlag. Stuttgart, 2017.

[4] Bultmann S. Ladung des medizinischen Sachverständigen zur Erläuterung eines Gutachtens – aus juristischer Sicht. MedSach. 2011;107(2):84–87.

[5] Meyer-Clement M. Ladung des medizinischen Sachverständigen zur Erläuterung eines Gutachtens – aus medizinischer Sicht. MedSach. 2011;107(2):88–91.,

[6] Meyer-Clement M. Ist die Mindestqualifikation eines Gutachters ausreichend definiert? Was wäre wünschenswert? In: Kortmann HR, Kunze G, Peters D (Hrsg): Gutachtenkolloquium 16, 91–97. Springer Verlag. Berlin, 2004.

3 Praktische Hinweise für die Begutachtung

Michael Meyer-Clement

3.1 Vorbereitung

Nach Eingang des Gutachtenauftrags sollte durch den Sachverständigen zunächst eine zeitnahe Vorprüfung stattfinden (s. Kap. 2). In dieser ersten Überprüfung sind zu klären:

- Bei Gerichtsgutachten sollte die Frage gestellt werden, ob hier Bedenken gegen die Unparteilichkeit des Sachverständigen vorgebracht werden können (siehe Kap. 22 und 23).
- Fällt das Gutachten überhaupt in den Fachbereich des Gutachters?
- Besteht offensichtlich ein ungeklärter Sachverhalt im Bereich eines anderen medizinischen Fachgebietes?
- Bei Gerichtsgutachten sollte der Sachverständige beurteilen, ob der gezahlte Kostenvorschuss für die Begutachtung auskömmlich ist.
- Bei allen anderen Gutachten sollte vor der Begutachtung der korrekte Kostenrahmen gesichert werden.
- Sind alle für die Beantwortung der Gutachten-(Beweis-)Fragen erforderlichen Unterlagen vorhanden?
- Vor Beauftragung eines Zusatzgutachters auf einem anderen Fachgebiet ist die vorherige Absprache mit dem Auftraggeber zwingend erforderlich, es sei denn, dass dieser im Auftrag/Beweisbeschluss bereits ein Zusatzgutachten genehmigt hat.

Der Proband ist – sofern das Gutachten nicht nach Aktenlage zu erstellen ist – zur Untersuchung einzuladen, der Auftraggeber erhält eine Mitteilung über den Untersuchungstermin.

Falls ein Untersuchungstermin nicht kurzfristig möglich ist, sollte dem Auftraggeber die Möglichkeit eingeräumt werden, den Gutachtenauftrag zu widerrufen.

Es empfiehlt sich, den Probanden mit der schriftlichen Einladung aufzufordern, vorhandene Befund- und Behandlungsunterlagen inklusive der Bildgebung zur Untersuchung mitzubringen, sofern die Befunde nicht bereits lückenlos übermittelt wurden. Es versteht sich von selbst, dass man der Einladung zur Begutachtung eine Wegskizze oder sonstige Informationen über die Erreichbarkeit des Untersuchungsortes beifügt.

Der zu Begutachtende ist vor der Begutachtung über Datenschutz und ärztliche Schweigepflicht aufzuklären. Er sollte darum gebeten werden, den Termin zu bestätigen bzw. rechtzeitig mitzuteilen, falls er den Termin nicht wahrnehmen kann.

https://doi.org/10.1515/9783110693362-003

Der Gutachter sollte am Tag der Begutachtung den Akteninhalt kennen, dies ermöglicht eine fokussierte anamnestische Befragung des Probanden, sowie eine zielführende Diagnostik.

Die wichtigsten Befunde in der Akte, sowie den Verlauf sollte der Gutachter verinnerlicht haben. Diese Kenntnis vermittelt nicht nur Professionalität des Sachverständigen, sondern sie schafft auch Vertrauen.

Es versteht sich von selbst, dass der Untersucher sich persönlich vorstellt.

Bei Gerichtsgutachten wird grundsätzlich gefordert, dass die zu Begutachtenden sich mit einem amtlichen Dokument ausweisen. Dies wird entsprechend im Gutachten notiert. Manchmal ist es ratsam, den Betroffenen über Hintergrund und Zweck der Begutachtung aufzuklären, insbesondere, wenn im Gerichtsverfahren bereits sich widersprechende Gutachten vorliegen.

In bestimmten Fällen eines sozialgerichtlichen Verfahrens kann es durchaus Sinn machen, mit dem Kläger/zu Begutachtenden die Umstände der Leistungsablehnung des gesetzlichen Versicherungsträgers zu besprechen. Man wird feststellen, dass die Ursache der Klage sich oft nur aus einem „nicht wahrgenommen werden" begründet. Niemand hatte sich bis dahin für den Betroffenen Zeit genommen und er fühlte sich einfach durch einen seitenlangen ablehnenden Bescheid im „Amtsdeutsch" nicht verstanden.

Am Ende der Begutachtung wird man gelegentlich von Probanden gebeten, das Ergebnis der Begutachtung mitzuteilen. Dies sollte man unterlassen, da die Entscheidung, ob Leistungen gewährt werden, nicht in den Zuständigkeitsbereich des Gutachters gehören.

3.2 Begleitperson

In der Regel ist es völlig unproblematisch, wenn die zu begutachtende Person eine Begleitperson ihres Vertrauens, z. B. einen Familienangehörigen zur Untersuchung mitbringt. Bei Minderjährigen sollte grundsätzlich eine Begleitperson anwesend sein. Problematisch ist es, wenn ein Proband seinen Anwalt zur Begutachtung mitbringt. Auch dies kann man gestatten. Grundsätzlich sollte man allerdings darauf achten, dass auch auf Seiten des Gutachters eine weitere Person anwesend ist, schon allein um möglichen Vorwürfen einer sexuellen Belästigung entgegen treten zu können.

In manchen Fällen der psychiatrischen Begutachtung kann das Ergebnis der Begutachtung durch die Anwesenheit einer Begleitperson beeinflusst werden, so dass dies als Grund für die Ablehnung einer Begleitperson sein kann [1–3].

Ton- oder Videoaufzeichnungen der Untersuchungssituation sollte man auf keinen Fall zulassen. In der Untersuchungssituation ist der Gutachter „Herr des Verfahrens" und kann bestimmen, wer an der Untersuchung teilnimmt. Will der Gutachter selbst Ton- und/oder Videoaufnahmen von der Befragung und Untersuchung aus Selbstschutzzwecken fertigen, so bedarf es dann natürlich einer umfangreichen Aufklärung des zu Begutachtenden (warum sollen Aufzeichnungen gefertigt werden, wie und wie lange werden diese archiviert und vor dem Zugriff Dritter geschützt etc.) und Genehmigung durch ihn.

3.3 Anamnese

Soweit erforderlich, z. B. bei Gutachten im Renten- oder Berufsunfähigkeitsverfahren, sollten Daten zu Altanamnese hinterfragt werden, wie Erkrankungen, Operationen, Unfälle, etc.

In Berufskrankheiten-, Berufsunfähigkeitsverfahren, in Haftpflichtfällen und im Privaten Unfallversicherungsrecht, wenn z. B. Tagegeldleistungen anfallen, ist auch die berufliche Situation genau zu klären bzw. vom Auftraggeber vorgeben zu lassen.

Im Rahmen einer Begutachtung für eine gesetzliche oder private Unfallversicherung sollte auch das Ereignis und insbesondere der Verlauf aus Sicht des Betroffenen nochmals erfragt werden. Der zu Begutachtende hat das berechtigte Bedürfnis, den Sachverhalt aus seiner Sicht darzulegen; nur so fühlt er sich auch ernst genommen. Diese ggf. auch neue Version des Ereignisablaufes entspricht dann nicht etwa dem Ergebnis einer eigenständigen Ermittlung des ärztlichen Sachverständigen, muss aber zumindest – falls nicht anders vorgegeben – als Alternativbeurteilung ggf. auch nach Rücksprache mit dem Auftraggeber Eingang in die gutachtlichen Kausalitätsüberlegungen finden.

Merke: Auch wenn der Gutachter kein eigenes Ermittlungsrecht hat, sollte der zu Begutachtende die Möglichkeit erhalten, den Sachverhalt aus seiner Sicht darzustellen.

Der Gutachter muss sich darüber im Klaren sein, dass Ereignisabläufe/Unfälle im Laufe eines Verfahrens, sei es durch die Vorstellungskraft oder ein natürliches Kausalitätsbedürfnis des Betroffenen, sei es durch „Aufklärung" durch Therapeuten und andere Dritte, immer „passender" werden. Für den Sachverständigen ist grundsätzlich das bindend, was die Verwaltung oder das Gericht als Geschehensablauf vorgeben. Im Zweifelsfall ist eine weiter oben bereits angesprochene Alternativbeurteilung abzugeben und es ist dann Aufgabe der Verwaltung oder des Gerichtes, zu entscheiden, welchen Sachverhalt man endgültig der Beurteilung zu Grunde legt.

Beispiel: Ein 42-jähriger Maurer wollte einen 1,5 Tonnen schweren Anhänger mit einem Lehrling per Hand über ein unebenes Gelände an ein Wohnhaus schieben. Hierbei kam es zu einer Zusammenhangstrennung der Achillessehne. Drei Monate nach dem Ereignis gab der Proband an, ihm sei ein großes Kantholz in die Hacken gefallen, welches an der Hauswand gelehnt hatte. Die Berufsgenossenschaft lehnte den Achillessehnenschaden mit dem versicherten Ereignis ab, im Bescheid erwähnte sie, dass das Kantholz erst später „nachgeschoben" wurde. Im Sozialgerichtsverfahren führte ein Sachverständiger aus, dass das Anschieben keine Ursache war, falls aber ein Schlag mit dem Kantholz zu beweisen sei, wäre das die wesentliche Ursache (Achtung: Der ärztliche Sachverständige entscheidet nicht über die Wesentlichkeit! Siehe hierzu Kap. 8). Ein Zeuge wurde vernommen, dieser gab an, er habe gesehen, dass das Kantholz am Boden lag, der Zeuge hatte jedoch nicht gesehen, dass das Kantholz auf die Ferse des Probanden gefallen war. Das Gericht urteilte, dass das Anschieben nicht geeignet war, einen Achillessehnenschaden zu verursachen, der Aufprall des Kantholzes sei erst drei Monate später angegeben worden, diese Angabe sei nicht glaubhaft.

Im Berufungsverfahren beharrte der Proband weiterhin auf dem Schlag durch das Kantholz. Er wurde nochmals zum Hergang durch den Sachverständigen befragt. Er habe einen 1,5 Tonnen schweren Anhänger mit einer zweiten jugendlichen Person über einen Weg geschoben. Auf unebenem Gelände sei der Wagen an einem Wurzelballen hängen geblieben. Er habe in extremer Schräglage alle verfügbare Kraft aufgebracht, er habe es jedoch nicht geschafft, den Wagen über den Wurzelballen zu schieben. Der Wagen sei vielmehr wieder zurückgerollt. In diesem Moment habe er einen Schlag im Hacken verspürt und gesehen, dass ein Kantholz am Boden lag. Er gehe nach wie vor davon aus, dass dieses Kantholz ihm in die Hacken gefallen war.

Erst im Berufungsverfahren wurde damit ein weiterer Unfallhergang geschildert, dem der Kläger selbst jedoch bisher keine Bedeutung zumaß.

In der Beurteilung mussten jetzt mittlerweile drei Ereignisabläufe alternativ beurteilt werden. Das Schieben des Wagens konnte die Zusammenhangstrennung der Achillessehne objektiv nicht verursachen, da ein Muskel nicht so viel Kraft aufbringen kann, um eine nicht schon schwer vorgeschädigte Sehne zu zerreißen.

Der Aufschlag mit dem Kantholz war nicht bewiesen, aus medizinischer Sicht fehlten äußere Verletzungszeichen.

Eine maximale Anspannung der Wadenmuskulatur mit einem Zusatzimpuls durch einen zurückrollenden 1,5 Tonnen schweren Wagen wurde als Störfaktor interpretiert, der grundsätzlich geeignet sei, eine Achillessehne zu schädigen.

Nach Anhörung des Klägers und eines Zeugen stellte das Gericht im Rahmen der richterlichen Beweiswürdigung den dritten Hergang als bewiesen fest. Das Ergebnis der Begutachtung war, dass die Berufsgenossenschaft den Achillessehnenschaden als Folge der versicherten Tätigkeit anerkannte.

Das Anamnesegespräch kann man vorsichtig mit Zielfragen steuern, hierbei ist aber grundsätzlich auf neutrale Formulierungen zu achten, Suggestivfragen sind zu unterlassen. Kritische Äußerungen zu Handlungsweisen behandelnder Ärzte sind *grundsätzlich* zu vermeiden.

Der Proband muss das Gefühl haben, dass ihm zugehört wird und dass er ausreden darf.

3.4 Klinische Untersuchung

Auch in der Begutachtung stellen die subjektiven Schilderungen die Leitschiene der Diagnostik dar, der Gutachter hat zu klären, ob die subjektiven Beschwerden den objektiven Befunden zugeordnet werden können (siehe Kap. 17).

Die Befunderhebung hat systematisch in sinnvoller Reihenfolge zu erfolgen und wird hier beispielhaft für das unfallchirurgisch-orthopädische Fachgebiet dargestellt.

Nach Messen der Größe, des Gewichts und Angaben zur Händigkeit erfolgt die Inspektion des Probanden. Dabei kann bereits die Beobachtung beim An- und Ausziehen wichtige Erkenntnisse bringen. Auf keinen Fall sollte der Proband zur Entkleidung in eine Kabine geschickt werden.

Bei der Inspektion sind z. B. Armhaltung und Schulterstand zu beschreiben, das Gangbild, die differenzierten Stand- und Gangarten, Beinachsen, Fußform, Hautfarbe, Narben, Schwellungen, Ödeme, Behaarungsmuster, Gelenkverformungen, Schwielen und Arbeitsspuren, um hier nur einige zu nennen.

Die Palpation erfasst unter anderem die Hautwärme, das Schweißverhalten, die Abriebbarkeit und Verschiebbarkeit der Haut, die Beurteilung der Konsistenz von Schwellungen, der Nachweis von Gelenkergüssen, Bewegungsgeräuschen, einem Gelenkreiben, die Prüfung der Durchblutung und des Muskeltonus.

3.4.1 Funktionsprüfung und Dokumentation

Die Untersuchungsbefunde müssen sich auf das beschränken, was für den Auftraggeber erheblich ist. Der Gesamtkörperstatus ist z. B. bei einer Untersuchung nach Speichenbruch überflüssig. Wird aber z. B. bei einer Funktionsstörung eines Beines über Wirbelsäulenbeschwerden geklagt und diese auf eine Beinverkürzung zurückgeführt, ist auch eine klinische, ggf. radiologische Diagnostik der Wirbelsäule erforderlich.

Die erhobenen Messdaten an den Extremitäten und/oder der Wirbelsäule müssen grundsätzlich vollständig und im Seitenvergleich dokumentiert werden, sie sind in die dafür vorgesehenen Messblätter einzutragen, die man u. a. auf der Seite der DGUV (https://www.dguv.de/formtexte/aerzte/index.jsp) downloaden kann. Die Neutral-Null-Methode muss beherrscht werden. Sie geht von der anatomischen Grundstellung des Menschen aus, aufrechter Stand, Blick nach vorne, gestreckte Arme und Beine, sowie nach vorne gerichteten Daumen und Füße. In dieser Grundstellung wird die Gelenkstellung mit 0 bezeichnet. Eine Anleitung dazu findet man ebenso unter den Formtexten für Ärzte der DGUV (F4030).

Die Verwendung von Messblättern systematisiert automatisch den Untersuchungsvorgang.

Die Messung der einzelnen Gelenke beruht auf einer vom Untersucher *geführten* Funktionsprüfung. Es handelt sich um eine Prüfung, ob der Untersuchte z. B. aktiv das Bewegungsausmaß limitiert oder Gelenkblockaden vorliegen. Maßgeblich ist, welche Funktionen der Proband unter aktivem Einsatz der Muskulatur erreichen kann. Die passive Beweglichkeit ist nur bei Lähmungen ergänzend in die Messblätter aufzunehmen. Eventuelle Diskrepanzen zwischen aktiv vorgeführter und durch den Untersucher geführter Beweglichkeit müssen im Gutachtentext erläutert werden, wobei Zusatzinformationen sinnvoll sind. So wird man z. B. bei einer völligen Lähmung des Armnervengeflechtes in der Regel eine freie Beweglichkeit des Schultergelenkes erreichen können, aktiv ist jedoch kein Bewegungsausschlag zu erzielen, da die Muskulatur inaktiv ist.

Der jeweilige Widerstand am geführten Bewegungsende ist anzugeben. Bei einem weichen Widerstand limitiert der Proband die Bewegungsprüfung durch Anspannung seiner Muskulatur. Dies kann vielfältige Gründe haben. Es ist möglich, dass der Proband Angst vor Schmerzen hat und daher die Muskulatur anspannt, es kann auch sein, dass der Proband bewusst das Funktionsergebnis verfälschen möchte.

Bei einem fest-elastischen Widerstand liegt eine erhöhte Spannung der Gelenkkapsel zugrunde, d. h. es handelt sich um eine so genannte arthrogene Blockade, ein harter Anschlag deutet auf eine knöcherne Sperre hin.

Auch die Bewegungsqualität (langsam, flüssig oder ruckhaft) ist zu beschreiben, hörbare Gelenkgeräusche sind entsprechend zu notieren.

Das Messblatt ist grundsätzlich im Seitenvergleich und vollständig auszufüllen.

Im Text sind ergänzend globale Bewegungsprüfungen, also Kombinationsbewegungen zu beschreiben wie z. B. Nacken- und Schürzengriff, der Faustschluss, die verschiedenen Greifarten, wie Fein-, Spitz-, Schlüssel- und Grobgriff (Abb. 3.1) oder sekundäre oder Ersatzgreifformen bei Verletzungen der Hand, wie Haken-, Henkel-, Zigaretten- oder Tragegriff, etc., die sich aus den primären Greifformen ableiten.

Bei Handverletzungen können Kraftmesser, z. B. mit dem Martin-Vigorimeter, besser mit dem Kraftmesser nach Jamar sinnvoll sein (siehe Kap. 17). (Abb. 3.2, 3.3)

Funktionstests an den Gelenken sind exakt zu beschreiben. Für den Leser eines Gutachtens ist es eine Zumutung, telegrammartig zu lesen: *Jobe positiv, Lift-Off negativ, Jerk positiv, Pivot-Shift negativ, Steinmann positiv,* etc. Der Leser des Gutachtens muss verstehen, was der Gutachter in der jeweiligen Situation gemacht hat. Wenn die Stabilität, z. B. eines Kniegelenkes geprüft wird, reicht es nicht aus, wenn man schreibt: *Lachman positiv, Jerk-Test negativ,* es sollte erläutert werden, dass der Lachman-Test die Verschiebung des Schienbeinkopfes bei leichter Beugestellung des Kniegelenkes darstellt, d. h. jedes Testverfahren sollte man exakt beschreiben. Dies kann zeitaufwendig sein, macht das Gutachten jedoch transparent und die Befunde auch für den Laien nachvollziehbar.

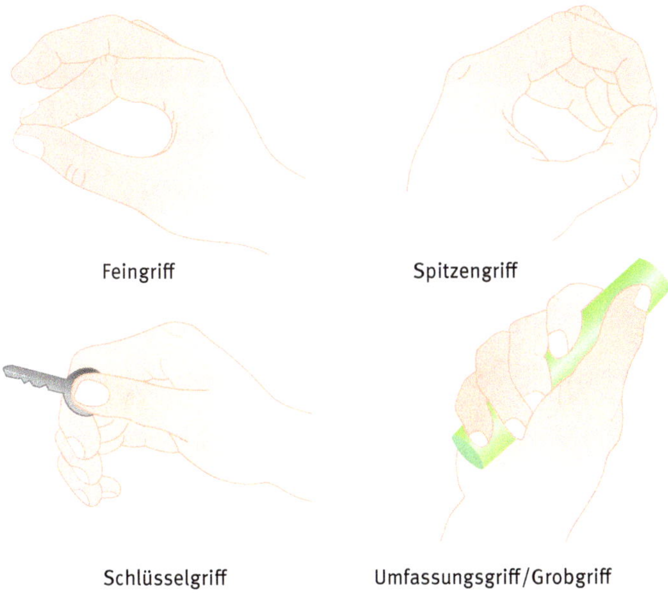

Abb. 3.1: Primäre Greifarten.

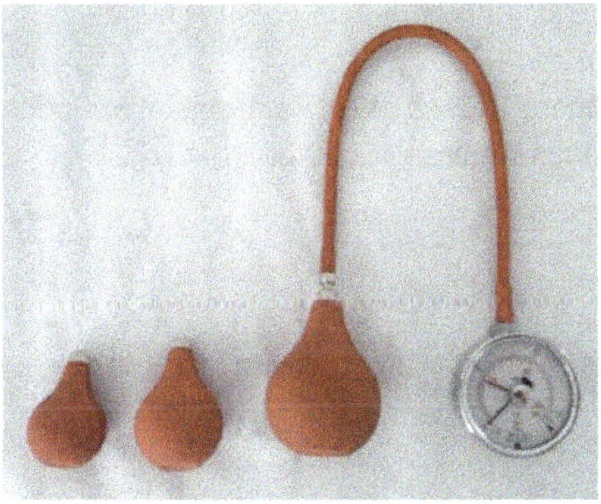

Abb. 3.2: Kraftmesser nach MARTIN.

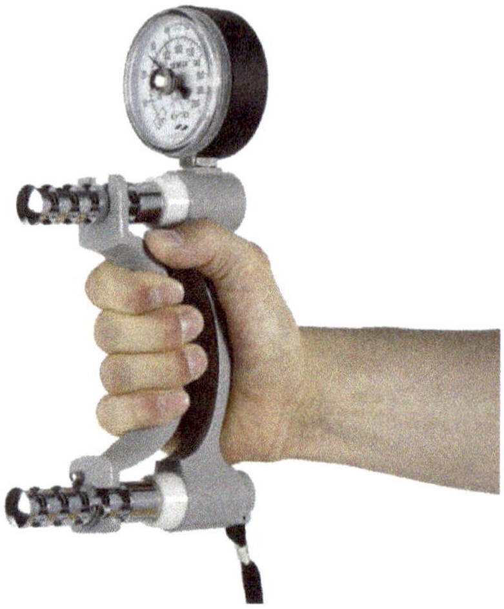

Abb. 3.3: Kraftmesser nach JAMAR.

Auch eine globale neurologische Untersuchung sollte Gegenstand der chirurgisch-orthopädischen Untersuchung sein. Die Prüfung des Lasègue'schen Zeichens sollte ebenso selbstverständlich sein, wie die Prüfung des Reflexverhaltens, von Lähmungen, Teillähmungen oder Sensibilitätsstörungen. Im Bereich der Hand ist es auch für einen chirurgisch-orthopädischen Gutachter zumutbar, dass Zweipunkteunterscheidungsvermögen, z. B. mit einer Büroklammer, einem entsprechenden Zirkel oder Two-Point-Discriminator zu ermitteln.

Eine Fotodokumentation von Amputationen, Narben, Verbrennungsfolgen oder auch der von Bewegungsmustern kann durchaus sinnvoll sein (Abb. 3.4a–d).

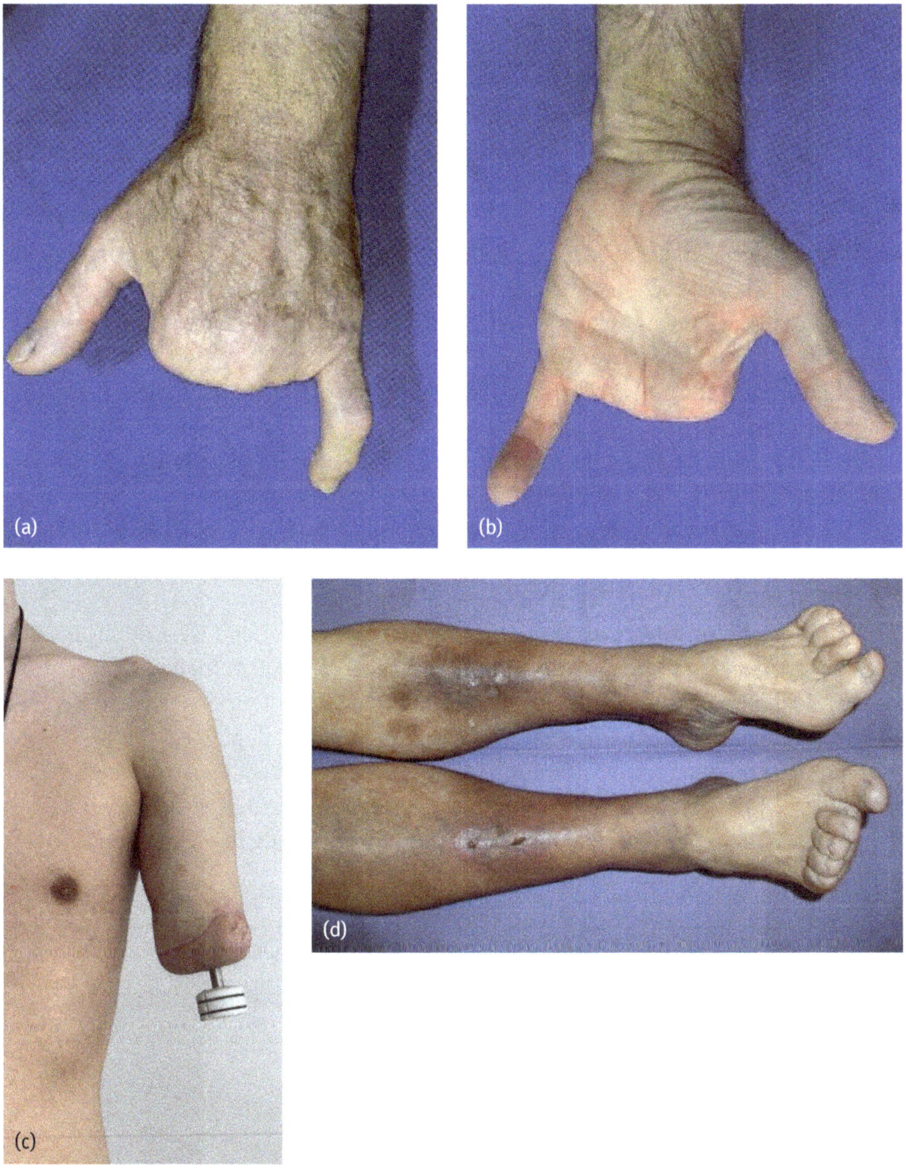

Abb. 3.4: Beispiele für fotografische Befunddokumentationen.

3.4.2 Bildgebende Diagnostik

Das Anfertigen eines Röntgenbildes bedarf stets einer offenen Frage, die sich aus dem klinischen Befund ableitet. Ein apparativer Automatismus ist schon aus Strahlenschutzgründen untersagt. Auf das Anfertigen von Röntgenaufnahmen, insbesondere im Seitenvergleich, kann nicht verzichtet werden, wenn der Mineralgehalt zu beurteilen ist, wenn Achsen- und Längenverhältnisse zu klären sind und die Beantwortung der Frage einer posttraumatischen Arthrose, z. B. als mittelbare Unfallfolge ansteht. Bei der Aufdeckung verzögerter Knochenbruchheilungen, Falschgelenkbildungen, Prothesenlockerungen etc. ist ein Röntgenbild unverzichtbar. Bevor Röntgenaufnahmen veranlasst werden, muss das vorhandene Bildmaterial geprüft werden. Häufig bringen die Probanden weitere Röntgen- oder MRT-Aufnahmen zur Untersuchung mit.

Die Sonographie kann bei speziellen Fragestellungen im Gelenk- und Weichteilbereich, z. B. bei Ergüssen, Sehnenschäden, etc. hilfreich sein.

Computertomographie und Kernspintomographie dürfen nur nach vorheriger Genehmigung durch den Auftraggeber veranlasst werden. Diese Untersuchungsmethoden sind nur bei speziellen Fragestellungen angezeigt.

Wenn es Hinweise gibt, z. B. durch Angaben des Probanden oder durch Erwähnung in der Akte, dass Röntgenaufnahmen und/oder MRT-/CT-Aufnahmen angefertigt wurden, jedoch nicht zur Verfügung stehen, dann sollten diese angefordert werden. Im Rahmen der Prozessökonomie ist es sinnvoll, den Probanden eine Schweigepflichtentbindungserklärung unterzeichnen zu lassen und die fehlenden Aufnahmen selbst anzufordern (im Zivilprozess natürlich unter Information der Streitparteien).

Grundsätzlich gilt, dass das Risiko der Strahlenbelastung in einem vernünftigen Verhältnis zum Informationsgewinn stehen muss.

Merke: Röntgenaufnahmen in der Begutachtung dürfen aus Strahlenschutzgründen nur angefertigt werden, wenn keine aussagkräftigen aktuellen Aufnahmen vorliegen und diese für die Beantwortung der Beweisfragen unbedingt erforderlich sind.

3.5 Gutachtenstruktur

Im Bereich der gesetzlichen Unfallversicherung, häufig auch bei privaten Unfallversicherungen, wird zwischen Formular- und freien Gutachten unterschieden. Von privaten und gesetzlichen Versicherungsträgern werden in Gutachtenaufträgen häufig Formulare beigefügt, die dem weniger erfahrenen Sachverständigen ein Korsett für seine Begutachtung geben.

Wenn man ein Rentengutachten oder ein Gutachten für die private Unfallversicherung frei erstellt, sollte man sich an der Gliederung der Formulargutachten orientieren und dringend die gestellten Fragen der Reihenfolge nach beantworten.

Bei der Erstellung des Gutachtens ist grundsätzlich zu bedenken, dass das Gutachten von medizinischen Laien gelesen und ausgewertet wird. Der Sachbearbeiter der Versicherung oder der Berufsgenossenschaft bzw. der Jurist müssen in die Lage versetzt werden, die Ergebnisse des Gutachtens in eine Entscheidung umzusetzen. Das Gutachten ist damit zwingend in deutscher Sprache zu verfassen, Abkürzungen sind zu unterlassen, außer bei Zitaten. In derartigen Fällen ist es dann jedoch sinnvoll, in Klammern eine Übersetzung und Erläuterung einer ansonsten nicht verständlichen Abkürzung, z. B. *DISI-Fehlstellung* einzufügen.

Das äußere Erscheinungsbild eines Gutachtens muss klar gestaltet sein und die Informationen zum Untersuchten, dem Auftraggeber und dem Grund der Begutachtung enthalten.

Das Gutachten muss einen eindeutigen Titel haben, z. B. *unfallchirurgisch-orthopädisches Gutachten zur Rentenfeststellung auf unbestimmte Zeit* oder *unfallchirurgisch-orthopädisches Zusammenhangsgutachten*, usw.

Der Zusatz *wissenschaftliches Gutachten* auf dem Titelblatt ist entbehrlich, da jedes Gutachten sich auf wissenschaftliche Erkenntnisse stützen muss.

3.6 Aktenauszug

Der Leser des Gutachtens muss wissen, von welchen Anknüpfungstatsachen der Gutachter ausgeht. Die wichtigsten Daten sind dementsprechend darzulegen, z. B. der Unfallhergang, wie er sich aus dem Erstbericht ergibt, ob er im Verlauf des Verfahrens variiert, etc. Die Erstbefunde, sowie die wichtigsten Daten aus dem Verlauf, wie MRT-Befunde, OP-Bericht, feingeweblicher Untersuchungsbericht, etc. sind darzustellen. Wenn bereits Gutachten erstellt worden sind, ist kurz darzulegen, zu welchem Ergebnis die Vorgutachter gekommen sind. Eigene Abweichungen, wie andere Interpretation des Sachverhaltes oder andere Bewertungen sind im Rahmen der Epikrise zu erörtern.

Manche Gerichte wollen die Aktenaufbereitung mit dem Hinweis, die Akte sei gerichtsbekannt, nicht vergüten. Nach einem Urteil des Bundesverfassungsgerichts (14.01.2005 – AZ 2 B vR 983/04) muss die Begutachtung aber nachvollziehbar und transparent sein und hierzu muss der Gutachter die Anknüpfungs- und Befundtatsachen klar und vollständig darstellen [4]. Daher sollte ein derartiges Ansinnen einzelner Gerichte unter Verweis auf die höchstrichterliche Rechtsprechung zurückgewiesen werden.

Schlussfolgerungen aus einem Sachverhalt sind nur dann transparent nachvollziehbar, wenn sie im Kontext zum aktenkundigen Sachverhalt stehen. Das Gutachten hat den Untersuchungsablauf widerzuspiegeln und sollte im Präsens verfasst sein. Die Anamnese sollte in wörtlicher Rede wiedergegeben werden, damit der Proband sich beim Lesen des Gutachtens auch im Text wiederfindet.

Die Befundbeschreibung muss systematisch klar gegliedert sein, sie ist aus dem Untersuchungsgang abgeleitet.

Die Messblätter sind entweder 1:1 in den Text zu übernehmen oder am Ende des Gutachtens vollständig ausgefüllt aufzuführen. Vorgelegte bildgebende Verfahren sind auszuwerten, eigene Röntgenaufnahmen sind entsprechend zu befunden.

3.7 Beantwortung der (Beweis)fragen des Auftraggebers

Die abschließende gutachtliche Beurteilung orientiert sich in aller Regel an der Beantwortung der Fragen, welche gesundheitlichen Beeinträchtigungen vorliegen, wie diese zu benennen sind, mit welchen Funktionsstörungen sie einhergehen, wodurch sie entstanden sind, des Weiteren, wie sie gebessert werden könnten und wie die Prognose zu bewerten ist.

Die gestellten (Beweis)fragen sind grundsätzlich vollständig der Reihenfolge nach zu beantworten, es sei denn, es werden Fragen gestellt, die den medizinischen Fachbereich nicht tangieren. Manche Berufsgenossenschaften neigen auch heute noch dazu, den medizinischen Sachverständigen zu fragen, ob ein Ereignis die *rechtlich wesentliche Ursache* für einen eingetretenen Gesundheitsschaden war. In derartigen Fällen ist es erlaubt, die Verwaltung darauf hinzuweisen, dass die Beantwortung von juristischen Fragen nicht in den Zuständigkeitsbereich des medizinischen Sachverständigen fällt.

Die festgestellten und relevanten gesundheitlichen Beeinträchtigungen sind umfassend darzustellen, die dazugehörigen (Unfall)Diagnosen sollten nach ICD-10 verschlüsselt werden.

In der Regel wird dann – hier beispielhaft im sozialgerichtlichen Verfahren – gefragt, welche der genannten Gesundheitsschäden unter Berücksichtigung des aktuell herrschenden medizinischen Erkenntnisstandes mit hinreichender Wahrscheinlichkeit durch eine versicherte Tätigkeit oder im Berufskrankheitenverfahren durch eine berufliche Einwirkung objektiv verursacht wurden. Bei der Beantwortung dieser Fragen hat der Sachverständige den aktuellen wissenschaftlichen Erkenntnisstand zugrunde zu legen und die entsprechenden Quellen zu benennen.

So fordert z. B. das Landessozialgericht Bremen den medizinischen Sachverständigen auf, den aktuellen medizinischen Kenntnisstand unter Angabe der entsprechenden Literaturstellen zu kennzeichnen und insbesondere Abweichungen hiervon unter Angabe entsprechender Literaturnachweise zu belegen. Diese Beweisanordnungen folgen der Rechtsprechung des BSG (B 2 U 9/11 R: *Der aktuelle wissenschaftliche Erkenntnisstand ist aber die Basis für die Beurteilung durch den Sachverständigen, die er stets zugrunde legen muss und von der er nur durch zusätzliche Ausführungen, weshalb er ihr nicht folgt, mit wissenschaftlicher Begründung abweichen darf*) [5].

Bei Gutachten zu Unfallverletzungsfolgen ist die Aufzählung der Unfallfolgen zu wichten. So empfiehlt sich, die gravierendsten Funktionsstörungen an den Anfang zu stellen. Z. B.:

Nach osteosynthetisch versorgter Schienbeinkopffraktur sind verblieben:

- Bewegungseinschränkung des rechten Kniegelenkes (genau Bewegungsausmaße siehe Text und Messbogen)
- Achsfehlstellung von xy° im X-Sinne
- Lockerung der Außenbandführung
- Muskelverschmächtigung des rechten Oberschenkels
- beginnende Verschleißumformung des rechten Kniegelenkes Grad II nach KELLGREN (definitive Osteophytenbildung)
- ...

Bei notwendigen Auseinandersetzungen mit Vorgutachten hat jegliche Polemik zu unterbleiben.

3.8 Was sind die häufigsten Fehler in einem Gutachten?

Wie bereits im Kap. 2.4 ausgeführt, ist der Gutachter zur absoluten Neutralität verpflichtet. Manche Gutachter haben ein völlig falsches Rollenverständnis. Wenn ein Gutachter im Internet auf seiner Seite damit wirbt, dass er Unfallopfer gegenüber Behörden und Versicherungen vertritt, wird man ein neutrales und sachliches Gutachten von ihm nicht mehr erwarten können.

Der Gutachter muss streng darauf achten, dass er kein eigenes Ermittlungsrecht hat [6]. Wenn im Verlauf der Begutachtung vom Akteninhalt anderslautende Aussagen des Betroffenen gemacht werden, dann müssen diese entsprechend gekennzeichnet werden. Auf keinen Fall dürfen anderslautende Angaben zum Hergang oder zum Verlauf z. B. mit dem Hinweis, dass die Ausführungen des Probanden *glaubhaft* seien, übernommen werden.

Nicht selten deuten zu Begutachtende Angaben zum Verlauf, z. B. zu intraoperativen Befunden, zu ihren Gunsten um. Es ist ein schwerer Fehler, derartige Angaben ungeprüft zu übernehmen.

Eine weitere Fehlermöglichkeit besteht darin, Befunde in der Akte unkritisch und ungeprüft zu übernehmen.

3.8.1 Beispiele

(1) Ein 27-jähriger Feuerwehrmann wird von einem Wasserstrahl getroffen. Beim Sturz zieht er sich eine Schädelprellung mit Stirnkopfplatzwunde zu. Wegen Kopfschmerzen werden nach drei Monaten Kernspintomographien vom Kopf und der Halswirbelsäule angefertigt, (Abb. 3.5) die radiologische Diagnose lautet: *Posttraumatische Syrinx.* Es waren allerdings nie Funktionsstörungen der Halswirbelsäule oder neurologische Störungen auffällig. Trotz späterer Korrektur in *anlagebedingte Erweiterung des Spinalkanales* wird der Befund durchgehend als Unfallfolge geltend gemacht mit dem Zusatz: *Hierdurch bedingtes posttraumatisches Kopfschmerzsyndrom.*

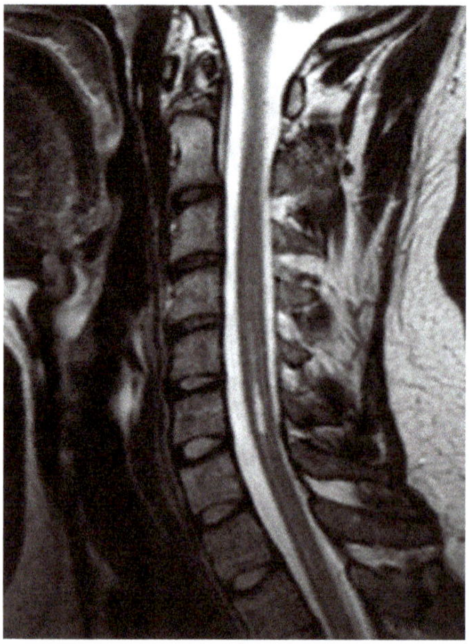

Abb. 3.5: MRT-Bild mit harmloser Erweiterung des Spinalkanals.

(2) Von der unkritischen Übernahme radiologischer Interpretationen ist zu warnen. Bei einer Einengung des Raumes unterhalb der Schulterhöhe, die nach einem Ereignis festgestellt wurde, findet sich in der Befunderhebung des Radiologen oft der Zusatz: *Posttraumatisches Impingement.* Es ist ein Fehler, diese *Interpretation* im Gutachten unkommentiert zu übernehmen.

(3) Eine Signalanhebung in einem Wirbelkörper im Rahmen eines so genannten MODIC-Phänomens wird vom Radiologen mit dem Zusatz verknüpft: *Damit traumatischer Bandscheibenvorfall.* Der Gutachter übernimmt diese fehlerhafte radiologische Interpretation bei seiner Bewertung.

(4) Auch die unkritische Übernahme histologischer Befundberichte ist problematisch. In einem Befundbericht heißt es: Meniskusfragmente mit Rissen, Spaltbildungen, Faserdehiszenzen, sowie mukoiden Faserdegenerationen, vereinbar mit einer frischen traumatischen Rissbildung. Diese Aussage sieht der Sachverständige in einem Sozialgerichtsverfahren als Beweis dafür an, dass ein Meniskusschaden traumatisch verursacht worden sei. Das Ereignis lag allerdings fünf Wochen zurück, der Befundbericht entsprach keineswegs einer fünf Wochen alten traumatischen Schädigung eines Meniskus.

Die Befunde müssen sauber dokumentiert sein. Wenn ein Proband in der Untersuchungssituation seinen Arm nur bis 80° anhebt, dann sollte dies so dargestellt werden: *Der Proband hebt seinen Arm bis 80° an.* Keineswegs darf es heißen: *Der Proband kann seinen Arm nur bis 80° anheben.*
Wenn bei der Kraftprüfung mit einer Hand weniger Druck ausgeübt wird, dann ist das so darzustellen und nicht mit dem Satz: *Der Proband hat eindeutig rechts weniger Kraft.* Es darf nie aus den Augen verloren werden, dass die Erhebung bestimmter Befunde, wie Gangbildprüfung, aktiv dargebotene Bewegungsausschläge und Bewegungen sowie Kraftprüfungen von der Mitarbeit des Betroffenen abhängig sind.
Die Diagnosen müssen klar sein. In einem Gutachten für die Rentenversicherung war zu lesen: *Verdacht auf Zustand nach Autounfall.* Mit einer derartigen Aussage kann niemand etwas anfangen.
In einem Rentengutachten für die Gesetzliche Unfallversicherung war als Zusammenfassung der Unfallfolgen zu lesen: *Glaubhafte Restbeschwerden nach Radiusfissur.* Mit einer derartigen Aussage kann keine Berufsgenossenschaft einen Bescheid erteilen.
Mit einer abschließenden Diagnose: *Zustand nach Tibiakopffraktur* fängt ebenfalls niemand etwas an; es stellt sich die Frage, ist die Fraktur folgenlos ausgeheilt, das Gelenk zerstört, der Bandapparat instabil, liegen eine Achsabweichung oder eine Bewegungseinschränkung vor oder ist möglicherweise eine Vollversteifung eingetreten?
Der Sachverständige muss sich insbesondere bei der Unfall-Zusammenhangsbegutachtung an klare Regeln halten. Der „Erstkörperschaden“ muss bewiesen sein. Es muss ein zeitlicher und örtlicher Zusammenhang vorliegen. Der Verlauf muss verletzungskonform sein. Es muss überhaupt eine Gefährdung der geschädigten Struktur nachzuweisen sein. Die als unfallbedingt unterstellt einwirkende Kraft in pathologischer Dimension muss nach aktuellem wissenschaftlichem Erkenntnisstand geeignet gewesen sein, die betroffene anatomische Struktur zu erreichen und zu schädigen.
Wenn man diese Regeln missachtet, ist das Ergebnis der Begutachtung zwangsläufig falsch, wie das nachfolgende Beispiel aus der gesetzlichen Unfallversicherung zeigen soll:
Ein 21-jähriger Versicherter sucht seinen Hausarzt auf und klagt über Kniebeschwerden seit einem halben Jahr. Es werden ein Übergewicht, X-Beine, eine Lateralisation der Patella und eine Chondromalazie im Kernspintomogramm nachgewiesen. Der Betroffene wird arthroskopiert, der Knorpel wird geglättet und eine Schleimhautfalte entfernt. Da keine Beschwerdefreiheit eintritt, wird erneut arthroskopiert, erneut wird der Knorpel geglättet, es entwickelt sich ein chronischer Reizzustand.
Ein Jahr nach Auftreten der Kniebeschwerden gab er gegenüber der Krankenkasse und später auch gegenüber der Berufsgenossenschaft an, er sei von der Ladefläche eines LKW gesprungen und mit Knie und Fuß umgeknickt, er habe dann auch noch sieben Monate weitergearbeitet. In einem Gutachten heißt es: *Durch das angeschuldigte Ereignis ist es erstmals zu einem manifesten Krankheitsgeschehen gekommen. Es handelte sich nicht um ein lebensalltägliches Ereignis, es war nicht beliebig austauschbar, um die krankhaften Erscheinungen auszulösen, es stellte keine Gelegenheitsursache dar.*
Es gab allerdings keinen Erstkörperschaden, keinen zeitlichen Zusammenhang, keinen verletzungskonformen Verlauf, im Endeffekt keine Tatsachen, also naturwissenschaftliche Bedingungen, um überhaupt in eine weitere Kausalitätsprüfung eintreten zu können.
Ein kapitaler Fehler in der Begutachtung ist der Verzicht auf den Abgleich mit gesicherten wissenschaftlichen Erkenntnissen. Der Gipfel sind Ausführungen wie: *„Ich bin aber der Meinung, dass …“* oder *„Die Ansichten im Schönberger et al. teile ich nicht“* ohne eine Alternative zu benennen. Gelegentlich liest man auch: *„in der neueren amerikanischen Literatur wird diese Auffassung nicht mehr vertreten“*, ohne dass konkrete Angaben zur Literatur gemacht werden.

Nicht selten liest man in einem Gutachten unbewiesene Behauptungen: „Wie allgemein bekannt ist, kann ein Schleudertrauma eine jahrelange Beschwerdesymptomatik nach sich ziehen." oder „...wie allgemein bekannt ist, kann eine Verdrehung eines Kniegelenkes einen Meniskusschaden verursachen", usw. Dieses wie allgemein bekannt soll dem Leser des Gutachtens suggerieren, dass hier ein allgemeingültiger wissenschaftlicher Erkenntnisstand vorgetragen wird, der in Wirklichkeit jedoch nicht existiert.

Häufig wird auch der Fehler gemacht, damit zu argumentieren, dass die Beschwerden eines Probanden unfallbedingt seien, da sie erst nach dem Ereignis aufgetreten waren. Eine Beweisregel, die lautet: *Danach also dadurch* gibt es allerdings in keinem Versicherungsrecht.

Sehr häufig trifft man auf die Konstellation, dass nach einem versicherten Ereignis oder einer versicherten Tätigkeit eine Gesundheitsschädigung festgestellt wurde, die eindeutig vorbestehend war, wie man dies z. B. bei einem Rotatorenmanschettenschaden, einem Meniskusschaden, einem Bandscheibenschaden, etc. regelmäßig antrifft. Wenn bei derartigen Konstellationen auf den Nachweis eines verletzungsbedingten „Erstkörperschadens" verzichtet wird und die fragliche Geeignetheit eines Unfallereignisses gleichgesetzt wird mit dem tatsächlichen Verletzungseintritt, dann stellt dies wohl einen erheblichen Fehler in der Begutachtung dar.

Merke: Ein Gutachten wird vom Auftraggeber akzeptiert, wenn die Befundtatsachen vollständig erfasst sind, wenn die Schlussfolgerungen logisch entwickelt und nachvollziehbar begründet werden. Erfahrungssätze, aus denen z. B. die MdE oder die Invalidität abgeleitet wird, müssen benannt werden. Der aktuelle wissenschaftliche Erkenntnisstand wird vorausgesetzt, die Quellen müssen nachvollziehbar genannt werden. Die Sprache im Gutachten muss klar und verständlich sein, medizinische Feststellungen müssen in eine allgemein verständliche Ausdrucksform übersetzt werden. Der Sachverständige muss die rechtliche Wirkung des Gutachtenergebnisses kennen. Dem Sachverständigen muss jedoch immer bewusst sein, dass er lediglich der Helfer des Auftraggebers ist und keine eigene Entscheidungsbefugnis hat.

Vor allem muss das Gutachten in einem zeitlich angemessenen Rahmen erstellt werden. Ein Gutachten, welches erst Monate nach Untersuchung eines Probanden fertig gestellt wird, ist bereits wegen des zeitlichen Ablaufs angreifbar und nicht verwertbar.

3.9 Spezialisierung

Im Rahmen der zunehmenden Professionalisierung des Gutachtenwesens macht es Sinn, wenn ein Sachverständiger sich auf bestimmte Rechtsgebiete konzentriert. Am Anfang der Gutachtenausbildung steht die Erstellung von Rentengutachten für die GUV und Gutachten für die private Unfallversicherung. Nach und nach lernt der Sachverständige, erst einfache, dann kompliziertere Kausalitätsfragen zu beantworten. Gutachten z. B. im Berufskrankheitenrecht fordern ein umfassendes Spezialwissen, was nicht von jedem Sachverständigen abverlangt werden kann.

Ein Sachverständiger, der sich Spezialwissen, z. B. im Arzthaftpflichtverfahren, angeeignet hat, wird schwerpunktmäßig in diesem Themengebiet tätig werden.

Auch Gutachter, die schwerpunktmäßig Gutachten für die gesetzliche Rentenversicherung, sei es im Auftrag der Rentenversicherungen oder im Auftrag eines Gerichts erstellen, sowie im Schwerbehinderten- und sozialen Entschädigungsrecht, sollten sich auf diese Schwerpunktthemen konzentrieren.

Es diskreditiert keinen Gutachter, wenn er Aufträge in einem Rechtsgebiet ablehnt unter Verweis darauf, dass er sich auf die Begutachtung in einem anderen Gebiet spezialisiert hat. Der Auftraggeber wird für diesen Hinweis eher dankbar sein.

Literatur

[1] Brockhaus R. Zur Frage der Anwesenheit von Begleitpersonen in der Begutachtung aus psychologischer Sicht. MedSach. 2016;112:49–55.

[2] Deitmaring H. Begleitpersonen bei der ärztlichen Begutachtung im Sozialverwaltungsverfahren – Bestandsaufnahme und Diskussion. MedSach. 2009;105:93–95.

[3] Widder B, Gaidzik PW. Neurowissenschaftliche Begutachtung. Thieme Vlg. Stuttgart, 2018.

[4] BVerfG, Beschluss der 3. Kammer des 2. Senats vom 14.01.2005.

[5] BSG, Urteil des 2. Senats vom 24.07.2012.

[6] Becher S, Ludolph E. Grundlagen der ärztlichen Begutachtung. 2. Auflage. Thieme Verlag. Stuttgart, 2017.

4 Rechtliche Grundlagen der Begutachtung

Peter W. Gaidzik

4.1 Aufgabenstellung

Trotz der zentralen Funktion des Sachverständigen in Verwaltungs- und Rechtspraxis fehlt in Deutschland eine gesetzliche Definition der erforderlichen Qualifikation. Die vorhandenen Normen regeln die Beauftragung des und das Verfahren mit Sachverständigen, treffen aber keine Aussage über ihre fachlichen oder persönlichen Voraussetzungen außerhalb potenzieller Befangenheitsgründe. In allen Rechtsgebieten fällt dem Sachverständigen die Aufgabe zu, innerhalb eines Gutachtenauftrags medizinische Befunde zu erheben und diese in Verbindung mit sonstigen zur Verfügung gestellten „Anknüpfungstatsachen" auf der Basis medizinisch-wissenschaftlicher Erkenntnis und unter Berücksichtigung ärztlichen Erfahrungswissens zu bewerten, um eine Entscheidung des Auftraggebers über die Anwendbarkeit von Rechtsnormen auf einen Lebenssachverhalt vorzubereiten.

Die Begrenzung durch den Gutachtenauftrag und die darin regelmäßig geforderte Bewertung aktenkundiger oder selbst erhobener Tatsachen im Kontext auf die vorgelegten Fragen (z. B. Bewertung einer Funktionsstörung für das alltägliche Leben, die Erwerbs- oder Berufsfähigkeit des Probanden oder die Beurteilung von Zusammenhangsfragen) unterscheidet den Sachverständigen vom bloß „sachverständigen Zeugen", der medizinische Befunde wahrheitsgemäß wiedergeben soll, die er kraft seiner besonderer beruflichen Sachkunde z. B. als vor- oder nachbehandelnder Arzt „wahrgenommen" hat. Die Auswertung eines in der Vergangenheit angefertigten Röntgenbildes als frakturverdächtig kann auch durch den sachverständigen Zeugen erfolgen; die Frage, ob eine Strukturveränderung mit Wahrscheinlichkeit oder gar jenseits begründeter Zweifel auf ein Unfallereignis zurückgeführt werden muss, setzt hingegen bereits eine gutachtliche Bewertung voraus.

Beispiel: Im Rahmen einer tätlichen Auseinandersetzung wird ein Verletzter nach einer Stichwunde im Krankenhaus von einem Arzt behandelt. Dieser Arzt wird im Strafrechtsverfahren als sachverständiger Zeuge geladen. Der Arzt gibt dabei Auskunft über den Zustand des Geschädigten, die Schwere der Verletzung und die durchgeführten Behandlungsmaßnahmen. Wenn der Richter den sachverständigen Zeugen jetzt allerdings fragt, ob aus der Richtung und dem Ausmaß der Stichverletzung für den Täter eine Lebensgefährdung erkennbar gewesen sei, übersteigt dies den zeugenschaftlichen Bereich und erfordert eine gutachterliche Beurteilung. Mithin müsste das Gericht gebeten werden, den bisherigen Zeugen für diese Frage zum Sachverständigen zu ernennen.

Diese Differenzierung hat nicht nur, aber auch finanzielle Konsequenzen, wird doch der Zeuge nach dem Justizvergütungs- und -entschädigungsgesetz (JVEG) lediglich in Grenzen „entschädigt", während der Sachverständige für seine Tätigkeit je nach

https://doi.org/10.1515/9783110693362-004

Zeitaufwand und Schwierigkeitsgrad eine Vergütung erhält. Diese Differenzierung findet in der Rechtspraxis nicht immer ausreichend Berücksichtigung, weshalb man bei der Ladung und den dort ggf. bereits formulierten Fragen selbst auf eine korrekte Einordnung achten sollte.

4.2 Kompetenzabgrenzung

Der Sachverständige ist vorbereitend tätig, d. h. er ist nicht selbst Entscheidungsträger, sondern „Gehilfe" (BGH, 24.06.1952 – 1 StR 130/52, BGHSt 3, 27) bzw. – weniger despektierlich formuliert – fachkundiger Berater des Auftraggebers. Folgerichtig ist er an die ihm gestellten Fragen oder erteilten Weisungen gebunden. Für den gerichtlichen Sachverständigen ist das ausdrücklich normiert, im außergerichtlichen Bereich gilt aber letztlich nichts Anderes. Er ist daher jedenfalls im Grundsatz nicht befugt, von den gestellten Fragen abzuweichen. Selbstverständlich kann und soll er sich in Zweifelsfällen vom Auftraggeber für ihn unklare Fragen erläutern lassen und ggf. auch auf aus fachlicher Sicht gebotene Korrekturen oder Ergänzungen der Beweisfragen hinwirken. Dies wird im Zivilprozess bei den dort üblichen fallbezogenen Beweisbeschlüssen eher einmal der Fall sein als in den i. d. R. formularmäßigen Aufträgen insbesondere im Sozialverwaltungsverfahren oder Sozialgerichtsprozess. Erläuterungsbedarf kann aber auch dort bestehen und es ist jedenfalls für das gerichtliche Verfahren die explizit verankerte Pflicht (vgl. § 407a Abs. 4 ZPO) des Sachverständigen, Zweifel an Inhalt und Umfang des Auftrages mit dem Gericht zu klären, was mit der ebenfalls normierten Erläuterungspflicht des Gerichts korrespondiert (vgl. § 404a Abs. 2 ZPO). Der Gutachter sollte sich daher nicht scheuen, bei aus seiner Sicht unklaren oder eventuell sogar an der eigentlichen Problematik vorbeigehenden Aufgabenstellungen zumindest den telefonischen Kontakt mit dem Auftraggeber zu suchen.

Merke: Der Gutachter ist an die ihm gestellten Fragen gebunden. Weder sollte er Fragen unbeantwortet lassen oder inhaltlich ändern noch ihm nicht gestellte Fragen ohne Rücksprache mit dem Auftraggeber hinzufügen.

Aus der Funktion des fachkundigen Beraters folgt weiterhin, dass nicht das Ergebnis, sondern dessen schlüssige und von Sachkenntnis getragene argumentative Herleitung die eigentliche Aufgabe des Sachverständigen und damit auch das maßgebliche Qualitätskriterium seiner Stellungnahme darstellt. Man kann zwar zuweilen in der forensischen Praxis den Eindruck gewinnen, dass lediglich die zusammenfassende Bewertung am Ende des Gutachtens zur Kenntnis genommen wird, dennoch sollte der Gutachter nicht zuletzt auch im eigenen (Haftungs-)Interesse besondere Sorgfalt auf die Begründung seiner Auffassung verwenden.

Der Sachverständige ist an die Grenzen seines Fachs gebunden. Dieser Grundsatz gilt sowohl in Abgrenzung zu anderen medizinischen Fachgebieten als auch – und erst recht – im Hinblick auf die Aufgabenteilung mit dem – juristischen – Auftraggeber. Er ist daher weder zu generellen Rechtsausführungen berufen noch fällt ihm die Aufgabe zu, gesellschaftliche Fehlentwicklungen (z. B. Zunahme des Anspruchsdenkens, Finanzierbarkeit des Versicherungssystems) oder vermeintliche/tatsächliche Fehlentscheidungen des Normgebers (z. B. hinsichtlich der Aufnahme bestimmter Erkrankungen in die Berufskrankheitenverordnung oder sonstiger medizinisch implausibler rechtlicher Vorgaben) über sein Gutachten im Einzelfall zu „korrigieren".

Darüber hinaus ist bei der Verwendung rechtlich besetzter Begriffe, z. B. MdE, wesentliche Teilursache oder Berufs(un)fähigkeit, Vorsicht geboten, da deren Inhalt nur zum Teil einer medizinischen Beurteilung unmittelbar zugänglich ist. Zwar wird der Sachverständige schon aus verfahrensökonomischen Gründen nicht umhinkommen, mit diesen Termini zu arbeiten. Er sollte sich dann jedoch über die Definition vergewissern, zumal manche exakt legal definierten Begriffe auch im medizinischen oder allgemeinen Sprachgebrauch auftauchen, zuweilen jedoch mit völlig anderem Inhalt (z. B. Hilflosigkeit, Pflegebedürftigkeit). Komplizierend tritt hinzu, dass derselbe Begriff je nach Rechtsgebiet einen unterschiedlichen Bedeutungsgehalt aufweisen kann (z. B. Arbeitsunfähigkeit in der gesetzlichen Krankenversicherung oder privaten Krankentagegeldversicherung).

4.3 Rechtskenntnisse des Sachverständigen

Mit der Kompetenzabgrenzung stellt sich die grundsätzliche Frage, ob und in welchem Umfang der Sachverständige Rechtskenntnisse benötigt. Auffassungen, solche Kenntnisse seien überflüssig, weil es dem Auftraggeber genüge, die medizinischen Fakten zu erhalten, um sie dann in seine juristische Wertung „einzubauen", unterschätzt die Komplexität des Zusammenspiels normativer Vorgaben und naturwissenschaftlicher Erkenntnismöglichkeiten. Mag die „Beweiswürdigung" sensu strictu dem Juristen vorbehalten sein, sind doch auf der fachlichen Ebene ebenso die zugänglichen Fakten zu würdigen, sei es durch die Beurteilung der Wertigkeit von Indizien, sei es durch die Auflösung (vermeintlicher) Widersprüche. All dies kann und muss durch den Sachverständigen geleistet werden. So wird dessen Tätigkeit anschaulich mit dem Zusammentragen von Mosaiksteinen verglichen, die sich dann günstigenfalls zu einem stimmigen Gesamtbild zusammenfügen lassen. Welche Steine im jeweiligen Rechtsgebiet Relevanz besitzen, ergibt sich nur selten unmittelbar aus der eher knappen Fragestellung im Auftragsschreiben. Ob etwa eine „Krankheit" vorliegt, lässt sich nicht allein aus der – im Übrigen ebenfalls nicht eindeutigen – medizinischen Terminologie beantworten, sondern ist von der Funktion der „Krankheit" im jeweiligen rechtlichen Kontext abhängig. So begründet, um nur ein

Beispiel zu nennen, ein altersentsprechender Zustand des Stützapparates, der aber dem Betroffenen subjektive Beschwerden bereitet, eine Behandlungsnotwendigkeit und damit eine Kostentragungspflicht im Krankenversicherungsrecht, er ist aber keine „Krankheit" im Sinne der privaten Unfallversicherung, selbst wenn er im Einzelfall am Ausmaß der Unfallverletzungen und/oder -folgen mitgewirkt haben sollte.

Zwar ließe sich einwenden, das erforderliche Hintergrundwissen sei durch die interdisziplinäre Kommunikation zu vermitteln. Zum einen findet eine solche Kommunikation schon wegen der Arbeitsbelastung der Beteiligten ohnehin nur sehr eingeschränkt statt und ist in den jeweiligen Gerichtsbarkeiten auch höchst unterschiedlich ausgeprägt (z. B. im Vergleich zwischen Zivil- und Strafgerichten). Zum anderen werden dabei grundlegende Probleme im Sender-Empfänger-Modell übersehen, die z. B. schon aus den unterschiedlichen Terminologien resultieren. Davon abgesehen gewinnt die medizinische Argumentation an Präzision, wenn dem Sachverständigen der Hintergrund mitunter befremdlich wirkender Fragen bekannt ist. Er tut daher gut daran, sich mit den spezifischen Begrifflichkeiten und den beweisrechtlichen Strukturen im jeweiligen Rechtsgebiet in den Grundzügen vertraut zu machen. Allerdings sind auch auf Seiten des Juristen Grundkenntnisse im Fachgebiet des Sachverständigen zu fordern, um seiner Aufgabe gerecht werden können, das Gutachten „selbst zu durchdenken" und sich nicht nur auf die „Autorität des Sachverständigen" zu verlassen (vgl. BGH v. 26.04.1955 – 5 StR 86/55, BGHSt 8, 113, 118).

4.4 Aufgaben in den einzelnen Rechtsgebieten

Dem ärztlichen Sachverständigen obliegt es in allen Rechtsgebieten, Funktionsstörungen bei einem Probanden auf der Grundlage wissenschaftlicher Erkenntnis und seines beruflichen Erfahrungswissens zu objektivieren. Die diagnostische Einordnung innerhalb anerkannter Klassifikationssysteme ist dabei in der Regel notwendige, aber keineswegs hinreichende Voraussetzung, denn nahezu stets bilden die aus der Krankheitsentität resultierenden Einschränkungen den Kern der Begutachtung. Es schließt sich die Einordnung der so festgestellten Funktionseinschränkungen in das jeweils einschlägige Bewertungssystem an. Dabei kann es um eine rein abstrakte Bewertung nach allgemeinen Maßstäben gehen, wie z. B. im Schwerbehindertenrecht oder im Recht der gesetzlichen Rentenversicherung. Zuweilen sind diese Maßstäbe nicht nur qualitativ (z. B. „allgemeiner Arbeitsmarkt"), sondern auch quantitativ bindend vorgegeben (z. B. durch die Anlage zur Versorgungsmedizinverordnung im Schwerbehindertenrecht oder die Gliedertaxe in der privaten Unfallversicherung). In anderen Bereichen gibt es als Orientierungsrahmen die „Standardwerke der Gutachtenliteratur", wobei man sich in jüngerer Zeit darum bemüht, die dortigen Tabellenwerke aus einem mehr oder weniger formalisierten Konsensprozess heraus zu entwickeln. Mangels Rechtsnormqualität bleiben hier aber zu begründende Abweichungen möglich. In anderen Bereichen bilden hingegen die konkreten Umstände des Einzelfalls die maßgebliche Bezugsgröße. So die physischen und psychischen Anforderungen des Berufs eines Geschädigten für die Frage einer entschädigungspflichtigen (Haftpflichtrecht) oder leistungsbegründenden Berufsunfähigkeit (private Berufsunfähigkeitsversicherung).

Merke: Nicht die Diagnose, sondern die daraus resultierende Funktionsstörung auf physischer oder psychischer Ebene beim Probanden bildet die wesentlich Anknüpfungstatsache für die gutachtliche Beurteilung eines Sachverhalts.

Außerhalb der rein finalen Begutachtung fällt dem Sachverständigen zusätzlich die Aufgabe zu, potenzielle Ursachenzusammenhänge zu überprüfen. Dabei begegnen ihm nicht nur unterschiedliche Kausalbegriffe, sondern gerade auf diesem Feld sind Fragen von Beweismaß und -last für den Ausgang eines Rechtsstreits entscheidend. Die in der Biologie häufig anzutreffenden multikausalen Zusammenhänge, die sich zudem eher als Kausalitätsketten, denn als schlichte „Wenn-Dann-Beziehungen" darstellen, erhöhen die Komplexität dieser „Kausalitätsbegutachtung" noch zusätzlich.

Es treten noch weitere, gebietsspezifische Anforderungen hinzu: So muss der Sachverständige im Arzthaftungsrecht zusätzlich die gebotenen fachärztlichen Standards als maßgebliche Verhaltensnorm identifizieren, deren Verletzung die wesentliche Voraussetzung für etwaige Schadensersatzansprüche des Patienten bildet. Auf anderen Feldern kann der normative Bezugsrahmen bei unzulänglicher Auftragserteilung unklar sein. Während sich im Bereich der Sozialversicherung wie auch im Haftpflichtrecht die Anspruchsvoraussetzungen ggf. unter richterrechtlicher Fortentwicklung unmittelbar aus dem Gesetz ergeben, sind auf vielen Feldern des Privatversicherungsrechts insoweit die Klauseln des individuellen Vertrags entscheidend, so etwa bei den Leistungsein-/ausschlüssen in der Unfallversicherung oder bei Fragen nach etwaigen Verweisungstätigkeiten in der Berufsunfähigkeitsversicherung. Diese Informationen sind eigentlich dem Sachverständigen ungefragt zur Verfügung zu stellen, die Praxis lehrt aber, dass dies keinesfalls die Regel ist.

Dies alles belegt eindrucksvoll, dass die Begutachtung von medizinischer Seite nicht als Appendix der klinischen Tätigkeit begriffen werden darf. Ein beruflich erfahrener Arzt ist nicht gleichzeitig auch ein guter Gutachter. Der bloße Facharztstandard ist kein Garant für eine ausreichende gutachtliche Expertise, erst recht nicht dort, wo die Erstellung von Gutachten im Pflichtenkatalog der Weiterbildungsordnungen fehlt. Es bedarf vielmehr spezifischer Kenntnisse zur Terminologie und Methodik, um die gestellten Aufgaben sachgerecht erfüllen zu können, nicht zuletzt im eigenen (haftungs-)rechtlichen Interesse.

5 Begutachtung der Leistungsfähigkeit

5.1 Einleitung

Michael Wich

In den folgenden Kapiteln zur Begutachtung der Leistungsfähigkeit werden die unterschiedlichen Beurteilungsebenen dieses Themas auf das jeweilige Rechtsgebiet einzeln dargestellt.

Die Leistungsfähigkeit der zu begutachtenden Person ist auf organisch körperlicher aber auch geistig seelischer Funktionsebene zu beurteilen. Auf der anderen Seite muss sich die Leistungsbeurteilung in einem vorgegebenen sozialmedizinischen oder zivilrechtlichen Bezugsrahmen darstellen lassen. Hierbei ist zu beurteilen, ob der zu Untersuchende noch ausreichend qualitativ und quantitativ leistungsfähig ist für eine bestimmte berufliche Tätigkeit, den allgemeinen Arbeitsmarkt oder andere definierte Anforderungen der jeweiligen Leistungsträger.

Gerade unter den modernen Begutachtungsaspekten der Sozialmedizin hat sich mit dem Instrumentarium der ICF (International Classification of Functioning, Disability and Health) ein validiertes Beurteilungssystem herausgebildet, mit dem heute standardisiert positive und negative Leistungsprofile für den Einzelnen erarbeitet werden können.

Die ICF ermöglicht eine Beschreibung von Krankheitsauswirkungen und damit auch von Leistungs- bzw. Funktionsfähigkeit. Dabei können nicht nur die Schädigungen des Körpers und die damit einhergehenden Beeinträchtigungen der Funktionen beschrieben werden, sondern auch daraus resultierende Auswirkungen auf persönliche Aktivitäten und das Eingebundensein in das gesellschaftliche Leben (z. B. Erwerbsleben, Erziehung/Bildung, Selbstversorgung) unter Berücksichtigung des jeweiligen Lebenshintergrundes (Kontextfaktoren) einer Person. Die Anwendung der ICF erweitert zudem den Blick auf vorhandene Ressourcen und ist hilfreich beim Erkennen von möglichen Förderfaktoren und Barrieren, was häufig für den Auftraggeber von Leistungsbeurteilungen ebenfalls von besonderer Bedeutung ist.

Für den Gutachter ist es bei einer Leistungsbeurteilung unabdingbar, den Umfang und die Art des zugrunde liegenden Leistungsrahmens bzw. der Leistungsanforderungen genau zu kennen, die vom Auftraggeber definiert wurden. Der Begriff der Erwerbsfähigkeit zum Beispiel sagt nur dann etwas über die spezifischen Leistungsanforderungen aus, wenn er in den richtigen sozialmedizinischen oder zivilrechtlichen Kontext gesetzt wird.

Die gesetzliche Rentenversicherung beschreibt zum Beispiel mit der Begrifflichkeit „volle Erwerbsminderung“ die Leistungsfähigkeit einer Person, die nur unter 3 Stunden einer Tätigkeit pro Tag nachgehen kann, dagegen wird in der gesetzlichen Unfallversicherung (s. Modul Ib) derselbe Begriff auf eine Person angewandt, die

https://doi.org/10.1515/9783110693362-005

nicht mehr in der Lage ist, im gesamten Wirtschaftsleben noch irgendeinen nennenswerten Verdienst zu erzielen.

Gerade in der sozialmedizinischen Begutachtung haben sich eine ganze Reihe von Leistungsindices und Evaluationstests etabliert, die in den nachfolgenden Kapiteln an Beispielen dargestellt werden.

5.2 Gesetzliche Krankenversicherung (GKV)

Heike Marschand, Kerstin Haid

5.2.1 Rechtliche Grundlagen der sozialen Absicherung

In Deutschland gibt es verschiedene Sozialversicherungsträger, die dafür sorgen sollen, dass der Betroffene gegen wirtschaftliche und krankheitsbedingte Notlagen abgesichert ist. Entgeltersatzleistungen bei Krankheit erbringt die Gesetzliche Krankenversicherung durch Zahlung von Krankengeld. Weitere Entgeltersatzleistungen zur sozialen Absicherung werden von anderen Sozialleistungsträgern getragen, die zum Teil ebenfalls im vorliegenden Repetitorium erläutert werden oder als Gesetzestext in den jeweiligen Gesetzbüchern auch im Internet nachgelesen werden können.

5.2.2 Aufgaben und Organisation der GKV

Die Gesetzliche Krankenversicherung (GKV) ist die zentrale Säule des deutschen Gesundheitssystems und der älteste Zweig der Sozialversicherung. Ihren Ursprung hat sie in der 1883 unter dem damaligen Reichskanzler Otto von Bismarck geschaffenen Krankenversicherung der Arbeiter. Regelungen zur Krankenversicherung sind seit 1989 im fünften Sozialgesetzbuch (SGB V) – Gesetzliche Krankenversicherung – verankert. Die GKV sichert das finanzielle Risiko der mit einer Krankheit verbundenen Kosten ab, auf das (versicherte) Arbeitnehmer einen Rechtsanspruch haben.

Die Kosten der Gesundheitsversorgung werden insbesondere durch die Solidargemeinschaft der GKV-Mitglieder und deren Arbeitgeber getragen. Die GKV hat unter Einhaltung der Wirtschaftlichkeitsgebote i. S. einer Risiko-Kosten-Nutzen-Relation die Aufgabe, die Gesundheit der Versicherten zu erhalten, wiederherzustellen oder ihren Gesundheitszustand zu bessern sowie die Versicherten aufzuklären, zu beraten und auf eine gesunde Lebensführung hinzuwirken. Damit hat die GKV einen umfassenden Auftrag von Gesundheitsförderung und Prävention über Krankenbehandlung bis hin zur Rehabilitation [1].

Die GKV ist eine Pflichtversicherung für alle Arbeitnehmer, deren Gehalt unterhalb der Versicherungspflichtgrenze oder Jahresarbeitsentgeltgrenze liegt. Wer mehr verdient, kann sich entscheiden, in eine private Krankenversicherung zu wechseln

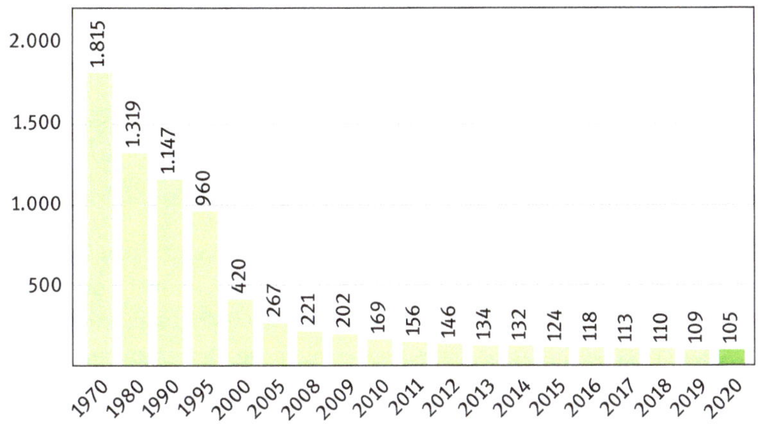

Abb. 5.1: Anzahl der Krankenkassen im Zeitverlauf – Konzentrationsprozess durch Fusionen (Angaben zum Stichtag 1.1) [2].

oder sich freiwillig in der GKV versichern. Derzeit sind etwa 90 % der deutschen Bevölkerung gesetzlich versichert.

Die Anzahl der Krankenkassen hat sich im Laufe der Jahre durch Fusionen ständig reduziert (siehe Abb. 5.1).

Es gibt verschiedenen Kassenarten, die historisch bedingt unterschiedliche Ausrichtungen haben (regionale, berufsständische, branchenspezifische Orientierung). In Deutschland gibt es zurzeit sechs unterschiedliche Kassenarten mit der im Folgenden genannten Anzahl an Einzelkassen [1]:

- 11 Allgemeine Ortskrankenkassen
- 85 Betriebskrankenkassen
- 6 Innungskrankenkassen
- 6 Ersatzkassen
- 1 Sozialversicherung für Landwirtschaft, Forsten und Gartenbau
- 1 Knappschaft

5.2.3 Begriff der Leistungsfähigkeit in der GKV

Die verschiedenen Sozialleistungsträger definieren den Begriff Leistungsfähigkeit unterschiedlich bzw. haben unterschiedliche Auslegungsgrundsätze für die Begriffe wie Leistung, Leistungsfähigkeit oder Erwerbsfähigkeit. Das macht es dem angehenden Sozialmediziner und Gutachter nicht immer leicht. Im vorliegenden Kapitel wird der Begriff „Leistungsfähigkeit" aus Sicht der GKV erklärt:

Die Leistungsfähigkeit eines Versicherten stellt sein Fähigkeitsprofil auf dem Arbeitsmarkt dar. Darunter wird die Fähigkeit eines Versicherten verstanden, seine aktuelle berufliche Tätigkeit auszuüben – einer so genannten gesetzlich versicherten Bezugstätigkeit nachzugehen – hierfür arbeitsfähig zu sein.

Die Begriffe „Arbeitsunfähigkeit" und „Arbeitsfähigkeit" werden im SGB V zwar erwähnt, es gibt jedoch keine Definition. Die Begriffe werden in der Sozialrechtsprechung komplementär verwendet. Das heißt, dass Arbeitsfähigkeit für eine Bezugstätigkeit immer dann besteht, wenn keine Arbeitsunfähigkeit besteht. Daher gilt jede Definition des einen Begriffs umgekehrt auch für den anderen.

Der Begriff der Arbeitsunfähigkeit (AU) wurde durch das Bundessozialgericht (BSG) über einen langen Zeitraum fortentwickelt und auch für bestimmte Konstellationen wie AU bei Arbeitslosigkeit, bei Beendigung eines Beschäftigungsverhältnisses während der AU, AU bei Schwangeren usw. ausgestaltet. Die Bewertungsmaßstäbe zur Beurteilung von Arbeitsunfähigkeit sind in der jeweils gültigen Arbeitsunfähigkeits-Richtlinie geregelt, die vom Gemeinsamen Bundesausschuss (G-BA) erlassen wird [3] (s. Kap. 5.2.4.1).

5.2.4 Beurteilung der Leistungsfähigkeit – Gesetzliche und sozialmedizinische Grundlagen

5.2.4.1 Arbeitsunfähigkeits-Richtlinie (AU-Richtlinie) des Gemeinsamen Bundesausschusses (G-BA)

Rechtsanspruch auf Absicherung im Krankheitsfall

Der G-BA hat eine Richtlinie erlassen, die das Ziel hat, ein bundesweit standardisiertes und für die Beteiligten verbindliches Verfahren für die praktische Anwendung im Umgang mit Arbeitsunfähigkeit sicherzustellen und den Informationsaustausch und die Zusammenarbeit zwischen den Beteiligten zu regeln. Dies sind:

- der Vertragsarzt, der nach ärztlicher Untersuchung die AU feststellt und auf dem dafür vorgesehenen mit der Kassenärztlichen Bundesvereinigung (KBV) vereinbarten Vordruck bescheinigt;
- die Krankenkasse, bei der der Versicherte seinen Anspruch auf Krankengeld erhebt und
- der Medizinische Dienst, sofern dieser durch die Krankenkasse zur Prüfung der AU beauftragt wird.

Bei krankheitsbedingter AU erhält der Arbeitnehmer zunächst eine Entgeltfortzahlung vom Arbeitgeber und nach der sechsten Woche Krankengeld von der Krankenkasse. Im Allgemeinen sind das 70 Prozent vom Bruttoverdienst, jedoch höchstens 90 Prozent des Nettoeinkommens. Der Krankengeldanspruch besteht zeitlich unbegrenzt, bei AU wegen derselben oder einer hinzugetretenen Krankheit jedoch für längstens 78 Wochen innerhalb von je drei Jahren. Der Zeitraum der Entgeltfortzahlung durch den Arbeitgeber wird auf die Höchstbezugsdauer des Krankengeldes angerechnet.

Erst- und Folgebescheinigungen dürfen nur von Vertragsärzten oder deren persönlicher Vertretung ausgestellt werden. Zudem können auch Krankenhausärzte im Rahmen des Entlassmanagements für einen Zeitraum von bis zu sieben Kalendertagen nach der Entlassung AU bescheinigen. Dasselbe gilt für Ärzte in Einrichtungen der medizinischen Rehabilitation, wenn die Krankenkasse die erforderliche stationäre Rehabilitation erbringt, wie auch bei Leistungen im Rahmen der Medizinischen Rehabilitation für Mütter und Väter (§ 5 AU-Richtlinie).

In § 2 der AU-Richtlinie findet man alle Definitionen und die so genannten Bewertungsmaßstäbe für die Feststellung von Arbeitsunfähigkeit und deren Ausnahmetatbestände. So liegt beispielsweise bei der Beaufsichtigung eines erkrankten Kindes keine AU des Elternteils vor. Dasselbe gilt für kosmetische Operationen oder Beschäftigungsverbote nach dem Infektionsschutzgesetz und/oder dem Mutterschutzgesetz.

Merke: Nach § 2 (1) der AU-Richtlinie liegt Arbeitsunfähigkeit vor, „wenn Versicherte auf Grund von Krankheit ihre zuletzt vor der Arbeitsunfähigkeit ausgeübte Tätigkeit nicht mehr oder nur unter der Gefahr der Verschlimmerung der Erkrankung ausführen können. Bei der Beurteilung ist darauf abzustellen, welche Bedingungen die bisherige Tätigkeit konkret geprägt haben."
Arbeitsunfähigkeit liegt auch vor, wenn auf Grund eines bestimmten Krankheitszustandes, der für sich allein noch keine Arbeitsunfähigkeit bedingt, absehbar ist, dass aus der Ausübung der Tätigkeit für die Gesundheit oder die Gesundung abträgliche Folgen erwachsen, die Arbeitsunfähigkeit unmittelbar hervorrufen."

Zusammenhang von Krankheit und AU – Rolle der Bezugstätigkeit

In § 2 der AU-Richtlinie wird festgehalten, dass bei der Beurteilung von AU Bezug genommen werden muss, „welche Bedingungen die bisherige Tätigkeit konkret geprägt haben." Demnach ist Krankheit zwar eine notwendige Voraussetzung für AU, jedoch kein alleiniges Kriterium, um Arbeitsruhe zu begründen. Ein Beispiel zur Bezugstätigkeit soll das verdeutlichen:

Beispiel: Ein Versicherter ist nach vier Wochen weiterhin arbeitsunfähig mit der ICD-10-Diagnose S 63.5: Verstauchung/Zerrung des Handgelenkes mit der Beschreibung des Behandlers: „Zustand nach Sturz auf die rechte Hand mit Prellung und Verstauchung und Bewegungseinschränkung"

- Konstellation 1: Der Versicherte ist Dachdecker. Er ist vermutlich begründet weiter arbeitsunfähig. Er kann seine Tätigkeit nur unter der Gefahr der Verschlimmerung der Erkrankung ausführen bzw. könnten aus der Ausübung für die Gesundheit oder die Gesundung abträgliche Folgen erwachsen (s. § 2 Abs. 1 AU-Richtlinie).
- Konstellation 2: Der Versicherte ist Linkshänder, Mathelehrer und wohnt fußläufig zum Tätigkeitsort/Schule. Er kann ggf. auch mit einer eingeschränkt beweglichen rechten Hand in seiner Bezugstätigkeit als Lehrer arbeiten. Eine Arbeitsunfähigkeit ist nicht zwingend weiter begründet.

Die AU bezieht sich also immer auf die konkrete letzte Tätigkeit (Bezugstätigkeit), die bei Eintritt der AU ausgeübt wurde (Stichtag). Sie ist die entscheidende Beurteilungsgrundlage der AU-Begutachtung in der GKV.

Der Gutachter hat die Aufgabe, das vorliegende Leistungsvermögen des Versicherten mit den Anforderungen dieser aktuellen Bezugstätigkeit abzugleichen. Der Abgleich erfolgt nach der AU-Richtlinie bei:

- ungekündigtem Arbeitsverhältnis: mit den Anforderungen am konkreten Arbeitsplatz;
- während der AU gekündigten Versicherten ohne Ausbildungsberuf: mit den Anforderungen der zuletzt ausgeübten Tätigkeit oder einer ähnlich gearteten Tätigkeit;
- während der AU gekündigten Versicherten mit anerkanntem Ausbildungsberuf: mit den allgemeinen Anforderungen des Ausbildungsberufes (prägende Merkmale);
- bereits zu Beginn der AU arbeitslos gemeldeten Versicherten nach SGB III (Arbeitsförderung): mit dem zeitlichen Vermittlungsumfang, für den sich der Versicherte bei der Arbeitsagentur für leichte Arbeiten auf dem allgemeinen Arbeitsmarkt zur Verfügung gestellt hat.
- Bei erwerbsfähigen Leistungsberechtigten nach dem SGB II (Grundsicherung für Arbeitssuchende) dient als Bezugsgrundlage die Fähigkeit, mindestens 3 Stunden täglich zu arbeiten oder an einer Eingliederungsmaßnahme teilzunehmen.

Auch während einer stufenweisen Wiedereingliederung (§ 74 SGB V; sog. „Hamburger Modell“) zur Herstellung der vollen Arbeitsfähigkeit am alten Arbeitsplatz besteht AU.

5.2.4.2 Medizinischer Dienst (MD, bis Mitte 2021 MDK)

Die Medizinischen Dienste unterstützen als Teil des Solidarsystems die GKV als deren Beratungs- und Begutachtungsdienste.

Gesetzlich sind die Krankenkassen nach § 275 SGB V – Begutachtung und Beratung – in den gesetzlich bestimmten Fällen oder wenn es nach Art, Schwere, Dauer oder Häufigkeit der Erkrankung oder nach dem Krankheitsverlauf erforderlich ist, verpflichtet, den Medizinischen Dienst mit einer sozialmedizinischen Stellungnahme zu beauftragen [4]:

1. bei Erbringung von Leistungen, insbesondere zur Prüfung von Voraussetzungen, Art und Umfang der Leistung, sowie bei Auffälligkeiten zur Prüfung der ordnungsgemäßen Abrechnung, aber auch
2. zur Einleitung von so genannten „Leistungen zur Teilhabe“ für Menschen mit Behinderungen und von Behinderung bedrohte Menschen, insbesondere zur Koordinierung der Leistungen der verschiedenen Rehabilitationsträger, die im SGB

IX: Rehabilitation und Teilhabe von Menschen mit Behinderungen benannt sind (s. Kap. 5.3 Gesetzliche Rentenversicherung).

3. Im Rahmen der Arbeitsunfähigkeit (AU) von Versicherten, auf die sich das vorliegende Kap. 5.2 bezieht, betrifft die Prüfung zum einen AU-Fallkonstellationen mit medizinischen Unklarheiten oder wenn zum Beispiel sichergestellt werden soll, dass alle in Frage kommenden Behandlungsoptionen, aber auch Präventions- und Rehabilitationsmaßnahmen für den Einzelfall ausgeschöpft werden. Zum anderen wird eine Prüfung veranlasst, wenn seitens des Arbeitgebers oder der Krankenkasse Zweifel an der AU bestehen.

5.2.4.3 Begutachtungsanleitung Arbeitsunfähigkeit (BGA AU)

Der GKV-Spitzenverband bereitet in regelmäßigen Abständen die jeweils aktuellen Statistiken zur gesetzlichen Krankenversicherung auf und vergleicht diese mit dem Vorjahreszeitraum. Zwar liegt der Ausgabenanteil der GKV für Krankengeldzahlungen bei nur ca. 5,5 % an den Gesamtausgaben im Vergleich zu ca. 17 % für die ambulante ärztliche Behandlung und ca. 34 % für Krankenhausbehandlungen, jedoch führen AU-bedingte Fehlzeiten zu volkswirtschaftlichen Ausfallkosten in Milliardenhöhe (siehe Abb. 5.2).

Die AU-Begutachtung ist eine originäre Aufgabe der Medizinischen Dienste.

Zur Regelung der Zusammenarbeit der Medizinischen Dienste mit den Krankenkassen hat der Spitzenverband Bund der Krankenkassen die Begutachtungsanleitung

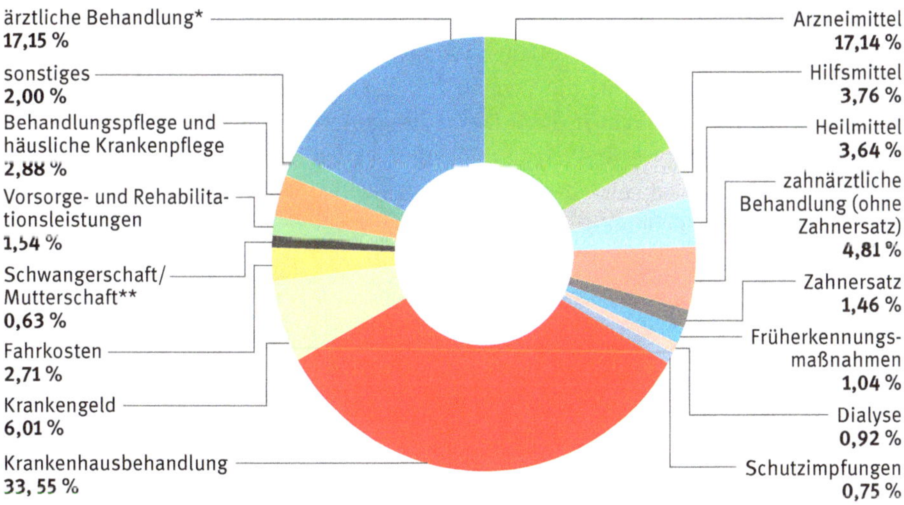

* Nicht berücksichtigt wurden die gezahlten Betäge für Früherkennung, Impfungen, ehemals sonstige Hilfen und Dialyse-Sachkosten.

** ohne stationäre Entbindung

Summen können rundungsbedingt abweichen.

Abb. 5.2: Ausgaben der GKV im Jahr 2019 für die einzelnen Leistungsbereiche [5].

Arbeitsunfähigkeit (BGA AU) [6] erlassen. Sie ist eine Richtlinie nach § 282 Abs. 2 Satz 3 SGB V und damit für die Medizinischen Dienste und die Krankenkassen und ihre Verbände verbindlich.

5.2.4.4 Bio-psycho-soziales Krankheitsmodell

Bei Arbeitsunfähigkeit infolge von Krankheit handelt es sich um einen komplexen Zusammenhang von nicht nur medizinischen, sondern auch rechtlichen und beruflichen Aspekten. Die Komplexität erfordert von allen Beteiligten daher vielschichtige Kenntnisse, auch wenn die praktische Bedeutung der AU und deren Folgen jeweils unterschiedlich sind für den Patienten/Versicherten, den Vertragsarzt, den Arbeitgeber und die Krankenkasse. Nicht zuletzt befindet sich der Gutachter bei seiner Beurteilung in einem Spannungsfeld, das es gilt, im Einzelfall objektiv und unabhängig auf der Sachebene zu bewerten.

Die Begutachtungspraxis hat gezeigt, dass weniger die Diagnose, sondern eine Vielzahl an Faktoren auf unterschiedlichen Ebenen Einfluss auf die Dauer der AU haben. Es ist bekannt, dass Langzeit-AU soziale und psychosoziale Probleme verstärkt und den beruflichen wie den sozialen Rückzug fördert. Dem sollten alle Beteiligten entgegenwirken – nicht zuletzt der Versicherte selbst durch die eigene Motivation und Initiative.

Der sozialmedizinischen Begutachtung nach SGB V liegt daher das bio-psycho-soziale Krankheitsmodell zugrunde mit dem Gedankengut der ICF (Internationale Klassifikation von Funktionsfähigkeit, Behinderung und Gesundheit). Es betrachtet die Krankheiten und Krankheitsfolgen sowie deren Wechselwirkungen vor dem Hintergrund der Lebenswelt des betroffenen Menschen.

Die ICF (aktuell gültig ist die Version 2005) [7] ist eine der Klassifikationen im Gesundheitswesen. Sie ergänzt die ICD 10 (Internationale Klassifikation der Krankheiten und verwandter Gesundheitsprobleme), die auch der Vertragsarzt zum Kodieren der Krankheit nutzt, und beschreibt die Auswirkungen dieser Gesundheitsstörung auf unterschiedlichen Ebenen (Abb. 5.3).

Die Aufgabe des sozialmedizinischen Gutachters ist es, dem Krankenkassenmitarbeiter als medizinischem Laien die Diagnose der kurativen Medizin nach ICD-10 in eine verständliche Funktions- oder Leistungsdiagnose zu „übersetzen“. Der Krankenkassenmitarbeiter soll verstehen, welche funktionellen und strukturellen Schädigungen aufgrund der Erkrankung den Versicherten in seiner Aktivität und Teilhabe beeinträchtigen, welche umweltbezogenen Faktoren (z. B. besondere Bedingungen des Arbeitsplatzes) und welche personbezogenen Faktoren (insbesondere das Krankheitsverhalten, die subjektive Erwartung an die eigene Gesundheits- und Erwerbsprognose) eine Rolle spielen. Erst dann kann er einen Leistungsentscheid treffen, unterstützende Maßnahmen einleiten und ggf. die Krankengeldzahlung befürworten.

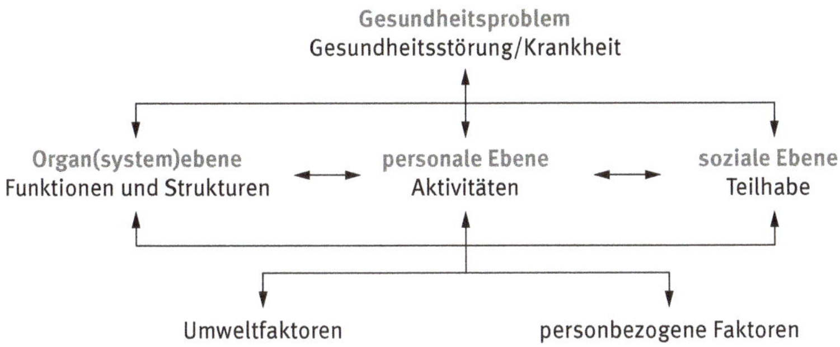

Abb. 5.3: Das Bio-psycho-soziale Modell der ICF (Modell der Komponenten von Gesundheit und ihre möglichen Wechselwirkungen) aus BGA AU [6].

„Übersicht"

Beispiel für eine sozialmedizinische Funktionsdiagnose anhand der ICD-10-Diagnose „M06 Sonstige chronische Polyarthritis":

Aufgrund einer

- rheumatoiden Arthritis (Gesundheitsproblem/Krankheit) hat
- der 55-jährige Versicherte (Person bezogener Kontextfaktor) einen
- Erguss im Kniegelenk (Schädigung der Organebene/Struktur) und eine
- zunehmende Bewegungseinschränkung (Schädigung der Organebene/Funktion).

Es resultiert eine

- deutliche Einschränkung der Gehfähigkeit (Beeinträchtigung der Aktivität/personale Ebene), die trotz
- Unterarmgehstützen (positiver Umweltfaktor) zu einer
- vorrübergehenden AU (Beeinträchtigung der Teilhabe als Staplerfahrer/soziale Ebene) führt.

5.2.5 Beratung und Begutachtung von Arbeitsunfähigkeit im Auftrag der GKV

5.2.5.1 Grundanforderungen und Prozess der Einzelfallberatung und -begutachtung

Über die für eine Beratung oder Begutachtung durch den Gutachter des MD in Frage kommenden Fälle entscheidet die Krankenkasse. Sie beauftragt den MD im Einzelfall. Eine gute Vorbereitung und Differenzierung der von der Krankenkasse vorgelegten AU-Fälle kann den entscheidenden Impuls für den weiteren AU-Verlauf geben. Die Grundsätze der Beurteilung von AU unterscheiden nicht zwischen der Bearbeitung im Rahmen einer sozialmedizinischen Fallberatung gemeinsam mit dem Krankenkassensachbearbeiter und einem schriftlichen sozialmedizinischen Gutachten nach Aktenlage oder mit Versichertenkontakt.

Das Ziel aller Beteiligten in einem AU-Geschehen sollte die Vermeidung von Langzeit-AU und eine möglichst rasche Reintegration des Versicherten in den Arbeitsprozess sein. Mit zunehmender AU-Dauer kann es zu einem Problemwandel bei Patienten kommen, denn es häufen sich die sozialen und psychosozialen Probleme, die das AU-Geschehen wiederum mitbestimmen können. Der Zeitpunkt der Begutachtung spielt daher eine wichtige Rolle, um im individuellen Krankheitsfall zum geeigneten Zeitpunkt auch die entsprechenden Maßnahmen zur Intervention oder zur Wiederherstellung der Arbeitsfähigkeit empfehlen zu können. Die BGA AU (5.2.3) enthält hier für den Krankenkassenmitarbeiter für bestimmte Krankheitsfälle/Diagnosegruppen Angaben zur groben Orientierung für Zeiträume (in Wochen), nach deren Ablauf notwendige Aktivitäten durch die Krankenkasse erfolgen sollten, d. h. wann eine Anfrage zum Gesundheitszustand beim Behandler oder eine Beratung durch den MD sinnvoll erscheint.

In der Regel erfolgt die erste AU-Beurteilung zu einem Einzelfall im direkten Kontakt zwischen dem Krankenkassenmitarbeiter und dem Gutachter des MD. Die Fragestellungen der Kassen beziehen sich vorwiegend auf die Dauer der AU, die Sicherung eines Behandlungserfolges, auf Zweifel an der AU sowie auf das Leistungsbild des Versicherten.

Anhand aller vorliegenden Informationen prüft der sozialmedizinische Gutachter, ob zusätzliche Leistungen geeignet erscheinen, die Wiederherstellung der Arbeitsfähigkeit zu beschleunigen. Zur Verfügung stehen u. a. kurative und rehabilitative Leistungen wie die ärztliche Behandlung, die Verordnung von Arzneimitteln, Heil- oder Hilfsmitteln, von Maßnahmen der Physikalischen Therapie oder der Ergotherapie. Der Gutachter ist meist der erste Arzt, der einen AU-Werdegang mit „sozialmedizinischen Augen" betrachtet. Er sollte, um mit seiner Empfehlung den richtungsweisenden Impuls für den weiteren AU-Verlauf geben zu können, die Leistungsvoraussetzungen aller Rehabilitationsträger kennen. Ob die gutachtliche Stellungnahme in der direkten Fallberatung zwischen dem Gutachter und dem Kassenmitarbeiter abschließend erfolgt, also die Fragen der Krankenkasse beantwortet werden können, oder ob eine Begutachtung nach Aktenlage bzw. mit Versichertenkontakt/Untersuchung notwendig ist, entscheidet in der Regel der Gutachter durch die ihm zur Verfügung stehende Informationslage zum individuellen Einzelfall. Unter anderem muss geklärt sein: Mit welcher Diagnose ist der Versicherte arbeitsunfähig – „AU führende Diagnose"? Liegen ausreichende Erkenntnisse zur Bezugstätigkeit, dem aktuellen Arbeitsplatz und den Beanspruchungen vor? Wie wirkt sich die Erkrankung auf das Leistungsvermögen in Bezug auf diese Anforderungen aus? Ist die AU plausibel?

Wenn aussagekräftige Befunde vom Vertragsarzt, von Mitbehandlern, von der Reha-Klinik oder vom Krankenhaus vorliegen, die eindeutige Aussagen zur Erkrankung, zur Therapie und zum Verlauf zulassen, und wenn die Bezugstätigkeit bekannt ist, kann der Gutachter die krankheitsbedingten Einschränkungen der Aktivität sowie der Teilhabe bewerten und darüber hinaus auch eine prognostische Abschätzung zur

Dauer der AU geben. Insoweit ist von einer körperlichen Untersuchung kein zusätzlicher Erkenntnisgewinn zu erwarten.

Immer dann, wenn die Datenlage nicht ausreicht, wird ein Telefonat mit dem Behandler geführt, werden Informationen und Unterlagen beim (Mit-)Behandler nachgefordert – mündlich oder schriftlich – oder der Versicherte selbst schriftlich oder mündlich befragt bzw. zur Begutachtung persönlich eingeladen.

5.2.5.2 Ergebnis der AU-Begutachtung

Im Ergebnis der Begutachtung müssen die Fragen der Krankenkasse beantwortet werden. Die sozialmedizinische Empfehlung muss begründet werden und als Grundlage des Leistungsentscheids für die Krankenkasse nachvollziehbar sein. U. a. sind die folgenden Ergebnisse in der AU-Begutachtung möglich:

- nicht weiter arbeitsunfähig: Das bedeutet, es liegt keine Diskrepanz zwischen dem beruflichen Anforderungsprofil am konkreten Arbeitsplatz und der Prognose des Leistungsvermögens vor. Der Versicherte ist absehbar arbeitsfähig. Der letzte Tag der gutachtlich festgestellten AU sollte nicht weiter als 14 Tage im Voraus benannt werden.
- auf Zeit arbeitsunfähig: Mit einer Rückkehr in das Berufsleben und an den letzten Arbeitsplatz ist zu rechnen, wobei es sinnhaft ist, dem Kassenmitarbeiter eine orientierende Aussage zur Prognose der AU-Dauer (Tage, Wochen) zu geben.
- auf Dauer arbeitsunfähig: AU auf Dauer bedeutet, dass die AU voraussichtlich sowohl über das Leistungsende (Ende des Krankengeldbezugs) hinaus als auch mindestens 6 Monate ab Beurteilung fortbestehen wird und die Krankheitsfolgen eine wesentliche Einschränkung bezogen auf das Anforderungsprofil am letzten Arbeitsplatz bzw. auf das Erwerbsleben verursacht haben, so dass der Versicherte seine Tätigkeit am konkreten Arbeitsplatz definitiv nicht mehr verrichten kann.
- Leistungsbild: Ist ein Abgleich von Leistungsvermögen und Anforderungsprofil nicht möglich bzw. betrifft die Frage des Auftraggebers unmittelbar die Beschreibung, wird ein Leistungsbild erstellt.

5.2.5.3 Leistungsbild

Die eigentliche Herausforderung des sozialmedizinischen AU-Gutachtens ist der Abgleich des individuellen Leistungsvermögens des Versicherten mit den qualitativen und quantitativen Anforderungen des konkreten Arbeitsplatzes. Diese liegen i. d. R. durch eine Arbeitsplatzbeschreibung des Versicherten vor, können aber auch durch den Arbeitgeber benannt sein. Auf Diskrepanzen der Aussagen ist zu achten.

Als Synonym für Leistungsvermögen wird in der GKV das Leistungsbild verwandt, das als positiv oder negativ beschrieben wird. Zur Darstellung eines Leistungsbildes ist die Beschreibung von konkreten Tätigkeiten in der zuletzt ausgeübten Tätigkeit, die noch möglich oder nicht mehr möglich sind, hilfreich.

Bei der Formulierung eines positiven Leistungsbildes stehen die Ressourcen im Hinblick auf die noch zumutbare körperliche Arbeitsschwere, Arbeitshaltung und Arbeitsorganisation in einem definierten zeitlichen Umfang im Vordergrund. Hierfür werden arbeitsmedizinische Begriffe verwandt. Die BGA AU (5.2.4.3) enthält im Anhang unter 7.3. eine orientierende Zusammenstellung an in arbeitsmedizinischen und arbeitsamtsärztlichen Gutachten verwendeten Begriffen, die dem AU-Gutachter als Anhaltspunkte dienen und dem Kassenmitarbeiter eine bessere Vorstellung im Hinblick auf die Ressourcen vermitteln sollen.

Ein negatives Leistungsbild enthält die Aktivitäten, die krankheitsbedingt oder behinderungsbedingt in diesem Umfang nicht mehr ausgeübt bzw. wegen der Gefahr einer gesundheitlichen Verschlimmerung nicht mehr ausgeführt werden können einschließlich der Betrachtung des zeitlichen Umfangs.

5.2.5.4 Schnittstelle Rentenversicherung – Erwerbsfähigkeit und § 51 Abs. 1 SGB V

Wenn trotz der oben genannten Maßnahmen der Krankenbehandlung zu Lasten der GKV eine nicht nur vorübergehende Beeinträchtigung der Teilhabe am Erwerbsleben zu befürchten ist, können ggf. Leistungen anderer Sozialleistungsträger für den Versicherten in Betracht kommen. Hierbei prüft der AU-Gutachter, ob die Erwerbsfähigkeit des Versicherten erheblich gefährdet oder sogar gemindert ist und Maßnahmen zur medizinischen oder beruflichen Rehabilitation oder andere Maßnahmen zur Teilhabe am Arbeitsleben einzuleiten sind.

Im rehabilitationsrechtlichen Zusammenhang zielt der Erwerbsbegriff („erhebliche Gefährdung der Erwerbsfähigkeit“, „Minderung der Erwerbsfähigkeit“) auf die zuletzt ausgeübte Tätigkeit ab, während im rentenrechtlichen Sinne die Ausübung einer Tätigkeit auf dem allgemeinen Arbeitsmarkt gemeint ist („verminderte Erwerbsfähigkeit“, „Erwerbsminderung“).

Das BSG hat im Urteil vom 5.2.2009 [8] die Erwerbsfähigkeit im Kontext § 51 Abs. 1 SGB V wie folgt konkretisiert:

„Der Begriff der Erwerbsfähigkeit ist als Fähigkeit des Versicherten zu verstehen, seinen bisherigen Beruf oder seine bisherige Tätigkeit weiter auszuüben. Nicht hingegen sind die Kriterien anwendbar, die für die Erfüllung der Leistungsvoraussetzungen für eine Rente wegen teilweiser (Berufs-) oder voller Erwerbsminderung/Erwerbsunfähigkeit maßgeblich sind.“

Die Beurteilung einer erheblichen Gefährdung oder einer Minderung der Erwerbsfähigkeit nach § 51 SGB V bezieht sich bei bestehendem Arbeitsverhältnis auf die konkrete Tätigkeit, bei Arbeitslosigkeit bezieht sie sich auf das Vermögen, leichte körperliche Tätigkeiten im bisherigen zeitlichen Vermittlungsumfang ausüben zu können.

Merke: Eine „erhebliche Gefährdung der Erwerbsfähigkeit" (§ 51 SGB V) liegt vor, wenn durch die gesundheitlichen Beeinträchtigungen und die damit verbundenen Funktionseinschränkungen ohne die Leistungen zur Teilhabe innerhalb von drei Jahren mit einer Minderung der Erwerbsfähigkeit zu rechnen ist.

Eine „Minderung der Erwerbsfähigkeit" (§ 51 SGB V) liegt vor, wenn infolge gesundheitlicher Beeinträchtigungen eine erhebliche und länger andauernde Einschränkung der Leistungsfähigkeit im Erwerbsleben eingetreten ist, wodurch der Versicherte seine bisherige oder zuletzt ausgeübte berufliche Tätigkeit voraussichtlich auf Dauer nicht mehr oder nicht mehr ohne wesentliche Einschränkungen ausüben kann.

5.2.6 Beispiel

Die Krankenkasse fragt den AU-Gutachter nach der „Dauer der AU" sowie ob die medizinischen Voraussetzungen des § 51 SGB V vorliegen – also ob die Erwerbsfähigkeit erheblich gefährdet ist bzw. eine Minderung derselben vorliegt.
Zur Begutachtung erscheint ein 56-jähriger männlicher Versicherter. AU wurde seit 5 Monaten bescheinigt.

Berufliche und soziale Anamnese: Kein erlernter Beruf. Seit über 25 Jahren Hilfsarbeitertätigkeiten im Baugewerbe mit schwerer körperlicher Belastung. Jetzt seit etwa 10 Jahren als Gerüstbauhelfer in einem Kleinbetrieb mit insgesamt 9 Mitarbeitern ungekündigt vollschichtig tätig.

Medizinische Anamnese: Keine ernsthaften leistungsmindernden Erkrankungen/Unfallfolgen. Die aktuelle AU besteht wegen schmerzhafter Einschränkung der Beweglichkeit des vor 5 Monaten operierten Kniegelenks.
Der Untersuchungsbefund im Rahmen der Begutachtung ergibt einen Erguss des operierten Kniegelenks mit Bewegungsausmaßen von 0–5–90° mit Muskelminderung bis 4 cm.

(Funktions-)Diagnose: Einschränkung der Beuge- und Streckfähigkeit des Kniegelenks mit Muskelminderung bei Grad IV Gonarthrose und Retropatellararthrose. Z. n. arthroskopischer Abrasionsarthroplastik vor 5 Monaten.
Bezugnehmend auf die Voraussetzung weiterer AU ist dem konkreten beruflichen Kontext zu Beginn der AU der besondere sozialmedizinische Stellenwert beizumessen. Die sozialmedizinische Beurteilung ist bei folgenden Konstellationen unterschiedlich:

I) Zum Zeitpunkt der Untersuchung ungekündigtes Arbeitsverhältnis:
Ergebnis: AU auf Dauer für die zuletzt ausgeübte Tätigkeit (Bezugspunkt) als Gerüstbauhelfer.
Die medizinischen Voraussetzungen des § 51 SGB V liegen vor im Sinne einer Minderung der Erwerbsfähigkeit (EF). Ein Restleistungsbild kann zu diesem Zeitpunkt beschrieben werden, da aktuell keine OP gewünscht ist und eine wesentliche Besserung des Befundes bei Grad IV Arthrose nicht mehr zu erwarten ist.

IV) Kündigung während der Arbeitsunfähigkeit:
   - Positiv: möglich sind leichte bis gelegentlich mittelschwere Arbeiten zu ebener Erde, kein ständiges Knien oder Hocken ohne weitere besondere Anforderungen an das Steh- und Gehvermögen über 6 Stunden täglich.
   - Negativ: Arbeiten auf Gerüsten und Leitern sind nicht mehr möglich.

   Bezugspunkt ist auch hier die letzte Tätigkeit als An- und Ungelernter. Kein ausreichendes Leistungsvermögen mehr für die zuletzt ausgeübte Tätigkeit als Gerüstbauhelfer auf dem Bau.

   Die medizinischen Voraussetzungen des § 51 SGB V liegen vor im Sinne einer Minderung der EF.

   Empfehlung: aktuell keine positive Prognose für eine medizinische Rehabilitation bei ausgeprägtem Arthrosegrad. Ggf. zu entscheidende Maßnahme (Leistung zur Teilhabe am Arbeitsleben wie Umschulung) über den Rentenversicherungsträger oder die Agentur für Arbeit; der Versicherte könnte weiterhin eine ähnliche Hilfsarbeitertätigkeit mit leichten bis mittelschweren Arbeiten verrichten, alternativ kämen Lagerarbeiten oder ähnliches in Frage.

Ergebnis: Leistungsbild

IX) Arbeitslosigkeit vor Beginn der Arbeitsunfähigkeit, bei der Agentur für Arbeit gemeldet mit 6 Stunden.

   Der Abgleich des Leistungsvermögens erfolgt bei Arbeitslosen mit dem Anforderungsprofil nach dem SGB III, also leichte körperliche Tätigkeit für die Dauer, für die sich der Versicherte zur Verfügung gestellt hat.

   Die vorliegende Bewegungseinschränkung begründet nicht zwingend eine weitere AU für leichte bis mittelschwere Tätigkeiten für 6 Stunden täglich. Ohne OP ist eine Zunahme der Beeinträchtigungen durch die fortgeschrittene Arthrose prognostisch wahrscheinlich, aber die Erwerbsfähigkeit nicht gefährdet.

Literatur

[1] https://www.bundesgesundheitsministerium.de/themen/krankenversicherung/grundprinzipien/aufgaben-und-organisation-der-gkv.html. Letzter Zugriff: 13.09.2020.

[2] https://www.gkv-spitzenverband.de/media/grafiken/krankenkassen/Grafik_Krankenkassenanzahl_Konzentrationsprozess_160dpi_2020-01-02.jpg. Letzter Zugriff: 02.09.2020

[3] https://www.g-ba.de/richtlinien/2/. Letzter Zugriff: 11.09.2020.

[4] www.sozialgesetzbuch-sgb.de/sgbv/275.html. Letzter Zugriff: 03.09.2020.

[5] https://www.gkv-spitzenverband.de/presse/zahlen_und_grafiken/gkv_kennzahlen/gkv_kennzahlen.jsp. Letzter Zugriff: 13.09.2020.

[6] https://www.mds-ev.de/fileadmin/dokumente/Publikationen/GKV/Begutachtungsgrundlagen_GKV/BGA-AU_170515.PDF

[7] https://www.dimdi.de/static/de/klassifikationen/icf/icfhtml2005/index.htm. Letzter Zugriff: 22.04.2021.

[8] BSG-Urteil vom 05.02.2009, B 13 R 27/08 R.

5.3 Gesetzliche Rentenversicherung

Michaela Seidl

5.3.1 Einleitung und Rechtsgrundlagen

Die gesetzliche Rentenversicherung (GRV) gehört zum deutschen Sozialversicherungssystem, das heute aus insgesamt fünf verschiedenen Hauptversicherungszweigen (Krankenversicherung, Unfallversicherung, Rentenversicherung, Arbeitslosenversicherung und Pflegeversicherung) besteht, die unterschiedliche Lebensrisiken absichern. Mit dem „Gesetz, betreffend die Alters- und Invaliditätsversicherung“ [1] legte der deutsche Reichkanzler Otto von Bismarck 1889 den Grundstein zu unserer heutigen Rentenversicherung. Otto von Bismarck wollte, dass der Staat eine soziale Institution schafft, die alle Arbeiter ab dem 16. Lebensjahr und geringverdienende Angestellte mit einem Jahresgehalt von maximal 2000 Reichsmark, die damals unter schwierigen Bedingungen arbeiten mussten, im Alter, aber auch bei Invalidität oder Tod des Ernährers finanziell absichert. Die gesetzliche Krankenversicherung und Unfallversicherung wurden vom Deutschen Reichstag bereits einige Jahre zuvor eingeführt (siehe Kap. 5.2 und 10). Die gesetzliche Rentenversicherung ist auch heute noch keine generelle Pflichtversicherung für die gesamte Bevölkerung, sondern sie sichert vorrangig abhängig Beschäftigte ab. Eine freiwillige Versicherung anderer Personengruppen, z. B. Selbständige, ist heutzutage jedoch möglich. Für Arbeitnehmer handelt es sich aber um eine gesetzliche Pflichtversicherung, die nach dem Solidaritätsprinzip funktioniert. Ab 1890 wurden in den deutschen Bundesstaaten 31 Versicherungsanstalten gegründet, die sich später Landesversicherungsanstalten (LVAen) nannten. Über die Jahre kam es durch Kriege und Reformen immer wieder zu Umstrukturierungen. Insgesamt reduzierte sich mit den Jahren die Anzahl der Träger. Seit 2005 sind diese unter dem einheitlichen Oberbegriff „Deutsche Rentenversicherung“ (DRV) zusammengefasst. Zu den gesetzlichen Rentenversicherungsträgern gehören aktuell die zwei Bundesträger Deutsche Rentenversicherung Bund und die Deutsche Rentenversicherung Knappschaft-Bahn-See, sowie 14 weitere Regionalträger [2,3].

Aufgabe der GRV ist die Sicherung der Altersvorsorge ihrer Versicherten und ihrer Hinterbliebenen. Darüber hinaus sichert sie ihre Versicherten auch im Falle einer vorzeitigen Erwerbsminderung durch Krankheit oder Behinderung ab. Um die Erwerbsfähigkeit ihrer Versicherten auch im Falle von Krankheit und Behinderung möglichst lange zu erhalten und so die Zahlung von kostenintensiven Erwerbsminderungsrenten zu vermeiden oder zumindest hinauszuzögern, erbringen die Träger der GRV Leistungen zur Prävention, zur medizinischen Rehabilitation, zur Nachsorge, zur Teilhabe am Arbeitsleben und ergänzende Leistungen. Medizinische Rehabilitationsleistungen werden bei Bedarf auch für Kinder von Versicherten erbracht, wenn akute oder chronische Erkrankungen vorliegen, die die spätere Erwerbsfähigkeit gefährden könnten. Darüber hinaus ist die GRV auch für onkologische Rehabilitationen (Rehabilitationen nach Krebserkrankungen) für Versicherte, mitversicherte Angehörige und Altersrentner innerhalb der ersten zwei Jahre nach Ende der Primärtherapie zuständig (§ 31 SGB VI).

Merke: Es gilt immer der Grundsatz: Prävention vor Rehabilitation und Rehabilitation vor Rente.

Die Gewährung von Leistungen zur Teilhabe oder Rente wegen Erwerbsminderung setzen grundsätzlich einen Antrag des Versicherten voraus, sowie die Erfüllung versicherungsrechtlicher (§ 11 SGB VI) und persönlicher bzw. medizinischer Anforderungen (§ 10 SGB VI). Die Prüfung der versicherungsrechtlichen Voraussetzungen und die Bewilligung oder Ablehnung der beantragten Sozialleistung ist eine juristische Entscheidung in Form eines Bescheides und wird durch die Verwaltung, also medizinische Laien getroffen. Sozialmedizinische Gutachten werden daher zur Beurteilung der persönlichen bzw. medizinischen Voraussetzungen benötigt und stellen somit eine wichtige Entscheidungsgrundlage und ein Beweismittel für die Verwaltung dar.

Die gesetzliche Rentenversicherung und die im Auftrag der GRV tätigen Gutachter arbeiten dabei vorrangig auf den Rechtsgrundlagen der folgenden Sozialgesetzbücher (SGB)
- SGB I Allgemeiner Teil (vor allem § 60–67)
- SGB VI Gesetzliche Rentenversicherung
- SGB IX Rehabilitation und Teilhabe von Menschen mit Behinderungen
- SGB X Sozialverwaltungsverfahren und Sozialdatenschutz (§ 25 Akteneinsicht durch Beteiligte)

Da die sozialmedizinische Begutachtung gemäß § 17 SGB IX jedoch umfassend und trägerübergreifend zu erfolgen hat, um möglichst alle Bedarfe zu erfassen und unnötige Doppelbegutachtungen zu vermeiden, sollten dem Gutachter auch die Rechtsgrundlagen der anderen in § 6 SGB IX genannten Rehabilitationsträger bekannt sein. In der Praxis sind Abstimmungen mit den gesetzlichen Krankenkassen (SGB V), der Bundesagentur für Arbeit (SGB II und III), den Trägern der gesetzlichen Unfallversicherung (SGB VII) und der Sozialhilfe (SGB XII) am häufigsten erforderlich.

5.3.2 Die Leistungsarten

5.3.2.1 Leistungen zur Prävention und medizinischen Rehabilitation

Versicherungsrechtliche Voraussetzungen (§11 SGB VI)

Die versicherungsrechtlichen Zugangsvoraussetzungen für Leistungen zur Prävention und Rehabilitation sind niedrigschwellig. So sind die versicherungsrechtlichen

Voraussetzungen nach § 11 Abs. 2 Nr. 1 SGB VI bereits erfüllt, wenn der Versicherte in den letzten zwei Jahren vor der Antragstellung mindestens sechs Kalendermonate Pflichtbeiträge für eine versicherte Beschäftigung oder Tätigkeit erbracht hat. Diese Konstellation trifft für den überwiegenden Teil der Antragsteller zu. Aber auch Versicherte, die in den letzten zwei Jahren nicht mindestens sechs Monate sozialversicherungspflichtig beschäftigt waren, aber aufgrund früherer Pflichtversicherungszeiten oder anrechnungsfähiger Ersatzzeiten die Mindestversicherungszeit von 60 Kalendermonaten erfüllen, können medizinische Rehabilitationsleistungen erhalten, wenn eine Erwerbsminderung bereits besteht oder in absehbarer Zeit droht. Die Mindestversicherungszeit von 60 Kalendermonaten, die grundsätzlich erforderlich ist, um versicherungsrechtliche Ansprüche auf eine Regelaltersrente, eine Erwerbsminderungsrente und eine Hinterbliebenenversorgung zu erwerben, wird auch als allgemeine Wartezeit bezeichnet. Zu den anrechnungsfähigen fiktiven Pflichtbeitragszeiten gehören beispielsweise Kindererziehungszeiten.

Beispiel: Gemäß § 56 SGB VI können dem erziehenden Elternteil pro Kind bis zu 36 Monate Kindererziehungszeiten angerechnet werden. Für Geburten vor dem 01.01.1992 werden seit Einführung der Mütterrente II im Jahr 2019 bis zu 30 Monate anerkannt. Daher ist es möglich, dass der erziehende Elternteil allein durch die Erziehung von zwei Kindern die allgemeine Wartezeit von 60 Kalendermonaten erfüllt und dadurch versicherungsrechtlich Ansprüche auf Rehabilitations- und Rentenleistungen erwirbt, auch wenn er zuvor nie sozialversicherungspflichtig beschäftigt war.

Persönliche Voraussetzungen (§10 SGB VI)

Für Leistungen zur medizinischen Rehabilitation und für Leistungen zur Teilhabe am Arbeitsleben müssen zudem die persönlichen Voraussetzungen gemäß § 10 SGB VI erfüllt sein.

Es gelten die persönlichen Voraussetzungen als erfüllt, wenn die Erwerbsfähigkeit des Versicherten wegen Krankheit oder körperlicher, geistiger oder seelischer Behinderung erheblich gefährdet oder gemindert ist und voraussichtlich eine Minderung der Erwerbsfähigkeit durch Leistungen zur medizinischen Rehabilitation oder zur Teilhabe am Arbeitsleben abgewendet, oder bei bereits geminderter Erwerbsfähigkeit die Leistungsfähigkeit wesentlich gebessert oder wiederhergestellt werden kann. Besteht bereits eine teilweise Erwerbsminderung ohne Aussicht auf eine wesentliche Besserung der Erwerbsfähigkeit, dann kommen Leistungen zur Teilhabe in Betracht, wenn dadurch der bestehende Arbeitsplatz erhalten oder, falls dies nicht möglich ist, ein anderer in Aussicht stehender leidensgerechter Arbeitsplatz erlangt werden kann.

Zusammengefasst kann man also sagen, dass Leistungen zur medizinischen Rehabilitation und/oder Leistungen zur Teilhabe am Arbeitsleben immer dann gewährt werden können, wenn eine überwiegend positive Rehabilitationsprognose in Bezug auf den Erhalt der Erwerbsfähigkeit vorliegt. Es gilt „Reha vor Rente“. Ist die Erwerbsprognose negativ, dann kommen keine Rehabilitationsleistungen zu Lasten der GRV in Betracht. In diesem Fall sind die Voraussetzungen für eine Erwerbsminderungsrente zu prüfen. Ergibt die medizinische Prüfung, dass Rehabilitationsleistungen zwar nicht die Erwerbsfähigkeit erhalten, aber ggf. eine Pflegebedürftigkeit verhindern oder deutlich vermindern können, dann ist bei gesetzlich Krankenversicherten für die medizinische Rehabilitation nicht die GRV, sondern die gesetzliche Krankenkasse (GKV) zuständig. Der Rentenversicherungsträger kann in einem solchen Fall den Rehabilitationsantrag innerhalb der gesetzlichen Frist von 14 Tagen nach Antragseingang an die GKV weiterleiten, die dann in eigener Zuständigkeit entscheidet.

Merke: Leistungen zur medizinischen Rehabilitation und/oder zur Teilhabe am Arbeitsleben setzen eine überwiegend positive Rehabilitationsprognose in Bezug auf den Erhalt oder die Wiederherstellung der Erwerbsfähigkeit voraus.

Prävention (§ 14 SGB VI)

Präventionsleistungen nach § 14 SGB VI kommen für Beschäftigte in Betracht, die die persönlichen Voraussetzungen für eine medizinische Rehabilitation nach § 10 SGB VI noch nicht erfüllen, aber bereits erste gesundheitliche Beeinträchtigungen aufweisen, die auf längere Sicht die ausgeübte Beschäftigung gefährden könnten. Das können zum Beispiel wiederkehrende Rückenbeschwerden durch muskuläre Imbalancen und Trainingsmangel ohne Nachweis erheblicher degenerativer Veränderungen oder auch ein zu hoher Blutdruck bei mäßigem Übergewicht ohne Nachweis von Spätkomplikationen sein. Bei den Präventionsleistungen handelt es sich um ambulante, mehrmonatige, berufsbegleitende Programme mit Sport-, Ernährungs- und Stressbewältigungsangeboten. Das Programm heißt bei der DRV Bund aktuell RV-Fit und besteht aus einer ganztägig-ambulanten, zwei bis dreitägigen Initialphase, einer mehrmonatigen, wöchentlichen berufsbegleitenden Trainingsphase in einem wohnortnahen Präventionscenter, einer Eigeninitiativphase zur Integration des Gelernten in den Alltag und einem eintägigen Auffrischungstag.

Medizinische Rehabilitation (§ 15 SGB VI)

Beispiel (1): Frau M. ist 50 Jahre alt und arbeitet seit einigen Jahren als Krankenschwester im ambulanten Pflegedienst. In den letzten 12 Monaten beklagt sie zunehmende Beschwerden beim Stehen und Gehen in beiden Kniegelenken und seit einigen Wochen bestehen auch rezidivierende immobilisierende Rückenbeschwerden mit Ausstrahlung in das rechte Bein. Es ist aufgrund der Beschwerden bereits mehrfach zu längeren Arbeitsunfähigkeitszeiten gekommen. Der Orthopäde stellt bei ihr eine fortgeschrittene Arthrose Grad III in beiden Kniegelenken, degenerative Veränderungen der Wirbelsäule im Sinne einer Osteochondrose und einen Bandscheibenvorfall im Bereich der Lendenwirbelsäule in Höhe L4/5 fest. Ein sensomotorisches Defizit besteht nicht. Operative Maßnahmen sind daher nicht indiziert. Trotz medikamentöser Schmerztherapie, regelmäßiger ambulanter Physiotherapie und Krankengymnastik, sowie Rehasport kommt es immer nur zu einer kurzfristigen Besserung der Beschwerden. Frau M. beantragt daher auf Anraten ihres Orthopäden eine Leistung zur medizinischen Rehabilitation, da die bisher durchgeführten ambulanten Maßnahmen zu keiner nachhaltigen Besserung der bestehenden orthopädischen Funktionsstörungen geführt haben. Neben dem von Frau M. ausgefüllten Rehabilitationsantrag, erstellt der Orthopäde einen ärztlichen Befundbericht.

Die notwendige Diagnostik, Akutbehandlung einschließlich Wundheilung, Medikamenteneinstellung und Hilfsmittelversorgung (z. B. Prothesenversorgung und -anpassung nach Amputation) sollten vor einer Rehabilitation abgeschlossen sein.

Leistungen zur medizinischen Rehabilitation können gemäß § 15 SGB VI einerseits in stationärer Form erbracht werden, andererseits sind auch ganztägig-ambulante Leistungen möglich, die alle erforderlichen medizinischen Maßnahmen umfassen wie ärztliche Behandlung, die Versorgung mit Arznei-, Verband– und Heilmitteln sowie die Ausstattung mit Hilfsmitteln. Die stationären Leistungen werden für längstens drei Wochen erbracht, sind aber bei begründeter Notwendigkeit für das Erreichen der Rehabilitationsziele auch für einen längeren Zeitraum möglich.

Wurden durch die GRV Leistungen zur medizinischen Rehabilitation getragen oder bezuschusst, so können derartige Maßnahmen gemäß § 12 Abs. 2 Satz 2 SGB VI erst nach Ablauf von 4 Jahren erneut getragen werden, es sei denn, vorzeitige Leistungen sind aus gesundheitlichen Gründen dringend erforderlich. Dies kann zum Beispiel der Fall sein, wenn ein Versicherter nach bereits erfolgter orthopädischer Rehabilitation einen Rezidivbandscheibenvorfall erleidet oder wenn bei chronisch progredienten oder schubweise verlaufenden Erkrankungen, wie z. B. bei Rheuma oder Multipler Sklerose deutliche Befundverschlechterungen eintreten. Vor Empfehlung bzw. Gewährung einer vorzeitigen Rehabilitation ist jedoch zu fordern, dass die ambulanten und ggf. auch vorhandenen akutstationären Therapiemöglichkeiten (zu Lasten der Krankenversicherung) vom Versicherten ausgeschöpft wurden.

Sozialmedizinische Grundvoraussetzungen für eine medizinische Rehabilitation sind eine bestehende Rehabilitationsbedürftigkeit, eine ausreichende Rehabilitationsfähigkeit, sowie eine positive Rehabilitationsprognose bezüglich der Leistungsfähigkeit im Erwerbsleben, die sich jedoch nicht nur auf die Leistungsfähigkeit in der

Bezugstätigkeit bezieht, sondern auf alle nur denkbaren Tätigkeiten auf dem allgemeinen Arbeitsmarkt. So werden Erwerbsminderungsrenten für Versicherte, die nach dem 01.01.1961 geboren sind, seit der Neuordnung des Rechts zum 01.01.2001 nur noch gezahlt, wenn nicht nur in der Bezugstätigkeit, sondern auch auf dem allgemeinen Arbeitsmarkt ein teilweises oder vollständig aufgehobenes Leistungsvermögen besteht.

Merke: Grundvoraussetzungen für eine medizinische Rehabilitation sind Rehabilitationsbedürftigkeit, Rehabilitationsfähigkeit und eine positive Rehabilitationsprognose in Bezug auf den Erhalt oder die Wiederherstellung der Erwerbsfähigkeit.

Droht trotz entsprechender Therapie eine krankheitsbedingte Beeinträchtigung der Teilhabe oder ist diese bereits manifest, so besteht *Rehabilitationsbedarf.*

Der Begriff *Rehabilitationsfähigkeit* bezieht sich auf die körperliche und psychische Verfassung des behinderten oder von Behinderung bedrohten Menschen. Der Rehabilitand sollte für die Rehabilitationsmaßnahme ausreichend motiviert oder motivierbar und sowohl körperlich als auch psychisch in der Lage sein, aktiv und selbständig an allen therapeutischen Leistungen im Einzel- und Gruppensetting teilzunehmen. Er muss sich während der Rehabilitation selbständig versorgen können, darf also nicht pflegebedürftig sein und sollte auch selbständig mit öffentlichen Verkehrsmitteln reisefähig sein. Indikationsbezogene Besonderheiten sind dabei angemessen zu berücksichtigen [4]. So kann beispielsweise von einem rollstuhlpflichtigen Versicherten nicht zwingend erwartet werden, dass er zu einer nicht unmittelbar wohnortnahen Rehabilitationseinrichtung selbständig mit öffentlichen Verkehrsmitteln anreist. In diesem Fall wäre, falls der Versicherte nicht mit einem behindertengerechten eigenen Fahrzeug anreisen kann, die Bewilligung einer Begleitperson für die Fahrt oder ein Taxi/Behindertentransport möglich. Bei eingeschränkter Reisefähigkeit mit Notwendigkeit eines Taxis oder einer Begleitung hat die Rehabilitation möglichst in einer wohnortnahen, indikationsgerechten Rehabilitationseinrichtung zu erfolgen.

„Die *Rehabilitationsprognose* ist eine sozialmedizinisch begründete Wahrscheinlichkeitsaussage für den Erfolg der Leistung zur Teilhabe über die Erreichbarkeit des festgelegten Rehabilitationsziels [5, S. 70]:

- auf der Basis der Erkrankung, des bisherigen Verlaufs, des Kompensationspotentials/der Rückbildungsfähigkeit unter Beachtung und Förderung individueller Ressourcen (Rehabilitationspotential einschließlich psychosozialer Faktoren);
- durch eine geeignete Leistung zur Teilhabe;
- in einem notwendigen Zeitraum."

Die 50-jährige Versicherte aus unserem Fallbeispiel hat nach den vorgenannten Kriterien die Voraussetzungen für eine Leistung zur medizinischen Rehabilitation erfüllt, weil:

- ein von der Versicherten vollständig ausgefüllter und unterschriebener Antrag inklusive Schweigepflichtsentbindung und ein ärztlicher Befundbericht eingereicht wurden. (Dazu stehen Formularpakete im Internet [6] zur Verfügung, der Antrag selbst kann auch online gestellt werden.)
- die versicherungsrechtlichen Voraussetzungen nach § 11 SGB VI erfüllt sind. Die Versicherte geht seit mehr als sechs Monaten einer sozialversicherungspflichtigen Tätigkeit nach und ihr Arbeitgeber hat regelmäßig ihre Pflichtbeiträge zur GRV abgeführt.
- die notwendige ambulante fachspezifische Diagnostik erfolgt und die Akutbehandlung abgeschlossen ist, die ambulanten Behandlungen allein aber nicht ausreichen.
- die persönlichen Voraussetzungen nach § 10 SGB VI erfüllt sind. Bei bereits fortgeschrittenen degenerativen Veränderungen im Bereich der Knie und des Rückens muss davon ausgegangen werden, dass bei ausbleibender Besserung der Beschwerden trotz Ausschöpfung ambulanter Therapiemöglichkeiten die Leistungsfähigkeit als Krankenschwester im ambulanten Pflegedienst erheblich gefährdet, wenn nicht sogar bereits gemindert ist.
- die Versicherte nach oben genannten Definitionen und nach den Angaben aus dem orthopädischen Befundbericht rehabilitations- und reisefähig ist. Die Versicherte hat auf Empfehlung ihres Orthopäden einen Rehabilitationsantrag gestellt. Es kann also auch von einer ausreichenden Motivation ausgegangen werden.
- die Rehabilitationsprognose in Bezug auf die Leistungsfähigkeit für leichte bis mittelschwere Tätigkeiten auf dem allgemeinen Arbeitsmarkt positiv ist. Ob und inwieweit die aktuelle Tätigkeit als Krankenschwester im ambulanten Pflegedienst bei den bestehenden Funktionsstörungen noch leidensgerecht ist und ob im Anschluss an die Rehabilitationsmaßnahme ggf. noch Leistungen zur Teilhabe am Arbeitsleben erforderlich sind, sollte während der medizinischen Rehabilitationsmaßnahme geklärt werden.

Anträge nach § 51 SGB V und § 145 SGB III

Krankenkassen überprüfen regelmäßig die Arbeitsunfähigkeiten ihrer Versicherten. Bestehen Zweifel an der Arbeitsunfähigkeit oder ist bei bereits langfristiger Arbeitsunfähigkeit die Dauer dieser nicht absehbar, kann die Krankenkasse eine ärztliche Begutachtung durch den medizinischen Dienst der Krankenkasse (MDK, ab 2021 dann MD) veranlassen (siehe Kap. 5.2.5). Die Begutachtung kann sowohl nach Aktenlage als auch persönlich erfolgen. Kommt der MDK auf Grundlage einer persönlichen Begutachtung oder der ihm vorliegenden medizinischen Unterlagen zu dem Schluss, dass die Erwerbsfähigkeit des Versicherten erheblich gefährdet oder bereits gemindert ist, kann die Krankenkasse den Versicherten nach § 51 SGB V mit einer Frist von zehn Wochen auffordern, einen Antrag auf Leistungen zur medizinischen Rehabilitation und Teilhabe am Arbeitsleben zu stellen. Kommt der Versicherte dieser Aufforderung nicht nach, entfällt sein Anspruch auf Krankengeld mit Ablauf der Frist bis zu dem Tag, an dem die Antragstellung nachgeholt wird.

Der zuständige Rentenversicherungsträger muss dann anhand der vorgelegten medizinischen Unterlagen und den Angaben im MDK-Gutachten prüfen, ob für den Versicherten Leistungen zur medizinischen Rehabilitation oder ggf. auch Leistungen zur Teilhabe am Arbeitsleben infrage kommen. Ist aus den Unterlagen ersichtlich, dass das Leistungsvermögen auf dem allgemeinen Arbeitsmarkt bereits unter drei Stunden liegt und eine negative Rehabilitationsprognose besteht, dann kann der Rehabilitationsantrag in einen Rentenantrag umgewandelt und eine Umdeutung geprüft werden.

Im Bereich der Arbeitsförderung besteht eine ähnliche Regelung. Nach § 145 Abs. 2 SGB III kann die Bundesagentur für Arbeit einen Kunden, dessen Leistungsvermögen voraussichtlich länger als sechs Monate aufgehoben sein wird, auffordern, innerhalb eines Monats einen Antrag auf Leistungen zur medizinischen Rehabilitation oder zur Teilhabe am Arbeitsleben zu stellen. Kommt er dieser Aufforderung nicht nach, ruht sein Anspruch auf Arbeitslosengeld ab Ablauf der Frist bis zum Tage der (späteren) Antragstellung.

5.3.2.2 Leistungen zur Teilhabe am Arbeitsleben (§ 16 SGB VI)

Die GRV erbringt Leistungen zur Teilhabe am Arbeitsleben nach den §§ 49–54 SGB IX sowie im Eingangsverfahren und im Berufsbildungsbereich der Werkstätten für behinderte Menschen (WfbM) nach § 57 SGB IX, sofern die versicherungsrechtlichen und persönlichen Voraussetzungen erfüllt sind.

Versicherungsrechtliche Voraussetzungen (§ 11 SGB VI)

Für Leistungen zur Teilhabe am Arbeitsleben (LTA), zu denen beispielsweise Qualifizierungsmaßnahmen, Eingliederungshilfen und behinderungsgerechte Arbeitsplatzausstattungen gehören, sind die versicherungsrechtlichen Anforderungen deutlich höher, als dies bei Leistungen zur Prävention oder Leistungen zur medizinischen Rehabilitation der Fall ist. So müssen mindestens 15 Jahre Beitragszeiten (Pflicht- und freiwillige Beiträge) oder andere anrechnungsfähige Ersatzzeiten vorhanden sein, ansonsten ist die Bundesagentur für Arbeit zuständig. *Wichtige Ausnahme:* Wenn LTA für eine voraussichtlich erfolgreiche Rehabilitation unmittelbar im Anschluss an eine von der GRV durchgeführte Leistung zur medizinischen Rehabilitation erforderlich sind, dann ist der Rentenversicherungsträger auch bei Versicherten für LTA zuständig, die die 15 Jahre Wartezeit noch nicht erfüllt haben.

Darüber hinaus definiert der § 11 SGB VI auch noch andere, in der Praxis seltenere Umstände, die einen versicherungsrechtlichen Anspruch begründen können. Da die Prüfung der versicherungsrechtlichen Anspruchsvoraussetzungen grundsätzlich verwaltungsseitig erfolgt, wird auf eine vollständige Darstellung an dieser Stelle verzichtet.

Persönliche Voraussetzungen (§ 10 SGB VI)

Die persönlichen bzw. medizinischen Voraussetzungen, die für Leistungen zur Teilhabe erfüllt sein müssen, sind dieselben wie bei Anträgen auf medizinische Rehabilitation.

Die möglichen Angebote von Leistungen zur Teilhabe am Arbeitsleben sind sehr vielfältig und für die Auswahl geeigneter Maßnahmen wird Spezialwissen benötigt. Dieses Wissen wird von den externen sozialmedizinischen Fachgutachtern, die für die GRV tätig werden, nicht erwartet. Die Gutachter sollten jedoch wissen, dass Leistungen zur Teilhabe am Arbeitsleben zum Leistungsspektrum der gesetzlichen Rentenversicherung gehören und dass die Frage der Indikation hierfür auch bei Anträgen auf andere Leistungen zu prüfen ist. Stellt der Gutachter beim Probanden eine mögliche Indikation für LTA fest, dann sollte er die Prüfung von LTA-Maßnahmen empfehlen. Dabei ist jedoch weder gewünscht noch gefordert, dass vom Gutachter konkrete Maßnahmen oder Rehabilitationseinrichtungen empfohlen werden. Aufgabe des sozialmedizinischen Gutachters ist es, das positive und negative Leistungsvermögen anhand der vorhandenen Untersuchungsergebnisse möglichst genau zu beschreiben und festzustellen. (vgl. Kap. 5.4) Wie eine solche Leistungsbeurteilung im Einzelnen aussieht, wird weiter unten beschrieben.

Wunsch- und Wahlrecht der Leistungsberechtigten bei Leistungen zur Teilhabe (§ 8 SGB IX)

Gemäß § 8 SGB IX sollen bei der Entscheidung über Leistungen und bei der Ausführung der Leistungen berechtigte Wünsche des Versicherten berücksichtigt werden. Auf die persönlichen Lebensumstände, das Alter, das Geschlecht, die Familie, sowie religiöse und weltanschauliche Bedürfnisse des Leistungsberechtigten sollte soweit wie möglich Rücksicht genommen werden.

Die Umsetzung des Wunsch- und Wahlrechts wird von den Rentenversicherungsträgern sehr ernst genommen, denn die Berücksichtigung von Wünschen erhöht die Zufriedenheit und Motivation der Versicherten und trägt zu einem guten Rehabilitationserfolg bei. Sie stellt aber oftmals eine große Herausforderung dar. Antragssteller formulieren nicht selten Wünsche, die nicht oder nur schwer realisiert werden können und auch nicht immer von berechtigten Interessen getragen werden. Dazu gehören beispielsweise Wünsche nach einer Haustiermitnahme, Rehabilitation in Kliniken, die keinen Vertrag mit der GRV haben, die für die bestehende Erkrankung nicht indikationsgerecht sind oder die keine zeitnahe Aufnahmekapazität haben. So sind beispielsweise Rehabilitationskliniken an Nord- oder Ostsee oder in den Bergen allein aufgrund ihrer Lage sehr beliebt und haben daher oft sehr lange Wartezeiten, die einer zeitnahen Rehabilitation entgegenstehen.

Gutachter können und sollten besondere Wünsche des Probanden zur beantragten Leistung, die während der Begutachtung geäußert werden, neutral ins Gutachten mit aufnehmen, damit diese soweit möglich berücksichtigt werden können. Auf Empfehlung eines bestimmten Ortes oder einer bestimmten Einrichtung sollte seitens des Gutachters aber unbedingt verzichtet werden, um eine möglichst zeitnahe und indikationsgerechte Rehabilitation nicht zu gefährden.

5.3.2.3 Rente wegen Erwerbsminderung (§ 43 SBG VI)

Eine Rente wegen teilweiser oder voller Erwerbsminderung kann, je nach Ausprägungsgrad der gesundheitlichen Einschränkungen, erhalten, wer gemäß § 43 SGB VI die Regelaltersgrenze noch nicht erreicht hat, die allgemeine Wartezeit von 60 Kalendermonaten (5 Jahre) erfüllt und zusätzlich in den letzten fünf Jahren vor Eintritt der Erwerbsminderung mindestens 36 Monate Pflichtbeiträge für eine versicherte Beschäftigung oder Tätigkeit gezahlt hat. Erwerbsminderungsrenten werden in der Regel immer als Zeitrenten für maximal drei Jahre gezahlt. Nach spätestens diesem Zeitraum erfolgt eine Überprüfung. Nur wenn aus sozialmedizinischer Sicht eine wesentliche Besserung des Gesundheitszustands nicht mehr zu erwarten ist, werden Dauerrenten gezahlt.

Merke: Die versicherungsrechtlichen Voraussetzungen für eine Erwerbsminderungsrente gelten auch als erfüllt, wenn die Erwerbsminderung aufgrund eines Arbeitsunfalles oder einer Berufskrankheit entstanden ist [4].

Als erwerbsgemindert gelten Versicherte, die wegen Krankheit oder Behinderung auf nicht absehbare Zeit außerstande sind, unter den üblichen Bedingungen des allgemeinen Arbeitsmarktes mindestens sechs Stunden oder mehr erwerbstätig zu sein (§ 43 SGB VI). Ausschlaggebend für die Beurteilung einer vorliegenden Erwerbsminderung ist also das *quantitative (zeitliche) Leistungsvermögen* auf dem allgemeinen Arbeitsmarkt. Mit dem allgemeinen Arbeitsmarkt ist der gesamte Arbeitsmarkt gemeint, also jede nur erdenkliche Tätigkeit, für die auf dem Arbeitsmarkt ein Angebot oder eine Nachfrage besteht. Die Arbeitsmarktlage ist dabei nicht zu berücksichtigen. Das Recht unterscheidet drei Stufen:
- bei einem Leistungsvermögen von unter 3 Stunden täglich liegt eine volle Erwerbsminderung vor
- bei einem Leistungsvermögen von 3 bis unter 6 Stunden täglich liegt eine teilweise Erwerbsminderung vor
- bei einem Leistungsvermögen von 6 Stunden und mehr täglich liegt keine Erwerbsminderung vor

Bei einem Leistungsvermögen von 3 bis unter 6 Stunden wird verwaltungsseitig zusätzlich geprüft, ob der Versicherte noch in einem Beschäftigungsverhältnis steht oder nicht. Übt der Versicherte noch eine Teilzeittätigkeit aus oder kann ihm eine leidensgerechte Teilzeittätigkeit, ggf. unterstützt durch Leistungen zur Teilhabe am Arbeitsleben angeboten werden, dann besteht nur ein Anspruch auf teilweise Erwerbsminderungsrente. Ist der Versicherte arbeitslos, dann kann ihm bei verschlossenem Teilzeitarbeitsmarkt eine auf drei Jahre befristete, arbeitsmarktbedingte volle Erwerbsminderungsrente gewährt werden. Eine Verlängerung ist möglich, die Entscheidung obliegt der Verwaltung.

Renten wegen teilweiser Erwerbsminderung bei Berufsunfähigkeit (§ 240 SGB VI) kommen seit der Neuordnung des Rechts vom 01.01.2001 nur noch für Versicherte infrage, die vor dem 02.01.1961 geboren sind. Als berufsunfähig gelten dann Versicherte, wenn sie in ihrem bisherigen Beruf oder einer zumutbaren Verweisungstätigkeit, für die sie qualifiziert sind, nicht mehr oder nur noch weniger als sechs Stunden arbeiten können, unter den üblichen Bedingungen auf dem allgemeinen Arbeitsmarkt aber noch vollschichtig (6 Stunden und mehr) leistungsfähig wären. Im Vergleich zur Rente wegen teilweiser Erwerbsminderung besteht also in diesen Fällen ein vollschichtiges Leistungsvermögen auf dem allgemeinen Arbeitsmarkt. Ein Wechsel der Berufsgruppe und ein gewisser sozialer Abstieg sind zumutbar.

Beispiele für eine mögliche teilweise Erwerbsminderung bei Berufsunfähigkeit könnten sein: Bäcker mit Mehlstauballergie; angestellter Dachdecker mit diabetischer Polyneuropathie oder Hemiparese nach Schlaganfall

Ob die Voraussetzungen für eine teilweise oder volle Erwerbsminderungsrente oder auch teilweise Erwerbsminderungsrente bei Berufsunfähigkeit vorliegen, ist eine rein juristische Entscheidung und wird grundsätzlich durch die Verwaltung geprüft.

Um der Verwaltung diese Entscheidung zu ermöglichen ist es Aufgabe des sozialmedizinischen Gutachters die durch die bestehenden Funktionsstörungen bedingten qualitativen (negatives und positives Leistungsvermögen) und quantitativen (zeitlichen) Leistungseinschränkungen im Bezugsberuf und auf dem allgemeinen Arbeitsmarkt anhand der vorhandenen medizinischen Unterlagen und der objektivierbaren medizinischen Untersuchungsbefunde möglichst detailliert und nachvollziehbar zu beschreiben und durch eine ausführliche Berufs- und Sozialanamnese zu ergänzen. Je genauer die aktuelle Tätigkeit, bei Arbeitslosen die letzte Tätigkeit vor Eintritt der Arbeitslosigkeit, beschrieben wird, desto besser. Dazu gehört die Beschreibung des Arbeitsplatzes, des Anforderungsprofils, der Arbeitsplatzbedingungen und der Arbeitsorganisation, der zeitliche Umfang und ggf. Gründe einer bereits bestehenden Arbeitszeitreduzierung. Auch Angaben zum Arbeitsklima und zur Einstellung des Versicherten zu seiner aktuellen Tätigkeit sind hilfreich, da die individuellen sozialen Kontextfaktoren oft entscheidend für die Rehabilitationsprognose sind.

5.3.2.4 Amtshilfeersuchen Grundsicherung gemäß SGB II und SGB XII

Im SGB II – Grundsicherung für Arbeitssuchende sind seit 2005 die Bezieher von Arbeitslosen- und Sozialhilfe, die als erwerbsfähig eingestuft wurden, zusammengefasst. Die Leistungen zur Grundsicherung, auch Arbeitslosengeld II (ALG II) genannt, setzen also sozialmedizinisch Erwerbsfähigkeit voraus. Ist unklar, ob bei dem hilfebedürftigen Menschen Erwerbsfähigkeit vorliegt, kann der zuständige Rentenversicherungsträger beauftragt werden, das Leistungsvermögen festzustellen.

Wird Leistungsunfähigkeit auf unbestimmte Zeit festgestellt, dann kommen für den hilfebedürftigen Menschen keine Grundsicherungsleistungen nach SGB II (ALG II) in Betracht. Hat er keinen versicherungsrechtlichen Anspruch auf eine Erwerbsminderungsrente und auch keine Leistungsansprüche gegenüber anderen Leistungsträgern (z. B. gesetzliche Unfallversicherung), dann kommen für ihn Sozialhilfeleistungen gemäß SGB XII infrage.

Das SGB XII regelt die „Sozialhilfe“ und setzt für hilfebedürftige Menschen im erwerbsfähigen Alter immer eine volle Erwerbsminderung im Sinne des § 43 SGB VI oder eine aufgehobene Erwerbsfähigkeit nach § 8 SGB II voraus. Ist ein Mensch auf Dauer erwerbsgemindert, dann erhält er Leistungen nach Kapitel 4 SGB XII – Grundsicherung im Alter und bei Erwerbsminderung. Besteht nur eine volle Erwerbsminderung auf Zeit, aber nicht auf Dauer, dann kommen ggf. Sozialleistungen nach Kapitel 3 – Hilfe zum Lebensunterhalt in Betracht.

Die Regelsätze von ALG II und Sozialhilfe sind heute in der Höhe identisch. Um Leistungen zur Grundsicherung für Arbeitssuchende (ALG II) nach SGB II oder Grundsicherung im Alter und bei Erwerbsminderung nach SGB XII zu erhalten, muss Hilfebedürftigkeit/Armut bestehen und kein anderer Leistungsträger darf für die Sicherung des Lebensunterhaltes zuständig sein. Wesentliches Kriterium zur Unterscheidung der beiden Leistungsarten ist die Erwerbsfähigkeit bzw. volle Erwerbsminderung. Da sowohl im SGB II als auch im SGB XII von „Grundsicherung“ die Rede ist, die Anspruchsvoraussetzungen aber gegensätzlich sind, sollte das Wort Grundsicherung zur Vermeidung von Missverständnissen nur in Verbindung mit dem entsprechenden Gesetz genannt werden.

5.3.3 Die sozialmedizinische Begutachtung in der Praxis

Beispiel (2): Herr H., ein 60-jähriger Busfahrer eilt aus der Dusche zum Telefon in der Küche und rutscht dort auf dem Fliesenboden aus. Er zieht sich bei dem Sturz neben einer vorderen Beckenringfraktur, eine rechtsseitige Oberarmkopffraktur, Deckplattenimpressionsfrakturen der Lendenwirbelkörper L3 und 4 und eine Gehirnerschütterung mit Platzwunde am Hinterkopf zu.
Herr H. wird in ein Krankenhaus eingeliefert, wo man neben den Unfallverletzungen eine bisher noch nicht bekannte Osteopenie (verminderte Knochendichte) und einen Vitamin-D-Mangel diagnostiziert. An Vorerkrankungen sind ein medikamentös eingestellter Hypertonus (Bluthochdruck) und eine Lactoseunverträglichkeit bekannt. Die Brüche werden funktionell-konservativ behandelt. Herr H. wird zunächst im Rollstuhl und mit Unterstützung am Gehwagen mobilisiert, was ins-

gesamt durch die verminderte Einsatzfähigkeit des Armes erschwert ist. Er benötigt umfangreiche Unterstützung beim Duschen, Waschen, Anziehen und bei den Transfers. Eine selbständige Toilettennutzung ist möglich. Eine Anschlussheilbehandlung ist aufgrund der bestehenden Einschränkungen in der Selbstversorgung zunächst nicht durchführbar. Er wird daher nach zwei Wochen zur weiteren Frakturheilung und Rekonvaleszenz zunächst nach Hause entlassen und erhält dort Unterstützung durch einen ambulanten Pflegedienst und Physiotherapie. Als Hilfsmittel erhält er u. a. einen Rollator, einen Greifer zum Aufheben von Gegenständen und eine Sockenanziehhilfe.
Auch nach Ausheilung der Brüche drei Monate nach dem Unfall klagt er weiterhin über Bewegungseinschränkungen und Schmerzen im Wirbelsäulenbereich und auch seinen rechten Arm kann er nicht beschwerdefrei einsetzen. Die Selbstversorgung gelingt inzwischen, aber an der Hausarbeit kann er sich wegen beklagter Schmerzen nicht beteiligen. Treppensteigen ist mit Festhalten am Handlauf möglich, für Wege außerhalb der Wohnung benötigt er noch immer den verordneten Rollator mit Sitzmöglichkeit, da sich beim längeren Stehen und Gehen die Schmerzen in der Wirbelsäule verstärken. Die beschwerdefreie Gehstrecke mit Rollator liegt bei etwa 300 m. Danach benötigt er eine Pause. Auch mit längerem Sitzen hat er aktuell noch Schwierigkeiten, so dass es ihm bisher nicht möglich war seine Tätigkeit als Busfahrer wiederaufzunehmen.
Herr H. wohnt mit seiner Ehefrau in einer großzügigen 2-Zimmer-Wohnung im Hochparterre in Berlin. Die Wohnung ist altersgerecht mit einer ebenerdigen Dusche ausgestattet, nicht aber rollstuhlgerecht. Die Nutzung eines Rollators innerhalb der Wohnung ist durch enge Türen und Türschwellen nur bedingt möglich. Die Wohnung ist vom Treppenhaus aus über fünf Treppenstufen zu erreichen. Das Wohnviertel ist gut an den öffentlichen Nahverkehr angebunden, die nächste U-Bahnstation mit Aufzug liegt etwa 500 Meter von der Wohnung entfernt. Diese ohne Pause zu erreichen fällt Herrn H. aber aktuell noch schwer. Selbständiges Autofahren ist für kurze Strecken inzwischen wieder möglich. Die nächsten Einkaufsmöglichkeiten und Ärzte befinden sich etwa zwei bis drei Kilometer vom Wohnort entfernt und sind sowohl mit der U-Bahn als auch mit dem Auto erreichbar. Auch seinen Arbeitsplatz könnte Herr H. mit den öffentlichen Verkehrsmitteln oder seinem Auto erreichen. Sein Arbeitgeber hat ihm nach dem Unfall bereits signalisiert, dass man versuchen wird, für ihn eine leidensgerechte Tätigkeit innerhalb des Betriebes zu finden, wenn er als Busfahrer nicht mehr eingesetzt werden kann.

Eine sozialmedizinische Begutachtung für die gesetzliche Rentenversicherung erfolgt immer auf Grundlage eines Auftrages der Verwaltung. Die Rentenversicherungsträger verfügen über eigene sozialmedizinische Dienste. Die dort tätigen ärztlichen Gutachter prüfen die mit dem Antrag eingereichten medizinischen Unterlagen überwiegend nach Aktenlage und beraten die Verwaltung bei ihrer Entscheidung. Reichen die mit dem Antrag vorgelegten medizinischen Unterlagen für eine Beantwortung der Fragestellung nicht aus, muss die GRV den Sachverhalt von Amts wegen ermitteln. Neben der Möglichkeit weitere medizinische Befunde anzufordern, können die Versicherten auch zu einer persönlichen Begutachtung bei einem Fachgutachter vorgestellt oder, soweit der zuständige Rentenversicherungsträger darüber verfügt, zur Begutachtung in eine sozialmedizinische Untersuchungsstelle eingeladen werden. Hierzu besteht gemäß § 62 SGB I für Versicherte, die einen Antrag auf Sozialleistung stellen, eine Mitwirkungspflicht. Kommt ein Versicherter der Mitwirkungspflicht nicht nach, kann die beantragte Sozialleistung abgelehnt werden. Die verlangten Untersuchungsmaßnahmen müssen jedoch in einem angemessenen Verhältnis zu der in Anspruch genommenen bzw. beantragten Sozialleistung stehen und zumutbar sein. Maßnahmen, die z. B. starke Schmerzen verursachen oder einen erheblichen Eingriff in die körperliche Unversehrtheit bedeuten würden, dürfen von dem Versicherten abgelehnt werden. Die Grenzen der Mitwirkung sind in § 65 SGB I geregelt.

Nach Feststellung des Bundessozialgerichtes [7] muss das sozialmedizinische Gutachten alle medizinischen Befunde und Informationen enthalten, die für eine Entscheidung über Anträge auf Leistungen zur medizinischen Rehabilitation, Leistungen zur Teilhabe am Arbeitsleben oder Rente wegen Erwerbsminderung relevant sind. Die Fachgutachter haben sich als ärztliche Sachverständige auf medizinische Aussagen zu beschränken und darauf zu achten, dass sie ihre Fachkompetenz dabei nicht überschreiten [4]. Das heißt, ein orthopädischer Fachgutachter beurteilt lediglich orthopädisch bedingte Funktionsstörungen in Bezug auf ihre Auswirkungen auf die berufliche Leistungsfähigkeit. Werden während der Begutachtung relevante Funktionsstörungen festgestellt, die einem anderen Fachgebiet zuzuordnen sind, sollten diese zwar benannt und beschrieben werden, dürfen aber nicht in die orthopädische Leistungsbeurteilung mit einfließen. Der Gutachter ist gehalten in einem solchen Fall weitere Diagnostik und/oder Begutachtung im entsprechenden Fachgebiet zu empfehlen.

Merke: Der sozialmedizinische Gutachter selbst hat keine Entscheidungskompetenz, sondern ist lediglich beratend tätig.

Ein beauftragter Fachgutachter muss vor Annahme des Gutachtenauftrages unverzüglich prüfen, ob die eigene Fachkompetenz für die Erfüllung des Gutachtenauftrages ausreicht und ob er zeitlich dazu in der Lage ist, den Gutachtenauftrag in der gesetzten Frist zu erstellen. Auch dürfen keine Befangenheitsgründe (z. B. Gutachter ist mit dem Probanden verwandt oder ist sein behandelnder Arzt) vorliegen. Die Gutachtenaufträge sind immer personengebunden. Eine Weitergabe des Gutachtenauftrages an einen anderen Fachkollegen, z. B. bei zeitlicher Verhinderung, ist nur nach ausdrücklicher Zustimmung des Auftraggebers möglich.

Auch für ärztliche Gutachter gilt die ärztliche Schweigepflicht, die in der ärztlichen Berufsordnung festgelegt ist. Verstöße stellen einen Straftatbestand nach § 203 Abs. 1 Nr. 1 Strafgesetzbuch (StGB) dar. Der Proband ist daher vom Gutachter zwingend vor Beginn der Begutachtung darüber aufzuklären, dass das sozialmedizinische Gutachten vom Rentenversicherungsträger als Entscheidungsgrundlage im laufenden Verwaltungsverfahren eingesehen und verwendet wird. Im Rahmen eines Antragsverfahrens nach § 51 SGB V oder § 145 SGB III ist ggf. auch mit einer Weitergabe an den medizinischen Dienst der Krankenkasse (MDK, ab 2021 MD) oder den ärztlichen Dienst der Agentur für Arbeit zu rechnen. Bei Sozialgerichtsverfahren kann der Inhalt des Gutachtens unter Umständen auch teilweise öffentlich gemacht werden. Der Proband hat auf Antrag das Recht das Gutachten einzusehen. Widerspricht der Proband der Weitergabe von persönlichen Informationen und Befunden, muss der Gutachter prüfen, inwieweit im Gutachten auf diese Informationen verzichtet werden kann. Sind die persönlichen Angaben und Befunde für das Gutachten zwingend erforderlich, muss er den Probanden darüber aufklären, dass eine Erstellung des Gutachtens ohne diese nicht möglich ist. Sollte der Proband der Weitergabe weiterhin widersprechen, muss der Gutachter den Gutachtenauftrag zurückgeben und den Auftraggeber über den Rückgabegrund informieren. Der Proband muss dann damit rechnen, dass die beantragte Leistung abgelehnt wird.

Für externe Fachgutachten, die für die GRV erstellt werden, steht ein einheitlicher Vordruck, der über die Website der Deutschen Rentenversicherung im passwortgeschützten Bereich (aktuell S0080) downloadbar ist zur Verfügung, der sich aus einem fünfseitigen formellen und einem „freien" Teil zusammensetzt. Für die Gliederung des freien Teils gibt es feste Vorgaben. Die geforderte Gliederung für den freien Teil ähnelt vom Aufbau her einem ausführlichen Arztbrief mit

- Anamnese: Anamnese nach Aktenlage, Familien-, Eigen-, Arbeits- und Sozialanamnese, bei psychiatrischen Gutachten auch biographische Anamnese, organbezogene/vegetative Anamnese, Erhebung der aktuellen Beschwerden, des bisherigen Krankheits- und Therapieverlaufs, Arbeitsunfähigkeitszeiten, Umstände, die zur Antragstellung geführt haben und bisher in Anspruch genommene Sozialleistungen, evtl. anerkannter Grad der Behinderung (GdB), Minderung der Erwerbsfähigkeit (MdE) oder anerkannter Pflegegrad,
- Untersuchungsbefunde: vollständige körperliche Untersuchung und ergänzende medizinisch-technische Zusatzdiagnostik zur Objektivierung der geschilderten Funktionseinbußen,
- Diagnosen: geordnet nach ihrer sozialmedizinischen Bedeutung; möglichst Angabe in Form von Funktionsdiagnosen und Verschlüsselung nach ICD inkl. Seitenangabe und Angabe der Diagnosesicherheit (A: ausgeschlossene Diagnose; G: gesicherte Diagnose; V: Verdachtsdiagnose; Z: Zustand nach)
- Epikrise: zusammenfassende Darstellung der bestehenden Erkrankungen, Schweregrad und Verlauf, kritische Wertung der Befunde, differentialdiagnostische Überlegungen, ggf. Schilderung von besonderen Problemen, die im Zusammenhang mit der Begutachtung aufgetreten sind
- sozialmedizinische Beurteilung mit Beschreibung des positiven und negativen Leistungsbildes
- Beantwortung der trägerspezifischen Fragestellung (z. B. Rehabilitationsbedürftigkeit, Rehabilitationsfähigkeit und Rehabilitationsprognose)

Der formelle Teil besteht aktuell aus insgesamt fünf Seiten. Auf den ersten beiden Seiten sind unter anderem Angaben zum Begutachtungsanlass (z. B. Antrag auf Leistungen zur medizinischen Rehabilitation, LTA oder Antrag auf Erwerbsminderungsrente), die persönlichen Daten des Probanden, bestehende Arbeitsunfähigkeitszeiten, die Namen und Fachrichtungen der behandelnden Ärzte und Angaben zum Gutachter selbst zu erfassen. Bei Probanden mit Migrationshintergrund sind darüber hinaus ergänzende Angaben zum Herkunftsland, der Muttersprache und den vorhandenen deutschen Sprachkenntnissen erforderlich (siehe Kap. 22). Wenn aufgrund unzureichender deutscher Sprachkenntnisse des Probanden für die Begutachtung ein Dolmetscher eingesetzt wurde, ist dies zu dokumentieren. Waren während der Begutachtung außer dem Probanden weitere Personen, z. B. mitgebrachte Begleitpersonen, durchgängig oder zeitweise anwesend, ist dies ebenfalls zu dokumentieren und zu begründen. An die ersten beiden Seiten schließt sich dann der bereits oben beschriebene „freie" Teil an. Im dreiseitigen Schlussblatt des formellen Teils sind dann u. a. die qualitativen und quantitativen Leistungseinschränkungen, die (Funktions-) Diagnosen mit ICD-Schlüssel, das Datum des Beginns, der im Leistungsbild festgestellten Einschränkungen („Beginn Leistungsfall"), die voraussichtliche Dauer der bestehenden Leistungseinschränkung und ein evtl. festgestellter Rehabilitationsbedarf noch einmal standardisiert zu erfassen.

Als Arbeitshilfe hat die DRV Bund mit der DRV-Schrift Band 21 „Das ärztliche Gutachten für die gesetzliche Rentenversicherung, Hinweise zur Begutachtung", September 2018 [4] einen ausführlichen Leitfaden zur Erstellung sozialmedizinischer Gutachten herausgegeben, der einen guten Überblick über die wesentlichen gesetzlichen Grundlagen gibt und die Gliederung und das Anforderungsprofil der sozialmedizinischen Gutachten ausführlich beschreibt. Darüber hinaus stehen ein ausführliches sozialmedizinisches Glossar [5] und Leitlinien für die sozialmedizinische Begutachtung für nahezu alle Fachgebiete mit Ausführungen zu den häufigsten sozialmedizinisch relevanten Krankheitsbildern und Empfehlungen zur Beurteilung der krankheitstypischen Beeinträchtigungen im Erwerbs- und Alltagsleben inklusive Kriterien für die Feststellung der körperlichen und psychischen Leistungsfähigkeit zur Verfügung.

Es ist zu beachten, dass es sich bei der Begutachtung für die GRV um Gutachten mit finaler Fragestellung handelt. Die Ursache einer Erkrankung oder Behinderung ist für den gesetzlichen Rentenversicherungsträger nur dann relevant, wenn sie mögliche Regressansprüche gegen andere Träger oder Dritte auslösen. Das wäre beispielsweise bei einem Hinweis auf Berufskrankheiten, bei Arbeits- und fremdverschuldeten Unfällen der Fall. Bestehen Hinweise auf einen solchen Tatbestand, sind diese im freien Teil und an entsprechender Stelle im Schlussblatt des Gutachtens mit anzugeben. Ansonsten hat der Gutachter unabhängig von Kausalitätsfragen ausschließlich die vorhandenen Gesundheitsstörungen und die dadurch bedingten Funktionsbeeinträchtigungen sowie ihre Auswirkungen auf das berufliche und/oder soziale Leben zu erfassen.

Wie in vielen anderen in diesem Buch beschriebenen Gutachtenfragen ist für die finale Beschreibung eines Gesundheitsproblems nicht die Diagnose an sich von Bedeutung, sondern die daraus resultierende Funktionsbeeinträchtigung. Eine weltweit akzeptierte Systematik zur Einordnung von Gesundheitsstörungen stellt die „Internationale Klassifikation der Funktionsfähigkeit, Behinderung und Gesundheit" (ICF) der Weltgesundheitsorganisation (WHO) dar, die in Deutschland vom (früheren) Verband Deutscher Rentenversicherungsträger als Standard zur Begutachtung eingeführt wurde und auch Grundlage für das Teilhabepotential nach dem SGB IX sowie der am 01.01.2009 in Kraft getretenen Versorgungsmedizin-Verordnung (VersMedV) ist. Wer Informationen zur praktischen Anwendung der ICF benötigt, kann z. B. auf den von der Bundesarbeitsgemeinschaft für Rehabilitation e. V. (BAR) herausgegebenen ICF-Praxisleitfaden 1 „Zugang zur Rehabilitation" [8] zurückgreifen.

Ziel der Begutachtung für die GRV ist die Leistungsbeurteilung im Erwerbsleben. Es soll also geklärt werden, was der Versicherte trotz bestehender Funktionsstörungen im Hinblick auf die körperliche Arbeitsschwere, Arbeitshaltung und Arbeitsorganisation in seiner zuletzt ausgeübten Tätigkeit und in Tätigkeiten des allgemeinen Arbeitsmarktes noch leisten kann (positives Leistungsbild), welche Fähigkeiten krankheitsbedingt aufgehoben sind (negatives Leistungsbild) und in welchem zeitlichen Umfang er noch arbeiten kann (quantitatives Leistungsbild).

- Was geht maximal?
- Was soll gemieden werden?
- Was geht nicht mehr?
- In welchem zeitlichen Umfang kann der Beruf oder eine Tätigkeit auf dem allgemeinen Arbeitsmarkt noch ausgeübt werden? (quantitatives Leistungsvermögen)
- Welche Maßnahmen sind ggf. geeignet die bestehenden Funktionsstörungen zu verbessern oder zu kompensieren (Reha, LTA)?

Merke: Bei der sozialmedizinischen Leistungsbeurteilung unterscheidet man das qualitative vom quantitativen (zeitlichen) Leistungsvermögen.

5.3.3.1 Qualitatives Leistungsvermögen (positives und negatives Leistungsbild)

Beim qualitativen Leistungsvermögen werden unter Berücksichtigung der vorliegenden Befunde, des bisherigen Krankheitsverlaufs und der objektiv festgestellten Funktionseinschränkungen die (noch) vorhandenen Fähigkeiten des Probanden (positives Leistungsbild) und die krankheits- und/oder behinderungsbedingt aufgehobenen Fähigkeiten (negatives Leistungsbild) in Bezug auf die Anforderungen des allgemeinen Arbeitsmarktes und der zuletzt ausgeübten Tätigkeit beschrieben.

Positives Leistungsbild

Bei der Beschreibung des individuellen positiven Leistungsvermögens sind Angaben zur maximal noch zumutbaren

- körperlichen Arbeitsschwere (schwer, mittelschwer, leicht bis mittelschwer, leicht),

– Arbeitshaltungen (Stehen, Gehen, Sitzen, ggf. Rollstuhlpflicht) und ihrem quantitativen Umfang (ständig: > 90 %; überwiegend: 51–90 %; zeitweise: bis zu 10 %; gelegentlich: ca. 5 % der Arbeitszeit)
– Arbeitsorganisation (Tagesschicht, Frühschicht, Nachtschicht)

gefordert. Die Angaben beziehen sich jedoch nicht auf die Anforderungen der zuletzt ausgeübten Tätigkeit, sondern auf die üblichen Anforderungen auf dem allgemeinen Arbeitsmarkt, die der Proband noch leisten kann. Diese sind dann mit den Anforderungen der letzten Tätigkeit abzugleichen.

Die Einteilung der Arbeitsschwere, Arbeitshaltung und Arbeitsorganisation erfolgen in Anlehnung an die REFA-Klassifizierung (Reichsausschuss für Arbeitszeitermittlung, heute der Verband für Arbeitsgestaltung, Betriebsorganisation und Unternehmensentwicklung). Die genauen Definitionen dieser Begriffe sind auch im sozialmedizinischen Glossar [5] beschrieben. Sie sollten genau beachtet werden, damit es nicht zu Missverständnissen kommt.

Merke: Bei den zumutbaren Arbeits-/Körperhaltungen muss mindestens eine der Körperhaltungen Stehen, Gehen oder Sitzen „überwiegend", also 51–90 % der Arbeitszeit möglich sein. Die Körperhaltung muss während eines 8 Stunden-Arbeitstages für mehr als 4 Stunden eingehalten werden können (min. 51 %).

Negatives Leistungsbild

Das mögliche negative Leistungsbild ist gemäß des Gutachtenvordrucks S0080 in folgende Rubriken eingeteilt:

– psycho-mentale Belastbarkeit (dazu gehören z. B. Konzentrations-/Reaktionsvermögen, Anpassungsvermögen, Publikumsverkehr, Verantwortung für Personen und Maschinen ...)
– Sinnesfunktionen (Seh-, Hör- Sprach-, Sprech-, Tast- und Riechvermögen)
– neuro-muskulo-skelettale Belastbarkeit (Gebrauchsfähigkeit der Hände, häufiges Bücken, Über-Kopfarbeiten, Ersteigen von Treppen, Leitern und Gerüsten, Gang- und Standsicherheit, Zwangshaltungen)
– sonstige Gefährdungs- und Belastungsfaktoren (Nässe, Zugluft, extrem schwankende Temperaturen, inhalative Belastungen, Allergene, Lärm, Erschütterungen, Vibrationen, Tätigkeiten mit erhöhter Unfallgefahr, Schichtdienst/häufig wechselnde Arbeitszeiten)

Die Teilbereiche, in denen relevante Einschränkungen festgestellt wurden, sind auf dem Formblatt anzukreuzen und im Freitext möglichst anschaulich und nachvollziehbar zu beschreiben. Es sind an dieser Stelle nur die vorhandenen Einschränkungen zu beschreiben. Also was geht nicht mehr bzw. welche Tätigkeiten sollten gemieden werden!

Darüber hinaus sind zur Vervollständigung des Leistungsbildes auch noch Angaben zur Wegefähigkeit und zu ggf. krankheitsbedingt notwendigen, arbeitsunüblichen Pausen zu machen, da diese unter Umständen erhebliche Auswirkungen auf das zu beurteilende quantitative Leistungsvermögen haben können.

Wegefähigkeit

Der Begriff Wegefähigkeit beschreibt in der Sozialmedizin das Vermögen eines Versicherten eine Arbeitsstelle aufzusuchen. Steht einem gehbehinderten Versicherten kein Kraftfahrzeug zur Verfügung, dann ist zu prüfen, ob er ggf. unter Nutzung von öffentlichen Verkehrsmitteln oder auch Hilfsmitteln (Gehhilfen etc.) in der Lage ist (s)einen Arbeitsplatz zu erreichen. Nach gültiger Rechtsprechung gilt ein Versicherter als wegefähig, wenn er in der Lage ist vier Mal pro Tag mehr als 500 Meter Wegstrecke in weniger als 20 Minuten zurückzulegen. Ist ein gehbehinderter Versicherter dazu nicht mehr in der Lage, dann liegt volle Erwerbsminderung vor, auch wenn er quantitativ eigentlich noch mehr als 6 Stunden pro Tag arbeiten könnte. Verfügt er jedoch über ein Kraftfahrzeug und eine Fahrerlaubnis und ist in der Lage ein Kraftfahrzeug zu führen, dann ist auch davon auszugehen, dass er seinen Arbeitsplatz erreichen kann, selbst wenn er zu Fuß die geforderten Wegstrecken nicht mehr zurücklegen kann. Um Wegefähigkeit zu erreichen kommen daher bei ansonsten arbeitsfähigen Versicherten auch LTA-Maßnahmen (Unterstützung zur Erlangung einer Fahrerlaubnis, Kraftfahrzeughilfe, Fahrdienst etc.) infrage.

Betriebsunübliche Pausen

Mit dem Begriff betriebsunübliche Pausen werden Arbeitszeitunterbrechungen bezeichnet, die das in einem Betrieb übliche Maß erheblich überschreiten. Beispiel: krankheitsbedingt überdurchschnittlich häufige und langandauernde Toilettengänge, aufgrund sich anschließender Hygienemaßnahmen bei therapieresistenten chronisch-entzündlichen Darmerkrankungen (z. B. Stuhlfrequenz ca. 1 Mal pro Stunde für ca. 15 Minuten). Normalerweise sind Verrichtungen persönlicher Bedürfnisse wie Essen, Trinken und Toilettengänge in die Arbeitszeit mit einkalkuliert. Man spricht auch von einer Verteilzeit, die jedem Arbeitnehmer hierfür zur Verfügung steht. Ein Diabetiker kann in der Regel notwendige Zwischenmahlzeiten und Blutzuckermessungen innerhalb dieser Verteilzeit erledigen, so dass hier keine betriebsunüblichen Pausen entstehen.

5.3.3.2 Quantitatives Leistungsvermögen

„Das quantitative Leistungsvermögen gibt den zeitlichen Umfang an, in dem eine Erwerbstätigkeit unter den festgestellten/beurteilten Bedingungen des qualitativen Leistungsvermögens arbeitstäglich ausgeübt werden kann, d. h. zumutbar ist.“ [5, S. 61] Dabei ist zu beachten, dass festgestellte qualitative Funktionseinschränkung nicht zwingend auch zu einer quantitativen Leistungsminderung auf dem allgemeinen Arbeitsmarkt führen.

Das quantitative Leistungsvermögen wird, wie bereits unter Kap. 5.3.2.3 beschrieben, in drei verschiedene Stufen eingeteilt: > 6 Stunden (vollschichtiges Leistungsvermögen), 3–6 Stunden (teilschichtiges Leistungsvermögen) und < 3 Stunden (aufgehobenes Leistungsvermögen).

Die Feststellung des quantitativen Leistungsvermögens ist für den Rentenversicherungsträger von erheblicher Bedeutung, da Einschränkungen in diesem Bereich rentenrechtliche Ansprüche auslösen können und eine Erwerbsminderungsrente zu prüfen ist.

Ursachen für ein aufgehobenes quantitatives Leistungsleistungsvermögen können z. B. sein:
- weit fortgeschrittene onkologische Erkrankungen unter palliativer Therapie
- schwergradige Lungenerkrankungen (Asthma/COPD) mit bestehender Sauerstoffpflichtigkeit
- zervikale Spinalkanalstenosen mit Myelopathie mit Gang- und Feinmotorikstörungen
- medikamenten-/therapiebedingte Leistungseinschränkung durch Beeinträchtigung der psycho-physischen Dauerbelastbarkeit (hier sollte ggf. die Möglichkeit einer Therapieoptimierung geprüft werden)
- therapieresistente schwergradige Schmerzsyndrome

Merke: Folgende Faktoren sind gemäß Vorgaben in der Arbeitshilfe der DRV [4] bei der sozialmedizinischen Leistungsbeurteilung nicht zu berücksichtigen
- eine bestehende Arbeitslosigkeit
- die Arbeitsmarktlage
- Vermittelbarkeit auf dem allgemeinen Arbeitsmarkt (z. B. bedingt durch fehlende Sprachkenntnisse oder Ausbildung)
- eine „Entwöhnung“ von einer beruflichen Tätigkeit, z. B. aufgrund längerer Arbeitslosigkeit, längerer, aber inzwischen überstandener Erkrankung oder familiär bedingter Arbeitspause
- eine Doppelbelastung durch Betreuung oder Pflege von kranken oder behinderten Familienangehörigen (Eltern, Kinder etc.)
- das Lebensalter des Versicherten/Probanden
- eine vom Versorgungsamt anerkannte Behinderung (GdB) oder eine von der Berufsgenossenschaft oder Unfallversicherung anerkannte Minderung der Erwerbsfähigkeit (MdE), da diesen Begriffen andere Rechtsgrundlagen und Bewertungsmaßstäbe zugrunde liegen

---

Feststellung Beginn „Leistungsfall“ und Prognose

Wird bei der Begutachtung ein teilweises oder aufgehobenes quantitatives Leistungsvermögen für voraussichtlich länger als sechs Monate festgestellt, muss auf dem Schlussblatt angegeben werden, seit wann die quantitativen Leistungseinschränkungen bereits bestehen. Bei akuten Ereignissen ist dies in der Regel das Datum des

Akutereignisses bzw. der Beginn der Arbeitsunfähigkeit (z. B. Schlaganfall, Unfall). Schwieriger ist der Beginn der Leistungsminderung festzustellen, wenn es sich um chronisch progrediente oder chronisch rezidivierende Erkrankungen handelt oder der zu Begutachtende schon seit längerer Zeit keiner geregelten beruflichen Tätigkeit (arbeitslos, Hausfrau) mehr nachgegangen ist. Hier muss anhand der Anamnese und der vorliegenden Fremdbefunde geprüft werden, ab welchem Zeitpunkt die Funktionsstörungen so ausgeprägt waren, dass eine Tätigkeit nicht mehr zumutbar war. Oft ist dies das Datum des Beginns der durchlaufenden Arbeitsunfähigkeit, der Diagnosestellung des letzten Krankheitsschubes/Rezidivs/Progresses der Grunderkrankung. Zuletzt muss noch die Aussage über die Prognose getroffen werden. Besteht die Chance, dass sich die Erwerbsfähigkeit innerhalb von 3 Jahren seit Eintritt der quantitativen Leistungsminderung unter adäquater Therapie ganz oder teilweise wiederherstellen lässt, dann ist ab Beginn des Leistungsfalles ein maximaler Zeitraum von 3 Jahren im Schlussblatt anzugeben und in der Epikrise zu begründen. Ist auch bei optimaler Therapie keine wesentliche Verbesserung des Leistungsvermögens mehr zu erwarten, dann ist dies ebenfalls in der Epikrise und im Schlussblatt entsprechend anzuführen.

Beispiel (3): 45-jährige Versicherte mit Zustand nach akutem Schlaganfall mit motorischer Aphasie und schlaffer Hemiparese links. Der Barthel-Index liegt nach Abschluss der Frührehabilitation Phase C (zu Lasten der Krankenkasse) aktuell bei 65, daher besteht noch keine ausreichende Rehabilitationsfähigkeit für eine neurologische Anschlussheilbehandlung Phase D. Rehabilitationsfähigkeit für eine neurologische Reha besteht in der Regel ab einem Barthel von größer oder gleich 75. Bei der Versicherten besteht zumindest mittelfristig (> 6 Monate) eine negative Erwerbsprognose, bei weiterhin positivem Heilungsverlauf aber voraussichtlich nicht auf Dauer. AU-Beginn 01.04.2020. Je nach Einschätzung des Gutachters kann Leistungsunfähigkeit für z. B. 1 Jahr, also bis voraussichtlich 31.03.2021 bis max. 31.03.2023 (3 Jahre) angegeben werden. Die Versicherte würde bei bestehenden versicherungsrechtlichen Voraussetzungen zunächst eine befristete Zeitrente erhalten, die dann in regelmäßigen Abständen überprüft, bei Bedarf verlängert oder bei ausbleibender Besserung auch ganz entfristet wird.

Beispiel (2) – Auflösung: Beim Fall des oben aufgeführten 60-jährigen Herrn H. bestehen durch die stattgehabten Frakturen im Bereich des Beckens und der Wirbelsäule aktuell noch schmerzbedingte Einschränkungen in der Mobilität und Wegefähigkeit. Er kann anamnestisch bis zu einer Stunde am Stück sitzen, bevor er schmerzbedingt aufstehen muss und bis zu 300 Meter mit einem Rollator gehen, bevor er eine Pause benötigt. Innerhalb der Wohnung ist er ohne Rollator mobil. Bücken und Aufheben von Gegenständen aus dem Stand gelingen ihm noch nicht. Seit Abschluss der Frakturheilung ist die Beweglichkeit und Wegefähigkeit unter laufender Physiotherapie aber kontinuierlich besser geworden, so dass von einer weiteren Verbesserung in den nächsten sechs Monaten ausgegangen werden kann. In der Selbstversorgung (Waschen, Anziehen, Duschen, Essen, Toilettennutzung) ist er inzwischen schon wieder selbständig. Die Oberarmkopffraktur am rechten Arm ist ohne wesentliche Fehlstellung verheilt, es besteht aber noch eine eingeschränkte Beweglichkeit der Schulter und eine Kraftminderung im rechten Arm, so dass er mit dem Arm keine schweren Lasten, wie z. B. einen Wasserkasten heben kann. Die Frakturheilung ist erst seit wenigen Wochen abgeschlossen, so dass unter intensiver Physiotherapie ebenfalls mit einer Verbesserung der Beschwerden zu rechnen ist. Die Wegefähigkeit ist mit öffentlichen Verkehrsmitteln noch etwas eingeschränkt, mit dem Auto ist er über kurze Strecken mobil.
Die sozialmedizinische Leistungsbeurteilung könnte daher folgendermaßen aussehen:
Aus sozialmedizinsicher und orthopädischer Sicht besteht aufgrund des Verletzungsmusters und unter Berücksichtigung des bisherigen Heilungsverlaufs eine erhebliche Gefährdung der Erwerbsfähigkeit in der Bezugstätigkeit als Busfahrer und auf dem allgemeinen Arbeitsmarkt. Bei zum Begutachtungszeitpunkt noch nicht vollständig abgeschlossener Rekonvaleszenz kann das endgültige Leistungsbild noch nicht abschließend beurteilt werden. Es wird zur Verbesserung der bestehenden Funktionsstörung und Wiederherstellung der Erwerbsfähigkeit eine möglichst wohnortnahe, stationäre orthopädische Rehabilitationsmaßnahme empfohlen. Bei weiterhin positivem Heilungsverlauf ist innerhalb der nächsten 6 Monate eine mindestens teilschichtige, voraussichtlich sogar vollschichtige Wiederherstellung der Erwerbsfähigkeit zu erwarten. Ggf. sollten nach Abschluss der Rehabilitationsmaßnahmen noch LTA-Maßnahmen geprüft werden, da aus orthopädischer Sicht bei Herrn H. auch bei weiterhin positivem Heilungsverlauf mit bleibenden Funktionsstörungen und Einschränkungen der muskuloskelettalen Belastbarkeit zu rechnen ist. Die Tätigkeit als „klassischer" Busfahrer in Vollzeit mit ständig sitzender Tätigkeit ohne Möglichkeit zum Haltungswechsel ist voraussichtlich nicht mehr leidensgerecht. Eine betriebsinterne Umsetzung, wie laut Herrn H. vom Arbeitgeber bereits angeboten, ist zu empfehlen.
Auf dem allgemeinen Arbeitsmarkt besteht perspektivisch ein vollschichtiges Leistungsvermögen für leichte Tätigkeiten, überwiegend stehend und sitzend und zeitweise gehend mit Möglichkeit zum Haltungswechsel. Einschränkungen in der Arbeitsorganisation (Tag-/Früh-/Spät-/Nachtschicht) bestehen nicht.
Tätigkeiten die ständiges Sitzen, häufiges Bücken, Überkopfarbeiten und Arbeiten in Zwangshaltungen erfordern, sind zu vermeiden. Auch Tätigkeiten, die regelmäßig das Ersteigen von Treppen-, Leitern und Gerüsten oder erhöhte Anforderungen an die Gang- und Standsicherheit erfordern, sind nicht mehr möglich.

Praxistipp: Wenn Herr H. betriebsintern, ggf. auch mit Unterstützung von LTA-Maßnahmen, auf eine leidensgerechte Tätigkeit umgesetzt werden kann, kommt auch bei einem teilweisen oder vollständig aufgehobenen Leistungsvermögen als Busfahrer eine Erwerbsminderungsrente nicht in Betracht. Herr H. wird wohl nicht mehr fast 8 Stunden am Stück in einem Bus beschwerdefrei sitzen können, in der „Leitstelle“ bzw. Fahrplanerstellung könnte er aber sicherlich noch vollschichtig arbeiten, da ein regelmäßiger Haltungswechsel gewährleistet wäre. Zum Begutachtungszeitpunkt ist er dazu aber noch nicht in der Lage.
Ist die Rekonvaleszenz zum Begutachtungszeitpunkt noch nicht abgeschlossen oder besteht noch ein akuter Behandlungsfall mit notwendiger weiterer Diagnostik und Akuttherapie, dann ist bei perspektivisch noch zu erwartender Verbesserung des Leistungsvermögens innerhalb der nächsten 6 Monate immer zunächst ein perspektivisch „vollschichtiges“ Leistungsvermögen anzugeben! Ein eingeschränktes oder aufgehobenes quantitatives Leistungsvermögen ist nur dann festzustellen, wenn auch innerhalb der nächsten 6 Monate unter leitliniengerechter Therapie keine weitere Verbesserung mehr zu erwarten ist.

Beispiel (3) – Auflösung: Bei dem 45-jährigen Krankenpfleger Herrn B. ist vor einem halben Jahr eine amyotrophe Lateralsklerose (ALS) diagnostiziert worden. Angefangen hat alles vor etwa zwölf Monaten mit einer Muskelschwäche und Muskelkrämpfen in den Beinen und einer Gangunsicherheit. Inzwischen kann er trotz regelmäßiger Physiotherapie nur noch mit Unterstützung stehen und wenige Schritte gehen. Seine Arme sind ebenfalls betroffen, so dass er Unterstützung bei der Essenszubereitung, der Körperpflege, bei einer Reihe von alltäglichen Verrichtungen und im Alltag benötigt. Zur Fortbewegung ist er auf einen Elektrorollstuhl angewiesen, weil er keine ausreichende Kraft mehr in den Armen hat. Zudem klagt er seit einigen Wochen über Probleme beim Sprechen. Es wurde dem Versicherten ein Pflegegrad 3 bewilligt.
Bei der amyotrophen Lateralsklerose handelt es sich um eine schwer verlaufende Erkrankung des zentralen und peripheren Nervensystems. Es kommt zu einer Degeneration der motorischen Nervenzellen in Gehirn, Hirnstamm und Rückenmark. Es gibt eine seltene erbliche Form, die Ursache ist aber in den allermeisten Fällen unbekannt. Die Erkrankung verläuft chronisch progredient und betrifft vorwiegend das motorische Nervensystem. Die Erkrankung tritt meistens zwischen dem 50. und 70. Lebensjahr auf. Es sind aber auch Verläufe bei jüngeren Erwachsenen beschrieben. Männer sind häufiger betroffen als Frauen. Der Erkrankungsverlauf ist sehr variabel. Die durchschnittliche Lebenserwartung beträgt 3–5 Jahre. Langsame Verläufe über mehr als zehn Jahre finden sich vor allem bei der erblichen Form in etwa 10 % der Fälle. Da die amyotrophe Lateralsklerose (ALS) vorwiegend das motorische Nervensystem betrifft, bleiben Empfindungen für Berührung, Schmerz und Temperatur erhalten. Auch das Sehen, Hören, Riechen und Schmecken und auch die Blasen- und Mastdarmfunktion sind in der Regel nicht beeinträchtigt. Die Degeneration der motorischen Nervenzellen im Rückenmark führt zu Muskelschwund, Muskelschwäche und Lähmungen, sowie zu unwillkürlichen Muskelzuckungen. Durch die Beteiligung der motorischen Nervenzellen in der Hirnrinde kommt es zudem zu einer Muskeltonuserhöhung (spastische Lähmung) mit Steigerung der Reflexe und schmerzhaften Muskelkrämpfen. Anhand des Symptombeginns werden drei unterschiedliche Verlaufsformen unterschieden. Es gibt die bulbäre, die spinale und die respiratorische Verlaufsform. Bei der bulbären Verlaufsform (bis zu 30 % der Fälle) sind die im Hirnstamm liegenden motorischen Nervenzellen zuerst betroffen. Die Muskelschwäche betrifft bei diesen Patienten zunächst die Sprach-, Kau- und Schluckmuskulatur. Erste Symptome äußern sich in diskreten Sprech- und Schluckstörungen. Die spinale Verlaufsform (bis zu 70 % der Fälle) beginnt hingegen meist mit Muskelatrophien und -schwäche an Armen und Beinen, da die Vorderhornzellen im Rückenmark von der Degeneration zuerst betroffen sind. Symptome können an unterschiedlichen Körperregionen auftreten. Die Betroffenen berichten je nach

betroffener Muskelregion z. B. über Ungeschicklichkeiten beim Schreiben, bei Handarbeiten, Gangunsicherheiten und über Muskelkrämpfe. Bei der sehr seltenen respiratorischen Form ist als erstes die Atemmuskulatur betroffen und die Patienten berichten über vermehrte Atemprobleme unter Belastung. Im Verlauf der Erkrankung entwickeln sich oft Symptome aus allen drei verschiedenen Formen. Da die Ursache der ALS noch nicht bekannt ist, gibt es bisher auch keine ursächliche Behandlung. Therapeutische Ansätze sind der Versuch einer Krankheitsverzögerung durch Medikamente (Riluzol) und eine symptomatische Behandlung. Durch symptomangepasste Maßnahmen wie Physiotherapie, Ergotherapie, Logopädie, Medikamente, die die Symptome günstig beeinflussen, angepasste Kost und Hilfsmittelversorgung können die Symptome gelindert und die Lebensqualität der Betroffenen verbessert werden [9]. Da die Erkrankung kontinuierlich fortschreitet und die von der Erkrankung betroffenen Nervenzellen irreversibel zerstört sind, ist eine dauerhafte Wiederherstellung ihrer Funktion durch diese Maßnahmen aber nicht zu erwarten. Der Tod wird häufig durch eine Lungenentzündung verursacht, die durch Lähmung der Atemmuskulatur und Schluckstörungen begünstigt wird. Solange Versicherte mit ALS noch berufstätig sind, das betrifft vor allem Erkrankte mit langsamen Verläufen, können vor allem Maßnahmen zur Teilhabe am Arbeitsleben, wie z. B. Arbeitsassistenz oder Kraftfahrzeughilfen ein vorzeitiges Ausscheiden aus den Erwerbsleben vermeiden.

Im Fallbeispiel 3 handelt es sich um eine recht schnell progrediente Verlaufsform der ALS vom spinalen Typ. Da der Versicherte bereits zwölf Monate nach Symptombeginn ausgeprägte Einschränkungen in der Selbstversorgungsfähigkeit aufweist und Pflegebedürftigkeit besteht, ist die Erwerbsprognose negativ. Eine medizinische Rehabilitation zu Lasten der GRV ist nicht zielführend. Hier müsste bei der neurologischen Begutachtung ein aufgehobenes Leistungsvermögen auf Dauer festgestellt und von der GRV die Voraussetzungen für eine Erwerbsminderungsrente geprüft werden. Datum „Leistungsfall" ist der Beginn der durchlaufenden Arbeitsunfähigkeit.

Literatur

[1] Reichsgesetzblatt Nr. 13, Nr. 1858, Gesetz, betreffend die Alters- und Invaliditätsversicherung, Fassung vom 22.06.1889, veröffentlicht 26.06.1889. Quelle: Scan of Commons https://commons.wikimedia.org/wiki/File:Deutsches_Reichsgesetzblatt_1889_013_097.jpg, Abrufdatum 20.11.2020

[2] https://www.deutsche-rentenversicherung.de/DRV/DE/Ueber-uns-und-Presse/Historie/historie_detailseite.html. Abrufdatum 18.11.2020

[3] Broschüre: 130 Jahre gesetzliche Rentenversicherung, veröffentlicht 2019, Herausgeber: Deutsche Rentenversicherung Bund

[4] Das ärztliche Gutachten für die gesetzliche Rentenversicherung – Hinweise zur Begutachtung, September 2018, 2. Überarbeitete Fassung 09/2018, DRV-Schriften Band 21, Herausgeber: Deutsche Rentenversicherung Bund. Zu finden als PDF-Download unter https://www.deutsche-rentenversicherung.de/DRV/DE/Experten/Infos-fuer-Aerzte/Begutachtung/begutachtung.html, Abrufdatum 16.08.2020

[5] DRV-Schriften Band 81, Sozialmedizinisches Glossar der Deutschen Rentenversicherung, Juli 2013, Herausgeber: Deutsche Rentenversicherung Bund

[6] https://www.deutsche-rentenversicherung.de/DRV/DE/Online-Dienste/Formularsuche/formularsuche_node.html, Abrufdatum 22.11.2020

[7] BSG, 07.08.1991 - 1/3 RK 26/90-Ärztliches Gutachten

[8] ICF-Praxisleitfaden 1 – Zugang zur Rehabilitation, 2. Auflage, Juni 2015, Herausgeber: Bundesarbeitsgemeinschaft für Rehabilitation (BAR) e. V. https://www.bar-frankfurt.de/themen/icf.html, Abrufdatum 29.11.2020

[9] Broschüre: Was ist ALS – Informationen zur amyotrophen Lateralsklerose für Patienten und Angehörige, 2019, Herausgeber: Prof. Dr. med. Thomas Meyer. Zu finden als PDF-Download unter https://www.als-charite.de/wp-content/uploads/2019/01/WAS-IST-ALS.pdf, Abrufdatum 07.12.2020

Weiterführende Literatur

DRV-Schriften Band 96, Die Renten wegen verminderter Erwerbsfähigkeit, Grundsätze der Deutschen Rentenversicherung, September 2018, Herausgeber: Deutsche Rentenversicherung Bund

Renten wegen verminderter Erwerbsfähigkeit, Studientext Nr. 17, 24. Auflage, Stand 01.01.2020, Herausgeber: Deutsche Rentenversicherung Bund. https://www.deutsche-rentenversicherung.de/SharedDocs/Downloads/DE/Fachliteratur_Kommentare_Gesetzestexte/Studientexte/Rentenrecht/17_renten_wegen_verminderter_erwerbsfaehigkeit.pdf, Abrufdatum 28.11.2020.

AWMF online, Leitlinie Allgemeine Grundlagen der medizinischen Begutachtung 2019, AWMF-Registriernummer 094/001, Federführende Gesellschaft: Deutsche Gesellschaft für neurowissenschaftliche Begutachtung (DGNB), https://www.awmf.org/uploads/tx_szleitlinien/094-001l_S2k_Allgemeine_Grundlagen_der_medizinischen_Begutachtung_2019-04.pdf, Abrufdatum 16.08.2020

Sozialmedizinische Begutachtung für die gesetzliche Rentenversicherung, 7. Auflage, Springer Verlag, 2011, Herausgeber: Deutsche Rentenversicherung

ICD-10-GM Version 2021, Systematisches Verzeichnis, Internationale statistische Klassifikation der Krankheiten und verwandter Gesundheitsprobleme, 10. Revision, Stand: 18. September 2020, Hrsg.: Bundesinstitut für Arzneimittel und Medizinprodukte (BfArM) im Auftrag des Bundesministeriums für Gesundheit (BMG) unter Beteiligung der Arbeitsgruppe ICD des Kuratoriums für Fragen der Klassifikation im Gesundheitswesen (KKG) Website: www.dimdi.de – Klassifikationen – Downloads – ICD-10-GM – Version 2021 Dateiname: icd10gm2021syst_odt_20200918.pdf, Abrufdatum 01.11.2020.

5.4 Arbeitsagenturen und Jobcenter

Felicitas Stiebler

Beispiel (1): Der 30-jährige Herr A. hat nach dem Schulabschluss eine Ausbildung zum Dachdecker abgeschlossen und seither im Beruf gearbeitet. In den letzten Jahren ist es zu gehäuften Arbeitsunfähigkeiten gekommen.
Wegen einer betriebsbedingten Kündigung meldet sich Herr A. bei der Arbeitsagentur arbeitslos. Im Beratungsgespräch der Arbeitsvermittlung macht er gesundheitliche Einschränkungen geltend. Die Arbeitsvermittlerin der Arbeitsagentur stellt einen Auftrag zur Begutachtung an den Ärztlichen Dienst der Arbeitsagentur mit der Frage, ob Leistungsfähigkeit für Tätigkeiten auf dem allgemeinen Arbeitsmarkt vorliegt und ob die letzte Tätigkeit weiter ausgeübt werden kann.
Im Gesundheitsfragebogen teilt Herr A. mit, dass er seit einem selbstverschuldeten Skiunfall vor 3 Jahren unter chronischen Schmerzen im Bereich des rechten Kniegelenkes leide, mit Schmerzzunahme beim Hocken und Knien, sowie bei langem Gehen und Stehen.
Aus den angeforderten Befundberichten des von der Schweigepflicht entbundenen Orthopäden geht hervor, dass Herr A. unter einem chronischen Schmerzsyndrom des rechten Kniegelenkes leidet, mit Streck- und Beugedefizit bei Z. n. operativer Versorgung einer traumatischen Innenmeniskusläsion und einer vorderen Kreuzbandruptur. Im MRT wird darüber hinaus noch über Knorpelläsionen 3. Grades des Femurkondylus berichtet.

5.4.1 Aufgaben des Ärztlichen Dienstes der Bundesagentur für Arbeit

Der Ärztliche Dienst (ÄD) der Bundesagentur für Arbeit (BA) begutachtet u. a. arbeitslose Menschen und auch Jugendliche vor Beginn der Berufsausbildung, die gesundheitliche Hemmnisse für eine berufliche Integration aufweisen. Der ÄD beurteilt hierbei die Leistungsfähigkeit und Belastbarkeit und stellt die Eignung für konkrete Berufe fest. Voraussetzung hierfür ist eine Tätigkeitsbeschreibung für den konkreten Arbeitsplatz.

So werden bereits Jugendliche mit z. B. körperlichen, geistigen (inklusive Lernstörungen) und psychischen Störungen (z. B. ADHS, Persönlichkeitsstörungen, schädlicher Substanzgebrauch oder auch nicht stoffgebundene Abhängigkeitserkrankungen) noch während der Schulzeit begutachtet, um nach Beendigung der Schule eine direkte Vermittlung in eine Ausbildung oder eine leidensgerechte Bildungsmaßnahme zu gewährleisten oder ggf. zuvor eine medizinische Behandlung zu empfehlen [1].

Außerdem berät der ÄD die Fachkräfte der Arbeitsagenturen und Jobcenter u. a. zu Fragestellungen der beruflichen Rehabilitation.

Nach dem Selbstverständnis des ÄD der BA werden von den Gutachtern eine angemessene Empathie und eine neutrale Haltung gegenüber den Kunden erwartet. Wichtig ist hierbei, die komplexen Zusammenhänge zu verstehen, die sich ergeben aus den Anliegen der Auftraggeber auf der einen Seite, der Kunden auf der anderen

Seite, aber auch aus dem Gefüge des Sozialversicherungssystems, auf dessen rechtlicher Grundlage die BA agiert [1].

5.4.1.1 Rechtsgrundlagen für die Tätigkeiten des Ärztlichen Dienstes der Bundesagentur für Arbeit

Hierbei spielt der (aktuell) § 32 SGB III (Sozialgesetzbuch [SGB] Drittes Buch [III]), der sich auf die Eignungsfeststellung bezieht, eine wichtige Rolle:

Die Agentur für Arbeit soll Ratsuchende mit deren Einverständnis ärztlich und psychologisch untersuchen und begutachten, soweit dies für die Feststellung der Berufseignung oder Vermittlungsfähigkeit erforderlich ist.

Relevant ist auch der (aktuell) § 62 SGB I:

Wer Sozialleistungen beantragt oder erhält, soll sich auf Verlangen des zuständigen Leistungsträgers ärztlichen und psychologischen Untersuchungsmaßnahmen unterziehen, soweit diese für die Entscheidung über die Leistung erforderlich sind.

Der ÄD der BA arbeitet hierbei auf den Rechtsgrundlagen insbesondere der Sozialgesetzbücher:
- SGB III Arbeitsförderung (durch die Bundesagentur für Arbeit)
- SGB II Grundsicherung für Arbeitssuchende (durch die Jobcenter)
- SGB IX Rehabilitation und Teilhabe von Menschen mit Behinderungen
- SGB I Allgemeiner Teil
- SGB X Sozialverwaltungsverfahren und Sozialdatenschutz

Der 30-jährige Herr A. aus unserem Beispiel, hier Kunde genannt, beantragt das Arbeitslosengeld I (ALG I) bei der Bundesagentur für Arbeit, die auf der Rechtsgrundlage des SGB III handelt.

Das ALG I ist eine zeitlich befristete Versicherungsleistung, deren Anspruch durch die Beiträge zur Arbeitslosenversicherung erworben wird. Die Voraussetzung für einen Anspruch auf das ALG I ist:
- der Kunde hat sich bereits arbeitslos gemeldet,
- er erfüllt die Bedingungen der Anwartschaft und
- er steht dem Arbeitsmarkt zur Verfügung
- oder er bezieht ALG I im Rahmen des (aktuell) § 145 SGB III; (sog. Nahtlosigkeitsverfahren). Hierauf wird später näher eingegangen.

Der Anspruch auf die Versicherungsleistung des ALG I besteht normalerweise bis zu 12 Monaten, kann jedoch, in Abhängigkeit vom Alter des Kunden und der Dauer der Beitragszahlungen, bis zu 2 Jahren anhalten.

Grundlage der Berechnung ist das Brutto-Arbeitsentgelt (Gehalt) der vergangenen 12 Monate. Die Höhe des ALG I beträgt derzeit 60 % des Nettoentgelts. Es erhöht sich aktuell auf 67 %, falls der Kunde oder sein Ehe-/Lebenspartner ein Kind oder mehrere Kinder haben (Juni 2020) [2].

5.4.1.2 Sozialmedizinische Stellungnahme

Der ÄD der BA erhält die Informationen zur Begutachtung durch die Hinweise der Auftraggeber aus den Arbeitsagenturen (AA) und JC und durch die Angaben im Selbstauskunftsbogen des Kunden (sogenannter Gesundheitsfragebogen). Wenn eine Entbindung von der Schweigepflicht vorliegt, werden Befundberichte der behandelnden Ärzte und Therapeuten angefordert und Entlassungsberichte von Krankenhäusern oder Reha-Kliniken, Renten-, Pflege- oder Betreuungsgutachten.

Wenn keine qualifizierte Beurteilung anhand der vorliegenden Befunde möglich ist, lädt der ÄD der BA die Kunden zu einer Untersuchung ein, ggf. auch durch spezielle Fachärzte z. B. aus dem Fachgebiet Psychiatrie.

5.4.1.3 Aufbau der sozialmedizinischen Stellungnahmen

Im Rahmen der Datenschutzvorgaben sind die Gutachten des ÄD der BA in 2 Teile aufgeteilt, in den Teil „A" und den Teil „B".

Der Teil A ähnelt einem Arztbrief. Er enthält folgende Punkte:

- Medizinische und berufliche Anamnese:
  - Hierbei ist ein besonderes Augenmerk auf Berufs- und Tätigkeitswechsel zu richten und die dafür vorliegenden Gründe sind zu erfragen.
  - Es sollte exploriert werden, inwieweit das Beschwerdebild auf die berufliche Tätigkeit zurückzuführen ist.
  - Grundsätzlich ist es wichtig zu klären, welche Diagnostik und Behandlung bereits durchgeführt wurde, noch geplant ist und wie der Behandlungserfolg ausgefallen ist.
  - Bei Unfällen (Arbeits-, Wege- und sonstige [ggf. auch fremdverschuldete] Unfälle) sind Angaben zu anhaltenden Folgen und zur Schuldfrage erforderlich, um ggf. Regressansprüche, z. B. für Umschulungsmaßnahmen, die auf Grund des Unfalls erforderlich werden, an einen anderen Leistungsträger stellen zu können (z. B. Berufsgenossenschaft, Unfallverursacher).
  - Wurde in der Vergangenheit die Rente abgelehnt, ist die Information relevant, ob die Ablehnung wegen fehlender medizinischer Voraussetzungen erfolgte oder wegen fehlender Rentenanwartschaften.
- Untersuchungsbefunde: In der Begutachtung durch den ÄD der BA können auch vermeintlich „unbedeutende" Befunde große Relevanz erlangen. So kann beispielsweise bei bestimmten Tätigkeiten ein fehlendes räumliches Sehvermögen größere Bedeutung erlangen als ein Z. n. erfolgreicher Malignom-Behandlung (z. B. bei verantwortungsvollen Fahr- und Steuertätigkeiten).
- Diagnosen: Im Teil A werden sämtliche Diagnosen mit Benennung des ICD-10-Schlüssels aufgeführt, die für die Integration in den allgemeinen Arbeitsmarkt relevant sind.
- Angaben zu den vorliegenden Fremdbefunden.

- Wertende Stellungnahme und Einschätzung (Epikrise): Bei dieser Darstellung sollte darauf geachtet werden, dass sich auch bei einer späteren Prüfung des Gutachtens oder bei der Nutzung durch einen anderen Sozialleistungsträger ein schlüssiges „Bild" des Kunden ergibt. Aus den Fremdbefunden, der Anamnese, dem Untersuchungsbefund, ggf. inklusive eines psychopathologischen Befundes, sollte sich das Ergebnis des Gutachtens nachvollziehen lassen.

Der Teil A des Gutachtens darf *nicht* ohne das Einverständnis bzw. gegen den Willen des Kunden an Dritte weitergeleitet werden (also auch nicht an die Auftraggeber der Agentur für Arbeit (AA) oder des JC).

Eine Ausnahme ergibt sich im Rahmen des (aktuell) § 76 SGB X. Durch diesen ist die Übermittlung von Sozialdaten im Zusammenhang mit einer Begutachtung wegen der Erbringung von Sozialleistungen zulässig. Bei Verzicht auf das Widerspruchsrecht dürfen diese Daten also an andere Sozialleistungsträger übermittelt werden.

Sowohl der Teil A als auch der Teil B dürfen von den Kunden eingesehen und angefordert werden.

Der Teil B ist für die Auftraggeber der Agentur für Arbeit oder des Jobcenters vorgesehen. Dieser Teil des Gutachtens dient dazu, die Fachkräfte bei ihrer Aufgabe zu unterstützen, z. B. die Kunden in eine leidensgerechte Tätigkeit zu vermitteln, den Bedarf beruflicher Rehabilitation zu identifizieren oder die Zuständigkeit des Sozialleistungsträgers zu überprüfen. Die Auftraggeber sind medizinische Laien, so dass dieser Teil des Gutachtens laienverständlich formuliert sein sollte, also ohne medizinische Terminologie.

In diesem Teil des Gutachtens müssen strikt die strengen Vorgaben des Datenschutzes und der ärztlichen Schweigepflicht berücksichtigt werden, was bedeutet, dass keine Diagnosen benannt werden dürfen!

Folgende Angaben sind im Teil B des Gutachtens aufzuführen:

- integrationsrelevante Funktionseinschränkungen in Anlehnung an die ICF (International Classification of Functioning, Disability and Health) mit Hinweisen zur Graduierung (leicht-, mittel-, schwergradig) und zur Zeitdimension (angeboren, akut, chronisch, wiederkehrend, phasenweise auftretend, fortschreitend)
- zeitlicher Umfang, in dem eine Tätigkeit auf dem allgemeinen Arbeitsmarkt entsprechend dem positiven und negativen Leistungsbild zumutbar ist.
  - vollschichtig (täglich 6 Stunden und mehr leistungsfähig)
  - täglich von 3 bis unter 6 Stunden leistungsfähig
  - täglich weniger als 3 Stunden leistungsfähig (unter 15 Stunden wöchentlich)
- Prognose bei verminderter oder aufgehobener Leistungsfähigkeit
  - voraussichtlich bis zu 6 Monaten
  - voraussichtlich über 6 Monate
  - voraussichtlich auf Dauer
- maximal zumutbare körperliche Arbeitsschwere:

  - schwere Arbeit: Als schwere Arbeit werden Tätigkeiten bezeichnet wie Tragen von bis zu 40 kg schweren Lasten in der Ebene oder Steigen unter mittleren Lasten und Handhaben von Werkzeugen (über 3 kg Gewicht), auch von Kraftwerkzeugen mit starker Rückstoßwirkung, Schaufeln, Graben und Hacken. Auch mittelschwere Arbeiten in angespannter Körperhaltung, z. B. in gebückter, kniender oder liegender Stellung können als schwere Arbeit eingestuft werden. Belastende Körperhaltungen (Zwangshaltungen, Haltearbeit) erhöhen die Arbeitsschwere um eine Stufe.
  - mittelschwere Arbeit: Als mittelschwere Arbeit werden Tätigkeiten bezeichnet wie Handhaben etwa 1 bis 3 kg schwergehender Steuereinrichtungen, unbelastetes Begehen von Treppen und Leitern (bei Dauerbelastung), Heben und Tragen mittelschwerer Lasten in der Ebene von 10 bis 15 Kilogramm oder Hantierungen, die den gleichen Kraftaufwand erfordern. Auch leichte Arbeiten mit zusätzlicher Ermüdung durch Haltearbeit mäßigen Grades sowie Arbeiten am Schleifstein, mit Bohrwinden und Handbohrmaschinen werden als mittelschwere Arbeit eingestuft. Es können auch bis zu 5 % der Arbeitszeit (oder zweimal pro Stunde) schwere Arbeitsanteile enthalten sein. Belastende Körperhaltungen (Haltearbeit, Zwangshaltungen) erhöhen die Arbeitsschwere um eine Stufe.
  - leichte bis mittelschwere Arbeit: Bei leichter bis mittelschwerer Arbeit ist der Anteil mittelschwerer Arbeit auf höchsten 50 % begrenzt.
  - leichte Arbeit: Als leichte Arbeit werden Tätigkeiten bezeichnet wie Handhaben leichter Werkstücke und Handwerkszeuge, Tragen von weniger als 10 kg, Bedienen leichtgehender Steuerhebel und Kontroller oder ähnlicher mechanisch wirkender Einrichtungen und lang dauerndes Stehen oder ständiges Umhergehen (bei Dauerbelastung). Es können auch bis zu 5 % der Arbeitszeit (oder zweimal pro Stunde) mittelschwere Arbeitsanteile enthalten sein. Belastende Körperhaltungen (Zwangshaltungen, Haltearbeit) erhöhen die Arbeitsschwere um eine Stufe [3].
- maximal zumutbare Arbeitshaltung
  - Arbeiten im Stehen
  - Arbeiten im Gehen
  - Arbeiten im Sitzen: Bei der Arbeitshaltung wird zusätzlich mitgeteilt, mit welchem Anteil diese Haltung während der Arbeitszeit maximal eingenommen werden darf.
    - zeitweise (ca. 10 % der Arbeitszeit)
    - überwiegend (51–90 % der Arbeitszeit)
    - ständig (91–100 % der Arbeitszeit)

Bei fehlenden körperlichen Funktionseinschränkungen kann es also möglich sein, dass Tätigkeiten sowohl ständig im Stehen als auch ständig im Gehen oder Sitzen zugemutet werden können, da es sich um die maximale Belastbarkeit handelt.

Es ist jedoch nicht möglich, für alle 3 Arbeitshaltungen nur „zeitweise" die Zumutbarkeit festzustellen, da dann nur bis zu 30 % der Arbeitszeit abgebildet wären.

- ergänzende Beschreibung des positiven Leistungsprofils (hier sind Fähigkeiten und Ressourcen in Bezug auf die Arbeitshaltung, die Arbeitsorganisation, die Arbeitsschwere, die Funktion der Sinnesorgane, Aktivitäten und Umweltfaktoren zu benennen, wie z. B. die Nutzung öffentlicher Verkehrsmittel, u. a.)
- ergänzende Beschreibung des negativen Leistungsbilds (hier sind konkrete Einschränkungen in der Belastbarkeit zu benennen z. B. in Bezug auf die Arbeitsschwere, Arbeitshaltung, Arbeitsorganisation, Funktion der Sinnesorgane, psychomentale Belastungen, Umweltfaktoren, u. a.)
- Sozialmedizinische Beurteilung. In diesem Abschnitt hat der Gutachter die Möglichkeit, dem Auftraggeber wichtige Hinweise mitzuteilen, die für die Integration oder das weitere Vorgehen in Bezug auf den Kunden erforderlich sind. Das können Angaben zur Behandlungsnotwendigkeit und eine Einschätzung der Prognose sein.

Beispiel (2): Der Kunde war zuletzt als Träger in einer Möbelspedition tätig. Er leidet unter einer akuten, mittelgradigen Funktionsstörung des linken Handgelenkes. Herr H. ist Rechtshänder. Derzeit findet ambulante Behandlung statt. Der Behandlungserfolg bleibt abzuwarten. Bis dahin sind Tätigkeiten, die eine uneingeschränkte Beweglichkeit des linken Handgelenkes oder beidhändiges Zugreifen erforderlich machen, wie z. B. schweres Heben und Tragen ohne mechanische Hilfsmittel sowie Tätigkeiten mit Absturzgefahr, nicht abzuverlangen. Diese Leistungseinschränkungen sind voraussichtlich nicht länger als 6 Monate anhaltend.

- Beantwortung der Zielfragen, die im Auftrag an den ÄD gestellt wurden. Hierbei ist zu prüfen, ob die Fragen rechtlich zulässig sind. Juristische Fragen, wie z. B. „War die Arbeitsaufgabe berechtigt?" sind nicht vom ÄD zu beantworten. Die Gutachter können feststellen, ob wichtige gesundheitliche Gründe für die Beendigung des Arbeitsverhältnisses vorlagen.
  Auch sollte die Frage, ob berufliche Rehabilitation erforderlich ist, nicht durch den ÄD beantwortet werden. Diese Entscheidung wird von den Fachkräften aus dem Bereich der beruflichen Rehabilitation getroffen. Die Gutachter können benennen, welche besonderen Hilfen der Kunde aus medizinischer Sicht benötigt. Diese sollten dann klar formuliert werden [1].

Sowohl der Teil A als auch der Teil B des Gutachtens werden mit sämtlichen weiteren Dokumenten des Begutachtungsauftrags entsprechend der Vorgaben zur Archivierung von medizinischen Dokumenten über 10 Jahre im ÄD aufbewahrt.

Merke: Sämtliche Mitteilungen im Teil B des Gutachtens müssen unter Berücksichtigung der Vorgaben der ärztlichen Schweigepflicht und des Datenschutzes erfolgen und sollten für den medizinischen Laien verständlich sein.

5.4.2 Bundes-Teilhabe-Gesetz (BTHG)

Auf der Basis des SGB IX (Rehabilitation und Teilhabe von Menschen mit Behinderungen) ist die BA Leistungsträger für Leistungen zur Teilhabe am Arbeitsleben (LTA) für Kunden, die weniger als 15 Jahre sozialversicherungspflichtig berufstätig waren.

Vereinfacht dargestellt ist die Rentenversicherung (SGB VI) für LTA zuständig, wenn die Kunden länger als 15 Jahre sozialversicherungspflichtig berufstätig waren. Diese Einteilung ist jedoch nicht in jedem Fall zutreffend.

Bei bestimmten Ursachen können z. B. auch die Träger der gesetzlichen Unfallversicherung (SGB VII) als Leistungsträger zuständig sein (z. B. Arbeitsunfälle, Wegeunfälle, Berufskrankheiten).

Grundsätzlich entscheiden die Mitarbeiter des Bereiches der beruflichen Rehabilitation der BA über die Notwendigkeit und die Art der LTA. Das Gutachten des ÄD hat beratenden Charakter.

Die Rechtsgrundlagen für LTA finden sich im SGB IX, aber unter anderem auch die SGB I, II und III.

Menschen mit dauerhaften Behinderungen (auch Lernbehinderungen) können Leistungen zur Teilhabe am Arbeitsleben erhalten. „Dauerhaft" bedeutet in diesem Kontext, dass die Behinderung länger als 6 Monate anhält.

Der (aktuell) § 19 SGB III besagt: (1) Behindert im Sinne dieses Buches sind Menschen, deren Aussicht am Arbeitsleben teilzuhaben oder weiter teilzuhaben, wegen Art und Schwere ihrer Behinderung ... nicht nur vorübergehend wesentlich gemindert sind und die deshalb Hilfen zur Teilhabe am Arbeitsleben benötigen, einschließlich lernbehinderter Menschen.

Eine anerkannte Schwerbehinderung führt jedoch nicht zwingend zu einem Bedarf an LTA. So benötigt beispielweise eine Kundin, die zuletzt als Sozialversicherungsfachangestellte tätig war, mit Z. n. kurativ behandeltem Mamma-Karzinom im Stadium der Heilungsbewährung, mit einem Grad der Behinderung (GdB) von 50, für körperlich einfache Bürotätigkeiten voraussichtlich keine besonderen Hilfen der beruflichen Rehabilitation.

Auf der anderen Seite ist es für die Feststellung des Bedarfes an LTA nicht erforderlich, dass eine anerkannte Schwerbehinderung vorliegt.

Hilfsmittel im Sinne des § 49 SGB IX sind nur solche Hilfen, die wegen Art oder Schwere der Behinderung zur Ausübung eines bestimmten Berufs, zur Teilnahme an einer Leistung zur Teilhabe am Arbeitsleben oder zur Erhöhung der Sicherheit auf dem Weg vom und zum Arbeitsplatz und am Arbeitsplatz erforderlich sind.

Eine Leistungspflicht des Trägers zur Teilhabe am Arbeitsleben besteht, wenn Hilfsmittel zum Ausgleich einer Behinderung nur für einen bestimmten Arbeitsplatz bzw. nur für eine spezielle Form der Berufsausübung oder Ausbildung erforderlich sind und dieses Hilfsmittel anderweitig nicht benötigt wird. Dienen die Hilfsmittel dagegen im Alltagsleben und zusätzlich im Berufsleben für jedwede Tätigkeit ohne Bezug zu einer konkreten Tätigkeit, sind Leistungen der medizinischen Rehabilitation vorrangig [4].

Einige Möglichkeiten der Förderung im Rahmen der beruflichen Rehabilitation sind folgende:

- Berufsvorbereitende Bildungsmaßnahme oder Ausbildung mit besonderen Hilfen. Besondere Hilfen sind z. B.:
  - sonderpädagogische Begleitung
  - psychosoziale Begleitung
  - medizinische Begleitung (Arzt, Ergotherapie, Physiotherapie)
- Umschulung
- Unterstützte Beschäftigung richtet sich an Menschen mit Behinderung, die einen besonderen Unterstützungsbedarf haben, aber nicht das besondere Angebot einer Werkstatt für Menschen mit Behinderung benötigen. Sie basiert auf 2 wichtigen Elementen.
  - Individuelle betriebliche Qualifizierung: Begonnen wird mit einer individuellen betrieblichen Qualifizierung. Diese findet von Anfang an in Betrieben auf dem allgemeinen Arbeitsmarkt statt. Dabei wird der behinderte Mensch von einem so genannten Jobcoach begleitet und unterstützt. Diese Phase der Qualifizierung dauert bis zu zwei Jahre, in Ausnahmefällen bis zu drei Jahre. In der Zeit der Qualifizierung sind die Teilnehmer sozialversichert.
  - Berufsbegleitung: Ist ein sozialversicherungspflichtiges Beschäftigungsverhältnis erreicht, gleichzeitig aber eine weitergehende Unterstützung erforderlich, wird diese in Form der Berufsbegleitung erbracht. Die Dauer dieser Leistung richtet sich nach den individuellen Bedürfnissen des behinderten Menschen. Es gibt keine zeitliche Beschränkung [5].
- Die Diagnose der Arbeitsmarktfähigkeit (DIA-AM) ist eine Maßnahme mit dem Ziel, im Einzelfall festzustellen, ob für besonders von Behinderung betroffene Menschen eine Beschäftigung auf dem allgemeinen Arbeitsmarkt dauerhaft ausführbar ist oder ob die Werkstatt für behinderte Menschen (WfbM) die geeignete Einrichtung zur Teilhabe am Arbeitsleben darstellt [6].
- Werkstatt für behinderte Menschen (WfbM): Für eine Eignung für die Tätigkeit in einer WfbM ist es erforderlich, dass der Kunde in der Lage ist, ein Mindestmaß an wirtschaftlich verwertbarer Arbeitsleistung zu erbringen. In einer WfbM werden die 3 Monate des Eingangsverfahrens und anschließend jeweils 12 Monate im Berufsbildungsbereich und Arbeitsbereich vom SGB III finanziert. Liegt nach

dieser Zeit weiterhin keine Leistungsfähigkeit für Tätigkeiten auf dem allgemeinen Arbeitsmarkt vor, ist ein Wechsel des Leistungsträgers zur Kommune (SGB XII) vorgesehen. Behinderte Menschen im Arbeitsbereich einer WfbM erhalten ein Arbeitsentgelt und erwerben einen Rentenanspruch [7].

- Technische Arbeitshilfen: Durch die BA können technische Arbeitshilfen gefördert werden. Technische Arbeitshilfen sind Vorrichtungen und Geräte, die einen Arbeitsplatz behinderungsgerecht ausstatten, um behinderungsbedingte Nachteile auszugleichen. Kosten für technische Arbeitshilfen können nur übernommen werden, soweit die Arbeitshilfen ausschließlich zur Teilhabe am Arbeitsleben benötigt werden. Kosten für technische Arbeitshilfen können auch während einer beruflichen Ausbildung, Weiterbildung oder bei einem befristeten Arbeitsverhältnis übernommen werden, wenn diese Hilfen zur Teilhabe am Arbeitsleben erforderlich sind [4].
  - Spezielle Arbeitsplatzausstattung:
    - Kraftfahrzeughilfen
    - Bereitstellung eines Fahrdienstes zum Erreichen des Ausbildung-/Arbeitsplatzes

---

Merke: Medizinische Behandlung – soweit zumutbar – ist grundsätzlich vorrangig vor beruflicher Rehabilitation!

Bei dem 30-jährigen Herrn A. aus unserem Beispiel (1) liegt eine länger als 6 Monate andauernde Funktionseinschränkung des rechten Kniegelenkes vor. Medizinische Behandlung ist erfolgt. Trotzdem bestehen weiterhin Beschwerden mit verminderter Belastbarkeit, die in der Vergangenheit zu vermehrten Arbeitsunfähigkeiten in seiner Tätigkeit als Dachdecker geführt haben. In der sozialmedizinischen Stellungnahme wird angeregt, Leistungen zur Teilhabe am Arbeitsleben zu prüfen. Da Herr A. weniger als 15 Jahre sozialversicherungspflichtige Tätigkeiten ausgeübt hat, ist die BA die zuständige Leistungsträgerin für die Gewährung der LTA.

5.4.3 Minderung der Leistungsfähigkeit – (aktuell) § 145 SGB III

Beispiel (3): Die 57-jährige Frau C. ist ungekündigt in einer Versicherungsgesellschaft als Sachbearbeiterin angestellt. Bei ihr wurde vor 17 Monaten ein Kolonkarzinom im Stadium T3, N0, M0 operiert. Im MRT des Abdomens finden sich jetzt einige Läsionen mit hochgradigem Verdacht auf Metastasen. Eine Chemotherapie wurde eingeleitet.
Aus dem Leistungsbezug der Krankenversicherung wird Frau C. in 4 Wochen ausgesteuert werden.
Von der Krankenversicherung wurde ihr mitgeteilt, dass sie einen Antrag auf ALG I bei der Arbeitsagentur stellen kann.

Arbeitsunfähige Arbeitnehmer erhalten zunächst 6 Wochen Gehaltsfortzahlung vom Arbeitgeber. Anschließend haben die Versicherten der gesetzlichen Krankenversicherung (SGB V) für 72 Wochen Anspruch auf das sogenannte Krankengeld. Neigt sich dieser Anspruch dem Ende zu, werden die Versicherten von der Krankenkasse aufgefordert, einen Antrag auf ALG I bei der Agentur für Arbeit (AA) zu stellen. Hier werden sie durch den ÄD begutachtet mit der Frage nach der Leistungsfähigkeit. Wenn der ÄD der AA feststellt, dass Leistungsunfähigkeit für länger als 6 Monate vorliegt, wird der Kunde von der AA aufgefordert, einen Antrag auf Leistungen zur medizinischen Rehabilitation oder zur Teilhabe am Arbeitsleben bei der zuständigen Rentenversicherung zu stellen.

Die Rentenversicherung prüft daraufhin den Rehabilitationsbedarf oder ob eine verminderte Erwerbsfähigkeit vorliegt. Damit der Kunde in der Zeit nach Beendigung der Zahlung des Krankengeldes bis zur Erteilung eines Rentenbescheids nahtlos finanziell abgesichert ist, hat die Gesetzgebung den (aktuell) § 145 SGB III verabschiedet, die sogenannte Nahtlosigkeitsregelung.

Das bedeutet: Arbeitsunfähige Kunden, deren Anspruch auf die Sozialleistung des Krankengeldes abgelaufen ist und bei denen Leistungsunfähigkeit für länger als 6 Monate angenommen wird, erhalten zur Schließung der Versorgungslücke Leistungen des SGB III (ALG I).

Die Voraussetzung hierfür ist allerdings, dass die Kunden Ansprüche in der Arbeitslosenversicherung erworben haben. Das gilt auch dann, wenn das letzte Arbeitsverhältnis nicht gekündigt ist.

Für Frau C. aus unserem Beispiel (3) bedeutet das, dass sie einen Antrag bei der Arbeitsagentur auf ALG I stellt. Der ÄD der Arbeitsagentur teilt in seiner sozialmedizinischen Stellungnahme mit, dass mit einem Wiedereintritt der Leistungsfähigkeit nicht innerhalb der nächsten 6 Monate gerechnet werden kann. Frau C. wird daraufhin von der AA aufgefordert, innerhalb eines Monats bei der Rentenversicherung einen Antrag auf Leistungen zur medizinischen Rehabilitation oder zur Teilhabe am Arbeitsleben zu stellen. Die Rentenversicherung prüft nun, ob die Voraussetzungen für eine Rehabilitation gegeben sind oder ob Erwerbsminderung vorliegt. Solange das Verfahren bei der Rentenversicherung anhängig ist, erhält Frau C. „nahtlos" zwischen der Beendigung der Krankengeldzahlung und dem Bescheid der Rentenversicherung das ALG I. (Siehe hierzu Begrenzung der Anspruchsdauer Kap. 5.4.1.1)

Für Kunden, deren Krankengeldzahlung nach 72 Wochen beendet wird, sind folgende leistungsrechtliche Konsequenzen möglich:

- Der ÄD der BA stellt Leistungsunfähigkeit für länger als 6 Monate fest: Die medizinischen Voraussetzungen zur Anwendung des (aktuell) § 145 SGB III liegen vor. Der Kunde erhält ALG I bis zum Abschluss des Rentenverfahrens, jedoch maximal bis seine Ansprüche auf ALG I abgegolten sind.
- Der ÄD der BA stellt Leistungsfähigkeit für Tätigkeiten auf dem allgemeinen Arbeitsmarkt fest: Bei ungekündigtem Arbeitsverhältnis wird beurteilt, ob die letzte Tätigkeit leidensgerecht ist. Sollte das nicht der Fall sein, wird die Möglichkeit

einer betriebsinternen Umsetzung geprüft. Falls der Arbeitgeber keinen leidensgerechten Arbeitsplatz anbieten kann, wird der Kunde aufgefordert sich dem allgemeinen Arbeitsmarkt zur Verfügung zu stellen.
- Der ÄD der BA stellt Leistungsunfähigkeit bis zu 6 Monaten fest: Der Kunde steht dem allgemeinen Arbeitsmarkt nicht zur Verfügung. Es liegen nicht die medizinischen Voraussetzungen zur Anwendung des (aktuell) § 145 SGB III vor. Der Kunde kann bei Hilfebedürftigkeit (siehe oben) ALG II beim JC beantragen (das sogenannte „Harz IV")

Merke: Anspruch auf ALG I haben auch Kunden, die aus dem Krankengeldbezug ausgesteuert wurden, weiterhin länger als 6 Monate leistungsunfähig sind und bei denen noch keine Entscheidung der Rentenversicherung vorliegt.

Der Anspruch auf diese Versicherungsleistung ist zeitlich befristet.

5.4.4 Stufenweise Wiedereingliederung

In der Regel ist die Krankenversicherung Leistungsträgerin der stufenweisen Wiedereingliederung (sog. Hamburger Modell). Unter bestimmten Voraussetzungen (Aussteuerung aus dem Krankengeldbezug), kann der Kunde während der stufenweisen Wiedereingliederung ALG I erhalten.

Voraussetzung für die Durchführung einer stufenweisen Wiedereingliederung ist, dass der Arbeitsunfähige weiterhin bei einem Arbeitgeber beschäftigt ist. Bei arbeitslosen Kunden ist dieses Instrument bei einem neuen Arbeitgeber nicht möglich (in der gesetzlichen Unfallversicherung unterliegt die Handhabung dieses Instrumentes [im SGB VII – Belastungserprobung] hiervon abweichenden Regelungen).

5.4.5 Grundsicherung für Arbeitsuchende durch die Jobcenter

Beispiel (4): Der 51-jährige Herr B. hat nach dem Abitur ein Germanistikstudium angefangen und nach 4 Jahren abgebrochen. Seither hat er gelegentlich Helfertätigkeiten im Bereich Küche ausgeübt, zuletzt vor 8 Jahren. Anschließend kam es immer wieder zu Arbeitsunfähigkeitszeiten.
Die Arbeitsvermittlerin des Jobcenters (JC) teilt im Auftrag an den ÄD mit, dass der Kunde mehrfach zu Einladungen nicht erschienen ist und unter gesetzlicher Betreuung steht. Durch die Begutachtung soll geklärt werden, ob Leistungsfähigkeit für Tätigkeiten auf dem allgemeinen Arbeitsmarkt vorliegt. Falls Leistungsunfähigkeit vorliegt, wird nach der Dauer gefragt.

Die JC sind für arbeitslose Menschen (und ihre hilfebedürftigen Angehörigen) zuständig, die keinen Anspruch auf das Arbeitslosengeld I haben z. B., weil dessen Bezugsdauer abgelaufen ist oder im Rahmen von Selbstständigkeit keine Beiträge zur Arbeitslosenversicherung gezahlt wurden.

Die JC handeln auf der Rechtsgrundlage des SGB II. Voraussetzung für einen Anspruch auf diese steuerfinanzierte, unbefristete Sozialleistung (sog. Hartz IV) ist die Hilfebedürftigkeit: Hilfebedürftig ist, wer seinen Lebensunterhalt nicht oder nicht ausreichend aus dem zu berücksichtigenden Einkommen oder Vermögen sichern kann und die erforderliche Hilfe nicht von anderen, insbesondere von Angehörigen oder von Trägern anderer Sozialleistungen, erhält; (aktuell) § 9 SGB II (Hilfebedürftigkeit).

Erwerbsfähigkeit wird im SGB II im (aktuell) § 8 SGB II folgendermaßen definiert: Erwerbsfähig ist, wer nicht wegen Krankheit oder Behinderung auf absehbare Zeit außerstande ist, unter den üblichen Bedingungen des allgemeinen Arbeitsmarktes mindestens drei Stunden täglich erwerbstätig zu sein.

Bei der Beurteilung der Erwerbsfähigkeit wird also nicht auf die zuletzt ausgeübte Tätigkeit oder den Ausbildungsberuf Bezug genommen, sondern ausschließlich auf den allgemeinen Arbeitsmarkt.

In unserem Beispiel (1) von Herrn A., dem arbeitslosen Dachdecker, der nach einer Knieverletzung unter chronischen Schmerzen und Funktionseinschränkungen leidet, liegt Leistungsfähigkeit vor für eine leidensgerechte Tätigkeit auf dem allgemeinen Arbeitsmarkt. Seine letzte Tätigkeit als Dachdecker ist jedoch nicht mit seinem Leistungsprofil zu vereinbaren.

Nicht erwerbsfähige Hilfebedürftige erhalten solange Leistungen des JC, bis eine Übernahme an einen anderen Leistungsträger erfolgt ist.

Der Regelsatz für das ALG II beträgt im Juni 2020 432 € im Monat für eine alleinstehende Person. Hinzu kommen die Übernahme der Wohn- und Heizkosten in angemessenem Rahmen. Unter anderem werden auch die Beiträge zur Kranken- und Pflegeversicherung gewährt [8].

Stellt der ÄD der BA bei einem Kunden des JC länger als 6 Monate anhaltende Leistungsunfähigkeit für Tätigkeiten auf dem allgemeinen Arbeitsmarkt fest, verbleibt der Kunde im Leistungsbezug des JC bis zur Bewilligung der Rentenzahlung (SGB VI), bei fehlenden Rentenansprüchen bis zur Übernahme in die Sozialhilfe (SGB XII).

Merke: Im Sinne des SGB II ist ein arbeitsloser Mensch erwerbsfähig, wenn er mindestens 3 Stunden täglich in der Lage ist oder innerhalb von 6 Monaten in der Lage sein wird, leichte Tätigkeiten auszuüben.

Die Betreuerin des 51-jährigen Herrn B. aus dem Beispiel (4) hat dem Gesundheitsfragebogen das Betreuungsgutachten des Amtsgerichts beigefügt. Aus diesem geht hervor, dass der Kunde seit seinem 23. Lebensjahr unter einer paranoiden Schizophrenie leidet mit zunehmend ausgeprägter Symptomatik bei fehlender Krankheits- und Behandlungseinsicht.

Der ÄD teilt der Fachkraft der AA mit, dass keine Leistungsfähigkeit für Tätigkeiten auf dem allgemeinen Arbeitsmarkt vorliegt und mit einem Wiedereintritt der Leistungsfähigkeit nicht innerhalb der nächsten 6 Monate gerechnet werden kann. Da keine Rentenansprüche vorliegen, wird der Kunde/seine Betreuerin durch das JC aufgefordert einen Antrag auf Leistungen des SGB XII (Sozialamt) zu stellen.

5.4.6 Arbeitsunfähigkeit

Bei der Beurteilung der Erwerbsfähigkeit ist die klare Abgrenzung zur Arbeitsunfähigkeit wichtig. Die Feststellung der Arbeitsunfähigkeit unterliegt den behandelnden Ärztinnen und Ärzten. Sie kann durch den Medizinischen Dienst der Krankenversicherung (MDK) im Auftrag der zuständigen Krankenkassen überprüft werden.

Kunden der Arbeitsagentur (ALG I) sind arbeitsunfähig, wenn sie aufgrund einer Erkrankung nicht mehr in der Lage sind, leichte Arbeiten in einem zeitlichen Umfang zu verrichten, für den sie sich bei der AA zur Verfügung gestellt haben. Dabei ist es unerheblich, welcher Tätigkeit sie vor der Arbeitslosigkeit nachgingen.

Kunden der JC (ALG II) sind arbeitsunfähig, wenn sie krankheitsbedingt nicht in der Lage sind, mindestens 3 Stunden täglich zu arbeiten oder an einer Eingliederungsmaßnahme teilzunehmen. Sie erhalten während der Arbeitsunfähigkeit kein Krankengeld. Sie beziehen unbefristet die Leistungen des JC.

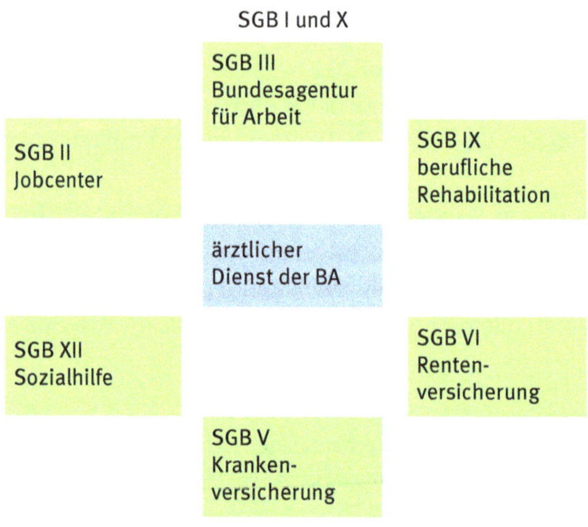

Abb. 5.4: ÄD der BA im Gefüge des Sozialversicherungssystems. SGB I: Allgemeiner Teil; SGB II: Grundsicherung für Arbeitssuchende; SGB III: Arbeitsförderung; SGB V: Krankenversicherung; SGB VI: Gesetzliche Rentenversicherung; SGB IX: Rehabilitation und Teilhabe behinderter Menschen; SGB X: Verwaltungsverfahren und Sozialdatenschutz; SGB XII: Sozialhilfe.

Gutachter im Auftrag des Ärztlichen Dienstes der BA sollten sich über die Zusammenhänge des Sozialversicherungssystems im Klaren sein, um die Tragweite ihrer Gutachten zu überblicken (siehe Abb. 5.4).

In der Gesetzgebung kommt es im Verlauf immer wieder zu Überarbeitungen und Veränderungen. Die aktuelle Ausgabe der Sozialgesetzbücher findet sich im Internet z. B. unter www.gesetze-im-internet.de

Literatur

[1] Stiebler F. Begutachtung der Leistungsfähigkeit bei der Bundesagentur für Arbeit und den Jobcentern. E-Learning-Plattform Bayerische Landesärztekammer 2016. [Letzter Zugriff: 22.08.2020].
[2] https://www.arbeitsagentur.de/finanzielle-hilfen/arbeitslosengeld-anspruch-hoehe-dauer [Letzter Zugriff: 22.08.2020].
[3] https://www.deutsche-rentenversicherung.de/SharedDocs/Downloads/DE/Experten/infos_fuer_aerzte/someko_abschlussberichte_glossar/druckfassung_glossar_pdf.pdf?__blob=publicationFile&v=1 [Letzter Zugriff: 23.08.2020].
[4] https://www.arbeitsagentur.de/datei/dok_ba014685.pdf [Letzter Zugriff: 22.08.2020].
[5] https://www.bmas.de/DE/Themen/Teilhabe-Inklusion/Foerderung-der-Ausbildung-und-Beschaeftigung/unterstuetzte-beschaeftigung.html [Letzter Zugriff: 22.04.2021].
[6] https://www.rehadat-bildung.de/de/lexikon/Lex-Diagnose-der-Arbeitsmarktfaehigkeit-DIA-AM/ [Letzter Zugriff: 22.04.2021].
[7] Diehl R, Gebauer E, Groner A. Kursbuch Sozialmedizin, Deutscher Ärzte-Verlag, S. 415–416.
[8] https://www.lpb-bw.de/regelsatz-hartziv/ [Letzter Zugriff: 22.04.2021].

6 Begutachtung in der Rehabilitation

Christian Dohle

Der Begriff der Rehabilitation ist allgemein verständlich, allerdings existieren verschiedene Definitionen. Eine allgemeingültige Definition hat die Deutsche Vereinigung für Rehabilitation (DVfR) unter Beteiligung aller Mitgliedergruppen und Reha-Experten am 19.02.2020 im Hauptvorstand verabschiedet [1]:

- Rehabilitation fördert Menschen mit bestehender oder drohender Behinderung.
- Ziel ist die Stärkung von körperlichen, geistigen, sozialen und beruflichen Fähigkeiten sowie die Selbstbestimmung und die gleichberechtigte Teilhabe in allen Lebensbereichen.
- Sie umfasst medizinische, therapeutische, pflegerische, soziale, berufliche, pädagogische oder technische Angebote einschließlich der Anpassung des Umfelds der Person.
- Rehabilitation ist ein an individuellen Teilhabezielen orientierter und geplanter, multiprofessioneller und interdisziplinärer Prozess.
- Sie achtet das Recht auf Selbstbestimmung.

6.1 Rechtsrahmen

Die Grundzüge der Rehabilitation sind im Sozialgesetzbuch IX („Rehabilitation und Teilhabe von Menschen mit Behinderungen") verankert. Die Besonderheit der Rehabilitation besteht darin, dass diese durch ganz unterschiedliche Leistungsträger bewilligt werden können, so dass häufig in den jeweiligen Sozialgesetzbüchern kostenträgerspezifische Regelungen zu finden sind. Hauptleistungsträger sind gemäß § 6 SGB IX

- die gesetzlichen Krankenkassen (§ 40 SGB V),
- die Bundesagentur für Arbeit (§ 22 SGB III),
- die Träger der gesetzlichen Unfallversicherung (§ 27 SGB VII),
- die Träger der gesetzlichen Rentenversicherung (§ 112 SGB III),
- die Träger der Kriegsopferversorgung und der Kriegsopferfürsorge,
- die Träger der öffentlichen Jugendhilfe für Leistungen,
- die Träger der Eingliederungshilfe.

Auch private Kranken- und Unfallversicherungen können Rehabilitationsleistungen bewilligen. Entsprechend der unterschiedlichen Kostenträger bestehen ggfs. unterschiedliche Zielsetzungen, z. B. in der Verbesserung der Alltagsfähigkeiten oder der Teilhabe am Arbeitsleben.

Um trotz der unterschiedlichen Träger für die Betroffenen möglichst einheitliche Verfahren zu haben, ist in § 39 SGB IX verankert, dass sich die oben genannten Re-

https://doi.org/10.1515/9783110693362-006

habilitationsträger zu einer Arbeitsgemeinschaft zusammenschließen, der „Bundesarbeitsgemeinschaft für Rehabilitation“ (BAR). Aufgaben gemäß § 39 Abs. 2 SGB IX sind u. a.

- die Erarbeitung von gemeinsamen Grundsätzen zur Bedarfserkennung, Bedarfsermittlung und Koordinierung von Rehabilitationsmaßnahmen und zur trägerübergreifenden Zusammenarbeit,
- die Erarbeitung von gemeinsamen Empfehlungen zur Sicherung der Zusammenarbeit,
- die trägerübergreifende Fort- und Weiterbildung zur Unterstützung und Umsetzung trägerübergreifender Kooperation und Koordination,
- die Erarbeitung trägerübergreifender Beratungsstandards,
- die Erarbeitung von Qualitätskriterien zur Sicherung der Struktur-, Prozess- und Ergebnisqualität im trägerübergreifenden Rehabilitationsgeschehen und Initiierung von deren Weiterentwicklung.

Insbesondere ist in § 25 SGB IX explizit verankert, dass Entscheidungen möglichst einheitlich getroffen werden. Hierfür wurden verschiedene gemeinsame Standards erstellt [2].

Nachfolgend sind Aspekte dargestellt, die im Rahmen gutachtlicher Fragestellungen relevant werden können.

6.2 Zugang in die Rehabilitation

Der Zugang in die Rehabilitation kann auf verschiedenen Wegen erfolgen. Wichtig ist die Unterscheidung zwischen Maßnahmen im Anschluss an eine Krankenhausbehandlung (Anschlussrehabilitation) oder Maßnahmen, die aus dem poststationären Umfeld heraus beantragt werden (Leistungen zur Teilhabe, Heilverfahren). Erfüllt werden müssen dabei sowohl medizinische als auch leistungsrechtliche Voraussetzungen.

Beispiel (1): Bei Frau M., einer jungen Lohnbuchhalterin, ist vor 7 Jahren die Diagnose einer Multiplen Sklerose gestellt worden. Zu Beginn klagte sie über Sehstörungen und Kribbeln in der rechten Hand. Im Rahmen eines stationären Aufenthaltes in der neurologischen Klinik in der Heimatstadt konnte die Diagnose gesichert werden. Aufgrund mehrerer und vor allem mehrzeitig zu wertender Läsionen in der Kernspintomographie wurde eine Schubprophylaxe mit einem Interferon-Präparat begonnen. Darunter war die Erkrankung lange Zeit stabil. Vor 2 Jahren kam es dann zu einem erneuten Schub mit auch Einschränkung der Gehfähigkeit, so dass nach einer Akutbehandlung die Schubprophylaxe umgestellt wurde. Anders als nach dem initialen Ereignis war die Symptomatik zuletzt nicht vollständig rückläufig. Die Patientin hat weiterhin Probleme, längere Strecken zu gehen. Auch während der Arbeit fühlt sie sich rasch erschöpft. Sie hat ihre Arbeitszeit bereits freiwillig von 40 auf 32 h in der Woche reduziert, kann ihre Arbeitsanforderungen aber auch nur noch mit verringerter Geschwindigkeit und vor allem gegen Ende des Tages erhöhter Fehlerquote erfüllen. Am Abend nach einem Arbeitstag ist sie so erschöpft, dass sie ihre Freizeitaktivitäten schrittweise fast vollständig zurückgefahren hat. Der Hausarzt rät ihr zur Durchführung einer Rehabilitation.

Anschlussrehabilitation (Anschlussheilbehandlung (AHB), Anschlussgesundheitsmaßnahmen (AGM)) als Maßnahmen der Renten- und Krankenversicherungsträger unterliegen einem besonderen Verfahren und sollten sich möglichst unmittelbar an eine stationäre Krankenhausbehandlung anschließen (max. 14 Tage). Zulässig sind sie nur für die im sogenannten AHB-Katalog definierten Erkrankungen [3]. Hier agieren verschiedene Kostenträger selbst innerhalb eines Rechtsrahmens unterschiedlich. Einzelne Renten- und Krankenversicherungsträger haben Krankenhäuser ermächtigt, bei Vorliegen der berechtigenden Diagnosen die Verlegung unmittelbar durchzuführen. Die Rechtfertigung muss dann von der aufnehmenden Rehabilitationsklinik überprüft werden. Andere Träger, insbesondere Krankenkassen, führen auch für Erkrankungen aus dem AHB-Katalog vor Erteilung einer Kostenzusage eine Prüfung durch. In dem im Jahre 2020 verabschiedeten „Intensivpflege- und Rehabilitationsstärkungsgesetz" (IPReG) wurde dem Gemeinsamen Bundesauschuss (G-BA) die Aufgabe übertragen, auch für die GKV Kriterien zu erarbeiten, unter denen eine Anschlussrehabilitation ohne vorherige Überprüfung stattfinden kann.

Einen Sonderfall stellt die Frührehabilitation nach § 39 SGB V dar, die leistungsrechtlich eine Akutbehandlung darstellt und in Akutkrankenhäusern oder Krankenhausabteilungen an Rehabilitationskliniken durchgeführt wird [4]. Die Finanzierung erfolgt in der Regel durch die Krankenkasse und unterliegt dem DRG-System. Dort (Code 8-55) wird unterschieden zwischen geriatrischer frührehabilitativer Komplexbehandlung, neurologisch-neurochirurgischer Frührehabilitation (NNFR), Frührehabilitativer Komplexbehandlung von Patienten mit Kopf-Hals-Tumoren und fachübergreifender Frührehabilitation. Dabei wird keine Kostenübernahme zu Beginn ausgesprochen, sondern die Voraussetzungen werden nach Erbringung der Maßnahme überprüft (s. u.). Dabei muss entschieden werden, ob eine stationäre Akutkrankenhausbehandlung erforderlich ist. Eine Abgrenzung zur Notwendigkeit einer stationären Rehabilitationsmaßnahme ist dabei in vielen Fällen sehr schwierig. So schließt sich in vielen Fällen an eine geriatrische Komplexbehandlung (als Akutbehandlung) eine geriatrische Rehabilitation (als Rehabilitationsmaßnahme) an, ohne dass es qualitativ entscheidende Unterschiede im Patientenklientel gäbe.

Merke: Frührehabilitation ist leistungsrechtlich Krankenhausbehandlung, nicht Rehabilitation.

Rehabilitationsmaßnahmen aus dem ambulanten Umfeld heraus können mittlerweile durch alle Vertragsärzte ohne besondere Qualifikation verordnet werden. Die verschiedenen Kostenträger haben dafür jeweils eigene Antragsverfahren entwickelt. Eine medizinische Rehabilitation zu Lasten der Krankenkasse aus der ambulanten Versorgung heraus kann nach § 40 SGB V Abs. 3 Satz 4 nur alle vier Jahre bewilligt werden. Dabei war die Bewilligungspraxis insbesondere einzelner Krankenkassen lange inkonsistent und intransparent. Im bereits erwähnten IPReG wurde nun festgelegt, dass eine geriatrische Rehabilitation vertragsärztlich ohne Überprüfung der medizinischen Erforderlichkeit durch die Krankenkasse eingeleitet werden kann, wobei nicht näher definierte geeignete Abschätzungsinstrumente zum Einsatz kommen sollen. Verordnete fachspezifische Rehabilitationen können nun nur noch auf der Basis eines Gutachtens des Medizinischen Dienstes der Krankenkassen (ab 2021 MD der Länder) abgelehnt werden, was dem Antragsteller zur Verfügung gestellt werden muss.

Sowohl für die Anschlussrehabilitation als auch für ambulant eingeleiteten Maßnahmen definieren die Rehabilitationsträger die folgenden Voraussetzungen, die Gegenstand gutachtlicher Beurteilung sein können [3,5,6]:

- Rehabilitationsbedürftigkeit: Die Maßnahme ist aus medizinischen Gründen erforderlich. Dies wird angenommen, wenn aufgrund einer körperlichen, geistigen oder seelischen Schädigung
  - voraussichtlich nicht nur vorübergehende alltagsrelevante Beeinträchtigungen der Aktivität vorliegen, durch die in absehbarer Zeit eine Beeinträchtigung der Teilhabe droht oder
  - Beeinträchtigungen der Teilhabe bereits bestehen und
  - über die kurative Versorgung hinaus der mehrdimensionale und interdisziplinäre Ansatz der medizinischen Rehabilitation erforderlich ist.
- Rehabilitationsfähigkeit: Rehabilitationsfähig sind Rehabilitanden, wenn sie aufgrund ihrer somatischen und psychischen Verfassung die für die Durchführung und Mitwirkung bei der Leistung zur medizinischen Rehabilitation notwendige Belastbarkeit besitzen.
- Positive Rehabilitationsprognose: Die Ziele der Rehabilitationsmaßnahme müssen mit überwiegender Wahrscheinlichkeit im vorgegebenen Zeitraum erreicht werden können.

Gemäß Rehabilitations-Richtlinie des G-BA [5] handelt es sich dabei um eine medizinisch begründete Wahrscheinlichkeitsaussage für den Erfolg der Leistung zur medizinischen Rehabilitation

- auf der Basis der Erkrankung oder Behinderung, des bisherigen Verlaufs, des Kompensationspotentials oder der Rückbildungsfähigkeit unter Beachtung und Förderung individueller positiver Kontextfaktoren, insbesondere der Motivation des Versicherten zur Rehabilitation, oder der Möglichkeit der Verminderung negativ wirkender Kontextfaktoren
- über die Erreichbarkeit eines festgelegten Rehabilitationsziels oder festgelegter Rehabilitationsziele durch eine geeignete Leistung zur medizinischen Rehabilitation
- in einem notwendigen Zeitraum

In diesem Kontext stellt die Frührehabilitation die Voraussetzungen für die Erfüllung der obigen Kriterien erst her. Das heißt, dass die obigen Kriterien bei einer Frührehabilitation nicht verlangt werden dürfen.

Für die Beantragung einer Rehabilitation müssen Rehabilitationsziele auf verschiedenen ICF-Ebenen definiert werden:
- Körperfunktionen und Körperstrukturen, z. B. Beinfunktion
- Tätigkeiten (Aktivitäten), z. B. Mobilität mit oder ohne Hilfsmittel
- Teilhabe (Partizipation), z. B. Wiederaufnahme einer bisherigen beruflichen Tätigkeit.

Bei vielen fachspezifischen Rehabilitationen (z. B. Orthopädie, Kardiologie) ist die Zuordnung der zugrundeliegenden Erkrankung zu Einschränkungen auf der Ebene der Aktivitäten und Partizipation einfach zu treffen. Speziell in der geriatrischen und neurologischen Rehabilitation liegen jedoch häufig mehrere Störungsbilder simultan vor. Zur Beschreibung der Einschränkung der Aktivitäten hat sich dabei zur Operationalisierung der sogenannte Barthel-Index etabliert, der zehn verschiedene Aktivitäten mit Punktzahlen in 5er-Schritten bewertet [7]. Im Rahmen gutachtlicher Fragestellungen kann relevant sein, dass verschiedene deutschsprachige Übersetzungen existieren [8–10], die zu unterschiedlichen Einschätzungen führen können. Für die neurologische Rehabilitation wurde zudem mit dem Frührehabilitations-Index eine Erweiterung für schwer betroffene Patienten etabliert, bei denen z. B. für das Vorliegen eines absaugpflichtigen Tracheostomas oder einer beaufsichtigungspflichtigen Schluckstörung negative Punkte vergeben werden [10]. Für die Vergabe dieser Punkte existiert ein Vorschlag zu einer standardisierten Vergabe [11].

Merke: Voraussetzung für die Rehabilitation ist die Rehabilitationsbedürftigkeit, die Rehabilitationsfähigkeit und die positive Rehabilitationsprognose. Zudem müssen Rehabilitationsziele auf den ICF-Ebenen definiert werden.

Ein Sonderfall stellt die neurologische Rehabilitation auch deshalb dar, da mit dem sogenannten neurologischen Phasenmodell verschiedene Schweregrade unterschieden werden [12].
- In der Rehabilitationsphase B finden sich intensiv überwachungspflichtige Patienten mit teilweise auch schweren Bewusstseinsstörungen.
- In der Rehabilitationsphase C sind Patienten bereits in der Lage, aktiv in den Therapien teilzunehmen, müssen aber noch mit hohem, insbesondere pflegerischem Aufwand unterstützt werden.
- Patienten der Rehabilitationsphase D entsprechen der Patientenklientel der anderen Indikationen und sind bis auf eventuell spezielle pflegerische Aufgaben im Wesentlichen selbständig.

Dabei dient der Barthel-Index auch als Hilfskonstrukt für die Einstufung in die Rehabilitationsphasen B bis D [12], was allerdings in unterschiedlichen Bundesländern/ Medizinischen Diensten unterschiedlich gehandhabt wird [13]. Entscheidend für die Phasenzuordnung sind allerdings die in den „Empfehlungen zur Neurologischen Rehabilitation von Patienten mit schweren und schwersten Hirnschädigungen der Phasen B und C“ hinterlegten Abgrenzungskriterien, die sogenannten „BAR-Kriterien“ [12].

Nach Klärung der medizinischen Voraussetzungen muss auch der zuständige Leistungsträger ermittelt werden. In den meisten Fällen sind dies Krankenkasse, Rentenversicherung oder gesetzliche Unfallversicherung. Auch hier können sich im Einzelfall gutachtliche Fragestellungen ergeben, insbesondere ob die rehabilitationsbegründende Gesundheitsstörung auf einen Arbeitsunfall oder eine Berufskrankheit zurückzuführen ist. Die Abwägung dieses Sachverhaltes ist im diesbezüglichen Kapitel dieses Buches dargestellt (siehe Kap. 10). Die Abgrenzung zwischen der Rentenversicherung und der Krankenkasse ist im Regelfall einfach zu treffen: Die Rentenversicherung kommt nur in Frage, wenn sich die Rehabilitanden im berufsfähigen Alter befinden, die versicherungsrechtlichen Voraussetzungen erfüllen (Mindestbeitragszeiten) und nicht berentet sind. In allen anderen Fällen ist im Regelfall die Krankenkasse zuständig. Sonderregelungen existieren für Tumor-Patienten.

Damit der Prozess der Klärung von Zuständigkeiten nicht zu Lasten der Rehabilitanden geht, ist festgelegt, dass der erstangegangene Rehabilitationsträger innerhalb von zwei Wochen nach Antragseingang entscheiden muss. Ist bis zu diesem Zeitpunkt noch keine Entscheidung gefallen, muss er die Kosten übernehmen. Leitet er den Antrag innerhalb dieser Frist an einen anderen, nach seiner Meinung zuständigen Kostenträger weiter, muss dieser die Kosten übernehmen, auch wenn sich im späteren Verlauf eine andere Zuständigkeit herausstellt (§ 14 SGB IX).

Merke: Die Frist zur Weiterleitung von Rehabilitationsanträgen an einen anderen Kostenträger ist auf 14 Tage begrenzt.

Auflösung Beispiel (1): Frau M. ist seit 11 Jahren im Angestelltenverhältnis tätig. Für diese Tätigkeit führt der Arbeitgeber Beiträge an die Deutsche Rentenversicherung Bund ab. Da die Maßnahme unter anderem dem Erhalt bzw. der Verbesserung der Berufsfähigkeit dient, stellt sie einen Rehabilitationsantrag zu Lasten der Deutschen Rentenversicherung. Nach Prüfung der versicherungsrechtlichen Voraussetzungen wird der Antrag genehmigt und die DRV empfiehlt eine Klinik, die ihr für das Krankheitsbild geeignet erscheint.

Ein Sonderfall stellt auch hier das Phasenmodell der neurologischen Rehabilitation dar. Während die Kostenträgerschaft der Rehabilitationsphase B als Krankenhausbehandlung eindeutig der Krankenkasse zuzuordnen ist (sofern keine Ansprüche an einen Träger der gesetzlichen Unfallversicherung bestehen), kommen für die Rehabilitation in der Phase C bei berufstätigen Patienten prinzipiell sowohl die Rentenversicherung als auch die Krankenkasse in Frage. Die Rentenversicherung übernimmt allerdings eine Maßnahme in der Phase C nur bei einer eindeutig positiven Erwerbsprognose, d. h. einer hinreichenden Sicherheit, dass innerhalb der nächsten 6 Monate wieder eine Erwerbsfähigkeit aufgenommen werden kann. Daher muss während einer Rehabilitation der Phase C regelmäßig die Erwerbsprognose beurteilt werden. Im Regelfall kann dabei bei diesen pflegebedürftigen Patienten von einer negativen Erwerbsprognose ausgegangen werden. Im Einzelfall kann diese Entscheidung jedoch schwierig und auch Gegenstand von Begutachtungen sein. Als formelles Instrument ist in den BAR-Kriterien ein mehrseitiges „Rehabilitations-Assessment" [12] definiert, was diesen Entscheidungsprozess unterstützen soll.

6.3 Durchführung der Rehabilitation

Auch die Qualität der Rehabilitationsbehandlung kann Gegenstand von Begutachtungen sein. Dabei unterliegen alle Rehabilitationseinrichtungen einer Zertifizierungspflicht durch ein von der BAR anerkanntes Verfahren. Ohne diese Zertifizierung, die jeweils für einen Zeitraum von 3 Jahren erteilt wird, erfolgt keine Belegung. Die Frührehabilitation als Krankenhausbehandlung unterliegt dieser Zertifizierungspflicht nicht. Hier sind die DRG-Vorgaben mit den jeweiligen OPS häufig die einzigen bindenden Qualitätsanforderungen.

Strittig ist manchmal auch die Leistungsdichte (Zahl der therapeutischen Einheiten). Hierfür existieren keine allgemein verbindlichen Vorgaben. Die DRV und in geringerem Umfang auch die GKV haben Qualitätssicherungsprogramme etabliert [14]. Die Leistungsdichte (Prozessqualität) ist dabei nur im umfangreicheren Programm der DRV abgebildet. Hierbei werden berücksichtigt:

- Für alle Rehabilitanden einer Fachrichtung die Analyse der Therapiedichte und -dauer (KTL). Hier wird für jede Indikation ein Zielkorridor für Zahl und Dauer der Therapieeinheiten definiert, z. B. für die Neurologie zwischen 23 und 50 Einheiten bzw. 13 bis 40 h/Woche. Abweichungen sowohl nach oben als auch nach unten schlagen sich in Abzügen in den sogenannten Qualitätspunkten nieder. Dabei wird nicht unterschieden zwischen Einzel- oder Gruppenanwendungen bzw. Vortragsveranstaltungen.
- Für bestimmte Krankheitsbilder existieren zudem Therapiestandards, die vorgeben, wie viel Therapien eines bestimmten Leistungssegments (z. B. Bewegungstherapie) pro Woche bzw. während der Rehabilitation für einen bestimmten Prozentsatz der Rehabilitanden dieser Diagnose (z. B. 80 %) erfüllt werden sollten. Hieraus lassen sich aber keine Vorgaben für individuelle Rehabilitanden ableiten. Die Auswertung erfolgt hier summativ am Ende eines Jahres.

Weitergehende inhaltliche Anforderungen werden von den Kostenträgern nicht vorgegeben. Die Inhalte richten sich an den Leitlinien der jeweiligen Fachgesellschaften aus.

Üblicherweise wird eine Rehabilitationsbewilligung für einen bestimmten Leistungszeitraum ausgesprochen. Für ambulante Maßnahmen sind dies in der Regel 20 Behandlungstage, für stationäre Maßnahmen drei Wochen [5]. Bei der Mehrzahl der Leistungsträger kann eine Verlängerung des Leistungszeitraums beantragt werden, deren Bewilligung sich nach den o. g. Kriterien richtet. Dabei sollten realistische und möglichst messbare Rehabilitationsziele formuliert werden. Bei Rehabilitationsmaßnahmen zu Lasten der GKV wird zur Entscheidungsfindung regelhaft der Medizinische Dienst einbezogen. Gerade im Bereich der neurologischen, geriatrischen und psychiatrischen Rehabilitation sind Endpunkte der Behandlung häufig schwierig zu definieren. Anhaltspunkte finden sich in den Begutachtungsleitlinien des Medizinischen Dienstes [5] bzw. für die neurologische Rehabilitation auch in der Definition des neurologischen Phasenmodells [12].

Einem besonderen Mechanismus unterliegen Bewilligungen zu Lasten der DRV. Hier wird in der Regel für eine bestimmte Indikation ein durchschnittliches Liegezeitkontingent vorgegeben (z. B. 31 Tage). Erstbewilligungen durch die Rentenversicherung erfolgen typischerweise für 3 oder 4 Wochen. Die Indikation zu einer Verlängerung stellt dann die Einrichtung selbst unter Berücksichtigung ihres eigenen jährlichen Kontingents. Gerade in dieser Konstellation sind Divergenzen zwischen den Erwartungen der Rehabilitanden und der Einschätzung der behandelnden Ärzte nicht selten.

Auflösung Beispiel (1): Frau M. wird nach Genehmigung der Rehabilitationsmaßnahme durch die Deutsche Rentenversicherung in eine stationäre Rehabilitationseinrichtung aufgenommen. Zu Beginn erfolgt ein ausführliches Assessment der körperlichen und kognitiven Leistungsfähigkeit. Neurologisch zeigt sich eine leichte Lähmung beider Beine (Paraparese) mit erhöhtem Muskeltonus (Spastik). Die Neuropsychologie diagnostiziert erhaltene Aufmerksamkeitsleistungen, allerdings eine deutlich reduzierte Aufmerksamkeitsspanne. Diese zeigt sich auch während des Rehabilitationsalltages. Bereits den Therapieeinheiten am Nachmittag kann Frau M. nur noch teilweise folgen. Da Frau M. jedoch deutlich von den Therapien profitiert, wird von den behandelnden Ärzten eine Verlängerung der Rehabilitation um eine Woche vorgeschlagen und vereinbart.

Ein Sonderfall stellt die Frührehabilitation dar, die leistungsrechtlich eine Akutbehandlung darstellt und den Mechanismen des DRG-Systems unterliegt. Hier kann nach Leistungserbringung eine Überprüfung des akutstationären Behandlungsbedarfs erfolgen (sekundäre Fehlbelegung). Besonders schwierig ist dies häufig in der neurologisch-neurochirurgischen (Früh)Rehabilitation mit bis zu mehrmonatigen Behandlungsdauern. Während sich beim Übergang von der Phase C zur Phase D ein Barthel-Index von 70 Punkte als Kriterium etabliert hat, ist der Übergang von der

Phase B zur Phase C kritischer. Hier kommen verschiedene Betrachtungsebenen zum Tragen

- die „BAR-Kriterien“ des Phasenmodells [12]
- als Hilfskonstrukt Grenzwerte des Barthel-Index, die aber regional unterschiedlich sein können [13,15]
- die Definition des Akutstationären Behandlungsbedarfs, der ebenfalls regional sehr unterschiedlich interpretiert wird [16]. Lediglich im Bundesland Bayern existieren hierfür konsentierte und gut operationalisierte Kriterien [17]

In der Regel tritt dabei das Ende des akutstationären Behandlungsbedarfs zeitlich vor dem Erreichen der Eingangskriterien der Phase C ein, so dass eine sogenannte „B-C-Lücke“ mit ungeklärter Finanzierung existiert [18]. Die Formulierung dieser Kriterien ist Gegenstand aktueller politischer Diskussionen.

Merke: Der Endpunkt der neurologisch-neurochirurgischen Frührehabilitation (Phase B) ist nicht einheitlich definiert.

Bei der Berücksichtigung der Abrechnungsmodalitäten kommt als viertes Kriterium noch der OPS-Katalog hinzu, der im Regelfall für die Frührehabilitation nur wenige spezifische Kriterien vorgibt. Hier werden unterschiedliche Interpretationen der vom BfARM (ehemals DIMDI) vorgegebenen Formulierungen häufig erst auf Gerichtsebene entschieden.

6.4 Abschluss der Rehabilitation

Zum Abschluss der Rehabilitation erfolgt typischerweise die Begutachtung der Zielerreichung und der Leistungsfähigkeit auf verschiedenen ICF-Ebenen. In der Struktur-/Funktionsdiagnostik erfolgt die Erfassung von Kraftgraden, Bewegungsausmaßen, Schmerz etc. Typischerweise ist diese Einschätzung jedoch nicht entscheidend für die abschließende Beurteilung, sondern die Betrachtungsebene der Aktivitäten und der Partizipation. So können Einschränkungen auf der Funktionsebene durch Kompensationsstrategien oder entsprechende Hilfsmittel ausgeglichen werden (Bsp.: Einhänderbrett bei schwerer Lähmung eines Arms kann eine unabhängige Nahrungsaufnahme gewährleisten). In dieser Betrachtungsebene ist auch die Verordnung eines Rollstuhls als Mobilitätshilfe zu sehen.

Während der Bereich der Aktivitäten relativ gut im Rahmen der Rehabilitation beurteilt werden kann, muss die Ebene der Partizipation im Wesentlichen extrapoliert werden. Informationen über das Wohnumfeld, der Einbindung der Rehabilitanden, soziale Unterstützung etc. können von den Rehabilitanden erfragt werden, ebenso wie Informationen über den Arbeitsplatz. Hierbei ist die Einrichtung allerdings auf korrekte und wahrheitsgemäße Aussagen der Rehabilitanden angewiesen, so dass die finale Beurteilung der Partizipation im Kontext einer Rehabilitation mit einer gewissen Unschärfe behaftet ist.

Der Vorteil einer Begutachtung im Rahmen einer Rehabilitation besteht darin, dass Fähigkeiten im Kontext über mehrere Wochen beurteilt werden können. Dies ist insbesondere bei Verdacht auf Aggravation oder Simulation von Relevanz, allerdings auch (z. B. im Bereich der Neurologie) bei Verdacht auf gestörte Krankheitswahrnehmung (Anosognosie). Verhaltensbeobachtungen beziehen sich einerseits auf basale Fähigkeiten (z. B. Orientierung und Fortbewegung im Haus, Einhalten des Therapieplans), andererseits zeigen sich aber insbesondere bei fokussierten Therapieprogrammen auch gute Hinweise auf die Dauerbelastbarkeit im Alltag. Entscheidend ist die Einbindung des gesamten Rehabilitationsteams (Physiotherapie, Ergotherapie, Logopädie, Neuropsychologie, Pflege, Sozialdienst), die sich typischerweise im Rahmen wöchentlich stattfindender interdisziplinärer Fallkonferenzen austauschen. In der Regel kommen in gut geführten Rehabilitationsteams zum Ende einer Rehabilitationsmaßnahme konvergente Entscheidungen zustande, die zudem belastbarer sind als die Einschätzung einzelner Gutachter.

Merke: Für Leistungsbeurteilungen im Rahmen der Rehabilitation muss das gesamte Team geschult und einbezogen werden.

Die Einschätzungen des Leistungsvermögens zu Lasten der Deutschen Rentenversicherung sind in Kap. 5.2 dieses Buches ausführlich dargestellt. Beurteilt wird dabei sowohl das *quantitative* als auch das *qualitative* Leistungsvermögen. Das qualitative Leistungsvermögen sagt aus, welche Bewegungen, Aktivitäten oder Tätigkeiten prinzipiell noch durchführbar sind (z. B. durch Bewegungseinschränkungen bei orthopädischen Grunderkrankungen). Das quantitative Leistungsvermögen erlaubt Aussagen zur möglichen Dauer einer bestimmten Aktivität. Wichtig ist, dass die beiden Begutachtungsebenen getrennt voneinander betrachtet werden. So rechtfertigt beispielsweise eine relevante Bewegungseinschränkung eines Armes (qualitatives Defizit) nicht eine Einschätzung der Reduktion der Dauerbelastbarkeit auf 3–6 h/Tag (quantitatives Leistungsvermögen). Wichtig ist die Beschränkung der gutachtlichen Stellungnahme auf das eigene Fachgebiet: in der neurologischen Beurteilung darf nur die neurologische Symptomatik z. B. eines Schlaganfalls beurteilt werden, nicht aber beispielsweise der Effekt eines zusätzlich bestehenden, schlecht einstellbaren Diabetes mellitus. Auf relevante Komorbiditäten sollte aber im Rahmen der abschließenden Begutachtung hingewiesen werden.

Auflösung Beispiel (1): Am Ende der Rehabilitation zeigt sich bezüglich der beruflichen Leistungsfähigkeit ein relativ eindeutiges Bild des beruflichen Leistungsvermögens. Aufgrund der Einschränkungen der Beine sind Tätigkeiten mit erhöhten Anforderungen an Gehen und Stehen nur kurzzeitig möglich. Dies ist bisher im Alltag von Frau M. nicht relevant, da sie über einen Sitzarbeitsplatz verfügt. Im Rahmen der Aufnahme zeigte sich jedoch auch die rasche Erschöpfung im Sinne einer Fatigue, so dass ein konzentriertes Arbeiten eigentlich nur noch bis zu einer Dauer von 4–5 h/Tag möglich ist. Dementsprechend erfolgt im Abschlussgespräch die Einschätzung der beruflichen Leistungsfähigkeit als 3–6 h sowohl für den letzten ausgeübten Beruf als auch für den allgemeinen Arbeitsmarkt. Im positiven Leistungsbild sind Sitzen ständig, Gehen und Stehen aber nur zeitweise möglich. Mit Ende der Rehabilitation wird der Rehabilitationsantrag umgedeutet in einen EM-Antrag. Nach weiterer Begutachtung wird Frau M. eine Teil-EM-Rente bewilligt, die es erlaubt, ihre Arbeitszeit auf 4 h täglich zu reduzieren.

Aufgrund der Vielzahl der möglichen und durchgeführten beruflichen Tätigkeitsfelder ist die konkrete Beurteilung einer spezifischen Tätigkeit durch das therapeutische Team anhand der Verhaltensbeobachtungen im Rahmen einer medizinischen Rehabilitation limitiert. Die Deutsche Rentenversicherung hat daher verschieden leistungsfähige Kliniken zur medizinisch-beruflich orientierten Rehabilitation (MBOR) definiert. Kliniken der Stufe A führen eine basale Aktivitätendiagnostik im Alltag durch und versuchen daraus auf die berufliche Leistungsfähigkeit zu schließen. Kliniken der MBOR-Stufe B halten bestimmte standardisierte Assessmentverfahren (z. B. EFL nach Isernhagen) oder prototypische Situationen für bestimmte Tätigkeiten (Work Park) vor. Diese Ressourcen erlauben eine Einschätzung insbesondere des qualitativen Leistungsvermögens mit einer höheren praktischen Komponente. MBOR-Einrichtungen der Stufe C verfügen über vollständige Musterarbeitsplätze, z. B. Bildschirmarbeitsplätze, Werkstätten, modellierte Pflegearbeitsplätze etc. In diesen Settings können Defizite und Kompensationsstrategien in einer sehr hohen Realitätsnähe diagnostiziert und auch therapiert werden.

Literatur

[1] https://www.dvfr.de/rehabilitation-und-teilhabe/reha-definition-der-dvfr/, letzter Zugriff 19.03.2021.

[2] Bundesarbeitsgemeinschaft für Rehabilitation. Gemeinsame Empfehlung zur Zuständigkeitsklärung, zur Erkennung, Ermittlung und Feststellung des Rehabilitationsbedarfs (einschließlich Grundsätzen der Instrumente zur Bedarfsermittlung), zur Teilhabeplanung und zu Anforderungen an die Durchführung von Leistungen zur Teilhabe gemäß § 26 Abs. 1 i. V. m. § 25 Abs. 1 Nr. 1 bis 3 und 6 und gemäß § 26 Abs. 2 Nr. 2, 3, 5, 7 bis 9 SGB IX. Frankfurt/Main, 2019.

[3] Deutsche Rentenversicherung. Medizinische Voraussetzungen der Anschlussrehabilitation (AHB). AHB-Indikationskatalog, 2017.

[4] Clade H. Frührehabilitation: Mehr Klarheit bei der rechtlichen Zuordnung. Dtsch Arztebl Int. 2005;102:A-3490

[5] Medizinischer Dienst des Spitzenverbandes Bund der Krankenkassen e. V. (MDS). Begutachtungsanleitung Vorsorge und Rehabilitation, 2018.

[6] Gemeinsamer Bundesausschuss. Richtlinie über Leistungen zur medizinischen Rehabilitation (Rehabilitations-Richtlinie), 2020.
[7] Wade DT, Collin C. The Barthel ADL Index: A standard measure of physical disability? Int Disabil Stud. 1988;10:64–67. https://doi.org/10.3109/09638288809164105
[8] Lübke N. Hamburger Einstufungsmanual zum Barthel-Index, 2004.
[9] Heuschmann PU, Kolominsky-Rabas PL, Nolte CH, et al. Untersuchung der Reliabilität der deutschen Version des Barthel-Index sowie Entwicklung einer postalischen und telefonischen Fassung für den Einsatz bei Schlaganfall-Patienten. Fortschritte Neurol · Psychiatr. 2005;73:74–82. https://doi.org/10.1055/s-2004-830172
[10] Schönle P. Der Frühreha-Barthel-Index (FRB)–eine frührehabilitationsorientierte Erweiterung des Barthel-Index. Rehabilitation (Stuttg). 1995;34:69–73.
[11] Arbeitsgemeinschaft Neurologische Frührehabilitation. Der Frühreha-Index: Ein Manual zur Operationalisierung. Rehabil. 2010;49:22–29. https://doi.org/10.1055/s-0029-1246153
[12] Bundesarbeitsgemeinschaft für Rehabilitation. Empfehlungen zur Neurologischen Rehabilitation von Patienten mit schweren und schwersten Hirnschädigungen der Phasen B und C. Bundesarbeitsgemeinschaft für Rehabilitation, Frankfurt/Main, 1999.
[13] Schorl M, Liebold D. Neurologisch-neurochirurgische Frührehabilitation in Deutschland – Aktuelle Situation, Probleme und Lösungsmöglichkeiten aus medizinischer und juristischer Sicht. Aktuelle Neurol. 2012;39:1–11. https://doi.org/10.1055/s-0031-1301299
[14] Farin E, Jäckel WH. Qualitätssicherung und Qualitätsmanagement in der medizinischen Rehabilitation. Bundesgesundheitsblatt – Gesundheitsforschung – Gesundheitsschutz. 2011;54:176–184. https://doi.org/10.1007/s00103-010-1206-9
[15] Rollnik JD, Neunzig H-P, Seger W. Versuch einer Operationalisierung und praxisorientierten Erweiterung des Frühreha-Indexes („niedersächsischer Frühreha-Index“). Rehabil. 2012;51:194–199. https://doi.org/10.1055/s-0031-1275274
[16] Rollnik JD, Platz T, Böhm K-D, et al. Argumente für eine Zuordnung der neurologisch-neurochirurgischen Frührehabilitation (Phase B) zum Krankenhausbereich (§ 39 SGB V). Aktuelle Neurol. 2011;38:362–368. https://doi.org/10.1055/s-0031-1287851
[17] Bayrische Arbeitsgemeinschaft. Definition eines einheitlichen Endpunkts der akutstationären Behandlungsbedürftigkeit in der neurologischen Frührehabilitation in Bayern, 2013. http://www.bv-neuroreha.de/media/1197/cms_541dadab2e93d.pdf. Accessed 6 Mar 2018.
[18] Wallesch C-W. Sekundäre Fehlbelegung und B → C Lücke. Neurol Rehabil. 2020;26:104–106.

7 Schwerbehindertenrecht

Karin Reinelt

Beispiel (1): Herr B. hatte vor Jahren bei einem Motorradunfall einen Unterschenkelverlust erlitten, außerdem ist seine Leistungsfähigkeit seit einem Herzinfarkt vor einigen Jahren eingeschränkt. Er hat darüber hinaus häufig Rückenbeschwerden und trägt eine Brille wegen einer Kurzsichtigkeit. Jetzt hat er einen Antrag auf Feststellung einer Behinderung nach dem Schwerbehindertengesetz – SGB IX gestellt (siehe Auflösung am Ende des Kapitels).

7.1 Grundlagen der Operationalisierung von Behinderungen i. S. des SGB IX

Bis zum 31.12.2017 galten Menschen als behindert im Sinne des SGB IX, wenn ihre körperliche Funktion, geistige Fähigkeit oder seelische Gesundheit vom für das Lebensalter typischen Zustand abwichen, dieser Zustand länger als sechs Monate anhielt und daher die Teilhabe am Leben in der Gesellschaft beeinträchtigt war.

Seit dem Inkrafttreten der Änderungen des SGB IX gilt ein neuer Behinderungsbegriff: Menschen mit Behinderung sind jetzt so definiert, dass sie körperliche, seelische, geistige oder Sinnesbeeinträchtigungen haben, die sie in Wechselwirkung mit einstellungs- und umweltbedingten Barrieren an der gleichberechtigten Teilhabe an der Gesellschaft mit hoher Wahrscheinlichkeit länger als sechs Monate hindern können [1].

Neu ist also die komplexere Betrachtungsweise: Galt früher, dass jemand eben wegen einer bestimmten Beeinträchtigung behindert war, führt nach der aktuellen Definition vielmehr erst die gestörte Interaktion zwischen diesem Menschen und seiner Umwelt zur Behinderung. Wenn man diesen Unterschied verinnerlicht, versteht man auch, warum es heute nicht mehr *„behindertengerecht“*, sondern *„barrierefrei“* heißt: Jemand wird am Betreten eines Restaurants durch die Stufen vor dem Eingang gehindert, nicht dadurch, dass er im Rollstuhl sitzt – über eine Rampe könnte er ohne Weiteres hineingelangen. Eine Teilhabebeeinträchtigung entsteht also nicht aufgrund bestehender Gesundheitsstörungen, sondern erst in Folge ihrer Wechselwirkungen z. B. mit räumlichen Bedingungen, aber auch durch gesellschaftliche Haltungen und Einstellungen.

Merke: Ein Mensch mit Gesundheitsstörungen ist nicht behindert, er wird behindert!

Wie lassen sich aber verschiedene Beeinträchtigung der Teilhabe am Leben in der Gesellschaft überhaupt vergleichbar in Zahlen umsetzen?

https://doi.org/10.1515/9783110693362-007

Am 1.1.2009 trat die Versorgungsmedizinverordnung mit ihrer Anlage, den Versorgungsmedizinischen Grundsätzen in Kraft [2]. Seit diesem Zeitpunkt gibt es also eine rechtsverbindliche Beurteilungsgrundlage, wodurch sich die versorgungsärztliche Begutachtung grundsätzlich von ärztlichen Begutachtungen in fast allen anderen Rechtsgebieten unterscheidet.

Ein weiterer Unterschied bei der Beurteilung vorliegender Gesundheitsstörungen als Anspruchsvoraussetzung nach dem SGB IX liegt darin, dass die Beurteilung final erfolgt, die Ursache also nicht von Bedeutung ist, ob sie angeboren ist oder bspw. als Folge einer Erkrankung, eines Unfalls, einer Gewalttat oder einer Impfung entstand. Entscheidend ist allein das Ausmaß der durch sie verursachten Beeinträchtigung der Teilhabe am Leben in der Gesellschaft.

Merke: Die Beurteilung einer Gesundheitsstörung erfolgt i. S. des SGB IX final, also unabhängig von der Ursache.

Die Berücksichtigung einer besonderen beruflichen Betroffenheit ist aus Gleichbehandlungsgründen nicht vorgesehen, so führt also der Verlust eines Fingers auch bei einem Star-Pianisten nicht zu einer höheren Bewertung.

7.1.1 GdB – Grad der Behinderung

Der GdB soll pauschal das Ausmaß der Teilhabebeeinträchtigung für eine bestimmte Gesundheitsstörung beziffern, er wird in Zehnergraden zwischen 10 und 100 angegeben und hat keine Maßeinheit.

Festgestellt werden Gesundheitsstörungen erst dann, wenn sie mindestens 6 Monate lang bestehen und eine Abweichung gegenüber dem für das Lebensalter typischen Zustand vorliegt, dies ist besonders bei Kindern und alten Menschen zu beachten. Einschränkungen der Leistungsfähigkeit, die sich regelhaft im Zuge der Alterung entwickeln, müssen dabei von tatsächlich krankhaften Veränderungen abgegrenzt werden.

Merke: Der GdB ist eine Zahl zwischen 10 und 100, er hat keine Maßeinheit.

7.1.2 Bildung des Einzel-GdB

In der Versorgungsmedizin-Verordnung sind Tabellen mit GdB-Werten für häufig vorkommende Gesundheitsstörungen angegeben. Es handelt sich dabei um Anhaltswerte, eine exakte „Messung“ ist naturgemäß nicht möglich.

In einem ersten Schritt werden alle die Teilhabe des Antragstellers beeinträchtigenden körperlichen, geistigen und seelischen Störungen einzeln mit einem GdB beurteilt. Oft sind in den Versorgungsmedizinischen Grundsätzen der Versorgungsmedizin-Verordnung Beurteilungsspannen angegeben, sie sollen die Berücksichtigung individuell unterschiedlicher Ausprägungen ermöglichen. Bei der Vielzahl existierender unterschiedlicher Gesundheitsstörungen können natürlich nicht alle in der GdB-Tabelle aufgeführt sein, der konkrete, individuelle GdB muss ggf. analog zu vergleichbaren Gesundheitsstörungen beurteilt werden.

Die Höhe des Einzel-GdB richtet sich jeweils danach, wie gravierend sich die jeweilige Beeinträchtigung auf die Teilhabe am Leben in der Gesellschaft auswirkt. In seiner Stellungnahme soll der versorgungsmedizinische Gutachter die seiner Beurteilung zugrundeliegenden Befunde zumindest kurz zitieren, damit sie vom Sachbearbeiter, dem Antragsteller und später gegebenenfalls auch von den Rechtsanwendern nachvollzogen werden können.

Nicht alle Beurteilungen von Gesundheitsstörungen hat der Sachverständigenbeirat Versorgungsmedizin selbstständig vorgenommen, Visusminderungen werden z. B. aktuell noch immer nach der sog. MdE-Tabelle der DOG (Deutsche Ophthalmologische Gesellschaft) [2], Hörbehinderungen nach den Tabellen von Röser und Boenninghaus [3] bewertet, beide sind in der VersMedV aufgeführt. Bei der Beurteilung von Funktionsbeeinträchtigungen der Gelenke oder der Wirbelsäule sind Funktions- und Bewegungseinschränkungen zu berücksichtigen, Grundlage sind die Normalwerte der Neutral-Null-Methode. Auch ggf. bestehende andauernde gravierende Schmerzen fließen in die Beurteilung ein.

Eine Teilhabebeeinträchtigung kann sich auch aus den Nebenwirkungen einer gebotenen Behandlung und dem Therapieaufwand ergeben, ein gutes Beispiel ist dabei der Diabetes mellitus. Die Betroffenen müssen z. B. bei einer durchgeführten intensivierten Insulinbehandlung die Insulindosis in Abhängigkeit vom aktuellen Blutzucker, der folgenden Mahlzeit und der körperlichen Belastung selbstständig variieren, was meist zu erheblichen Einschnitten in der Lebensführung führt, da praktisch der gesamte Tagesablauf um die Erkrankung herum geplant werden muss.

Grundsätzlich ist bisher die Möglichkeit der Kompensation durch Hilfsmittel nicht bei der Beurteilung zu berücksichtigen, Ausnahme stellt die optische Korrektur einer Visusminderung durch Brillengläser oder Kontaktlinsen dar. Auch in den Tabellen zur Bewertung der Hörbehinderungen ist bei den angegebenen Werten die Ausgleichbarkeit durch Hörgeräte mitberücksichtigt worden.

Merke: Der GdB wird bis auf wenige Ausnahmen ohne die Berücksichtigung einer eventuellen Versorgungsmöglichkeit mit Hilfsmitteln gebildet.

Die Bezeichnung der Behinderung soll so gewählt werden, dass sie auch von medizinischen Laien verstanden werden kann. Eine entzündlich-rheumatische Erkrankung der Wirbelsäule sollte also genau so benannt werden und besser nicht z. B. als „axiale Spondylarthritis“.

7.1.3 Bildung des Gesamt-GdB

Liegen mehrere Funktionsbeeinträchtigungen vor, so sind nach den Vorgaben der Versorgungsmedizin-Verordnung zwar alle jeweiligen Einzel-GdB anzugeben, bei der im zweiten Schritt vorzunehmenden Ermittlung des Gesamt-GdB durch alle Funktionsbeeinträchtigungen sind mathematische Methoden unzulässig, die einzelnen Werte dürfen nicht bspw. einfach addiert oder auf andere Weise berechnet werden. Es sind für jeden Einzelfall immer die Auswirkungen der vorliegenden Funktionsbeeinträchtigungen in ihrer Gesamtheit und ihre wechselseitigen Beziehungen zueinander entscheidend. In der Regel ist von der Funktionsbeeinträchtigung auszugehen, die den höchsten Einzel-GdB bedingt, dann wird im Hinblick auf alle weiteren Funktionsbeeinträchtigungen geprüft, ob und inwieweit hierdurch das Ausmaß der Gesamt-Beeinträchtigung größer wird.

Eine Erhöhung des Gesamt-GdB bei mehreren festgestellten Gesundheitsstörungen kommt also vor allem dann in Betracht, wenn sich diese ungünstig und gegenseitig verstärkend aufeinander auswirken. Das ist der Fall, wenn bspw. eine Sehbehinderung und gleichzeitig auch eine relevante Hörminderung bestehen oder es Funktionseinschränkungen gleichzeitig an beiden Armen und Händen oder an beiden Beinen gibt.

Die Beurteilung soll sich an vergleichbaren Teilhabebeeinträchtigungen bei Gesundheitsschäden orientieren, für die in der Tabelle feste GdB-Werte angegeben sind. Man soll dabei den betroffenen Menschen vor Augen haben und versuchen, seinen Gesamt-Leidenszustand einzuordnen. Wenn mehrere leichte Störungen zusammenkommen, wird die Teilhabebeeinträchtigung dadurch oft auch in der Gesamtschau nicht so ausgeprägt sein, wie bspw. bei einer Herzleistungsbeeinträchtigung schon bei leichten Belastungen.

Funktionsbeeinträchtigungen mit einem GdB von 10 sind – bis auf extrem seltene, in der VersMedV aufgeführte Ausnahmen – ohne Einfluss auf den Gesamt-GdB. Auch leichtere Funktionsbehinderungen mit einem GdB von 20 führen sehr häufig nicht zu einer Zunahme des Gesamt-GdB, besonders, wenn der zugrundeliegende Gesamt-GdB bereits 50 oder mehr beträgt.

Merke: Rechnerische Methoden sind zur Bildung des Gesamt-GdB unzulässig!

7.1.4 Wesentliche Änderung

Nach dem SGB IX wird eine Teilhabebeeinträchtigung aufgrund einer Gesundheitsstörung üblicherweise zu einem ganz bestimmten Zeitpunkt beurteilt. Selbstverständlich kann sich dieser Status immer wieder auch verändern, Funktionsbeeinträchtigungen können sich bessern, aber auch verschlimmern. Ein Mensch mit Behinderungen hat jederzeit die Möglichkeit, einen Neufeststellungsantrag zu stellen, dann wird überprüft, ob eine Änderung eingetreten ist, ob diese wesentlich ist und ob sie über mindestens sechs Monate besteht.

Wenn bei einer festgestellten Gesundheitsstörung eine realistische Chance für eine wesentliche Besserung vorhanden ist, kann eine Nachuntersuchung angeordnet werden. Dies gilt z. B. nach Schlaganfällen oder schweren Unfallverletzungen, aber auch dann, wenn durch eine Operation eine Besserung erzielt werden kann: bspw. bei einem endoprothetischen Gelenkersatz oder der Implantation einer künstlichen Augenlinse zur Verbesserung der Sehfähigkeit bei einer Linsentrübung. Zur Überprüfung einer Besserung ist in der Regel eine Frist von mindestens zwei Jahren sinnvoll.

Eine wesentliche Änderung liegt definitionsgemäß dann vor, wenn die Änderung des GdB wenigstens 10 beträgt oder sich die Rechtsgrundlage hinsichtlich der Beurteilung durch eine Änderung der Versorgungsmedizin-Verordnung geändert hat.

Wird eine wesentliche Verschlimmerung festgestellt, werden der GdB und ggf. auch der Gesamt-GdB heraufgesetzt. Eine Herabsetzung eines GdB ist nur dann möglich, wenn entweder eine wesentliche Besserung anhand von entsprechenden Befunden belegt und medizinisch auch möglich ist oder wenn sich eine eindeutige Unrichtigkeit der vorherigen Feststellung über jeden vernünftigen Zweifel hinaus beweisen lässt. Letzteres ist möglich (z. B.: das Bein ist doch nicht amputiert ...), gelingt aber insbesondere dann meist nicht, wenn es sich nur um eine unter mehreren Gesundheitsstörungen handelt. In diesen Fällen muss nämlich im Vollbeweis belegt werden, dass auch der Gesamt-GdB zu hoch ist. Aus Gründen des Bestandsschutzes ist eine Herabsetzung zudem nur innerhalb eines Zeitraums von 2 Jahren möglich – es sei denn, der Antragsteller hat nachweislich Beeinträchtigungen in betrügerischer Absicht vorgetäuscht. Zur Herabsetzung eines GdB reicht es also keinesfalls aus, dass der Gutachter der Ansicht ist, dass die frühere Beurteilung zu großzügig war. Dies alles gilt natürlich auch für den Entzug von Merkzeichen.

Merke: Eine Herabsetzung des Gesamt-GdB ist nur möglich, wenn eine wesentliche Änderung nachgewiesen ist oder der Vollbeweis einer eindeutigen Unrichtigkeit der bisherigen Beurteilung geführt werden kann!

7.1.5 Heilungsbewährung

Ein Sonderfall einer wesentlichen Änderung ist der Ablauf einer sogenannten Heilungsbewährung.

Es gibt Gesundheitsstörungen, die durch eine Behandlung zum Zeitpunkt der Feststellung zwar als vorerst geheilt gelten, bei denen aber die Gefahr besteht, dass sie erneut auftreten und dann potenziell sehr schwere Folgen haben oder sogar tödlich verlaufen. Für die betroffenen Menschen soll durch Feststellung eines pauschal erhöhten GdB eine Berücksichtigung physischer, psychischer und sozialer Auswirkungen ermöglicht werden, die in der Regel allein schon aufgrund der Diagnose entstehen, sich im Einzelnen aber nur schwer nachweisen lassen. Ein klassisches Beispiel hierfür sind bösartige Tumoren.

Eine Heilungsbewährung gibt es aber bspw. auch nach Organtransplantationen, bei schweren schubweise verlaufenden psychiatrischen Erkrankungen oder nach einer Alkoholentwöhnungstherapie. Der GdB liegt für 2–5 Jahre deutlich über dem, der für den eigentlichen Organschaden vergeben worden wäre, in dieser Zeit kann der betroffene Mensch die speziellen Schutz- und Fördermöglichkeiten des SGB IX in Anspruch nehmen.

Wenn während der Zeit der Heilungsbewährung keine Rückfälle auftreten, ist eine Neubewertung des GdB zulässig, obwohl sich am eigentlichen Organschaden gar nichts geändert hat: Das von einem bösartigen Tumor befallene und daher operativ entfernte Organ fehlt auch nach fünf Jahren noch, genauso wie zum Zeitpunkt der Bescheiderteilung.

Merke: Der Ablauf einer Heilungsbewährung stellt rechtlich eine wesentliche Änderung der Verhältnisse dar.

7.2 Beurteilung des GdB

Um einen Überblick zu erhalten, wie ausgeprägt eine Gesundheitsstörung jeweils sein muss, um einen GdB in einer bestimmten Höhe zu bewirken, sollen im Folgenden Beispiele angegeben werden. Sie sollen insbesondere auch zur Einschätzung dienen, in welcher Höhe ein Gesamt-GdB angemessen ist, wenn mehrere Beeinträchtigungen gleichzeitig vorliegen. Dazu wird der insgesamt durch mehrere Gesundheitsstörungen ausgelöste Leidenszustand betrachtet. Der Gesamt-GdB wird dann so bewertet, wie ein Einzel-GdB für eine Funktionsstörung mit ähnlich ausgeprägter Teilhabebeeinträchtigung nach der Tabelle zu bewerten wäre.

Aufgeführt sind die in der Versorgungsmedizin-Verordnung angegebenen Einzel-GdB-Werte für bestimmte Ausprägungen von Gesundheitsstörungen. Es werden jeweils auch häufig in Anspruch genommene Nachteilsausgleiche angegeben, die den Betroffenen gewährt werden können, wenn der betreffende GdB als Gesamt-GdB festgestellt ist. Neben den angegebenen Vergünstigungen gibt es Ermäßigungen und von der Höhe des festgestellten Gesamt-GdB abhängige Freibeträge z. B. für die Lohn- und Einkommensteuer.

7.2.1 GdB 30

Menschen mit einem festgestellten Gesamt-GdB von 30 oder 40 erhalten zwar noch keinen Schwerbehinderten-Ausweis, sie können aber nach § 2 Abs. 3 SGB IX eine Gleichstellung mit einem schwerbehinderten Menschen bei der Agentur für Arbeit beantragen und genießen dann insofern einen Kündigungsschutz, dass ihnen nicht ohne Beteiligung des Integrationsamtes aufgrund von Auswirkungen der bei ihnen nach dem SGB IX festgestellten Gesundheitsstörung gekündigt werden darf.

Bei festgestellter dauernder Einbuße der körperlichen Beweglichkeit gibt es einen kleinen Steuerfreibetrag.

Beispiele für Gesundheitsstörungen mit einem GdB von 30:
- Verlust eines Auges, auch beidseitige Visusminderung auf jeweils 0,3
- beidseitige mittelgradige Schallempfindungsschwerhörigkeit
- Wirbelsäulenschäden mit mittelgradigen Funktionsbeeinträchtigungen in mehreren Abschnitten
- Herz-Kreislaufschäden oder Einschränkungen der Lungenfunktion mit Beeinträchtigungen bei mittlerer Belastung (Ergometer 75 Watt)
- psychische Beeinträchtigungen mit erheblicher Einschränkung der Erlebnis- und Gestaltungsfähigkeit und leichten soziale Anpassungsschwierigkeiten

7.2.2 GdB 50

Ab einem GdB von 50 liegt eine Schwerbehinderung vor, der betreffende Mensch erhält einen Ausweis, mit dem ihm diverse Vergünstigungen offenstehen (beispielsweise erniedrigte Eintrittspreise für Veranstaltungen des öffentlichen Lebens). Schwerbehinderte Menschen müssen bevorzugt eingestellt werden, wenn sie die gleiche Eignung wie ein Mitbewerber haben. Sie genießen den schon erwähnten Kündigungsschutz und bei Bedarf ist ein barrierefreier Arbeitsplatz für sie einzurichten, außerdem besteht ein Anspruch auf 5 zusätzliche Tage Erholungsurlaub im Jahr und eine vorgezogene Altersrente bzw. Pensionierung von Beamten um bis zu fünf Jahre.

Beispiele für Gesundheitsstörungen mit einem GdB von 50:
- Verlust eines Auges oder beidseitige Visusminderung auf jeweils 0,2
- beidseitige hochgradige Schallempfindungsschwerhörigkeit
- Verlust eines Unterarmes oder Unterschenkels
- Karzinome in frühen Stadien

- Versteifung großer Teile der Wirbelsäule
- Herz-Kreislaufschäden oder Einschränkungen der Lungenfunktion mit Beeinträchtigungen schon bei leichter Belastung (Ergometer 50 Watt, Spazieren gehen)
- schwere psychische Störungen mit mittelgradigen soziale Anpassungsschwierigkeiten, wenn zur Teilhabe am Leben in der Gesellschaft umfassender Hilfe erforderlich ist

7.2.3 GdB 60

Schwerwiegend chronisch Kranke dürfen nach der sog. „Chroniker-Regelung“ im Laufe eines Kalenderjahres mit Zuzahlungen nur in Höhe bis zu 1 % ihres Bruttojahresverdienstes belastet werden. Diese gilt u. a. dann, wenn ein Grad der Behinderung von mindestens 60 festgestellt ist.

Beispiele für Gesundheitsstörungen mit einem GdB von 60:
- beidseitige Visusminderung auf jeweils 0,16
- beidseitige hochgradige bis an Taubheit grenzende Schallempfindungsschwerhörigkeit
- Arterielle Verschlusskrankheit mit einer schmerzfreien Gehstrecke von maximal 50 Metern
- Mamma-CA mit Lymphknotenbeteiligung
- Verlust eines Unterschenkels mit ungenügender Funktionstüchtigkeit des Stumpfes und der Gelenke

7.2.4 GdB 80

Wenn ein GdB von 80 festgestellt ist, können Privatfahrten bis 3000 km steuerlich abgesetzt werden, die Betroffenen erhalten Ermäßigungen beim Erwerb einer Bahncard (ab GdB 70), bei gleichzeitiger festgestellter Pflegebedürftigkeit wird bei der Einkommensermittlung im Rahmen der sozialen Wohnraumförderung ein Freibetrag abgezogen.

Beispiele für Gesundheitsstörungen mit einem GdB von 80:
- beidseitige Visusminderung auf jeweils 0,08
- beidseitige Taubheit
- Herz-Kreislaufschäden oder Einschränkungen der Lungenfunktion mit Beeinträchtigungen schon bei leichtester Belastung
- Karzinome in fortgeschrittenen Stadien
- Verlust beider Unterschenkel
- psychische Beeinträchtigungen mit schweren sozialen Anpassungsstörungen, wenn eine Teilhabe am Leben in der Gesellschaft auch mit umfassender Hilfe praktisch nicht möglich ist

7.3 Beurteilung der Voraussetzungen für die Feststellung von Merkzeichen

Neben dem Grad der Behinderung ist bei einer Antragstellung nach dem SGB IX jeweils auch zu beurteilen, ob die Voraussetzungen für sogenannte Merkzeichen vorliegen. Sie sollen im Folgenden näher beschrieben werden.

7.3.1 Dauernde Einbuße der körperlichen Beweglichkeit bei GdB 30 oder 40

Zwar handelt es sich nicht um ein Merkzeichen im eigentlichen Sinne, die Feststellung ist für den Antragsteller aber wichtig, da er bei einem GdB zwischen 30, aber unter 50 einen Steuerfreibetrag nur dann erhält, wenn eine „dauernde Einbuße der körperlichen Beweglichkeit" besteht. Dies ist in der Regel dann der Fall, wenn eine Gesundheitsstörung im Bereich der Wirbelsäule oder der Extremitäten vorliegt. Eine Feststellung ist nach den Vorgaben der Versorgungsmedizin-Verordnung aber auch möglich bei Seh- oder Hörbehinderungen, Herz-Kreislauf- oder Lungenfunktionsbeeinträchtigungen, vorausgesetzt, diese bedingen einen Einzel-GdB von jeweils mindestens 30.

Die Vorgaben zur Feststellung einer dauernden Einbuße der körperlichen Beweglichkeit sind nicht in der Versorgungsmedizin-Verordnung, sondern im Einkommensteuergesetz geregelt.

Merke: Merkzeichen können grundsätzlich nur festgestellt werden, wenn eine Schwerbehinderung vorliegt (Einzige Ausnahme: Merkzeichen H im Kindes- und Jugendalter)

7.3.2 Merkzeichen G – Erhebliche Gehbehinderung

Erheblich gehbehindert ist i. S. des SGB IX, wer infolge einer Einschränkung des Gehvermögens nicht ohne erhebliche Schwierigkeiten für sich oder andere Wegstrecken im Ortsverkehr zurückzulegen vermag, die üblicherweise noch zu Fuß zurückgelegt werden, nach aktueller Rechtsprechung sind das etwa 2 Kilometer in einer halben Stunde. Die Voraussetzungen sind grundsätzlich als erfüllt anzusehen, wenn Funktionsstörungen der unteren Gliedmaßen und/oder der Lendenwirbelsäule vorliegen, die sich auf die Gehfähigkeit auswirken und mit einem GdB von mindestens 50 bewertet wurden. Innere Erkrankungen können mit Leistungseinschränkungen einhergehen, die zu einer Einschränkung des Gehvermögens führen, insbesondere sind dies Beeinträchtigungen der Herzleistung, Lungenfunktionseinschränkungen und Anämien, die mit einem Einzel-GdB von 50 bewertet sind.

Eine Feststellung des Merkzeichens G kommt z. B. auch bei schweren hirnorganischen Anfallsleiden (GdB mindestens 70) und Störungen der Orientierungsfähigkeit durch Sehbehinderung (GdB mindestens 70) oder geistige Behinderung (GdB mindestens 80) in Betracht.

Betroffene erhalten z. B. einen Freibetrag bei der Kfz-Steuer, alternativ können sie eine Wertmarke erwerben, mit der der regionale öffentliche Nahverkehr frei genutzt werden kann.

7.3.3 Merkzeichen B – Begleitung bei der Nutzung öffentlicher Verkehrsmittel

Das Merkzeichen B berechtigt zur freien Fahrt in öffentlichen Verkehrsmitteln für Begleitpersonen schwerbehinderter Menschen, die infolge ihrer Behinderung zur Vermeidung von Gefahren für sich oder andere bei Benutzung von öffentlichen Verkehrsmitteln regelmäßig auf fremde Hilfe angewiesen sind – z. B. beim Ein- und Aussteigen, während der Fahrt des Verkehrsmittels oder zum Ausgleich von Orientierungsstörungen, wenn gleichzeitig die Voraussetzungen für die Merkzeichen G, H oder BL vorliegen.

Immer festgestellt wird das Merkzeichen B bei Querschnittgelähmten, Ohnhändern und Blinden, aber auch bei Sehbehinderten, Hörbehinderten, geistig behinderten Menschen und Anfallskranken, bei denen auch die Voraussetzungen für das Merkzeichen G vorliegen.

7.3.4 Merkzeichen aG – Außergewöhnliche Gehbehinderung

Dieses Merkzeichen wird bei Personen festgestellt, bei denen der *mobilitätsbezogene* GdB mindestens 80 beträgt und die sich wegen der Schwere ihres Leidens dauernd nur mit fremder Hilfe oder nur mit großer Anstrengung außerhalb ihres Kraftfahrzeuges bewegen können.

Das Merkzeichen aG berechtigt beispielsweise zum Parken auf Behindertenparkplätzen, außerdem gibt es viele weitere Vergünstigungen wie z. B. eine Kraftfahrzeugsteuerbefreiung [4] oder Übernahme von Fahrtkosten zu ambulanten Behandlungen nach vorheriger Genehmigung durch die Krankenkasse [5].

7.3.5 Merkzeichen H – Hilflosigkeit

Als hilflos ist derjenige anzusehen, der infolge von Gesundheitsstörungen nicht nur vorübergehend für eine Reihe von häufig und regelmäßig wiederkehrenden Verrichtungen zur Sicherung seiner persönlichen Existenz im Ablauf eines jeden Tages fremder Hilfe dauernd bedarf. Darunter sind insbesondere An- und Auskleiden, Nahrungsaufnahme, Körperpflege, Verrichten der Notdurft, aber auch notwendige körperliche Bewegung, geistige Anregung und Möglichkeiten zur Kommunikation zu berücksichtigen. Hilflosigkeit liegt im oben genannten Sinne auch dann vor, wenn ein psychisch oder geistig behinderter Mensch zwar bei zahlreichen Verrichtungen des täglichen Lebens der Hilfe nicht unmittelbar bedarf, er diese Verrichtungen aber infolge einer Antriebsschwäche ohne ständige Überwachung nicht vornähme. Die ständige Bereitschaft ist z. B. anzunehmen, wenn Hilfe häufig und plötzlich wegen akuter Lebensgefahr notwendig ist. Der Umfang der notwendigen Hilfe bei den häufig und regelmäßig wiederkehrenden Verrichtungen muss allerdings erheblich sein. Dies ist der Fall, wenn die Hilfe dauernd für zahlreiche Verrichtungen, die häufig und regelmäßig wiederkehren, benötigt wird. Einzelne Verrichtungen, selbst wenn sie lebensnotwendig sind und im täglichen Lebensablauf wiederholt vorgenommen werden, genügen nicht (z. B. Hilfe beim Anziehen einzelner Bekleidungsstücke, notwendige Begleitung bei Reisen und Spaziergängen, Hilfe im Straßenverkehr usw.). Verrichtungen, die mit der Pflege der Person nicht unmittelbar zusammenhängen (z. B. im Bereich der hauswirtschaftlichen Versorgung) müssen zudem außer Betracht bleiben.

Bei einem festgestellten Pflegegrad 4 oder 5 wird das Merkzeichen H in aller Regel festzustellen sein, bei einem Pflegegrad 3 ist eine Einzelfallprüfung erforderlich, wobei besonders der Bereich der Selbstversorgung zu betrachten ist.

Betroffene erhalten z. B. relativ hohe Steuerfreibeträge und weitere Vergünstigungen.

7.3.6 Merkzeichen H – Besonderheiten bei Kindern und Jugendlichen

Ein Sonderfall ist das Merkzeichen „H" bei der Beurteilung von Kindern und Jugendlichen. Da bei ihnen Hilfeleistungen zusätzlich auch in Form der Anleitung zu Verrichtungen des täglichen Lebens, der Förderung der körperlichen und geistigen Entwicklung und auch eine Überwachung nötig sind, gelten andere Bedingungen als für Erwachsene.

Eine Feststellung ist in besonderen Fällen auch bei einem Gesamt-GdB unter 50 möglich (bspw. Diabetes mellitus im Kindesalter, GdB 40, Merkzeichen „H", s. VersMedV Teil A).

Zu beachten ist, dass die Voraussetzungen für die Annahme von Hilflosigkeit nicht nur infolge einer Besserung der Gesundheitsstörungen, sondern auch dadurch entfallen können, dass der behinderte Mensch infolge des Reifungsprozesses ausreichend gelernt hat, wegen der Behinderung erforderliche Maßnahmen, die vorher von Hilfspersonen geleistet oder überwacht werden mussten, selbständig und eigenverantwortlich durchzuführen (etwa Insulininjektionen und Blutzuckerkontrollen beim jugendlichen Diabetiker).

Eltern betroffener Kinder und Jugendlicher erhalten relativ hohe Steuerfreibeträge.

7.3.7 Merkzeichen RF – Befreiung vom Rundfunkbeitrag

Die Voraussetzungen zur Anerkennung des Merkzeichens RF sind erfüllt bei Menschen, bei denen ein Gesamt-GdB von mindestens 80 festgestellt ist und denen aufgrund ihrer Gesundheitsstörungen eine Teilnahme an öffentlichen Veranstaltungen selbst mit Hilfe von Begleitpersonen und/oder mit technischen Hilfsmitteln (z. B. Rollstuhl) unmöglich ist. Die Betroffenen müssen also ständig und umfassend von öffentlichen Zusammenkünften ausgeschlossen sein, und zwar nicht nur vom Besuch mehrerer Stunden dauernder Opern-, Theater- oder Kinoaufführungen, sondern auch bspw. von der Teilnahme an Gottesdiensten, Volksfesten, Sportveranstaltungen oder Kundgebungen im Freien. Dies ist regelmäßig dann der Fall, wenn jemand praktisch vollständig an das Haus gebunden oder bettlägerig ist.

Die Voraussetzungen für die Feststellung des Merkzeichens RF liegen auch bei einer beidseitigen mindestens hochgradigen Schwerhörigkeit, Sehbehinderungen ab einem GdB von mindestens 60 vor, auch bei einer so schwerwiegenden Beeinträchtigung des Immunsystems durch Erkrankungen oder die Einnahme immunsuppressiver Medikamente, dass dem Betroffenen auferlegt wurde, alle Menschenansammlungen zu meiden.

Die in den Anhaltspunkten für die Ärztliche Gutachtertätigkeit im Sozialen Entschädigungsrecht und nach dem Schwerbehindertenrecht darüber hinaus noch genannten Gruppen von z. B. Behinderten, die „durch ihre Behinderung auf ihre Umgebung unzumutbar abstoßend oder störend wirken (z. B. durch Entstellung, Geruchsbelästigung bei unzureichend verschließbarem Anus praeter, häufige hirnorganische Anfälle, grobe unwillkürliche Kopf- und Gliedmaßenbewegungen bei Spastikern, laute Atemgeräusche, wie sie etwa bei Asthmaanfällen und nach Tracheotomie vorkommen können)“ oder geistig oder seelisch Behinderten, „bei denen befürchtet werden muss, dass sie beim Besuch öffentlicher Veranstaltungen durch motorische Unruhe, lautes Sprechen oder aggressives Verhalten stören“, sollten eigentlich heute obsolet sein, da sich diese Angaben mit dem Gedanken der Inklusion und der von der Bundesrepublik Deutschland unterzeichneten Behindertenrechtskonvention der UN nicht in Übereinstimmung bringen lassen.

Betroffene erhalten auf Antrag eine Ermäßigung des Rundfunkbeitrags und können einen Sozialtarif bei der Deutschen Telekom in Anspruch nehmen.

7.3.8 Merkzeichen GL – Gehörlosigkeit

Die Voraussetzungen für die Feststellung des Merkzeichens GL liegt bei beidseitiger Taubheit und einem Hörverlust von 100 % vor, aber auch bei angeborener oder in der Kindheit erworbener an Taubheit grenzender Schwerhörigkeit mit Sprachstörungen.

In einigen Bundesländern wird ein monatliches Gehörlosen-Geld gezahlt.

7.3.9 Merkzeichen BL – Blindheit

Blindheit im Sinne des SGB IX liegt vor, wenn auf dem besseren Auge ein Visus von nicht über 0,02 erreicht wird. Bei besserer Sehschärfe kann Blindheit aber auch vorliegen, wenn große periphere Gesichtsfeldausfälle (je nach Ausmaß und Visusminderung), große zentrale Skotome mit Ausfall von mehr als 50 % unterhalb des horizontalen Meridians, Hemianopsien bei einem Visus von höchstens 0,1 und aufgehobenem räumlichen Sehen vorliegen oder die Sehrinde im Gehirn vollständig ausgefallen ist.

Die Gewährung von Landesblindengeld ist in vielen Bundesländern in der Regel an die Feststellung des Merkzeichens BL gekoppelt.

7.3.10 Merkzeichen TBL – Taubblindheit

Dieses Merkzeichen wird festgestellt bei Personen, die gleichzeitig an Taubheit grenzend schwerhörig (= Hörverlust beidseits mindestens 80 %) und hochgradig sehbehindert sind (Visus beidseits höchstens 0,05). In einigen Bundesländern erhalten taubblinde Menschen monatliche Zahlungen.

7.4 Antragstellung nach dem SGB IX

Wegen der Vielzahl der Fälle (zurzeit werden z. B. allein in Niedersachsen ca. 150.000 Anträge pro Jahr gestellt) erfolgt die Beurteilung im Bereich des SGB IX in der Regel nach Aktenlage.

Der Betroffene stellt einen Antrag und gibt darin an, welche Beeinträchtigungen bei ihm berücksichtigt werden sollen und wo ggf. Befundunterlagen erhältlich sind. Dazu nennt er seine behandelnden Ärzte, teilt mit, ob es in den letzten beiden Jahren Krankenhaus- oder Rehabilitationsbehandlungen oder auch Begutachtungen durch andere Stellen gegeben hat. Die Sachbearbeiter der Verwaltungen ziehen diese Unterlagen bei und legen die Akte dann zur Begutachtung vor. Die ärztlichen Gutachter und Gutachterinnen prüfen die Befundberichte und nehmen Stellung zu den Einzel-GdB für jede Gesundheitsstörung, zum Gesamt-GdB und dazu, ob eventuell die Voraussetzungen für die Vergabe von Merkzeichen vorliegen. Nur dann, wenn keine oder zu wenige aussagekräftige Unterlagen erhältlich sind oder wenn die Auskünfte der behandelnden Ärzte sehr diskrepant sind, erfolgt eine Untersuchungsbegutachtung.

Abschließend wird von der Verwaltung ein Bescheid erteilt.

Merke: Die versorgungsärztlich tätigen Ärzte geben lediglich eine Empfehlung zur Beurteilung ab, die endgültige Entscheidung wird von den Mitarbeitern der Verwaltung getroffen!

Auflösung Beispiel (1): Im Fall des Herrn B. ergibt die nach seinem Antrag durchgeführte Sachaufklärung, dass nach der Unterschenkelamputation eine Prothesenversorgung mit gutem Ergebnis erfolgt ist, für den Unterschenkelverlust ein Einzel-GdB von 50 zu vergeben ist. Es handelt sich dabei um einen Mindest-GdB: Wenn also bspw. wegen ungünstiger Stumpfverhältnisse eine Versorgung mit einer Prothese nicht oder nur unzureichend erfolgen kann, ist der GdB höher zu bewerten, immer ist das Ausmaß der Teilhabebeeinträchtigung die Grundlage.
Die Anfrage beim behandelnden Kardiologen ergibt, dass die Funktion der linken Herzkammer seit dem Infarkt mäßig eingeschränkt ist, bei einer Fahrradergometrie habe Herr B. 75 Watt geleistet, die Untersuchung sei dann aufgrund von Atemnot abgebrochen worden. Nach den Vorgaben der Versorgungsmedizin-Verordnung würde sich ein Einzel-GdB von 30 ergeben.
Es liegt auch ein orthopädischer Befundbericht vor, danach treten gelegentlich Beschwerden im Bereich der Hals- und der Lendenwirbelsäule auf, es bestehen mittelgradige Bewegungseinschränkung in diesem Bereich, die Untersuchung zeigt außerdem Hinweise auf Nervenwurzelreizerscheinungen. In bildgebenden Verfahren wurden degenerative Veränderungen und Bandscheibenschädigungen nachgewiesen. Ein Einzel-GdB von 30 wäre angemessen, da mehrere Abschnitte der Wirbelsäule betroffen sind.
Der Befund des Augenarztes ergibt, dass mit einer Brillenkorrektur eine Sehschärfe von beidseits jeweils 1,0 erreicht wird, der Brechungsfehler wird also in vollem Umfang kompensiert, Gesichtsfeldausfälle liegen nicht vor, ein GdB ergibt sich nicht.
Im Fall des Herrn B. ist der Gesamt-GdB mit 70 zu bewerten. Ausgangspunkt ist die Beeinträchtigung mit dem höchsten GdB – in diesem Fall 50 – die Herzleistungsbeeinträchtigung (GdB 30) und das Wirbelsäulenleiden (GdB 30) wirken sich nachvollziehbar jeweils zusätzlich verstärkend auf die Teilhabebeeinträchtigung aus und erhöhen den Gesamt-GdB. Die Voraussetzungen für das Merkzeichen G liegen vor, da der mobilitätsbezogene Einzel-GdB mindestens 50 beträgt.
Herr B. erhält einen Bescheid über die Zuerkennung eines Gesamt-GdB von 70 und des Merkzeichens G, ein Schwerbehindertenausweis wird ausgestellt.

Literatur

[1] § 2 SGB IX Teil 1.

[2] Versorgungsmedizinverordnung – VersMedV – Versorgungsmedizinische Grundsätze, Herausgeber: Bundesministerium für Arbeit und Soziales.

[3] Boenninghaus HD, Röser D. Neue Tabellen zur Bestimmung des prozentualen Hörverlustes für das Sprachgehör. Z Laryng. Rhinol. 1973;52:153.

[4] § 3a Abs. 1 KraftStG.

[5] § 60 SGB V.

Modul Ib: **Kausalitätsbezogene Begutachtung**

8 Kausalitäts- und Beweisregeln im Straf-, Zivil- und Sozialrecht

Peter W. Gaidzik, Holm-Torsten Klemm

8.1 Rechtsordnung in Deutschland

In einer groben Betrachtung steht in der deutschen Rechtsordnung das Zivilrecht dem Öffentlichen Recht gegenüber. Zu Letzterem gehört systematisch auch das Strafrecht, aufgrund seiner Besonderheiten häufig auch als eigenständiges drittes Gebiet ausgewiesen. Zum Zivilrecht gehört u. a. das Haftpflicht- wie auch das gesamte Privatversicherungsrecht. Das Öffentliche Recht umfasst neben dem Staatsrecht, die ebenfalls gutachtlich relevanten Bereiche des Verwaltungs- und des Sozialrechts, hier dann u. a. der gesamte Bereich des Sozialversicherungs- und des Sozialen Entschädigungsrechts (vgl. Abb. 8.1).

Diesen materiellrechtlichen Strukturprinzipien folgen die jeweiligen Prozessordnungen sowie die Zweige der Gerichtsbarkeit. Neben der „Zivilprozessordnung“ (ZPO), ergänzt durch das „Arbeitsgerichtsgesetz“ (ArbGG) sowie das „Gesetz über das Verfahren in Familiensachen und in den Angelegenheiten der freiwilligen Gerichtsbarkeit“ (FamFG), finden sich die Regelungen für die gerichtlichen Verfahren in den jeweiligen Rechtszweigen in der „Strafprozessordnung“, der „Verwaltungsgerichtsordnung“ (VwGO), dem „Sozialgerichtsgesetz“ (SGG) und speziell für das

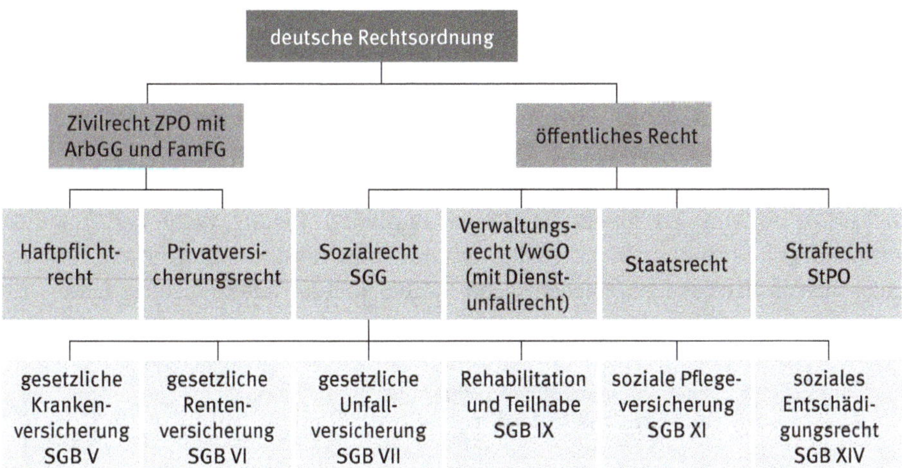

Abb. 8.1: Deutsche Rechtsordnung. Abkürzungen: ArbGG = Arbeitsgerichtsgesetz; FamFG = Gesetz über das Verfahren in Familiensachen und in den Angelegenheiten der freiwilligen Gerichtsbarkeit; SGG = Sozialgesetzbuch; SGG = Sozialgerichtsgesetz; StPO = Strafprozessordnung; VwGO = Verwaltungsgerichtsordnung; ZPO = Zivilprozessordnung.

https://doi.org/10.1515/9783110693362-008

Staatsorganisations- und Verfassungsrecht dem „Gesetz über das Bundesverfassungsgericht“ (BVerfGG).

Die Ausbildung einer professionellen, vom Landesherrn institutionell unabhängigen Gerichtbarkeit beschränkte sich zunächst auf die Straf- und Zivilgerichte, was bis heute den Begriff der „ordentlichen Gerichtsbarkeit“ im Sinne von „Normal“ bzw. „gewöhnlich“ geprägt hat. Die Verwaltungsgerichte waren zunächst nicht mit unabhängigen Richtern, sondern mit Beamten besetzt, weshalb man von der „außerordentlichen Gerichtsbarkeit“ sprach. Auch die Sozialgerichte haben sich aus einer gemeinsamen Wurzel von Verwaltung und Gericht gebildet, dem Reichsversicherungsamt. Gemeinsam mit den Verfassungs- und Finanzgerichten findet sich hierfür heute auch der Begriff der „besonderen“ oder „Fachgerichtsbarkeit“.

8.2 Kausallehren in den verschiedenen Rechtsgebieten

8.2.1 Strafrecht

Im Strafrecht gilt schon seit den Zeiten des Reichsgerichtes die von dem österreichischen Strafrechtler Julius Glaser adaptierte Kausallehre der „conditio sine qua non“, wegen der wertungsmäßigen Gleichheit der (Kausal-)Bedingungen auch Bedingungs- oder Äquivalenztheorie genannt (vgl. Abb. 8.2). Es wird gefragt, ob die zu prüfende Bedingung nicht hinweggedacht werden kann, ohne dass der „Erfolg“ – also der eingetretene Schaden – ausgeblieben wäre. Dass der Jurist anders als der Naturwissenschaftler Kausalität nicht als ihm vorgegebene (Natur-)Konstante begreift, sondern ein eher funktionales Verständnis von Kausalität hat, belegt der Umstand, dass man auch ein Verhalten strafrechtlich erfassen möchte, bei dem jemand, der die Verantwortung für die Unversehrtheit eines Rechtsguts trägt (z. B. die Eltern für ihr Kind oder der Arzt für seinen Patienten) nichts zu dessen Rettung unternimmt („unechte Unterlassungsdelikte“). Hier wird der Prüfalgorithmus erweitert, so dass auch eine Bedingung als Ursache gilt, die nicht *hinzugedacht* werden kann, ohne den Erfolg entfallen zu lassen (so. „Quasikausalität“). Die Schwäche der Conditio-Formel liegt freilich darin, dass sie die Kenntnis von Kausalbeziehungen voraussetzt, nicht aber in der Lage ist, solche „Wenn-Dann-Schlüsse“ aus sich selbst heraus zu

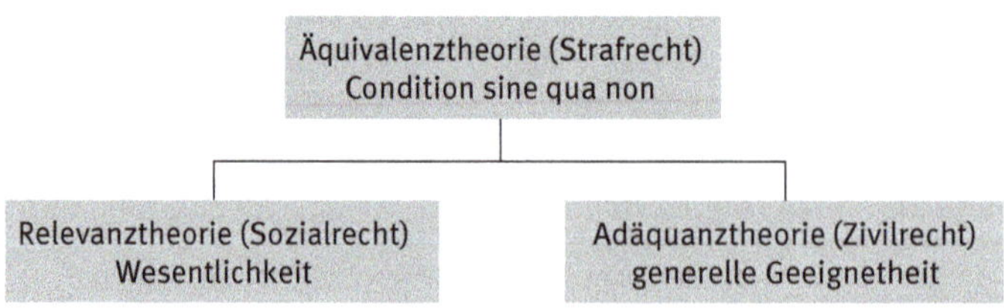

Abb. 8.2: Schematische Darstellung der Kausalitätslehre.

ermöglichen. Daher versuchte die Rechtswissenschaft diverse andere methodische Ansätze zu entwickeln, die sich aber in der Praxis bislang sämtlich nicht durchzusetzen vermochten.

Trotz der Weite der Äquivalenztheorie wird nicht jeder, der irgendeinen Kausalbeitrag zu einer Verletzung eines strafrechtlichen Schutzguts geliefert hat, im Ergebnis auch bestraft. Den maßgeblichen „Filter“ liefern im Strafrecht die Kriterien der „objektiven Zurechnung“, „Rechtswidrigkeit“ und „Schuld“, deren Beurteilung zwar zuweilen ebenfalls medizinischer Expertise bedarf, z. B. krankheitsbedingte Einschränkungen der „Schuldfähigkeit“, die aber außerhalb der Kausalitätsprüfung angesiedelt sind.

8.2.2 Zivilrecht

Für das Zivilrecht erfolgt der Einstieg ebenfalls über Conditio-Formel als Ausdruck einer „Kausalität im naturwissenschaftlich-philosophischen Sinn“. Auf einer zweiten Wertungsstufe wird dann gefragt, ob eine Bedingung nur unter „besonders eigenartigen und unwahrscheinlichen Umständen“ oder aber „nach allgemeiner Lebenserfahrung generell geeignet war, den Erfolg herbeizuführen“ (Abb. 8.2). Diese Lehre von der „adäquaten Verursachung“ geht auf den Freiburger Physiologen Johannes v. Kries zurück und fand als Kausallehre des Zivilrechts ebenfalls bereits früh Eingang in die Rechtsprechung zunächst des Reichsgerichts und nachfolgend des Bundesgerichtshofs.

Die vom Urheber intendierte Verknüpfung von Verursachung und Eintrittswahrscheinlichkeit hat für die gutachtlich relevanten Konstellationen eines Zusammenwirkens von Schadensanlage und schädigendem Ereignis mittlerweile nur noch geringe Bedeutung, soll doch die „generelle Eignung“ (Adäquanztheorie) nach ständiger Rechtsprechung nicht etwa aus der Perspektive des jeweiligen Schädigers, sondern im Sinne einer nachträglich objektiven Prognose aus der Perspektive des „optimalen Beobachters“ erfolgen, der damit auch um die besondere Schadensanlage weiß. Hintergrund ist die normative Wertung, dass eine besondere Vulnerabilität des Opfers nicht dem Schädiger exkulpierend zugutekommen soll. Für den ärztlichen Gutachter folgt daraus letztlich, dass sich auch im Zivilrecht die Kausalitätsprüfung in aller Regel auf die Feststellung der conditiones sine quibus non eines gesundheitlichen Schadens beschränkt. Statt eine Einengung der mitwirkenden Faktoren über einen modifizierten Kausalbegriff zu versuchen, fragt die zivilgerichtliche Judikatur eher danach, ob bestimmte fernliegende Schadensfolgen noch innerhalb des Schutzbereichs der Norm angesiedelt sind und/oder dem Schädiger noch billigerweise zugerechnet werden können, beides Erwägungen, die außerhalb der medizinisch-gutachtlichen Prüfungskompetenz liegen.

8.2.3 Sozial- und Verwaltungsrecht

Im sozialversicherungs- und – als Teil des Verwaltungsrechts – im Dienstunfallrecht der Beamten hat sich erst zu Beginn des 20. Jahrhunderts eine eigene Kausallehre herausgebildet. Nach Auffassung des Reichsversicherungsamtes sollten diejenigen Bedingungen als zum Schutzbereich der Sozialversicherung gehörend qualifiziert werden, die „unter Abwägung des verschiedenen Wertes zu dem Schaden *in eine besonders enge Beziehung* treten und so zu seinem Entstehen *wesentlich* beigetragen haben.“ Damit ist allerdings nur die „besonders enge Beziehung“ durch den gleichartigen Begriff „wesentlich“ ersetzt, worin eine logisch unzulässige Zirkeldefinition („idem per idem“) liegt. Dieser „terminologische Geburtsfehler“ mag ein Grund dafür sein, dass die Kausallehre der „wesentlichen Ursache“ als Schöpfung der Rechtspraxis bis zum gegenwärtigen Zeitpunkt Anlass anhaltender Diskussionen liefert.

Das Bundessozialgericht hat traditionell eine zweitstufige Prüfung vorgenommen und zunächst die Prüfung von versicherten und unversicherten Umständen anhand wiederum der Conditio-Formel im Sinne eine Kausalität im philosophisch-naturwissenschaftlichen Sinn vorgenommen und die so identifizierten Kausalfaktoren sodann auf der zweiten Stufe einer „Wesentlichkeitsprüfung“ unterzogen. Hier finden sich aber bereits erste Divergenzen zwischen den Einzelgebieten. Während im sozialen Entschädigungsrecht einer – entschädigungspflichtigen – Causa einer Gesundheitsschädigung der Charakter einer auch wesentlichen Ursache nur dann zugesprochen wird, wenn sie gegenüber den – nicht entschädigungspflichtigen – Kausalfaktoren „gleichwertig oder annähernd gleichwertig“ zum Schaden beigetragen hat, wird im Bereich der gesetzlichen Unfallversicherung seit jeher betont, auch eine an der Schadensentstehung nur gering beteiligte Ursache könne „wesentlich“ sein, wenn und solange sie nicht von der oder den anderen – nicht versicherten – Ursache(n) nicht völlig in den Hintergrund gedrängt werde. Bei dieser für den medizinischen Bereich typischerweise bei Schadensanlagen auftretenden Abwägung soll dann entscheidend sein, ob diese Anlage so ausgeprägt oder leicht ansprechbar war, dass sie auch unter alltäglichen Belastungen den Schaden hätte herbeiführen können oder ob es insoweit der besonderen Einwirkung des (Arbeits-) Unfallereignisses bzw. – bei Berufskrankheiten – der beruflichen Noxe bedurfte. Die darin liegende indirekte Beurteilung der Wesentlichkeit eines versicherten Ereignisses über die herausragende Bedeutung der nicht versicherten Kofaktoren ist methodisch nicht unbedenklich und birgt darüber hinaus die Gefahr der Unterschätzung der versicherten Ursache. Diese ist im Regelfall nur sehr eingeschränkt anhand des Schadensbilds oder durch Zeugenaussagen rekonstruierbar, während die Schadensanlagen auch retrospektiv der medizinischen Diagnostik zugänglich sind. Die dogmatischen Bedenken resultieren aus dem Umstand, dass nicht unmittelbar die Relevanz der versicherten Kausalbedingung geprüft, sondern auf deren untergeordnete Bedeutung aus der Gewichtung der Schadensanlage geschlossen wird.

In jüngster Zeit hat der für die GUV zuständige Senat die hier anzuwendende Prüfung insoweit modifiziert, als zwar weiterhin auf der ersten Stufe die „philosophisch-naturwissenschaftlichen Kausalität" zu prüfen ist, im Anschluss daran aber die – vom Mediziner zu beantwortende – Frage gestellt werden soll, ob nach dem „allgemein anerkannten Stand" das versicherte Ereignis keine bloße „Randbedingung" darstellt, sondern nach ihrem „Mitwirkungsanteil als „objektive Ursache" bzw. „Wirkursache" angesprochen werden kann. Erst danach sei auf der nächsten Stufe – allein vom Juristen! – zu beurteilen, ob die so identifizierte („Wirk-")Ursache auch in den versicherten Schutzbereich fällt und so die Qualität einer wesentlichen (Teil-)Ursache erhält. Ob hieraus eine größere Klarheit in Abgrenzung und Inhalt des medizinischen vom juristischen Prüfungsbereich gelingen kann, mag dahinstehen, die Divergenzen in der Auslegung desselben Begriffs in unterschiedlichen Subspezialitäten des Sozialrechts erhöht die Gefahren für die einheitliche Rechtsanwendung und ist dogmatisch nicht wirklich begründbar.

8.3 Beweisregeln in den verschiedenen Rechtsgebieten

Der ärztliche Gutachter sollte in den Grundzügen die beweisrechtlichen Regeln in den einzelnen Gebieten kennen, da sie die von ihm geforderten Argumentationsketten nicht nur formell, sondern auch inhaltlich beeinflussen und so die Verwertbarkeit seiner Aussagen auch ohne verfahrensverzögernde Nachfragen sicherstellen. Zwei Begriffe sind für das Beweisrecht prägend: Das „Beweismaß", also der erforderliche Grad an Wahrscheinlichkeit einer Aussage, die es dem Auftraggeber erlaubt, sie in seiner Entscheidungsfindung als gegeben zu unterstellen. Die „Beweislast" betrifft die Frage, welche Partei/welcher Beteiligte den Beweis für eine behauptete Tatsache anzutreten hat („subjektive Beweislast" oder „Beweisführungslast") bzw. wer das Risiko der Nichtbeweisbarkeit einer Behauptung trägt („objektive Beweislast"). Hierbei gilt die sog. „Rosenbergsche Formel" (nach dem deutschen Rechtswissenschaftler Leo Rosenberg), wonach derjenige die Beweislast für die Voraussetzungen einer Rechtsnorm trägt, der hieraus für sich günstige Rechtsfolgen ableiten möchte.

8.3.1 Strafprozess

Im Strafprozess ist in Bezug auf sämtliche tat- und schuldrelevanten Umstände die subjektive, alle vernünftigen Zweifel ausschließende „Überzeugung" des Gerichts entscheidend (vgl. § 261 StPO). Die „Beweisführung" obliegt dabei der Staatsanwaltschaft als Anklagebehörde, die den Sachverhalt von Amts wegen zu erforschen hat, und zwar sowohl die belastenden wie auch die entlastenden Fakten (§ 160 StPO). Aus der notwendigen „Überzeugungsbildung" in § 261 StPO, aber auch aus verfassungsrechtlichen Gründen sowie aus der in Art. 6 Abs. 2 der Europäischen Menschenrechtskonvention verankerten „Unschuldsvermutung“ folgt der für das Strafprozessrecht elementare Grundsatz des „in dubio pro reo“, womit verbleibende Zweifel an Tatbegehung oder Schuld sich zugunsten des Beschuldigten/Angeklagten auswirken müssen.

8.3.2 Zivilprozess

Deutlich komplexer ist das Beweisrecht im Zivilprozess ausgestaltet. Für das Beweisrecht finden sich als zentrale Normen die §§ 286, 287 ZPO. § 286 ZPO regelt das Beweismaß für alle anspruchsbegründenden Tatsachen und fordert das „Für-Wahr-Erachten“ des Gerichts, also – in der plakativen Formulierung des Bundesgerichtshofs (BGH) – den „für das praktische Leben brauchbaren Grad an Gewissheit, der den Zweifeln Schweigen gebietet, ohne sie völlig auszuschließen“ (sog. „Vollbeweis“). Anspruchsausfüllende und nach § 287 ZPO zu beweisende Tatsachen bedürfen kein „Für-Wahr-Erachten“, sondern nur die „freie Überzeugung“ des Gerichts, also – wiederum in den Worten des BGH – die überwiegende oder deutlich überwiegende Wahrscheinlichkeit. Die etwas „blumigen“ Formulierungen zeigen das Bemühen, die „freie“ und damit letztlich von subjektiven Elementen abhängige Beweiswürdigung des Gerichts nicht allzu stark einzuengen, etwa durch präzise Vorgaben einer notwendigen prozentualen Wahrscheinlichkeit. Dies ist dort unmittelbar einsichtig, wo es um rein qualitative Aussagen geht. Die Aussage eines Zeugen zu einem bestimmten Punkt kann „wahr“ oder „unwahr“ sein, nicht aber nur zu einem bestimmten Prozentsatz „wahr“. Aber in den Bereichen, in denen Beweistatsachen von statistischen Erwägungen abhängen, wie bei der Rekonstruktion von Kausalbeziehungen, sind Wahrscheinlichkeitsaussagen unausweichlich. Hier wird man den „Vollbeweis“ in etwa im 2 σ-Bereich einer Häufigkeitsverteilung ansiedeln können, es muss inhaltlich letztlich bis auf theoretische Restzweifel alles für die Aussage sprechen. § 287 ZPO verlangt trotz der insoweit unscharfen Formulierung des BGH letztlich ein einfaches Überwiegen der Wahrscheinlichkeit, im Sinne von „es spricht mehr dafür als dagegen“. Ein „non liquet“ (50:50) reicht mithin ebenso wenig aus wie die bloße Möglichkeit. Die in diesem Zusammenhang häufig noch angeführte „Glaubhaftmachung“ (§ 294 ZPO) ist streng genommen keine Beweismaßregel, sondern erweitert die ansonsten im Zivilprozess allein zugelassenen Mittel des „Strengbeweises“ (Sachverständige, Augenschein, Zeugen, Urkunden, Parteivernehmung) auf alle Beweismittel, einschließlich der „Eidesstattlichen Versicherung“ des Betroffenen, was sich faktisch als Beweismaßreduktion auswirkt.

Während der Anspruchssteller entsprechend der „Rosenbergschen Formel“ die Beweislast für die seinen Anspruch begründenden wie auch die anspruchsausfüllenden Tatsachen trägt, muss der Anspruchsgegner die Voraussetzungen von etwaigen Einwendungen tragen, z. B. von Leistungsausschlüssen oder -einschränkungen in der privaten Unfallversicherung (Flowchart zum Algorithmus der Kausalitätsbeurteilung in der PUV s. Abb. 11.2).

Dieses ohnehin schon komplizierte System wird ergänzt von teils gesetzlichen, teils richterrechtlich entwickelten Regelungen zu Beweismaß oder Beweislast. Für die erstgenannte Gruppe sei exemplarisch der „Anscheinsbeweis“ („prima facie“) genannt, wonach selbst der Vollbeweis geführt ist, wenn „allgemeine Erfahrungssätze“ existieren, die den Schluss von bewiesenen auf die zu beweisende Tatsachen zulassen (z. B.: „wer auffährt hat Schuld“). Es ist dann Sache der Gegenseite, Tatsachen vorzutragen und zu beweisen, die einen anderen (atypischen) Geschehensablauf möglich erscheinen lassen. Es reicht sonach die „Erschütterung“ des Anscheinsbeweises aus, nicht etwa wird auch der Beweis des Gegenteils verlangt. Beweislastregelungen finden sich in Gestalt gesetzlicher Beweisvermutungen, wie etwa die Vermutung der Schadensverursachung beim groben Behandlungsfehler (§ 630 h Abs. 5 BGB).

Merke: Erstgesundheitsschädigung, Vorinvalidität und Mitwirkung von Krankheiten und Gebrechen in der privaten Unfallversicherung sowie Erstkörperschaden im Haftpflichtrecht bedürfen des sog. Vollbeweises.

8.3.3 Sozial- und Verwaltungsgerichtsprozess

Weder das SGG noch die VwGO verfügen über eigene beweisrechtliche Regelungen, stattdessen wird insoweit auf die ZPO Bezug genommen (vgl. §§ 118, 202 SGG; §§ 98, 173 VWGO). Stets stehen diese Verweise unter dem Vorbehalt, dass die analoge Anwendung nicht den sozial- bzw. verwaltungsgerichtlichen Grundsätzen widersprechen darf, womit die Ausgestaltung des Beweisrechts durch die jeweiligen Fachgerichte erfolgt.

So kann es aufgrund des dort herrschenden Amtsermittlungsgrundsatzes im Sozialgerichtsprozess keine Beweisführungslast geben, allerdings verbleibt es auch dort bei der objektiven Beweislast, so dass die Anspruchsteller das Risiko der Nichtbeweisbarkeit der Voraussetzungen ihres Anspruchs tragen. Gleiches gilt für etwaige Einwendungen gegen den Anspruch für den Gegner. Die Begrifflichkeit von anspruchs- bzw. haftungsbegründender und -ausfüllender Kausalität haben die Sozialgerichte übernommen, allerdings fehlt dieser Differenzierung in der gesetzlichen Unfallversicherung oder dem sozialen Entschädigungsrecht die beweisrechtliche Bedeutung des Übergangs im Beweismaß von § 286 zu § 287 ZPO. Im Unterschied zum Zivilprozess sind alle Tatsachen/Fakten im Vollbeweis, alle Kausalzusammenhänge mit überwiegender bzw. – in der hier gebräuchlichen Formulierung – „hinreichender“ Wahrscheinlichkeit zu beweisen.

Hingegen lehnt sich das Dienstunfallrecht der Beamten an der zivilprozessualen Struktur an und fordert auch für den Ursachenzusammenhang zwischen dem Dienstunfallereignis und der daraus resultierenden Körperschädigung den Vollbeweis.

Merke: Der Nachweis des Erstgesundheitsschadens/der Körperschädigung in der GUV und im Dienstunfallrecht bedarf des Vollbeweises; für den Nachweis von daraus resultierenden Folgen reicht in der GUV hinreichende Wahrscheinlichkeit.

---

9 Haftpflichtversicherung

Peter W. Gaidzik

9.1 Anwendungsbereich

Das Haftpflichtrecht befasst sich mit den Ersatzpflichten für Schäden, die man einem anderen zugefügt hat. Diese Verpflichtung kann sich aus der Verletzung einer vertraglich eingegangenen Verpflichtung oder aus einem deliktischen Verhalten ergebe. In der Regel haftet man nur für Schäden, die man einem anderen schuldhaft beigefügt hat („Verschuldenshaftung"). Für gesellschaftlich besonders relevante, aber auch schadensträchtige Bereiche hat der Gesetzgeber eine „Gefährdungshaftung" angeordnet. Der Begriff ist missverständlich, denn auch hier reicht nicht etwa die bloße „Gefährdung" eines Rechtsguts aus, vielmehr muss nachweisbar ein Schaden verursacht worden sein. Lediglich auf ein schuldhaftes Verhalten als Haftungsvoraussetzung wird bei der Gefährdungshaftung verzichtet. Beispiele für diesen Haftungstyp sind die Tierhalterhaftung in § 833 BGB oder des Kfz-Halters in der Straßenverkehrshaftung gemäß § 7 StVG. Zwischen Gefährdungs- und Verschuldenshaftung bewegt sich schließlich noch die Haftung für „vermutetes Verschulden", wie z. B. bei der Haftung des Geschäftsherrn für seine Verrichtungsgehilfen gemäß § 831 BGB, der Eltern oder sonstigen Aufsichtspflichtigen für minderjährige Kinder gemäß § 832 BGB, des Tieraufsehers gemäß § 834 BGB, des Kfz-Führers gemäß § 18 StVG. Hier bildet das Verschulden zwar ein notwendiges Tatbestandselement der Haftung, jedoch wird ein schuldhaftes Verhalten des Schädigers – von ihm widerlegbar – gesetzlich vermutet.

Das Haftpflichtrisiko lässt sich – unterhalb der Vorsatzschwelle, § 103 VVG – durch eine private Versicherung absichern (z. B. Privat-, Berufs-, Gebäudehaftpflichtversicherung usw.); für besonders gefährdende Bereiche (u. a. Kfz-, Eisenbahn-, Luftverkehr) ist eine solche Versicherung sogar gesetzlich verpflichtend vorgeschrieben. Während die Haftung aus Tatbeständen des BGB grundsätzlich unbeschränkt ist, sehen Tatbestände der Gefährdungshaftung häufig Höchstbegrenzungen vor. In beiden Fällen können zudem Haftungshöhe und der versicherungsvertraglich gewährte Deckungsumfang auseinanderfallen, z. B. bei einem vereinbarten Selbstbehalt.

Anders als in anderen, ebenfalls dem Zivilrecht zugeordneten Privatversicherungen, muss der Gutachter die Einzelheiten des Haftpflichtversicherungsvertrages zwischen Schädiger und seinem Versicherer nicht kennen, da er letztlich nur die Voraussetzungen des gesetzlichen Haftungsanspruchs aus medizinisch-fachlicher Sicht zu beurteilen hat.

https://doi.org/10.1515/9783110693362-009

9.2 Haftungsvoraussetzungen

Ansprüche aus vertraglicher Haftung finden ihre gesetzliche Grundlage in § 280 BGB: Verletzt der Schuldner (oder einer seiner „Erfüllungsgehilfen", § 278 BGB) eine Pflicht aus dem Schuldverhältnis, so kann der Gläubiger Ersatz des hierdurch entstehenden Schadens verlangen. Dies gilt nicht, wenn der Schuldner die Pflichtverletzung nicht zu vertreten hat.

Außerhalb einer Vertragsbeziehung haftet derjenige, der vorsätzlich oder fahrlässig das Leben, den Körper, die Gesundheit, die Freiheit, das Eigentum oder ein sonstiges Recht eines anderen widerrechtlich verletzt, § 823 Abs 1 BGB, gegen ein den Schutz eines anderen bezweckendes Gesetz verstößt, § 823 Abs 2 BGB, oder einem anderen in einer gegen die guten Sitten verstoßenden Weise vorsätzlich Schaden zufügt, § 826 BGB. Unter den Oberbegriff „unerlaubte Handlung" fällt darüber hinaus die schon erwähnte Haftung des Geschäftsherrn (§ 831 BGB), die Haftpflicht der Eltern bzw. Aufsichtsverpflichteten (§ 832 BGB), des Tierhalters und -aufsehers (§§ 833, 834 BGB), des Grundstücksbesitzers (§§ 836–838 BGB), die Amtshaftung (§ 839 BGB) sowie – seit dem 01.08.2002 – die Haftung des gerichtlichen Sachverständigen (§ 839a BGB).

Ein zur Haftung führendes Verhalten kann dabei sowohl in einem positiven Tun als auch in einem Unterlassen liegen, falls den Betreffenden die Rechtspflicht traf, den Eintritt des Schadens abzuwenden.

Solche Rechts- bzw. „Garantenpflichten" können kraft Gesetzes (z. B. Fürsorgepflichten der Eltern als Ausfluss ihres Personensorgerechts), aufgrund faktischer Übernahme von Schutzpflichten insbesondere im Rahmen von Vertragsverhältnissen (z. B. Obhutspflichten des Arztes gegenüber dem Patienten als Bestandteil des Behandlungsverhältnisses) oder aus sonstigen Gründen (z. B. bei deliktischem Vorverhalten) bestehen.

Als weitere Voraussetzung muss das schadensverursachende Verhalten rechtswidrig gewesen sein. Hieran fehlt es, falls dem Schädiger ein Rechtfertigungsgrund zur Seite stand, er z. B. in Notwehr (§ 227 BGB) oder Nothilfe (§ 228 BGB) handelte, oder der „Geschädigte" in die Verletzung seiner Rechtsgüter eingewilligt hat. So beseitigt die „informierte Zustimmung" des Patienten die ansonsten gegebene Rechtswidrigkeit eines lege artis durchgeführten Heileingriffs.

Liegt kein Tatbestand einer Gefährdungshaftung vor, muss schließlich dem Schädiger als letztes notwendiges Element der Verschuldensvorwurf gemacht werden können. Schuldhaft handelt, wer vorsätzlich oder fahrlässig den jeweiligen Haftungstatbestand verwirklicht (§ 276 BGB).

Vorsatz bedeutet, schlagwortartig formuliert, das Wissen und Wollen des rechtswidrigen Erfolgs, zumindest im Sinne einer billigenden Inkaufnahme der Eintrittsmöglichkeit (bedingter Vorsatz).

Fahrlässig handelt, wer die im Verkehr erforderliche Sorgfalt außer Acht lässt, obwohl er den möglichen schädigenden Erfolg seines Handelns erkannt, jedoch darauf vertraut hat, der Schaden werde nicht eintreten („bewusste Fahrlässigkeit"), oder wer bei pflichtgemäßem Verhalten die Möglichkeit des Schadenseintritts hätte erkennen können („unbewusste Fahrlässigkeit"). Im Zivilrecht gilt – anders als im Strafrecht – kein individueller, auf Fähigkeiten, Kenntnisse, Erfahrungen, Einsichtsvermögen, Geschicklichkeit usw. des Schädigers abstellender, sondern ein „objektiv-typisierender Maßstab" (die „im Verkehr erforderliche Sorgfalt"). Denn im Rechtsverkehr soll jeder Teilnehmer darauf vertrauen dürfen, dass die übrigen Teilnehmer die für die Erfüllung ihrer Pflichten erforderlichen Fähigkeiten, Kenntnisse usw. besitzen.

Grob fahrlässig verhält sich schließlich derjenige, der seine Sorgfaltspflichten in besonders schwerem Maße verletzt. Das ist dann zu bejahen, wenn schon einfachste, ganz naheliegende Überlegungen nicht angestellt werden oder dass nicht beachtet wird, was im gegebenen Fall jedem einleuchten musste.

Durch vertragliche Vereinbarung, teils aber auch durch ausdrückliche gesetzliche Anordnung, kann der Verschuldensmaßstab – in Grenzen – modifiziert werden.

So setzt etwa § 839a BGB ein „grob fahrlässig" erstelltes unrichtiges Gutachten voraus; lediglich leichte Nachlässigkeiten des gerichtlichen Sachverständigen bleiben sonach ohne haftungsrechtliche Folgen. Die Haftung wegen Vorsatzes kann im Voraus allerdings nicht erlassen werden (§ 276 Abs 3 BGB), und auch sonst sind Haftungsbeschränkungen gesetzlichen, insbesondere auch verfassungsrechtlichen Restriktionen unterworfen.

Ein etwaiges „Mitverschulden" auf Seiten des Geschädigten kann im Haftpflichtrecht zu einer Kürzung der Ansprüche bis hin zu einem völligen Haftungsausschluss führen (§§ 254, 846 BGB). Rechtstechnisch handelt es sich nicht um eine allgemeine Schadensminderungs*pflicht*, sondern um eine Obliegenheit, sich selbst vor etwaigen Schäden zu bewahren, freilich nur in den Grenzen der Möglichkeit und Zumutbarkeit, woran der Einwand in der Praxis häufig scheitert. So ist dem Patienten eine fehlende Compliance nur dann schadensmindernd anzurechnen, wenn er zuvor eindringlich über die Folgen eines solchen Verhaltens belehrt worden ist. Auch kann einem Geschädigten, der schadensbedingt seinen – qualifizierten – Beruf aufgeben musste, nicht zugemutet werden, Aushilfstätigkeiten auszuüben, selbst wenn er hierdurch zumindest teilweise seinen Verdienstentgang kompensieren könnte.

9.3 Haftungsumfang

Während in vielen anderen Rechtsbereichen ein Gesundheitsschaden nach mehr oder minder abstrakten Regeln entschädigt wird, zum Teil sogar völlig unabhängig von einem tatsächlich eingetretenen Schaden, orientiert sich das Haftpflichtrecht ganz wesentlich am Prinzip des konkreten Schadensausgleichs. Der Schädiger hat den Zustand so (wieder-) herzustellen, wie er ohne das schädigende Ereignis bestehen würde, § 249 Abs 1 BGB (sog *Naturalrestitution*). Ist wegen Verletzung einer Person oder wegen Beschädigung einer Sache Schadensersatz zu leisten, so kann der Geschädigte statt der Naturalrestitution den dazu erforderlichen Geldbetrag verlangen, § 249 Abs 2 BGB. Gleiches gilt in Fällen, in denen die Naturalrestitution nicht bzw. nur mit unverhältnismäßigen Aufwendungen möglich oder zur Entschädigung unzureichend ist (§ 251 BGB).

Beim Vermögensschaden ist auf die Differenz zwischen der jetzigen Vermögenslage des Geschädigten und derjenigen abzustellen, die ohne das schädigende Ereignis bestehen würde (Prinzip des *Differenzschadens*). Der zu ersetzende Schaden umfasst auch einen entgangenen Gewinn. Als entgangen gilt der Gewinn, welcher nach dem gewöhnlichen Lauf der Dinge oder nach den besonderen Umständen, insbesondere nach den getroffenen Anstalten und Vorkehrungen, mit Wahrscheinlichkeit erwartet werden konnte, § 252 BGB. Spiegelbildlich dazu im deliktischen Bereich § 842 BGB: Die Verpflichtung zum Schadensersatz wegen einer gegen eine Person gerichteten unerlaubten Handlung bezieht sich auch auf die Nachteile, welche die Handlung für den Erwerb oder das Fortkommen des Verletzten herbeiführt.

Wird infolge einer Verletzung des Körpers oder der Gesundheit die Erwerbsfähigkeit des Verletzten aufgehoben oder gemindert oder tritt eine Vermehrung der Bedürfnisse ein, ist dem Betroffenen Schadensersatz durch Entrichtung einer Geldrente zu leisten, § 843 BGB.

Der Ersatzanspruch erstreckt sich nicht nur auf den Schaden an Erwerbseinkommen im beruflichen Bereich, sondern auch auf die ausfallende Arbeitstätigkeit im eigenen Haushalt (sog „*Haushaltsführungsschaden*"), ferner auf die schädigungsbedingt bestehenden vermehrten Bedürfnisse durch notwendige Pflege, Haushaltshilfe, Kuren usw. Selbst infolge der gesundheitlichen Einschränkungen notwendig gewordene Umbau- oder Umrüstungskosten in der Wohnung oder an einem PKW können der Ersatzpflicht unterfallen.

Neben dem vorübergehenden oder dauerhaften Ausfall von Arbeits- oder sonstigem Erwerbseinkommen umfasst die Schadensersatzpflicht bei Personenschäden ferner die Kosten der notwendigen Heilbehandlung zu einer möglichst umfassenden Wiederherstellung der körperlichen Unversehrtheit und der Erwerbsfähigkeit einschließlich einer etwa notwendigen beruflichen Rehabilitation, soweit sie nicht von Dritten geleistet werden (z. B. Privat- oder Sozialversicherung; dann aber Forderungsübergang oder Erstattungsanspruch gemäß § 116 SGB X bzw. § 86 VVG).

Grundsätzlich kann nur der Geschädigte selbst Schadensersatzansprüche stellen. Hiervon gibt es einige – wenige – Ausnahmen: War etwa im Falle der Tötung der Getötete zur Zeit der Verletzung einem Dritten (z. B. Ehefrau, Kindern, Eltern) gegenüber kraft Gesetzes unterhaltspflichtig oder konnte er unterhaltspflichtig werden, hat der aus unerlaubter Handlung Ersatzpflichtige dem Dritten durch Entrichtung einer Geldrente insoweit Schadensersatz zu leisten, als der Getötete während der mutmaßlichen Dauer seines Lebens zur Gewährung des Unterhalts verpflichtet gewesen sein würde. Die Ersatzpflicht tritt auch dann ein, wenn der Dritte zur Zeit der Verletzung gezeugt, aber noch nicht geboren war, § 844 BGB. Im Falle der Tötung, der Verletzung des Körpers oder der Gesundheit sowie im Falle der Freiheitsentziehung hat der Ersatzpflichtige, wenn der Verletzte kraft Gesetzes einem Dritten zur Leistung von Diensten verpflichtet war, ferner dem Dritten für die entgehenden Dienste durch Entrichtung einer Geldrente Ersatz zu leisten, § 845 BGB. Die Höhe der als Schadensersatz zu leistenden Geldrente (oder einer an ihre Stelle tretenden Kapitalabfindung) ist gleichfalls *konkret* zu berechnen.

Auf delikts- wie vertragsrechtlicher Grundlage kann wegen einer Verletzung des Körpers, der Gesundheit, der Freiheit oder der sexuellen Selbstbestimmung als Schadensersatz eine billige Entschädigung in Geld auch für einen solchen Schaden gefordert werden, der kein Vermögensschaden ist („Schmerzensgeld"). Gleichzeitig wurden die praktisch relevanten Tatbestände der Gefährdungshaftung für Schmerzensgeldansprüche geöffnet (z. B. § 11 StVG). Zu den entschädigungspflichtigen immateriellen Schäden gehören nicht nur unmittelbare körperliche Schmerzen, sondern auch alle sonstigen nachteiligen Dauerfolgen und Einbußen an Lebensqualität in körperlicher wie seelischer Hinsicht.

Das Schmerzensgeld wird grundsätzlich als Einmalzahlung geleistet, bei massiven Dauerschäden, derer sich der Verletzte immer wieder neu und schmerzlich bewusstwird und die in Zukunft das körperliche und seelische Wohlbefinden oder die Lebensfreude beeinträchtigen, kommt auch eine laufende – nicht steuerpflichtige und nicht dynamisierbare Rente als Schadensersatzleistung in Betracht.

Auch hier ist im Grundsatz nur der unmittelbar Betroffene anspruchsberechtigt. Ausnahmen waren seit jeher dort anerkannt, wo nahe Angehörige die Schädigung miterleben mussten und hierauf mit krankheitswertigen psychischen Störungen reagierten, die über tiefgreifende, letztlich aber (noch) normale Trauerreaktionen hinausgingen (sog. „Schockschadensfälle"). 2017 wurde der Kreis der Berechtigten bei fremdverschuldeten Tötungen erweitert, indem § 844 Abs. 3 BGB n. F. Hinterbliebenen, die zurzeit zu dem Getöteten in einem besonderen persönlichen Näheverhältnis standen, als Kompensation für das ihnen zugefügte seelische Leid ebenfalls eine angemessene Entschädigung erhalten. Ein solches Näheverhältnis als Voraussetzung des „Angehörigenschmerzensgeldes" wird vom Gesetz bei Ehegatten, Lebenspartnern, Eltern und Kindern des Getöteten vermutet.

Merke: Im Haftpflichtrecht hat der Geschädigte einen Anspruch darauf, in finanzieller Hinsicht so gestellt zu werden, wie er ohne schädigendes Ereignis stünde.

Der Schädiger hat vollumfänglich für den von ihm verursachten Schaden einzustehen, begrenzt nur durch Billigkeits- und/oder Schutzzweckerwägungen, die aber allein der juristischen Wertung unterliegen. So schließen weder ein aus medizinischer Sicht vorliegendes „Bagatelltrauma", noch ein vielleicht übersteigertes Anspruchsstreben des Geschädigten a priori die Haftung des Schädigers aus. Diskussionen im politischen Raum, für Schadensersatzansprüche im Allgemeinen oder beim Schmerzensgeld im Besonderen eine Bagatellgrenze in das Gesetz aufzunehmen, sind stets gescheitert. Auch die anerkannte Haftungsgrenze der „Unfall-“ oder „Begehrensneurose“ ist – abgesehen von der schwierigen Abgrenzbarkeit – eher dort anzutreffen, wo Anhaltspunkte für eine massive Aggravation bis hin zur Simulation des Geschädigten bestehen.

9.4 Beweismaß und Beweislast

Für den Haftungsgrund ist grundsätzlich der Geschädigte subjektiv und objektiv beweisbelastet. Hieraus folgt, dass er die Vertragsverletzung bzw. das deliktische Verhalten ebenso beweisen muss wie die daraus resultierende Rechtsgutsverletzung bzw. den „Erstkörperschaden“ („haftungsbegründender Kausalzusammenhang“), wobei für alle Elemente als Beweismaß der Vollbeweis gem. § 286 ZPO gilt. Andererseits muss das schadensstiftende Verhalten nicht allein, überwiegend oder wesentlich für den Schadenseintritt gewesen sein. Notwendig und hinreichend ist die Mitursächlichkeit des Fehlverhaltens, um die Haftung grundsätzlich in vollem Umfang auszulösen („Alles-oder-nichts-Prinzip“).

Die Weiterentwicklung des Schadensbildes sowie die Erwerbsfähigkeit, die Haushaltsführung oder das private Leben beeinträchtigende Funktionsstörungen stehen zwar ebenfalls zur Beweislast des Geschädigten („haftungsausfüllender Kausalzusammenhang“), unterliegen aber allesamt den reduzierten Beweismaßanforderungen des § 287 ZPO im Sinne einer nur überwiegenden Wahrscheinlichkeit, wobei auch hier die dem Schädiger zuzurechnende Rechtsgutsverletzung nur einen Ursachenbeitrag geliefert haben muss. Eine durch innere Faktoren erhöhte Vulnerabilität des Opfers mindert im Haftpflichtrecht grundsätzlich nicht die Haftungslast des Schädigers, mögen die Schadensanlage schon am Körper- oder Gesundheitserstschaden oder erst an dessen Folgen oder am Ausheilungsergebnis mitgewirkt haben.

Merke: Besondere Schadensanlagen, die zu einer erhöhten Schadensanfälligkeit des Opfers geführt haben, sind haftungsrechtlich grundsätzlich unbeachtlich, solange das anspruchsbegründende Fehlverhalten des Schädigers für Eintritt oder Fortentwicklung des Schadens mitursächlich war.

Einwendungen gegen den Anspruch sind demgegenüber vom Anspruchsgegner, im Haftungsrecht sonach vom Schädiger zu beweisen, je nach Anknüpfungspunkt nach § 286 ZPO oder § 287 ZPO. Gutachtlich relevant wäre etwa der Einwand, ein vorbestehendes Grundleiden hätte zu einem späteren Zeitpunkt ohnehin die Einschränkungen beim Geschädigten bewirkt, die Schädigung habe diese unabwendbaren Auswirkungen lediglich zeitlich vorverlegt („hypothetischer Kausalverlauf“). Gelingt dieser Beweis, was aufgrund der Unwägbarkeiten biologischer Kausalverläufe jedoch eher selten der Fall ist, wäre der Schädiger nur für den dazwischenliegenden Zeitraum haftbar zu machen, sofern es um ohnehin wiederkehrende Schadenspositionen geht, wie Verdienst- oder Gewinnentgang. Im immateriellen Bereich könnte diese Frage allenfalls in der Bemessung des Schmerzensgeldes Bedeutung erlangen oder im – seltenen – Fall einer Schmerzensgeldrente als „wesentliche Veränderung der der Entscheidung zugrundeliegenden tatsächlichen Verhältnisse" im Wege der Abänderungsklage nach § 323 ZPO Berücksichtigung finden.

Diese Grundstrukturen werden an vielen Stellen durch gesetzliche oder richterrechtlich entwickelte Beweisvermutungen ergänzt, denen in der Regel Billigkeitserwägungen zugrunde liegen.

Merke: Der haftungsbegründende Kausalverlauf ist im Haftpflichtrecht in all seinen Elementen vollbeweislich vom Geschädigten zu belegen. Er trägt auch die Beweislast für den haftungsausfüllenden Kausalzusammenhang, allerdings mit Erleichterungen im erforderlichen Beweismaß auf die bloß überwiegende Wahrscheinlichkeit. Für Einwendungen gegen den Haftungsanspruch trägt der Schädiger die subjektive und objektive Beweislast.

---

10 Gesetzliche Unfallversicherung

Martin Forchert

Beispiel (1): Tischler T. stürzt von einer Leiter. Trotz Schmerzen im Kniegelenk arbeitet er weiter. Nach einer Woche geht er zum Durchgangsarzt (D-Arzt). Dieser diagnostiziert einen Meniskusriss, den er kurze Zeit später arthroskopisch operiert. Bei der gutachtlichen Untersuchung zeigen sich endgradige Bewegungseinschränkungen im Kniegelenk, leichte Schmerzen bei Belastung und Narben von der Arthroskopie.
T. beklagt, er leide seit dem Unfall unter dauerhaften Schmerzen im Kniegelenk. Deswegen schlafe er schlecht. Er habe Ängste, seinen Beruf nicht weiter ausüben zu können. Sein Hausarzt habe bei ihm eine posttraumatische Belastungsstörung und eine Depression festgestellt, die er auf den Unfall zurückführe.

Beispiel (2): R. ist seit zwei Jahren Rentner. Er hat in seinem Berufsleben ganz überwiegend Tätigkeiten eines Parkettlegers verrichtet. Wegen dauerhafter Schmerzen im rechten Kniegelenk sucht er einen Arzt auf, der eine Arthrose des Kniegelenks feststellt. Seinen Verdacht auf eine Berufskrankheit nach Nummer 2112 der Anlage zur Berufskrankheitenverordnung (BKV) zeigt er der Berufsgenossenschaft Holz und Metall (BGHM) an. Der Präventionsdienst der BGHM ermittelt eine Lebensbelastungsdosis von 24.350 Stunden kniebelastender Tätigkeit.

10.1 Einleitung

Die gesetzliche Unfallversicherung (GUV) ist ein Teil der Deutschen Sozialversicherung genauso wie die gesetzliche Rentenversicherung, die Bundesagentur für Arbeit oder die gesetzlichen Krankenkassen. Sie ist als Körperschaft des öffentlichen Rechts mit Selbstverwaltung organisiert. Die Leitungsorgane der Unfallversicherungsträger (UV-Träger), Vertreterversammlung und Vorstand, sind paritätisch besetzt mit Vertretern der Arbeitgeber und der Arbeitnehmer. Als Institution des öffentlichen Rechts hat die GUV im Gegensatz zur privaten Versicherungswirtschaft keine Profitziele.

Merke: Die UV-Träger sind zur Objektivität verpflichtete, an Recht und Gesetz gebundene „Behörden“ und damit genauso wenig „parteiisch“ wie Polizei oder Finanzamt.

Ihre Aufgabe ist es, genau die Leistungen zu gewähren, die Versicherten nach dem Gesetz zustehen. Nach dem Prinzip der „nachträglichen Bedarfsdeckung“ haben die Unternehmen über den Beitrag alle Ausgaben zu erstatten, die die UV-Träger zuvor hatten.

Merke: Die Beiträge zahlen im Unterschied zu anderen Trägern der Sozialversicherung die Unternehmen allein. Grund ist die sog. „Haftungsfreistellung“.

---

https://doi.org/10.1515/9783110693362-010

Die zivilrechtliche Haftung der Unternehmen gegenüber ihren Beschäftigten wegen betrieblicher Risiken zu übernehmen, ist den UV-Trägern durch gesetzliche Regelung übertragen. Sie stellen die Betriebe von der Haftung frei. Beschäftigte, die Ansprüche erheben wollen wegen Gesundheitsschäden, die sie durch ihre Arbeit erlitten haben, müssen sich an die UV-Träger wenden, nicht an ihre Arbeitgeber.

Die gesetzliche Unfallversicherung gewährt alle Leistungen „aus einer Hand". Sie ist zuständig für die Heilbehandlung, für Leistungen zur Teilhabe am Arbeitsleben, für soziale Teilhabe und auch für Pflege- und Rentenleistungen. Ihr ist das siebte Buch des Sozialgesetzbuchs, das SGB VII, gewidmet. Hier finden sich die meisten Regelungen über ihre Leistungen. Wichtige Entscheidungen wie z. B. über Verletztenrenten treffen die sog. Rentenausschüsse, die ebenfalls paritätisch mit Arbeitgeber- und Arbeitnehmervertretern besetzt sind.

Für die gewerbliche Wirtschaft sind neun Berufsgenossenschaften zuständig, die nach Gewerbezweigen gegliedert sind. Die Landwirtschaft hat eine eigene Unfallversicherung, die integriert ist in die „Sozialversicherung für Landwirtschaft, Forsten und Gartenbau" (SVLFG). Außerdem gibt es noch verschiedene UV-Träger der öffentlichen Hand, die auf Bundes- oder Länderebene agieren. Sie sind unter anderem zuständig, Kinder und Studierende sowie die Beschäftigten des öffentlichen Dienstes des Bundes und der Länder sowie der Feuerwehren zu versichern. Die gewerblichen Berufsgenossenschaften und die UV-Träger der öffentlichen Hand haben einen gemeinsamen Dachverband, nämlich die Deutsche Gesetzliche Unfallversicherung (DGUV).

10.2 Versicherungsschutz

Wenn versicherte Personen versicherte Tätigkeiten verrichten, stehen sie unter dem Schutz der GUV.

10.2.1 Versicherte Personen

§ 2 SGB VII enthält eine lange Liste von Versicherungstatbeständen. Die wichtigsten sind der Versicherungsschutz von Beschäftigten (§ 2 Abs. 1 Nr. 1 SGB VII) und von Studierenden und Schülern (§ 2 Abs. 1 Nr. 2 SGB VII). Daneben sind aber auch Personen gesetzlich unfallversichert, die z. B. bei Unglücksfällen Hilfe leisten (§ 2 Abs. 1 Nr. 13a SGB VII), Blut oder Organe spenden (§ 2 Abs. 1 Nr. 13b SGB VII), ehrenamtliche Arbeit im Gesundheitswesen oder in der Wohlfahrtspflege leisten (§ 2 Abs. 1 Nr. 9 SGB VII) oder Angehörige pflegen (§ 2 Abs. 1 Nr. 17 SGB VII).

10.2.2 Versicherte Tätigkeiten

Der Versicherungsschutz der GUV setzt eine versicherte Tätigkeit voraus.

10.2.2.1 Betriebsdienliche und eigenwirtschaftliche Tätigkeiten

Versichert sind Tätigkeiten, die dazu bestimmt sind, dem Unternehmen zu dienen, also vor allem die betriebliche Arbeit. Nicht versichert sind Tätigkeiten, die zum privaten Lebensbereich gehören, sog. eigenwirtschaftliche Tätigkeiten. Auch wenn sie im Betrieb vorgenommen werden, sind diese dennoch nicht versichert.

Praxistipp: Tischler S. erhält vom Unternehmer die Erlaubnis, im Betrieb und während der Arbeitszeit Feuerholz zu sägen, das er für seinen Ofen zu Hause gekauft hat. Dabei verletzt er sich an der Hand. Die Tätigkeit, bei der T. sich verletzt hat, dient nicht dem Unternehmen, sondern privaten („eigenwirtschaftlichen") Zwecken. Sie steht deshalb nicht unter dem Schutz der GUV.

10.2.2.2 Versicherte Wege (§ 8 Abs. 2 SGB VII)

Versichert sind außerdem alle Wege, die während und wegen betrieblicher Arbeit zurückzulegen sind („Betriebswege") und direkte Wege von und zur versicherten Tätigkeit. Idealtypisch sind die Wege von der eigenen Wohnung zum Betrieb und zurück. Auch Umwege können versichert sein, wenn sie z. B. dazu dienen, Kinder zur Schule oder zum Kindergarten zu bringen oder wegen gebildeter Fahrgemeinschaften notwendig werden. Der Versicherungsschutz beginnt und endet regelmäßig an der Außenhaustür des jeweiligen Wohngebäudes.

10.2.2.3 Betriebssport und Gemeinschaftsveranstaltungen

Betriebsdienlich und damit versichert können auch sportliche (Betriebssport) und soziale Aktivitäten (Gemeinschaftsveranstaltungen) sein.

Betriebssport zeichnet sich dadurch aus, dass er dem Ausgleich beruflicher Belastungen dient, regelmäßig stattfindet, nur von Beschäftigten des jeweiligen Betriebs ausgeübt wird und betrieblich organisiert ist. Soweit er Wettbewerb oder sportlichen Wettkampf zum Ziel hat, steht er nicht mehr unter Versicherungsschutz (BSG 13.12.2005) [1].

Gemeinschaftsveranstaltungen (z. B. Weihnachtsfeiern) sind versichert, wenn sie vom Unternehmen veranstaltet oder gebilligt werden, von der Autorität der Unternehmensführung getragen werden, sich nur an Beschäftigte wenden und der Verbundenheit im Betrieb dienen. Erfüllt eine Veranstaltung diese Voraussetzungen, sind auch die Wege versichert, die notwendig sind, um teilzunehmen.

10.3 Versicherungsfälle

Die Versicherungsfälle der GUV sind Arbeits-/Wegeunfall und Berufskrankheit (§ 7 Abs. 1 SGB VII). Die GUV ist ein Sondersystem in der Sozialversicherung.

Merke: Die GUV tritt nur ein, wenn Gesundheitsschäden durch versicherte Tätigkeiten *verursacht* sind. Fehlt der kausale Zusammenhang, sind die allgemeinen Sozialversicherungszweige zuständig, also in erster Linie Kranken- oder Rentenversicherung.

Der Versicherungsfall und die sich daraus ergebenden Leistungsansprüche hängen in der GUV deswegen häufig am Nachweis des ursächlichen Zusammenhangs.

„Ursache" ist hier nicht, was der Begriff im Alltäglichen meint, sondern hat einen speziellen rechtlichen Sinn. Versichert sind Schäden, die nicht nur in logisch-naturwissenschaftlichem Sinn durch versicherte Ereignisse oder Einwirkungen verursacht sind, sondern auch noch in einer besonderen Beziehung zum versicherten Risiko stehen, das sich bei Beschäftigten aus der betrieblichen Tätigkeit ergibt. Diese beiden Anforderungen ergeben, was Juristen die „rechtlich wesentliche Ursache" nennen.

Merke: Die Feststellung des Ursachenzusammenhanges erfolgt durch die Träger der gesetzlichen Unfallversicherung oder Gerichte. Für diese Entscheidung ist oft medizinische Expertise notwendig, die regelmäßig ärztliche Gutachter liefern.

Die Haftung der GUV auf betriebliche Risiken zu beschränken, rechtfertigt, die Kosten allein den Arbeitgebern aufzubürden. Deswegen rechtfertigen Gesundheitsschäden, die sich nur zufällig während der Arbeit bemerkbar machen, oder Erkrankungen, die sich zufällig während der Arbeit verschlimmern, keine Leistungserbringung durch die GUV, sondern zuständig ist dann die (gesetzliche) Krankenversicherung, die das allgemeine Erkrankungsrisiko abdeckt. Um die Grenze ziehen zu können zwischen dem allgemeinen Lebensrisiko und dem besonderen beruflichen Risiko, wird häufig das versicherte Ereignis zu vergleichen sein mit alltäglichen Belastungen. Ist die Belastung durch ein betriebliches Ereignis nicht größer als durch typische Alltagstätigkeiten, verwirklicht sich kein Risiko, vor dem das Sondersystem der GUV schützen soll.

10.3.1 Arbeitsunfall

Ein Arbeitsunfall ist „ein zeitlich begrenztes, von außen auf den Körper einwirkendes Ereignis, das zu einem Gesundheitsschaden oder zum Tod führt" (§ 8 Abs. 1 Satz 2 SGB VII).

„Zeitlich begrenzt“ trennt Arbeitsunfälle von (Berufs-)Krankheiten. Nur was sich innerhalb einer Arbeitsschicht abspielt, kann Unfall sein. Ein Sonnenbrand nach mehrstündiger Tätigkeit als Dachdecker erfüllt diese Voraussetzung, eine psychische Störung nach (dauerhaftem/mehrfachem) Mobbing nicht.

„Von außen“ schließt Krankheiten aus, die aus dem Körperinneren, vom Organismus, herrühren. Ein Herzinfarkt, den ein Beschäftigter während der Arbeit erleidet, ist ein typisches Beispiel, bei dem eine äußere Einwirkung fehlt.

Die Erfüllung des Kriteriums „auf den Körper einwirkendes Ereignis“ stellt kaum jemals eine Hürde dar. „Körper“ ist nicht wörtlich zu nehmen, auch Einwirkungen auf die Psyche („seelische Erschütterungen“) werden erfasst. Das Ereignis braucht keine besondere Qualität zu haben. Es muss nicht sichtbar sein. Strahlung oder psychische Beeindruckung genügen. Unkontrollierte Körperbewegungen erfüllen die Voraussetzung genauso wie kontrollierte und koordinierte Aktionen, also etwa der Versuch, einen schweren Stein hochzuheben (BSG 12.04.2005) [2].

„Gesundheitsschaden“ im Sinne des § 8 Abs. 1 Satz 2 SGB VII meint eine unmittelbar durch das versicherte Ereignis eingetretene Verletzung oder psychische Traumatisierung (Erstschaden). Dieser Erstschaden muss durch das versicherte Ereignis herbeigeführt worden sein, d. h. es muss ein Ursachenzusammenhang zwischen versichertem Ereignis und Erstschaden bestehen.

10.3.2 Berufskrankheit

Berufskrankheiten sind Krankheiten, die versicherte Personen durch ihre versicherte Tätigkeit erleiden und die in der Liste der Berufskrankheiten aufgeführt sind (§ 9 Abs. 1 Satz 1 SGB VII).

Merke: Die Liste der Berufskrankheiten ist eine Anlage zur Berufskrankheiten-Verordnung (BKV), die das zuständige Bundesministerium erlassen hat und laufend aktualisiert.

Gegenwärtig ist dies Aufgabe des Bundesministeriums für Arbeit und Soziales (BMAS). Die aktuelle Berufskrankheitenliste enthält 80 Erkrankungen, die als Berufskrankheiten in Frage kommen. Beispiele sind die Lärmschwerhörigkeit (BK 2301), Hauterkrankungen (BK 5101) oder Erkrankungen durch anorganische Stäube wie Silikose (BK 4101) oder Asbestose (BK 4103).

Berufskrankheiten können nur Erkrankungen sein, die nach den Erkenntnissen der medizinischen Wissenschaft von besonderen Einwirkungen verursacht werden, denen bestimmte Personengruppen durch ihre versicherte Tätigkeit in erheblich höherem Grade ausgesetzt sind als die übrige Bevölkerung (§ 9 Abs. 1 Satz 2 SGB VII). Der Einführung einer neuen Berufskrankheit müssen daher stets medizinisch-wissenschaftliche Erkenntnisse vorausgehen. Um diese zu bewerten, ist medizinische Expertise nötig. Dafür ist die Sektion „Berufskrankheiten" des ärztlichen Sachverständigenbeirats beim BMAS (ÄSVB) zuständig.

Im Mittelpunkt stehen dabei Fragen der Kausalität. Vor allem wenn Einwirkungen der Arbeitswelt epidemiologisch-statistisch als Risikofaktoren für bestimmte Erkrankungen erkannt sind, muss bewertet werden, ob diese Korrelation genügt, um auf eine naturwissenschaftliche Kausalität zwischen Einwirkung und Erkrankung schließen zu können („generelle Geeignetheit"). Außerdem muss sich noch eine bestimmte Personengruppe abgrenzen lassen, die durch diese Einwirkungen erheblich mehr gefährdet ist als die übrige Bevölkerung. Üblicherweise müssen deswegen Studien durchgeführt sein, die exponierte Berufsgruppen vergleichen mit Kollektiven aus der allgemeinen Bevölkerung. Tritt die Erkrankung in der exponierten Berufsgruppe deutlich häufiger auf, belegt dies nicht nur die Gefahr für die besondere Personengruppe, sondern ist auch Indiz für einen kausalen Zusammenhang.

Ist medizinisch-wissenschaftlich geklärt, dass die Voraussetzungen erfüllt sind, damit eine Berufskrankheit neu in die Liste aufgenommen werden kann, das Ministerium aber noch nicht dazu gekommen, die Anlage zur BKV zu aktualisieren, haben die UV-Träger eine solche Erkrankung „wie eine Berufskrankheit" anzuerkennen (§ 9 Abs. 2 SGB VII).

In jedem zu entscheidenden Einzelfall müssen die Erkrankungen von versicherten Einwirkungen herrühren, also von konkreten Schadstoffexpositionen am Arbeitsplatz oder bestimmten schädigenden Arbeitsbedingungen. Im Gegensatz zu Arbeitsunfällen, die auf Einwirkungen beruhen, die längstens eine Arbeitsschicht umfassen, sind für Berufskrankheiten länger dauernde Einwirkungen typisch, die oft viele Jahre in der Vergangenheit liegen.

Merke: Haben Ärzte den begründeten Verdacht, dass ein Patient an einer Berufskrankheit leiden könnte, haben sie eine Berufskrankheitenanzeige zu erstatten (§ 202 Satz 1 SGB VII bei Verdacht auf eine BK sind alle Ärzte zur Erstattung einer BK-Verdachtsanzeige verpflichtet).

Wird ein Verdacht auf eine Berufskrankheit angezeigt, ist es Aufgabe der UV-Träger zu ermitteln, in welcher Weise die Betroffenen gegenüber Schadstoffen oder anderen Einwirkungen exponiert waren und zu klären, ob dadurch eine Erkrankung entstanden ist, die in der Berufskrankheitenliste aufgeführt ist.

10.4 Leistungen der GUV

Das Leistungsspektrum der GUV ist groß. Rehabilitationsleistungen haben dabei Vorrang vor der Rentengewährung (§ 26 Abs. 3 SGB VII). Das können beispielsweise Maßnahmen der ambulanten oder stationären Heilbehandlung sein, Leistungen zur Teilhabe am Arbeitsleben wie Umschulung oder Qualifizierung, soziale Teilhabeleistungen wie Wohnungshilfe oder Kraftfahrzeughilfe oder auch Pflegeleistungen. Bei der Begutachtung durch ärztliche Sachverständige steht aber meist die Verletztenrente im Vordergrund. Aber auch nach Rentenfeststellung bleibt stets zu prüfen, ob (weitere) Rehabilitationsleistungen notwendig sind.

10.4.1 Verletztenrente und Minderung der Erwerbsfähigkeit

Nach § 56 Abs. 1 SGB VII haben versicherte Personen, deren Erwerbsfähigkeit infolge eines Versicherungsfalls über die 26. Woche nach dem Versicherungsfall hinaus um wenigstens 20 % gemindert ist, Anspruch auf eine Rente.

10.4.1.1 Funktion

Die Verletztenrente ist ein Ausgleich für den Schaden, der durch den Versicherungsfall entstanden ist. Im Gegensatz zum Zivilrecht, wo der Einkommensschaden individuell festgestellt werden muss, entschädigt die GUV den Einkommensschaden abstrakt. Auf einen tatsächlichen Einkommensverlust kommt es nicht an. Ersetzt wird der Verlust an (abstrakten) Erwerbsmöglichkeiten auf dem allgemeinen Arbeitsmarkt, der sich aus den Beeinträchtigungen der Gesundheit ergibt, die durch den Versicherungsfall verursacht sind. Ob die versicherte Person nach dem Versicherungsfall weniger oder mehr Geld verdient als vorher – z. B., weil eine Umschulung, die wegen eines Versicherungsfalls notwendig und deshalb von der GUV finanziert wurde, zu einem besser bezahlten Arbeitsverhältnis geführt hat –, ist für die Höhe der Verletztenrente irrelevant.

Merke: Gleiche Funktionseinschränkungen bei unterschiedlichen Versicherten sollen zu gleichen MdE-Werten führen.

10.4.1.2 Minderung der Erwerbsfähigkeit (MdE)

Erwerbsfähigkeit (im Kontext des SGB VII) ist die Möglichkeit, die eigene Arbeitskraft wirtschaftlich zu verwerten. Die MdE ist ein Rechtsbegriff und drückt prozentual aus, in welchem Umfang die Erwerbsfähigkeit durch die Folgen des Versicherungsfalls auf dem allgemeinen Arbeitsmarkt (nicht in der konkreten Tätigkeit) beeinträchtigt ist. Unerheblich ist dabei, ob die verletzte Person schon oder noch im Erwerbsleben steht. Auch bei Rentnern und Kindern kann die Erwerbsfähigkeit gemindert sein.

Die Erwerbsfähigkeit vor dem versicherten Ereignis ist stets als unbeeinträchtigt anzusetzen, beträgt also immer 100 %. Dadurch kann die Summe der MdE-Sätze bei mehreren Versicherungsfällen eines Versicherten 100 % überschreiten.

Praxistipp: Bei einem ersten Arbeitsunfall an der Kreissäge verliert C. Daumen und Zeigefinger (MdE 30 %). Später erleidet er bei einem versicherten Verkehrsunfall eine komplette Querschnittlähmung (MdE 100 %). Die MdE für den zweiten Unfall beträgt 100 %, obwohl C. bereits aus dem Ersten eine Unfallrente nach einer MdE von 30 % erhält.
Die Zahlbeträge dieser Rentenansprüche sind allerdings zu kürzen, wenn der Höchstbetrag überschritten ist, der zwei Drittel des höchsten Jahresarbeitsverdienstes beträgt (§ 59 SGB VII).

Ausgeschlossen ist ein unfallbedingter Rentenanspruch bei völliger Erwerbsunfähigkeit vor dem Versicherungsfall. Denn dann kann eine MdE nicht mehr eintreten. Diese völlige Erwerbsunfähigkeit der GUV entspricht *nicht* dem Begriff der Erwerbsunfähigkeit oder vollständigen Erwerbsminderung der Rentenversicherung. Sie ist viel seltener und nur anzunehmen, wenn die versicherte Person dauerhaft die Fähigkeit verloren hat, einen auch nur geringen Verdienst zu erzielen. Kann eine versicherte Person z. B. einfachste Tätigkeiten in Heimarbeit noch ausführen, ist sie im Sinne der GUV *nicht* völlig erwerbsunfähig.

Die MdE kann nur geschätzt und nicht konkret bemessen werden. Sie wird nach 5er- oder 10er-Graden abgestuft, also ausgedrückt als MdE von 10 %, 15 %, 20 % usw. Abweichungen in der Einschätzung von 5 % liegen innerhalb einer zu tolerierenden Schwankungsbreite und sind deshalb zumeist irrelevant.

Verantwortlich dafür zu entscheiden, ob Versicherte Rentenleistungen erhalten, sind die UV-Träger. Sie sind an MdE-Einschätzungen von ärztlichen Sachverständigen nicht gebunden.

Merke: Künftige Entwicklungen (erwartbare Spätschäden) sind – anders als in der privaten Unfallversicherung – *nicht* zu berücksichtigen.

Die Versicherten haben stattdessen immer die Möglichkeit, eine Überprüfung ihrer MdE zu veranlassen, wenn sich ihre gesundheitlichen Verhältnisse verschlimmert haben.

10.4.1.3 Stützrente

MdE-Sätze unter 10 % gelten als wirtschaftlich nicht messbar und berechtigen deswegen nicht zu Rentenleistungen. Beträgt die MdE aus einem Versicherungsfall mindestens 10 %, aber weniger als 20 %, ist dafür Rente zu zahlen, wenn wegen der Folgen eines weiteren Versicherungsfalls in der Summe eine MdE von wenigstens 20 % erreicht wird (§ 56 Abs. 1 Satz 2 SGB VII). Dann wird die MdE aus diesem Versicherungsfall von mindestens einem weiteren Versicherungsfall „gestützt“. Jeder Versicherungsfall führt zu einer eigenen Rentenzahlung, wenn die MdE über die 26. Woche nach dem Versicherungsfall hinaus andauert.

Beispiel (3): T. erleidet 2018 einen Arbeitsunfall mit einer MdE von 10 % und hat 2020 einen zweiten Arbeitsunfall, der eine MdE von 20 % begründet. Dann erhält T. ab dem Tag des Arbeitsunfalls 2020 eine Rente von 10 % wegen des Unfalls aus dem Jahr 2018 und ab Wiedereintritt der Arbeitsfähigkeit nach dem Unfall von 2020 eine weitere Rente nach einer MdE von 20 %. Die MdE wegen des Unfalls aus dem Jahr 2020 „stützt“ die Rente aus dem früheren Unfall. Sinkt die MdE aus dem Unfall von 2020 später unter 10 %, verliert der Unfall von 2018 seine „Stütze“ mit der Folge, dass auch die Rente wegen des Unfalls von 2018 entzogen werden muss.

10.4.1.4 Berechnung

Die Höhe der Rente richtet sich zum einen nach dem Grad der MdE und zum anderen nach dem Jahresarbeitsverdienst (JAV). JAV ist das Arbeitsentgelt und das Arbeitseinkommen in den letzten zwölf Kalendermonaten vor dem Versicherungsfall (§ 82 Abs. 1 SGB VII). Bei vollständigem Verlust der Erwerbsfähigkeit (MdE von 100 %) beträgt die Rente zwei Drittel des JAV. Bei geringeren MdE-Sätzen vermindert sich die Rente entsprechend dem prozentualen Maß der MdE.

Berechnungsbeispiel (1):
JAV = 60.000 €; MdE = 100 %:
60.000 € × ⅔ = 40.000 €
40.000 €: 12 Monate = **3.333,33** € monatliche Rente

Berechnungsbeispiel (2):
JAV = 60.000 €; MdE = 20 %
60.000 € × ⅔ = 40.000 €
40.000 € × 20 % = 8000 €
8000 €: 12 Monate = **666,67** € monatliche Rente

10.4.2 Arten der Rentengewährung

Verletztenrenten können vorläufig, als Gesamtvergütung (Einmalzahlung) oder auf unbestimmte Zeit gewährt werden.

10.4.2.1 Rente als vorläufige Entschädigung („vorläufige Rente“)

Während der ersten drei Jahre nach dem Versicherungsfall wird die Rente regelmäßig als vorläufige Entschädigung festgesetzt, wenn der Umfang der MdE noch nicht abschließend festgestellt werden kann (§ 62 Abs. 1 Satz 1 SGB VII). Sind die Folgen des Versicherungsfalls noch nicht konsolidiert, können sie noch allmählichen und kurzfristigen Besserungen oder Verschlimmerungen unterliegen. Deshalb ist es innerhalb der ersten drei Jahre zulässig, bei wesentlichen Änderungen der Verhältnisse die MdE jederzeit zu ändern. In dieser Frühphase nach dem Versicherungsfall kann es gerechtfertigt sein, die MdE vorübergehend etwas höher einzuschätzen, wenn sich die Versicherten an die Beeinträchtigung durch ihre Unfallfolgen noch anpassen und gewöhnen müssen.

10.4.2.2 Gesamtvergütung

Wird nach ärztlicher Erfahrung nur eine Rente als vorläufige Entschädigung zu zahlen sein, kann die Rente nach Abschluss der Heilbehandlung abgefunden werden mit einer Einmalzahlung in Höhe des voraussichtlichen Rentenaufwands (§ 75 Abs. 1 Satz 1 SGB VII). Diese sog. Gesamtvergütung setzt die Prognose voraus, dass der Rentenanspruch spätestens mit Ablauf des dritten Jahres nach dem Versicherungsfall enden wird (MdE unter 20 %). Die Gesamtvergütung als Prognose der Entwicklung einer unfallbedingten Funktionsstörung hat einen schätzenden Charakter. Er kommt auch dadurch zum Ausdruck, dass das Ende der Gesamtvergütung stets auf das Ende eines Monats fallen muss, während bei MdE-Einschätzungen für die Vergangenheit eine tagesgenaue Abstufung zu erfolgen hat.

Die Abfindung vorübergehend zu zahlender Renten hat Vorteile für beide Seiten: Die versicherte Person erhält sofort den gesamten Entschädigungsbetrag (oft als Vorauszahlung) und die Verwaltung spart sich Nachuntersuchungen und weitere Bescheide. Rechtliche Nachteile haben Versicherte nicht. Meinen sie, auch über den Gesamtvergütungszeitraum hinaus noch Rentenansprüche zu haben, müssen sie lediglich einen formlosen Antrag stellen. Die UV-Träger sind dann verpflichtet, über die Berechtigung weiterer Zahlungen zu entscheiden.

10.4.2.3 Rente auf unbestimmte Zeit („Dauerrente“)

Spätestens bis zum Ablauf von drei Jahren nach dem Versicherungsfall ist über den Anspruch auf Rente auf unbestimmte Zeit (RuZ) zu entscheiden, wenn der UV-Träger die vorläufige Entschädigung nicht kraft Gesetzes zur RuZ werden lassen möchte (§ 62 Abs. 2 Satz 1 SGB VII). Dabei darf er die MdE unabhängig von der vorläufigen Entschädigung festlegen.

Merke: Für die MdE-Einschätzung bei der RuZ ist allein der Zustand der Unfallfolgen zum Zeitpunkt der Feststellung der RuZ maßgeblich. Ein Vergleich der Befunde mit dem Vorgutachten findet *nicht* statt.

Die MdE darf auch um nur 5 % von der Rente als vorläufige Entschädigung abweichen. Außerdem darf die RuZ geringer ausfallen als die vorläufige Entschädigung, selbst wenn sich keine Veränderung der Verhältnisse ergeben hat (§ 62 Abs. 2 Satz 2 SGB VII). Dies kommt vor, wenn die MdE-Einschätzung bei der vorläufigen Entschädigung berücksichtigt hat, dass sich Versicherte an die Beeinträchtigung durch ihre Unfallfolgen noch anpassen und gewöhnen mussten (s. 10.4.2.1).

Ist die RuZ festgestellt, kann sie zuungunsten der Versicherten nur noch in Abständen von einem Jahr geändert werden (§ 74 Abs. 1 Satz 1 SGB VII). Voraussetzung dafür ist eine „wesentliche Änderung“ in den Folgen des Versicherungsfalls – d. h. eine MdE-Abweichung von mehr als 5 % –, die mindestens drei Monate anhält (§ 73 Abs. 3 SGB VII).

Wird die RuZ rückwirkend erstmalig festgestellt, darf die MdE für die Vergangenheit gestaffelt werden, ohne dass das sog. Schutzjahr beachtet werden muss. Normzweck des § 74 Abs. 1 SGB VII ist der Schutz des Vertrauens der Versicherten. Er ist bei rückwirkender Rentenfeststellung nicht betroffen.

10.4.3 Beginn und Änderung von Renten

Renten an versicherte Personen werden ab dem Tag nach dem Wegfall des Anspruchs auf Verletztengeld (Wiedereintritt der Arbeitsfähigkeit oder dem Ablauf der 78. Woche) gezahlt oder nach dem Tag des Versicherungsfalls (s. 10.4.4), wenn keine Arbeitsunfähigkeit eingetreten ist (§ 72 Abs. 1 SGB VII z. B. bei Schülerunfällen).

Ändern sich die gesundheitlichen Verhältnisse können Verletztenrenten zu erhöhen, herabzusetzen oder ganz zu entziehen sein. Bei einer Rente auf unbestimmte Zeit ist die Höhe der Rente nur dann an die geänderten Verhältnisse anzupassen, wenn die Änderung in den Unfallfolgen die Höhe der MdE um mehr als 5 % verändert (§ 73 Abs. 3 SGB VII). Dieser Umstand ist für den ärztlichen Sachverständigen vor allem bei Gutachten zur Rentennachprüfung relevant (s. 10.8.4).

Renten dürfen nicht für Zeiten neu festgestellt werden, in denen Verletztengeld zu zahlen ist (§ 74 Abs. 2 SGB VII). Dies ist einerseits sinnvoll, um Doppelleistungen zu vermeiden und dient andererseits dazu festzustellen, ob sich der verschlimmerte Zustand durch Maßnahmen der Heilbehandlung wieder bessert entsprechend dem Grundsatz „Rehabilitation vor Rente“.

10.4.4 Sonderregeln für bestimmte Personengruppen

Bei Schülern sowie Studierenden, Nicht-Erwerbstätigen und ehrenamtlich Tätigen kann keine Arbeitsunfähigkeit eintreten, weil sie nicht im Erwerbsleben stehen. Deswegen ist die MdE bereits ab dem Tag nach dem Versicherungsfall einzuschätzen. Auch hier gilt: Die MdE muss über die 26. Woche nach dem Arbeitsunfall hinaus wenigstens 20 % betragen. Für die Dauer der stationären Behandlung (MdE regelmäßig 100 %) und die Versorgung mit Gipsverband gibt es eigene MdE-Erfahrungswerte, die als „Hinweise zur ärztlichen Schätzung der MdE bei Kindern in Kindergärten, Schülern und Studierenden“ vom ehemaligen Bundesverband der Unfallkassen herausgegeben wurden und in der gängigen Literatur zur Unfallmedizinischen Begutachtung [3,4] abgedruckt sind.

10.5 Das Verfahren in Angelegenheiten der GUV

Der UV-Träger prüft Versicherungsfälle und Leistungsansprüche in einem Verwaltungsverfahren, das meist mit der Meldung eines Arbeitsunfalles oder des Verdachts auf eine Berufskrankheit beginnt. Unfallverletzte darf jeder Arzt behandeln, der an der vertragsärztlichen Versorgung teilnimmt. Allerdings muss er versicherte Personen einem sog. Durchgangsarzt (D-Arzt) vorstellen, wenn die Verletzung zu Arbeitsunfähigkeit führt, die Dauer der Behandlung voraussichtlich eine Woche überschreiten wird oder Heil- und Hilfsmittel zu verordnen sind. D-Ärzte sind Fachärzte für Orthopädie/Unfallchirurgie, die von der GUV für das Durchgangsarztverfahren zugelassen sind. Sie entscheiden, ob die Behandlung durch den Hausarzt ausreichend ist oder eine besondere Heilbehandlung wegen Art oder Schwere der Verletzung erforderlich ist, die die D-Ärzte dann meist selbst durchführen. Bei isolierten Augenverletzungen oder Hals-, Nasen-, Ohrenverletzungen sind Verletzte unmittelbar an einen entsprechenden Facharzt zu überweisen.

Die D-Ärzte erstatten den UV-Trägern über die erste Vorstellung von versicherten Personen unverzüglich einen Durchgangsarztbericht, der wichtige Informationen über Unfallhergang, Art und Ort der Verletzung, erste Befunde und Therapien enthält. Sie dienen nicht nur dazu, den UV-Trägern zu ermöglichen, die Heilverfahren zu steuern, sondern sind wegen ihrer zeitlichen Nähe zum versicherten Ereignis oft von großer Bedeutung, falls später der Ursachenzusammenhang gutachtlich geklärt werden muss.

10.5.1 Der Grundsatz der Amtsermittlung

Entscheidungen über Leistungen sind nur möglich, wenn die Tatsachenbasis feststeht. Weil es für Versicherte oft zu schwierig wäre, selbst Beweise dafür vorzulegen, dass sie Anspruch auf Sozialleistungen haben, gilt im Sozialrecht der Amtsermittlungsgrundsatz. Das heißt, die UV-Träger müssen von sich aus, „von Amts wegen“, alle Tatsachen ermitteln, die sie benötigen, um entscheiden zu können (§ 20 Abs. 1 SGB X).

Merke: Ein Antrag der Versicherten ist in der GUV nicht erforderlich – im Gegensatz zu vielen anderen Gebieten des Sozialrechts.

Über streitige Tatsachen müssen die UV-Träger Beweis erheben (§ 21 Abs. 1 Satz 1 SGB X). Ein typisches Beweismittel, um den medizinischen Sachverhalt zu klären, sind Gutachten (§ 21 Abs. 1 Satz 2 Nr. 2 SGB X).

Verwaltungsverfahren enden vielfach mit einer schriftlichen Entscheidung (Bescheid), die durch Widerspruch angefochten werden kann. Ein erfolgloses Widerspruchsverfahren ist regelmäßig Voraussetzung, um Klage beim Sozialgericht zu erheben.

10.5.2 Beweislast

Wie in vielen anderen Rechtsgebieten müssen im Sozialrecht diejenigen, die einen Anspruch stellen, die Tatsachen beweisen, die der Anspruch voraussetzt. Sie tragen damit die Beweislast.

Merke: Im Unterschied zur Unschuldsvermutung im Strafrecht („in dubio pro reo") gibt es im Sozialrecht keine Regel, die es erlaubt, im Zweifel für die Betroffenen zu entscheiden.

Konsequenz der Beweislast ist, dass leer ausgeht, wer Tatsachen nicht beweisen kann. Wenn es nicht gelingt, eine Tatsache zu beweisen, die Voraussetzung einer Sozialleistung ist, wenn sie „beweislos" bleibt, besteht kein Anspruch auf die Leistung. Die Regeln der Beweislast dürfen aber erst angewendet werden, wenn sich eine Tatsache auch nach Ausschöpfung aller Ermittlungsmöglichkeiten nicht beweisen lässt.

10.5.3 Beweisanforderungen

Ein Gutachten ist ein Beweismittel, genauso wie eine Zeugenaussage oder eine Urkunde. Ob es eine Tatsache beweist, also z. B. das Ausmaß der Beeinträchtigung der Handfunktion nach einer Amputationsverletzung, ist eine Frage der Beweiswürdigung. Beweiswürdigung heißt, die Überzeugungskraft von Beweismitteln zu bewerten. Sie ist Aufgabe von Verwaltung oder Gericht (§§ 128 Abs. 1 Satz 1 SGG, 286 Abs. 1 Satz 1 ZPO). Zur Orientierung dienen die Beweismaßstäbe oder Beweisgrade. Zwei Beweisgrade haben Bedeutung: der Vollbeweis und die (hinreichende) Wahrscheinlichkeit.

10.5.3.1 Vollbeweis

Tatsachen wie z. B. Gesundheitsschäden oder der Ablauf des Unfallgeschehens (Hergang) sind voll zu beweisen. Der Vollbeweis verlangt Gewissheit. Eine Tatsache ist gewiss, wenn ein *vernünftiger* Mensch nicht daran zweifelt. Der Bundesgerichtshof hat dies mit einer gern zitierten Formel ausgedrückt: „Der Richter darf und muss sich in tatsächlich zweifelhaften Fällen mit einem *für das praktische Leben brauchbaren Grad von Gewissheit* begnügen, *der den Zweifeln Schweigen gebietet, ohne sie völlig auszuschließen*"(BGH 17.02.1970) [5]. Das Bundessozialgericht (BSG) meint das Gleiche, wenn es (weniger schön) formuliert, eine Tatsache müsse in so hohem Grade wahrscheinlich sein, „dass alle Umstände des Falles nach vernünftiger Abwägung des Gesamtergebnisses des Verfahrens und nach der allgemeinen Lebenserfahrung geeignet sind, die volle richterliche Überzeugung vom Vorliegen der Tatsache zu begründen" (BSG 02.02.1978) [6].

Der Vollbeweis lässt also entfernte, eher theoretische Zweifel zu. Mehr aber nicht.

10.5.3.2 Hinreichende Wahrscheinlichkeit

Für den Nachweis der Kausalität, für die Frage, ob ein versichertes Ereignis einen Gesundheitsschaden tatsächlich verursacht hat, ist das Beweismaß gemindert. Hier reicht hinreichende oder überwiegende Wahrscheinlichkeit. Das BSG definiert hinreichende Wahrscheinlichkeit so, dass beim vernünftigen Abwägen aller Umstände den für den Zusammenhang sprechenden Umständen ein deutliches Übergewicht zukommt, so dass darauf die richterliche Überzeugung gegründet werden kann (BSG 02.02.1978) [7]. Es muss also mehr für den Ursachenzusammenhang sprechen als dagegen und ernste Zweifel müssen ausscheiden (BSG 09.05.2006) [8]. Hinreichende Wahrscheinlichkeit erlaubt damit ein größeres Maß an Zweifeln. Allerdings muss immer ein spürbares Übergewicht der Argumente für die zu beweisende Tatsache sprechen.

Merke: Die bloße Möglichkeit – also der Umstand, dass etwas nicht ausgeschlossen werden kann – genügt nie, um etwas zu beweisen, nicht für den Kausalzusammenhang, und erst recht nicht für alle anderen (voll zu beweisenden) Tatsachen.

10.5.4 Bedeutung der Beweisanforderungen für Sachverständige

Die zitierten Formeln aus der Rechtsprechung beschreiben Vorgaben für die subjektive Überzeugungsbildung des *Gerichts*. Die persönlichen Überzeugungen von Sachverständigen sind dagegen (rechtlich) irrelevant. Es zählen nur ihre tatsächlichen Feststellungen, die Überzeugungskraft ihrer Argumentation und deren Einfluss auf die Überzeugungsbildung des Auftraggebers. Beweisanforderungen sind für Sachverständige *nur mittelbar* bedeutsam. Sie geben Auskunft über Maßstäbe, die Verwaltung und Gericht an ihre Ausführungen anlegen.

Sachverständige sollten diese Maßstäbe kennen, damit sie wissen, woran die Adressaten der Gutachten ihre Ausführungen messen werden und um die Verständigung über medizinische und juristische Sicht auf einen Sachverhalt zu erleichtern. Sie müssen diese Maßstäbe aber nicht anwenden und sollten es auch nicht tun, selbst wenn sie (scheinbar) dazu aufgefordert werden. Nicht selten werden Beweisfragen ungenau formuliert, etwa indem gefragt wird, ob ein Unfallereignis einen Schaden „mit (hinreichender) Wahrscheinlichkeit" verursacht hat oder ob eine Tatsache „mit Gewissheit vorliegt". Da die Beweiswürdigung immer Aufgabe von Verwaltung oder Gericht ist, hat es wenig Sinn, wenn Sachverständige sich dazu erklären, was sie für „hinreichend wahrscheinlich“ oder „gewiss“ halten. Entscheidend sind die Fakten (Befunde), die Begründungen, die über die (medizinische) Bedeutung bestimmter Tatsachen für die jeweilige Fragestellung Auskunft geben und die Argumente dafür, warum dem einen Faktum mehr Gewicht beigemessen wird als einem anderen.

10.6 Begutachtung in der GUV

Gutachten sind ein wichtiges und häufiges Beweismittel. Sie tragen dazu bei, die tatsächlichen Grundlagen von Entschädigungsleistungen zu klären. Dies geschieht in zweierlei Weise: Einerseits stellen ärztliche Sachverständige unmittelbar Tatsachen fest, indem sie Befunde erheben und dokumentieren, welche Beeinträchtigungen die gutachterliche Untersuchung ergeben hat. Andererseits vermitteln sie aber auch (medizinisches) Fachwissen, das erforderlich ist, um Sachverhalte rechtlich beurteilen zu können. Zur Aufgabe der Sachverständigen gehört, medizinisch-wissenschaftliche Erkenntnisse über Ursachen und Wirkungen einzubringen.

Merke: Der Kern des Zusammenhangsgutachtens ist es, medizinisches Erfahrungswissen auf konkrete Einzelfälle anzuwenden und damit die tatsächliche Basis für die rechtliche Entscheidung zu legen.

Ob ein Gutachten im Verwaltungsgang eingeholt wird, entscheidet der UV-Träger. Gutachten sind regelmäßig notwendig, wenn Art und Ausmaß von Gesundheitsstörungen oder deren Ursachen zu klären sind. Die Auswahl des Sachverständigen trifft nicht mehr der UV-Träger allein. Seit das SGB VII am 1.1.1997 in Kraft getreten ist, sind versicherten Personen „mehrere Gutachter zur Auswahl“ zu benennen (§ 200 Abs. 2 SGB VII). Sie haben insofern ein Mitwirkungsrecht bei der Gutachterauswahl. „Mehrere“ Gutachter zur Auswahl stellen heißt, dass in der Regel mindestens drei Sachverständige benannt werden müssen, aus denen die Versicherten dann auswählen können.

10.6.1 Die MdE-Einschätzung

Unabhängig von der Art des Gutachtens wird von Sachverständigen regelmäßig eine Einschätzung der MdE verlangt. Sie richtet sich nach dem Umfang der sich aus der Beeinträchtigung des körperlichen und geistigen Leistungsvermögens ergebenden verminderten Arbeitsmöglichkeiten auf dem gesamten Gebiet des Erwerbslebens (§ 56 Abs. 2 Satz 1 SGB VII).

Merke: Rentenbegutachtung ist Funktionsbegutachtung. Nicht auf den anatomischen Defekt kommt es an, sondern auf den Ausfall von Funktionen.

Praxistipp: T erleidet einen körperfernen Bruch des Unterschenkels. Die MdE ergibt sich nicht aus dieser Verletzung, sondern aus den Folgen für die Organfunktion, z. B. aus der Gangstörung, aus der Bewegungseinschränkung im oberen Sprunggelenk und einer Muskelminderung am Bein, die T als Folge der Fraktur zurückbehalten hat.

10.6.1.1 MdE-Erfahrungswerte

Sachverständige müssen die funktionelle Beeinträchtigung durch die Folgen des Versicherungsfalles einschätzen und in einer MdE ausdrücken. Dazu haben sie sich an den anerkannten MdE-Erfahrungssätzen der GUV („MdE-Tabellen") zu orientieren, die in der Gutachtenliteratur nachgelesen werden können [3,4]. Sachverständige, UV-Träger und Gerichte haben diese Erfahrungssätze als Maßstab für die MdE-Bewertung wiederholt bestätigt. Sie ermöglichen es, alle versicherten Personen gleich zu behandeln. Bei identischen Unfallfolgen führen sie zur selben MdE.

Die Erfahrungswerte machen eine Bewertung der Besonderheiten jedes Einzelfalles nicht entbehrlich. Denn sie sind nur Orientierungshilfen, geben den Sachverständigen Orientierungswerte an die Hand, die ihnen die angemessene Beurteilung der individuellen Fälle ermöglichen sollen. Um einem Einzelfall gerecht zu werden, ist es prinzipiell möglich, davon abzuweichen. Aber dies verlangt immer eine überzeugende Begründung, weshalb die Besonderheiten eines Einzelfalls es notwendig machen, die MdE anders zu beurteilen, als es sich aus den Erfahrungswerten ergibt.

Diese Orientierungswerte gelten für Renten auf unbestimmte Zeit. Bei der Rente als vorläufige Entschädigung dürfen zusätzlich die Schwierigkeiten berücksichtigt werden, die Versicherte damit haben, sich an die Verletzungsfolgen anzupassen und zu gewöhnen (s. 10.4.2.1).

Entschädigungssätze aus anderen Rechtsgebieten (z. B. Schwerbehindertenrecht, ziviles Schadensersatzrecht oder private Unfallversicherung) sind nicht auf die GUV übertragbar. Speziell die früher als „Anhaltspunkte für die ärztliche Gutachtertätigkeit im sozialen Entschädigungsrecht" bekannten Regelungen der Versorgungsmedizinverordnung (VersMedV) gelten in der GUV nicht. Sie beziehen sich nicht auf die Einschränkungen im allgemeinen Erwerbsleben, wie es § 56 SGB VII verlangt, sondern auf Auswirkungen in *allen* Lebensbereichen.

10.6.1.2 Gesamt-MdE

Sind durch einen Versicherungsfall mehrere Körperteile oder verschiedene Organe geschädigt, ist eine sog. Gesamt-MdE zu bilden. Die Gesamt-MdE ist nicht zu errechnen, sondern „integrierend" zu ermitteln. Eine Addition einzelner MdE-Sätze ist regelmäßig unzulässig. Häufig ist die Gesamt-MdE niedriger als die Summe der Einzel-MdE-Werte.

Verantwortlich, die Gesamt-MdE einzuschätzen, sind bei Betroffenheit verschiedener Organsysteme die jeweiligen Hauptgutachter. Sie gehören oft dem unfallchirurgisch-orthopädischen Fachgebiet an. Sie müssen dabei auch die vorgeschlagenen Einzel-MdE-Sätze von Kollegen anderer Fachgebiete („Zusatzgutachter") kritisch prüfen. Sind deren MdE-Vorschläge unverständlich, unplausibel oder beruhen sie auf zweifelhaften Ursachenzuschreibungen müssen sie dem nachgehen. Ihre Nachfragen sollten konkret ausformuliert sein und entweder direkt oder über den UV-Träger dem Zusatzgutachter zugeleitet werden.

Die Hauptgutachter haben zu erläutern, welche Überlegungen sie zu ihrer Einschätzung der Gesamt-MdE geführt haben. Sie müssen transparent machen, wie sie sie gebildet haben.

Am einfachsten sind Überschneidungen zu handhaben. Gehen Verletzungsfolgen, die auf einem Fachgebiet festgestellt werden, ganz überwiegend in den Folgen auf, die ein anderes Fachgebiet bereits berücksichtigt, entspricht die Gesamt-MdE der höheren Einzel-MdE.

Beispiel: T. hat einen komplexen Unterschenkelbruch erlitten, bei dem auch Nerven geschädigt wurden. Als Folge ist eine Gangstörung verblieben. Sie ist sowohl auf einen fehlverheilten Knochenbruch als auch auf die eingetretene Nervenlähmung zurückzuführen. Der chirurgische Gutachter bewertet die Folgen des Unterschenkelbruchs mit einer MdE von 30 %, der Neurologe schätzt die vorwiegend motorischen Folgen der Peronäusläsion mit einer MdE von 20 % ein. Da sich chirurgische und neurologische Einzel-MdE in diesem Fall funktionell nahezu vollständig überschneiden, entspricht die Gesamt-MdE der höheren Einzel-MdE. Die Gesamt-MdE wird also 30 % betragen.

In allen anderen Fällen ist eine sog. „integrierende Gesamtschau" notwendig. Die Festlegung der Gesamt-MdE hat sich dabei weniger an den einzelnen Funktionseinschränkungen zu orientieren, für die es spezielle MdE-Erfahrungswerte gibt und die sich als Einzel-MdE quantifizieren lassen, sondern muss stattdessen die komplexen Funktionsabläufe in ihrer Gesamtheit in den Blick nehmen. Das sind z. B. Gangbild und Ausdauer beim Gehen, Belastbarkeit des Achsenorgans Wirbelsäule-Becken oder komplexe Schulter-/Arm- und Greiffunktionen.

Beispiel: X. hat Belastungsminderungen der Beine durch Verletzungen beider Unterschenkel und zusätzlich einen Wirbelkörperbruch erlitten. Die Belastungsminderung der Wirbelsäule wirkt sich wegen der Folgen der Beinverletzung kaum zusätzlich auf die verbliebenen Erwerbsmöglichkeiten aus und erhöht die MdE, die sich aus der Berücksichtigung der Beinverletzungen ergibt, wenn überhaupt, nur geringfügig.

Prinzipiell gibt es zwei Möglichkeiten, an die Bildung der Gesamt-MdE heranzugehen:

1. Orientierung an Erfahrungswerten der GUV: Sachverständige können versuchen die Gesamtheit der Folgen des Versicherungsfalls mit Erfahrungswerten der GUV zu vergleichen. Dazu bieten sich beispielsweise die MdE-Werte für Gliedmaßenverluste an.

Beispiel: Y. hat Brüche der Finger, des Handgelenks und des Oberarms erlitten. Außerdem bestehen erhebliche sensible und motorische Störungen der Armnerven. Hier kann die Funktion der Extremität mit Amputationen und deren funktionellen Auswirkungen verglichen werden.

Bei komplexeren Fällen kann auch eine Gegenüberstellung zu Erfahrungswerten z. B. für Querschnittlähmungen sinnvoll sein.

Beispiel: Z. hat bei einem Verkehrsunfall Brüche aller Gliedmaßen und des Beckens sowie innere Verletzungen erlitten, die zu Funktionsstörungen der Blase und des Darms geführt haben. Die Erfahrungswerte der GUV für inkomplette Querschnittlähmungen berücksichtigen ähnliche Funktionsverluste und können daher als Vergleichsmaßstab wertvoll sein.

2. Ausgangspunkt höchste Einzel-MdE: Die Alternative ist, von der höchsten Einzel-MdE auszugehen und jeweils zu prüfen, ob und wenn ja, inwiefern sich diese MdE wegen zusätzlicher Funktionsstörungen erhöhen muss. Dabei gilt: Je höher eine Einzel-MdE in einem Fachgebiet (einer Körperregion) ist, desto sorgfältiger ist zu überlegen, ob Funktionsstörungen aus anderen Fachgebieten (Körperregionen), die mit niedrigeren Einzel-MdE-Sätzen zu bewerten sind, sich überhaupt noch zusätzlich auswirken.

Beispiel: V. hat bei einem Verkehrsunfall ein schweres Schädel-Hirn-Trauma (MdE 70 %) und eine Handverletzung (MdE 10 %) erlitten. Schon wegen der Folgen des Schädel-Hirn-Traumas stehen V. nur noch wenige Arbeitsbereiche offen. Die geringen Folgen der Handverletzung, wirken sich nicht erhöhend aus. Denn der dadurch bewirkte zusätzliche Verlust an Arbeitsmöglichkeiten auf dem allgemeinen Arbeitsmarkt fällt praktisch nicht ins Gewicht, weil die hohe MdE aus dem Fachgebiet Neurologie diesen Verlust nahezu vollständig abdeckt.
Anders wäre die Gesamt-MdE zu beurteilen, wenn V. neben dem Schädel-Hirn-Trauma etwa einen Verlust des Unterschenkels (MdE 40 %) erlitten hätte. Schwer Schädel-Hirn-Verletzte sind auf dem allgemeinen Arbeitsmarkt oft nur noch für Tätigkeiten einsetzbar, die wenig kognitive, aber desto mehr körperliche Belastbarkeit erfordern. Erhebliche körperliche Beeinträchtigungen begrenzen die Arbeitsmöglichkeiten zusätzlich und müssen deshalb in die Gesamt-MdE eingehen. Je nach Umständen des Einzelfalls könnte die Gesamt-MdE z. B. mit 85 % oder noch höher einzuschätzen sein.

Je komplizierter die Verhältnisse sind, desto mehr ist zu empfehlen, die Gesamt-MdE auf beiden vorgeschlagenen Wegen zu durchdenken. Vor allem, wenn aus einer Vielzahl von Einzel-MdE-Sätzen eine Gesamt-MdE zu bilden ist, kann der Weg über die Alternative 1 helfen, die Plausibilität des über die Alternative 2 gefundenen Ergebnisses zu überprüfen.

10.6.1.3 MdE bei Schmerzen

Die gewöhnlich mit einer Verletzung verbundenen Schmerzen und Beeinträchtigungen sind in den MdE-Erfahrungswerten bereits berücksichtigt. Wegen Schmerzen eine höhere MdE vorzuschlagen, kann daher nur infrage kommen, wenn im Einzelfall besondere Beeinträchtigungen bewiesen sind, die spürbar über das normale Maß hinausgehen. Dazu sind Befunde nötig, die auf eine zusätzliche schmerzbedingte Funktionseinschränkung hinweisen (z. B. Minderbeschwielung, Muskelminderung, Knochenentkalkung).

Merke: In die MdE-Bewertung fließen nie die Schmerzen selbst ein, sondern ihre Auswirkungen auf die Erwerbsfähigkeit.

10.6.1.4 MdE bei Vor- und Nachschäden

Folgen eines Versicherungsfalles können zusammentreffen mit gesundheitlichen Beeinträchtigungen, die schon vor dem Versicherungsfall bestanden (Vorschäden) oder danach hinzutreten (Nachschäden).

Bei Nachschäden ist die Bewertung einfach. Sie wirken sich weder positiv noch negativ auf die MdE aus. Solange die Folgen des Versicherungsfalls sich nicht ändern, bleibt die MdE gleich. Das gilt nicht nur, wenn unfallunabhängige weitere Gesundheitsschäden nach dem Unfallereignis die Erwerbsfähigkeit der verletzten Person zusätzlich mindern, sondern auch wenn die Erwerbsfähigkeit entfällt.

Beispiel: R. hat unfallbedingt sein rechtes Auge verloren (MdE 25 %). Später erblindet er auch auf dem linken Auge. Obwohl R. blind ist, was nach den Erfahrungswerten der GUV einer MdE von 100 % entspräche, bleibt die MdE bei 25 %.

Komplizierter ist die MdE-Einschätzung, wenn Vorschäden zu berücksichtigen sind. Diese müssen weder als BK-Folgen noch als Folgen eines Arbeitsunfalls anerkannt sein. Sie können sich auch aus den Folgen privater Unfälle, angeborener Behinderungen, aus Vorerkrankungen oder altersbedingten Texturstörungen ergeben.

Vorschäden führen nicht zwingend zu einer niedrigeren MdE. Weil die Erwerbsfähigkeit vor Eintritt des versicherten Ereignisses stets mit 100 % anzusetzen ist, ist jede versicherte Person in dem Zustand versichert, in welchem sie sich bei Eintritt des Versicherungsfalls befindet – es sei denn, sie ist bereits völlig erwerbsunfähig (s. 10.4.1.2).

Vorschäden können für die Einschätzung der MdE relevant sein, obwohl sie selbst nicht entschädigt werden, wenn sie die Unfallfolgen beeinflussen, wenn sie damit in „*funktioneller Wechselwirkung*" stehen. Sie können sowohl MdE-erhöhend als auch MdE-vermindernd wirken.

Verstärken Vorschäden die funktionellen Auswirkungen von Unfall- oder BK-Folgen, führen sie zu einer höheren MdE. Besonders bei der Verletzung von paarigen Organen ist dies nicht selten.

Beispiel: S. ist bereits auf dem linken Auge blind, als er unfallbedingt das rechte Auge verliert. Der Verlust eines Auges wird nach den Erfahrungswerten der GUV mit einer MdE von 25 % eingeschätzt. Wegen seines Vorschadens steht T. aber Rente nach einer MdE von 100 % zu. Sein Unfall hat aus einem Einäugigen, der weitgehend problemlos zurechtgekommen ist, einen Blinden gemacht. Die gravierende Veränderung in den Lebensverhältnissen von S., die die vollständige Erblindung durch den Unfall verursacht, rechtfertigt die Höhe der MdE.
Vorschäden beeinflussen Unfallfolgen aber nicht nur bei funktionellen Einheiten oder paarigen Organen. Nach der Rechtsprechung kann eine funktionelle Wechselwirkung auch in Frage kommen, wenn Gehstützen zu benutzen wegen einer Gangstörung erforderlich sind, aber durch eine Hauterkrankung (BK 5101) an den Händen erschwert wird (BSG 05.09.2006) [9].
Andererseits können Vorschäden und Unfallschäden auch ineinander aufgehen und dadurch eine niedrigere MdE bewirken. Das passiert, wenn ein bereits funktionsgemindertes Organ verletzt wird.

Beispiel: U. hatte bereits mehrere Finger an der Kreissäge eingebüßt (MdE 40 %), als er sich die Hand (MdE 60 %) amputiert. Wegen des Vorschadens wird die unfallbedingte MdE deutlich unter dem Erfahrungswert für den Handverlust liegen und könnte – in Abhängigkeit von den konkreten Umständen des individuellen Falls – z. B. 30 % betragen.
Haben Vorschäden wegen funktioneller Wechselwirkung mit den Unfallfolgen Einfluss auf die Höhe der MdE, dürfen die Erfahrungswerte der GUV also nicht „eins zu eins“ auf die Unfallfolgen angewendet werden. Sondern wie bei der Gesamt-MdE ist eine „Gesamtschau“ gefordert, die die MdE-Einschätzung an die konkreten individuellen Verhältnisse anpasst.

10.6.1.5 Aktuelle MdE und MdE für die Vergangenheit

Primärer Maßstab für die Einschätzung der MdE ist der aktuelle Untersuchungsbefund. Mögliche künftige Änderungen sind irrelevant. Sie werden erst berücksichtigt, wenn sie eingetreten sind, also, wenn sich die Folgen des Versicherungsfalls z. B. tatsächlich verschlimmert haben (s. 10.4.1.2).

Findet die gutachtliche Untersuchung erst einige Monate oder gar Jahre nach dem erstmaligen Wiedereintritt der Arbeitsfähigkeit statt, muss die MdE nicht nur aktuell, sondern auch für die zurückliegende Zeit eingeschätzt werden. Dabei ist neben dem Untersuchungsbefund unbedingt zu berücksichtigen, was die Akte an dokumentierten Befunden der Vergangenheit enthält. Haben sich die Funktionseinschränkungen im Verlauf verändert, müssen die Sachverständigen die MdE entsprechend dem tatsächlichen Verlauf abgestuft einschätzen. Fehlen objektive Befunde, ist die medizinische Erfahrung dabei zu Grunde zu legen. So gibt es z. B. in den MdE-Erfahrungswerten Vorschläge für eine Abstufung der MdE nach Implantation einer Hüft-TEP, die herangezogen werden können.

10.6.2 Festlegen der Folgen des Versicherungsfalls

Neben der Einschätzung der MdE haben Gutachten in der GUV fast immer auch den Zweck, festzulegen, was die (aktuellen) gesundheitlichen Folgen eines Arbeitsunfalls oder einer Berufskrankheit sind. Denn die UV-Träger müssen in ihren Rentenbescheiden die Folgen des Versicherungsfalls benennen. Die im Bescheid anerkannten Folgen sind die Grundlage für gegenwärtige und künftige Leistungsansprüche.

Einmal festgestellte Unfall- oder BK-Folgen sind zu Lasten der Versicherten kaum wieder zu korrigieren. Die rechtlichen Hürden sind hoch, weil Versicherte auf die Korrektheit von Feststellungen der UV-Träger vertrauen dürfen. Sachverständige haben eine hohe Verantwortung, wenn sie über Art und Ausmaß von Unfall- oder BK-Folgen urteilen oder diese Folgen von versicherungsfallunabhängigen Gesundheitsstörungen abgrenzen.

Bei Arbeitsunfällen – ähnlich bei Berufskrankheiten – ist es deshalb eine wichtige Aufgabe der ärztlichen Sachverständigen, die unfallbedingte Verletzung klar zu bezeichnen und sie in übliche Diagnosesysteme wie die ICD-10 einzuordnen. Auch die daraus sich ergebenden Unfallfolgen müssen präzise beschrieben werden. Aus diesem Grund sind Formulierungen ungeeignet wie „Zustand nach …", „Erscheinungen nach …" oder die Benennung eines unspezifischen „Syndroms".

10.7 Gutachtenarten

10.7.1 Zustands- und Kausalitätsgutachten

UV-Träger geben sowohl Zustandsgutachten (Rentengutachten) als auch Kausalitätsgutachten (Zusammenhangsgutachten) in Auftrag. Bei Rentengutachten steht im Vordergrund, welche Folgen ein Unfall (seltener eine Berufskrankheit) hinterlassen hat. Rentengutachten fordern von Sachverständigen, den Untersuchungsbefund sorgfältig und vollständig zu dokumentieren und einzuschätzen, in welchem Ausmaß die Erwerbsfähigkeit durch die Unfallfolgen gemindert ist.

Der Auftrag zu einem Zustandsgutachten beruht auf der Annahme, dass die Kausalität unproblematisch oder geklärt ist. Weil in der GUV nur die von versicherten Einwirkungen oder Ereignissen *verursachten* Gesundheitsschäden zu entschädigen sind, haben Sachverständige immer kursorisch den Ursachenzusammenhang zu prüfen, auch wenn sie nicht konkret dazu gefragt sind. Erweist sich die Kausalitätsfrage als komplex, sollten sie Kontakt zum Auftraggeber aufnehmen, um den Gutachtenauftrag zu ändern.

Zusammenhangsgutachten gehen über Rentengutachten hinaus, indem sie sich zusätzlich der Frage widmen, was einen bestimmten Gesundheitsschaden verursacht hat. Schwerpunkt im Zusammenhangsgutachten ist die Argumentation der Sachverständigen, die auf der Grundlage des aktuellen medizinischen Wissensstandes über

Ursache-Wirkungs-Beziehungen überzeugend klären sollen, ob ein spezielles versichertes Ereignis oder konkrete Einwirkungen am Arbeitsplatz die jeweils festgestellten Gesundheitsschäden hervorgerufen haben.

10.7.2 Formulargutachten und freie Gutachten

Formulargutachten sind Zustandsgutachten, die die UV-Träger in Auftrag geben, wenn überschaubare Verletzungen und einfache Ursachenzusammenhänge beurteilt werden müssen. Die jeweiligen Formulare können auf der Webseite der DGUV heruntergeladen werden (http://www.dguv.de/formtexte/aerzte).

Die Wichtigsten beziehen sich auf Arbeitsunfälle, nämlich:

- Erstes Rentengutachten (A 4200), bei Augenverletzungen (A 4202)
- Gutachten – Rente nach Gesamtvergütung (A 4520)
- Zweites Rentengutachten – Rente auf unbestimmte Zeit (A 4500), bei Augenverletzungen (A 4502)
- Gutachten zur Nachprüfung der MdE (A 4510), bei Augenverletzungen (A 4512)

Auf dem Gebiet der Berufskrankheiten gibt es ein Formulargutachten für die BK 2301, die Lärmschwerhörigkeit (A 8200–2301).

In den Arbeitsunfällen gewidmeten Formulargutachten sind stets gefragt

- die Anamnese mit Informationen zum Krankheitsverlauf und zur Einwirkung durch ein Unfallereignis oder schädigende Expositionen,
- Vorerkrankungen und Arbeitsbedingungen,
- die aktuellen Klagen und Beschwerden,
- der aktuelle Befund,
- die Folgen des Versicherungsfalls und ihre Abgrenzung gegenüber schicksalhaften oder vorbestehenden Gesundheitsschäden,
- die MdE-Einschätzung und
- Vorschläge für sinnvolle weitere medizinische und berufliche Rehabilitationsmaßnahmen.

Freie Gutachten sind die Regel bei komplexen Verletzungen, bei Gutachten außerhalb des orthopädisch-chirurgischen Fachgebiets („Zusatzgutachten“), bei Berufskrankheiten und bei fraglichen Ursachenzusammenhängen als sog. Zusammenhangsgutachten.

10.8 Begutachtung von Arbeitsunfällen

Sind Arbeitsunfälle zu begutachten, sind vielfach Formulargutachten zu erstatten.

10.8.1 Erstes Rentengutachten

Das Gutachten dient dazu festzustellen, ob, und wenn ja in welcher Höhe, ein Anspruch auf Verletztenrente besteht, wenn nach dem Versicherungsfall die Heilbehandlung abgeschlossen ist. Es ist regelmäßig Grundlage für Renten als vorläufige Entschädigung, kann aber auch dazu dienen, unmittelbar eine RuZ zu gewähren (s. 10.4.2.3). Letzteres kommt in Frage, wenn ein Unfall anatomische Defekte und darauf bezogene Funktionseinschränkungen hinterlassen hat, die sich nicht mehr ändern werden, z. B. Verlust von Gliedmaßen oder endoprothetischer Gelenkersatz.

Das Erste Rentengutachten erfordert eine Bestandsaufnahme des Behandlungsverlaufs und der Unfallfolgen. Unter „Art der Verletzung" sind die unfallbedingten Gesundheitserstschäden und bei „Kurze Zusammenfassung der wesentlichen Unfallfolgen" die aktuellen Unfallfolgen mit ihren funktionellen Einschränkungen zu benennen. Die Unfallfolgen müssen aus der Befundbeschreibung im Gutachten hervorgehen und durch die entsprechenden Messbögen belegt sein, d. h., sie müssen plausibel und nachprüfbar sein.

Nur nachgewiesene Funktionsstörungen dürfen der MdE-Einschätzung zugrunde gelegt werden. Beeinträchtigungen, die nicht durch Messung oder Augenschein unmittelbar festgestellt werden können, sind durch Indizien zu objektivieren. Der Beweis der Minderbelastbarkeit einer verletzten Extremität kann sich beispielsweise aus Muskelminderung, Minderbeschwielung und/oder Knochenentkalkung ergeben.

Funktionseinschränkungen werden weder durch Diagnosen noch durch Benennung anatomischer Defekte (z. B. Arthrose, deformiert verheilter Knochenbruch, Narbe) zureichend definiert. Deshalb müssen die Auswirkungen dieser Defekte auf die Funktionsfähigkeit des Organismus beschrieben werden. Nur so lässt sich verstehen, inwiefern die Leistungsfähigkeit eingeschränkt ist oder die Arbeitsmöglichkeiten vermindert sind. Bei

- Bewegungseinschränkung eines Gelenkes
- Belastungs- oder Leistungsminderung von Gliedmaßen, Wirbelsäule oder kognitiven Funktionen
- Störung der Greiffunktion der Hand
- Störung des Gangbildes
- Störung der Konzentration
- u. v. a. m.

sind daher zusätzliche Angaben über das Ausmaß und Beschreibungen des spezifischen Funktionsausfalls unerlässlich.

Wichtig für den UV-Träger sind außerdem Hinweise auf noch erforderliche medizinische Rehabilitationsmaßnahmen (operative Eingriffe, Physiotherapie, orthopädische Hilfsmittel u. ä.) und die Einschätzung, ob die versicherte Person ihre konkrete Berufstätigkeit konkurrenzfähig fortsetzen oder den Verrichtungen des alltäglichen Lebens eigenständig nachgehen kann. Es reicht aus, auf die Notwendigkeit von Leistungen zur Teilhabe am Arbeitsleben oder am Leben in der Gemeinschaft hinzuweisen; konkrete Vorschläge (Umschulung etc.) müssen Sachverständige nicht machen.

Schließlich erwartet der UV-Träger eine Prognose, wie sich aus medizinischer Sicht der Unfallfolgezustand entwickeln wird. Wird er als gleichbleibend eingeschätzt, veranlasst der UV-Träger später eine Nachuntersuchung zur RuZ. Ist eine rasche Besserung zu erwarten und entspricht der Zustand zum Untersuchungszeitpunkt einer MdE von etwa 20 Prozent, sollte eine Gesamtvergütung vorgeschlagen werden (s. 10.4.2.2). Die Prognose über die Dauer der rentenberechtigenden MdE sollte sich dabei auf medizinische Erfahrung stützen.

Eine Gesamtvergütung vorzuschlagen ist sinnvoll, wenn

a) die Untersuchung Befunde ergibt, die einer MdE von 20 Prozent entsprechen,
b) die Aussicht auf eine weitere Besserung (spontan oder durch Therapiemaßnahmen) realistisch ist und
c) der Zeitpunkt, zu dem die MdE-Änderung im konkreten Fall voraussichtlich eintreten wird, nach medizinischer Erfahrung abgeschätzt werden kann.

Unfallverletzungen, die häufig mit Gesamtvergütungen entschädigt werden, sind unkomplizierte körperferne Speichenbrüche, unkomplizierte Außenknöchelbrüche, isolierte Ober- und Unterschenkelbrüche ohne Weichteilschäden und ohne Gelenkbeteiligung, unkomplizierte Hand- und Fußverletzungen.

Falls die Voraussetzungen für eine Gesamtvergütung nicht vorliegen, aber dennoch künftig mit Veränderungen (z. B. Besserungen durch Behandlungsmaßnahmen) zu rechnen ist, sollte ein entsprechender Hinweis auf einen sinnvollen Termin zur Nachuntersuchung (z. B. in einem Jahr) gegeben werden.

10.8.2 Rente nach Gesamtvergütung

Diesem Gutachtenauftrag ist eine Gewährung einer Verletztenrente in Form der Gesamtvergütung vorausgegangen. Sachverständige haben zu prüfen, ob die unfallbedingten Funktionseinschränkungen auch über das Ende des Zeitraums hinaus, für den die Gesamtvergütung geleistet wurde, eine MdE in rentenberechtigendem Grad verursachen. Sie sind dabei an Vorgutachten nicht gebunden und müssen auch keine Aussage dazu treffen, ob sich im Vergleich zu den Befunden, die zur Gesamtvergütung geführt haben, eine Änderung eingestellt hat.

Eine nochmalige Gesamtvergütung ist nicht möglich. Rechtfertigen die Funktionseinschränkungen durch die Unfallfolgen weiter eine rentenberechtigende MdE, hat der UV-Träger entweder eine laufende Rente als vorläufige Entschädigung oder eine RuZ festzustellen. Für die Hinweise zum Termin für eine Nachuntersuchung oder zur medizinischen und beruflichen Rehabilitation gilt das Gleiche wie beim Ersten Rentengutachten.

10.8.3 Rentengutachten zur erstmaligen Feststellung der Rente auf unbestimmte Zeit

Das Zweite Rentengutachten dient der Prüfung, ob der versicherten Person eine Rente aus unbestimmte Zeit (RuZ, früher „Dauerrente") zusteht. Sie ist nicht gleichbedeutend mit einer Rente auf Lebenszeit, weil sie – wie die vorläufige Entschädigung – entzogen werden kann. Sie wird in der Regel erst nach Konsolidierung der gesundheitlichen Verhältnisse festgestellt, spätestens aber 3 Jahre nach dem Unfall.

Auch im Zweiten Rentengutachten sind die aktuellen Unfallfolgen zu beschreiben und die unfallbedingten Funktionsausfälle mitzuteilen. Die MdE ist auf der Basis der Befunde zum Untersuchungszeitpunkt frei einzuschätzen. Die medizinischen Sachverständigen sind nicht an Vorgutachten (Erstes Rentengutachten, Gutachten zur Rentennachprüfung) gebunden. Die MdE-Empfehlung soll sich an den aktuellen Erfahrungswerten der gesetzlichen Unfallversicherung orientieren (s. 10.6.1.1), damit sie plausibel und nachprüfbar ist. Auch wenn sich die gesundheitlichen Verhältnisse nicht geändert haben, kann die MdE abweichend von der bisherigen Einschätzung bewertet werden (s. 10.4.2.3).

Die Höhe der MdE-Empfehlung zu begründen, wird im Formulargutachten nicht ausdrücklich gefordert. Trotzdem ist es empfehlenswert und erhöht die Plausibilität des Gutachtens, wenn Sachverständige erläutern, warum ihre Einschätzung von früheren Feststellungen abweicht, besonders dann, wenn sich die Befunde offenbar nicht verändert haben.

Auch anlässlich der gutachtlichen Untersuchung zur RuZ sind Hinweise zur Behandlungsbedürftigkeit und zur Prognose erforderlich. Daraus leitet der UV-Träger dann ab, ob künftig weitere Untersuchungen zur Rentennachprüfung erforderlich sind.

10.8.4 Rentengutachten zur Nachprüfung der MdE

Die MdE kann nachzuprüfen sein, wenn sich die Folgen des Versicherungsfalls verändert (verschlimmert oder gebessert) haben. Initiator der Nachuntersuchung kann sowohl die versicherte Person als auch der UV-Träger sein. Um über eine Änderung urteilen zu können, müssen die Sachverständigen wissen, womit sie die von ihnen erhobenen Befunde vergleichen müssen. Mit dem Gutachtenauftrag müssen die UV-Träger deshalb den Vergleichsbefund benennen und das Bezugsdokument (meist ein vorheriges Gutachten) vorlegen. Beim Vergleich des vom Sachverständigen erhobenen Befunds mit dem Vorbefund kommt es auf das Ausmaß der unfallbedingten Funktionsausfälle und Leistungsminderungen an, nicht darauf, ob sich die Diagnose verändert hat, z. B. wenn nach einem Knochenbruch eine Arthrose als weitere unfallbedingte Diagnose hinzugetreten ist.

Eine Veränderung (Verschlimmerung oder Besserung) wirkt sich nur dann auf die Leistungsgewährung aus, wenn sie „wesentlich" ist, d. h., wenn sie – in MdE ausgedrückt – mehr als 5 Prozent ausmacht (§ 73 Abs. 3 SGB VII). Da die MdE in 5er-Stufen bewertet wird, muss der Unterschied zwischen alter und neuer MdE also 10 % betragen.

Ein Gutachten wegen Änderung der Verhältnisse erfordert drei Verfahrensschritte der Sachverständigen:

1. Die aktuellen Befunde sind mit den Befunden zu vergleichen, die der bisherigen Entscheidung über die Rentenhöhe zu Grunde lagen. Diese ergeben sich aus dem Vergleichsgutachten, das der UV-Träger im Gutachtenauftrag benannt hat.
2. Anhand des Befundvergleichs ist zu bewerten, ob eine wesentliche Änderung eingetreten ist, also ob die aktuellen Befunde im Vergleich mit den Befunden aus dem Vergleichsgutachten eine Änderung der MdE um mehr als 5 % rechtfertigen.
3. Schließlich ist – unter Berücksichtigung der MdE-Erfahrungswerte – die aktuelle MdE einzuschätzen.

Ergibt sich eine Abweichung der MdE von mehr als 5 %, ist die Änderung (rechtlich) wesentlich. Sie führt zu einer Neufeststellung der MdE, wenn sie länger als 3 Monate andauert (§ 73 Abs. 3 SGB VII).

Auch anlässlich der Rentennachprüfung sind Hinweise zu etwaigen Therapiemöglichkeiten erforderlich, wenn ggf. eine Verschlimmerung der Unfallfolgen z. B. durch weitere Physiotherapiemaßnahmen gebessert werden könnte. Darüber hinaus sollten Sachverständige angeben, wenn wegen der Unfallfolgen Leistungen zur Teilhabe am Arbeitsleben oder am Leben in der Gemeinschaft erforderlich werden.

10.8.4.1 Sonderfall: Falsch festgesetzte „Ausgangs-MdE"

Änderungen zu beurteilen ist in vielen Fällen nicht problematisch. Schwierig wird es aber, wenn die Vergleichsbefunde und die dafür angesetzte MdE aus Sachverständigensicht auseinanderfallen, wenn also die bisherige MdE vom Gutachter zu hoch oder zu niedrig eingeschätzt wurde und die Verwaltung sie dem Gutachten entsprechend festgesetzt hatte.

War die MdE nach den im Vergleichsgutachten dokumentierten Befunden unangemessen niedrig bewertet, kann die Einschätzung der aktuellen MdE um 10 % höher ausfallen, obwohl der Vergleich der Befunde nur eine geringfügige Verschlimmerung ergibt, die nicht „wesentlich" ist.

Beispiel: B. hatte sich das Fersenbein gebrochen. Trotz Arthrose mit schmerzhafter Wackelsteife im USG und deutlicher Gangstörung ist die MdE mit 10 % bewertet worden. Weil die Arthrose weiter zugenommen hat und sich auch die Gangbildstörung geringfügig verstärkt hat, stellt er einen Verschlimmerungsantrag. Der Sachverständige schätzt die aktuelle MdE mit 20 % ein, hält aber die Befundänderung für „unwesentlich“ (< 5 %).
Weil eine Befundverschlechterung, die eine MdE-Änderung um mehr als 5 % rechtfertigt, nicht nachweisbar ist, scheidet eine wesentliche Verschlimmerung aus. Notwendig ist eine rückwirkende Aufhebung des Rentenbescheids, der der zu niedrigen Rentenzahlung zu Grunde liegt und eine Nachzahlung für die Vergangenheit. Sachverständige sollten in solchen Fällen das Ergebnis ihrer Beurteilung deutlich machen und die Verwaltung auffordern, die ursprüngliche MdE zu überprüfen.
Noch komplizierter ist die Lage, wenn die ursprüngliche MdE zu hoch eingeschätzt wurde. Erneut führen aktuelle MdE-Einschätzung und Bewertung der wesentlichen Änderung zu widersprüchlichen Ergebnissen: Der Befundvergleich legt eine wesentliche Verschlimmerung nahe, obwohl die nach den Erfahrungssätzen der GUV aktuell eingeschätzte MdE geringer, genauso hoch oder nur 5 % höher ausfällt als die bislang anerkannte MdE.

Beispiel: Obwohl der Fersenbeinbruch zunächst nur beginnende arthrotische Veränderungen hinterlassen hatte, die Beweglichkeit im Sprunggelenk nur minimal eingeschränkt war und das Gangbild als ungestört beschrieben war, erhält C. bereits Rente nach einer MdE von 20 %. Er stellt einen Verschlimmerungsantrag, nachdem die Arthrose weiter zugenommen hat und inzwischen zu einer Wackelsteife im USG führt, die sein Gangbild sichtbar stört. Der Sachverständige schätzt die aktuelle MdE (nur) mit 20 % ein, hält aber die Befundänderung für „wesentlich“ (> 5 %).
Diese rechtlich vertrackte Situation aufzulösen, ist keine Aufgabe für ärztliche Sachverständige. Daher ist es ratsam, sich darauf zu beschränken, die medizinischen Tatsachen herauszustellen (also Gründe für die abweichende Einschätzung der Ausgangs-MdE zu nennen, die Befundtatsachen anzugeben, die sich geändert haben, das Ausmaß dieser Änderung medizinisch zu bewerten und die aktuelle MdE einzuschätzen und diese Einschätzung zu begründen) und die rechtliche Entscheidung der Verwaltung zu überlassen.

10.8.5 Freie Gutachten

Auch nach Arbeitsunfällen werden freie Gutachten in Auftrag gegeben, zumeist bei:
- fraglichen Ursachenzusammenhängen (Zusammenhangsgutachten)
- Polytraumen
- Begutachtung außerhalb des orthopädisch-unfallchirurgischen Fachbereichs.

Der typische Aufbau eines freien Gutachtens besteht aus:
1. Einleitung: Aus der Einleitung des Gutachtens muss hervorgehen, von wem und wann der Gutachtenauftrag erteilt wurde und wer wann das Gutachten auf welchen Grundlagen (z. B. aufgrund einer klinischen und röntgenologischen Untersuchung, Labortests, Aktenunterlagen usw.) erstellt hat.
2. Vorgeschichte/Akteninhalt
3. Unfallschilderung/Klagen

4. Befund
   1. Klinischer Befund
   2. Klinische Spezialtests
   3. Bildgebende Befunde
5. Beurteilung: Die Beurteilung ist der Kern des freien Gutachtens. Sie beginnt üblicherweise mit einer kurzen Zusammenfassung der wichtigsten medizinischen Feststellungen und der Gegenüberstellung von unfallbedingten Gesundheitserstschäden und daraus resultierenden Unfallfolgen mit unfallunabhängigen Erkrankungen.
   Daran schließt sich die Begründung der Ergebnisse des Gutachtens an. Überzeugungskraft der Argumentation ist das Qualitätsmerkmal.
6. MdE-Vorschlag und dessen Begründung (evtl. zeitliche Staffelung) Der MdE-Vorschlag ist anhand der Erfahrungswerte der GUV zu begründen.
7. Hinweise auf weitere medizinische/berufliche Maßnahmen oder voraussichtlich eintretende Besserung oder Verschlimmerung
8. Schluss

Hinsichtlich der Punkte 2–4 und 7–8 ergeben sich keine Unterscheide zum Ersten Rentengutachten.

10.8.6 Zusammenhangsgutachten

Das wichtigste freie Gutachten ist das Zusammenhangsgutachten. Sein Schwerpunkt sind Fragen zum Ursachenzusammenhang (s. 10.3). Problematisch sind Kausalfragen, wenn Vorschädigungen als konkurrierende Ursachen infrage kommen.

10.8.6.1 Vorschädigungen

„Vorschädigung“ ist als Oberbegriff zu verstehen, der „Schadensanlage“ und „Vorschaden/Vorerkrankung“ zusammenfasst.

Als Schadensanlage bezeichnet man eine bereits vorhandene, jedoch klinisch stumme Krankheitsdisposition, die noch eines äußeren Anstoßes bedarf, um krankhaft zu werden.

Beispiele für typische Schadensanlagen: Asymptomatische Knochenentkalkung oder Texturstörungen der Sehnen, genetische Anomalien, Formvarianten bestimmter Knochen.

Vorschäden oder Vorerkrankungen zeichnen sich dadurch aus, dass sie bereits vor dem versicherten Ereignis klinisch in Erscheinung getreten sind, also bereits symptomatisch waren und/oder behandelt werden mussten.

Praxistipp: Ein Röntgenbild zeigt neben frischen Befunden eine alte arthrotisch deformierte Bruchverletzung eines Gelenkes.
Schadensanlagen und Vorschäden zu unterscheiden, ist wichtig, weil sich daraus rechtliche Konsequenzen ergeben. Treffen versichertes Ereignis und *Schadensanlage* zusammen, geht es um die *Entstehung* des Gesundheitserstschadens. Dafür gilt das „Alles-oder-nichts-Prinzip". Ist das versicherte Ereignis rechtlich als Ursache für den Gesundheitserstschaden anzusehen, sind alle gesundheitlichen Folgen des Ereignisses zu entschädigen, ohne dass wegen der Schadensanlage etwas abzuziehen wäre. Sind *Vorschaden* und versichertes Ereignis gemeinsam Ursachen bestimmter gesundheitlicher Folgen, stellt sich die Frage nach einer *Verschlimmerung* des Vorschadens. In diesem Fall wird nur der Verschlimmerungs*anteil* von der GUV entschädigt. Vom Gesamtschaden ist also die Beeinträchtigung abzuziehen, die bereits vor dem versicherten Ereignis bestanden hatte.

10.8.6.2 Haftungsbegründende und haftungsausfüllende Kausalität

In komplexeren Fällen sind zwei Kausalfragen zu beantworten, die haftungsbegründende und haftungsausfüllende Kausalität genannt werden. Haftungsbegründende Kausalität ist bei Arbeitsunfällen der ursächliche Zusammenhang zwischen dem versicherten Ereignis („Unfallereignis") und dem Erstschaden (Verletzung). Die haftungsausfüllende Kausalität bezeichnet die Bedingtheit der gutachtlich festgestellten Unfallfolgen durch den Erstschaden.

Beispiel (1) – Lösung: Die haftungsbegründende Kausalität verlangt zu klären, ob T. durch seinen Sturz von der Leiter eine Verletzung erlitten hat und wenn ja, welche. Im Beispielsfall liegt eine Prellung nahe. Weniger klar erscheint, ob auch der Meniskus unmittelbar verletzt wurde. Für die Feststellung des Erstschadens sind nicht die zum Zeitpunkt der Begutachtung erhobenen Befunde wegweisend, sondern eine Auswertung der zeitnah zum Unfallereignis dokumentierten Befunde. Sie müssen einen sicheren Rückschluss auf eine unmittelbare Verletzung der körperlichen Integrität durch das versicherte Ereignis zulassen. Soweit im Durchgangsarztbericht Hämatome beschrieben sind, könnte damit eine Prellung bewiesen sein. Ob der Sturz von der Leiter auch den Meniskus unmittelbar verletzt hat, wird regelmäßig aus den Befunden geschlossen werden müssen, die radiologisch und arthroskopisch erhoben wurden. Begleitverletzungen, Blutungsresiduen und die Form des Risses (Längsriss, Radiärriss) können eine unmittelbare Verletzung signalisieren, höhergradige Texturstörungen, das Fehlen von Begleitverletzungen und für degenerative Risse typische Formen (Korbhenkelriss, Horizontalriss) machen eine unmittelbare Verletzung unwahrscheinlich.
Im zweiten Schritt ist dann (haftungsausfüllend) zu fragen, ob die im ersten Schritt festgestellte Verletzung die Ursache für die gutachtlich festgestellten pathologischen Befunde ist, also die Bewegungseinschränkung, die Belastungsschmerzen. Ließe sich im Beispielsfall lediglich eine Prellung als unmittelbare Folge des Ereignisses (Verletzung) sichern, wäre für Bewegungseinschränkung und Belastungsschmerzen zu klären, ob sie (noch) durch die Prellung zu erklären sind.
Die Kausalität ist regelmäßig nur dann problematisch, wenn neben dem versicherten Ereignis auch Vorschädigungen bestehen, die am Eintritt des Schadens mitgewirkt haben (können). Im Beispielsfall könnten dies etwa Degeneration und Texturstörungen sein. Ergibt sich, dass sowohl das versicherte Ereignis (Sturz von der Leiter) als auch unversicherte Faktoren (Texturstörungen

des Meniskus) an der Verletzung (Meniskusläsion) beteiligt waren, muss die Höhe der jeweiligen „Mitwirkungsanteile" eingeschätzt werden. Dabei genügt es, drei Kategorien (hoch, mittel, gering) zu unterscheiden. Nur wenn die unversicherten Faktoren ein deutliches Übergewicht gegenüber dem versicherten Ereignis haben (als sog. Gelegenheitsursachen), scheiden Leistungen der GUV aus.

10.8.7 Gutachten über psychische Störungen

Bei Gutachten über psychische Störungen sind zwei Fallkonstellationen zu unterscheiden: Psychische Störungen als (alleiniger) Erstschaden und psychische Störungen als (sekundäre) Folge organischer Gesundheitsschäden.

Beispiel Erstschaden: D. fährt mit seinen Arbeitskollegen zur Baustelle. Eine Person wirft sich in suizidaler Absicht unmittelbar vor sein Auto, das diesen überrollt und ihn tötet. In der Folge leidet D. unter Schlafstörungen, ständigem Wiedererleben des Ereignisses und entwickelt Ängste vor dem Autofahren. Sein Nervenarzt diagnostiziert nach mehreren Wochen eine PTBS.

Die zweite Fallgruppe betrifft körperlich Verletzte, die wegen der Folgen der körperlichen Verletzung psychisch erkranken.

Beispiel Folgeschaden: E. stürzt von einem Baugerüst und zieht sich eine Querschnittlähmung zu. Ihm gelingt es nicht, sich an seine durch die Lähmung veränderten Lebensverhältnisse anzupassen. Das ständige Angewiesensein auf den Rollstuhl zur Fortbewegung und die Hilfe anderer Menschen sowie den Verlust seines Arbeitsplatzes und seiner sportlichen Hobbys führen dazu, dass er sich wertlos fühlt und Schwierigkeiten hat, sich überhaupt aufzuraffen etwas zu tun. Sein Nervenarzt diagnostiziert eine Depression.

Diese zweite Fallgruppe unterscheidet sich kaum von anderen (rein organischen) Kausalitätsfällen. Entscheidend ist, ob die Bedeutung des Mitwirkungsanteils der körperlichen Verletzung im Vergleich zum Mitwirkungsanteil anderer Faktoren, die an der Entstehung der psychischen Erkrankung beteiligt sind (Vorschädigungen, Persönlichkeit, Belastungen aus dem privaten Umfeld und vieles mehr) groß genug ist, um die psychischen Folgen dem betrieblichen Risiko zuzurechnen.

Spezielle Probleme stellen dagegen ereignisreaktive psychische Störungen, die auftreten können, wenn versicherte Personen traumatische Ereignisse erleben, die unter Versicherungsschutz stehen. Die am häufigsten geltend gemachte psychische Störung ist die sog. posttraumatische Belastungsstörung (PTBS). Hier ist neben dem Ursachenzusammenhang oft auch der Nachweis des Gesundheitserstschadens problematisch. Wenn eine sofortige psychische Reaktion nicht dokumentiert ist, kann er nur über Indizien geführt werden. Dafür eignen sich vor allem

- der objektive Schweregrad des Ereignisses,
- der Nachweis der Erkrankung in engem zeitlichem Zusammenhang zum Ereignis,
- der Nachweis charakteristischer Symptome einer PTBS,
- ein nach wissenschaftlichem Erkenntnisstand plausibler klinischer Verlauf der Symptomatik und
- das Fehlen konkurrierender Faktoren, die an der Symptomatik beteiligt sind oder diese unterhalten.

Eine detaillierte Darstellung der für die Zusammenhangsbeurteilung wichtigsten Kriterien enthält die S2k-Leitlinie „Begutachtung psychischer und psychosomatischer Störungen" im Teil III ab Seite 33. Sie kann auf der Internetseite der AWMF (www.awmf.org) kostenfrei heruntergeladen werden.

Beispiel (1) – Lösung: Bevor die Kausalität in den Blick genommen wird, muss festgestellt werden, welche psychische Störung bei T. tatsächlich besteht und welche Beeinträchtigungen, die die Erwerbsfähigkeit einschränken, diese mit sich bringt. Es muss außerdem geklärt werden, ob sich die psychische Störung unmittelbar auf das Ereignis, den Sturz von der Leiter, bezieht oder ob sie mittelbar Folge der Knieverletzung und der damit verbundenen Schmerzen und körperlichen Beeinträchtigungen ist.
Eine unfallbedingte PTBS (Posttraumatische Belastungsstörung) setzt eine unmittelbare psychische Traumatisierung von T. durch das Sturzereignis voraus. Es müsste also nach Indizien gefahndet werden, die dies nahelegen. Der objektive Schweregrad des Ereignisses spricht eher gegen einen Ursachenzusammenhang, weil der Sturz weder lebensbedrohlich war noch schwerwiegende körperliche Verletzungen nach sich gezogen hat.
Ist T. depressiv erkrankt, steht die Frage im Vordergrund, ob die Depression Reaktion auf die körperlichen Beeinträchtigungen und die Schmerzen ist. Dann müssen Art und Ausmaß der Beteiligung von unversicherten Faktoren geklärt werden, um sie den organischen Folgen des Ereignisses, soweit diese unter den Schutz der GUV fallen, gegenüberzustellen. Ergibt sich, dass das versicherte Ereignis nur eine Prellung zur Folge hatte und die Kniebinnenschäden „Vorschädigungen" zugerechnet werden müssen, käme eine Anerkennung der psychischen *Störungen als mittelbare* Folge der körperlichen Unfallschäden kaum infrage.

10.9 Begutachtung von Berufskrankheiten

Die ersten Gutachten über Berufskrankheiten sind fast immer Zusammenhangsgutachten. Sie müssen klären, ob Einwirkungen aus dem beruflichen Umfeld die Erkrankung der versicherten Person verursacht haben und deswegen dem Risikobereich der Unternehmen zuzurechnen sind. Um die schädigenden Expositionen zu ermitteln, bedienen sich die UV-Träger regelmäßig ihrer Präventionsdienste. Die Mitarbeiter der Präventionsdienste bringen dabei ihre eigene Expertise, ihren technischen Sachverstand und die Kenntnis der branchentypischen Arbeitsplätze ein. Je nach Art der Krankheit müssen sie nicht nur qualitative, sondern auch quantitative Einschätzungen abgeben, speziell wenn eine bestimmte Einwirkungsdosis Voraussetzung für die Anerkennung einer Berufskrankheit ist.

Die Sachverständigen haben regelmäßig zu prüfen, ob das bei der versicherten Person festgestellte Krankheitsbild dem entspricht, was der Berufskrankheiten-Tatbestand fordert.

Beispiel (2) – Lösung: Die BK-Nr. 2112 setzt eine primäre Gonarthrose voraus. Hat sich die Kniegelenksarthrose von R. sekundär nach einer Meniskusverletzung entwickelt, ist diese Voraussetzung nicht erfüllt. (Da Meniskusschäden Folgen einer BK-Nr. 2102 sein können, müsste die BGHM dann prüfen, ob R. als Parkettleger „mehrjährige andauernde oder häufig wiederkehrende, die Kniegelenke über durchschnittlich belastende Tätigkeiten" ausgeführt hat.)

Erkrankungen können auf vielfältige Einwirkungen – sowohl aus dem unversicherten/privaten als auch dem versicherten Bereich – zurückzuführen sein, die nicht selten Jahre oder Jahrzehnte zurückliegen. Die Begutachtung von Berufskrankheiten erfordert deswegen

- eine spezifische Anamnese, insbesondere einer Arbeitsanamnese
- geeignete Diagnostik und Differenzialdiagnostik
- sowie eine differenzierte Beurteilung der Frage der Krankheitsverursachung durch arbeitsbedingte Einwirkungen (Zusammenhangsbeurteilung).

Auf dieser Basis müssen Sachverständige feststellen, welche Erkrankung (Gesundheitsschaden) im Einzelfall vorliegt, welche Funktionseinschränkungen der berufsbedingten Erkrankung zuzurechnen sind und Vorschläge zur Heilbehandlung und zur Einschätzung der MdE unterbreiten. Für die verbindliche Entscheidung, ob im Einzelfall eine Berufskrankheit anzuerkennen ist und welche Leistungsansprüche der versicherten Person zustehen, ist aber der UV-Träger zuständig.

Der Versicherungsfall einer Berufskrankheit setzt üblicherweise voraus

- eine Krankheit im medizinischen Sinn, also einen regelwidrigen Körperzustand, der typischerweise mit Funktionseinschränkungen verbunden ist,
- Einwirkungen aus der versicherten Tätigkeit, die nach medizinisch-wissenschaftlicher Erkenntnis geeignet sind, diese Krankheit zu verursachen,
- die Verursachung der Erkrankung durch diese Einwirkungen im Einzelfall.

10.9.1 Kausalitätsgrundsätze

Die Einstandspflicht der GUV ergibt sich aus dem kausalen Bezug zur Arbeitswelt wie bei Arbeitsunfällen auch und rechtfertigt sich aus dem Grundgedanken der Ablösung der Unternehmerhaftpflicht (s. 10.1). Nach den Worten des Bundessozialgerichts (BSG 06.09.2018) [10] ist im Einzelfall erforderlich: *„Die Verrichtung einer grundsätzlich versicherten Tätigkeit muss zu Einwirkungen von Belastungen, Schadstof-*

fen oder ähnlichem auf den Körper geführt haben (Einwirkungskausalität) und die Einwirkungen müssen eine Krankheit verursacht haben (haftungsbegründende Kausalität)“. Diese Voraussetzungen müssen erfüllt sein, damit der Versicherungsfall vorliegt. Zu entschädigen sind dann die Gesundheitsstörungen, die rechtlich durch die Berufskrankheit verursacht sind (haftungsausfüllende Kausalität). Der rechtliche Kausalitätsrahmen unterscheidet sich also kaum gegenüber Arbeitsunfällen.

10.9.2 Begutachtungsempfehlungen

Um die Begutachtung für die Sachverständigen zu erleichtern, gibt es für einige Berufskrankheiten Begutachtungsempfehlungen. Sie sollen auf der Basis des aktuellen medizinisch-wissenschaftlichen Erkenntnisstandes einheitliche Grundlagen für die Begutachtung schaffen und damit die Gleichbehandlung der versicherten Personen sicherstellen. Begutachtungsempfehlungen gibt es derzeit zu folgenden Berufskrankheiten:

- Hauterkrankungen (BK-Nr. 5101) – Bamberger Empfehlung
- Quarzstaublungenerkrankung, Silikose (BK-Nr. 4101/4102) – Bochumer Empfehlung
- asbestbedingte Lungenerkrankungen (BK-Nrn. 4103–4105) – Falkensteiner Empfehlung
- Lärmschwerhörigkeiten (BK-Nr. 2301) – Königsteiner Empfehlung
- obstruktive Atemwegserkrankungen (BK-Nrn. 1315,4301,4302) – Reichenhaller Empfehlung

Auf unfallchirurgisch-orthopädischem Fachgebiet gibt es außerdem

- die Begutachtungsempfehlung zur Gonarthrose (BK-Nr. 2112)
- sowie die Konsensempfehlungen zu den Erkrankungen der Wirbelsäule (BK-Nrn. 2108–2110).

Alle Begutachtungsempfehlungen können kostenfrei auf der Internetseite der DGUV heruntergeladen werden (www.dguv.de/de/versicherung/berufskrankheiten/begutachtung/index.jsp).

Antworten auf viele Detailfragen speziell zu den Berufskrankheiten des unfallchirurgisch-orthopädischen Fachgebiets finden sich bei: Ludolph/Meyer-Clement, Begutachtung chirurgisch-orthopädischer Berufskrankheiten durch mechanische Einwirkungen, 2019, ecomed Medizin Verlag.

Beispiel (2) – Lösung: Die Voraussetzungen, die an das Ausmaß seiner kniebelastenden Tätigkeit gestellt werden, nämlich eine Einwirkungsdauer von mehr als 13.000 Stunden und die Mindestbelastungsdauer von insgesamt 1 Stunde pro Schicht, hat R. nach den Feststellungen des Präventionsdienstes erfüllt. Damit hängt die Anerkennung an den medizinischen Voraussetzungen. Für die Beurteilung der Gonarthrose von R. ist die Begutachtungsempfehlung zur BK 2112 heranzuziehen. Danach müsste die Arthrose radiologisch mindestens den Grad 2 nach Kellgren erreichen. Ist diese Voraussetzung erfüllt, erfordert der Beispielfall, zwei weitere Aspekte gutachterlich zu bewerten: den zeitlichen Zusammenhang zwischen Tätigkeit und Eintritt der Erkrankung sowie den Umstand, dass nur das rechte Kniegelenk betroffen ist.
Nach der Rechtsprechung (LSG M-V 19.09.2018) [11] gilt: Soweit die Gonarthrose den Schweregrad von mindestens Kellgren II innerhalb der ersten fünf Jahre nach Aufgabe der beruflichen Tätigkeit erreicht, hat dies keine wesentliche negative Indizwirkung. Bei einer Latenzzeit von mehr als fünf Jahren wird ein Ursachenzusammenhang jedoch desto unwahrscheinlicher, je länger die Latenz ist. Bei R. ist die Erkrankung zwei Jahre nach Aufgabe seiner schädigenden Tätigkeit aufgetreten. Eine Latenz von zwei Jahren steht der Anerkennung als Berufskrankheit nicht entgegen.
Anders ist die einseitige Erkrankung zu bewerten. Bei beiderseitigem Knien und vergleichbarer Kniebelastung tritt die Gonarthrose in der Regel beidseitig auf. Eine einseitige Gonarthrose setzt eine überwiegend einseitige Belastung des Kniegelenks voraus. Die Tätigkeit als Parkettleger ist mit einer ähnlichen Belastung beider Kniegelenke verbunden. Das linke Kniegelenk von R. ist gesund. Eine Anerkennung als Berufskrankheit sollte daher gutachtlich nicht empfohlen werden.

Literatur

[1] BSG, Urteil vom 13.12.2005, B 2 U 29/04 R, Rdn. 17 – juris.

[2] BSG, Urteil vom 12.04.2005, B 2 U 27/04 R = BSGE 94, 269.

[3] Mehrhoff F, Ekkernkamp A, Wich M. Unfallbegutachtung. De Gruyter Verlag, Berlin 2019.

[4] Schönberger A, Mehrtens G, Valentin H. Arbeitsunfall und Berufskrankheit. Erich Schmidt Verlag, Berlin 2017.

[5] BGH, Urteil vom 17.02.1970, III ZR 139/67 = BGHZ 53, 245 (256): „Anastasia-Entscheidung".

[6] BSG, Urteil vom 02.02.1978, 8 RU 66/77 = BSGE 45, 285 (287).

[7] BSG, Urteil vom 02.02.1978, 8 RU 66/77 = BSGE 45, 285 (286).

[8] BSG, Urteil vom 09.05.2006, B 2 U 1/05 R = BSGE 96, 196 (202).

[9] BSG, Urteil vom 05.09.2006, B 2 U 25/05 R, Rdn. 13 – juris.

[10] BSG, Urteil vom 06.09.2018, B 2 U 13/17 R, Rdn. 9 – juris.

[11] LSG Mecklenburg-Vorpommern, Urteil vom 19.09.2018, L 5 U 24/15 Rdn. 59 – juris.

11 Private Unfallversicherung

Holm-Torsten Klemm, Sascha Piontek

Beispiel: Ein Versicherungsnehmer, von Beruf Maler, behauptet, durch das Anheben eines schweren Gegenstandes (Farbeimer) eine Ruptur der Supraspinatussehne rechts erlitten zu haben und klagt über eine dauerhafte Unbeweglichkeit des Schultergelenks rechts. Außerdem sei ursächlich für eine spätere Hirnblutung ein Blutdruckanstieg beim Anheben des Farbeimers gewesen. Er meldet das angeschuldigte Ereignis seinem Versicherer, der A) ein versichertes Unfallereignis in Abrede stellt, B) Kausalität mit der Begründung bestreitet, die Ruptur sei durch vorbestehende Texturstörungen bedingt und das Anheben des Farbeimers nur Gelegenheitsursache, außerdem sei C) die Hirnblutung aus innerer Ursache entstanden. D) Streitet man über die Höhe der Invalidität und hier insbesondere darüber, ob diese nach Armwert oder außerhalb der Gliedertaxe zu bemessen sei. Zum Ereigniszeitpunkt bestand bereits aus einem alten Arbeitsunfall eine Versteifung des rechten Handgelenks.

11.1 Rechtsrahmen, insbesondere Allgemeine Unfallversicherungsbedingungen (AUB)

11.1.1 Bedingungswerk juristisch

Erhält der Arzt einen Gutachtenauftrag eines privaten Unfallversicherers, so ist Ausgangspunkt der Begutachtung des ärztlichen Sachverständigen der Versicherungsvertrag, dessen Inhalt – vorbehaltlich abweichender Vereinbarungen der Vertragsparteien und zwingender gesetzlicher Vorgaben – durch die vertraglich vereinbarten Allgemeinen Unfallversicherungsbedingungen (AUB – https://www.gdv.de/resource/blob/6252/952c52d93fc486c4970a8c33e2ea0d1e/01-allgemeine-unfallversicherungsbedingungen–aub-2014–data.pdf), ggf. auch durch besondere Bedingungen für bestimmte Leistungsarten (z. B. Unfallrente) bestimmt wird. Die Kenntnis dieser juristischen Grundlagen ist für den Gutachter wichtig, da etwa gänzlich andere Kausalitätsnormen der Bearbeitung einer gutachtlichen Zusammenhangsfrage zugrunde liegen als z. B. im Sozialrecht.

Merke: Grundlage der Begutachtung in der privaten Unfallversicherung ist der zivilrechtliche Vertrag zwischen dem Versicherungsnehmer und dem Versicherungsunternehmen, deren Grundzüge meist in den AUB geregelt werden.

Der Inhalt der einzelnen Klauseln des Bedingungswerks ist hierbei weder nach den Regeln zu ermitteln, die für die Auslegung gesetzlicher Bestimmungen gelten, noch ist hinsichtlich des Bedeutungsgehalts in ihnen enthaltener Begriffe von der Terminologie auszugehen, wie sie in Fachkreisen verwendet wird. Allgemeine Versiche-

https://doi.org/10.1515/9783110693362-011

rungsbedingungen sind vielmehr so auszulegen, wie ein durchschnittlicher Versicherungsnehmer sie bei verständiger Würdigung, aufmerksamer Durchsicht und unter Berücksichtigung des erkennbaren Sinnzusammenhangs versteht. Dabei kommt es auf die Verständnismöglichkeiten eines Versicherungsnehmers ohne versicherungsrechtliche Spezialkenntnisse und damit auch auf seine Interessen an. In erster Linie ist vom Bedingungswortlaut auszugehen. Der mit dem Bedingungswerk verfolgte Zweck und der Sinnzusammenhang der Klauseln sind zusätzlich zu berücksichtigen, soweit sie für den Versicherungsnehmer erkennbar sind (BGH 22.01.2020) [1].

Sagt etwa der Versicherer Leistungen bei Vorliegen einer „Krankheit" des Versicherten zu, kommt es für die Frage, ob eine bedingungsgemäße Krankheit vorliegt, weder darauf an, ob Fachkreise den Zustand des Versicherten als pathologisch ansehen noch, ob der Zustand des Versicherten bei einer sehr hohen Anzahl seiner Altersgruppe auftritt und ihm deshalb aus medizinischer Sicht kein Krankheitswert beigemessen wird (z. B. bloßer Refraktionsfehler, der zu einer Fehlsichtigkeit führt, wie sie bei 30–40 % der Menschen im mittleren Alter auftritt). Der durchschnittliche Versicherungsnehmer wird nämlich das Vorliegen einer bedingungsgemäßen „Krankheit" bereits dann annehmen, wenn bei ihm eine nicht nur ganz geringfügige Beeinträchtigung einer körperlichen Normalfunktion vorliegt, die ihm ohne eine medizinische Behandlung oder die Zuhilfenahme von Hilfsmitteln ein beschwerdefreies Leben nicht ermöglicht. Dies folgt schon daraus, dass eine „Krankheit" nach dem gewöhnlichen Sprachgebrauch auch dadurch gekennzeichnet ist, dass sie eine nicht ganz unerhebliche Störung körperlicher oder geistiger Funktionen mit sich bringt und deshalb die Notwendigkeit einer Heilbehandlung begründet (BGH 29.03.2017) [2].

In jüngster Zeit gab es auch im Bereich der privaten Unfallversicherung ein unterschiedliches Verständnis der Versicherungsbedingungen aus juristischer Sicht in Gestalt der BGH-Rechtsprechung und ärztlich-gutachtlicher Sicht, wobei hierfür die Spezifik der Gliedertaxe bereits verinnerlicht sein sollte, so dass an dieser Stelle auf das Kapitel „Gliedertaxe im Wandel der Zeit" verwiesen (11.7.1.2) wird.

11.1.2 Bedingungswerk historisch

Grundlage des Vertragsverhältnisses zwischen Versicherungsnehmer und Unfallversicherer sind regelhaft AUB, die den Musterbedingungen des Gesamtverbandes der Deutschen Versicherungswirtschaft (GDV) jedenfalls weitgehend entsprechen, gegenüber diesen aber – was im konkreten Einzelfall zu beachten ist – auch abweichende Klauseln, insbesondere Leistungserweiterungen (verbesserte Gliedertaxe, Unfallfiktionen etc.) enthalten können. Die Musterbedingungen wurden von der Versicherungswirtschaft immer wieder dem Wandel der Zeit und der Rechtsprechung geschuldet angepasst. Ging es noch in den AUB 61 um das Versprechen des Versicherers einer Leistungserbringung bei dauernder Beeinträchtigung der Arbeitsfähigkeit, so geht es ab den AUB 88 im Rahmen der Invaliditätsleistung als praktisch wichtigster Leistungsart um eine dauernde Beeinträchtigung der körperlichen oder geistigen Leistungsfähigkeit. Seit Wegfall der Genehmigungspflicht der Versicherungsbedingungen durch die nationale Aufsichtsbehörde im Jahr 1994 im Zuge der Liberalisierung des EU-Binnenmarktes [3] sind z. T. völlig exotische Bedingungswerke auf dem Markt, so dass sich der ärztliche Sachverständige vor immer neue Probleme gestellt sieht:

Ein Unfallverletzungsfolgezustand am Arm wurde mit einer Invalidität von 1/10 Arm bemessen und vom Versicherer reguliert. 2 Jahre später erfolgte wegen eines neuen Unfalls eine Begutachtung nach einer Handverletzung. Das Funktionsdefizit bezifferte man mit 1/10 Hand, eine Vorinvalidität (vgl. 11.5.) war dementsprechend nicht in Abzug zu bringen. Im Nachhinein teilt der Versicherer mit, dass spezielle Versicherungsbedingungen zugrunde zu legen seien, bei denen „der Vereinfachung dienend" Hand- gleich Armwert wäre und der Versicherte bei der dargestellten Invaliditätsbemessung leer ausgehen würde. Der Fall wurde derart gelöst, dass der ärztliche Sachverständige angab, welcher „Zuwachs" an Funktionsdefizit nach AUB-Musterbedingungen verblieben wäre, was dann reguliert wurde. Dies wäre strenggenommen aber nicht Aufgabe des Gutachters gewesen, das Problem hätte der Versicherer selbst lösen müssen.

Wichtig ist, dass der ärztliche Sachverständige immer das konkret geltende Bedingungswerk beachtet, das die Parteien des Versicherungsvertrages bei Vertragsschluss vereinbart haben. Dieses bleibt – vorbehaltlich einer Vertragsänderung, die der Zustimmung des Versicherungsnehmers bedarf – auch dann Vertragsgrundlage, wenn der Versicherer Verträgen aus jüngerer Zeit aktualisierte Versicherungsbedingungen zugrunde legt [4].

11.2 Anspruchsvoraussetzungen

Die AUB knüpfen die Invaliditätsleistung als praktisch wichtigste Leistungsart, aber auch nur diese, an die Einhaltung bestimmter formeller Voraussetzungen. Nach Ziff. 2.1.1.1 AUB 2008 (Ziff. 2.1.1.2 AUB 2014) handelt es sich um

- den Eintritt der Invalidität innerhalb eines Jahres (AUB 2014: 15 Monate) nach dem Unfall (Invaliditätseintrittsfrist),
- die Erstellung einer schriftlichen ärztlichen Invaliditätsfeststellung innerhalb von 15 Monaten nach dem Unfall sowie
- die Geltendmachung der Invalidität innerhalb von 15 Monaten nach dem Unfall.

Hinsichtlich der genannten Fristen enthalten einzelne Gesellschaftsbedingungen verminderte Anforderungen an den Versicherungsnehmer durch eine Verlängerung der Fristen.

Bei der Invaliditätseintrittsfrist und der fristgerechten ärztlichen Invaliditätsfeststellung handelt es sich um *echte Anspruchsvoraussetzungen* für die Invaliditätsleistung, die im Prozess von Amts wegen zu prüfen und vom Versicherungsnehmer substantiiert darzulegen und ggf. zu beweisen sind. Die Einordnung als Anspruchsvoraussetzung führt dazu, dass dem Versicherungsnehmer bei Versäumung der Frist kein Entschuldigungsbeweis eröffnet ist (BGH 30.11.2005) [5], und zwar auch dann nicht, wenn eine Feststellung der Invalidität vor Fristablauf gar nicht hätte getroffen werden können, weil etwa eine zunächst unerkannte Unfallfolge vorliegt (OLG Stuttgart 18.12.1997) [6]. Demgegenüber ist die Geltendmachung der Invalidität innerhalb der in den AUB statuierten Frist keine Anspruchsvoraussetzung, sondern eine *Ausschlussfrist*, so dass dem Versicherungsnehmer bei einer Fristversäumung der Entschuldigungsbeweis möglich ist (BGH 13.03.2002) [7].

Wäre also beim eingangs erwähnten Maler fiktiv eine unfallbedingte Invalidität innerhalb eines Jahres nach Unfall eingetreten und innerhalb weiterer drei Monate ärztlich festgestellt, vom Versicherten aber nicht fristgerecht geltend gemacht worden, so könnten ihn dafür die erlittenen Hirnblutungen entschuldigen, da er evtl. auf Grund dieser einfach nicht zur Geltendmachung in der Lage war.

Zu beachten ist aber, dass sich der Versicherer auch nach § 186 S. 2 VVG (Versicherungsvertragsgesetz) auf die Versäumnis der Fristen nicht berufen kann, wenn er es unterlassen hat, den Versicherungsnehmer nach Anzeige des Versicherungsfalles auf vertragliche Anspruchs- und Fälligkeitsvoraussetzungen sowie einzuhaltende Fristen in Textform (s. § 126b BGB) hinzuweisen (§ 186 S. 1 VVG). Hinsichtlich der schriftlichen ärztlichen Invaliditätsfeststellung führt das allerdings nicht dazu, dass diese generell entbehrlich ist, da der unterlassene Hinweis nur die Frist suspendiert und den Versicherungsnehmer nicht davon entbindet, überhaupt eine Invaliditätsfeststellung vorzulegen (Kloth/Piontek 2017) [8].

Praxistipp: Für den ärztlichen Sachverständigen als Gutachter ist es im Prinzip unerheblich, ob bedingungsgemäß eine Invalidität festgestellt oder bescheinigt wurde oder sich diese aus ärztlichen Niederschriften ergibt. Diese Prüfung muss der Versicherer (bzw. im späteren gerichtlichen Verfahren das Gericht) übernehmen. Der Versicherer ist „Herr des Verfahrens" und gibt dem Gutachter vor, wozu er sich in welcher Art und Weise ärztlich-gutachtlich zu äußern hat. Stellt der Versicherer ganz allgemeine Fragen, kann er auch mit allgemeinen Antworten rechnen. Eine Rückfrage des Sachverständigen beim Versicherer ist allerdings regelhaft in diesen Fällen hilfreich, um den Gutachtenauftrag zu konkretisieren. Gibt der Versicherer dann vor, dass zu einer eventuellen Invalidität des Fingers oder des Beines konkret Stellung zu nehmen ist, so hat sich der Gutachter auch nur dazu zu äußern.

11.2.1 Invaliditätseintrittsfrist

Soweit die AUB den Anspruch auf die Invaliditätsleistung davon abhängig machen, dass Invalidität, also die *dauerhafte* Beeinträchtigung der körperlichen oder geistigen Leistungsfähigkeit aus unfallbedingten Gründen, innerhalb eines Jahres (oder eines abweichend definierten Zeitraums) eingetreten sein muss, legt § 180 S. 2 VVG fest, was als „dauerhaft" in diesem Sinne zu betrachten ist. Die Bestimmung verlangt eine Prognose, dass die Beeinträchtigung länger als drei Jahre bestehen wird und eine Änderung dieses Zustandes nicht erwartet werden kann. Diese Prognose der Dauerhaftigkeit muss zum Schluss des den Anspruch begründenden Zeitraumes, regelmäßig also innerhalb der Jahresfrist, gegeben werden können [9].

Merke: Der Anspruch auf Invaliditätsleistung setzt voraus, dass Invalidität innerhalb (regelhaft) 1 Jahres nach Unfall eingetreten, aber prognostisch dauerhaft (länger als 3 Jahre) sein muss.

Würde man also bei unserem Maler unterstellen wollen, dass es (fiktiv) unfallbedingt zu einer Rotatorenmanschettenschädigung gekommen war, so muss für die Anspruchsbegründung eine Invalidität daraus auch fristgerecht (innerhalb 1 Jahres AUB 2008 und innerhalb 15 Monaten AUB 2014) eingetreten und ärztlich festgestellt sein. Dabei beinhaltet der Begriff der Invalidität die Einschränkung der körperlichen oder geistigen Leistungsfähigkeit UND deren Dauerhaftigkeit.

11.2.2 Invaliditätsfeststellung

Die ärztliche Invaliditätsbescheinigung soll dem Versicherer Gelegenheit geben, dem geltend gemachten Versicherungsfall nachzugehen und seine Leistungspflicht auf Grundlage der ärztlichen Feststellung zu prüfen. Zugleich soll sie eine Ausgrenzung von Spätschäden ermöglichen, die in der Regel nur schwer abklärbar und überschaubar sind und die der Versicherer deshalb von der Deckung ausnehmen will (BGH 16.12.1987) [10]. Gemessen an diesem Zweck sind an die ärztliche Feststellung der Invalidität keine hohen Anforderungen zu stellen (BGH 06.11.1996) [11]. Sie braucht nicht einmal richtig und dem Versicherer auch nicht innerhalb der Frist zugegangen sein (BGH 16.12.1987) [12]. Ergeben muss sich aus ihr aber die vom Arzt angenommene Ursache der Invalidität (Unfallverletzung) und die Art ihrer Auswirkungen auf die Gesundheit des Versicherten (Unfallverletzungsfolgen mit Bezeichnung der Körperregion, auf die der Anspruch auf Invaliditätsleistung gestützt wird) (siehe Tab. 11.1), nicht hingegen die Angabe eines bestimmten Grades der unfallbedingten Invalidität (BGH 06.11.1996) [13]. Die „Feststellung" erfordert hiernach, dass sich aus ihr ergibt, dass eine bestimmte körperliche Beeinträchtigung auf einem bestimmten Unfall beruht und innerhalb der vereinbarten Frist nach dem Unfall zu unveränderlichen Gesundheitsschädigungen geführt hat. Es genügt also nicht allein die Feststellung einer dauernden Gesundheitsschädigung unabhängig von der Frage der Kausalität. Zur ärztlichen Feststellung gehört damit neben einer Diagnose auch die Feststellung der Unfallbedingtheit der diagnostizierten „Erkrankung" (OLG Düsseldorf 13.02.2017) [14]. Eine *bloße Befunderhebung* genügt den Anforderungen an eine Invaliditätsfeststellung demnach grundsätzlich nicht, es sei denn, diese lässt – wie z. B. bei einer Querschnittslähmung, bestimmten Gehirnschäden oder bei unfallbedingten Glied- oder Organverlusten – zugleich zwingend auf eine dauernde Beeinträchtigung schließen (OLG Saarbrücken 27.04.2016) [15].

Tab. 11.1: Differenzierung Unfall, Unfallverletzung und Unfallverletzungsfolge (Zeichnungen: markus-heisterberg.de).

	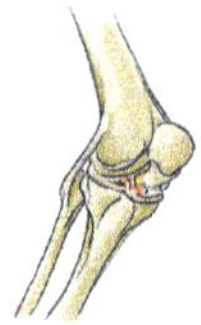	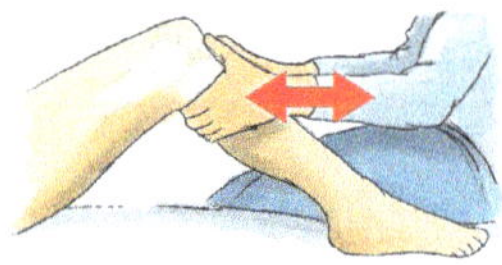
verletzungsstiftendes Ereignis	(Unfall-)Verletzung	(Unfall-)Verletzungsfolge
Unfall im Rechtssinne		
Foul im Fußballspiel mit Drehung des Oberschenkels über den feststehenden Unterschenkel	Ruptur des vorderen Kreuzbands	z. B. Instabilität und Belastungsminderung
	= unmittelbare Auswirkung des Ereignisses = Erst-Gesundheitsschädigung	= Folge der Verletzung für Gesundheit und Leistungsfähigkeit = (Sekundär-)Schädigung
	Nachweis notwendig, um Unfallbegriff auszufüllen	Nachweis notwendig für Leistungsansprüche (Invalidität)

An dieser Stelle des Prüfverfahrens ist es also noch unerheblich, ob der bescheinigende Arzt den Unfallzusammenhang richtig beurteilt. Für die Invaliditätsfeststellung reicht formal die Aussage: „Arm dauerhaft/irreversibel nicht gebrauchsfähig *durch* Unfall vom ...“.

Eine ärztlich festgestellte „Gebrauchsminderung der Schulter“ umfasst z. B. alle Körperteile im Bereich der Schulter, auch eine Verletzung des Sternoklavikulargelenks. Denn eine solche ärztliche Bescheinigung gibt dem Versicherer ausreichenden Anlass, zur Prüfung seiner Leistungspflicht alle Körperteile im Bereich der Schulter in den Blick zu nehmen, die Einfluss auf die Gebrauchsminderung haben können (OLG Saarbrücken 27.04.2016) [16]. Demgegenüber erstreckt sich eine ärztliche Feststellung zum Dauerschaden nach einer Gliederamputation *nicht* auf psychische Folgebeeinträchtigungen (OLG Celle 13.03.2011) [17].

Aus dem Zweck der ärztlichen Invaliditätsfeststellung ergibt sich zugleich, dass es für sie nicht darauf ankommt, ob sie den Sitz der (dauerhaften) Schädigung zutreffend benennt, auch wenn das System der Gliedertaxe von der Maßgeblichkeit des Sitzes der unfallbedingten Schädigung ausgeht (BGH 01.04.2015) [18]. Stellt etwa der Arzt eine unfallbedingte Rückenmarksschädigung des Versicherungsnehmers und eine hieraus resultierende Dauerschädigung fristgerecht fest, kommt es nicht darauf an, ob in der Invaliditätsfeststellung eine durch die Rückenmarksschädigung hervorgerufene Lähmung des Beines ausdrücklich bezeichnet ist, obwohl es sich bei ihr um die für die Bemessung nach dem Beinwert der Gliedertaxe maßgebliche Dauerschädigung handelt.

Merke: Ist für den ärztlichen Gutachter zweifelhaft, ob für die vom Versicherten geklagten Beeinträchtigungen eine hinreichende ärztliche Invaliditätsfeststellung vorliegt und Feststellungen hierzu vom Gutachtenauftrag gedeckt sind, sollte eine Weisung des Auftraggebers (Versicherer, Gericht) eingeholt werden.

Nicht ausreichend für die Feststellung einer *Dauerschädigung* ist die Diagnose einer Chronifizierung (OLG Saarbrücken 27.04.2016) [19]. Andererseits steht die Angabe, die Einschränkungen des körperlichen und geistigen Zustands werden „voraussichtlich“ dauerhaft sein, einer ausreichenden Feststellung nicht entgegen. Denn sie besagt nicht, dass eine Dauerschädigung nur „möglich“ oder mit ihr nur zu rechnen sei (OLG Hamm 26.10.2011) [20]. Vielmehr bringt der Arzt mit dieser Einschätzung nur zum Ausdruck, dass es sich bei medizinischen Bewertungen und Einschätzungen der künftigen Entwicklung immer nur um Prognosen und nie um Gewissheiten handelt (LG Hanau 07.11.2017) [21].

Maßgebend für die Wahrung der Frist ist der *Zeitpunkt der schriftlichen Niederlegung* (OLG Koblenz 18.12.1992) [22]. Ein außerhalb der 15-Monatsfrist erstellter ärztlicher Befundbericht zu einer innerhalb der Frist durchgeführten Untersuchung stellt keine ausreichende ärztliche Invaliditätsfeststellung dar (OLG Köln 16.01.1992) [23].

11.3 Versicherungsfall „Unfall“

11.3.1 Rechtsgrundlagen

Der Begriff des Unfalls ist in § 178 Abs. 2 S. 1 VVG (in Übereinstimmung mit Ziff. 1.3 AUB) definiert als plötzlich von außen auf den Körper wirkendes Ereignis, durch das die versicherte Person unfreiwillig eine Gesundheitsschädigung erleidet. Der bedingungsgemäße Unfall setzt sich damit aus dem *Unfallereignis* einerseits und der dadurch erlittenen *unfreiwilligen Gesundheitsschädigung* andererseits zusammen (siehe Abb. 11.1).

Die versicherte Person erleidet durch ein

– plötzlich – von außen – auf ihren Körper wirkendes	**Ereignis**	**Unfall**
– unfreiwillig eine	**Gesundheitsschädigung**	

Abb. 11.1: Der Versicherungsfall „Unfall“.

Die Ziff. 1.4 AUB stellt dem im Wege einer Fiktion die „erhöhte Kraftanstrengung“ an Gliedmaßen oder Wirbelsäule gleich, sofern diese eine der in der Bestimmung benannten Verletzungen herbeiführt. Die rechtlichen Anforderungen an den Versicherungsfall sind in der Mehrzahl der Fälle unproblematisch zu bejahen oder zu verneinen. Es gibt aber auch immer wieder zu den einzelnen Begriffsmerkmalen Zweifelsfälle.

11.3.1.1 Einwirkung von außen

Das Begriffsmerkmal der „Einwirkung von außen“ liegt vor, wenn Kräfte auf den Körper des Versicherten einwirken, die außerhalb des Einflussbereichs des eigenen Körpers liegen. Es dient der Ausklammerung solcher Vorgänge aus dem Unfallbegriff, die schadenstiftend im Körperinnern ablaufen (Erkrankungen, Verschleiß, Texturstörungen, Herzinfarkt, Schlaganfall), für die der Versicherer bedingungsgemäß nicht einstehen möchte (BGH 23.10.2013) [24]. Abzustellen ist auf das Ereignis, das die Erstgesundheitsschädigung unmittelbar auslöst, nicht hingegen auf die Ursache des Ereignisses.

Ist die Verletzung des Versicherten unmittelbare Folge eines Aufpralls seines Körpers auf einen Gegenstand (z. B. Sturz des Versicherten beim Skifahren), liegt der von den AUB vorausgesetzte, schadensursächliche Kontakt des Körpers zur Außenwelt und deshalb ein von außen auf den Körper wirkendes Ereignis vor. Die Frage, ob auch eine Eigenbewegung des Versicherten die Anforderungen an einen bedingungsgemäßen Unfall erfüllt, stellt sich in einem solchen Fall nicht, sondern nur dann, wenn schon die Eigenbewegung – und nicht erst eine durch sie verursachte Kollision – zur Gesundheitsschädigung geführt hat (BGH 06.07.2011) [25].

Das Abstellen auf die „unmittelbar letzte Ursache“ gilt allerdings nur in Abgrenzung zu den der Einwirkung von außen vorausgehenden Abläufen, nicht hingegen für der Einwirkung nachfolgende Kausalverläufe (z. B. Tod des an einer schweren Nussallergie leidenden Versicherten durch Verzehr nusshaltiger Schokolade; BGH 23.10.2013) [26]. Nicht maßgeblich ist auch, ob das von außen auf den Körper wirkende Ereignis auf einem willensgesteuerten Vorgang beruht (z. B. willentliche Injektion von Kokain führt zum nachfolgenden Tod; BGH 16.10.2013) [27].

Das „Schokoladenurteil“: Ein 15jähriges Kind mit schwerer Entwicklungsstörung (Trisomie 18, Edwards-Syndrom, Asthma, diverse Allergien) starb nach dem Verzehr nusshaltiger Schokolade nach schwerster anaphylaktischer Reaktion mit tödlichem Kreislaufzusammenbruch. Gemäß dem Unmittelbarkeitserfordernis ist auf das Ereignis abzustellen, welches von außen auf den Körper einwirkt und damit eine Kausalkette körperinterner Vorgänge in Lauf setzt, die zur Schädigung der versicherten Person führt. Das die schadenstiftende Kausalkette auslösende Ereignis war in der Einwirkung von außen zugeführter nusshaltiger Schokolade im Kontakt dieser mit der Mundschleimheut zu sehen. Für die zuvor notwendige Eigenbewegung konnte der Beweis einer freiwilligen Gesundheitsbeschädigung nicht geführt werden.

Das „Kokainurteil": Im Rahmen einer Filmausfallversicherung wurde u. a. darum gestritten, ob der Tod einer kokainabhängigen Schauspielerin durch die Injektion einer Überdosis einen Unfall darstelle. Dabei stellt der BGH fest, dass die willentliche Injektion von Kokain ein plötzliches von außen auf den Körper wirkendes Ereignis darstellt. Die Plötzlichkeit des Geschehens ist nicht durch den Verweis auf das willensgesteuerte Verhalten zu verneinen und das Merkmal der Unfreiwilligkeit bezieht sich nicht auf die Einwirkung von außen, sondern auf die durch das Unfallereignis bewirkte Gesundheitsschädigung.

Auch sonstige Eigenbewegungen des Versicherten können vom Versicherungsschutz umfasst sein: Ein Unfall liegt immer dann vor, wenn ein geplanter Bewegungsablauf durch einen äußeren Störfaktor (z. B. Bodenvertiefung, -unebenheit, Stolperkante, Glätte) beeinflusst wird (OLG Saarbrücken 13.03.2013) [28]. Die anfänglich willensgesteuerte Eigenbewegung bleibt dann in ihrem weiteren Verlauf nicht mehr gezielt und für den Versicherten beherrschbar, so dass Eigenbewegung und äußere Einwirkung zusammentreffen, wobei die äußere Einwirkung ihrerseits Einfluss auf die veränderte und nicht mehr beherrschbare Eigenbewegung nimmt (BGH 28.01.2009) [29]. Demgegenüber sind Eigenbewegungen dann keine Unfälle, wenn die Verletzung im Rahmen einer rein willensgesteuerten, planmäßig verlaufenden Bewegung erfolgt. In einem solchen Fall fehlt es an einem irgendwie gearteten äußeren Einfluss, der das bedingungsgemäße Unfallereignis ausfüllen könnte. Die normale Eigenbewegung führt gleichsam durch sich selbst zur Gesundheitsschädigung (OLG Hamm u. a.) [30].

Merke: Ist eine Eigenbewegung nicht ausdrücklich unter Versicherungsschutz gestellt, so kann eine willentlich gesteuerte und physiologische Bewegung des Arms unseres Malers nicht zu einer (unfallbedingten) Schädigung der Rotatorenmanschette führen, denn sonst wäre der Bauplan des menschlichen Körpers eine Fehlkonstruktion, er würde sich selbst zerstören können.

11.3.1.2 Plötzliche Einwirkung

Das Erfordernis der „Plötzlichkeit" dient der Abgrenzung der versicherten Risiken gegenüber solchen Ereignissen, die durch einen allmählichen, sich auf einen längeren Zeitraum erstreckenden Eintritt des schädigenden Umstandes gekennzeichnet sind (BGH 12.12.1984) [31]. „Plötzlichkeit" ist immer dann zu bejahen, wenn das äußere Ereignis objektiv innerhalb eines kurz bemessenen Zeitraums auf den Körper des Versicherten eingewirkt hat, wobei der Zeitraum „kurz" jeweils fallweise von der Rechtsprechung definiert wird. Hat sich das Geschehen innerhalb eines kurzen Zeitraums vollzogen, ist es stets plötzlich, ohne dass es auf die Erwartung des Betroffenen und damit eine subjektive Sichtweise ankommt (z. B. Messerstich, Rauschmittelinjektion). Lediglich in den Fällen, in denen sich das Geschehen nicht innerhalb eines kurzen Zeitraums ereignet (z. B. Erfrierungen durch allmähliche Wetteränderung), werden auch weitere Ereignisse vom Versicherungsschutz umfasst, sofern sie für den Betroffenen unerwartet, überraschend und unentrinnbar sind (BGH 16.10.2013) [32].

11.3.1.3 Unfreiwilligkeit

Unfreiwilligkeit wird nach § 178 Abs. 2 S. 2 VVG bis zum Beweis des Gegenteils vermutet. Die Unfreiwilligkeit bezieht sich hierbei nicht auf die Einwirkung von außen, sondern auf die durch das Unfallereignis bewirkte Gesundheitsschädigung. Dabei gibt es keine Einschränkung dahingehend, dass damit allein die erste, unter Umständen nur geringfügige Gesundheitsschädigung gemeint ist. Hat der Versicherte bei der Durchführung risikoreicher Handlungen zwar mit Verletzungen gerechnet, infolge einer Abweichung vom vorgestellten Kausalverlauf jedoch nicht mit deren konkretem, die Leistungspflicht des Versicherers auslösenden Ausmaß, so erleidet er die Gesundheitsschädigung unfreiwillig (BGH 16.10.2013) [33]. Den Nachweis der Freiwilligkeit hat der Versicherer mit dem Beweismaß des § 286 ZPO (Vollbeweis) zu führen.

In den praktisch bedeutsamen Suizidfällen kann sich der Versicherer zum Nachweis der Selbsttötungsabsicht des Versicherten nicht auf einen so genannten Anscheinsbeweis berufen, da es sich um eine individuelle Willensentscheidung handelt, die der für einen Anscheinsbeweis erforderlichen typisierenden Betrachtungsweise nicht zugänglich ist (BGH 18.02.1987) [34]. Dem Versicherer verbleibt daher nur die Möglichkeit, den Vollbeweis mittels Indizien zu führen (BGH 15.06.1994) [35].

11.3.2 Erstgesundheitsschädigung

Durch den Unfallbegriff (plötzliches Ereignis, durch das Gesundheitsschädigung erlitten wird) sind Ereignis UND Erstgesundheitsschädigung zwingend miteinander verknüpft.

Es ist nun ärztlich-gutachtlich zu definieren, was unter einer solchen Erstgesundheitsschädigung zu verstehen ist. Reicht also der vom Versicherten empfundene Schmerz – ein nicht objektivierbares subjektives Erleben nach einem Ereignis – aus, um den Unfallbegriff als ausgefüllt anzusehen? Kann eine nach einer Distorsion festgestellte Arthrose des Sprunggelenks eine Erstgesundheitsschädigung darstellen? Ist überhaupt die ärztlich nach einem Ereignis benannte Arbeits-/Verdachtsdiagnose eine Erstgesundheitsschädigung oder kann sie das erst nach weiterer Prüfung der Kausalkette verwendet werden?

In Umsetzung der erläuterten Rechtsgrundlagen ergibt sich für den ärztlichen Sachverständigen folgende schematische Herangehensweise zur Sicherung der Erstgesundheitsschädigung (siehe Abb. 11.2):

Hierbei basiert die Differenzierung in mikro- und makrostrukturell auf dem Hintergrund, dass früher in der gutachtlichen Literatur als „funktionell“ bezeichnete Verletzungen nicht zu definieren sind, denn auch bei einer Zerrung/Distorsion einer

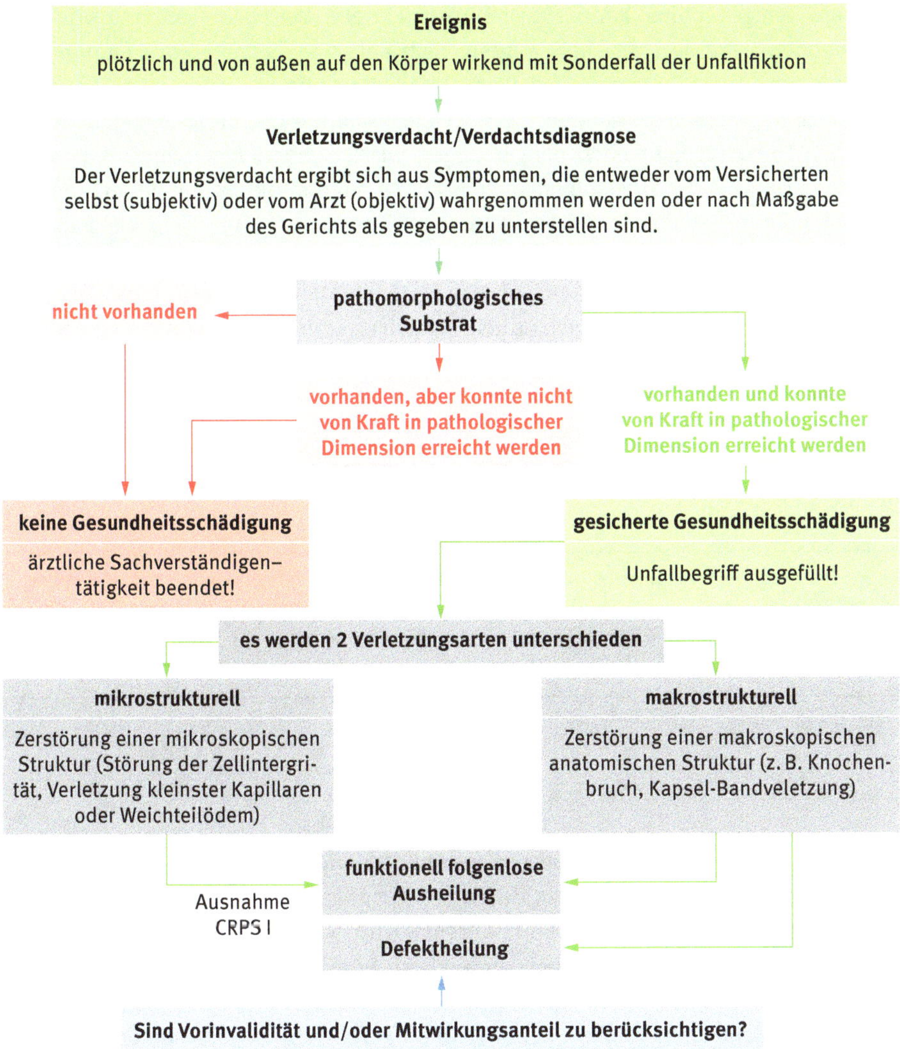

Abb. 11.2: Flowchart zum Algorithmus der Kausalitätsbeurteilung in der PUV.

Bandstruktur läuft natürlich in den anatomischen Strukturen eine Reaktion ab und sei es nur eine Läsion von Gefäßkapillaren oder eine vorübergehende Störung der Zellintegrität. Die vorübergehende Funktionsstörung beruht also auch auf einer *Verletzung*, auch wenn eben makroskopische anatomische Strukturen keine Defekte erfahren haben.

Um auf die eingangs gestellte Frage zurückzukommen, ist der Schmerz also zunächst nur eine subjektive Empfindung und nicht als Erstgesundheitsschädigung beweisbar. Demgegenüber kann eine mikrostrukturelle Verletzung anhand von entsprechenden Befunden gesichert werden, heilt aber wie die subjektive Empfindung des oben erwähnten Schmerzes regelhaft ohne Folgen aus.

Einzig vorstellbares Krankheitsbild, welches sich auf Grund der weitgehend ungeklärten Ursächlichkeit nach dem heutigen wissenschaftlichen Kenntnisstand im Sinne von Unfallverletzungsfolgen auch aus einer mikrostrukturellen Verletzung entwickeln könnte, ist das in engem zeitlichem Zusammenhang (Tage bis maximal 2 Wochen [36]) auftretende komplexe regionale Schmerzsyndrom I (CRPS I).

Arbeits- oder Verdachtsdiagnosen des Erstbehandlers sind *nicht* gleichzusetzen mit der (unfallbedingten) Erstgesundheitsschädigung, denn diese kann sich erst aus „ex post"-Sicht ergeben. Es bedarf also für die Sicherung der Erstgesundheitsschädigung bereits gutachtlicher Überlegungen, die der Erstbehandler gar nicht anstellen kann. Nicht alles ist so offensichtlich, dass es durch einen herabfallenden Wattebausch auf den Fuß nicht zu einer von der Dimension auch als pathologisch einzustufenden Krafteinleitung auf diesen kommen kann.

Merke: Der Unfallbegriff beinhaltet bereits Unfallereignis *und* Gesundheitsschädigung. Nur bei gesicherter Erstgesundheitsschädigung hat sich der Verletzungsverdacht auch in der „Ausfüllung des Unfallbegriffs" realisiert und nur dann stellt sich regelhaft überhaupt die Frage nach Unfallverletzungsfolgen.

11.3.3 Erweiterter Unfallbegriff/Unfallfiktion

Fehlt es an einer Einwirkung von außen, kann dennoch kraft bedingungsgemäßer Fiktion ein Unfall vorliegen, wenn durch eine *„erhöhte Kraftanstrengung"* an Gliedmaßen oder Wirbelsäule ein Gelenk verrenkt wird oder Muskeln, Sehnen, Bänder oder Kapseln gezerrt oder zerrissen werden (Ziff. 1.4 AUB, sog. erweiterter oder fiktiver Unfallbegriff (OLG Hamm 17.05.2018) [37]). Menisken und Bandscheiben fallen anatomisch nicht unter die in Ziff. 1.4 AUB aufgeführten Körperbestandteile (Jacob 2021) [38], was die AUB 2014 nunmehr auch ausdrücklich klarstellen.

Die AUB 2014 definieren (erstmals) die „erhöhte Kraftanstrengung" als Bewegung, deren Muskeleinsatz über die normalen Handlungen des täglichen Lebens hinausgeht, wobei maßgeblich für die Beurteilung des Muskeleinsatzes die individuellen körperlichen Verhältnisse des Versicherten sind. Ob eine „erhöhte Kraftanstrengung" vorliegt, ist damit unter Anlegung eines subjektiven Maßstabs zu bestimmen, was aber auch schon zu den früheren Bedingungswerken herrschender Meinung entsprach (OLG Hamm u. a.) [39].

Die Frage, wann im Zusammenhang mit einer sportlichen Betätigung von einer „erhöhten Kraftanstrengung“ gesprochen werden kann [40], war streitig. Teilweise wurde die Auffassung vertreten, dass auf die üblichen Bewegungsabläufe innerhalb der ausgeübten Sportart abzustellen ist und eine erhöhte Kraftanstrengung nur dann vorliegt, wenn ein besonderer, von den übrigen spielerischen Aktionen abweichender Kraftaufwand erforderlich war (OLG Frankfurt 11.03.1998) [41]. Teilweise wurde zudem darauf abgestellt, ob sich bei genauer Betrachtung eine besonders hohe Beanspruchung des betroffenen Körperteils („punktuelle Spitzenbelastung“) zeigt (Naumann/Brinkmann 2012) [42]. Der BGH hat hierzu klargestellt, dass maßgeblich für das Verständnis des durchschnittlichen Versicherungsnehmer allein ist, inwieweit der konkrete Muskeleinsatz gemessen an der individuellen (möglicherweise – was der Feststellung im Einzelfall bedarf – durch häufige Vornahme gestärkten) körperlichen Konstitution über denjenigen von normalen Bewegungsabläufen oder Tätigkeiten des täglichen Lebens hinausgeht; die für den jeweiligen Sport oder Beruf typischen Abläufe wird er dagegen nicht als Vergleichsmaßstab ansehen (BGH 20.11.2019) [43].
Stellt nun das Anheben des Farbeimers unseres Malers, wenn dieser sich nicht verklemmt hatte, eine erhöhte Kraftanstrengung i. S. der Unfallfiktion dar? Kommt es dabei auf die üblicherweise im Beruf ausgeübten Tätigkeiten an? Ist also der Büroangestellte anders als der Handwerker zu beurteilen?
Ausgehend von den vorgenannten Grundsätzen entscheidet nur der konkrete Bewegungsablauf darüber, ob im Vergleich zu normalen Abläufen des täglichen Lebens eine erhöhte Kraftanstrengung vorliegt. Zu beurteilen ist dies nach den individuellen körperlichen Verhältnissen des Versicherten und nicht danach, ob die erhöhte Kraftanstrengung nur einmalig oder regelmäßig ausgeübt wurde (BGH 22.01.2020) [44].

11.3.4 Kausalitätsnachweis

Die Darlegungs- und Beweislast für die Voraussetzungen des Versicherungsfalls i. S. v. § 178 Abs. 2 S. 1 VVG bzw. gem. Ziff. 1.3, 1.4 AUB trägt, mit Ausnahme des Merkmals der Unfreiwilligkeit, der Versicherungsnehmer. Einen unfallbedingten ersten Gesundheitsschaden (Erstgesundheitsschädigung) und die eine Invalidität begründende dauernde gesundheitliche Beeinträchtigung muss er hierbei mit dem Beweismaß des § 286 ZPO voll beweisen (BGH 13.05.2009) [45]. Erforderlich ist dafür keine absolute oder unumstößliche Gewissheit im Sinne des wissenschaftlichen Nachweises, sondern nur ein für das praktische Leben brauchbarer Grad von Gewissheit, der Zweifeln Schweigen gebietet, ohne sie völlig auszuschließen (BGH 16.04.2013) [46]. Auch die Ursächlichkeit zwischen Unfallereignis und Gesundheitsschädigung (haftungsbegründende Kausalität) steht so mit dem Beweismaß des § 286 ZPO zur Beweislast des Versicherungsnehmers. Und dieser Beweismaßstab findet auch dann Anwendung, wenn es um die Frage geht, ob der Versicherte bei dem Unfall neben einer unstreitigen oder bewiesenen Verletzung noch weitere erlitten hat (BGH 21.07.2011) [47]. Demgegenüber gilt für die kausale Verknüpfung zwischen Erstgesundheitsschädigung und der eine Invalidität begründenden dauernden gesundheitlichen Beeinträchtigung (haftungsausfüllende Kausalität) der Maßstab des § 287 ZPO, d. h. die Unfallbedingtheit der dauernden Beeinträchtigung kann vom Versicherungsnehmer nach § 287 ZPO bewiesen werden, wenn diese Beeinträchtigung als solche und eine erste Unfallverletzung feststehen (BGH 13.04.2011 u. a.) [48]. Allerdings genügt auch nach diesem erleichterten Beweismaßstab die bloße Möglichkeit eines Ursachenzusammenhangs von Unfallereignis einerseits und fortdauernder Krankheit oder Invalidität andererseits nicht, sondern es ist jedenfalls eine überwiegende Wahrscheinlichkeit erforderlich (BGH 13.04.2011) [49]. Auf diesen Maßstab hat der Tatrichter einen von ihm herangezogenen Sachverständigen hinzuweisen (BGH 13.05.2009) [50].

Praxistipp: Die verschiedenen Bezeichnungen der Wahrscheinlichkeit sind prozentual in der Rechtsprechung nicht definiert. Man wird aber regelhaft davon ausgehen können, dass mit „überwiegend wahrscheinlich" über 50 % gemeint ist und Angaben von 80 % und höher als „weit überwiegend wahrscheinlich" bezeichnet werden.

Macht der Versicherungsnehmer oder der Bezugsberechtigte eine versicherte Todesfallleistung geltend, gilt für die Kausalität zwischen Erstgesundheitsschädigung und Tod des Versicherten das Beweismaß des § 287 ZPO. Ist (auch) nach diesem Maßstab nicht feststellbar, dass eine bestimmte Erstgesundheitsschädigung den Tod des Versicherten verursacht hat, erscheint es hingegen möglich, dass durch das Unfallereignis noch eine weitere Erstgesundheitsschädigung eingetreten ist, ist die Frage aufgeworfen, welche kausalen ersten Gesundheitsschädigungen durch den Unfall hervorgerufen wurden. Insoweit gilt wiederum der Beweismaßstab des § 286 ZPO (OLG Hamm 05.12.2018) [51].

Merke: Verkennt der Sachverständige das Beweismaß, führt das zur Unvollständigkeit des Gutachtens und zu Zweifeln an der Richtigkeit auf ihm beruhender tatrichterlicher Feststellungen (BGH 13.05.2009).

Unzutreffend ist die in ärztlichen Gutachten immer wieder zugrunde gelegte Prämisse, die Kausalität zwischen Unfallereignis und der vom Versicherten geklagten Gesundheitsschädigung sei zu verneinen, weil es sich bei dem stattgehabten Unfallereignis um eine sog. „Gelegenheitsursache" handele. Dieser dem Sozialversicherungsrecht entstammende Kausalitätsmaßstab lässt nicht jede Mitwirkung genügen, sondern verlangt für die Kausalität eine wesentliche oder richtungsgebende Mitwirkung (Theorie der wesentlichen Bedingung). Eine bloße Gelegenheitsursache ist gegeben, wenn der Schaden auch ohne äußere Einwirkung hätte entstehen können und im ungefähr gleichen Ausmaß und etwa demselben Zeitpunkt auch eingetreten wäre, weil es zur Auslösung akuter Erscheinungen nicht besonderer, in ihrer Eigenart unersetzlicher äußerer Einwirkungen bedurfte, sondern jedes andere alltäglich vorkommende ähnlich gelagerte Ereignis zu derselben Zeit die Schädigung ausgelöst haben würde (BSG 27.10.1987 u. a.) [52]. Demgegenüber ist die im Recht der privaten Unfallversicherung bei der Kausalitätsfeststellung ausreichende Adäquanz schon bei einer nicht gänzlich außerhalb aller Wahrscheinlichkeit liegenden Mitwirkung des Unfalls gegeben (BGH 23.10.2013) [53]. Der erforderliche Kausalzusammenhang zwischen Unfallereignis und Gesundheitsschädigung besteht, wenn der Unfall im Sinne einer conditio sine qua non nicht hinweggedacht werden kann, ohne dass der „Erfolg" entfiele. Dabei ist Mitursächlichkeit ausreichend, was schon aus der Tatsache folgt, dass in Ziff. 3 AUB bei der Mitwirkung von Krankheiten und Gebrechen, also unfallfremden Faktoren, kein Ausschluss, sondern nur eine Anspruchsminderung entsprechend dem Mitwirkungsanteil vorgesehen ist (BGH 19.10.2016) [54].

Merke: In der privaten Unfallversicherung genügt für die Feststellung der Kausalität zwischen Unfallereignis und fortdauernder Invalidität Mitursächlichkeit. Der Begriff „Gelegenheitsursache" ist in einem Gutachten zur privaten Unfallversicherung unbedingt zu vermeiden!

11.4 Risikoausschlüsse

Hintergrund der Risikoausschlussklauseln (Ziff. 5 AUB) ist der vom Versicherer bezweckte Ausschluss der Leistungspflicht für bestimmte Unfallereignisse, -ursachen und -ereignisfolgen, um ihn vor nicht oder schwer kalkulierbaren Risiken zu schützen. Weiterhin soll der Versicherungsschutz eingeschränkt sein bei Funktionsstörungen, die regelhaft dem Krankheitsbereich zuzuordnen sind. Für die eng auszulegenden Voraussetzungen des Ausschlusstatbestandes ist der Versicherer darlegungs- und beweisbelastet.

Die in der Praxis wichtigsten Ausschlüsse seien hier kurz erläutert:

11.4.1 Bewusstseinsstörungen

Kein Versicherungsschutz besteht nach Ziff. 5.1.1 AUB für Unfälle der versicherten Person durch Bewusstseinsstörungen sowie durch Schlaganfälle, epileptische Anfälle oder andere Krampfanfälle, die den ganzen Körper der versicherten Person ergreifen. Eine Bewusstseinsstörung liegt nach dem Wortlaut der neueren Bedingungen vor, wenn die versicherte Person in ihrer Aufnahme- und Reaktionsfähigkeit derart beeinträchtigt ist, dass sie den Anforderungen der konkreten Gefahrenlage nicht mehr gewachsen ist. Als mögliche Ursachen sind in den AUB 2014 neben einer gesundheitlichen Beeinträchtigung des Versicherten u. a. die Einnahme von Medikamenten und der Konsum von Alkohol, Drogen oder sonstigen das Bewusstsein beeinträchtigenden Mitteln benannt. Die Ausschlussklausel bezweckt, solche Unfälle vom Versicherungsschutz auszunehmen, bei denen der Versicherte aus den angegebenen Gründen nicht in der Lage ist, eine drohende Unfallgefahr klar zu erkennen oder ihr angemessen zu begegnen (BGH 17.05.2000) [55]. Eine Bewusstseinsstörung setzt deshalb – auch nach früheren Bedingungswerken – keinen Zustand der Bewusstlosigkeit voraus. Es genügt, wenn die versicherte Person in ihrer Aufnahme- und Reaktionsfähigkeit so beeinträchtigt ist, dass sie den Anforderungen der konkreten Gefahrenlage nicht mehr gewachsen ist (BGH-Urteil 17.05.2000) [56].

11.4.2 Bandscheiben und Gehirnblutungen

Kein Versicherungsschutz besteht nach Ziff. 5.2.1 AUB für Schädigungen an Bandscheiben sowie Blutungen aus inneren Organen und Gehirnblutungen *(Ausschluss), es sei denn ein vom Versicherungsschutz gedecktes* Unfallereignis hat eine solche Gesundheitsschädigung überwiegend (d. h. zu mehr als 50 %) verursacht (Wiedereinschluss). Bei Bandscheibenschäden gelingt dem für die Voraussetzungen des Wiedereinschlusses darlegungs- beweisbelasteten Versicherungsnehmer (BGH 28.01.2009) [57] regelmäßig nicht der Nachweis der überwiegenden Ursächlichkeit des angeschuldigten Unfallereignisses für die geklagte Bandscheibenschädigung.

11.4.3 Heilmaßnahmen und Eingriffe am Körper

Nach Ziff. 5.2.3 AUB besteht kein Versicherungsschutz für Gesundheitsschädigungen durch Heilmaßnahmen oder Eingriffe am Körper der versicherten Person, es sei denn, Heilmaßnahme oder Eingriff waren ihrerseits durch einen Unfall veranlasst und es besteht für diesen Unfall Versicherungsschutz. Zweck dieses Ausschlusses ist es, die erhöhten Gefahren von der Deckung auszunehmen, die mit einer gewollten Behandlung des menschlichen Körpers verbunden sind (BGH 21.09.1988) [58]. Heilmaßnahme oder Eingriff müssen weder lege artis durchgeführt werden (OLG Saarbrücken 09.07.2015) [59] noch medizinisch indiziert oder notwendig sein (OLG München 12.03.2003) [60]. Keine Rolle spielt es auch, ob die für den Eingriff erforderliche Einwilligung des Versicherten ordnungsgemäß erteilt wurde oder diesen deckt (Marlow/Anschlag 2016) [61]. Der Ausschluss hat nur zur Voraussetzung, dass die Gesundheitsschädigung die adäquate Folge der Heilmaßnahme ist und sich eine Gefahr verwirklicht hat, die der durchgeführten Heilmaßnahme eigentümlich ist. Von dem Ausschluss nicht erfasst sind demgegenüber solche einen Schaden verursachende Umstände, die nur zufällig mit der Heilmaßnahme in Zusammenhang stehen, sich gleichsam nur bei Gelegenheit der Heilmaßnahme ausgewirkt haben, wie etwa ein Ausrutschen und Fallen in der Arztpraxis. Denn dabei handelt es sich um Risiken des täglichen Lebens, gegen die Unfallversicherungsschutz gewährt werden soll (BGH 21.09.1988) [62].

11.4.4 Psychische Reaktionen

Nach Ziff. 5.2.6 AUB sind vom Versicherungsschutz krankhafte Störungen infolge psychischer Reaktionen ausgeschlossen, auch wenn diese durch einen Unfall verursacht wurden (sog. Psychoklausel). Wirksamkeit und Anwendungsbereich des Ausschlusses sind durch eine grundlegende Entscheidung des BGH aus dem Jahre 2004 (BGH 23.06.2004) [63] geklärt. Sie beinhaltet eine umfassende Beschränkung des Leistungsversprechens des Versicherers für alle krankhaften Störungen infolge psychischer Reaktionen, auch wenn diese durch den Unfall verursacht worden sind, nicht hingegen für organische Schädigungen oder Reaktionen, die ihrerseits zu einem psychischen Leiden führen. Demgemäß sind krankhafte Störungen, die eine *organische Ursache* haben, nicht vom Versicherungsschutz ausgeschlossen, auch wenn im Einzelfall das Ausmaß, in dem sich die organische Ursache auswirkt, von der psychischen Verarbeitung durch den Versicherungsnehmer abhängt (BGH-Urteil 29.09.2004) [64]. Handelt es sich dagegen um eine ausschließlich psychisch bedingte Reaktion in Form einer psychischen Fehlverarbeitung der Verletzungsfolgen, sind die Voraussetzungen für den Leistungsausschluss erfüllt (BGH 15.07.2009) [65].

11.5 Vorinvalidität

Nach Ziffer 2.1.2.2.3 AUB 2008 heißt es: „Waren betroffene Körperteile oder Sinnesorgane oder deren Funktionen bereits vor dem Unfall dauernd beeinträchtigt, wird der Invaliditätsgrad um die Vorinvalidität gemindert ...“ Ziff. 2.1.2.2.3 AUB 2014 lautet: „Eine Vorinvalidität besteht, wenn betroffene Körperteile oder Sinnesorgane schon vor dem Unfall dauerhaft beeinträchtigt waren ... Der Invaliditätsgrad mindert sich um diese Vorinvalidität.“

Den Begriff „Vorschaden“ kennt die private Unfallversicherung nicht, er ist in der Gesetzlichen Unfallversicherung normiert. In der privaten Unfallversicherung geht es um die Minderung der versprochenen Leistung bei *Vorinvalidität* (Ziff. 2.1.2.2.3 AUB 2014). Ist also ein Körperteil oder ein Sinnesorgan vor dem Unfall in seiner Funktion gemindert gewesen, so mindert sich die zu beziffernde Invalidität um diese Vorinvalidität. Sie wird gleichermaßen wie die Invalidität in Bruchteilen der Norm oder außerhalb der Gliedertaxe in Prozent nach ausschließlich medizinischen Gesichtspunkten bemessen.

Eine nach Abzug einer Vorinvalidität geminderte Invaliditätsleistung kann zusätzlich (kumulativ) nach Ziff. 3 AUB um einen auf mitwirkende Krankheiten oder Gebrechen entfallenden Anteil gekürzt werden (BGH 18.01.2017) [66].

Nachdem also der ärztliche Sachverständige dargelegt hat, dass an einer unfallbetroffenen Extremität oder auch außerhalb der Gliedertaxe Funktionsstörungen im Sinne einer „Gesamtinvalidität“ ohne Berücksichtigung ihrer Ursächlichkeit verblieben sind, so hat er anschließend nach den gleichen Prinzipien zu überlegen, ob vorbestehend bereits Funktionsstörungen vorhanden waren – wie in unserem Eingangsbeispiel die Versteifung des Handgelenks – und diese in Abzug zu bringen. An diesen zum Unfallzeitpunkt bestehenden Funktionseinschränkungen darf aber kein vernünftiger Zweifel bestehen, sie müssen bewiesen sein. Die „alterskorrigierte" Norm begründet demgegenüber keinen Ansatz einer Vorinvalidität.

Unterstellt man zu unserem Einführungsbeispiel, dass unfallbedingte Verletzungsfolgen am Arm verblieben wären, so müsste für den Fall der Bemessung dieser nach dem Armwert die Versteifung des Handgelenks als Vorinvalidität in dem Umfang in Abzug gebracht werden, als sie Auswirkungen auf die Funktionsfähigkeit des Armes hatte.

Merke: Die Beweislast für die Vorinvalidität liegt beim Versicherer, es gilt der sog. Vollbeweis.

11.6 Mitwirkung von Krankheiten oder Gebrechen

Eine weitere Kürzung der Leistung des Versicherers wird vorgenommen, wenn Krankheiten oder Gebrechen „... an der Gesundheitsschädigung oder ihren Folgen mitgewirkt haben" (Ziff. 3 AUB). Krankheiten oder Gebrechen haben bei der primären Gesundheitsschädigung oder deren sekundären Folgen mitgewirkt, wenn sie mitursächlich für die konkrete gesundheitliche Beeinträchtigung oder ihre Auswirkung auf die körperliche Leistungsfähigkeit geworden sind und weder die Vorerkrankung allein noch das Unfallereignis allein zu dem gesundheitlichen Zustand des Versicherten geführt haben (Rixecker 2019) [67]. Nicht maßgeblich ist demgegenüber, ob Krankheit und/oder Gebrechen am Unfallereignis selbst mitgewirkt haben (BGH 15.12.1999) [68].

Eine „Krankheit" im Sinne von Ziff. 3 AUB liegt vor, wenn ein regelwidriger Körperzustand besteht, der ärztlicher Behandlung bedarf, während unter einem Gebrechen ein dauernder abnormer Gesundheitszustand zu verstehen ist, der eine einwandfreie Ausübung normaler Körperfunktionen (teilweise) nicht mehr zulässt. Demgegenüber sind Zustände, die noch im Rahmen der medizinischen Norm liegen, selbst dann keine Gebrechen, wenn sie eine gewisse Disposition für Gesundheitsstörungen bedeuten. Ein mitwirkendes Gebrechen liegt allerdings unabhängig davon, ob der Versicherte zuvor schon an Beschwerden gelitten hat, auch dann vor, wenn eine vorbestehende Schädigung nicht lediglich zu einer erhöhten Schadenanfälligkeit geführt, sondern zur Verstärkung der Folgen des späteren Unfalls beigetragen hat. Unter dieser Voraussetzung genügen demnach auch bislang klinisch stumm verlaufene degenerative Veränderungen den Anforderungen an das Vorliegen eines Gebrechens (BGH 19.10.2016) [69].

Hat also eine z. B. manifeste bruchgefährdende Osteoporose an der Entstehung eines Knochenbruchs mitgewirkt, so hat der ärztliche Sachverständige den prozentualen Anteil dieser Mitwirkung zu beziffern. Haben dann z. B. eine arterielle Durchblutungsstörung oder eine entgleiste Zuckerstoffwechselstörung das Ausheilungsergebnis beeinträchtigt, so ist auch diesbezüglich eine prozentuale Mitwirkung durch den ärztlichen Sachverständigen zu beziffern, die der Versicherer dann ggf. in Abzug bringt.

Der aufmerksame Leser wird im Einführungsbeispiel schon gestutzt haben über den Begriff der Gelegenheitsursache, der – wie ausgeführt – natürlich für den Bereich der gesetzlichen Unfallversicherung reserviert ist. Das *Alles-oder-nichts-Prinzip* der gesetzlichen Unfallversicherung spielt unter dem Regelwerk des privaten Unfallversicherungsvertrages keine Rolle (s. Kap. 8). Hier genügt jede Mitursächlichkeit des bedingungsgemäßen Unfallereignisses bzw. des ihm in Ziff. 1.4 AUB gleichgestellten Ereignisses für die Gesundheitsschädigung, wegen derer der Versicherte Leistungen (Invaliditätsleistung, Krankenhaustagegeld etc.) beansprucht. Der Unfallversicherungsvertrag gibt entgegen der Relevanztheorie im öffentlichen Recht (Wesentlichkeit) i. S. der Adäquanz (generelle Geeignetheit) nun die Möglichkeit, den Anteil unfallunabhängig bestehender Krankheiten oder Gebrechen am Eintritt der Unfallverletzung/Erstgesundheitsschädigung und auch dem Heilverlauf und der Entwicklung der Unfallverletzungsfolgen prozentual zu wichten. Es bestehen dann regelhaft Grenzen, bei deren Unterschreiten der Versicherer eine Mitwirkung von Krankheiten und/oder Gebrechen nicht in Abzug bringt. Regelhaft kommt der Abzug einer Mitwirkung von Krankheiten und/oder Gebrechen erst ab einem Prozentsatz von 25 % zum Tragen.

Merke: Mitwirkungsanteile sind zwar nach AUB „mathematisch" exakt in Prozent, der Vorstellungskraft eines Menschen entsprechend aber nur schlüssig in einem Bereich niedrig (ca. 25 %), gleichwertig (ca. 50 %), hoch (ca. 75 %) oder weit überwiegend (ca. 90 % und mehr) zu beziffern.

Die Beweislast für die Mitwirkung von Krankheiten und Gebrechen liegt wieder beim Versicherer, es gilt auch hier der sog. Vollbeweis.

Auch im Rahmen der Risikoerweiterung gem. Ziff. 1.4 AUB (Unfallfiktion der erhöhten Kraftanstrengung) ist eine Minderung wegen Mitwirkung von Krankheiten oder Gebrechen nach Ziff. 3 AUB auch im Rahmen der Unfallfiktion möglich (BGH 22.01.2020) [70].

11.7 Leistungsarten

11.7.1 Invaliditätsleistung als Herzstück der privaten Unfallversicherung

11.7.1.1 Systematik der Invaliditätsbemessung

Die versicherte Person muss bedingungsgemäß in der körperlichen oder geistigen Leistungsfähigkeit unfallbedingt dauerhaft beeinträchtigt sein. Von einer solchen

Dauerhaftigkeit ist auszugehen, wenn die Beeinträchtigung voraussichtlich länger als drei Jahre bestehen wird und eine Änderung dieses Zustands nicht erwartet werden kann (siehe auch § 180 VVG). Vorübergehende unfallbedingte Funktionsstörungen können also die Leistungsart Invalidität nicht auslösen. Gleichzeitig beinhaltet der Text des Bedingungswerks den Auftrag an den ärztlichen Sachverständigen, auch zur Prognose Stellung zu nehmen, worauf an anderer Stelle näher einzugehen ist (11.7.1.4).

Eine weitere Voraussetzung für die Invaliditätsleistung ist, dass die Invalidität innerhalb eines Jahres nach dem Unfall eingetreten (AUB 2014: 15 Monate) und innerhalb von regelhaft 15 Monaten nach dem Unfall von einem Arzt schriftlich festgestellt und vom Versicherten beim Versicherer geltend gemacht wurde (Vgl. 11.2.1 und 11.2.2).

Für die ärztlich zu bemessende unfallbedingte Invalidität gibt der Versicherer in der so genannten *Gliedertaxe* (Ziff. 2.1.2.2.1 AUB) feste Invaliditätsgrade bei Verlust oder völliger Funktionsunfähigkeit bestimmter Körperteile und Sinnesorgane vor (https://www.gdv.de/resource/blob/6252/952c52d93fc486c4970a8c33e2ea0d1e/01-allgemeine-unfallversicherungsbedingungen–aub-2014–data.pdf). So beträgt etwa der Invaliditätsgrad bei Verlust oder völliger Funktionsunfähigkeit der Hand 55 %. Bei einem Teilverlust der Hand oder einer teilweisen Funktionsbeeinträchtigung gilt dann der entsprechende Teil des jeweiligen Prozentsatzes. Die pauschalierten Sätze der Gliedertaxe sind dabei für ihren Bereich abschließend und einer individuellen Korrektur nicht zugänglich (Rixecker 2019) [71]. Dieser Systematik folgend kann der ärztliche Sachverständige auf anerkannte Bemessungsempfehlungen, die immer wieder überarbeitet und weiterentwickelt werden, zurückgreifen, wo er sich dann z. B. an Bemessungsmaßstäben für die Versteifung der großen Extremitätengelenke in gebrauchsgünstiger Stellung oder Eckwerten der Bewegungseinschränkung orientieren kann, wobei das Funktionsdefizit (die Invalidität) in Bruchteilen der Norm in Zehntel- oder maximal Zwanzigstelschritten zu bemessen ist [72]. Erst wenn durch den Unfall betroffene Körperteile oder Sinnesorgane betroffen sind, deren Verlust oder Funktionsunfähigkeit nicht in der Gliedertaxe geregelt sind, so ist dann (außerhalb der Gliedertaxe) maßgebend, inwieweit die normale körperliche oder geistige Leistungsfähigkeit unter ausschließlicher Berücksichtigung medizinischer Gesichtspunkte beeinträchtigt ist. Es wird also der Gliedertaxe immer der Vorrang gegeben (Primat der Gliedertaxe in der Invaliditätsbemessung).

Merke: Unter Abzug von eventuell vorliegender Vorinvalidität sowie eventueller Mitwirkungsanteile von Krankheiten und Gebrechen aus einer der Invaliditätsbemessung zu Grunde liegenden Funktionsstörung ergibt sich rein rechnerisch die „rein unfallbedingte" Invalidität.

11.7.1.2 Gliedertaxe im Wandel der Zeit

Die private Unfallversicherung ist eine Summenversicherung. Die Höhe der Leistung des Versicherers richtet sich also nicht nach einem (abstrakten oder konkreten) Schaden des Versicherten, sondern nach der Höhe der bei Vertragsabschluss vereinbarten Versicherungssumme. Kernstück der versicherten Leistungsarten ist dabei regelhaft die Invaliditätsleistung, die sich wiederum nach dem Umfang der unfallbedingt verbliebenen Funktionsstörungen richtet. Ausgehend von dem so ermittelten Invaliditätsgrad schuldet der Versicherer eine Invaliditätsleistung, die je nach Vereinbarung entweder mit dem Prozentsatz des Invaliditätsgrades an der Versicherungssumme oder einem Vielfachen der Versicherungssumme (sog. progressive Invaliditätsstaffel) identisch ist, oder aber ab einem bestimmten Invaliditätsgrad in einer wiederkehrenden Leistung (Unfallrente) besteht.

Der Begriff „Gliedertaxe" wurde zunächst nur in der Rechtsprechung und Literatur verwendet und fand sich zunächst in den AUB nicht, er taucht hier erstmals in den AUB 2014 auf. Der Versicherer hat für bestimmte Gliedmaßen(teile) Prozentsätze festgelegt – die je nach Bedingungswerk auch differieren können – für den Verlust oder eine dem Verlust gleichgestellte Funktionsunfähigkeit. Demgemäß beschreibt die Regelung abgegrenzte Teilbereiche einer Extremität und ordnet jedem Teilbereich einen festen Invaliditätsgrad zu, der mit Rumpfnähe des Teilgliedes steigt. Hiermit trägt die Gliedertaxe zugleich dem Umstand Rechnung, dass Gliedverluste bzw. die völlige oder teilweise Gebrauchsunfähigkeit eines Gliedes mit zunehmender Rumpfnähe der Stelle, an der das Körperglied verloren gegangen (oder die Gebrauchsbeeinträchtigungen auslösende Ursache zu lokalisieren) ist, zu wachsender Einschränkung der generellen Leistungsfähigkeit von Menschen führen. In jedem der in der Gliedertaxe genannten Invaliditätssätze ist bereits mitberücksichtigt, wie sich der unfallbedingte Verlust oder die Gebrauchsunfähigkeit eines Gliedteils auf den verbleibenden Gliedrest auswirkt. Daraus resultiert das Ansteigen des Invaliditätsprozentsatzes mit zunehmender Rumpfnähe des Gliedverlustes oder der Funktionsstörung. Nach der für die Bemessung der Invaliditätsleistung maßgeblichen Gliedertaxe schließt deshalb der Verlust oder die Funktionsunfähigkeit eines funktionell höher bewerteten, rumpfnäheren Gliedes den Verlust oder die Funktionsunfähigkeit des rumpfferneren Gliedes ein. Eine „Addition" der einzelnen Invaliditätsgrade findet nicht statt. Führt allerdings eine Beeinträchtigung des rumpfferneren Gliedteils zu einem höheren Invaliditätsgrad als die Funktionsunfähigkeit des rumpfnäheren Körperteils, so stellt die Invaliditätsleistung für das rumpffernere Körperteil die Untergrenze der geschuldeten Versicherungsleistung dar (BGH 14.12.2011) [73].

Zu einer entscheidenden Änderung für das „Verständnis" der Gliedertaxe führten nach dem Wandel der AUB 61 zu den AUB 88 die so genannte „Gelenkrechtsprechung" des BGH und die nachgehende, zu den geänderten AUB ergangene Rechtsprechung zur Gebrauchsminderung der Schulter.

Der BGH hatte zunächst in seinem Urteil vom 9. Juli 2003 (BGH 09.07.2003) [74] und alsdann mit einem weiteren Urteil (BGH 24.05.2006) [75] jeweils unter Verweis auf die Unklarheitenregelung (§ 305c Abs. 2 BGB) die damals den AUB 88 und 94 zugrunde liegenden Wendungen: „Funktionsunfähigkeit einer Hand im Handgelenk“ und „... eines Armes im Schultergelenk“ aus der maßgeblichen Sicht eines durchschnittlichen Versicherungsnehmers als mehrdeutig ausgelegt. Die Wortwahl „Hand im Handgelenk” bzw. „Arm im Schultergelenk“ könne den Versicherungsnehmer, der die Bedeutung der Formulierung „im Gelenk” zu erschließen suche, zu einem Verständnis führen, dass auf die Funktionsunfähigkeit des Gelenks selbst und nicht auf die Funktionsunfähigkeit des Teilgliedes (Hand/Arm) abzustellen ist. In diesem Verständnis könne sich der Versicherungsnehmer insbesondere dadurch bestätigt sehen, dass die Gliedertaxe Teilbereiche eines Gliedes – so des Armes – auch mit Wendungen beschreibe wie „eines Armes bis” (oberhalb des Ellbogengelenks – unterhalb des Ellbogengelenks); entsprechendes gelte für Teilbereiche des Beines. Wenn einerseits mit der Wendung „bis” ausdrücklich Gliedabschnitte beschrieben würden, deute im Gegensatz dazu die Wendung „im” auf eine Lokalisierung der Funktionsunfähigkeit gerade im Gelenk selbst hin. Liege also vollständige Funktionsunfähigkeit des Handgelenks durch dessen Versteifung vor, könne der Versicherungsnehmer die Gliedertaxe dahin verstehen, dass allein deshalb der in der Gliedertaxe festgelegte volle Invaliditätsgrad zugrunde zu legen sei, selbst wenn trotz der Funktionsunfähigkeit des Gelenks Hand bzw. Arm selbst noch teilweise funktionsfähig geblieben sein sollten. Die Folge ist, dass bei Geltung dieser Bedingungen der Versicherer etwa bei Versteifung im Schultergelenk den auch bei einem Verlust des Armes festgelegten Invaliditätsgrad der geschuldeten Versicherungsleistung zugrunde zu legen hat. In Bezug auf diese Sichtweise wurden neue Bemessungsempfehlungen erarbeitet.

Die Versicherer haben mit Blick auf diese Rechtsprechung die (Muster)Versicherungsbedingungen angepasst. Seitdem findet sich in der Gliedertaxe nicht mehr die Wendung „... im Gelenk“, sondern nur noch die Bezeichnung des Gliedes („Hand“, „Arm“, „Fuß“).

Die Neuformulierung der AUB, in denen das Schultergelenk in den Bestimmungen der Gliedertaxe über den Verlust oder die völlige Funktionsbeeinträchtigung eines Arms keine Erwähnung mehr findet, führt allerdings nach einer Entscheidung des BGH (BGH 01.04.2015) [76] dazu, dass der Invaliditätsgrad bei einer Gebrauchsminderung der Schulter nicht mehr nach der Gliedertaxe, sondern nach den Regeln zur Invaliditätsbestimmung für andere Körperteile (außerhalb der Gliedertaxe) zu ermitteln ist. Denn der durchschnittliche Versicherungsnehmer könne den AUB nicht (mehr) entnehmen, dass der gesamte Schultergürtel zum Arm zählen und eine dort eintretende Gesundheitsbeeinträchtigung bei der Bestimmung des Invaliditätsgrades als bedingungsgemäße Funktionsstörung des Armes gelten solle. Vielmehr werde der durchschnittliche Versicherungsnehmer der beim Arm von 5 % bis 70 % reichenden Staffelung entnehmen, dass zum Arm nur dessen in der Gliedertaxe im Einzelnen benannte Teile, nämlich die Finger, die Hand, der Arm unterhalb und bis oberhalb des Ellenbogens, schließlich der restliche Arm zählen solle. Teile der Schulterpartie, mögen sie auch funktionell dazu bestimmt sein, die zwischen Arm und Rumpf auftretenden Kräfte aufzunehmen und somit die Funktionsfähigkeit des Armes zu gewährleisten, werde er nicht als vom Bedingungswortlaut erfasst ansehen (BGH 01.04.2015) [77]. Allerdings hat der BGH im Jahre 2017 klargestellt, dass der Tatrichter nicht gehindert ist, bei einer Schädigung, die zwar im Halswirbelbereich ihren Sitz hat, sich unter anderem auf die Schulter, letztlich aber vorwiegend auf die Funktionsfähigkeit eines Armes auswirkt, im Rahmen der Invaliditätsbemessung für nicht in der Gliedertaxe aufgeführte Körperteile, die Wertungen der Gliedertaxe in deren entsprechender Anwendung heranzuziehen, um Wertungswidersprüche zu den pauschalierten Invaliditätsgraden der Gliedertaxe zu vermeiden (BGH 27.09.2017) [78].

Hätte also unser Maler tatsächlich unfallbedingt eine Schulterverletzung erlitten und hätte sie auch zu einer Funktionseinschränkung der Schulter geführt, so wäre dieses Funktionsdefizit ab AUB 2008 außerhalb der Gliedertaxe zu bemessen, wofür entsprechende Bemessungsempfehlungen vorliegen (Klemm 2016) [79]. Sollen dadurch bedingte Wertungswidersprüche vermieden werden, müssen die „klassischen" Eckwerte der Invaliditätsbemessung nach Armwert ihre Analogie in einem Prozentwert außerhalb der Gliedertaxe finden. Wie das Funktionsdefizit im Einzelfall bemessen werden soll, gibt der Auftraggeber vor.

Die Gliedmaße oder ihre Teile (Finger, Hand, Fuß usw.) sind immer als Ganzes zu betrachten. Entscheidend ist dabei der Ort der Funktionsstörung und nicht der der Verletzung. Eine Rückenmarkverletzung wird regelhaft Funktionsstörungen an den Extremitäten nach sich ziehen, so dass die Folgen einer primären Unfallverletzung an dem nicht in der Gliedertaxe aufgeführten Achsorgan nach der Gliedertaxe zu bewerten sind, denn dort verbleibt die (Teil)lähmung und daraus resultierende Funktionsstörung.

Weiter ergibt sich aus der Systematik der Gliedertaxe, dass z. B. Funktionsstörungen der Hand (z. B. inkompletter Faustschluss) bedingt sind durch Fingerfunktionsstörungen, die Invalidität also nach den Fingerwerten zu bemessen ist, da in ihnen die zwangsläufig aus dem Fingerfunktionsdefizit resultierende Funktionsstörung der Hand bereits berücksichtigt ist.

Bei Mehrfachverletzungen an verschiedenen Gliedmaßen werden die Invaliditätswerte der einzelnen Gliedmaßen addiert (bis max. 100 %), bei Mehrfachverletzungen an einer Extremität wird die Extremität als Ganzes betrachtet und beurteilt, welches Funktionsdefizit am ausgeprägtesten ist und zunächst gedanklich mit einer Invalidität bemessen. Anschließend ist zu überlegen, um wieviel Bruchteile der Norm durch weitere Unfallverletzungsfolgen an dieser Extremität sich das „bedeutendste" Funktionsdefizit noch verschlechtert, was dann wiederum gedanklich hinzugerechnet wird. Dabei entspricht der Additionswert nicht dem, der isoliert, also ohne weitere Verletzungsfolgen aus dem Funktionsdefizit resultieren würde. Er liegt also niedriger. Das Ergebnis dieser subsummierenden Betrachtungsweise entspricht dann gewissermaßen einer „Gesamt"-Invalidität an dieser Extremität. Sind Funktionsstörungen peripher an Arm oder Bein nachzuweisen aber stammnäher als Fuß oder Hand, so wird die Extremität wieder als Ganzes (also als Arm oder Bein) betrachtet, da beispielhaft Funktionsbeeinträchtigungen eines Armes bis unterhalb des Ellenbogens nicht zu einer plausiblen Invaliditätsbemessung führen könnten. Die Formulierungen in den AUB „Arm bis unterhalb ...“ dienen lediglich bei Verlust einer weiteren Differenzierung zwischen dem Verlust des Armes im Hand- oder Ellenbogenbereich (analog Oberarm und Bein).

Hinzuweisen ist weiter darauf, dass die Invaliditätsbemessung in Bruchteilen der Norm zu erfolgen hat, und zwar entsprechend der Vorstellungskraft in Zehntel – oder maximal Zwanzigstelstückelung. Andere Stückelungen entziehen sich regelhaft der Vorstellungskraft.

11.7.1.3 Invalidität außerhalb der Gliedertaxe

Die Gliedertaxe hat nach dem Wortlaut der AUB immer Vorrang! Erst wenn die Gliedertaxe die Funktionsstörung nicht aufführt, ist die Invalidität außerhalb der Gliedertaxe zu bemessen.

Betrachtet man sich nun den Versicherten rein funktionell ohne seine Gliedmaßen, so stehen ihm noch umfangreiche Funktionen zur Verfügung, die in Summe einer 100%igen Funktion (außerhalb der Gliedertaxe) entsprechen. Im Gegensatz zur Gliedertaxe sind hier regelhaft vertraglich keine Verlustwerte definiert, wobei es Vertragsgestaltungen gibt, die Verlustwerte z. B. für die Niere oder die Milz festsetzen.

Der ärztliche Sachverständige hat nun den Invaliditätsgrad danach zu bemessen, inwieweit die normale körperliche oder geistige Leistungsfähigkeit unter ausschließlich medizinischen Gesichtspunkten beeinträchtigt ist. Die Hirnleistung, die Funktion des Magen-Darmtraktes, der Wirbelsäule und des Rückenmarks, des Beckens und seines Inhalts usw. sind also zusammen 100 %.

Merke: Bei der Invaliditätsbemessung hat die Gliedertaxe immer Vorrang. Die Bemessung erfolgt in Bruchteilen der Norm (x/10 oder y/20) und erst wenn die Körperteile in der Gliedertaxe keine Erwähnung finden, erfolgt die Invaliditätsbemessung außerhalb dieser in Prozent.

11.7.1.4 Prognosebeurteilung

Allgemein

In den AUB heißt es unter den Voraussetzungen für eine Invaliditätsleistung: „Die körperliche oder geistige Leistungsfähigkeit der versicherten Person ist unfallbedingt dauerhaft beeinträchtigt (Invalidität). Eine Beeinträchtigung ist dauerhaft, wenn sie voraussichtlich länger als drei Jahre bestehen wird und *eine Änderung des Zustandes nicht erwartet werden kann.*“

Die unfallbedingte Funktionsbeeinträchtigung muss also nicht nur die 3-Jahres-Unfallgrenze überdauern, sondern es ist auch zu berücksichtigen, wie sie sich über diesen Zeitpunkt hinaus entwickeln wird. Dabei spielt aber allein die Möglichkeit einer Verbesserung ebenso wenig eine Rolle wie die Möglichkeit einer Verschlechterung, die zu erwartende Änderung des Unfallverletzungsfolgezustands muss hoch wahrscheinlich sein. Es reicht also an dieser Stelle nicht, dass sich möglicherweise ein periprothetischer Bruch nach einer Prothesenimplantation entwickeln könnte, sondern es müssen gewichtige Gründe dafür sprechen, die Zweifeln an dieser Entwicklung Schweigen gebieten.

Praxistipp: Zu beachten ist, dass nach der Erstfeststellung der Invalidität dem Versicherten und dem Versicherer die Möglichkeit gegeben ist, den Grad der Invalidität jährlich neu zu bemessen und dies längstens bis zu 3 Jahre nach Unfall. Erfolgt also eine Begutachtung am Anfang des dritten Unfalljahres, muss sich der ärztliche Sachverständige bewusst sein, dass er die Unfallverletzungsfolgen abschließend zu beurteilen hat, da dann auf Grund der Jahresfrist keine Möglichkeit mehr einer Neubemessung gegeben ist.

Arthroserisiko

Immer wieder liest man die Argumentation, dass basierend auf angeblich „gesicherten" gutachtlichen Erfahrungen sich ein längerfristiges Arthroserisiko spätestens zum dritten Unfalljahr an zumindest initialen röntgenmorphologischen Zeichen einer Arthrose zu manifestieren pflege. In diesen Fällen sei ein Zuschlag je nach Ausprägung der Arthrosezeichen von 1 bis 2/20 Gliedmaßenwert zu rechtfertigen.

Das hält einer Überprüfung schon deswegen nicht Stand, da die „gesicherten" Erfahrungen nicht benannt werden können. Außerdem konnte eine umfassende Literaturrecherche belegen, dass in weniger als 10 % des Studienkollektivs posttraumatische Arthrosezeichen von wenigstens Schweregrad Kellgren I oder II innerhalb von 3 Jahren nach Unfall nachweisbar waren [80]. Im Einzelfall ist es weitgehend unmöglich, die individuelle Arthroseprogression hinreichend wahrscheinlich vorauszusagen. Dafür sind die möglichen Ursachen einer Arthroseentwicklung eines Gelenks viel zu multifaktoriell: u. a. primäre und sekundäre Knorpelschädigung, Meniskusveränderungen z. B. im Kniegelenk, Aktivitätsgrad des Betroffenen, Art von gewählten Therapieverfahren (z. B. wieder am Kniegelenk die Art der Kreuzbandoperation), Störungen der neurophysiologischen Gelenksteuerung oder auch alimentäre Faktoren [81].

Unabhängig von diesen Faktoren war aber auch der Gedanke eines Arthrosezuschlages vom Ansatz her falsch, denn selbst bei Entwicklung einer als posttraumatisch einzustufenden Arthrose kann man nicht hinreichend wahrscheinlich machen, dass daraus dann auch ein als invaliditätsrelevant einzustufendes (zusätzliches) Funktionsdefizit resultieren wird.

AUB-konform kann man also lediglich i. S. der Prognosebeurteilung eine Erhöhung der Invalidität vornehmen nach z. B. stattgehabten Gelenkfrakturen, bei denen aus Funktionsdiagnostik und Bildgebung hoch wahrscheinlich zu machen ist, dass bereits kurz- bis mittelfristig ein Gleitflächenersatz durch Prothesenimplantation notwendig werden wird.

Prothesen-Zuschlag

Bei unfallbedingten Endoprothesen bemisst man einen Basiswert nach Funktionsstörung und soll einen Zuschlag für die Minderbelastbarkeit/Lockerungsgefahr und den zu erwartenden Prothesenwechsel in Abhängigkeit vom Lebensalter bemessen, wobei in diesen Zuschlägen die Funktionsbeeinträchtigung aufgrund gegenwärtiger präventiver Überlegungen bereits enthalten ist (Prothesenzuschlag = Präventivzuschlag [auf Grund verbotener Funktionen] + Zukunftsrisiko [Lockerung, Prothesenwechsel]). Dabei wurde eine lineare Funktion in Abhängigkeit vom Alter definiert, die mathematisch genau erschien. Das kumulative Risiko einer Revisionsoperation nach Prothesenimplantation liegt bei einem 30-jährigen Versicherten um 50 % höher als bei einem 80-Jährigen, was nicht der geforderten hohen Wahrscheinlichkeit entspricht [82]. Eine nach Prothesenrevision eintretende Verschlechterung des Funktionsdefizits ist möglich und wohl auch wahrscheinlich, nicht aber hoch wahrscheinlich und schon gar nicht invaliditätsrelevant nachzuweisen. Nach diesem System würde ein 35-Jähriger mit relativ gut funktionierender Prothese von der Invalidität gleichgestellt mit einem Patienten mit orthesenpflichtigem Schlotterknie oder ein 20-jähriger Prothesenträger vergleichbar sein mit einer Girdlestone-Hüfte.

Dieser Prothesenzuschlag blieb im Gegensatz zu Österreich in Deutschland von der Versicherungswirtschaft unwidersprochen, bedarf aber dringend der Abschaffung, da er durch keine wissenschaftlichen Erkenntnisse begründet werden kann. Die Erarbeitung entsprechender Lösungsvorschläge erfolgt derzeit im wissenschaftlichen Beirat der Fachgesellschaft Interdisziplinäre Medizinische Begutachtung e. V.

Merke: Für eine unfallbedingte Invaliditätsbemessung muss die Invalidität innerhalb des ersten Unfalljahres eingetreten sein. Eine weit überwiegend wahrscheinliche Änderung der Unfallverletzungsfolgen über die 3-Jahres-Unfallgrenze hinaus muss Beachtung finden.

11.7.2 Weitere Leistungsarten – eine Auswahl

11.7.2.1 Sofortleistungen

Je nach Vertragsgestaltung kann der Versicherer bei schweren Verletzungen in vereinbarter Höhe eine Sofortleistung erbringen. Was unter „schweren Verletzungen" definiert ist, hat er im Vertrag festgelegt. Dazu können z. B. Querschnittslähmungen, eine Fuß- oder Handamputation oder auch Mehrfachverletzungen gehören, die dann jeweils in einem separaten Katalog festgeschrieben sind. Regelhaft muss sich der Versicherer in diesen Fällen keiner ärztlich-gutachtlichen Hilfe bedienen.

11.7.2.2 Übergangsleistung

Hinter dieser Leistung steckt die Absicht, bei schweren Unfallverletzungen die Zeit bis zur möglichen Erbringung einer Invaliditätsleistung zu überbrücken. In diesen Fällen muss der ärztliche Sachverständige entscheiden, ob beim Versicherten über den Zeitraum von 6 Monaten seit Eintritt des Unfalls eine unfallbedingte Beeinträchtigung der normalen körperlichen oder geistigen Leistungsfähigkeit von mehr als 50 % *ununterbrochen* bestanden hat und dies ohne Mitwirkung von Krankheiten oder Gebrechen.

11.7.2.3 Tagegeld, Krankenhaustagegeld

Dies ist ein individuell zu vereinbarender „Baustein" der privaten Unfallversicherung. Mit dem Tagegeld sollen Einkommenseinbußen wegen unfallbedingter Beeinträchtigung der Arbeitsfähigkeit ausgeglichen werden, wobei hier Beginn und Höhe der Leistungen sehr variabel gestaltbar sind.

Beim Krankenhaustagegeld wird für jeden Tag des unfallbedingten Krankenhausaufenthalts eine Leistung erbracht, die Leistung mindert sich prozentual, wenn an der Notwendigkeit des Krankenhausaufenthalts Krankheiten oder Gebrechen mitgewirkt haben.

11.7.2.4 Todesfallleistung

Die versicherte Summe für den Fall des unfallbedingten Todes des Versicherten kommt zur Auszahlung, wenn der Unfallverletzte innerhalb eines Jahres nach dem Unfall und durch diesen zu Tode kommt. Nach einem unfallbedingten Tod nach Ablauf dieser Jahresfrist besteht kein Anspruch auf die Todesfallsumme, regelhaft dann aber auf eine Invaliditätsleistung. Zur Prüfung der Leistungspflicht muss sich in diesen Fällen der Versicherer regelhaft ärztlichen Sachverstandes bedienen, da es um die Frage der Mitwirkung von Krankheiten oder Gebrechen am Tod des Versicherten geht und hier regelhaft unzureichende Befunddokumentationen vorliegen.

11.7.2.5 Unfallrente

Ab einem bestimmten vertraglich festgesetzten unfallbedingten Invaliditätsgrad schuldet der Versicherer eine Unfallrente. Für die Voraussetzungen und die Bemessung der Invalidität gelten – vorbehaltlich abweichender Regelungen in den besonderen Bedingungen – die gleichen Grundsätze wie oben dargestellt.

Merke abschließend: Der ärztliche Sachverständige ist zwar im Gegensatz zur gesetzlichen Unfallversicherung derjenige, der die Höhe der Invalidität, der Vorinvalidität und den Anteil der Mitwirkung von Krankheiten und Gebrechen aus fachlicher Sicht bemisst/festsetzt – wenngleich die Letztentscheidung auch insoweit dem Versicherer/Gericht überlassen ist – trotzdem bleibt der Versicherer/das Gericht Herr des Verfahrens. Ob z. B. eine Invalidität fristgerecht und auch sachlich korrekt bescheinigt wurde, sind keine ärztlich zu beantwortenden Fragen. Der Auftraggeber gibt vor, welche Fragen der Beantwortung mithilfe ärztlichen Sachverstandes bedürfen und z. B. welche Gliedmaße/welcher Gliedmaßenteil begutachtet werden soll. Unklare oder zu allgemeine Fragestellungen sollte man durch Nachfrage beim Auftraggeber konkretisieren lassen.

11.8 Auflösung des Eingangsbeispiels

Der Maler hat einen Farbeimer angehoben und dieser Hebevorgang war ein geplanter und physiologischer Bewegungsablauf, der auch durch keinerlei Störfaktoren beeinflusst wurde. Er klagte zunächst über Schmerzen in der Schulter und es wurde eine entsprechende bildgebende Diagnostik eingeleitet, in der ein Defekt der Supraspinatussehne zur Darstellung kam. In der Folge einer durchgeführten operativen Therapie verblieb eine erhebliche Bewegungsstörung des Armes im Schultergelenk.

Zweifelsfrei lag kein plötzliches und von außen auf den Versicherten wirkendes Ereignis vor, welches unfreiwillig zu einer Gesundheitsschädigung führte. Der klassische Versicherungsfall „Unfall“ ist damit nicht gegeben.

Betrachtet man aber die Unfallfiktion i. S. der erhöhten Kraftanstrengung so muss diese ärztlich-gutachtlich wohl bejaht werden. Trotzdem stellen sich rechtlich folgende Fragen: Kommt es bei der Definition „erhöhte“ Kraftanstrengung auf die üblicherweise im Beruf ausgeübten Tätigkeiten an? Ist also der Büroangestellte evtl. anders als unser Maler zu beurteilen?

Diese Frage ist zu verneinen: Ob der konkrete Bewegungsablauf eine erhöhte Kraftanstrengung im Vergleich zu normalen Abläufen des täglichen Lebens erfordert, beurteilt sich allein nach den individuellen körperlichen Verhältnissen des Versicherten und dabei wird nicht darauf abgestellt, ob die erhöhte Kraftanstrengung nur einmalig oder regelmäßig ausgeübt wurde (BGH 22.01.2020, 20.11.2019) [83].

Neben einer dem Unfallereignis gleichgestellten erhöhten Kraftanstrengung ergibt sich also bei anschließend beklagten Schmerzen der erste Verletzungsverdacht/die ärztliche Verdachtsdiagnose.

Bei einem Hebevorgang wird aber die Muskulatur in Einheit mit ihrer Sehne willentlich angesteuert und es widerspricht dem Bauplan des menschlichen Körpers, dass sich durch eine solche Anspannung die Sehne gewissermaßen selbst zerstören könnte. Insofern konnte die hier als defekt beschriebene Sehne nicht von einer Kraft in pathologischer Dimension erreicht werden, da auch insbesondere ihre Bruchlast wesentlich höher ist als die der vorgeschalteten Muskulatur und der ihres knöchernen Ansatzes, ein Defekt also nur bei gleichzeitigen degenerativen und texturstörungsbedingten Veränderungen auftreten kann.

Vorbestehende Funktionsstörungen des Armes im Schultergelenk sind nicht dokumentiert gewesen, so dass eine Vorinvalidität nicht zu beweisen ist.

Würde man fiktiv unterstellen, dass eine Kraft in pathologischer Dimension Schulterbinnenstrukturen hätte erreichen können, würde die Beurteilung wie folgt aussehen:

Bei kernspintomografisch fehlenden frischen Verletzungszeichen mit z. B. blutungsäquivalenten Signalstörungen und fehlenden Veränderungen am funktionell im Wesentlichen gleichartig wir-

kenden Schulterkappenmuskel sowie bei der feingeweblichen Untersuchung nachgewiesenen Texturstörungen Grad III nach Krenn wird man zur Überzeugung gelangen müssen, dass dann der fiktiv gestörte Bewegungsablauf wohl eher nur der letzte Tropfen war, der das Fass zum Überlaufen brachte, somit die Mitwirkung unfallunabhängiger Gebrechen mit 80 % oder mehr beziffern.
Aber: Es stellt sich die weitere Frage, ob unter Beachtung der BGH-Rechtsprechung, nach der eine Verletzung der Schulter nicht zum Arm gehört und deshalb außerhalb der Gliedertaxe zu bewerten ist, bei Unterstellung der erhöhten Kraftanstrengung eine Schädigung der Rotatorenmanschette nicht unter den Versicherungsschutz fällt, weil es in den AUB 2014 heißt: *„Als Unfall gilt auch, wenn sich die versicherte Person durch eine erhöhte Kraftanstrengung ein Gelenk an Gliedmaßen oder der Wirbelsäule verrenkt."* Nach AUB 2008 heißt es: *„Als Unfall gilt auch, wenn durch eine erhöhte Kraftanstrengung an Gliedmaßen oder Wirbelsäule ein Gelenk verrenkt wird oder Muskeln, Sehnen, Bänder oder Kapseln gezerrt oder zerrissen werden."* Die Frage ist zu verneinen, so dass auch der Riss der Supraspinatussehne als Verletzung im Sinne von Ziffer 1.4.1 AUB 2008/2014 anzusehen ist. Denn der durchschnittliche Versicherungsnehmer wird auf der Grundlage des Wortlauts und des systematischen Zusammenhangs auch einen Riss der Supraspinatussehne als Verletzung an Gliedmaßen ansehen. Die Klausel fordert nach ihrem Wortlaut keine Verletzung der Gliedmaße selbst, sondern eine Verletzung an Gliedmaßen. Das wird der durchschnittliche Versicherungsnehmer dahingehend verstehen, dass auch solche Körperteile erfasst werden sollen, die sowohl mit Gliedmaßen als auch mit dem Rumpf verbunden sind. Dazu wird er die verletzte Supraspinatussehne zählen, die als Teil der Rotatorenmanschette den Oberarm mit Schulter und Rumpf verbindet (BGH 22.01.2020) [84]. Zu berücksichtigen bleibt indessen eine Vorschädigung im Sinne von Ziff. 3 AUB 2008/2014 (vgl. oben 6.) (BGH 22.01.2020) [85].
Bei der in zeitlichem Abstand zum Ereignis diagnostizierten Hirnblutung handelte es sich um eine Subarachnoidalblutung (Blutung unter der Spinnenhaut). Eine solche Blutung ist bedingungsgemäß vom Versicherungsschutz ausgeschlossen. Es können im konkreten Fall auch keine Indizien aufgezeigt werden, die zu einem Wiedereinschluss führen würden. Selbst wenn man einen Blutdruckanstieg beim Anheben des Eimers unterstellen wollte, so läuft dieser in einem physiologischen Rahmen ab, wofür die Gefäßwand geschaffen ist. Weit überwiegend wahrscheinlich ist die Entstehung einer Subarachnoidalblutung ohne jegliches Schädel-Hirntrauma aus innerer Ursache durch Hochdruckkrankheit, Gefäßmissbildung oder Aneurysma (Gefäßwandaussackung) oder subkortikale (unter der Hirnrinde gelegene) arteriosklerotische Enzephalopathien (Gefäßerkrankungen).
Im Streit über die Höhe der Invalidität nach fiktiv unterstelltem unfallbedingten Funktionsdefizit wäre diese außerhalb der Gliedertaxe zu beziffern, es sei denn, der Auftraggeber gibt dem ärztlichen Sachverständigen etwas Anderes vor. Für die jeweilige Höhe der Invalidität hat sich der Sachverständige an den konsentierten Bemessungsempfehlungen in der einschlägigen Gutachtenliteratur zu orientieren, die für verschiedene Betrachtungsweisen existieren. Auf die ggf. notwendige Vermeidung von Wertungswidersprüchen wurde an anderer Stelle bereits hingewiesen.
Da sich die vorbestehende Versteifung des Handgelenks zweifelsfrei auf die Funktion des Armes ausgewirkt hatte, wäre bei Invaliditätsbemessung außerhalb der Gliedertaxe der Versteifungswert des Handgelenks nicht in Abzug zu bringen. Unter Berücksichtigung der Rechtsprechung zu den evtl. Wertungswidersprüchen wäre er jedoch i. S. der Vorinvalidität zu berücksichtigen.

Literatur

[1] BGH, Urteil vom 22. Januar 2020 – IV ZR 125/18, r + s 2020, 222 Rn. 10 mit weiteren Nachweisen.
[2] BGH, Urteil vom 29. März 2017 – IV ZR 533/15, r + s 2017, 252 Rn. 9 ff. – LASIK.
[3] Drittes Durchführungsgesetz/EWG zum VAG vom 21. Juli 1994 (BGBl. I S. 1630, 3134).
[4] Kloth, Private Unfallversicherung, 2. Aufl. 2014, Kap. B Rn. 26 ff.
[5] BGH, Urteil vom 30. November 2005 – IV ZR 154/04, BGHZ 165, 167 = r + s 2006, 122.
[6] OLG Stuttgart, Urteil vom 18. Dezember 1997 – 7 U 158/97, r + s 1999, 172; LG Dortmund, Urteil vom 13. Januar 2011 – 2 O 325/10, r + s 2012, 94.
[7] BGH, Urteil vom 13. März 2002 – IV ZR 40/01, r + s 2002, 217, 218 mit weiteren Nachweisen.
[8] Kloth/Piontek, r + s 2017, 561, 562 mit weiteren Nachweisen.
[9] Rixecker, in: Langheid/Rixecker, VVG, 6. Aufl. 2019, § 180 Rn. 4.
[10] BGH, Urteile vom 16. Dezember 1987 – IVa ZR 195/86, VersR 1988, 286; vom 1. April 2015 – IV ZR 104/13, r + s 2015, 250 Rn. 21.
[11] BGH, Urteile vom 6. November 1996 – IV ZR 215/95, r + s 1997, 84; vom 1. April 2015 – IV ZR 104/13, r + s 2015, 250 Rn. 21 f.
[12] BGH, Urteil vom 16. Dezember 1987 – IVa ZR 195/86, VersR 1988, 286.
[13] BGH, Urteil vom 6. November 1996 – IV ZR 215/95, r + s 1997, 84.
[14] OLG Düsseldorf, Beschluss vom 13. Februar 2017 – 4 U 1/17, r + s 2018, 87 Rn. 13; OLG Hamm, Urteil vom 2. Februar 2001 – 20 U 176/00, NVersZ 2001, 315.
[15] OLG Saarbrücken, Urteil vom 27. April 2016 – 5 U 36/15, r + s 2017, 370 Rn. 22; OLG Frankfurt, Urteil vom 12. Januar 2017 – 3 U 87/15, r + s 2018, 488 Rn. 60 f.; Rixecker, in: Langheid/Rixecker, VVG, 6. Aufl. 2019, § 186 Rn. 7; Hoenicke, r + s 2018, 266, 269.
[16] OLG Saarbrücken, Urteil vom 27. April 2016 – 5 U 36/15, r + s 2017, 370 Rn. 22; OLG Frankfurt, Urteil vom 12. Januar 2017 – 3 U 87/15, r + s 2018, 488 Rn. 60 f.; Rixecker, in: Langheid/Rixecker, VVG, 6. Aufl. 2019, § 186 Rn. 7; Hoenicke, r + s 2018, 266, 269.
[17] OLG Celle, Urteil vom 13. März 2011 – 8 U 172/10, r + s 2014, 519.
[18] BGH, Urteile vom 1. April 2015 – IV ZR 104/13, r + s 2015, 250 Rn. 17; vom 14. Dezember 2011 – IV ZR 34/11, r + s 2012, 143 Rn. 10 mit weiteren Nachweisen.
[19] OLG Saarbrücken, Urteil vom 27. April 2016 – 5 U 36/15, r + s 2017, 370.
[20] OLG Hamm, Urteil vom 26. Oktober 2011 – 20 U 162/10, r + s 2012, 195; OLG Naumburg, Urteil vom 13. Mai 2004 – 4 U 165/03, r + s 2006, 124.
[21] LG Hanau, Urteil vom 7. November 2017 – 1 O 153/16, r + s 2018, 266 mit zust. Anm. Hoenicke.
[22] OLG Koblenz, Urteil vom 18. Dezember 1992 – 10 U 595/92, r + s 1993, 118.
[23] OLG Köln, Urteil vom 16. Januar 1992 – 5 U 108/91, r + s 1993, 360.
[24] BGH, Urteil vom 23. Oktober 2013 – IV ZR 98/12, r + s 2014, 91 Rn. 16.
[25] BGH, Urteil vom 6. Juli 2011 – IV ZR 29/09, r + s 2011, 400 Rn. 14 f.
[26] BGH, Urteil vom 23. Oktober 2013 – IV ZR 98/12, r + s 2014, 91 Rn. 15.
[27] BGH, Urteil vom 16. Oktober 2013 – IV ZR 390/12, r + s 2014, 34 Rn. 37 ff.
[28] OLG Saarbrücken, Urteil vom 13. März 2013 – 5 U 343/12, VersR 2014, 1202.
[29] BGH, Urteil vom 28. Januar 2009 – IV ZR 6/08, r + s 2009, 161 Rn. 11.
[30] OLG Hamm, Urteil vom 21. September 2012 – 20 U 92/12, r + s 2013, 512, 513 mit weiteren Nachweisen; siehe auch OLG Frankfurt, Beschluss vom 2. Juni 2015 – 15 U 214/14, r + s 2016, 481; OLG Karlsruhe, Urteil vom 20. Dezember 2018 – 12 U 106/18, r + s 2019, 401.
[31] BGH, Urteil vom 12. Dezember 1984 – IVa ZR 88/83, VersR 1985, 177.
[32] BGH, Urteil vom 16. Oktober 2013 – IV ZR 390/12, r + s 2014, 34 Rn. 38 mit weiteren Nachweisen; zur Erfrierungen siehe OGH Wien, Urteil vom 28. September 2016 – 7 Ob 79/16 t, VersR 2017, 646 und Urteil vom 18. Oktober 2017 – 7 Ob 32/17 g, VersR 2018, 703.

[33] BGH, Urteil vom 16. Oktober 2013 – IV ZR 390/12, r + s 2014, 34 Rn. 47 mit weiteren Nachweisen.
[34] BGH, Urteil vom 18. Februar 1987 – IVa ZR 196/85, BGHZ 100, 214, 216.
[35] BGH, Urteil vom 15. Juni 1994 – IV ZR 126/93, VersR 1994, 1054.
[36] Widder B, Tegenthoff M. Begutachtung komplexer regionaler Schmerzsyndrome (CRPS). MedSach;2014;110(1):26–31.
[37] OLG Hamm, Urteil vom 17. Mai 2018 – 6 U 104/17, r + s 2018, 555.
[38] Jacob, in: Marlow/Spuhl, Beck'scher Online-Kommentar VVG, 10. Edition (Stand: 1. Februar 2021), § 178 Rn. 55 mit weiteren Nachweisen.
[39] OLG Hamm, Beschluss vom 11. Februar 2011 – 20 U 151/10, r + s 2011, 530; Dörner, in: Langheid/Wandt, Münchener Kommentar zum VVG, 2. Aufl. 2017, § 178 Rn. 104; Rixecker, in: Langheid/Rixecker, VVG, 6. Aufl. 2019, § 178 Rn. 11; anderer Ansicht OLG Frankfurt, Urteil vom 14. Juni 2013 – 7 U 98/12, ZfS 2014, 404; OLG Nürnberg, Urteil vom 30. März 2000 – 8 U 3372/99, VersR 2000, 1490.
[40] Wagner, r + s 2013, 421 ff.; Dörner, in: Langheid/Wandt, Münchener Kommentar zum VVG, 2. Aufl. 2017, § 178 Rn. 105.
[41] OLG Frankfurt, Urteil vom 11. März 1998 – 7 U 232/96, BeckRS 1998, 16167 (Kreuzbandriss beim Handball).
[42] Naumann/Brinkmann, ZfS 2012, 69, 72.
[43] BGH, Urteil vom 20. November 2019 – IV ZR 159/18, r + s 2020, 45 Rn. 13 mit weiteren Nachweisen.
[44] BGH, Urteil vom 22. Januar 2020 – IV ZR 125/18, r + s 2020, 222 Rn. 8.
[45] BGH, Urteil vom 13. Mai 2009 – IV ZR 211/05, VersR 2009, 1213 Rn. 19; Beschluss vom 13. April 2011 – IV ZR 36/10, VersR 2011, 1171 Rn. 12; jeweils mit weiteren Nachweisen.
[46] BGH, Urteil vom 16. April 2013 – VI ZR 44/12, VersR 2013, 1045 Rn. 8 mit weiteren Nachweisen.
[47] BGH, Beschluss vom 21. Juli 2011 – IV ZR 216/09, VersR 2011, 1384 Rn. 9.
[48] BGH, Beschluss vom 13. April 2011 – IV ZR 36/10, VersR 2011, 1171 Rn. 12; Urteil vom 13. Mai 2009 – IV ZR 211/05, VersR 2009, 1213 Rn. 19; Urteil vom 29. September 2004 – IV ZR 233/03, r + s 2004, 516; Urteil vom 23. Juni 2004 – IV ZR 130/03, BGHZ 159, 360, 368 f.; Urteil vom 17. Oktober 2001 – IV ZR 205/00, VersR 2001, 1547.
[49] BGH, Beschluss vom 13. April 2011 – IV ZR 36/10, VersR 2011, 1171 Rn. 12 f. mit weiteren Nachweisen.
[50] BGH, Urteil vom 13. Mai 2009 – IV ZR 211/05, VersR 2009, 1213 Rn. 19.
[51] OLG Hamm, Beschluss vom 5. Dezember 2018 – 20 U 132/18, r + s 2019, 532 Rn. 12.
[52] BSG, Urteile vom 27. Oktober 1987 – 2 RU 35/87, BSGE 62, 220; vom 2. Februar 1999 – B 2 U 6/98 R, VersR 2000, 789.
[53] BGH, Urteil vom 23. Oktober 2013 – IV ZR 98/12, r + s 2014, 91 Rn. 21.
[54] BGH, Urteil vom 19. Oktober 2016 – IV ZR 521/14, r + s 2016, 630 Rn. 14.
[55] BGH, Urteil vom 17. Mai 2000 – IV ZR 113/99, r + s 2000, 478 zu § 3 Abs. 4 S. 1 AUB 61.
[56] BGH, Urteil vom 17. Mai 2000 – IV ZR 113/99, r + s 2000, 478; Beschluss vom 24. September 2008 – IV ZR 219/07, r + s 2008, 521 Rn. 3 zu § 2 I (1) S. 1 AUB 88.
[57] BGH, Urteil vom 28. Januar 2009 – IV ZR 6/08, r + s 2009, 161 Rn. 12 mit weiteren Nachweisen.
[58] BGH, Urteil vom 21. September 1988 – IVa ZR 44/87, r + s 1988, 383.
[59] OLG Saarbrücken, Urteil vom 9. Juli 2015 – 5 U 89/13, VersR 2015, 1417.
[60] OLG München, Beschluss vom 12. März 2003 – 25 U 1993/03, VersR 2005, 261.
[61] Marlow/Anschlag, in: Veith/Gräfe/Gebert, Der Versicherungsprozess, 4. Aufl. 2020, § 12 Rn. 151.
[62] BGH, Urteil vom 21. September 1988 – IVa ZR 44/87, r + s 1988, 383.
[63] BGH, Urteil vom 23. Juni 2004 – IV ZR 130/03, BGHZ 159, 360.

[64] BGH, Urteil vom 29. September 2004 – IV ZR 233/03, r + s 2004, 516.
[65] BGH, Beschluss vom 15. Juli 2009 – IV ZR 229/06, VersR 2010, 60.
[66] BGH, Beschluss vom 18. Januar 2017 – IV ZR 481/15, r + s 2017, 606 Rn. 2 unter Hinweis auf BGH, Urteil vom 15. Dezember 1999 – IV ZR 481/15, r + s 2000, 171, dagegen Rixecker, in: Langheid/Rixecker, VVG, 6. Aufl. 2019, § 182 Rn. 9.
[67] Rixecker, in: Langheid/Rixecker, VVG, 6. Aufl. 2019, § 182 Rn. 5 mit weiteren Nachweisen.
[68] BGH, Urteil vom 15. Dezember 1999 – IV ZR 264/98, r + s 2000, 171.
[69] BGH, Urteil vom 19. Oktober 2016 – IV ZR 521/14, r + s 2016, 630 Rn. 22 f. mit weiteren Nachweisen.
[70] BGH, Urteil vom 22. Januar 2020 – IV ZR 125/18, r + s 2020, 222 Rn. 14 ff.; so bereits vorgehend OLG Koblenz, Urteil vom 25. April 2018 – 10 U 33/16, BeckRS 2018, 40281 Rn. 62.
[71] Rixecker, in: Langheid/Rixecker, VVG, 6. Aufl. 2019, § 180 Rn. 5.
[72] Ludolph/Schürmann/Gaidzik: Kursbuch der ärztlichen Begutachtung digital; ecoMed-Verlag
[73] BGH, Urteil vom 14. Dezember 2011 – IV ZR 34/11, r + s 2012, 143.
[74] BGH, Urteil vom 9. Juli 2003 – IV ZR 74/02, r + s 2003, 427 = VersR 2003, 1163.
[75] BGH, Urteil vom 24. Mai 2006 – IV ZR 203/03, r + s 2006, 387 = VersR 2006, 1117.
[76] BGH, Urteil vom 1. April 2015 – IV ZR 104/13, r + s 2015, 250 = VersR 2015, 617.
[77] BGH Urteil vom 1. April 2015 IV ZR 104/13, r + s 2015, 250 Rn. 16.
[78] BGH, Beschluss vom 27. September 2017 – IV ZR 511/15, r + s 2017, 607 unter Hinweis auf OLG Karlsruhe, Urteil vom 30. Dezember 2016 – 12 U 97/16, r + s 2017, 602 Rn. 27 sowie Gundlach, VersR 2017, 733, 734.
[79] Klemm HT, Ludolph E, Schröter F: Konsensempfehlung zur Invaliditätsbemessung von Schulterschäden im Bereich der Privaten Unfallversicherung für die AUB-Musterbedingungen ab 2008; Versicherungsmedizin 69 (2016) Heft 2 S. 81 und MedSach 112 4/2016 S. 183
[80] Klemm et al. Versicherungsrechtliche Prognosebeurteilung des Arthroserisikos nach vorderer Kreuzbandverletzung in der privaten Unfallversicherung. MedSach. 2015;111(06):272.
[81] Spahn et al. Das Arthroserisiko nach vorderer Kreuzbandverletzung in Abhängigkeit von der Zeit. Ergebnisse einer systematischen Literaturrecherche, Der Orthopäde. 2016;45(1):81–90.
[82] Grothe et al. Endoprothetik der großen Gelenke. Prinzipien, Grundlagen, Einflußfaktoren des Behandlungsergebnisses, Prothesenstandzeiten und ihre gutachtliche Bewertung; Trauma Berufskrankh. 2019: DOI: 10.1007/s10039-019-0423-1
[83] BGH, Urteile vom 22. Januar 2020 – IV ZR 125/18, r + s 2020, 222 Rn. 8; vom 20. November 2019 – IV ZR 159/18, r + s 2020, 45 Rn. 9 f., 11.
[84] BGH, Urteil vom 22. Januar 2020 – IV ZR 125/18, r + s 2020, 222 Rn. 9 ff. mit weiteren Nachweisen.
[85] BGH, Urteil vom 22. Januar 2020 – IV ZR 125/18, r + s 2020, 222 Rn. 14 ff. mit weiteren Nachweisen.

12 Soziales Entschädigungsrecht

Karin Reinelt

12.1 Einleitung

Beispiel: Frau O. wurde Opfer eines Raubüberfalls, zwei unbekannte Täter entrissen ihr die Tasche, bedrohten, schlugen und traten sie. Sie stürzte und schlug mit dem rechten Knie auf einem Bordstein auf. Dabei erlitt sie eine Schienbeinkopf-Trümmerfraktur mit Beteiligung des Kniegelenks, trotz regelrechter operativer Versorgung verblieben wegen der Schwere der Verletzung Unebenheiten der Gelenkflächen.
Frau O. kam nur schwer über das Erlebte hinweg. Sie suchte Hilfe in einer Trauma-Ambulanz, dort wurde eine akute Belastungsreaktion diagnostiziert und eine Krisenintervention eingeleitet. Dennoch traten nach einiger Zeit Ängste auf: Frau O. fühlte sich ständig wie in einem Alarmzustand, sie zog sich zurück und verließ ihre Wohnung im Dunkeln nicht mehr. Sie hatte Schlafstörungen und Albträume, ständige sehr lebhafte Erinnerungen („wie kurze Filmsequenzen") an die erlebte Gewalttat vermochte sie nicht zu unterdrücken. Frau O. hatte sich bisher sehr in der Lokalpolitik engagiert, außerdem spielte sie leidenschaftlich gern und regelmäßig Fußball in einem Verein. Jetzt gab sie diese Hobbies auf und ließ auch ihre regelmäßigen Kontakte zu Freunden und Bekannten immer mehr einschlafen.
Im Rahmen eines Antrags auf Entschädigung nach dem Opferentschädigungsgesetz (OEG) wurde Frau O. psychiatrisch begutachtet, dabei wurde das Vollbild einer posttraumatischen Belastungsstörung festgestellt.

Wer einen gesundheitlichen Schaden erleidet, für dessen Folgen die Gemeinschaft einsteht, hat Anspruch auf Versorgung – damit sollen beispielsweise besondere Opfer zumindest finanziell abgegolten werden [1]. Im Fall der Anerkennung einer Schädigung erhalten die Betroffenen eine umfassende Versorgung, sie besteht je nach Fall und Höhe des GdS z. B. in:

- Rentenzahlungen (bei GdS ab 25)
- einem Berufsschadensausgleich, wenn der Beruf nicht mehr ausgeübt werden kann
- Leistungen zur gesundheitlichen und beruflichen Rehabilitation
- der Übernahme von Behandlungskosten und Erstattung von Heil- und Hilfsmitteln, ab einem GdS von 50 sogar für Gesundheitsstörungen, die nicht aufgrund der anerkannten Schädigung entstanden sind
- Pflegezulagen bei schädigungsbedingter Hilflosigkeit
- Schwerstbeschädigtenzulagen für besonders schwer betroffene Menschen mit gravierenden Schädigungsfolgen in mehreren Funktionssystemen des Körpers

Im Rahmen der Versorgung bei schädigungsbedingten psychischen Störungen ist zudem besonders auf die schnellen Hilfen durch die mittlerweile in ganz Deutschland eingerichteten Trauma-Ambulanzen hinzuweisen. Betroffene können nach dem Antrag sehr kurzfristig Psychotherapiestunden erhalten – und zwar bereits vor einer

https://doi.org/10.1515/9783110693362-012

eventuellen Anerkennung! Bei Bedarf einer längeren psychotherapeutischen Behandlung erfolgt eine zeitnahe Vermittlung zu einem Psychotherapeuten. Durch diese schnelle Behandlungsmöglichkeit lässt sich nicht selten die Ausbildung einer schweren Traumafolgestörung vermeiden.

Im Sozialen Entschädigungsrecht existieren verschiedene gesetzliche Anspruchsgrundlagen, die eine staatliche Versorgung von Opfern vorsehen. Je nachdem, welches Gesetz die Anspruchsgrundlage für die Versorgung darstellt, handelt es sich bei den Schädigungen um gesundheitliche Dauerfolgen nach

- im Krieg oder wegen der besonderen Umstände des Krieges erlittenen Verletzungen oder Erkrankungen (Bundesversorgungsgesetz – BVG)
- Im Rahmen des Wehr- oder Zivildienstes erlittenen Verletzungen oder Erkrankungen (Soldatenversorgungsgesetz – SVG, Zivildienstgesetz – ZDG)
- einem vorsätzlichen, rechtswidrigen, tätlichen Angriff (Opferentschädigungsgesetz – OEG)
- einer rechtsstaatswidrigen Haft bzw. Verwaltungsentscheidung in der ehemaligen DDR (Häftlingshilfegesetz – HHG und SED-Unrechtsbereinigungsgesetze: Strafrechtliches Rehabilitierungsgesetz – StrRehaG/Verwaltungsrechtliches Rehabilitierungsgesetz – VwRehaG)
- einer gesetzlich angeordneten oder empfohlenen Schutzimpfung (Infektionsschutzgesetz – IfSG, bis 31.12.2000: Bundesseuchengesetz – BSeuchG)
- Verabreichung einer mit dem Hepatitis-C-Virus infizierten Anti-D-Immunprophylaxe in der ehemaligen DDR (AntiDHG)

Die Beurteilung des GdS bzw. des GdB für Gesundheitsstörungen ist allgemein im Teil B der Versorgungsmedizinischen Grundsätze (VMG), Besonderheiten zur gutachtlichen Beurteilung der Fälle des Sozialen Entschädigungsrechts im Teil C geregelt. Dieser Teil wurde im Gesetz zur Regelung des sozialen Entschädigungsrechts erst kürzlich vollumfänglich neu gefasst, er trat am 1.1.2020 in Kraft [2]. Die folgenden Ausführungen orientieren sich an diesen neuen Regelungen.

Mit dem Artikel 1 wird das SGB XIV neu eingeführt; es löst das Bundesversorgungsgesetz (BVG) und die oben aufgeführten Anhangsgesetze ab und regelt das Soziale Entschädigungsrecht ab dem 1.1.2024 nun einheitlich [3].

12.2 Kausalitätsbezogene Beurteilung im Sozialen Entschädigungsrecht (SER)

12.2.1 Tatsachenfeststellung: Schädigendes Ereignis – Primäre Gesundheitsstörung – Sekundäre Gesundheitsstörung

Im Antragsverfahren des SER sind zunächst die folgenden Tatsachen festzustellen, sie müssen grundsätzlich sämtlich im Vollbeweis nachgewiesen sein:

- *Das schädigende Ereignis* kann ein zeitlich begrenztes Ereignis, aber auch ein über einen längeren Zeitraum einwirkender oder wiederkehrender Vorgang sein, der sich in der Gesamtheit auswirkt. Es gibt aktiv einwirkende Ereignisse und passive durch Unterlassen.
- Bei der *primären Gesundheitsstörung* handelt es sich um eine gesundheitliche Schädigung, die nach dem aktuellen Stand der medizinischen Wissenschaft durch ein schädigendes Ereignis hervorgerufen werden kann und zeitlich als erste auftritt.
- Die *sekundäre Gesundheitsstörung* entwickelt sich als mindestens 6 Monate anhaltende Beeinträchtigung nach der primären Gesundheitsstörung, nach dem aktuellen Stand der medizinischen Wissenschaft kann sie aus der primären Gesundheitsstörung entstehen. Die sekundäre Gesundheitsstörung stellt bei nachgewiesenem ursächlichem Zusammenhang die Schädigungsfolge dar.

Merke: Das schädigende Ereignis kann ein einmaliges Geschehnis sein, es kann sich aber auch um wiederkehrende oder über eine längere Zeit einwirkende Vorgänge handeln. Für alle Tatsachen ist grundsätzlich ein Vollbeweis erforderlich.

Gerade bei lange zurückliegenden schädigenden Ereignissen können unter Umständen keine Beweise (mehr) dafür oder für eine primäre Gesundheitsstörung erbracht werden, z. B. bei Schädigungen während einer Gefangenschaft nach dem Zweiten Weltkrieg oder auch in Missbrauchsfällen, die sich schon vor Jahrzehnten ereignet haben. Um den Betroffenen dennoch gerecht zu werden, gibt es für diese Fälle sog. Beweiserleichterungen: Dabei wird die Glaubhaftigkeit der Angaben im Rahmen ausführlicher Befragungen der Antragsteller und – falls noch vorhanden – von Zeugen durch die Versorgungsverwaltung geprüft. Wenn sich herausstellt, dass die Angaben hinreichend „glaubhaft" sind, erfolgt eine Anerkennung. Gerade bei Missbrauchsfällen sind auch aussagepsychologische Gutachten hilfreich, eine Anerkennung auch ohne Zeugen oder einen Nachweis bspw. in Form einer früheren Anzeige und daraufhin erfolgter Ermittlungen doch noch zu ermöglichen. Das schädigende Ereignis kann in diesen Fällen dann im Sinne des SER als hinreichend glaubhaft gemacht gelten, wenn der aussagepsychologische Gutachter nach den Angaben des Opfers davon überzeugt ist, dass die Ausführungen erlebnisbasiert sind.

Wenn sich Schädigungsfolgen zwar nachgewiesenermaßen in Folge eines schädigenden Ereignisses entwickelten, sich dieses aber vor dem Inkrafttreten des entsprechenden Gesetzes ereignete, ist eine Anerkennung im Sinne einer Härtefallregelung möglich, allerdings nur dann, wenn ein GdS von 50 erreicht wird.

Im Fall der Frau O. gibt es zwei belegte primäre Gesundheitsstörungen: die Schienbeinkopf-Trümmerfraktur und die akute Belastungsreaktion. Im Verlauf hat sich eine posttraumatische Belastungsstörung entwickelt, sie stellt eine sekundäre Gesundheitsstörung dar.
Die operativ versorgte Schienbeinkopf-Fraktur heilte knöchern aus, die anfänglichen Schmerzen und die Schwellneigung besserten sich nach einigen Wochen. Schon bald hatte Frau O. nach längeren Belastungen aber doch wieder Beschwerden, beginnende degenerative Veränderungen (i. S. einer posttraumatischen Arthrose) wurden im rechten Kniegelenk festgestellt. Hier handelt es sich um eine weitere sekundäre Gesundheitsstörung.

12.2.2 Prüfung des Kausalzusammenhangs

12.2.2.1 Anerkennung im Sinne der Entstehung

Wenn die Tatsachen belegt sind bzw. das schädigende Ereignis im Einzelfall glaubhaft gemacht wurde, wird geprüft, ob die nachgewiesenermaßen vorliegende primäre und sekundäre Gesundheitsstörung jeweils durch das schädigende Ereignis verursacht wurden. Nach den rechtlich verbindlichen Vorgaben der Versorgungsmedizinischen Grundsätze muss zwischen dem schädigenden Ereignis, der primären und der sekundären Gesundheitsstörung ein nicht unterbrochener ursächlicher Zusammenhang bestehen: eine sog. Kausalkette. Wenn diese nach dem aktuellen Stand der medizinischen Wissenschaft belegt ist, kann von einem kausalen Zusammenhang zwischen dem schädigenden Ereignis und der Entstehung der gesundheitlichen Dauerfolgen, also der sekundären Gesundheitsstörung ausgegangen werden.

Im Rahmen der ärztlichen Begutachtung im Bereich des SER wird im konkreten Fall zunächst ermittelt, welche gesundheitlichen Teilhabebeeinträchtigungen beim Antragsteller überhaupt insgesamt und unabhängig von der Ursache vorliegen und mit welchem GdB sie zu bewerten sind. Dazu werden Befundunterlagen beigezogen, dann erfolgt in der Regel (bei vorliegenden psychischen Störungen immer) eine fachärztliche Untersuchungs-Begutachtung. Gutachtlich ist sodann u. a. zu klären, welche Störungen sich allein schädigungsbedingt entwickelt haben und mit welchem Grad der Schädigungsfolgen (GdS) sie einzuschätzen sind.

Für die Annahme einer ununterbrochenen Kausalkette ist im Gegensatz zur Tatsachenermittlung kein Vollbeweis erforderlich, es genügt hier vielmehr die überwiegende Wahrscheinlichkeit: das bedeutet, dass mehr für als gegen einen Zusammenhang sprechen muss.

Merke: Der ursächliche Zusammenhang kann nur festgestellt werden, wenn die primäre Gesundheitsstörung durch das anerkannte schädigende Ereignis verursacht wurde und die sekundäre Gesundheitsstörung Folge der primären Gesundheitsstörung ist.

Bei der Begutachtung muss insbesondere auch ermittelt werden, ob und gegebenenfalls welche der jetzt als schädigungsbedingt geltend gemachten Gesundheitsstörungen eventuell schon vor dem festgestellten schädigenden Ereignis bestanden haben. Ihr Vorliegen muss durch ärztliche Befundunterlagen oder anamnestische Angaben des Betreffenden aus der Zeit vor dem Ereignis belegt sein, es reicht also nicht aus, lediglich zu vermuten, dass es aufgrund der individuellen Vorgeschichte wohl vorbestehende Gesundheitsstörungen gegeben haben müsse!

Der bisher verwandte Begriff des „Vorschadens" war missverständlich und wird im neu gefassten Teil C der VersMedV daher nicht mehr verwendet: Es handelt sich eben nicht um einen Schaden im Sinne des Sozialen Entschädigungsrechts, sondern um eine vorbestehende Gesundheitsstörung.

Im Fall der Frau O. war zu prüfen, ob bereits vor dem schädigenden Ereignis eine psychische Beeinträchtigung belegt ist. Wenn sich bspw. bei der Begutachtung herausstellen würde, dass die Kindheit der Frau O. im Rahmen sehr schwieriger familiärer Bedingungen stark belastet war, dann wäre der Schluss unzulässig, dass aufgrund dieser ungünstigen Sozialisationsbedingungen sicherlich schon früher eine seelische Störung bestand. Vielmehr muss durch entsprechende ärztliche und/oder psychologische Befundunterlagen, anamnestische Angaben o. ä. nachgewiesen sein, dass es schon vorab psychische Auffälligkeiten gab, diese immer noch bestanden und daher nicht die gesamte psychische Störung auf das schädigende Ereignis zurückgeführt werden kann.

Das Gleiche gilt natürlich auch für vorbestehende körperliche Beeinträchtigungen, auch sie müssten ggf. schon vor dem schädigenden Ereignis nachweislich vorgelegen haben. Bei Frau O. wäre diesbezüglich bspw. zu ermitteln, ob es auch schon vor dem Raubüberfall bzw. irgendwann danach weitere, schädigungsunabhängige Verletzungen des betroffenen Kniegelenks gegeben hat bzw. ob auch schon vorher degenerative Veränderungen vorhanden waren. Die alleinige Tatsache, dass Frau O. regelmäßig Fußball spielte – eine für die Kniegelenke besonders verletzungsintensive Sportart – würde keinesfalls hinreichend belegen, dass schädigungsunabhängige Vorgänge zum Zustandekommen vorauseilender degenerativer Gelenkveränderungen beigetragen haben und diese allenfalls zum Teil auf die bei der Gewalttat erlittene Schienbeintrümmerfraktur zurückzuführen sind.

Frau O. gibt an, vor der erlebten Gewalttat niemals psychische Probleme gehabt zu haben, psychiatrische oder psychologische Behandlungen hatten nicht stattgefunden. Es liegt für die psychische Beeinträchtigung eine ununterbrochene Kausalkette vor. die posttraumatische Belastungsstörung hielt trotz einer nach der Kriseninterventíon eingeleiteten Traumatherapie länger als 6 Monate an und wird damit im Sinne der Entstehung als Schädigungsfolge anerkannt

Merke: Es muss nachgewiesen sein, dass eine Gesundheitsstörung schon vor der Schädigung bestand, dies kann nicht einfach angenommen werden, auch wenn es naheliegend scheint.

12.2.2.2 Anerkennung im Sinne der Verschlimmerung

Eine Gesundheitsstörung kann durch ein schädigendes Ereignis allerdings nicht nur verursacht werden, es kann vielmehr auch eine vorbestehende Beeinträchtigung schädigungsbedingt verschlimmert werden. In diesen Fällen stellt nur der Anteil der Verschlimmerung die Schädigungsfolge dar, der GdS liegt in der Regel unter dem GdB, der für den schädigungsabhängigen und den schädigungsunabhängigen Teil der Störung insgesamt zu vergeben ist – es sei denn, die vorbestehende Störung hatte keinerlei messbaren Auswirkungen auf die Teilhabe. Maßgeblich für die Höhe des GdS ist, zu welchen zusätzlichen Auswirkungen die Schädigung auf den Gesamtleidenszustand geführt hat, rechnerische Methoden sind zur Ermittlung nicht zulässig.

Die Auswirkungen eines schädigenden Ereignisses können zu einer zeitlich begrenzten Zunahme der Ausprägung einer Gesundheitsstörung führen, dann wäre der GdS nur für einen gewissen Zeitraum festzustellen – Voraussetzung ist, dass es sich um mindestens sechs Monate handelt. Wenn der weitere Verlauf der Gesundheitsstörung anhaltend, aber abgrenzbar durch die Schädigungsfolgen beeinflusst wird, ergäbe sich ein gleichbleibender, wenn dieser Verlauf allerdings richtungsgebend verschlechtert würde, ein ansteigender GdS.

Relevante Fehlstellungen der Beine fallen bei Frau O. zwar nicht auf, aus den Befundberichten des behandelnden Orthopäden ergibt sich allerdings, dass sich Frau O. beim Fußballspielen vor Jahren einen Meniskusriss am rechten Kniegelenk zugezogen und gelegentlich über Kniebeschwerden geklagt hatte.
Ein Vergleich von MRT-Aufnahmen vor und nach dem schädigenden Ereignis zeigt, dass vorab schon beginnende degenerative Veränderungen bestanden haben, die danach allerdings deutlich ausgeprägter waren. Das linke Kniegelenk zeigt keine wesentlichen Auffälligkeiten. Ein Teil der Kniegelenksarthrose wird im Sinne der Verschlimmerung eines vorbestehenden Leidens als Schädigungsfolge anerkannt.

12.2.2.3 Ursächlicher Zusammenhang zwischen Schädigung und Tod

Wenn ein Betroffener infolge seines anerkannten Schädigungsleidens verstirbt, gilt der Tod als Schädigungsfolge, ist die Gesundheitsstörung lediglich im Sinne der Verschlimmerung anerkannt, ist zu prüfen, ob die schädigungsbedingte Verschlimmerung für den Tod ursächlich gewesen ist. Oft liegen insbesondere bei älteren Verstorbenen mehrere Gesundheitsstörungen vor, die nicht alle schädigungsbedingt entstanden sind. Der Tod kann nur dann als Schädigungsfolge anerkannt werden, wenn die schädigungsbedingten Beeinträchtigungen mindestens annähernd gleichwertige Bedeutung für den Eintritt des Todes hatten und davon auszugehen ist, dass die betroffene Person ohne die Schädigungsfolgen mit hinreichender Wahrscheinlichkeit mindestens ein Jahr länger gelebt hätte als mit den Schädigungsfolgen.

12.3 Ermittlung des GdS

Einziger Unterschied zur Beurteilung im SGB IX ist, dass hier für die Gesundheitsstörung nicht ein „Grad der Behinderung“, sondern ein „Grad der Schädigungsfolgen“ vergeben wird. Die Höhe des GdS bemisst sich genau wie die Höhe des GdB bei der Beurteilung nach dem SGB IX; die GdB/GdS-Tabelle in den Versorgungsmedizinischen Grundsätzen gilt analog. Daher darf zur Bewertung des GdS auf die Ausführungen im Modul Ia Kap. 7.1.2 und 7.1.3 „Schwerbehindertenrecht“ zur Bildung des GdB und des Gesamt-GdB verwiesen werden.

Merke: Im SER wird ein GdS, im SGB IX ein GdB vergeben, sie werden nach denselben Grundsätzen bemessen.

Auch für Schädigungsfolgen gilt, dass sie nur anerkannt werden können, wenn sie mindestens sechs Monate lang bestehen, lediglich vorübergehende Gesundheitsstörungen unter einer Dauer von sechs Monaten sind nicht zu berücksichtigen. Gleichwohl müssen sie bei der ärztlichen Beurteilung bezeichnet werden, dies wird bspw. zur Überprüfung benötigt, ob anfallende Behandlungskosten schädigungsbedingt entstanden und daher von der Versorgungsverwaltung zu übernehmen sind.

Bei Frau O. ist die posttraumatische Belastungsstörung unter Berücksichtigung der Vorgaben der Versorgungsmedizinischen Grundsätze mit einem GdS von 30 zu bewerten. Die schädigungsbedingte Zunahme der degenerativen Kniegelenksveränderungen bedingt wegen der nur sehr gering gesteigerten Auswirkungen auf die Teilhabe einen GdS von lediglich 10, er wirkt sich nicht erhöhend auf den Gesamt-GdS aus.
Es wird ein Gesamt-GdS von 30 festgestellt, Frau O. erhält eine monatliche Rente, die Kosten der Psychotherapie werden übernommen.

12.3.1 Verschlimmerung von Schädigungsfolgen

Schädigungsbedingte Gesundheitsstörungen können im Verlauf zunehmen. Bei entsprechenden Anträgen ist es wichtig zu prüfen, ob die Verschlimmerung tatsächlich noch eine Folge des anerkannten schädigenden Ereignisses ist oder ob es sich um Folgen weiterer erlebter schädigungsunabhängiger Vorgänge oder im Zuge der Alterung typischerweise entstehender Gesundheitsstörungen handelt. Wenn ein Kausalzusammenhang für die Verschlimmerung angenommen werden kann, wird das Ausmaß der Zunahme der Teilhabebeeinträchtigung ermittelt und der GdS ggf. erhöht.

Herr S. hatte seinen Grundwehrdienst in den 60er Jahren bei der Bundeswehr abgeleistet. Damals gab es bei Schießübungen noch keinen suffizienten Gehörschutz, die Soldaten erhielten lediglich Watte, die sie sich in die Ohren steckten. Herr S. erlitt im Manöver ein Knalltrauma und war nach den Angaben des Truppenarztes in seiner Akte zunächst für zwei Tage fast taub – dann besserte sich das Hörvermögen wieder. Weiterhin bestand aber eine leichte Hochtonschwerhörigkeit, diese ist mit einem GdS von 10 als Schädigungsfolge nach dem SVG anerkannt.
Die Schwerhörigkeit des mittlerweile 70 Jahre alten Herrn S. hat jetzt deutlich zugenommen, er benötigt Hörgeräte und stellt daher einen Neufeststellungsantrag bei seinem zuständigen Versorgungsamt. Es ist fachärztlich zu prüfen, ob eine schädigungsunabhängige alterstypische Presbyakusis vorliegt oder ob es – insbesondere bei dem in diesem Fall offenbar initial sehr ausgeprägten Hörverlust – eventuell schädigungsbedingt zu einer vorzeitigen oder verstärkten Alterung des Gehörs gekommen ist. In letzteren Fall wäre der GdS zu erhöhen, außerdem wären von der Versorgungsverwaltung die Kosten für die Hörgeräteversorgung zu übernehmen.

12.3.2 Nachfolgende Gesundheitsstörung – Folgeschaden – Mittelbare Schädigungsfolge

Bei Gesundheitsstörungen, die sich zeitlich nach der Schädigungsfolge entwickelten, muss differenziert werden, ob sie in einem ursächlichen Zusammenhang mit der Schädigung stehen oder nicht.

Wenn kein kausaler Zusammenhang vorliegt, kommt die Vergabe eines GdS nicht in Betracht. Früher wurden solche Gesundheitsstörungen „Nachschäden“ genannt und durch diese missverständliche Bezeichnung häufig mit „Folgeschäden“ verwechselt, daher findet sich dieser Begriff wie auch der „Vorschaden“ im neuen Teil C der Versorgungsmedizinischen Grundsätze nicht mehr.

Wenn ein kausaler Zusammenhang belegt werden kann, liegt ein sogenannter „Folgeschaden“ vor. Denkbar sind diesbezüglich Erkrankungen, die sich unmittelbar auf dem Boden einer Schädigungsfolge entwickelt haben, wie zum Beispiel das hepatozelluläre Karzinom als Folge einer schädigungsbedingten Leberzirrhose.

Es kann auch sein, dass durch ein durch die Schädigungsfolgen verursachtes äußeres Ereignis eine weitere Schädigung herbeigeführt wird: z. B. wenn der Betreffende aufgrund einer schädigungsbedingten Gangstörung stürzt und sich dabei Verletzungen mit weiteren Dauerfolgen zuzieht. Diese wären dann bei nachgewiesenem Zusammenhang ebenfalls anzuerkennen, es handelt sich um sogenannte mittelbare Schädigungsfolgen. Dieser Begriff taucht im SGB XIX nicht mehr auf, gleichwohl ist es wichtig, ihn zu kennen – auch weil solche Schäden selbstverständlich auch weiterhin als Schädigungsfolgen anzuerkennen sind.

Wenn im Rahmen aufgrund der Schädigungsfolgen durchgeführter diagnostischer oder therapeutischer Maßnahmen dauernde nachteilige gesundheitliche Folgen eingetreten sind, können diese ebenfalls als weitere Schädigungsfolgen anerkannt werden.

Merke: Sowohl Nachschäden als auch Folgeschäden und mittelbare Schädigungsfolgen entwickeln sich erst im weiteren Verlauf nach einer Schädigung – Nachschäden haben dabei aber keinen kausalen Bezug zum schädigenden Ereignis!

Wenn sich herausstellt, dass sich die antragstellende Person absichtlich selbst geschädigt hat, erfolgt normalerweise keine Anerkennung hierdurch verursachter Gesundheitsstörungen als Schädigungsfolgen, dies gilt auch für Selbsttötungen und die Folgen von Selbsttötungsversuchen. Eine Ausnahme gibt es in Fällen, bei denen es mit Wahrscheinlichkeit durch entschädigungsrechtlich geschützte Tatbestände zu einer Beeinträchtigung der freien Willensbestimmung gekommen ist.

Zu weiteren Verletzungen kam es am rechten Kniegelenk nicht, nach einigen Jahren treten bei Frau O. aber zunehmende Schmerzen bei Belastung im rechten Kniegelenk auf. Als Ursache werden jetzt ausgeprägte degenerative Kniegelenksveränderungen festgestellt. Die körperliche Untersuchung ergibt ein Streckdefizit von 10°, die Beugung gelingt nur bis 90°, die Indikation für die Versorgung mit einer Kniegelenks-Totalendoprothese wird gestellt. Dabei ist das linke Kniegelenk weiterhin klinisch unauffällig und schmerzfrei beweglich.
Es ist eine wesentliche Verschlimmerung eingetreten, zu prüfen ist im Rahmen einer fachärztlichen Begutachtung, ob diese mit Wahrscheinlichkeit schädigungsbedingt ist. Bei Frau O. geht der Gutachter wegen der trotz operativer Versorgung verbliebenen Stufenbildungen in den Gelenkflächen von einem Zusammenhang mit dem schädigenden Ereignis aus, der Einzel-GdS wird auf 20 erhöht.
Gleichzeitig ergibt eine Nachuntersuchung der psychiatrischen Schädigungsfolgen, dass nach der Traumatherapie jetzt nur noch geringe Residuen der posttraumatischen Belastungsstörung mit allenfalls geringer Teilhabebeeinträchtigung objektiviert werden können – der GdS beträgt nur noch 10.
Der Gesamt-GdS wird auf 20 herabgesetzt, die Rentenzahlungen werden eingestellt. Nach wie vor besteht aber der Anspruch auf Übernahme aller wegen der Schädigungsfolgen anfallenden Behandlungs- und Hilfsmittelkosten, z. B. der Versorgung mit einer Kniegelenks-TEP und anschließender Reha.

12.4 Besondere Begrifflichkeiten

12.4.1 Kannversorgung

Wenn im SER ein ursächlicher Zusammenhang mit Wahrscheinlichkeit beurteilt werden kann, kommt eine Kannversorgung nicht in Betracht.

Es gibt allerdings auch Gesundheitsstörungen, bei denen nach dem aktuellen Stand der medizinischen Wissenschaft Unsicherheit über die Ätiologie besteht. In diesen Fällen lässt sich folglich schon aus diesem Grund gar nicht beurteilen, ob ein ursächlicher Zusammenhang vorliegt oder nicht. In Ausnahmefällen kann eine solche Gesundheitsstörung im Sinne der Kannversorgung als Schädigungsfolge anerkannt werden; dieses Konstrukt soll es zugunsten der Geschädigten ermöglichen, in bestimmten, immer im Einzelfall zu prüfenden Fällen eine Anerkennung auszusprechen. Abweichende Meinungen einzelner Wissenschaftler sind allerdings nicht mit einer Ungewissheit in der medizinischen Wissenschaft gleichzusetzen.

Wenn im Einzelfall Zweifel über den Zeitpunkt der Entstehung der Gesundheitsstörung bestehen, keine vollständige diagnostische Klärung erfolgte oder Ungewissheiten im Sachverhalt bspw. aufgrund unzureichender Sachverhaltsaufklärung bestehen, liegen die Voraussetzungen für eine Kannversorgung schon grundsätzlich nicht vor.

Merke: Auch bei einer Kannversorgung muss zunächst bewiesen sein, dass die geltend gemachten Gesundheitsstörungen tatsächlich vorliegen.

Kannversorgungen kommen immer seltener vor, weil im Lauf der Zeit immer weitreichendere Erkenntnisse über die Genese vieler Gesundheitsstörungen gewonnen werden konnten.

In den Anhaltspunkten für die Ärztliche Gutachtertätigkeit im Sozialen Entschädigungsrecht und nach dem Schwerbehindertenrecht aus dem Jahr 2008 gab es eine Tabelle von Erkrankungen, bei denen das zuständige Bundesministerium eine allgemeine Zustimmung für die Fälle einer Anerkennung im Sinne der Entstehung erteilt hatte. Diese Liste ist nach heutigem Wissensstand weitgehend obsolet, so war bspw. die Multiple Sklerose dort aufgeführt, eine Anerkennung war nach Elektrotraumen mit Stromverlaufsrichtung über das Rückenmark möglich, zudem nach körperlichen Belastungen, Witterungseinflüssen oder Erkrankungen, die geeignet sind, die Resistenz herabzusetzen. Voraussetzung war lediglich, dass die ersten Symptome während der Einwirkung der genannten Faktoren oder bis zu 8 Monate danach aufgetreten sind.

Eine weitere Aufstellung enthielt Krankheiten, für die eine Kannversorgung in Betracht gezogen werden kann, die dann jedoch der Zustimmung im Einzelfall bedarf. Hier waren bspw. der Hörsturz nach einer Virusinfektion oder die Entwicklung eines infrarenalen Bauchaortenaneurysmas nach Verlust einer unteren Extremität genannt.

12.4.2 Besondere berufliche Betroffenheit

Nach den aktuell noch gültigen Vorgaben des § 30 (2) BVG [4] ist der Grad der Schädigungsfolgen höher zu bewerten, wenn Beschädigte durch die Art der Schädigungsfolgen bei der Ausübung ihres Berufes besonders eingeschränkt sind. Dies gilt sowohl für den vor oder nach Eintritt der Schädigung ausgeübten wie auch für einen nachweislich angestrebten oder begonnenen Beruf.

Wenn der Geschädigte infolge der gesundheitlichen Schädigung einen Einkommensverlust hat, so kann er bei einem festgestellten GdS von mindestens 30 zudem einen monatlichen Berufsschadensausgleich erhalten. Voraussetzung hierfür ist, dass Leistungen zur medizinischen Rehabilitation oder zur Teilhabe am Arbeitsleben nicht erfolgversprechend sind oder nicht zugemutet werden können.

In diesen Regelungen liegt ein Unterschied zum Schwerbehindertenrecht, das eine Berücksichtigung einer besonderen beruflichen Betroffenheit ausdrücklich nicht vorsieht.

Wenn eine besondere berufliche Betroffenheit geltend gemacht wurde, erfolgt nach entsprechender Anfrage der Versorgungsverwaltung die Prüfung in der versorgungsärztlichen Stellungnahme. Dem ärztlichen Gutachter müssen die für seine Beurteilung notwendigen Tatsachen (Berufsanamnese, zu berücksichtigender Beruf, Tätigkeitsmerkmale, Arbeitsplatzverhältnisse usw.) durch die Verwaltung bekanntgemacht werden. Außerdem muss dem Gutachter Literatur zur Berufskunde zur Verfügung stehen. Erst dann lässt sich beurteilen, ob z. B. die Schädigungsfolgen den Betreffenden unfähig machen, einen bestimmten Beruf auszuüben, welche Schwierigkeiten er in dieser Berufstätigkeit durch die Schädigungsfolgen hat und in welchem Maße sie sich auswirken, ob außergewöhnliche Tatkraft und außergewöhnliche Anstrengungen aufzuwenden sind und der Beruf nur unter Gefährdung der Gesundheit ausgeübt werden kann. Die Feststellung, ob ein besonderes berufliches Betroffensein vorliegt, trifft allerdings nicht der ärztliche Gutachter, sondern die Versorgungsverwaltung [5].

12.4.3 Schwerstbeschädigtenzulage

Der Teil C der Versorgungsmedizinischen Grundsätze ist durch die Neuregelungen im Artikel 26 des Gesetzes zur Regelung des Sozialen Entschädigungsrechts [6] geändert worden, die früheren Regelungen hinsichtlich einer Schwerstbeschädigtenzulage finden sich darin nicht mehr. Die entsprechenden Neuregelungen im SGB XIV treten allerdings erst am 1.1.2024 in Kraft, so lange ist der § 31 (4) BVG [7] noch gültig. Danach erhalten Beschädigte, die durch schwerwiegende, mehrere Organ- und Funktionssysteme betreffende Schädigungsfolgen außergewöhnlich betroffen sind, eine monatliche Schwerstbeschädigtenzulage, die in 6 Stufen gewährt wird und der ergänzenden Versorgung dienen soll. Voraussetzung ist, dass ein GdS von 100 festgestellt ist.

Die Höhe der Schwerstbeschädigtenzulage wird berechnet, indem zunächst in üblicher Weise ein GdS für jedes einzelne Organsystem und für jede einzelne Gliedmaße gebildet wird. In dieser Höhe werden ab einem GdS von 50 jeweils 1 Punkt vergeben, beträgt der GdS mindestens 25 aber höchstens 45 ergibt sich ½ Punkt. Bei besonders ungünstigen Konstellationen werden bspw. bei einer Gebrauchsunfähigkeit an beiden Armen oder beiden Beinen Zusatzpunkte vergeben, weil sich derartige Beeinträchtigungen natürlich besonders negativ gegenseitig verstärken. Dann werden sämtliche vergebenen Punkte zusammengezählt, aus der Höhe der Summe ergibt sich sodann die Stufe der Schwerstbeschädigtenzulage, die monatlich zusammen mit der Beschädigten-Rente gezahlt wird.

Derart schwere Kombinationen von Schädigungsfolgen kamen nach dem Zweiten Weltkrieg vor, heute gibt es sie nur noch selten. Die Stufe einer Schwerstbeschädigtenzulage zu errechnen, stellt daher versorgungsmedizinisches Spezialwissen dar, nähere Informationen finden sich in den Anhaltspunkten für die ärztliche Gutachtertätigkeit [7], deren nicht in der VersMedV verrechtlichte Teile immer noch gültig sind.

12.4.4 Pflegezulage

Auch die Pflegezulage wird je nach Ausmaß der Pflegebedürftigkeit zurzeit noch in 6 Stufen gezahlt. Nach § 35 (1) BVG [8] erhalten Beschädigte, die infolge der anerkannten Schädigung hilflos sind, eine Pflegezulage der Stufe 1. Es gelten bei der Beurteilung die Kriterien der VersMedV für die Feststellung des Merkzeichens H: Hilflos sind danach Menschen, wenn sie für eine Reihe von häufig und regelmäßig wiederkehrenden Verrichtungen zur Sicherung ihrer persönlichen Existenz im Ablauf eines jeden Tages fremder Hilfe dauernd bedürfen oder zumindest eine ständige Bereitschaft zur Hilfeleistung erforderlich ist. Die Hilfe kann dabei auch in Form einer Überwachung oder zu den genannten Verrichtungen bestehen. Wenn nach dem SGB XI ein Pflegegrad 4 oder 5 festgestellt ist, wird üblicherweise vom Vorliegen einer Hilflosigkeit auch im Sinne des SGB IX bzw. des BVG ausgegangen, bei einem Pflegegrad 3 ist jeweils eine Einzelfallprüfung nötig, ausschlaggebend ist vor allem, wie ausgeprägt die Selbstversorgung des Betroffenen eingeschränkt ist.

Ist die Gesundheitsstörung so schwer, dass sie dauerndes Krankenlager oder dauernd außergewöhnliche Pflege erfordert, so erhöht sich die Pflegezulage unter Berücksichtigung des Umfangs der notwendigen Pflege. Beidseits Oberschenkelamputierte erhalten eine Pflegezulage der Stufe II, aufgrund ihrer Schädigungsfolgen erblindete Menschen mindestens die Pflegezulage nach Stufe III, eine Pflegezulage der Stufe IV ergibt sich beim Verlust beider Arme im Oberarm oder dreier Gliedmaßen, die Pflegezulage nach Stufe V kommt in Betracht, wenn ein besonders hochgradiger Leidenszustand vorliegt, beispielsweise bei blinden Doppel-Oberschenkelamputierten. Noch schwerer Betroffene erhalten eine Pflegezulage der Stufe VI, beispielsweise Blinde mit völligem Gehörverlust, oder Menschen mit einem vollständigen Verlust beider Arme und Beine.

Auch die Regelungen für Leistungen bei Pflegebedürftigkeit Geschädigter wurden im SGB XIV enorm vereinfacht, auch sie treten aber erst am 1.1.2024 in Kraft. Nach § 71 und 72 SGB XIV besteht dann ein Anspruch auf Leistungen für diese Menschen, wenn sie aufgrund der anerkannten Schädigungsfolgen pflegebedürftig sind, aber auch, wenn die Pflegebedürftigkeit erst im Zusammenwirken von Schädigungsfolgen mit schädigungsunabhängig entstandenen Gesundheitsstörungen entsteht und die Auswirkungen der Schädigungsfolgen mindestens annähernd gleichwertig sind.

Frau O. benötigt aufgrund von Schmerzen im geschädigten rechten Kniegelenk öfters Hilfe beim Einkaufen. Auch die Gartenarbeit und Tätigkeiten im Haushalt, bei denen sie sich hinknien müsste, kann sie nicht mehr verrichten.
Dies entspricht aber keiner Hilflosigkeit – Erwachsene sind hilflos im Sinne der Versorgungsmedizinische Grundsätze, wenn sie nicht nur vorübergehend für eine Reihe von häufig und regelmäßig wiederkehrenden Verrichtungen zur Sicherung ihrer persönlichen Existenz im Ablauf eines jeden Tages fremder Hilfe dauernd bedürfen. Dazu gehören insbesondere An- und Auskleiden, Nahrungsaufnahme, Körperpflege, Verrichten der Notdurft. Außerdem sind notwendige körperliche Bewegung, geistige Anregung und Möglichkeiten zur Kommunikation zu berücksichtigen. Der Umfang der notwendigen Hilfe bei den häufig und regelmäßig wiederkehrenden Verrichtungen muss erheblich sein. Dies ist der Fall, wenn die Hilfe dauernd für zahlreiche Verrichtungen, die häufig und regelmäßig wiederkehren, benötigt wird. Einzelne Verrichtungen, selbst wenn sie lebensnotwendig sind und im täglichen Lebensablauf wiederholt vorgenommen werden, genügen nicht (z. B. Hilfe beim Anziehen einzelner Bekleidungsstücke, notwendige Begleitung bei Reisen und Spaziergängen, Hilfe im Straßenverkehr, einfache Wund- oder Heilbehandlung, Hilfe bei Heimdialyse ohne Notwendigkeit weiterer Hilfeleistung). Verrichtungen, die mit der Pflege der Person nicht unmittelbar zusammenhängen (z. B. im Bereich der hauswirtschaftlichen Versorgung) müssen außer Betracht bleiben.
Frau O. hat also keinen Anspruch auf eine Pflegezulage.

Literatur

[1] https://www.bmas.de/DE/Themen/Soziale-Sicherung/Soziale-Entschaedigung/soziale-entschaedigung.html, letzter Zugriff 16.04.21

[2] Artikel 26 Gesetz zur Regelung des sozialen Entschädigungsrechts: Änderung der Versorgungsmedizin-Verordnung.

[3] Artikel 1 Gesetz zur Regelung des sozialen Entschädigungsrechts: Sozialgesetzbuch Vierzehntes Buch – Soziale Entschädigung (SGB XIV).

[4] § 30 (2) Gesetz über die Versorgung der Opfer des Krieges (Bundesversorgungsgesetz – BVG).

[5] Anhaltspunkte für die Ärztliche Gutachtertätigkeit im Sozialen Entschädigungsrecht und nach dem Schwerbehindertenrecht, Kap. C48.

[6] BGBl. Jahrgang 219 Teil I Nr. 50 Gesetz zur Regelung des sozialen Entschädigungsrechts vom 12.12.2019, Art. 1 Sozialgesetzbuch 14. Buch – Soziale Entschädigung – SGB XIV, S. 2652.

[7] § 31 (4) Gesetz über die Versorgung der Opfer des Krieges (Bundesversorgungsgesetz – BVG.

[8] Anhaltspunkte für die Ärztliche Gutachtertätigkeit im Sozialen Entschädigungsrecht und nach dem Schwerbehindertenrecht, Kap. C49

13 Begutachtung im Bereich der Arzthaftung

Christine Wohlers, Walter Schaffartzik

13.1 Rechtsrahmen Arzthaftung

Neben den Regeln des Bürgerlichen Gesetzbuchs (BGB) in den §§ 630 a bis h (Behandlungsvertrag) und in den §§ 823 ff BGB (unerlaubte Handlung) sind vor allem die Vorgaben der im Laufe der Zeit entstandenen Rechtsprechung durch die Rechtsanwendung von Bedeutung. Dabei muss immer beachtet werden, dass es sich bei gerichtlichen Urteilen um Einzelfallentscheidungen handelt, die nur bedingt übertragen werden können. Aus diesem Grund werden im Weiteren die Grundlagen, die sich hieraus ergeben, ohne umfangreiche Literaturzitate dargestellt.

Der Bundesgerichtshof (BGH) hat festgelegt, dass ein Urteil in einem Arzthaftungsprozess nie ohne eine Klärung durch ein medizinisches Gutachten erfolgen kann. Die weiteren Ausführungen sollen es Sachverständigen ermöglichen zu verstehen, was der Jurist von ihm wissen will und muss.

13.1.1 Grundlegende Prinzipien

13.1.1.1 Behandlungsvertrag

Er ist in § 630 a BGB geregelt. Es handelt sich um einen Dienstvertrag. Somit ist vom Arzt kein Erfolg geschuldet. Vielmehr ist der Standard der Heilbehandlung des jeweiligen Fachgebiets für den Patienten individuell zu gewährleisten. Etwas Anderes kann allerdings vereinbart werden. Wenn es keinen Standard für eine Krankheit gibt bzw. wenn die vereinbarte Therapie nicht dem Standard entspricht, so ist das Maß der umsichtig und gewissenhaft tätige Arzt. Auch sind in dieser außergewöhnlichen Situation höhere Anforderungen an die Risikoaufklärung zu stellen.

13.1.1.2 Medizinischer Standard, Behandlungsfehler und mögliche Beweiserleichterungen

Die Bedeutung des medizinischen Standards ist für den Schadensersatzprozess außerordentlich groß. Von der Definition des jeweiligen medizinischen Standards hängt in den meisten Fällen ab, ob ein Behandlungsfehler vorliegt, und davon hängt regelmäßig die ärztliche Haftung ab. Eine Standardunterschreitung und somit Qualitätsmängel in der ärztlichen Behandlung zu klären, gehört zu den schwierigsten Aufgaben eines ärztlichen Sachverständigen. Es kommt darauf an, was in der individuellen Behandlungssituation von einem umsichtig und gewissenhaft tätigen Arzt aus Sicht seines Fachbereichs vorausgesetzt und im Zeitpunkt der Behandlung erwartet werden kann. Die in der Wissenschaft allgemein oder überwiegend anerkannten Grundsätze für Diagnose und Therapie sind zugrunde zu legen, das in der medizi-

https://doi.org/10.1515/9783110693362-013

nischen Praxis und Erfahrung Bewährte sowie das nach naturwissenschaftlicher Erkenntnis Gesicherte (evidenzbasierte Medizin) zu beachten. Gleichzeitig sind auch die Versorgungsebenen von Bedeutung. Eine Praxis hat eine andere Ausstattung und auch einen anderen Zugang zu wissenschaftlicher Literatur als eine Universitätsklinik. Auch die spezifische Behandlungssituation wirkt sich auf den anzuwenden Standard aus, so sind in der Notfallsituation andere Maßstäbe anzulegen als in der Elektivbehandlung.

Der Standard ist ein Korridor, in dem der Arzt im Rahmen seiner Therapiefreiheit agiert. In diesem Zusammenhang ist auch darauf hinzuweisen, dass Leitlinien rechtlich unverbindlich sind. Sie haben nach der Rechtsprechung weder haftungsbegründende Wirkung bei Abweichungen noch haftungsbefreiende Wirkung bei Befolgung. Im zivilen haftungsrechtlichen Sinne können sie deshalb lediglich eine Indizwirkung insoweit entfalten, ob der Arzt den Standard angewendet hat, der von einem umsichtig und gewissenhaft handelnden Arzt seines Fachgebietes in diesem konkreten Fall zu diesem Zeitpunkt zu verlangen war. Diese Indizwirkung nimmt ab mit der Zunahme der Besonderheiten des Einzelfalles.

Merke: Die S3-Leitlinien der wissenschaftlichen Fachgesellschaften sind die evidenzbasierten Behandlungspfade, die dem Behandler einen sicheren Weg in der Diagnostik und Behandlung aufzeigen, von diesen Leitlinien darf (muss) im Einzelfall abgewichen werden, dies ist dann aber zu begründen.

Gründe für ein Abweichen von Leitlinien können eine Kontraindikation (eine individuelle Unverträglichkeit einer in der Leitlinie genannten Medikamentengruppe), die Ungeeignetheit der Standardbehandlung wegen Multimorbidität oder auch der ausdrückliche Wunsch des Patienten sein.

Richtlinien hingegen sind verbindliche Regeln, „kleine Gesetze". Bei einem Verstoß ist zunächst grundsätzlich von einer Standardunterschreitung und damit von einem Behandlungsfehler auszugehen. Aber auch hier hat der Sachverständige zu prüfen, ob in dieser speziellen Situation gegen die Richtlinien verstoßen werden durfte.

Beispiele für Richtlinien: Strahlenschutz (StrlSchV), Hygiene (MedHygV), Richtlinie zur Feststellung des Hirntodes, zur Gewinnung von Blut und Blutbestandteilen, über die Früherkennung von Krankheiten bei Kindern, Schutzimpfungs-Richtlinie ...

Grundsätzlich führt ein Behandlungsfehler nur zu einer Haftung, wenn auch ein damit verbundener Schaden nachgewiesen ist. Diesen Nachweis muss regelhaft die Patientenseite erbringen.

Im Folgenden werden Fallkonstellationen dargestellt, bei denen es zu Beweiserleichterungen bis zu einer Beweislastumkehr kommen kann.

Schwerer Behandlungsfehler

Von einem schweren/groben Behandlungsfehler spricht man, wenn eine massive Standardunterschreitung festgestellt wird. Von einer solchen ist dann auszugehen, wenn eindeutig gegen gesicherte und bewährte grundlegende medizinische Erkenntnisse verstoßen worden ist. Die Entscheidung darüber ist letztlich eine rechtliche aufgrund der Fakten, die der Sachverständige benennt. Der ärztliche Sachverständige muss sich dabei vor Augen führen, dass er in der Mehrheit medizinische Laien als Adressaten seines Gutachtens hat. Es ist deshalb von großer Bedeutung, dass eine eindeutige Bewertung und Benennung erfolgt. Formulierungen wie „völlig unverständlich" oder „überhaupt nicht nachvollziehbar" stellen für Juristen Signalwörter für das Vorliegen eines schweren Behandlungsfehlers dar.

Beispiel: Veranschaulichung der Definition eines groben Behandlungsfehlers durch einen Richter des Landgerichtes Berlin: „Ein Fehler, der bei einem objektiven Betrachter nur Kopfschütteln verursachen kann."

Ist ein schwerer Behandlungsfehler festgestellt, hat nicht mehr die Patientenseite zu beweisen, dass der von ihr geltend gemachte Schaden auf den Behandlungsfehler zurückzuführen ist, sondern die Arztseite hat zu beweisen, dass der geltend gemachte Schaden auch eingetreten wäre, wenn man standardgerecht gehandelt hätte.

Anscheinsbeweis

Hier kommt es nicht zu einer Beweislastumkehr, sondern zu Beweiserleichterungen für die Patientenseite. Wenn ein Geschehensablauf vorliegt, der nach Gewissheit des Sachverständigen nur durch eine Standardunterschreitung erklärt werden kann und wird das Gericht davon überzeugt, genügt dies als Beweis für einen Behandlungsfehler. Der Anscheinsbeweis ist widerlegt, wenn die Arztseite die ernsthafte Möglichkeit eines atypischen Geschehensablaufs darstellen kann.

Beispiel: Ein Arzt verordnet über längere Zeit bei seinem Patienten ein nicht steroidales Antiphlogistikum ohne begleitende Ulkus-protektive Medikation. Der Patient entwickelt eine Ulkusblutung ohne entsprechende Vorerkrankung.

Vollbeherrschbares Risiko

Die Patienten haben in vielen Bereichen nur wenige Einflussmöglichkeiten, die mit der Behandlung verbundenen Gefahren zu minimieren. In einigen Bereichen ist es den Patienten gar nicht möglich. In diesen Fällen ist die Arztseite verpflichtet, geeignete Maßnahmen zur Gefahrenabwehr zu ergreifen. Es geht hier um die Bereiche Organisation, Koordination und Ausstattung. Wenn beispielsweise die Sensoren eines Neugeborenen-Inkubators nicht korrekt funktionieren, hat die Arztseite zu beweisen, dass eine ordnungsgemäße Wartung und auch Schulung des Personals vorgenommen wurden.

Beispiel: Bei einer Schädigung durch ein Hochfrequenzdiathermie-Gerät während einer Operation kann der Gerätepass Auskunft über den Wartungszustand und die vorzuhaltende Einweisungsdokumentation darüber Aufschluss geben, ob der behandelnde Arzt auch mit dem Gerät vertraut war.

Übernahmeverschulden

Das Konstrukt des Übernahmeverschuldens existierte schon vor Einführung der §§ 630 a ff BGB. Es ist jetzt aber unter § 630 h IV explizit erfasst. Sachverständige müssen sich darauf einstellen, dass dies vermehrt gefragt wird. Sie sollten über ihre Auftraggeber die notwendigen Informationen, wie den Weiterbildungsstand der behandelnden Ärzte, einholen. Es ist bei der Behandlung und auch bei Untersuchungen der Facharztstandard zu leisten. Dabei muss der behandelnde Arzt kein Facharzt sein, er muss aber über notwendige Kenntnisse und Erfahrungen verfügen, dies ist von ihm nachzuweisen. Dabei wird von der Rechtsprechung anerkannt, dass Ärzte zur Ausbildung auch als Anfänger Operationen durchführen. Es ist dann sicherzustellen, dass ein Arzt mit der notwendigen Kenntnis und Erfahrung jederzeit die Operation übernehmen kann.

13.1.1.3 Diagnosefehler und die möglichen Beweiserleichterungen

Vom Behandlungsfehler ist der Diagnosefehler zu unterscheiden. Die höchstrichterliche Rechtsprechung anerkennt, dass Ärzte sich irren können. Der menschliche Körper ist keine Maschine, der Mensch ist einzigartig in Bezug auf seinen Körper und sein Erkrankungsbild. Die Grenze vom unverschuldeten Diagnoseirrtum zum vorwerfbaren Diagnosefehler ist dann überschritten, wenn die Fehlinterpretation vom Sachverständigen als vorwerfbar bewertet wird.

Dies wird auch dadurch erschwert, dass man heute im klinischen Alltag unterschiedliche Diagnosestufen und -kategorien verwendet: Einweisungsdiagnose, Verdachtsdiagnose, Differenzialdiagnose, Behandlungsdiagnose, Entlassungsdiagnose, etc.

Schwerer Diagnosefehler

Aufgrund der Zurückhaltung der Gerichte sind die Anforderungen an einen schweren Diagnosefehler höher als bei einem schweren Behandlungsfehler. Die massive Standardunterschreitung muss noch fundamentaler sein.

Befunderhebungsfehler

Der Befunderhebungsfehler hat sich seit seiner Entwicklung durch den Bundesgerichtshof vor gut zwanzig Jahren zu dem einschneidenden Konstrukt im Arzthaftungsrecht entwickelt. Dabei muss man sich vor Augen führen, dass mit Hypothesen auf mehreren Ebenen gearbeitet wird, die dazu führen, dass ein Fehler, der nicht als schwer bewertet wird, zu einer Beweislastumkehr zugunsten der Patientenseite führt.

Am Anfang steht die Feststellung im Gutachten, dass Befunde nicht erhoben bzw. nicht gesichert wurden, die hätten erhoben bzw. gesichert werden müssen. Der Sachverständige wird dann dazu befragt, welche Diagnose wohl gestellt worden wäre, wenn man standardgerecht den Befund erhoben hätte. Das Maß ist hier nach Rechtsprechung der Oberlandesgerichte die überwiegende Wahrscheinlichkeit, d. h. weit mehr als 50 %. Die korrekte Diagnose wird dann hypothetisch zugrunde gelegt. Wenn das tatsächliche Handeln oder Nichthandeln eine massive Standardunterschreitung oder das Nichterkennen der korrekten Diagnose einen fundamentalen Diagnosefehler darstellen würde, kommt es zur Beweislastumkehr zugunsten der Patientenseite.

Schwerer Befunderhebungsfehler

Es kann sich bei der unterlassenen Befunderhebung und -sicherung auch um eine massive Standardunterschreitung handeln. Dann kommt es zur Beweislastumkehr zugunsten der Patientenseite, ohne dass die hypothetischen Erwägungen angestellt werden.

13.1.1.4 Risikoaufklärung

Jeder Eingriff in den menschlichen Körper stellt eine Körperverletzung gemäß § 223 Strafgesetzbuch dar.

Gerechtfertigt sind diese Eingriffe nur, wenn der Patient bzw. sein dazu berechtigter Vertreter in die Maßnahmen einwilligen. Dies kann nur geschehen, wenn eine ordnungsgemäße Aufklärung im Arzt-Patienten-Gespräch stattfindet. Auch über die Risiken von Medikamenten ist im Gespräch aufzuklären. Es reicht in vielen Fällen nicht aus, auf die Warnhinweise in der Packungsbeilage des Pharmaherstellers zu verweisen. Kommen schwerwiegende Nebenwirkungen eines Medikaments in Betracht, so ist neben dem Hinweis in der Gebrauchsinformation auch eine Aufklärung durch den das Medikament verordnenden Arzt erforderlich. Dieser muss dem Patienten eine allgemeine Vorstellung von der Schwere des Eingriffs und den spezifisch mit ihm verbundenen Risiken vermitteln. Die Beweislast für ein ordnungsgemäßes Aufklärungsgespräch liegt auf der Arztseite.

Die Entscheidung, ob ein ordnungsgemäßes Aufklärungsgespräch stattgefunden hat, wird durch Juristen getroffen. Diese sind allerdings auf Informationen des Sachverständigen und dessen Beurteilung zwingend angewiesen.

Der Sachverständige sollte die Aufklärung z. B. hinsichtlich des Auftretens eines bestimmten Risikos nur würdigen, wenn er explizit danach gefragt wird.

Zunächst ist durch den Sachverständigen zu klären, welche eingriffstypischen Risiken für diesen Patienten bei dieser Behandlungsmaßnahme zu diesem Zeitpunkt existieren. Dabei ist es ohne Bedeutung, wie häufig oder wie selten ein Risiko eintritt. Ausschlaggebend ist, ob sie für den Patienten für seine Entscheidung von Bedeutung sind. Es muss auch über das Misserfolgsrisiko aufgeklärt werden. Eine rechtswirksame Zustimmung oder Einwilligung setzt eine informierte Entscheidung voraus. Dazu muss die Arztseite den Patienten rechtzeitig und ausreichend über die beabsichtigte Maßnahme informieren und aufklären. Das bedeutet, dass diesem „eine angemessene und ausreichende Überlegungsfrist zu seiner freien Willensbildung" zur Verfügung stand.

Kommt der Jurist zu dem Schluss, dass kein ordnungsgemäßes Aufklärungsgespräch stattgefunden hat, stellt sich die Frage, welche Folgen die nicht gerechtfertigte Maßnahme hatte. Hier liegt die Beweislast auf der Patientenseite.

13.1.2 Beweismaße beim Schaden

Es ist in den vorherigen Abschnitten immer wieder von der Beweislastverteilung die Rede. Es ist im Haftungsrecht allgemein von ausschlaggebender Bedeutung, wer etwas zu beweisen hat.

Grundsätzlich muss Gewissheit bestehen, dass ein festgestellter Fehler zu einem Schaden geführt hat, sog. haftungsbegründende Kausalität. Geregelt ist dies im § 286 Zivilprozessordnung (ZPO).

Um die Schwierigkeit der Entscheidung darzustellen, wird hier ausnahmsweise aus einem Urteil des BGH zitiert. Laut Urteil vom 09.05.1989 (VI ZR 268/88) ist ein *„für das praktische Leben brauchbarer Grad von Gewissheit des Richters, der Zweifeln Schweigen gebietet, ohne sie völlig auszuschließen"* erforderlich.

Aus dieser Formulierung folgt die Erkenntnis, dass zum einen die persönliche Überzeugung des Richters von Bedeutung ist und zum anderen keine absolute Sicherheit für einen Ursachenzusammenhang bestehen muss.

Merke: Die häufig von Sachverständigen und leider auch von Zivilrichtern verwandte Formulierung „mit an Sicherheit grenzender Wahrscheinlichkeit" ist daher nicht der Maßstab. Es handelt sich um ein Beweismaß aus dem Strafrecht und ist im Zivilrecht nicht anzuwenden.

Es engt ansonsten die Bewertung des Ursachenzusammenhangs unbegründet ein. Gerade für den medizinischen Sachverständigen ist es häufig schwierig, die notwendigen Abgrenzungen vorzunehmen. Der Patient unterzieht sich außerhalb einer rein kosmetischen Maßnahme einer Behandlung, weil er erkrankt ist. Die Frage, ob ein

Fehler den Schaden allein verursacht hat, kann daher häufig nicht beantwortet werden. Sie darf aber auch gar nicht gestellt werden. Eine Mitursächlichkeit genügt für die haftungsbegründende Kausalität, wenn eine genaue Bestimmung nicht möglich ist.

Für die Entscheidung über die aus dem primären Schaden folgenden weiteren Schäden unterliegt der Richter nicht den strengen Anforderungen des § 286 ZPO; vielmehr ist er nach Maßgabe des § 287 ZPO freier gestellt. Zwar kann der Tatrichter auch eine haftungsausfüllende Kausalität nur feststellen, wenn er von diesem Ursachenzusammenhang überzeugt ist. Im Rahmen der Beweiswürdigung gem. § 287 ZPO werden aber geringere Anforderungen an seine Überzeugungsbildung gestellt. Hier genügt, je nach Lage des Einzelfalls, eine höhere oder deutlich höhere oder überwiegende Wahrscheinlichkeit für die Überzeugungsbildung.

Wenn eine Beweislastumkehr zugunsten der Patientenseite angenommen wird, genügt es, dass der festgestellte Fehler generell geeignet ist, den geltend gemachten Schaden verursacht zu haben. Wahrscheinlich muss dies nicht sein.

13.1.3 Dokumentation

Die Dokumentationspflicht ist in § 630f BGB geregelt. Es sind alle Befunde und Maßnahmen zu dokumentieren, die für die Behandlung notwendig sind. Dazu gehört nach Einführung des § 630f BGB auch die Aufklärungsdokumentation.

Dokumentationspflichtige Befunde und Maßnahmen, die nicht dokumentiert sind, gelten als nicht erhoben bzw. als nicht erfolgt, vgl. § 630 h Abs. 3 BGB. Dies führt nicht direkt zu einem Anspruch. Vielmehr muss aus dem Dokumentationsmangel geschlussfolgert werden, ob beispielsweise ein Befunderhebungsfehler vorliegt. Schwierig wird es, wenn zwar eine Dokumentation nicht vorliegt, aber klar ist, dass die Maßnahme, z. B eine Operation, erfolgte. Da der Dokumentationsmangel nicht direkt zu einem Haftungsanspruch führt, muss geklärt werden, ob es Hinweise für eine fehlerhafte Durchführung gibt, wie z. B. das Operationsergebnis sie liefern könnte.

Zwar zählt der § 630f BGB einzelne dokumentationspflichtige Punkte auf. Dies ist aber nicht abschließend. Daneben hat der ärztliche Sachverständige zu entscheiden, ob ihm die für die Behandlung notwendige Dokumentation vorliegt. Dabei muss er sich vor Augen führen, dass es nicht Sinn einer Dokumentation ist, dass mögliche Standardverstöße später geklärt werden können. Ausschlaggebend ist, dass die Dokumentation notwendig ist für die weitere Behandlung und Sicherung des Behandlungserfolgs.

In diesem Zusammenhang ist auf sog. Routinemaßnahmen, wie z. B. Desinfektionen, einzugehen. Es besteht hier keine medizinische Notwendigkeit der Dokumentation. In diesen Fällen kann es aber für eine Klärung hilfreich sein, die geltenden SOPs (Standard Operating Procedure) der Behandlungsstätte anzufordern.

Es gibt eine Ausnahme der Beschränkung auf das therapeutisch Notwendige, die Anfängeroperation. Diese ist nach der höchstrichterlichen Rechtsprechung verpflichtend umfassend zu dokumentieren, um eine Weiterbildungskontrolle zu gewährleisten. Aber auch, um dem höheren Risiko für den Patienten gerecht zu werden.

13.2 Rechtsrahmen Sachverständigentätigkeit nach ZPO

Die Pflichten aber auch Rechte des Sachverständigen sind für den Arzthaftungsbereich in der ZPO, §§ 402 ff, geregelt.

13.2.1 Grundlegende Prinzipien

Die Leistung des Sachverständigen für ein Gericht wird als Sonderopfer des Sachverständigen angesehen. D. h. er ist grundsätzlich verpflichtet, das Gutachten zu erstellen. Allerdings gibt es Gründe, derentwegen er ablehnen kann. Er kann auch eine Unterstützung durch den Auftraggeber verlangen. Dies erfordert allerdings eine Vorprüfung, die grundsätzlich nicht abgegolten wird.

13.2.1.1 Auswahl des Sachverständigen

Hier hat der Sachverständiger zunächst zu prüfen, ob ein absoluter Ablehnungsgrund besteht, vgl. § 406 i. V. mit § 41 ZPO. Dies sind Verwandtschaften, Mitbehandlungen und Mitwirkung an einem Mediationsverfahren oder einem anderen Verfahren der außergerichtlichen Konfliktbeilegung in dieser Sache. Hierzu gehören auch Gutachtertätigkeiten in Schlichtungsverfahren.

Sodann sind die relativen Ablehnungsgründe zu prüfen, die die Besorgnis der Befangenheit rechtfertigen. Es ist hier zu betonen, dass die Besorgnis genügt. Es ist nicht ausschlaggebend, ob der Sachverständige sich befangen fühlt. Zu den Gründen können gehören: Freundschaften, Konkurrenz usw.

Bei Gericht hat der Sachverständige seine Pflichten *persönlich* zu erledigen, vgl. § 407 ZPO. Da er sein Gutachten auch rechtzeitig zu erstellen hat, muss er prüfen, ob er den vorgegebenen zeitlichen Rahmen einhalten kann. Ist dies nicht der Fall, kann er mit dem Gericht vereinbaren, dass ein nachgeordneter Arzt das Gutachten erstellt und er ggfs. verantwortlich zeichnet.

Auch hat der Sachverständige zu prüfen, ob er die notwendige Sachkunde hat. Nur dann kann er den Vorwurf eines Standardverstoßes klären.

13.2.1.2 Fragen an den Sachverständigen

Grundsätzlich ist der Sachverständige an den Beweisbeschluss gebunden. D. h., er darf nicht von den Fragen abweichen. Tut er dies ohne vorherige Rücksprache, droht die Besorgnis der Befangenheit und damit der Verlust des Honoraranspruchs. Wenn die Fragen dem zu klärenden Sachverhalt nicht gerecht werden, hat der Sachverständige Rücksprache mit dem Auftraggeber zu halten, damit dieser Abhilfe schaffen kann.

13.2.1.3 Dokumentation

Die dem Sachverständigen zur Verfügung gestellten Krankenunterlagen müssen für ihn lesbar sein. D. h., es müssen im Zweifel Leseabschriften angefordert werden bzw. bei einer elektronischen Dokumentation u. a. ein Inhaltsverzeichnis.

13.2.1.4 Haftung

Die Haftung des Gerichtsgutachters ist in § 839a BGB geregelt. Es muss nachgewiesen sein, dass das Gutachten falsch ist, z. B. indem veraltete Literatur verwandt wurde. Der Sachverständige muss dabei vorsätzlich oder grob fahrlässig gehandelt haben. Zum Schluss muss die gerichtliche Entscheidung sich auf das fehlerhafte Gutachten gestützt haben.

Modul Ic: **Zustandsbegutachtung Teil 2: Pflegeversicherung, Private Krankenversicherung, Berufsunfähigkeits(zusatz)versicherung, spezielle Begutachtungsfragen**

14 Pflegeversicherung

Stephan Knoblich

14.1 Der Pflegebedürftigkeitsbegriff

Seit ihrer Einführung zum 1. Januar 1995 hat die gesetzliche Pflegeversicherung als 5. Säule unseres Sozialversicherungssystems erheblich zur Verbesserung der Versorgung pflegebedürftiger Menschen und zur Unterstützung der pflegenden Angehörigen beigetragen [1]. Der damit implementierte Begriff der Pflegebedürftigkeit und das damit verbundene Begutachtungsinstrument begründeten seitdem den Leistungszugang im Rahmen der Pflegeversicherung.

Dabei wurde die Pflegebedürftigkeit vorrangig auf definierte Alltagsverrichtungen in den Bereichen Mobilität, Ernährung, Körperpflege und hauswirtschaftliche Versorgung abgestellt; es erfolgte eine Bewertung der Katalogverrichtungen in Minuten, die addiert zu einer Pflegstufe führten.

Dieser Pflegebedürftigkeitsbegriff stand allerdings seit seiner Einführung in der Kritik, weil er defizitorientiert ausgerichtet sei. Weitere Kritikpunkte waren, dass Defizite bei den definierten Alltagshandlungen bei Menschen mit körperlichen Beeinträchtigungen häufiger vorkommen und bei diesen oft ausgeprägter sind als bei Menschen mit kognitiven oder psychischen Beeinträchtigungen. Dementsprechend würden kognitive und psychische Beeinträchtigungen (z. B. kognitive und kommunikative Fähigkeiten oder bestimmte Verhaltensweisen und psychische Problemlagen, Demenz) bisher in der Begutachtung nicht oder nicht ausreichend berücksichtigt. Dies führe dazu, dass Menschen mit kognitiven oder psychischen Beeinträchtigungen seltener höhere Pflegestufen erreichten als Menschen mit körperlichen Beeinträchtigungen und damit bislang im Vergleich niedrigere Sach- und Geldleistungen erhielten. Der damalige Pflegebedürftigkeitsbegriff und das damalige Begutachtungsinstrument würden auch weitere pflegefachlich relevante Aspekte von Pflegebedürftigkeit nicht hinreichend erfassen: So würde die Bewältigung von und der Umgang mit krankheits- und therapiebedingten Anforderungen oder Belastungen ebenso wenig angemessen erfasst, wie die Gestaltung des Alltagslebens und der sozialen Kontakte. Darüber hinaus sei das Leistungsrecht stärker kompensatorisch – also auf den Ausgleich von Defiziten – statt auf die Stärkung individueller Ressourcen von pflegebedürftigen Personen, z. B. durch Beratung, Schulung und Anleitung, ausgerichtet.

Vor diesem Hintergrund wurde durch das Bundesministerium für Gesundheit im Oktober 2006 der Beirat zur Überprüfung des Pflegebedürftigkeitsbegriffs einberufen, der im Frühjahr 2009 einen ersten Vorschlag für einen neuen Pflegebedürftigkeitsbegriff und ein damit verbundenes Begutachtungsinstrument zur Feststellung der Pflegebedürftigkeit vorgelegt hat. Im Weiteren wurden zwei größere wissenschaftlich begleitete Studien- auch unter Einschluss von Kindern durchgeführt [2,3]. Nach Erreichen der Einführungsreife ist der neue Pflegebedürftigkeitsbegriff nach Klärung der

https://doi.org/10.1515/9783110693362-014

noch offenen fachlichen, administrativen und rechtstechnischen Fragen im Rahmen des Zweites Pflegestärkungsgesetz(PSG II) zum 01.01.2017 in Kraft getreten.

Das (neue) Begutachtungsinstrument (BI) folgt den Grundsätzen und Inhalten des neuen Pflegebedürftigkeitsbegriffes und vollzieht damit einen umfassenden Paradigmenwechsel in der Begutachtung zur Feststellung von Pflegebedürftigkeit. Die defizitorientierte Betrachtungsweise des Hilfebedarfes in Minuten wurde gänzlich aufgegeben. Nunmehr steht im Vordergrund der gutachtlichen Beurteilung die ressourcenorientierte Betrachtung der Selbständigkeit und Fähigkeiten. Darüber hinaus wurden im Vergleich zu dem alten Begutachtungsverfahren die gutachtlich in den Blick zu nehmenden Kriterien inhaltlich erheblich erweitert und erstrecken sich nun auf alle relevanten Bereiche des täglichen Lebens. Erheblich mehr Gewicht hat zudem die Beurteilung der kognitiven und kommunikativen Fähigkeiten gewonnen und ist als eigenes Modul vertreten, ebenso wie die Verhaltensweisen und psychischen Problemlagen. Völlig neu aufgenommen wurden die Module „Bewältigen von und selbständiger Umgang mit krankheits- oder therapiebedingten Anforderungen und Belastungen“ sowie die „Gestaltung des Alltagslebens und sozialer Kontakte“. Abgerundet wird die Abbildung der Pflegebedürftigkeit durch die Erhebung weiterer versorgungsrelevanter Informationen aus dem Bereich der außerhäuslichen Aktivitäten und der Haushaltsführung. Diese beiden Bereiche gehen jedoch nicht in die Ermittlung eines Pflegegrades ein.

Die gesetzlich normierten zeitlichen Voraussetzungen für eine Leistungsgewährung bei Pflegebedürftigkeit bleiben unverändert. Die gesundheitlichen Einschränkungen der Selbständigkeit und der Fähigkeiten müssen auf Dauer, also voraussichtlich wenigstens für sechs Monate vorliegen. Unverändert finden sowohl körperliche wie auch kognitive oder psychische Beeinträchtigungen umfänglich Berücksichtigung. Auf diese Weise kann die Pflegebedürftigkeit auf dem Boden von wissenschaftlichen Erkenntnissen beruhenden Schlüsselkriterien umfassend abgebildet werden.

Merke: Bei der Beurteilung der Pflegebedürftigkeit wird von ihrem Eintritt, nicht vom Zeitpunkt der Antragstellung oder der Begutachtung ausgegangen.

Die Ergebnisse der gutachtlichen Einschätzung dienen vorrangig der Ermittlung der Pflegegrade. Darüber hinaus sollen die im Rahmen der Begutachtung gewonnenen Erkenntnisse der Erstellung eines individuellen Versorgungsplanes und einer individuellen Pflegeplanung dienen.

14.2 Beurteilung von Selbständigkeit und Fähigkeiten

Die Beurteilung von Selbständigkeit und Fähigkeiten folgt dem biopsychosozialen Krankheitsmodell der Internationalen Klassifikation der Funktionsfähigkeit, Behinderung und Gesundheit (International Classification of Functioning, Disability and Health – ICF). Dabei werden die Beeinträchtigungen der Aktivität und Teilhabe auf die Schädigungen der Körperstrukturen bzw. Körperfunktionen zurückgeführt. Festzuhalten ist, dass vorübergehende (voraussichtlich weniger als sechs Monate) oder vereinzelte (weniger als einmal pro Woche) auftretenden Beeinträchtigungen der Selbständigkeit und der Fähigkeit nicht zu berücksichtigen sind. Ausnahmen davon werden in Modul 3 „Verhaltensweisen und psychische Problemlagen“ und im Modul 5 „Bewältigung von und selbständiger Umgang mit krankheits- oder therapiebedingten Anforderungen und Belastungen“ ausgewiesen.

14.2.1 Selbständigkeit

Für die Beurteilung der Selbständigkeit im Sinne der Begutachtungs-Richtlinien (BRi) ist es entscheidend, ob eine Aktivität oder Handlung von einer Person alleine, ggf. auch erschwert oder unter Nutzung von Hilfsmitteln, jedenfalls ohne fremde Unterstützung durchgeführt werden kann. Folglich liegt eine Beeinträchtigung der Selbständigkeit im Sinne der BRi nur dann vor, wenn personelle Hilfe oder Unterstützung durch eine weitere Person geleistet werden muss. Unerheblich ist hingegen, durch wen diese Hilfe oder Unterstützung geleistet wird, sei es eine professionelle Pflegefachkraft oder eine sonstige Person. Ausnahmen bestehen dabei nur bei zwei Berufsgruppen:

Zum einen werden die Leistungen eines Arztes, sei es beim ärztlichen Hausbesuch oder sei es im Rahmen eines Besuches der Person in der Praxis oder einer ähnlichen Institution des Gesundheitswesens nicht bewertet. Dazu zählen auch medizinische Handlungen durch das Praxispersonal. Darüber hinaus sind die Leistungen der Physiotherapie, Logopädie, Ergotherapie, Podologie und Ernährungstherapie nicht Gegenstand der Beurteilung in dem Begutachtungsinstrument. Die Beurteilung der Selbständigkeit wird im Modul 1 „Mobilität“, Modul 4 „Selbstversorgung“ und Modul 6 „Gestaltung des Alltagslebens und soziale Kontakte“ entsprechend einer vierstufigen Graduierung bewertet:

14.2.1.1 Selbständig

Selbständig ist eine Person die keine personelle Hilfe oder Unterstützung benötigt. Die Handlung bzw. Aktivitäten können in der Regel selbständig durchgeführt werden. Die Notwendigkeit von Hilfs- oder Pflegehilfsmitteln steht dieser Graduierung nicht entgegen, ebenso wenig wie eine erschwerte oder verlangsamte Durchführung.

14.2.1.2 Überwiegend selbständig

Überwiegend selbständig ist jemand im Sinne der BRi, wenn der größte Teil der Aktivitäten selbständig durchgeführt werden kann. Vereinfacht formuliert heißt dies, es können mehr als die Hälfte der Aktivitäten oder Handlungen noch ohne fremde Hilfe oder Unterstützung durchgeführt werden. Dazu zählt das unmittelbare Zurechtlegen und Richten von Gegenständen, wobei vorausgesetzt wird, dass die Umgebung der antragstellenden Person pflegeerleichternd optimiert so eingerichtet wird, dass z. B. alle notwendigen Körperpflegeutensilien in greifbarer Nähe liegen. Zurechtlegen und Richten schließt demnach ein, dass etwa ein Gegenstand (z. B. eine Zahnbürste) unmittelbar in die Hand gegeben werden muss. Auch die ggf. mehrfache Aufforderung durch eine Pflegeperson, mehrfache Impulsgaben, die Kontrolle oder partielle Beaufsichtigung, ob die Abfolge einer Handlung eingehalten wird, zählt zu überwiegend selbständig. Eine Unterstützung bei der Entscheidungsfindung meint, dass verschiedene Alternativen oder Optionen genannt werden müssen, die dann jedoch nach gemeinsamer Auswahl selbständig umgesetzt werden können. Schließlich ist auch die Übernahme von Teilhandlungen (weniger als die Hälfte) Gegenstand der Beurteilung „überwiegend selbständig“. Wenn aus nachvollziehbaren Sicherheitsgründen (z. B. als Vorsichtsmaßnahme bei vorangegangenen Krampfanfällen) die Anwesenheit einer anderen Person (z. B. während des Badens) erforderlich ist, führt diese Anwesenheit ebenfalls zu der Beurteilung „überwiegend selbständig“.

14.2.1.3 Überwiegend unselbständig

Überwiegend unselbständig ist eine Person, wenn sie Aktivitäten oder Handlungen nur zu einem geringen Anteil selbständig durchführen kann. Vereinfacht formuliert kann eine Person also weniger als die Hälfte einer Aktivität oder Handlung ohne fremde Hilfe oder Unterstützung durchführen. Zu dieser Graduierung zählt auch die kleinschrittige, ständige Anleitung oder Motivation, die ständige Beaufsichtigung und Kontrolle durch eine unmittelbare Eingreifbereitschaft. Beispielsweise zählt hierunter, dass sich Bereithalten in unmittelbarer Nähe einer Person, die sich ständig verschluckt, um unverzüglich eingreifen zu können (Pflegeperson sitzt neben einer Person). Auch die Übernahme von Teilhandlungen (mehr als die Hälfte) zählt zu dieser Graduierung. Das Auffordern, die bloße Impulsgabe, das Bereitlegen von Gegenständen reicht nicht aus.

Wenn die Beeinträchtigungen der Selbständigkeit bei einer Aktivität zwar regelmäßig mindestens einmal wöchentlich, aber nicht täglich oder in wechselnd starker Ausprägung auftreten, ist bei der Entscheidung zwischen „überwiegend selbständig“ und „überwiegend unselbständig“ auf die Gesamtheit dieser Aktivität im Wochenverlauf abzustellen.

14.2.1.4 Unselbständig

Unselbständig im Sinne der BRi meint, dass eine Aktivität oder Handlung in der Regel nicht durchgeführt oder gesteuert werden kann, auch nicht in Teilen. Die Pflegeperson muss dabei alle oder nahezu alle Teilhandlungen anstelle der betroffenen Person durchführen. Eine Beteiligung der betroffenen Person in sehr geringem Umfang ist dabei unschädlich.

Für jedes Kriterium der betreffenden Module werden die einzelnen Graduierungen der Selbständigkeit in den BRi ausgeführt.

Beispielgebend wird die Graduierung für das Kriterium 4.1.4 „Fortbewegen innerhalb des Wohnbereiches" ausgeführt:

Selbständig
Wenn eine Person sich ohne fremde personelle Hilfe in einem Radius von wenigstens 8 Metern innerhalb einer Wohnung fortbewegen kann, ist sie selbständig. Auch ein Rollstuhlfahrer kann demnach in diesem Kriterium selbständig sein, wenn er den Rollstuhl ohne personelle fremde Hilfe fortbewegen kann. Auch wenn jemand sich nur sicher fortbewegen kann, wenn er sich an Wänden und Möbeln festhält, kann dies zu der Bewertung selbständig führen.

Überwiegend selbständig
Wenn wegen vorangegangenen (seltenen) Stürzen eine Beobachtung aus Sicherheitsgründen bei der Fortbewegung erforderlich ist oder wenn jemand gelegentlich gestützt werden muss, führt dies zu der Bewertung überwiegend selbständig.

Überwiegend unselbständig
Sofern sich eine Person nur mit Stützen oder Festhalten (persönlicher direkter Kontakt!) an einer Pflegeperson fortbewegen kann, führt dies zu der Bewertung überwiegend unselbständig. Überwiegend unselbständig ist auch eine Person, die nur wenige Schritte (deutlich unter 8 Metern) gehen oder sich mit dem Rollstuhl nur wenige Meter fortbewegen kann. Zu denken wäre hier beispielsweise an Personen mit einer ausgeprägt fortgeschrittenen chronisch obstruktiven Atemwegserkrankung oder einer weit fortgeschrittenen Herzminderleistung. Sofern eine Person sich in ihrer Wohnung nur krabbelnd oder robbend fortbewegen kann (und nicht etwa einen Rollstuhl benutzen kann), führt dies ebenfalls zu der Bewertung überwiegend unselbständig.

Unselbständig
Sofern eine Person ständig getragen oder im Rollstuhl geschoben werden muss, führt dies zur Bewertung unselbständig.

14.2.2 Fähigkeiten

Fähigkeiten werden in dem Modul 2 „Kognitive und kommunikative Fähigkeiten" beurteilt. Der Fokus liegt dabei auf Erkennen, Entscheiden und Steuern, nicht auf der motorischen Umsetzung. Dabei geht es um kognitive Fähigkeiten und Aktivitäten, also um die Wahrnehmung, die Aufmerksamkeit, das Gedächtnis, das Denken und die Problemlösung im Sinne der höheren Hirnfunktionen. Die Kriterien 4.2.1 „Erkennen von Personen aus dem näheren Umfeld" bis 4.2.8 „Erkennen von Risiken und Gefahren" beziehen sich ausschließlich auf kognitive Funktionen und Aktivitäten, während in den Kriterien 4.2.9 bis 4.2.11 auch die Auswirkungen von Hör-, Sprech- oder Sprachstörungen als kommunikative Fähigkeiten zu berücksichtigen sind. Es geht bei den kognitiven Fähigkeiten um die Reizverarbeitung, das Denken, das Erkennen als Denkprozess. Insofern ist das Sehen beispielsweise nicht unter dem Begriff kognitiver Prozesse zu fassen. Folglich sind ausschließlich Beeinträchtigungen des Sehens in den Kriterien 4.2.1 bis 4.2.11 nicht zu bewerten.

Auch die Fähigkeiten werden nach einer vierstufigen Graduierung beurteilt:

- Fähigkeit vorhanden/unbeeinträchtigt: Darunter wird verstanden, dass die kognitive und kommunikative Fähigkeit (nahezu) vollständig vorhanden ist.
- Fähigkeit größtenteils vorhanden: liegt vor, wenn eine Fähigkeit die meiste Zeit über, also in den meisten Situationen, aber nicht durchgängig, vorhanden ist oder aber bei höheren oder komplexeren Anforderungen Schwierigkeiten bestehen.
- Fähigkeit in geringem Maße vorhanden: trifft dann zu, wenn eine Person häufiger oder in vielen Situationen Beeinträchtigungen der kognitiven oder kommunikativen Fähigkeiten aufweist. Darüber hinaus, wenn nur geringe Anforderungen gestellt werden können.
- Fähigkeit nicht vorhanden: ist der Fall, wenn eine Fähigkeit nicht oder nur in geringem Maße vorhanden ist.

Für jedes Kriterium des Modul 2 werden die einzelnen Graduierungen der Selbständigkeit in den BRi ausgeführt. Beispielgebend wird die Graduierung für das Kriterium 4.2.3 „Zeitliche Orientierung" dargestellt:

Fähigkeit vorhanden, wenn ohne größere Schwierigkeiten der Tagesabschnitt, die Jahreszeit, der Monat und die ungefähre Uhrzeit benannt werden können.

Fähigkeit größtenteils vorhanden, wenn eine Person die meiste Zeit über zeitlich orientiert ist, aber nicht durchgängig. Dies ist auch der Fall, wenn ohne Blick auf die Uhr nicht der Tagesabschnitt (z. B. Vormittag) bestimmt werden kann.

Fähigkeit in geringem Maße vorhanden, wenn eine zeitliche Orientierung überwiegend, aber nicht durchgängig, fehlt. Dies ist auch der Fall, wenn nur zwischen Tag und Nacht unterschieden werden kann, jedoch nicht mehr zwischen Vormittag und Nachmittag.

Fähigkeit nicht vorhanden. Die zeitliche Orientierung ist kaum oder nicht mehr vorhanden.

14.2.3 Selbständigkeit, Fähigkeit und Häufigkeit

Im Modul 3 „Verhaltensweisen und psychische Problemlagen" geht es ebenfalls um Fähigkeiten, nämlich um die Fähigkeit der Selbststeuerung bei bestimmten Verhaltensweisen und psychischen Problemlagen. Eine erheblich eingeschränkte oder fehlende Selbststeuerungsfähigkeit kann einen personellen Interventionsbedarf auslösen. Bewertet wird also gutachtlich im ersten Schritt, ob bestimmte definierte Verhaltensweisen oder psychische Problemlagen vorliegen. Im zweiten Schritt wird die Fähigkeit zur Selbststeuerung bei diesen Zuständen bewertet und in einem dritten Schritt die Häufigkeit des personellen Interventions- oder Hilfebedarfs. Damit wird eine weitere Form der Graduierung eingeführt

- nie oder sehr selten
- selten, d. h. ein- bis dreimal innerhalb von zwei Wochen
- häufig, d. h. zweimal bis mehrmals wöchentlich, aber nicht täglich
- täglich

Diese Graduierung macht deutlich, dass abweichend von der sonstigen Bewertung der Fähigkeiten oder Selbständigkeiten eine Bewertung in dem Modul 3 auch dann erfolgen kann, wenn eine Beeinträchtigung der Fähigkeit seltener als einmal in der Woche auftritt.

Im Modul 5 „Bewältigen und Umgang mit krankheits- oder therapiebedingter Anforderungen und Belastungen“ wird die Selbständigkeit bei der Krankheitsbewältigung im Sinne von Tätigkeiten, die direkt auf die Kontrolle von Erkrankungen und Symptomen sowie auf die Durchführung therapeutischer Interventionen bezogen sind, bewertet. Ein Großteil der in diesem Modul aufgeführten Maßnahmen und Handlungen kann von erkrankten Personen eigenständig durchgeführt werden, sofern sie über die dazu notwendigen Ressourcen verfügen, d. h. über körperliche und kognitive Fähigkeiten und spezifische Fertigkeiten, Motivation, Kenntnisse und anderes mehr. Auch im Modul 5 ist zunächst einmal gutachtlich festzustellen, ob die in diesem Modul genannten Handlungen überhaupt durchgeführt werden müssen. In einem zweiten Schritt wird gutachtlich festgestellt, ob die betroffenen Personen diesbezüglich selbständig sind oder ein personeller Hilfebedarf besteht. Erst in einem dritten Schritt wird die Anzahl der personellen Interventionen – aufgegliedert in Maßnahmen pro Tag, pro Woche und pro Monat – festgestellt. Abweichend von der sonstigen Beurteilung der Selbständigkeit ist eine Feststellung auch dann zu treffen, wenn Maßnahmen seltener als einmal in der Woche nämlich wenigstens einmal pro Monat durchgeführt werden.

Das Kriterium 4.5.16 „Einhalten einer Diät und anderer krankheits- oder therapiebedingter Verhaltensvorschriften“ richtet sich wieder nach der üblichen Nomenklatur der Beurteilung der Selbständigkeit (selbständig – überwiegend selbständig – überwiegend unselbständig – unselbständig).

14.3 Die Systematik der BRi

Die Bezeichnung der einzelnen Kriterien der Module sind in der BRi ausgegraut dargestellt. Darunter findet sich in dem Modul 1 „Mobilität“, Modul 2 „Kognitive und kommunikative Fähigkeiten“, Modul 4 „Selbstversorgung“, in den Kriterien 4.5.1 dem Modul 5 „Bewältigung von und selbständiger Umgang mit krankheits- oder therapiebedingten Anforderungen und Belastungen“ und im Modul 6 „Gestaltung des Alltagslebens und soziale Kontakte“ eine abschließende Definition in Fettdruck. Darunter finden sich im Normaldruck weitere Erläuterungen. Schließlich werden zu den einzelnen Graduierungen beispielgebende Erläuterungen aufgeführt.

Die „Legaldefinition“ in Fettdruck beschreibt im Einzelnen, welche Handlungen oder Aktionen zu dem einzelnen Kriterium gehören.

So wird im Kriterium 4.4.2 „Körperpflege im Bereich des Kopfes“ ausgeführt, dass dazu das Kämmen, die Zahnpflege, die Prothesenreinigung und das Rasieren gehören. Obwohl auch das Waschen des Kopfhaares zur Körperpflege im Bereich des Kopfes gezählt werden könnte, wird diese Handlung jedoch unter dem Kriterium 4.4.4 „Duschen und Baden einschließlich Waschen der Haare“ berücksichtigt. Mit diesen strikten Zuordnungen soll eine Doppelbewertung in diesen Fällen vermieden werden. Es sind aber auch bestimmte Doppelbewertungen ausdrücklich zugelassen.

So wird im Modul 4 „Selbstversorgung“ in dem Kriterium 4.4.10 „Benutzen einer Toilette oder eines Toilettenstuhls“ ausgeführt, dass dort der Gang zur Toilette, das Hinsetzen und Aufstehen, das Sitzen während der Blasen- oder Darmentleerung, die Intimhygiene und das Richten der Bekleidung zu bewerten sei. Der Gang zur Toilette ist allerdings schon im Modul 1 im Kriterium 4.1.4 „Fortbewegen innerhalb des Wohnbereiches“ zu finden, das Hinsetzen und Aufstehen ist bereits Gegenstand des Kriteriums 4.1.3 „Umsetzen“. Sitzen während der Blasen- oder Darmentleerung findet sich ebenfalls im Kriterium 4.1.2 „Halten einer stabilen Sitzposition“, Intimhygiene in dem Modul 4, Kriterium 4.4.3 „Waschen des Intimbereiches“ und Richten der Bekleidung ebenfalls im Modul 4 unter dem Kriterium 4.4.6 „An- und Auskleiden des Unterkörpers“. Dies belegt, dass eine Doppelbewertung nicht grundsätzlich ausgeschlossen ist.

Merke: Die Bewertung der Selbständigkeit im Modul 1 erfolgt unabhängig von der konkreten Wohnsituation (vgl. BRi S. 32). Ebenso ist es unerheblich, ob die Handlungen oder Aktivitäten tatsächlich durchgeführt werden.

So wird das Kriterium 4.1.5 „Treppensteigen“ auch dann bewertet, wenn jemand in einem Bungalow ohne Keller und ohne Dachgeschoss wohnt, somit überhaupt keine Treppen vorhanden sind.

Nachfolgend werden die einzelnen Bewertungskriterien und das Vorgehen bei der Pflegebegutachtung anhand der BRi im Modul 1 – Mobilität erläutert.

14.3.1 Modul 1: Mobilität

In diesem Modul wird die *motorische* Selbständigkeit einer Person beurteilt, eine bestimmte Körperhaltung einzunehmen/zu wechseln und sich fortzubewegen. In die Beurteilung fließen ausschließlich motorische Aspekte wie Körperkraft, Balance, Bewegungskoordination, Gleichgewicht und dergleichen ein. Ausdrücklich werden dort nicht Folgen kognitiver Beeinträchtigungen abgebildet. Es kommt also nicht darauf an, ob beispielsweise eine Person in der Lage ist, zielgerichtet vom Wohnzimmer in die Küche zu gehen, um sich ein Getränk zu holen, vielmehr wird in diesem Falle nur die motorische Fähigkeit des Gehens beurteilt. Die Kriterien des Moduls 1 werden in Tab. 14.1. aufgegriffen.

Tab. 14.1: Die Kriterien des Moduls 1 – Mobilität.

		selbständig	überwiegend selbständig	überwiegend unselbst-ständig	unselbst-ständig
4.1.1	Positionswechsel im Bett	0	1	2	3
4.1.2	Halten einer stabilen Sitzposition	0	1	2	3
4.1.3	Umsetzen	0	1	2	3
4.1.4	Fortbewegen innerhalb des Wohnbereichs	0	1	2	3
4.1.5	Treppensteigen	0	1	2	3

14.3.1.1 Positionswechsel im Bett

Definitionsgemäß geht es in diesem Kriterium um das Einnehmen verschiedener Positionen im Bett, die Rotation um die Längsachse und das Aufrichten aus dem Liegen zum Sitzen im Bett.

14.3.1.2 Halten einer stabilen Sitzposition

In diesem Kriterium wird die Selbständigkeit beurteilt, z. B. auf einem Sitzmöbel mit Armlehne und Rückenlehne, einen stabilen Sitz zu erreichen. Wenn in der Definition dieses Kriteriums Bett, Stuhl oder Sessel genannt werden, bedeutet dies nicht, dass alle genannten Möglichkeiten zutreffen müssen, sondern eine Konstellation zum Erreichen eines stabilen Sitzes ausreicht.

14.3.1.3 Umsetzen

In diesem Kriterium wird die Selbständigkeit bewertet, sich von einer erhöhten Sitzfläche, Bettkante, Stuhl, Sessel, Bank, Toilette oder dergleichen auf eine andere erhöhte Sitzfläche (Rollstuhl, Toilettenstuhl, Sessel o. ä.) umzusetzen. Ausdrücklich wird in der Definition von einer erhöhten Sitzfläche gesprochen (übliche Sitzhöhe etwa 45 cm).

14.3.1.4 Fortbewegen innerhalb des Wohnbereiches

In diesem Kriterium wird die Selbständigkeit bei der Fortbewegung innerhalb einer Wohnung oder eines Wohnbereiches einer Einrichtung zwischen den Zimmern beurteilt. Dabei kommt es nicht auf die tatsächliche Wohnsituation an. Bewegung zwischen den Zimmern schließt auch die Fähigkeit ein, selbständig Kurven zu nehmen (Gehen, Fahren um die Ecke). Bewertet wird die Selbständigkeit, übliche Gehstrecken innerhalb einer Wohnung (also wenigstens 8 Meter) zurückzulegen.

14.3.1.5 Treppensteigen

In diesem Kriterium wird die Selbständigkeit beim Treppensteigen in aufrechter Position (also nicht krabbelnd auf allen Vieren) *unabhängig von der individuellen Wohnsituation* bewertet.

14.3.1.6 Besondere Bedarfskonstellation: Gebrauchsunfähigkeit beider Arme und beider Beine

Bei der besonderen Bedarfskonstellation handelt es sich nicht um ein Kriterium des Moduls 1. Die besondere Bedarfskonstellation ist als eigenständiger Sachverhalt im § 15 Abs. 4 SGB XI definiert. Gleichwohl wurde die besondere Bedarfskonstellation wegen der Nähe zum Modul 1 (Beurteilung der motorischen Fähigkeiten) in der BRi in dem Bereich des Moduls 1 verortet. Die Gebrauchsunfähigkeit beider Arme und Beine bedeutet den vollständigen Verlust der Greif-, Steh- und Gehfunktion, die nicht durch Einsatz von Hilfsmitteln kompensiert werden. Daraus ist allerdings nicht zwingend abzuleiten, dass alle vier Extremitäten völlig bewegungsunfähig sein müssen. Das Kriterium ist auch dann erfüllt, wenn jemand weder stehen noch gehen kann, auch die Greiffunktion erloschen ist, jedoch noch eine minimale Restbeweglichkeit der Arme vorhanden ist, sodass mit dem Unterarm noch z. B. der Joystick eines Rollstuhls bedient werden kann. Die Beurteilung dieses Kriteriums hebt auf motorische Fähigkeiten ab. Es kommt daher beispielsweise nicht auf das zielgerichtete Greifen eines Gegenstandes an.

14.3.2 Modul 2: Kognitive und kommunikative Fähigkeiten

Wie bereits im Abschnitt „Fähigkeiten“ ausgeführt, geht es in diesem Modul um Erkennen, Entscheiden und Steuern, also um das Denken im Sinne der höheren Hirnfunktion. Die gutachtliche Einschätzung bezieht sich bei den Kriterien 4.2.1 „Erkennen von Personen aus dem näheren Umfeld“ bis 4.2.8 „Erkennen von Risiken und Gefahren“ ausschließlich auf kognitive Funktionen und Aktivitäten. Hingegen sind bei den Kriterien 4.2.9 „Mitteilen von elementaren Bedürfnissen“, 4.2.10 „Verstehen von Aufforderungen“ und 4.2.11 „Beteiligen an einem Gespräch“ ausdrücklich auch die Auswirkungen von Hörstörungen sowie Sprech- oder Sprachstörungen zu berücksichtigen, da sich diese Kriterien auf die Kommunikation beziehen.

14.3.3 Modul 3: Verhaltensweisen und psychische Problemlagen

In diesem Modul wird die Fähigkeit zur Selbststeuerung bei bestimmten Verhaltensweisen und psychischen Problemlagen beurteilt, die als Folge von Gesundheitsproblemen auftreten. Nur bei deutlichen Einschränkungen oder gar Verlust der Selbststeuerungskompetenz kann bei bestimmten Verhaltensweisen oder psychischen Problemlagen eine personelle Unterstützung der betroffenen Personen notwendig werden. Dabei muss eine Verbindung zwischen dem geschilderten Verhalten und den vorliegenden gesundheitsbedingten Beeinträchtigungen bestehen. Es kommt also nicht darauf an, ob die in den einzelnen Kriterien des Moduls 3 geschilderten Verhaltensweisen oder Problemlagen vorliegen, sondern ausschlaggebend für die Bewertung ist, ob und wie oft die Verhaltensweisen eine personelle Unterstützung notwendig machen. Zu denken ist an eine personelle Unterstützung der betroffenen Personen

- bei der Bewältigung von belastenden Emotionen (z. B. Panikattacken),
- beim Abbau psychischer Spannungen und bei der Impulssteuerung,
- bei der Förderung positiver Emotionen durch Ansprache oder körperliche Berührungen,
- bei der Vermeidung von Gefährdung im Lebensalltag,
- bei Tendenzen zu selbstschädigendem Verhalten.

14.3.4 Modul 4: Selbstversorgung

In diesem Modul werden die relevanten Aktivitäten der körperbezogenen Pflegemaßnahmen abgebildet wie Körperpflege, An- und Auskleiden, Nahrungs- und Flüssigkeitsaufnahme und -ausscheidung. Bewertet wird die Selbständigkeit; Einschränkungen der Selbständigkeit werden unabhängig von der Ursache der Beeinträchtigungen bewertet. Unerheblich ist auch die Häufigkeit der Durchführung der Aktivität, oder ob diese tatsächlich durchgeführt wird. Das Einrichten des Pflegebereiches ist nicht Gegenstand der Beurteilung. So können beispielsweise die Pflegeutensilien wie Zahnbürste, Zahnpaste, Kamm oder Bürste einmalig so positioniert werden, dass die betroffene Person diese selbst erreichen kann. Der eigentlichen Bewertung im Modul 4 sind die Erfassung besonderer Bedarfsaspekte vorgeschaltet. Hierzu gehören die parenterale Ernährung oder die Ernährung über Sonde, künstliche Harn- und Stuhlableitung sowie Störung der Blasen- und Darmkontrolle in ihren Ausprägungsgeraden. Bei der Blasenkontrolle/Harninkontinenz sind folgende Merkmalsausprägungen vorgesehen:

- ständig kontinent (keine unwillkürlichen Harnabgänge)
- überwiegend kontinent (maximal einmal täglich unwillkürlicher Harnabgang oder Tröpfcheninkontinenz)
- überwiegend inkontinent (mehrmals täglich unwillkürliche Harnabgänge, aber gesteuerte Blasenentleerung ist noch teilweise möglich)
- komplett inkontinent (die Person ist komplett harninkontinent, gesteuerte Blasenentleerung ist nicht möglich).

Zu erfassen ist darüber hinaus, ob ein suprapubischer, transurethraler Dauerkatheter oder ein Urostoma vorhanden ist. Diese Angaben sind insofern wichtig, als dass das Kriterium 4.4.11 „Bewältigung der Folgen einer Harninkontinenz und Umgang mit Dauerkatheter und Urostoma“ nur dann zu bewerten ist, wenn die betroffene Person überwiegend oder komplett inkontinent ist oder mit einem Dauerkatheter oder Urostoma versorgt ist.

Bei der Darmkontrolle und Stuhlinkontinenz sind folgende Merkmalsausprägungen vorgesehen:

- ständig kontinent (keine unwillkürlichen Stuhlabgänge)
- überwiegend kontinent (die Person ist überwiegend stuhlkontinent, gelegentlich unwillkürliche Stuhlabgänge oder nur geringe Stuhlmengen, sogenannte Schmierstühle)
- überwiegend inkontinent (die Person ist überwiegend stuhlinkontinent, selten gesteuerte Darmentleerung möglich)
- komplett inkontinent (die Person ist komplett stuhlinkontinent, gesteuerte Darmentleerung ist nicht möglich).

Darüber hinaus ist anzugeben, ob ein Kolo- oder Ileostoma vorhanden ist. Diese Angaben sind insoweit wichtig, als dass das Kriterium 4.4.12 „Bewältigung der Folgen einer Stuhlinkontinenz und Umgang mit dem Stoma“ nur zu bewerten ist, wenn eine überwiegende oder eine komplette Inkontinenz besteht, darüber hinaus, wenn ein Kunstafter vorhanden ist. Zur Ernährungssituation ist ferner anzugeben, ob eine Ernährung parenteral z. B. über einen Port oder über eine perkutane endoskopische Gastrostomie (PEG) oder perkutane endoskopische Jejunostomie (PEJ) oder eine nasale Magensonde erfolgt; ferner ob über Pumpe, Schwerkraft oder Bolusgabe. Die

Angaben zur Ernährung triggern das Kriterium 4.4.13 „Ernährung parenteral oder über Sonde“

14.3.5 Modul 5: Bewältigen und Umgang mit krankheits- oder therapiebedingten Anforderungen und Belastungen

Das Modul 5 bezieht sich auf die Selbständigkeit bei Aktivitäten, die unmittelbar auf die Kontrolle von Erkrankungen und Symptomen und deren Behandlung bezogen sind. Dies reicht von Stellen und Verabreichen der Medikation (auch z. B. Insulingaben) über Blutzuckermessungen, Verbandwechsel bis hin zur Peritonealdialyse oder Beatmung. Auch Arztbesuche werden berücksichtigt. Dabei wird gutachtlich beurteilt, ob dazu ausreichende körperliche und kognitive Ressourcen vorliegen, ferner ob spezifische Fertigkeiten und Kenntnisse vorhanden sind. Die Beurteilung der Selbständigkeit in diesem Modul ist daran gebunden, ob tatsächlich eine entsprechende Erkrankung vorliegt.

Grundsätzlich kommen nur solche Maßnahmen für eine Bewertung in Betracht, die

- ärztlich angeordnet oder verordnet sind
- auf Dauer (also für die Dauer von wenigstens 6 Monaten) erforderlich sind
- wenigstens einmal im Monat stattfinden (seltene Maßnahmen sind unbeachtlich!)
- die Betroffenen nicht allein bewältigen können.

Ferner sind nur solche Maßnahmen beachtlich, die gezielt auf eine bestehende Erkrankung ausgerichtet sind.

Dabei kann pro Kriterium gutachtlich nur eine Aussage gemacht werden.

Entweder „entfällt“, „selbständig“ oder eine Angabe in ganzer Zahl entweder unter „pro Tag“, „pro Woche“ oder „pro Monat“. Brüche oder Kommastellen sind nicht vorgesehen, sondern werden durch Multiplikation auf die nächsthöhere Zeiteinheit umgerechnet. So führt eine dreimal tägliche Gabe von Arzneimitteln und zusätzlich zweimal wöchentliche Hilfestellung beim Aufbringen eines Schmerzpflasters zu dem Eintrag „23 Maßnahmen pro Woche“ (3 Maßnahmen pro Tag = 21 plus 2 Maßnahmen pro Woche). Gegebenenfalls muss auf den Monat umgerechnet werden (Multiplikation vom Tag auf den Monat mit 30).

14.3.6 Modul 6: Gestaltung des Alltagslebens und sozialer Kontakte

In diesem Modul wird die Selbständigkeit der betroffenen Personen bewertet, deren Alltag zu strukturieren und deren Alltag selbständig zu gestalten.

Bewertet wird, ob die betroffenen Personen ihre Alltagsroutine und ihren Tagesablauf einteilen und bewusst gestalten bzw. an äußere Veränderungen anpassen können.

Dazu werden planerische Fähigkeiten benötigt. Um den Alltag oder auch die Zeit darüber hinaus gestalten zu können, ist eine erhaltene zeitliche Orientierung erforderlich. Dieses Modul erfasst, wie selbständig betroffene Personen in der Gestaltung der Freizeit sind. Schließlich wird in diesem Modul auch die Kontaktpflege zu Freunden und Verwandten sowohl im direkten wie auch außerhalb des direkten Kontaktes bewertet.

In diesem Modul ist es unerheblich, ob Beeinträchtigungen oder Teilaspekte bereits in anderen Modulen berücksichtigt worden sind. Bewertet werden Beeinträchtigung der Selbständigkeit sowohl aufgrund von kognitiver oder psychischer oder aber auch somatischer Einschränkungen.

14.4 Erhebung weiterer versorgungsrelevanter Informationen

Die nachfolgenden Bereiche „außerhäusliche Aktivitäten" und „Haushaltsführung" gehen nicht in die Ermittlung des Pflegegrades ein und werden daher nur kurz behandelt.

Die Einschätzung der Selbständigkeit kann aber als Impuls für eine Beratung oder die individuelle Versorgungsplanung wichtig sein. Bewertet werden die Selbständigkeit und die Fähigkeit beim:

- Verlassen des Bereichs der Wohnung oder der Einrichtung,
- Fortbewegen außerhalb der Wohnung oder Einrichtung,
- Nutzung öffentlicher Verkehrsmittel im Nahverkehr,
- Mitfahren in einem Kraftfahrzeug,
- Teilnahme an kulturellen, religiösen oder sportlichen Veranstaltungen,
- Besuch von Arbeitsplatz, einer Werkstatt für Menschen mit Behinderung oder einer Einrichtung der Tages- und Nachtpflege oder eines Tagesbetreuungsangebotes,
- Teilnahme an sonstigen Aktivitäten mit anderen Menschen,
- Einkaufen für den täglichen Bedarf,
- Zubereiten einfacher Mahlzeiten,
- Einfache und aufwendige Aufräum- und Reinigungsarbeiten einschließlich Wäschepflege,
- Nutzung von Dienstleistungen,
- Umgang mit finanziellen Angelegenheiten und
- Umgang mit Behördenangelegenheiten

14.5 Berechnung der Pflegegrade

Gutachtlich werden für jedes Kriterium der oben aufgeführten Module die Ausprägungen oder Graduierungen der Fähigkeiten und der Selbständigkeit ermittelt. Entsprechend Anlage 1 zu § 15 SGB XI sind diese Ausprägungen mit Einzelpunkten hinterlegt. Diese werden in jedem Modul addiert und daraus ein gewichteter Punktwert ermittelt. Die Überführung des Summenwertes der Einzelpunkte in den gewichteten Punktwert folgt keiner arithmetischen Rechenregel, sondern ist in Anlage 2 zu § 15 SGB XI festgelegt. Der Gesamtpunktwert (Summe) der gewichteten Punkte aus allen 6 Modulen führt dann zur Festlegung des Pflegegrades.

Die Bereiche „Außerhäusliche Aktivitäten" und „Haushaltsführung" fließen in die Berechnung des Pflegegrades nicht ein, da die Darstellung der qualitativen Ausprägungen bei den einzelnen Kriterien ausreichend ist, um Anhaltspunkte für eine Versorgungs- und Pflegeplanung ableiten zu können.

Insgesamt können in der Summe aus allen Modulen nicht mehr als 100 gewichtete Punkte (Gesamtpunktwert) erreicht werden. Von diesen 100 gewichteten Punkten sind in den sechs Modulen maximal vorgesehen (Tab 14.2):

Tab. 14.2: Maximal erreichbare Punkte pro Modul.

Modul 1: Mobilität	10 gewichtete Punkte
Modul 2: Kognitive und kommunikative Fähigkeiten Modul 3: Verhaltensweisen und psychische Problemlagen	15 gewichtete Punkte
Modul 4: Selbstversorgung	40 gewichtete Punkte
Modul 5: Bewältigung von und selbständiger Umgang mit krankheits- oder therapiebedingten Anforderungen	20 gewichtete Punkte
Modul 6: Gestaltung des Alltagslebens und sozialer Kontakte	15 gewichtete Punkte

Dabei ist zu beachten, dass den Modulen 2 und 3 ein gemeinsamer gewichteter Punktwert zugeordnet wird, der aus dem höheren gewichteten Punktwert entweder des Modules 2 oder des Modules 3 besteht (§ 15 Abs. 3 Satz2 SGB XI). Der maximal erreichbare gewichtete Punktwert der einzelnen Module entspricht auch der Gewichtung, mit dem jedes Modul in die Gesamtbewertung eingeht. Die Gesamtsumme der gewichteten Punkte aus den Modulen 1–6 führt zu dem jeweiligen Pflegegrad. Pflegebedürftigkeit (wenigstens Pflegegrad 1) liegt vor, wenn der Gesamtpunktwert mindestens 12,5 Punkte beträgt. Der Grad der Pflegebedürftigkeit bestimmt sich entsprechend § 15 Abs. 3 SGB XI:

- **Pflegegrad 1:** geringe Beeinträchtigungen der Selbständigkeit oder der Fähigkeiten (ab 12,5 bis unter 27 Gesamtpunkte)
- **Pflegegrad 2:** erhebliche Beeinträchtigungen der Selbständigkeit oder der Fähigkeiten (ab 27 bis unter 47,5 Gesamtpunkte)
- **Pflegegrad 3:** schwere Beeinträchtigungen der Selbständigkeit oder der Fähigkeiten (ab 47,5 bis unter 70 Gesamtpunkte)
- **Pflegegrad 4:** schwerste Beeinträchtigungen der Selbständigkeit oder der Fähigkeiten (ab 70 bis unter 90 Gesamtpunkte)
- **Pflegegrad 5:** schwerste Beeinträchtigungen der Selbständigkeit oder der Fähigkeiten mit besonderen Anforderungen an die pflegerische Versorgung (ab 90 bis 100 Gesamtpunkte)

Pflegebedürftige mit einer besonderen Bedarfskonstellation nach § 15 Abs. 4 SGB XI mit vollständigem Verlust der Greif-, Steh- und Gehfunktion (Punkt 4.1.6 der BRi „Gebrauchsunfähigkeit beider Arme und beider Beine"), die einen spezifischen, außergewöhnlich hohen personellen Unterstützungsbedarf mit besonderen Anforderungen an die pflegerische Versorgung aufweisen, werden ebenfalls, auch wenn ihre Gesamtpunkte unter 90 Punkten liegen, dem Pflegegrad 5 zugeordnet.

14.6 Leistungen der Pflegeversicherung

Das Wirtschaftlichkeitsgebot gilt auch im Bereich des SGB XI. Das heißt, die Leistungen der Pflegeversicherung sind wirtschaftlich zu erbringen und dürfen nur im notwendigen Umfang in Anspruch genommen werden (§ 4 Abs. 3 SGB XI). Zudem haben die Pflegekassen und Leistungserbringer sicherzustellen, dass die nachfolgenden unter 1. bis 15. aufgezählten Leistungen nach dem allgemein anerkannten Stand medizinisch-pflegerischer Erkenntnisse zu erbringen sind (§ 28 Abs. 3 SGB XI). Die Leistungen der Pflegeversicherungen erschöpfen sich allerdings nicht nur in der Zahlung von Geld-, Sach- oder Kombinationsleistungen. Im Einzelnen kommen folgende Leistungen in Frage:
- Pflegesachleistung (§ 36 SGB XI),
- Pflegegeld für selbst beschaffte Pflegehilfen (§ 37 SGB XI),
- häusliche Pflege bei Verhinderung der Pflegeperson (§ 39 SGB XI),
- Pflegehilfsmittel und wohnumfeldverbessernde Maßnahmen (§ 40 SGB XI),
- Tagespflege und Nachtpflege (§ 41 SGB XI),
- Kurzzeitpflege (§ 42 SGB XI),
- vollstationäre Pflege (§ 43 SGB XI),
- Pflege in vollstationären Einrichtungen der Hilfe für behinderte Menschen (§ 43a SGB XI),
- zusätzliche Betreuung und Aktivierung in stationären Pflegeeinrichtungen (§ 43b SGB XI),

- Leistungen zur sozialen Sicherung der Pflegepersonen (§ 44 SGB XI),
- zusätzliche Leistungen bei Pflegezeit und kurzzeitiger Arbeitsverhinderung (§ 44a SGB XI),
- Pflegekurse für Angehörige und ehrenamtliche Pflegepersonen (§ 45 SGB XI),
- Umwandlung des ambulanten Sachleistungsbetrags (§ 45a SGB XI),
- Entlastungsbetrag (§ 45b SGB XI),
- Leistungen des Persönlichen Budgets nach § 29 SGB IX,
- zusätzliche Leistungen für Pflegebedürftige in ambulant betreuten Wohngruppen (§ 38a SGB XI).

Geld-, Sach- oder Kombinationsleistungen werden nur für Pflegebedürftige der Pflegegrade 2 bis 5 gewährt.

Um die Selbständigkeit zu erhalten bzw. wiederherzustellen und damit möglichst selbständig in der gewohnten häuslichen Umgebung bleiben zu können, haben Pflegebedürftige mit Pflegegrad 1 ebenfalls einen Anspruch auf Leistungen. Dazu zählen unter anderem die Pflegeberatung gemäß §§ 7a und 7b SGB XI, Versorgung mit Pflegehilfsmitteln gemäß § 40 Abs. 1 bis 3 und 5 SGB XI, finanzielle Zuschüsse für Maßnahmen zur Verbesserung des individuellen oder gemeinsamen Wohnumfeldes gemäß § 40 Abs. 4 SGB XI und Pflegekurse für Angehörige und ehrenamtliche Pflegepersonen gemäß § 45 SGB XI.

Zudem gewährt die Pflegeversicherung den Entlastungsbetrag gemäß § 45b Abs. 1 Satz 1 SGB XI in Höhe von 125 EUR monatlich.

Einen Überblick über die finanziellen Leistungen der Pflegeversicherung gibt Tab. 14.3.

Tab. 14.3: Leistungen der Pflegeversicherung [€].

	Pflegegrad 1	Pflegegrad 2	Pflegegrad 3	Pflegegrad 4	Pflegegrad 5
Sachleistung		689	1.298	1.612	1.995
Geldleistung		316	545	728	901
Vollstationäre Pflege		770	1.262	1.775	2.005
Tages/Nachtpflege*		689	1.298	1.612	1.995

* zusätzlich zu Geld- oder Sachleistungen

Literatur

[1] Deutscher Bundestag Drucksache 18/5926 vom 07.09.2015, Entwurf eines Zweiten Gesetzes zur Stärkung der pflegerischen Versorgung und zur Änderung weiterer Vorschriften (Zweites Pflegestärkungsgesetz – PSG II).

[2] Windeler, Jürgen et al. Maßnahmen zur Schaffung eines neuen Pflegebedürftigkeitsbegriffs und eines Begutachtungsinstruments zur Feststellung der Pflegebedürftigkeit. Schriftenreihe Modellprogramm zur Weiterentwicklung der Pflegeversicherung. Band 3, 2011. Berlin: GKV – Spitzenverband.

[3] Kimmel, Andrea et al. Praktikabilitätsstudie zur Einführung des Neuen Begutachtungsassessments NBA in der Pflegeversicherung. Schriftenreihe Modellprogramm zur Weiterentwicklung der Pflegeversicherung, Band 12, 2014. Berlin: GKV-Spitzenverband.

15 Private Krankenversicherung

Rainer Hakimi

15.1 Vorbemerkungen

Private Krankenversicherungen (PKV) sind privatwirtschaftliche Unternehmen, die private Krankheitskostenvollversicherungen, verschiedenste Zusatzversicherungen wie z. B. Krankentagegeld oder Krankenhaustagegeld, Einbettzimmer oder Zweibettzimmer sowie Chefarztbehandlung, aber auch Pflegeversicherungen anbieten.

Das Versicherungsverhältnis kommt durch einen privatrechtlichen Vertrag zustande.

Dabei kann die private Krankenversicherung sowohl ergänzend zur gesetzlichen Krankenversicherung als auch (in der Krankheitskostenvollversicherung) anstelle der gesetzlichen Krankenversicherung auftreten.

In der privaten Krankenversicherung sind ca. 9 Mio. Menschen in Deutschland vollversichert, was 11 % aller Krankenversicherten ausmacht. Hinzu kommen ca. 25 Mio. Zusatzversicherungen.

In der PKV gibt es sowohl Aktiengesellschaften wie auch Versicherungsvereine auf Gegenseitigkeit (VVaG).

Rechtsgrundlagen sind das Versicherungsvertragsgesetz (VVG) und das Versicherungsaufsichtsgesetz (VAG).

Alle privaten Krankenversicherer unterstehen der Rechts- und Finanzaufsicht der Bundesanstalt für Finanzdienstleistungsaufsicht (BaFin).

Die Interessen der PKV werden vom Verband der privaten Krankenversicherung e. V. (PKV-Verband) vertreten.

Dieser hat das Wissenschaftliche Institut der PKV (WIP) gegründet, welches sich vor allem mit Themen der Versorgungsforschung und mit Finanzierungsfragen im Gesundheitswesen befasst.

Laut den Musterbedingungen für die Krankheitskosten- und Krankenhaustagegeldversicherung (MB/KK 2009) bietet der private Krankenversicherer Versicherungsschutz für Arbeitsunfähigkeit bei Krankheiten, Unfällen und/oder anderen im Vertrag genannten Ereignissen.

Versichert ist die medizinisch notwendige Heilbehandlung wegen Krankheit oder Unfallfolgen, aber auch wegen Schwangerschaft und Entbindung, sowie zur ambulanten Früherkennung von Krankheiten nach den gesetzlich eingeführten Programmen, soweit die zentralen Aussagen der Musterbedingungen.

In den letzten Jahren haben mehrere der privaten Krankenversicherer das Ziel, sich vom reinen Kostenerstatter hin zum *Gesundheitspartner* der Versicherten zu bewegen. So unterstützen inzwischen diese Krankenversicherer ihre Versicherten mit Case-Management- und Disease-Managementprogrammen, sowie mit persönlicher Beratung zu Gesundheit und Krankheit.

https://doi.org/10.1515/9783110693362-015

Auch andere moderne Gesundheitsdienstleistungen wie digitale Gesundheits-APPs oder die Unterstützung der Versicherten während ihrer „Patientenreise“ durch die verschiedenen Institutionen spielen hierbei eine zunehmende Rolle.

15.2 Begutachtungsfelder in der PKV

Im Zentrum der Begutachtung steht der Begriff der medizinischen Notwendigkeit von ärztlichen und anderen wie z. B. ergotherapeutischen, logopädischen oder physiotherapeutischen Behandlungen.

Dies ist ein gravierender Unterschied zur gesetzlichen Krankenversicherung (GKV), wo verankert ist, dass die Leistungen ausreichend, zweckmäßig und wirtschaftlich sein müssen und das Maß des medizinisch Notwendigen nicht überschreiten dürfen. Regelungsinstanz für den Leistungsumfang in der GKV ist der G-BA.

Bei den meisten Fragestellungen im Bereich der privaten Krankenversicherung, die dem Gesellschaftsarzt (beratender Arzt des Versicherungsunternehmens) zur Beurteilung vorgelegt werden, geht es somit um die medizinische Notwendigkeit, weniger häufig um versicherungsmedizinische Risikoprüfung.

Meist müssen ärztliche Atteste, Berichte und Begründungen einer Prüfung unterzogen werden, mit denen die medizinische Notwendigkeit einer Leistung (z. B. Extrakorporale Stoßwellentherapie/ESWT bei Achillodynie, stationäre versus ambulante Behandlung, Art und Umfang von physiotherapeutischen Maßnahmen usw.) begründet werden soll.

Diese begründenden ärztlichen Berichte sind in der Regel frei formuliert und fallen sehr unterschiedlich aus, sowohl in Aussagekraft wie auch Umfang.

Sie haben aber großen Einfluss auf die Anerkennung der medizinischen Notwendigkeit einer ärztlichen Maßnahme und somit auch auf die Erstattung dieser Leistung.

Ein gut begründender Arztbericht sollte folgendes enthalten:

1. Darstellung des Sachverhaltes
2. Anamnese, Befunde und die gestellten Diagnosen
3. Begründung, warum die zur Debatte stehende Behandlung medizinisch notwendig ist/war

Was sind die häufigsten medizinischen Fragestellungen an den Gesellschaftsarzt in der PKV?

Am häufigsten geht es aktuell um die medizinische Notwendigkeit von Medikamenten und um die Frage, ob eine Operation (meist arthroskopische Kniegelenksoperation, Hernien- oder Varizenoperation) ambulant durchgeführt werden kann, oder stationär erfolgen muss (siehe Abb. 15.1).

Vor 2019 war die Frage nach der medizinischen Notwendigkeit von Medikamenten jedes Jahr auf Platz 1.

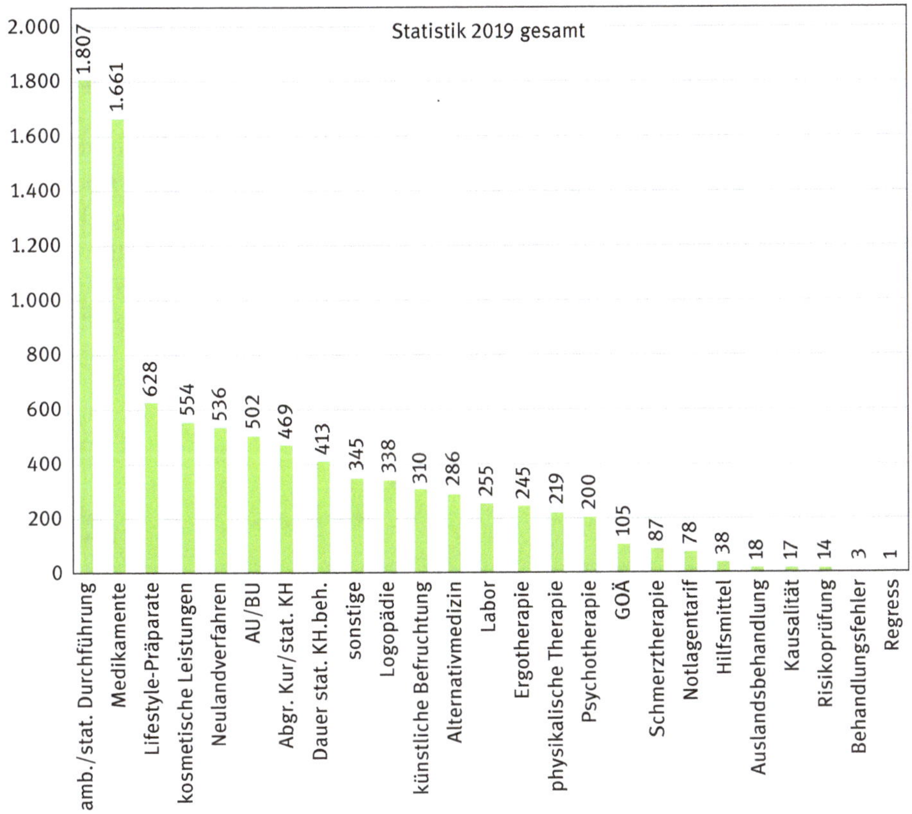

Abb. 15.1: Häufigkeit der versicherungsmedizinischen Anfragen an den Gesellschaftsarzt (Vollerhebung 2019).

In Bezug auf die medikamentöse Behandlung geht es vor allem um Off-Label-Use (zulassungsüberschreitende Anwendung), fragliche Indikationen und besonders hochpreisige Medikamente. Der Häufigkeit nach folgt dann die Abgrenzung von kosmetischen zu medizinisch notwendigen Operationen, gefolgt von der medizinischen Notwendigkeit neuer bzw. noch nicht etablierter Behandlungsmethoden.

Eine weitere gutachtliche Aufgabe besteht in der Überprüfung langer Arbeitsunfähigkeitszeiten in der Krankentagegeldversicherung. Beachtenswert ist hierbei, dass in der PKV Arbeitsunfähigkeit (AU) im Sinne der Bedingungen nur dann vorliegt, wenn die versicherte Person ihre berufliche Tätigkeit nach medizinischem Befund vorübergehend in keiner Weise bzw. nicht wertschöpfend ausüben kann. In der GKV sind die Regelungen für die Krankengeldzahlung nach der 6. Woche AU klar definiert: das Krankengeld beträgt 70 Prozent des Bruttoverdienstes, aber nicht mehr als 90 Prozent des Nettoverdienstes (§ 47 SGB V). Im Unterschied zur PKV erhalten Versicherte Krankengeld wegen derselben Krankheit für höchstens 78 Wochen innerhalb eines starren Dreijahreszeitraums. Gerechnet wird das vom Tage des Beginns der Arbeitsunfähigkeit an. Dabei wird die Zeit der Entgeltfortzahlung durch den Arbeitgeber mitgerechnet. In der PKV gibt es dagegen keine automatische Reduzierung des Krankentagegelds mit zunehmender Krankheitsdauer.

Es folgt die Abgrenzung von Kur- und Rehamaßnahmen zu stationärer Krankenhausbehandlung und die Prüfung der Dauer von stationärer Krankenhausbehandlung. Danach folgt die Prüfung der Indikation und des Umfangs von logopädischen Leistungen und die Prüfung der medizinischen Notwendigkeit von künstlicher Befruchtung mitsamt der Feststellung des Verursachers der Sterilität. Es folgt die Prüfung der medizinischen Notwendigkeit von alternativmedizinischen Behandlungen oder auch umfangreichen Laboruntersuchungen.

15.3 Beispiele für gutachtlich zu beantwortende Fragestellungen

15.3.1 Medizinische Notwendigkeit der Verlängerung logopädischer Behandlung bei Morbus Parkinson

Ein 76-jähriger privat vollversicherter Patient leidet an Morbus Parkinson und hat bereits 35 Logopädiesitzungen erhalten. Die Frage ist nun, ob weitere Logopädiesitzungen medizinisch notwendig sind, für welchen Zeitraum und in welcher Frequenz.

Die eingereichten Unterlagen zeigen, dass der Patient eine globale Bradykinesie (verlangsamte Bewegungsstörung) mit beginnender Kramptokormie (unwillkürliche aktive Rumpfbeugung), sowie ein Freezing (plötzliches „Einfrieren“ einer Bewegung) mit Sturzneigung, eine Dysarthrophonie (neurogene Störung der Sprechmotorik, Sprechkoordination und der Artikulation) und eine demenzielle Entwicklung bei einem primären Parkinsonsyndrom mit starken Wirkungsfluktuationen hat.

Die Erstmanifestation war 2002, die Erstdiagnose des Morbus Parkinson wurde 2004 gestellt. Medikamentös bedingte Halluzinationen sind vorübergehend aufgetreten, sistieren aber inzwischen. An weiterer Komorbidität sind ein arterieller Hypertonus sowie eine Myelopathie bei zervikaler Spondylose, eine COPD, eine Zweikammerschrittmacherimplantation, und Zustand nach transfemoralem Aortenklappenersatz zu nennen.

In letzter Zeit sei es zu einer erheblichen Verschlechterung des Gehens gekommen. Er sei auch des Öfteren infolge seiner Freezing-Sfymptomatik gestürzt. Seit ein paar Monaten ist der Patient mit einer Dopa-Pumpe versorgt. Die Sprache sei schwer zu verstehen. Ein neurologischer Befundbericht beschreibt dann eine hochgradige Dysarthrie und Dysphonie im Rahmen des Parkinsonsyndroms sowie eine leise, hauchige Stimme und eine undeutlich verwaschene Artikulation.

Medizinische Beurteilung: Die Diagnose sowohl des Morbus Parkinson als auch der ausgeprägten Dysarthrophonie kann als gesichert gelten. Weitere Logopädie ist sicher medizinisch notwendig, zunächst 30 Sitzungen mit einer Frequenz von einer Sitzung pro Woche. Eine weitere Evaluation soll in sechs Monaten vorgenommen werden.

15.3.2 Medizinische Notwendigkeit einer stationären Schmerzbehandlung

Ein 66-jähriger Patient leidet an einem ausgeprägten Schmerzsyndrom und beantragt eine stationäre Schmerzbehandlung. Der Patient gibt ausgeprägte Schmerzen im Bereich der Halswirbelsäule, des rechten Sprunggelenks, des linken Kniegelenks sowie des linken Schultergelenks an. Zudem hat er eine Schlafstörung, Schwindel und Kopfschmerzen und kann aktuell nur an Unterarmgehstützen auf ebener Strecke gehen.
An Schmerzmitteln erhält der Patient Tramal und Diclofenac (ohne Angabe einer Dosierung). In ambulanter Schmerztherapie war er bisher nicht. Stattdessen ist er beim Neurologen und Psychiater in Behandlung wegen seiner Insomnie, innerer Unruhe, Neurasthenie und Wesensänderung. Zudem liegen noch zahlreiche andere Berichte und Unterlagen vor, die aber bei der Beantwortung der zur Debatte stehenden Frage nicht weiterhelfen.
Zwei weitere Berichte weisen allerdings darauf hin, dass der Versicherte vor 5 Jahren einen schweren Arbeitsunfall hatte mit Sturz von der Leiter auf den Hinterkopf mit Schädel-Hirn-Trauma, Bewusstlosigkeit und nachfolgenden Nackenkopfschmerzen. Weitere Unterlagen zeigen, dass er damals in stationärer Rehabilitation durch die zuständige Berufsgenossenschaft war.
Weitere fachärztliche Berichte bestätigen, dass das nun vorliegende Schmerzsyndrom ein Dauerschaden als Folge des zurückliegenden Arbeitsunfalles ist.
Medizinische Bewertung: Zunächst ist die Zuständigkeit der Berufsgenossenschaft für die geplante stationäre Schmerztherapie zu prüfen. Ob aktuell eine stationäre Schmerztherapie medizinisch notwendig ist, kann in Anbetracht der nicht genannten Dosierung der Medikamente und dem nicht genannten Umfang der physikalischen Therapie bei fehlender Vorstellung beim niedergelassenen Schmerztherapeuten anhand der Unterlagen noch nicht ausreichend sicher beurteilt werden.

15.3.3 Medizinische Notwendigkeit einer arthroskopischen Kniegelenksoperation unter stationären Bedingungen

Ein 57-jähriger Patient befindet sich wegen Kniegelenksschmerzen in Behandlung bei einer Privatpraxis für Orthopädie, Sportmedizin und Unfallchirurgie, die auch über eine angeschlossene Privatklinik verfügt. Die Privatpraxis beantragt die stationäre Durchführung einer Kniegelenksarthroskopie zur Meniskus- und Knorpelglättung.
Das MRT hatte einen horizontalen, nicht dislozierten Innenmeniskushinterhornriss gezeigt sowie einen zusätzlichen radiären Riss und eine zweitgradige Chondropathia medial femoral sowie eine beginnende Degeneration des Außenmeniskus und eine dritt- bis viertgradige Chondropathia patellae mit knöcherner Begleitreaktion.
Die Unterlagen sind insgesamt recht dürftig. Hinweise auf gravierende internistische oder sonstige Vorerkrankungen gibt es nicht. Die stationäre Durchführung wird mit einer möglichen intraartikulären Blutung und einer eingelegten Redondrainage begründet.
Medizinische Beurteilung: Bei dem geplanten arthroskopischen Kniegelenkseingriff zur Meniskusoperation und Knorpelglättung handelt es sich um einen typischen stationsersetzenden Eingriff, der heutzutage regelhaft ambulant vorgenommen wird, insbesondere bei relativ jungen und internistisch gesunden Patienten.
Ein Sonderfall ist anhand der vorliegenden Unterlagen nicht erkennbar.

Die Einlage einer Redondrainage ist bei arthroskopischen Kniegelenksoperationen die Regel und induziert nicht zwangsläufig eine stationäre Durchführung der Operation.
Im vorliegenden Fall ist keine ausreichende medizinische Begründung erkennbar, die es notwendig erscheinen lässt, die arthroskopische Operation unbedingt stationär durchzuführen.

16 Berufsunfähigkeits-(zusatz)versicherung

Oliver Kelm

16.1 Einleitung

In den letzten Jahren hat die private Berufsunfähigkeitsversicherung zunehmend an Bedeutung gewonnen. Sie ist dabei eine eigenständige Absicherung der Arbeitskraft zusätzlich zu den sich am allgemeinen Arbeitsmarkt orientierenden Regelungen der gesetzlichen Erwerbsminderungsrente. Grundlage ist ein privatrechtlicher Vertrag zwischen Versicherer und Versicherungsnehmer. Zwar besteht grundsätzlich Vertragsfreiheit, so dass ein jedweder Vertrag unterschiedliche Regelungen enthalten kann, jedoch unterliegen die Inhalte der Versicherung grundlegenden gesetzlichen Vorgaben. Die maßgeblichen Regelungen finden sich dabei in den §§ 172 ff VVG. Umsetzung finden diese in den Musterbedingungen des GDV (im Folgenden kurz MB/BUZ). Die Darstellungen der Voraussetzungen für das Vorliegen einer Berufsunfähigkeit orientieren sich insofern an den Regelungen der Musterbedingungen, ersetzen indes aber keinesfalls den Blick in das jeweilig zu Grunde liegende Bedingungswerk.

Das zentrale Leistungsversprechen des Versicherers findet sich in § 172 Abs. 1 VVG, eine Definition in der Berufsunfähigkeit in Abs. 2.:

> Berufsunfähig ist, wer seinen zuletzt ausgeübten Beruf, so wie er ohne gesundheitliche Beeinträchtigung ausgestaltet war, infolge Krankheit, Körperverletzung oder mehr als altersentsprechendem Kräfteverfall ganz oder teilweise voraussichtlich auf Dauer nicht mehr ausüben kann.

Zusätzlich kann nach Abs. 3 eine sogenannte abstrakte oder konkrete Verweisbarkeit vereinbart werden (s. dazu auch 16.2.2.1 – Verweisung).

> Als weitere Voraussetzungen einer Leistungspflicht des Versicherers kann vereinbart werden, dass die versicherte Person auch keine andere Tätigkeit ausübt oder ausüben kann, die zu übernehmen sie auf Grund ihrer Ausbildung und Fähigkeiten in der Lage ist und die ihrer bisherigen Lebensstellung entspricht.

In Anlehnung an die gesetzlichen Vorgaben hat ferner der Gesamtverband der Deutschen Versicherungswirtschaft e. V. (GDV) Musterbedingungen zur Verwendung entworfen (einsehbar unter https://www.gdv.de/de/ueber-uns/unsere-services/musterbedingungen-23924 – Stand 11/2020).

Bei der Gutachtenerstellung sind stets die konkret vereinbarten Versicherungsbedingungen zu Grunde zu legen, die sich im jeweiligen Versicherungsschein wiederfinden. Diese können in der Ausgestaltung variieren. Sofern die Berufsunfähigkeit als Zusatzversicherung ausgestaltet ist (z. B. im Rahmen einer Lebensversicherung) finden sich Regelungen zur Berufsunfähigkeit dann auch in den Zusatzbedingungen.

Merke: Die Definition der Berufsunfähigkeit ist dem Sachverständigen durch den Auftraggeber anhand des jeweiligen Bedingungswerkes vorzugeben.

---

https://doi.org/10.1515/9783110693362-016

16.2 Inhalte des Gutachtens

16.2.1 Allgemeines

Aufgabe des Sachverständigen ist es, dem Auftraggeber das zur Beurteilung von Tatsachen erforderliche Fachwissen zu vermitteln, sie in Anwendung seines Fachwissens zu beurteilen und schließlich aus den getroffenen Feststellungen konkrete Schlussfolgerungen für den jeweiligen Fall zu ziehen.

Der Versicherungsfall setzt sich sowohl aus rechtlichen als auch medizinischen Aspekten zusammen. Dem Sachverständigen obliegt dabei einzig die medizinische Bewertung. Es sind durch ihn weder rechtliche Ausführungen noch Verweise auf Rechtsprechungen vorzunehmen.

Der Sachverständige hat die außermedizinischen Vorgaben des Versicherers seiner ärztlichen Expertise zu Grunde zu legen. Diese Anknüpfungstatsachen sowie die konkreten Fragestellungen müssen aus dem jeweiligen Gutachtenauftrag ersichtlich sein. Ergeben sich aus ihm Unklarheiten oder sind die vorgegebenen Anknüpfungstatsachen lückenhaft, ist der Versicherer zur Nachbesserung aufzufordern, denn der ärztliche Sachverständige hat diesbezüglich kein Ermittlungsrecht.

Zunächst ist also durch den Gutachter zu prüfen, ob die Fragestellungen klar formuliert sind und überhaupt in sein Fachgebiet fallen. Ferner ist zu prüfen, ob der vorgegebene Sachverhalt zur Beantwortung der Fragestellungen ausreichend ist. Soweit Teile der Fragestellungen einen nicht vom Sachverständigen bewertungsfähigen Inhalt aufweisen oder außerhalb dessen Fachgebiet liegen, ist dies gleichfalls dem Auftraggeber mitzuteilen. Dieser muss dann entscheiden, ob und ggf. welchen weiteren Sachverständigen er hinzuziehen wird bzw. ergänzend mitteilen. Keinesfalls darf der Sachverständige Fragestellungen selbsttätig auslagern oder den Sachverhalt auslegen.

Merke: Wichtiges Kriterium bei der Erfüllung des Gutachtenauftrages ist die strikte Beachtung und Beantwortung der gestellten Fragen. Deren Nichtbeachtung oder eine Abweichung davon führt dazu, dass das Gutachten mangelhaft und ggf. nicht verwertbar ist. Der Sachverständige muss zwischen den Anknüpfungstatsachen, die vom Auftraggeber festzustellen sind, und den Befundtatsachen, die der Sachverständige im Rahmen der Untersuchung selbst feststellt, unterscheiden.

Beispiel: Bei der Auswertung des Sachverhaltes durch einen orthopädischen Sachverständigen ergeben sich medizinische Anknüpfungspunkte für eine mögliche Schädigung von Nervenwurzeln am Rückenmark mit wiederkehrenden Lähmungserscheinungen und einer evtl. dadurch verursachten Berufsunfähigkeit, was die Hinzuziehung eines neurologischen Sachverständigen begründen würde. Hierüber ist der Auftraggeber umgehend zu informieren und es sind weitere „Weisungen“ abzuwarten.

Sind Vorgaben des Auftraggebers mit Feststellungen des Sachverständigen aus medizinischer Sicht nicht vereinbar, so hat der Sachverständige den Auftraggeber darauf hinzuweisen und gegebenenfalls um Anpassung des Gutachtenauftrages zu bitten.

Den Ablauf einer BU-Begutachtung können Sie dem folgenden Flowchart (Abb. 16.1) entnehmen.

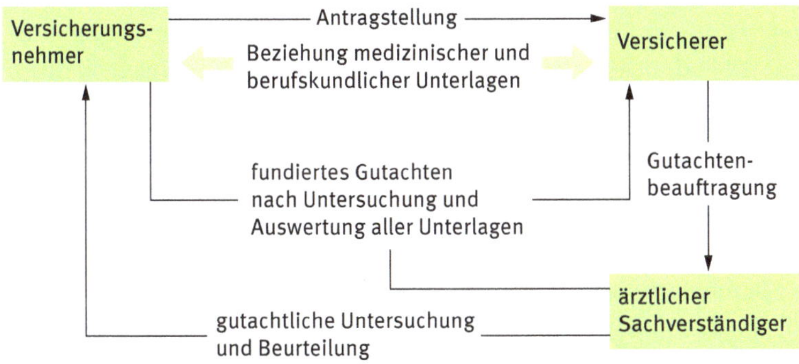

Abb. 16.1: Ablauf der Begutachtung mit Wechselbeziehung der Beteiligten.

16.2.2 Grundlagen der Berufsunfähigkeit

Zunächst ist zu unterscheiden, ob die erstmalige Feststellung der Berufsunfähigkeit begehrt wird (sogenannte Erstprüfung) oder ob bei schon anerkannter Berufsunfähigkeit eine noch vorliegende Berufsunfähigkeit (sogenannte Nachprüfung) festgestellt werden soll. Im Rahmen der Erstprüfung liegt die Beweislast für das Vorliegen der Berufsunfähigkeit beim Versicherungsnehmer (VN), bei der Nachprüfung für den Fortfall der Berufsunfähigkeit beim Versicherer (VR).

Beispiel (1) – Erstprüfung: A. ist Bäcker und beantragt Leistungen mit der Behauptung, dass er aufgrund eines Bandscheibenvorfalles und einer Schultergelenkverletzung nicht mehr arbeiten könne.

Beispiel (2) – Nachprüfung: B. war leitender Angestellter in einem Unternehmen. Aufgrund einer Depression beantragte er Leistungen und der Versicherer erkannte B. als berufsunfähig an. 2 Jahre nach Anerkennung der BU möchte der Versicherer prüfen lassen, ob B. noch immer berufsunfähig ist.

16.2.2.1 Erstprüfung

Der Versicherungsfall ist der Eintritt der Berufsunfähigkeit. Dies ist dann der Fall, wenn die versicherte Person ihren zuletzt ausgeübten Beruf infolge Krankheit, Körperverletzung oder mehr als altersentsprechendem Kräfteverfall nicht mehr ausüben kann (vgl. § 172 Abs. 2 VVG). Es ist insofern zwingend, dass eine Verknüpfung von medizinischen und beruflichen Tatsachen erfolgt.

Berufsbild

Für die Prüfung, ob bedingungsgemäße Berufsunfähigkeit vorliegt, ist grundsätzlich die letzte konkrete Berufsausübung maßgebend, so wie sie in gesunden Tagen ausgestaltet war (vgl. Urteil d. BGH v. 14.12.2016 – IV ZR 527/15). Dem Sachverständigen ist daher zunächst seitens des Gerichts/Versicherers das Berufsbild (Tätigkeitsprofil) konkret und detailliert vorzugeben. Dabei dürfen die Anforderungen an die Darlegung nicht übermäßig erschwert werden. Maßgeblich ist, dass für einen Außenstehenden Art, Umfang und Häufigkeit der Tätigkeit nachvollziehbar sind, v. a. aber sind auch besonders prägende und erschwerende Umstände mitzuteilen (z. B. Gewichtsangaben, Staubbelastungen, Hitze, Reisetätigkeiten, Personalverantwortung). Es empfiehlt sich eine chronologische und tabellarische Darstellung der Tätigkeit unter Aufgliederung der einzelnen Teilbereiche.

Merke: Die Vorgabe des detaillierten Tätigkeitsbildes muss durch den Auftraggeber erfolgen. Der ärztliche Sachverständige ist kein Berufskundler.

Für den Bäcker aus **Beispiel (1)** würde man also vom Auftraggeber die in Tab. 16.1 beispielhaft aufgeführten Tätigkeitsbeschreibungen erwarten.

Tab. 16.1: Beispielhafte Darstellung des Tätigkeitsprofils eines Bäckers.

Uhrzeit	Tätigkeit	Besonderheiten
03:00–03:30	Vorbereitung der Maschinen Vorbereitung der Herstellung	Bereitstellung von Zutaten (Gewichte bis zu 30 kg)
03:30–04:30	Teigzubereitung	Kneten von Portionen bis zu 10 kg stehend und gebeugt Mehlstaubbelastung
04:30–05:30	Beschickung des Ofens	....
05:30–06:30	Reinigung v. Maschinen	....
06:30–10:30	Verkauf d. Backwaren	....
10:30–11:00	Bestellungen, Rechnungen	....
11:00–11:30	Warenannahme, Einräumen	....
usw.		
usw.		

Krankheit, Körperverletzung, Kräfteverfall

Überwiegend ist eine Krankheit die Berufsunfähigkeit auslösende Ursache. Die medizinischen Befunde sind dem Sachverständigen gleichfalls mitzuteilen. Dabei sind Arztberichte/Gutachten vorzulegen, welche die Erkrankungen und die Behandlungen belegen. Sofern die Unterlagen nicht ausreichend sind, ist dies gegenüber dem Auftraggeber mitzuteilen. Eigene Anforderungen von Arztberichten durch den Sachverständigen sind möglich, indes nicht unproblematisch. Voraussetzung für Anforderungen ist stets das Vorliegen einer wirksamen Schweigepflichtentbindungserklärung sowie Einwilligung seitens des Versicherungsnehmers. Da diese – zulässigerweise – im Umfang begrenzt sein können, empfiehlt sich, eine Anforderung über den Auftraggeber zu veranlassen.

Der Zeitpunkt für den Eintritt der Berufsunfähigkeit wird teilweise vom VN vorgegeben und findet sich mitunter im Leistungsantrag. Gleichwohl muss dieser anhand der ärztlichen Unterlagen nachvollziehbar sein.

Merke: *Medizinische* Inhalte aus anderen Gutachten können zur Bestimmung des Restleistungsvermögens ohne weiteres verwendet werden, *nicht* aber andere *Rechtsbegriffe* (z. B. Erwerbsunfähigkeit, GdB/GdS, Minderung der Erwerbsfähigkeit – MdE).

Beispiel (1) Bäcker: A. gibt an, seit dem 01.01.2020 aufgrund von Rückenproblemen berufsunfähig zu sein, aktenkundig ist indes einzig ein akuter Bandscheibenvorfall am 01.02.2020 ohne ärztliche Vorbehandlungen. Insofern wird ärztlich-gutachtlich ein Leistungseintritt des Versicherers zum 01.01.2020 nicht zu begründen sein.

Zur Anfertigung des Gutachtens bedarf es einer grundlegenden biographischen Anamnese (Lebensgeschichte, Beruf, Freizeitaktivitäten), der Darstellung früherer Erkrankungen und einer aktuellen Anamnese nebst Beschwerdeschilderung. Die Kenntnis dieser Anamnese ist für die Einordnung einer evtl. leistungsauslösenden Krankheit entgegen z. B. bei der Begutachtung für eine private Unfallversicherung unabdingbar. Den Kern der Begutachtung stellt dann aber der klinische Befund dar. Nach Auswertung der Krankengeschichte und der eigenen Untersuchung – ggf. ergänzt durch laborchemische oder bildgebende Befunde – erfolgt abschließend eine Epikrise mit ICD-10 Schlüsselung (z. B. M50.2 G) der Diagnosen und Beurteilung der Auswirkungen dieser auf das konkrete Leistungsvermögen des Antragstellers.

Bisweilen liegen vertraglich vereinbarte Ausschlüsse vor (sog. Ausschlussklauseln). Diese können Erkrankungen (z. B. psychische Erkrankungen) und/oder Körperregionen (z. B. Wirbelsäule) betreffen. Haben derartige Erkrankungen mitgewirkt oder sind ausgeschlossene Körperregionen mitursächlich für die Leistungsminderung, bleiben diese bei der Bewertung der Berufsunfähigkeit außer Betracht.

Merke: Liegen Ausschlussklauseln vor, sind diese Erkrankungen *nicht* für die Beurteilung der versicherten Berufsunfähigkeit heranzuziehen.

Beispiel (1) Bäcker – Ausschlussklausel: Der Leistung beantragende Bäcker A hat eine Ausschlussklausel für Erkrankungen der Wirbelsäule. Daher bleibt der Bandscheibenvorfall außer Betracht, einzig die Schultergelenksverletzung ist zu prüfen.

Einschränkungen

Maßgeblich ist auch hier wieder die konkrete Vereinbarung. Die Bestimmungen sind vielfältig, meist handelt es sich um die Vorgabe einer zu mehr als 50 % übersteigenden Unmöglichkeit der Ausübung der beruflichen Tätigkeit. Dabei kann eine Unterteilung in einzelne Teilbereiche und anschließende Gesamtbewertung erfolgen.

Auch hier können Ausschlussklauseln festlegen, dass bestimmte Erkrankungen und/oder Körperregionen erst bei Überschreiten eines bestimmten Grades zu berücksichtigen sind.

Merke: Der leistungsauslösende Grad (z. B. 50 %) ist dem Sachverständigen vom Auftraggeber vorzugeben. Höhere Grade können für einzelne Krankheiten oder Körperbereiche abweichend vereinbart sein.

Beispiel (1) Bäcker – Höherer Leistungsgrad: Der Leistungen beantragende Bäcker A. hat eine Ausschlussklausel für Erkrankungen der Wirbelsäule. Einschränkungen durch die Wirbelsäule werden erst ab einem Grad von 75 % berücksichtigt. Hier fällt der Bandscheibenvorfall erst dann ins Gewicht, wenn dieser eine über 75 % liegende Leistungseinschränkung verursacht.

Die leistungslimitierenden Einschränkungen hat der ärztliche Sachverständige zu den vorgegebenen Teiltätigkeiten aufzulisten (vgl. Tab. 16.2).

Tab. 16.2: Beispielhafte Teiltätigkeiten eines Bäckers mit Beurteilung der prozentualen Einschränkung.

Uhrzeit	Tätigkeit	Besonderheiten	Grad der Einschränkung
03:00–03:30	Vorbereitung der Maschinen Vorbereitung der Herstellung	Bereitstellung von Zutaten (Gewicht bis zu 30 kg)	100 %
03:30–04:30	Teigzubereitung	Kneten von Portionen bis zu 10 kg stehend und gebeugt Mehlstaubbelastung	50 %
04:30–05:30	Beschickung des Ofens	...	100 %
05:30–06:30	Reinigung v. Maschinen	...	60 %
06:30–10:30	Verkauf d. Backwaren	...	0 %
10:30–11:00	Bestellungen, Rechnungen	...	0 %
11:00–11:30	Warenannahme, Einräumen	...	60 %

Die Darstellung des prozentualen Grades der Einschränkungen begründet damit das Restleistungsvermögen. Soweit Teilbereiche nicht mehr ausgeübt werden können, handelt es sich um ein sogenanntes negatives Leistungsbild.

Soweit eine nicht mehr ausführbare Teiltätigkeit zwar zeitlich nur einen geringen Anteil einnimmt, indes aber den Kern der gesamten Tätigkeit betrifft, kann auch hier eine vollständige Berufsunfähigkeit vorliegen (vgl. Urteil d. BGH v. 19.07.2017 – IV ZR 535/15). Die Bewertung, ob eine Teiltätigkeit die gesamte Tätigkeit prägt, ist aber wiederum Aufgabe des Auftraggebers.

Beispiel (1) – Teiltätigkeiten: Soweit dem Bäcker erkrankungsbedingt zum Beispiel als Folge eines „Bäckerasthmas" (als allergische Reaktion auf eingeatmeten Mehlstaub) die Herstellung von Backwaren verwehrt, ein Verkauf derselben aber noch möglich ist, kann dies – unabhängig vom zeitlichen Umfang – als betroffene Kerntätigkeit eine Berufsunfähigkeit begründen.

Dauer

Bei der Dauer der Einschränkung muss zwingend zwischen der sogenannten prognostischen und der fingierten Berufsunfähigkeit unterschieden werden. Zudem bedarf es der Beachtung des genauen Wortlautes der Bedingung hinsichtlich der zeitlichen Komponente (z. B. 6 Monate, 3 Jahre, nicht absehbare Dauer).

Die Vorgaben zur prognostischen Berufsunfähigkeit finden sich in § 2 Abs. 1 MB/BUV. Der Sachverständige muss hier die Prognose stellen, ob (wie in § 2 Abs. 1 MB/BUV normiert) der Antragsteller die Tätigkeit für eine Dauer von mehr als 6 Monaten wird nicht mehr ausüben können. In die Prognosebetrachtung sind daher Art und Schwere der Erkrankung ebenso einzubeziehen wie die Behandlungszeiten und Heilungsmöglichkeiten. Handelt es sich um eine irreversible Schädigung, wird der Zeitraum von mehr als 6 Monaten zu bejahen sein.

Die Vorgaben zur fingierten Berufsunfähigkeit finden sich in § 2 Abs. 3 MB/BUV. Der Sachverständige muss hier bewerten, ob für einen – meist zurückliegenden – Zeitraum eine mehr als 6-monatige Unfähigkeit der Berufsausübung vorlag. Eine Arbeitsunfähigkeit kann ein Indiz sein, indes ist auch hier auf die konkrete Tätigkeit abzustellen.

Merke: Bei der Bewertung des Zeitraumes ist zwischen bereits vorhandener (fingierter) und zukünftiger (prognostischer) Berufsunfähigkeit zu unterscheiden.

Soweit sich in (v. a. älteren) Versicherungsbedingungen die Formulierung *auf nicht absehbare Zeit* findet, ist eine Gewichtung der Tätigkeit, des Alters und der zu erwartenden Abheilungschancen vorzunehmen.

Beispiel (2) – nicht absehbare Zeit: Ein Profifußballer erleidet mit 36 Jahren einen Knorpelschaden im Kniegelenk. Die Heilungsprognose bei konservativer Behandlung beträgt über ein Jahr. Während der Behandlung sind weder Einsätze noch Training möglich. Aufgrund des Alters ist ein Wiedereinstieg in die Tätigkeit nicht mehr zu erwarten und Berufsunfähigkeit gegeben.

Umorganisation/Hilfsmittel

Soweit es dem Antragsteller möglich ist, das Tätigkeitsprofil derart umzustrukturieren, dass eingeschränkte Teiltätigkeiten vermieden werden können, liegt keine Berufsunfähigkeit vor. Bei weisungsgebundenen Angestellten stellt sich diese Frage in der Regel nicht, ausschlaggebend kann dies bei Selbstständigen sein.

Beispiel (3) – Umorganisation/Hilfsmittel: Der selbstständige und mitarbeitende Malermeister mit Bandscheibenvorfall könnte auf administrative, organisatorische und buchhalterische Tätigkeiten verwiesen werden, indes muss es sich dabei in Art und Umfang auch um eine gleichwertige Tätigkeit handeln. Als Hilfsmittel käme z. B. die Benutzung eines höhenverstellbaren Tisches in Betracht.

Soweit eine derartige Umorganisation und/oder die Benutzung eines Hilfsmittels in Betracht kommen, so ist auch dies *vom Auftraggeber vorzugeben*. Der Sachverständige hat dann zu prüfen, ob die Tätigkeit auch bei Umorganisation/Verwendung von Hilfsmitteln nicht oder nicht mehr vollständig aufgrund der Erkrankung ausgeübt werden kann. Die Darstellung des dadurch vorhandenen Restleistungsvermögens sollte zusätzlich erfolgen.

Verweisung

Der Versicherer kann sich vertraglich vorbehalten, dass eine Berufsunfähigkeit nicht besteht, sofern der Antragsteller auf eine anderweitige Tätigkeit verwiesen werden kann. Dabei ist zwischen konkreter und abstrakter Verweisung zu unterscheiden.

Eine konkrete Verweisung kommt nur in Betracht, soweit der Antragsteller überhaupt eine anderweitige Tätigkeit – z. B. nach Umschulung ausübt. Die Ausgestaltung des Verweisungsberufs ist dem Sachverständigen auch hier zur Prüfung der Ausübbarkeit unter medizinischen Gesichtspunkten vorzugeben (vgl. Kap. 16.2.2.1 Erstprüfung – Berufsbild). Ob und in welchem Umfang die Tätigkeit dann der bisherigen Lebensstellung und Wertschätzung entspricht, ist im Einzelfall durch den Versicherer/das Gericht zu bewerten. Bei der abstrakten Verweisung hat der Versicherer das vollständige Tätigkeitsbild des Verweisungsberufes aufzuzeigen, mithin in medizinsicher Sicht die Voraussetzungen für eine Ausübbarkeit der Tätigkeit darzulegen.

In der Regel verzichtet der Versicherer auf die Möglichkeit einer abstrakten Verweisung. Eine konkrete Verweisung ist nur auf eine tatsächlich ausgeübte Tätigkeit möglich, die aber der Ausbildung, den Fähigkeiten und der bisherigen Lebensstellung entsprechen muss, wobei Einkommenseinbußen bis 20 % grundsätzlich als hinnehmbar angesehen werden.

Merke: Fragen der Verweisbarkeit sind nicht vom ärztlichen Sachverständigen zu beurteilen. Er hat lediglich die Ausübbarkeit der Verweisungstätigkeit nach den Vorgaben des Versicherers unter rein medizinischen Gesichtspunkten zu prüfen.

16.2.2.2 Nachprüfung

Das Nachprüfungsverfahren unterscheidet sich grundlegend vom Erstprüfungsverfahren. Während im Erstprüfungsverfahren der Versicherungsnehmer die Beweislast trägt, so liegt diese nunmehr beim Versicherer. Für die Einstellung der Leistungen bedarf es eines wirksam durchgeführten Nachprüfungsverfahren. Die grundsätzliche Möglichkeit einer Nachprüfung wird durch den Gesetzgeber normiert (vgl. § 174 VVG). Die inhaltliche Ausgestaltung (einschließlich der Häufigkeit) erfolgt indes durch den Versicherer. Gründe der Nachprüfung sind v. a. eine Besserung des Gesundheitszustandes und die Aufnahme einer Verweisungstätigkeit. Formell unterliegt die Wirksamkeit der Leistungseinstellung bestimmten Voraussetzungen (Textform/Gründe) und wirkt erst für die Zukunft (ggf. mit Übergangszeiten für eine Weiterzahlung). Die Gründe der Einstellung (materielle Voraussetzungen) müssen dem Versicherungsnehmer nachvollziehbar dargelegt werden.

Merke: Ob die Bewertung des Sachverständigen im Rahmen der Nachprüfung oder im Rahmen einer Erstprüfung erfolgt, ist durch den Auftraggeber mitzuteilen. Der Sachverständige muss dies aber in seinem Gutachten klar bezeichnen.

Besserung des Gesundheitszustandes

Eine der häufigsten Konstellationen der Nachprüfung betrifft die Besserung des Gesundheitszustandes. Dabei ist eine Vergleichsbetrachtung der Erkrankung, welche die Berufsunfähigkeit seinerzeit begründet hat, und dem zum Nachprüfungszeitpunkt vorliegenden Gesundheitszustand vorzunehmen. Zudem sind die Behandlungen und Maßnahmen zu benennen, welche vorgenommen wurden und zur Besserung des Zustandes geführt haben.

Beispiel (1) Bäcker: Bandscheibenvorfall v. 01.02.2020 (M50.2 G)
- Arztbericht v. 02.02.2020 (Anamnese, Schmerzen, usw.)
- MRT v. 03.02.2020 (Befund des Bandscheibenvorfalls – Lage, Größe, usw.)
- Neurologischer Befund v. 03.02.2020 (Sensibilitätsstörungen, Ausfälle)
- Behandlungsberichte über zunächst konservative Therapie (Krankengymnastik, Medikamente, usw.)
- Bericht vom 10.08.2020 über mikrochirurgische Bandscheibenoperation
- Rehabilitationsbericht über die Zeit vom 24.08. bis 11.09.2020

Zustand z. Zeitpunkt der Nachprüfung (20.10.2020)
- eigener Untersuchungsbefund mit aktueller MRT-Untersuchung

Fazit: z. B. Abheilung mit nur noch geringen funktionellen Einschränkungen oder Wiederherstellung der Leistungsfähigkeit mit prozentualer Angabe

Der evtl. Fortfall der Berufsunfähigkeit muss dann genau begründet bezeichnet werden. Verknüpft werden kann dies z. B. mit Angaben zu Zeitpunkten von abgeschlossen Behandlungen.

Merke: Bei der Nachprüfung ist der ehemals leistungsauslösende Gesundheitszustand dem aktuell vorliegenden gegenüberzustellen und die Verbesserung/Heilung explizit zu benennen.

Verweisungstätigkeit

Auch bei der Nachprüfung einer Berufsunfähigkeit kann der Versicherer Fragen zur Verweisung stellen. Ob eine anderweitig – konkret – ausgeübte Tätigkeit dem Antragsteller nach den Vorgaben des Versicherers gesundheitlich zumutbar ist, muss seitens des Sachverständigen ermittelt werden. Dabei ist, ähnlich dem Erstprüfungsverfahren, auf das zum Zeitpunkt der Nachprüfung ausgeübte Tätigkeitsbild und die etwaig vorhandenen, den Leistungsfall begründenden, gesundheitlichen Einschränkungen abzustellen (vgl. 16.2.2.1 – Einschränkungen).

16.3 Checkliste

Bei Annahme eines Gutachtenauftrages sollte der ärztliche Sachverständige in Vorbereitung der gutachtlichen Untersuchung abklären, ob ihm alle für die Bearbeitung des Auftrages notwendigen Informationen vorliegen.

Praxistipp:
Ohne Anspruch auf Vollständigkeit kann dabei folgende Checkliste eine Hilfestellung sein:
- Vorliegen der (gültigen) vereinbarten Versicherungsbedingungen
- Informationen zu evtl. Ausschlussklauseln
- aussagekräftige Beschreibung des Berufsbildes mit einer konkreten Beschreibung von Teiltätigkeiten (kaufmännisch, handwerklich, Körperhaltungen wie Gehen, Stehen, Sitzen oder Arbeiten in Zwangshaltungen)
- Angaben zu Exponiertheit gegenüber Schadstoffen, Hitze oder Lärmbelästigung u. ä.
- besondere Anforderungen bzgl. Fingerfertigkeit oder notwendigen Überkopfarbeiten, besondere Hebe- und Tragebelastungen u. ä.
- aussagekräftige medizinische Unterlagen zu Beginn und Verlauf der Erkrankung sowie durchgeführte Behandlungen
- Zeitpunkt für den Eintritt der Berufsunfähigkeit und notwendige Dauer der Leistungseinschränkung
- Angaben zu evtl. Verweisungstätigkeiten

17 Spezielle Begutachtungsfragen aus der Praxis

17.1 Verkehrsmedizinische Begutachtung

Andreas Niedeggen

17.1.1 Vorbemerkungen

Ein Fahrerlaubnisbewerber muss bestimmten notwendigen körperlichen und geistigen Anforderungen genügen.

Für den Erwerb des Führerscheins der Klassen A und B ist außer einem Sehtest grundsätzlich kein gesondertes ärztliches Zeugnis erforderlich. Es sei denn, es wird aus besonderem Anlass eine ärztliche Untersuchung von der Fahrerlaubnisbehörde angeordnet.

Für die Fahrerlaubnis der Klassen C, D und E und die Fahrerlaubnis der Fahrgastbeförderung sind Eingangs- sowie Wiederholungsuntersuchungen vorgeschrieben, die (bei Busfahrern unter 50 Jahren und Taxifahrern unter 60 Jahren) durch jeden approbierten Arzt vorgenommen werden können. Diese Untersuchungen sind jedoch nach den Vorgaben des in der FeV (Fahrerlaubnis-Verordnung) enthaltenen amtlichen Musters durchzuführen und zu bescheinigen.

17.1.2 Gutachterqualifikation

Außerhalb der oben genannten Screening-Untersuchungen (auch bei Wiederholung von Busfahrern über 50 Jahren und Taxifahrern über 60 Jahren) besteht der Begutachtungsgegenstand im Zusammenhang mit der Fahrerlaubnis häufig in speziellen Fragestellungen an den ärztlichen Sachverständigen, der dann eine verkehrsmedizinische Qualifikation vorweisen muss.

Die verkehrsmedizinische Begutachtung ist ein Teil der Rehabilitation zur Wiederherstellung der Mobilität. Zu dieser speziellen Begutachtungsform wurden mehrere Leitlinien veröffentlicht, deren Kenntnis wichtige Voraussetzung für eine fachgerechte Gutachtenerstellung ist [1,2]. Die Begutachtungsleitlinien zur Kraftfahrtfahreignung sind eine Zusammenstellung eignungsausschließender oder eignungseinschränkender körperlicher und/oder geistiger Mängel und sollen die Begutachtung der Kraftfahreignung im Einzelfall erleichtern.

Als Entscheidungshilfe für die Erstellung von Gutachten mit verkehrsmedizinischen Fragestellungen sind ebenfalls die Beurteilungsgrundsätze gemäß § 11, Abs. 2–4, der § 13 und § 14 und der § 46 Fahrerlaubnisverordnung (FeV) [3] heranzuziehen.

Der ärztliche oder psychologische Gutachter muss nicht nur über spezielle Erfahrungen in der Verkehrsmedizin bzw. in der Verkehrspsychologie verfügen (prakti-

https://doi.org/10.1515/9783110693362-017

sche Tätigkeit, Fortbildung), sondern sich auch bereits durch eine langfristige Tätigkeit in entsprechenden Kliniken, Facharztpraxen bzw. Begutachtungsstellen für Fahreignung qualifiziert haben (siehe hierzu §§ 65 bis 67 und 72 FeV). Bei speziellen medizinischen Fragestellungen im Rahmen der Fahreignung sind aus der Gruppe der Gutachter bestimmte Facharztrichtungen für die Begutachtung auszuwählen.

Beispiel: Wenn ein Antragsteller nach behandelter Oberarmamputation sich in der Endphase seiner Rehabilitation befindet und wieder das Führen eines Kraftfahrzeuges anstrebt, dann ist es sinnvoll, dass die Begutachtung durch einen Orthopäden/Unfallchirurgen, der sich mit der Behandlung von Amputationsverletzungen auskennt und eine Qualifikation in verkehrsmedizinischer Begutachtung erworben hat, durchgeführt wird.

17.1.3 Besonderheiten der verkehrsmedizinischen Begutachtung

Merke: Die Begutachtung erfolgt regelhaft nicht auf Veranlassung der Fahrerlaubnisbehörde, sondern aufgrund einer Beauftragung durch den Betroffenen, dem das Gutachten auch zuzuleiten ist.

Anlass für die *Überprüfung* einer bestehenden Fahrerlaubnis ist in aller Regel, wenn der Erlaubnisbehörde Tatsachen bekannt werden, die Bedenken gegen die psychische, körperliche oder geistige Eignung des Fahrerlaubnisinhabers begründen. Konkret können dies ein Extremitätenverlust durch ein Unfallereignis sein oder eine neu aufgetretene Erkrankung, z. B. ein bekannt gewordenes Anfallsleiden. In diesem Fall kann die Fahrerlaubnisbehörde in Vorbereitung ihrer Entscheidung zur Verlängerung der Fahrerlaubnis die Beibringung eines ärztlichen Gutachtens durch den Bewerber anordnen.

Führerschein*bewerber*, bei denen eine körperliche oder geistige Beeinträchtigung vorliegt, müssen ebenfalls ein ärztliches Gutachten beibringen.

Es kann durch die Fahrerlaubnisbehörde angeordnet werden, dass das Gutachten erstellt werden soll:
- von einem für die Fragestellung zuständigen Facharzt mit verkehrsmedizinischer Qualifikation
- von einem Arzt des Gesundheitsamts oder einem Arzt der öffentlichen Verwaltung
- von einem Arzt mit der Gebietsanerkennung Arbeitsmedizin oder der Zusatzbezeichnung Betriebsmedizin
- die Behörde kann auch mehrere solcher Anordnungen treffen. Der Facharzt soll nicht zugleich der behandelnde Arzt des Betroffenen sein.

Bedenkenbegründende Tatsachen werden der Fahrerlaubnisbehörde in aller Regel bekannt durch:

- polizeiliche Meldungen bei Auffälligkeiten
- Eigenmeldungen, z. B. über das Vorliegen einer schweren psychischen Erkrankung
- Meldung von Dritten.

Die Behörde gibt zwar die Art der Begutachtung vor (§ 11 Abs. 6 FeV), die Auswahl der konkreten Untersuchungsstelle bleibt dem Betroffenen überlassen.

Dies bedeutet aber konkret, dass der Antragsteller in der verkehrsmedizinischen Begutachtung durch eine Einschränkung im Umfang seiner Schweigepflichtentbindung gegenüber dem Sachverständigen Einfluss auf den Inhalt des Gutachtens nehmen kann. Die Schweigepflichtentbindung für den Gutachter kann zum Beispiel die einer Funktionseinschränkung zu Grunde liegenden Erkrankungen ausnehmen. Bei spastischer Parese eines Beines als Folge eines Schlaganfalles würde also diese spastische Parese als einschränkende Funktionsminderung aufgeführt, die Bluthochdruckerkrankung mit nachfolgendem und somit der spastischen Parese zu Grunde liegenden Schlaganfall jedoch aufgrund der fehlenden Schweigepflichtentbindung nicht.

Sofern ein Gericht ein Gutachten für erforderlich hält, obliegt diesem die Auswahl des für die Fragestellung geeigneten und hierfür qualifizierten Gutachters.

Dieselben Gründe, die einen Zeugen berechtigen, das Zeugnis zu verweigern (siehe hierzu u. a. §§ 52 bis 53a StPO), berechtigen auch einen Sachverständigen, die Übernahme eines Gutachtens zu verweigern. Der Gutachter sollte den Anschein der Befangenheit ernst nehmen und zum Beispiel keinen zu begutachtenden Antragsteller annehmen, der von ihm zuvor therapiert oder beraten wurde.

An die Form der verkehrsmedizinischen Gutachten werden vom Verordnungsgeber definierte Anforderungen gestellt.

Zum Beispiel ist beim Gutachten zur Beurteilung der Sehfähigkeit die Verwendung des Vordruckes – *„Augenärztliches Gutachten zur Vorlage bei der Fahrerlaubnisbehörde“* – vorgeschrieben.

Ein Katalog von psychischen, körperlichen und geistigen Einschränkungen sowie weiteren Untersuchungsanlässen regelt die Art der erforderlichen Untersuchungen über die verschiedenen Führerscheinklassen bzw. Fahrerlaubnisse [2]. Anlässe können unter anderem sein:

- Störungen des Sehvermögens,
- Störungen des Hörvermögens,
- Erkrankungen des Gehirns, des Rückenmarks und der neuromuskulären Peripherie,
- psychische Erkrankungen und Auffälligkeiten, Süchte,
- Herz- und Kreislauferkrankungen,
- Stoffwechselerkrankungen wie zum Beispiel Zuckerkrankheit,

- sonstige innere Krankheiten mit erheblich verändertem Allgemeinzustand,
- Behinderung des Bewegungsapparates, Körperbehinderung,
- wiederholte Verkehrszuwiderhandlungen unter Alkoholeinfluss aber auch ohne Alkoholeinfluss, unter Einwirkung von Drogen oder bestimmter Medikamente,
- die gewünschte Befreiung von den Vorschriften über das Mindestalter oder
- erhebliche Auffälligkeiten bei der Fahrerlaubnisprüfung,

um hier nur die wichtigsten zu nennen.

Bei der Erstellung der Beurteilungsgrundsätze wurden sowohl das Sicherheitsinteresse der Allgemeinheit als auch die Bedürfnisse des Einzelnen zur Teilnahme am motorisierten Straßenverkehr berücksichtigt.

Bewerbern mit angeborenen oder sekundär erworbenen Einschränkungen des Bewegungsapparats, die das sichere Führen eines Kraftfahrzeugs beeinträchtigen, darf eine Fahrerlaubnis nicht erteilt werden.

Im Einzelfall hat jeder Gutachter unter Berücksichtigung der spezifischen Befundlage aber die Frage zur Nachbesserung, Schulung und Kompensation zu prüfen.

Bei einer festgestellten Beeinträchtigung der psychischen, körperlichen und geistigen Leistungsfähigkeit sind Bedingungen durch den Gutachter zu empfehlen, die im Einzelfall erfüllt werden müssen.

Hierbei kann der Sachverständige „Auflagen“ bzw. „Beschränkungen“ gegenüber der Fahrerlaubnisbehörde empfehlen.

Auflagen richten sich an den Antragsteller (Fahrzeugführer), hier sind zum Beispiel zu nennen:
- Nachuntersuchung alle 2 Jahre,
- beim Führen des Fahrzeuges eine Brille zu tragen und eine Ersatzbrille im Fahrzeug mitzuführen,
- Anordnung, einen Kurs zu besuchen,
- Fahrten nur in einem bestimmten Gebiet,
- Tageszeitbeschränkungen,
- usw.

Beschränkungen hingegen betreffen das Fahrzeug, wie zum Beispiel:
- automatische Kraftübertragung,
- Handgasbetätigung usw.,
- Fahrzeug mit angepasster Lenkung.

Werden Beschränkungen empfohlen, so sollten optimale technische Lösungen angestrebt werden, die nach Möglichkeit auch eine Normalbedienung des Kfz zulassen.

Merke: Der verkehrsmedizinische Sachverständige ist in seinem Gutachten aufgefordert, bei Erforderlichkeit entsprechend den Einschränkungen des Antragstellers, konkrete technische Hilfsmittel im Sinne des Paragrafen 11 Abs. 4 FeV zu benennen. Die Umsetzbarkeit bzw. Umsetzung der genannten technischen Hilfsmittel für das konkrete Fahrzeug ist dann durch einen technischen Sachverständigen zu bewerten.

17.1.4 Behinderungen im Bereich der Haltungs- und Bewegungsorgane

Nach Feststellung von Funktionseinschränkungen im Bereich der Haltungs- und Bewegungsorgane durch den verkehrsmedizinischen Gutachter steht jetzt die Kompensation im Mittelpunkt. Hierbei bedürfen angeborene oder chronische Funktionseinschränkungen einer ständigen Kompensation. Unter vom Gutachter vorgeschlagenen und von der Zulassungsbehörde festgelegten Beschränkungen oder Auflagen darf der Fahrzeugführer am motorisierten Straßenverkehr teilnehmen.

Schwere Behinderungen müssen in jedem Fall individuell beurteilt werden. In vielen Fällen sind im Bereich des Haltungs- und Bewegungsapparates spezielle und individuelle Hilfsmittel einzubauen. Danach muss ein gesondertes Training erfolgen, das den Antragsteller mit diesen Hilfsmitteln vertraut macht und ihm Gelegenheit bietet, möglichst viel Routine zu erwerben. Änderungen an Fahrzeugen von Behinderten sind zulässig, soweit es die Betriebssicherheit gestattet.

Hierzu wird ein amtlich anerkanntes Sachverständigengutachten oder Prüfer für den Kraftfahrzeugverkehr notwendig sein. Die Fahrzeuge müssen in der Regel für nichtbehinderte Führer normal bedienbar bleiben. Beim Umbau ist darauf zu achten, dass die Bedienungseinrichtungen auch im angegurteten Zustand des Fahrers betätigt werden können.

Nachstehende Systeme müssen häufig bei Einschränkungen des Haltungs- und Bewegungsapparates angepasst werden [4]:

- Schaltung
- Gurte
- Kupplung
- Bremssystem
- Beschleunigungssystem (Gaspedal)
- kombinierte Brems- und Beschleunigungssysteme
- Betätigungseinrichtungen für Primärfunktionen (Lichtschalter, Scheibenwischer, Fahrtrichtungsanzeiger)
- Lenkanlage
- Rückspiegel
- Fahrersitz

Nach der stabilen Ausheilung einer Gliedmaßenamputation liegt im Regelfall ein klares Behinderungsbild vor, bei dem auch in Zukunft keine großen Veränderungen zu erwarten sind. Generell gilt, dass beim physikalischen oder funktionellen Ausfall eines ganzen Armes das Fahrzeug mit einem Automatikgetriebe ausgerüstet werden muss. Der Grundsatz dabei lautet: Mindestens eine Hand ist erforderlich, um ein Fahrzeug sicher führen zu können und um zu gewährleisten, dass sich immer eine Hand am Steuer befindet. Schalter müssen ohne Loslassen des Lenkrades durch die gesunde Hand bedient werden können. Eine gute Prothesenversorgung lässt im Bereich der Beine in der Regel eine annähernd normale Funktion zu. Bei Prothesen der Arme und insbesondere der Hände sind besonders die Feinmotorik und der Kraftgriff erheblich beeinträchtigt. Im Einzelfall muss neu geprüft werden, ob ein Fahrzeug ohne zusätzliche Hilfsmittel sicher geführt werden kann, oder ob eine individuelle Anpassung des Fahrzeuges an die Behinderung zu erfolgen hat.

Passagere Funktionsdefizite, wie zum Beispiel Frakturen von langen Röhrenknochen und gelenknahen Knochenbereichen, werden heute in vielen Fällen operativ behandelt. Ziel des Eingriffes ist es, eine übungsstabile Osteosynthese zu schaffen.

Diese erlaubt eine sofortige Mobilisation, d. h. funktionelle Nutzbarkeit der betroffenen Skelettabschnitte bis zur endgültigen knöchernen Heilung. Die funktionelle Behandlung vermeidet eine strenge Ruhigstellung und damit auch den möglichen Immobilisationsschaden. Eine weitgehende Belastbarkeit ist mit einer Osteosynthese versorgten Knochenbruches jedoch nicht immer und in allen Fällen gegeben. Die Knochenheilung dauert je nach betroffenem Bereich zwischen 6 und 12 Wochen. Für das rechte Bein schließt eine Osteosynthese die Fahrtüchtigkeit aus, solange es nicht belastungsstabil ist, da hier unter Umständen ein max. Krafteinsatz z. B. bei Gefahrenbremsung gefordert werden muss.

Bei anderen Skelettbereichen muss sorgfältig abgewogen werden, ob die Osteosynthese in Notsituationen die plötzlich geforderte Belastung sicher aushält. Fahrerlaubnis besteht dann wieder, wenn die Frakturen übungs- und belastungsstabil sind.

Der Fuß ist der Teil der unteren Extremität, der die statische und die dynamische Funktion der Beine übernimmt. Beim Autofahren muss die Kraft einerseits dosiert auf die Pedale übertragen werden, zum anderen beim plötzlichen Bremsen mit maximaler Kraftentwicklung zum Einsatz kommen.

Ein immobilisierender Verband entspricht einer funktionellen Versteifung des oberen und unteren Sprunggelenkes und der Gelenke des Mittelfußes.

Wegen des unsicheren Pedalkontaktes ist, wenn das rechte Bein betroffen ist, keine Fahreignung gegeben. Der Abstand zwischen Gas- und Bremspedal ist zu gering und die Gefahr des Abrutschens von der Bremse groß.

Beispiel: Ein 24-jähriger Fahrerlaubnisinhaber zog sich bei einem Sprung in flaches Wasser am 8.6.2019 einen Bruch des 7. HWK mit inkompletter Querschnittlähmung zu.
Dieser Fahrerlaubnisinhaber wurde von der Fahrerlaubnisbehörde nach Abschluss der Heilbehandlung aufgefordert, sich einer verkehrsmedizinischen Begutachtung zu unterziehen. Es wurde ihm empfohlen, einen Sachverständigen für medizinische Verkehrsbegutachtung mit speziellen Kenntnissen auf dem Gebiet der Rückenmarksverletzungen zu beauftragen.
Infolge der verletzungsbedingten Schädigung des Rückenmarks liegen eine unvollständige spastische Lähmung beider Beine, der rechten Hand, der Blase und des Mastdarms vor.
Es bestehen noch diskrete Lähmungen vorrangig des rechten Beines sowie auch der rechten Hand ohne funktionelle Einschränkung für die Bedienung des Lenkrades. Keine Einschränkungen bestehen an den Extremitäten der linken Seite.
Grundsätzlich wird durch die Querschnittlähmung die Verkehrstauglichkeit nicht eingeschränkt, erforderlich ist jedoch ein Kraftfahrzeug mit automatischem Schaltgetriebe. Das Gaspedal sollte nach links verlagert werden.
Der rechte Außenspiegel sollte elektrisch verstellbar sein. Das Lenkrad benötigt keinen Drehknopf.
Bei uneingeschränkter Beweglichkeit der HWS sind keine zusätzlichen Spiegel notwendig.
Ein speziell behindertengerecht angepasster Fahrersitz oder besondere Sicherheitsgurte sind bei ausreichender Sitzstabilität und Rumpfkontrolle nicht erforderlich.
Medikamente, die die Fahreignung beeinträchtigen könnten, werden nicht eingenommen.
Die kognitiven Fähigkeiten (Wahrnehmung, Orientierung, Gedächtnis) sind nicht beeinträchtigt. Entsprechend bestehen auch keinerlei Beeinträchtigungen hinsichtlich der im Straßenverkehr erforderlichen Reaktionsfähigkeit.
Bei adäquater Verarbeitung der Erkrankungsfolgen sind weiterführende Untersuchungen, wie eine medizinisch-psychologische nicht angezeigt oder erforderlich.
Auf Nachuntersuchungen bzw. regelmäßige Kontrolluntersuchungen kann verzichtet werden, da eine Änderung des Gesundheitszustandes, der für die Beurteilung der Fahrtauglichkeit wesentlich wäre, nicht zu erwarten ist.
Unter Berücksichtigung der vorstehenden Ausführungen ist die Verkehrstauglichkeit für die Klasse B nicht beeinträchtigt.

Literatur

[1] https://www.bast.de/BASt_2017/DE/Verkehrssicherheit/Fachthemen/U1-BLL/Begutachtungsleitlinien.pdf?__blob=publicationFile&v=20 [letzter Zugriff 02.03.2021].
[2] Frier W, Wilkes F, Lössel H. Fahreignung bei Krankheit oder Verletzung. Zuckschwerdt-Verlag 2002, ISBN: 3-88603-746-0.
[3] https://www.gesetze-im-internet.de/fev_2010/ [letzter Zugriff 02.03.2021].
[4] https://ec.europa.eu/transport/road_safety/sites/roadsafety/files/pdf/projects_sources/quavadis_final_report.pdf [letzter Zugriff 02.03.2021].

17.2 Lebenserwartung wegen Abfindung

Gerhard Gail

17.2.1 Rechtsrahmen

Von einer deutschen gesetzlichen Unfallversicherung (DGUV) gezahlte Renten können auf Antrag des Versicherten abgefunden werden, wenn nicht zu erwarten ist, dass innerhalb des Abfindungszeitraumes die Minderung der Erwerbsfähigkeit (MdE) wesentlich sinkt (§ 76 und § 78 SGB VII jeweils Abs. 2 [1]).

Rentengutachten enthalten in der Regel die Frage, ob in Zukunft mit einer wesentlichen Besserung der Unfallfolgen und dadurch bedingtem Sinken der MdE zu rechnen ist.

Da beim Tode des Versicherten die MdE ganz wegfällt, ergibt sich aus Abs. 2 in § 76 und § 78 SGB VII, dass die Rechtsgrundlage für eine Rentenabfindung auch entfällt, wenn innerhalb des Abfindungszeitraumes der Eintritt des Todes des Versicherten zu erwarten ist.

Merke: Unfall- und Berufskrankheitenrenten können auf Antrag des Versicherten abgefunden werden, wenn keine Rentenminderung wegen Befundbesserung oder Tod im Abfindungszeitraum erwartet werden muss.

Bei Antrag auf Rentenabfindung ist deshalb eine Beurteilung der Lebenserwartung des Versicherten erforderlich – laut Kommentar Bereiter-Hahn/Mehrtens zu § 76 und § 78 SGBVII [2] muss dies auf Grund ermittelbarer medizinischer Daten erfolgen. Da die Lebenserwartung eines Menschen in erster Linie von internistisch zu beurteilenden Gesundheitsstörungen und Risikofaktoren abhängt, werden in der Regel Internisten oder Allgemeinmediziner mit der Begutachtung der Lebenserwartung beauftragt. Je nach den vorliegenden Gesundheitsstörungen eines Versicherten kann für die Beantwortung der Frage der konkreten Lebenserwartung auch zusätzlich die Kompetenz auf anderen Fachgebieten erforderlich werden.

Der Abfindungszeitraum und damit die mindestens erforderliche Lebenserwartung ergibt sich aus §§ 76–79 SGBVII [2]. Renten mit einer MdE von unter 40 % werden mit einem dem Kapitalwert der Rente entsprechenden Betrag abgefunden. Die Lebenserwartung des Versicherten darf nicht unter dem von der Bundesregierung festgelegten Kapitalwert der Rente in Jahren liegen. Bei Rentenabfindung innerhalb von 15 Jahren nach dem Unfall wird bei der Berechnung des Kapitalwertes das Alter des Versicherten zum Unfallzeitpunkt und die seit dem Unfall vergangene Zeit berücksichtigt, bei Antrag auf Rentenabfindung ab 15 Jahre nach dem Unfall nur das Lebensalter zum Abfindungszeitpunkt (Tabellen dazu siehe [14,15]).

Renten ab einer MdE von 40 % werden bis zur Hälfte über einen Zeitraum von 10 Jahren abgefunden. Laut Kommentar Bereiter-Hahn/Mehrtens [2] kann eine Rentenabfindung ab einer MdE von 40 % nur dann versagt werden, wenn aufgrund des Gesundheitszustandes des Versicherten mit *hoher* Wahrscheinlichkeit auf dessen Ableben innerhalb des Abfindungszeitraumes geschlossen werden muss. Kann mit dem Tod in einem weitgehend zuverlässigen überschaubaren Zeitraum (etwa 3 Jahre) nicht gerechnet werden, ist die hohe Wahrscheinlichkeit zu verneinen.

Bei hohem Lebensalter des Versicherten kann die Rechtsgrundlage für eine Rentenabfindung trotz durchschnittlicher bzw. mehr als 3 Jahre betragender Lebenserwartung entfallen, wenn die statistische Lebenserwartung gemäß Tabellen des statistischen Bundesamtes kleiner ist als der Abfindungszeitraum (siehe LSG Hessen 28.01.2020 [6]).

Eine Beurteilung der Lebenserwartung kommt auch im Versorgungsrecht vor (BVG) § 72-§ 80 [3]). Nähere Angaben dazu finden sich im „Arbeitskompendium der versorgungsmedizinisch tätigen Leitenden Ärztinnen und Ärzte der Länder und der Bundeswehr" [4]. Die Beurteilungskriterien entsprechen denen im Bereich der DGUV nach § 78 SGBVII [2].

Merke: Renten mit einer MdE von unter 40 % werden auf Lebenszeit, ab einer MdE von 40 % zur Hälfte für einen Zeitraum von 10 Jahren abgefunden.

17.2.2 Gutachtliche Untersuchung

Im Formular A 4550 1116 der DGUV „Gutachten bei Abfindung [5]" sind folgende Punkte zu beantworten:

- A: Vorgeschichte: Bisherige Erkrankungen und Beschwerden nach Angaben des Antragstellers
- B: Gegenwärtiger Zustand:
  - Körpergröße, Körpergewicht
  - Missbildungen, insbesondere des Brustkorbes oder der Wirbelsäule
  - Untersuchungsbefunde:
    - Kopf/Hals
    - Brust, Herz und Lungen (auskultatorisch, bei Bedarf Röntgen), Kreislauf, Rippenfell, Gefäße. EKG, Blutdruckmessungen, Pulsqualitäten, Bauchorgane einschließlich Geschlechtsorgane (b. B. Oberbauchsonographie)
    - Urinbefund
    - Nüchtern-Laborbefunde
    - Zentrales und peripheres Nervensystem, Hirnnervenfunktionen, Reflexe
    - Extremitäten
    - Wirbelsäule

  - zurückgebliebene Folgen früherer Krankheiten
  - sonstige Gesundheitsstörungen
  - Risikofaktoren (Suchtkrankheiten, Nikotin, Übergewicht u. Ä.)
- C: Beurteilung: die Lebenserwartung ist normal oder herabgesetzt, Angaben zum Grund und Zeitraum

17.2.3 Gutachtliche Beurteilung

Wenn Vorgeschichte und gegenwärtiger Gesundheitszustand unauffällig sind sowie keine Folgen früherer Krankheiten, keine sonstigen Gesundheitsstörungen und keine Risikofaktoren bezüglich eingeschränkter Lebenserwartung vorliegen, ist von einer normalen, dem Durchschnitt gleichaltriger Personen entsprechenden Lebenserwartung auszugehen. Medizinische Gründe gegen eine Rentenabfindung liegen dann nicht vor – sofern nicht zu erwarten ist, dass aufgrund einer Befundbesserung die MdE sinkt.

Ergeben sich aus der gutachtlichen Untersuchung Einschränkungen bezüglich der Lebenserwartung, sollten diese soweit möglich auf der Basis objektiver Daten differenziert angegeben werden [2].

Es liegen Daten zur Verminderung der Lebenserwartung durch Übergewicht [7,8], Zigarettenrauchen [8], Diabetes mellitus [9], arterielle Hypertonie [10], Fettstoffwechselstörung [11], manifeste Herzkreislauferkrankungen [11] und Tumorerkrankungen vor. Da immer wieder neue Untersuchungen zur Einschränkung der Lebenserwartung veröffentlicht werden und der einzelne Gutachter eher selten Aufträge zur Beurteilung der Lebenserwartung erhält, muss bei jeder Begutachtung *der aktuelle wissenschaftliche Stand* neu geprüft werden. Zu beachten ist, dass wissenschaftliche Arbeiten in der Regel die Lebenserwartung z. B. eines Rauchers im Vergleich zu einem Nichtraucher angeben. Das statistische Bundesamt [13] teilt demgegenüber die durchschnittliche Lebenserwartung der Gesamtbevölkerung einschließlich der Raucher mit. Um die Lebenserwartung eines Rauchers im Alter X zu ermitteln, muss auf Grundlage der verminderten Lebenserwartung durch Zigarettenrauchen [8], Häufigkeit des Zigarettenrauchens im Alter X [12] und der Lebenserwartung der Gesamtbevölkerung [13] zunächst die Lebenserwartung von Nichtrauchern im Alter X abgeschätzt und erst davon die in wissenschaftlichen Arbeiten angegebene Verminderung der Lebenserwartung durch Zigarettenrauchen abgezogen werden. Ähnlich ist mit allen anderen, häufigen Risikofaktoren wie Übergewicht und Gesundheitsstörungen wie arterielle Hypertonie und Hypercholesterinämie zu verfahren. Nur selten liegen Daten vor, die genau die Kombination an Erkrankungen und Risikofaktoren des betroffenen Versicherten berücksichtigen. Häufig ist deshalb trotz intensiver Nachforschungen nur eine näherungsweise Abschätzung der individuellen Lebenserwartung möglich.

17.2.4 Beispiele zur Begutachtung bei Antrag auf Rentenabfindung

(1) Ein 57 Jahre alter Mann beantragt die Abfindung einer Rente mit MdE < 40 % wegen Folgen eines 3 J. zurückliegenden Unfalls. Bis auf Übergewicht mit BMI 47 werden bei der Begutachtung keine Auffälligkeiten zu Vorgeschichte und gegenwärtigem Gesundheitszustand mitgeteilt. Der Gutachter stellt eine herabgesetzte Lebenserwartung fest.

Diese Beurteilung ist ohne Zweifel richtig. Auch medizinische Laien wissen, dass die Lebenserwartung durch einen BMI von 47 herabgesetzt wird. Die gesetzliche Unfallversicherung kann so dem Antrag auf Rentenabfindung nicht zustimmen. Allerdings reichen die Angaben nicht aus, um eine Ablehnung des Antrags zu begründen.

Der aus den Tabellen der Bundesregierung hervorgehende Kapitalwert für die Abfindung [15] beträgt 11,2 Jahre. Laut Deutschem Ärzteblatt wurde 2009 festgestellt, bei einem BMI zwischen 40 und 45 kg/qm verkürze sich die Lebenszeit im Mittel um 8 bis 10 Jahre [16]. Im vorliegenden Fall wurden keine Erkrankungen festgestellt, die sich bei Übergewicht im Alter von 57 Jahren gehäuft finden (z. B. Diabetes mellitus, Hypercholesterinämie oder Bluthochdruck). Somit kann maximal eine Minderung der Lebenserwartung um 8 Jahre aufgrund der Gesundheitsdaten festgestellt werden. Bei einer Lebenserwartung des 57-jährigen von 23–24 Jahren (laut statischem Bundesamt [13]) beträgt die Lebenserwartung unter Berücksichtigung des Gesundheitszustandes mindestens 15 Jahre, also deutlich mehr als der Kapitalwert von 11,1 Jahre. Medizinische Gründe für eine Ablehnung des Antrags auf Rentenabfindung liegen somit nicht vor.

(2) Ein 64 Jahre alter Mann beantragt Abfindung einer Rente für den Zeitraum von 10 Jahren nach § 78 SGBVII wegen Folgen eines 4 J. zurückliegenden Unfalls. 2 Jahre vor dem Antrag war ein kleinzelliges Bronchialkarzinom im Stadium T1 festgestellt und operativ behandelt worden.

Der Gutachter stellt korrekt fest, dass die mittlere Überlebenszeit bei kleinzelligem Bronchialkarzinom im Stadium T1 statistisch niedrig ist und 5 Jahre nach Diagnose nur noch wenige Betroffene leben. Der Antrag wird demgemäß abgelehnt.

3 Jahre nach dem ersten Antrag stellt der Versicherte erneut einen Antrag auf Abfindung dieser Rente. Der neue Gutachter teilt mit, der Versicherte werde regelmäßig wegen Zustand nach Bronchialkarzinom nachuntersucht, ein Rezidiv liege nicht vor. Es bleibe eine eingeschränkte Lebenserwartung aufgrund jahrzehntelangem Zigarettenrauchens (80 Pack-years). Manifeste Herz-Kreislauf-Erkrankungen als Folge des langjährigen Zigarettenkonsums wurden nicht festgestellt.

Da kleinzellige Bronchialkarzinome im Stadium T1 durch den primären operativen Eingriff vollständig beseitigt werden können und ansonsten sehr schnell wachsen, ist bei Tumorfreiheit über 5 Jahre die Wahrscheinlichkeit einer Ausheilung der Tumorkrankheit deutlich höher als ein deshalb innerhalb von 10 Jahren mit hoher Wahrscheinlichkeit eintretender Tod. Allein aufgrund des langjährig hohen Nikotinkonsums ist nicht damit zu rechnen, dass der Versicherte mit *hoher* Wahrscheinlichkeit innerhalb des Abrechnungszeitraumes von 10 Jahren verstirbt (so laut Gesetzeskommentar gefordert [2]). Allerdings wurde vom Gutachter (wie im Auftrag gefordert) die Vorgeschichte nur nach Angaben des Versicherten erhoben. Spätere Nachforschungen ergaben, dass doch ein Verdacht auf Tumorrezidiv vorlag und deshalb bis zum Ausschluss dieses Verdachts keine Rentenabfindung empfohlen werden konnte.

Literatur

[1] Bundesministerium für Justiz und für Verbraucherschutz. www.*gesetze-im-internet.de* Gesetze/Verordnungen SGB 7.

[2] Bereiter-Hahn, Mehrtens. Gesetzliche Unfallversicherung. Erich Schmidt Verlag GmbH & Co. KG, Berlin 2020.

[3] Bundesministerium für Justiz und für Verbraucherschutz. www.*gesetze-im-internet.de* Gesetze/Verordnungen bvg > BJNR104530960.

[4] Arbeitskompendium der versorgungsmedizinisch tätigen Leitenden Ärztinnen und Ärzte der Länder und der Bundeswehr. Eigenverlag, Online-Ressource, 2014 https://rp-giessen.hessen.de/sites/rp-giessen.hessen.de/files/contentdownloads/Arbeitskompendium%20Band%20I.pdf [letzter Zugriff 18.08.2020].

[5] Deutsche gesetzliche Unfallversicherung (DGUV) https://www.dguv.de/medien/formtexte/aerzte/a_4550/a4550.pdf [letzter Zugriff 18.08.2020].

[6] Deutsche gesetzliche Unfallversicherung (DGUV). https://www.dguv.de/hochschule/ wissensmanagement/uv-recht-aktuell/uv-recht_detail_387140.jsp [letzter Zugriff 13.10.2020]. UV Recht & Reha Aktuell (UVR) vom 31.03.2020.

[7] Anna Peeters. Obesity in Adulthood and Its Consequences for Life Expectancy: A Life-Table Analysis. Annals of Internal Medicine. 2003;Januar.

[8] Li K, Hüsing A, Kaaks R. Lifestyle risk factors and residual life expectancy at age 40: a German cohort study. BMC Medicine 2014.

[9] Röckl S, Brinks R, Baumert J, et al. All-cause mortality in adults with and without type 2 diabetes: findings from the national health monitoring in Germany. BMJ Open Diabet Res & Care. 2017;5:e0004519.

[10] Kiiskinen U, Vartiainen E, Puska P, Aromaa A. Long-term cost and life-expectancy consequences of hypertension. J Hypertens. 1998;16(8):1103–12.

[11] Jaspers NEM, Blaha MJ, Matsushita K et al. Prediction of individualized lifetime benefit from cholesterol lowering, blood pressure lowering, antithrombotic therapy, and smoking cessation in apparently healthy people. Eur Heart J. 2020;14;41(11):1190–1199.

[12] Robert-Koch-Institut Gesundheitsmonitoring. https://www.rki.de/DE/Content/Gesundheitsmonitoring/gesundheitsmonitoring_node.html [letzter Zugriff 18.08.2020].

[13] Statistisches Bundesamt. Durchschnittliche fernere Lebenserwartung (Periodensterbetafel).

[14] Bundesministerium für Justiz und für Verbraucherschutz. www.*gesetze-im-internet.de* Gesetze/Verordnungen, UVKapWertV: Verordnung über die Berechnung des Kapitalwertes bei Abfindung von Leistungen aus der gesetzlichen Unfallversicherung.

[15] https://www.buzer.de/gesetz/2472/a35152.htm [letzter Zugriff 13.10.2020].

[16] Lenz M, Richter T, Mühlhauser I. The Morbidity and Mortality Associated With Overweight and Obesity in Adulthood. A Systematic Review. Dtsch Arztebl Int. 2009;106(40):641–8.

18 Die ärztliche Begutachtung aus verschiedenen Blickwinkeln

18.1 Erwartungen eines Sozialrichters an den ärztlichen Sachverständigen

Michael Kanert

Die Herausgeber dieses Buches haben mich gefragt, was ich mir als Richter von Gutachtern wünsche. Da fällt mir viel ein, weil Gutachter einen wichtigen Beitrag für meine Arbeit am Sozialgericht leisten. Darf ich loslegen?

- Neugier,
- Geduld mit dem Gericht und den Beteiligten,
- Sachkunde, um die Flut der Informationen klug einzuordnen,
- Souveränität, um sich abzugrenzen von übergriffigen Einflüssen,
- Freude an einer verständlichen Sprache.

Diese Wünsche sind keine Einbahnstraße. Gutachter dürfen das Gleiche erwarten von dem Richter, der sie beauftragt. Für eine solche gute Zusammenarbeit besteht, sagen wir es vorsichtig, ein gewisser Optimierungsbedarf sowohl bei uns Richtern als auch bei Ihnen als Gutachter.

18.1.1 Klare Fragen und klare Antworten

18.1.1.1 Nachfragen an den Richter sind erwünscht

Die Zusammenarbeit sollte mit einem klaren Arbeitsauftrag beginnen. In der Praxis formulieren jedoch manche Richter ihre Fragen nicht so klar, dass der Gutachter sie mühelos verstehen kann. Mancher Auftrag enthält nur lückenhafte Informationen über die medizinische Vorgeschichte. Dann sehen sich die Gutachter gezwungen, dem Hausarzt oder einer Klinik hinterherzulaufen, um Berichte über die Behandlung des Probanden zu bekommen.

Praxistipp: Jeder Gutachter kann und soll beim Richter nachfragen, wenn er eine Beweisfrage nicht versteht. Er darf den Richter sogar beraten, wie die Beweisfragen verständlich und doch medizinisch korrekt formuliert werden können. Dieser Punkt der Zusammenarbeit ist so wichtig, dass dazu eine eigene Regelung in die Prozessordnung aufgenommen wurde [1]. Der Gutachter soll den Richter auch darauf hinweisen, wenn Informationen zur medizinischen Vorgeschichte fehlen. Dann ist es aber Aufgabe des Richters, den Hausarzt als Zeugen zu vernehmen (siehe dazu unten). Diese Antwort erhält dann der Gutachter für seine weitere Arbeit.

https://doi.org/10.1515/9783110693362-018

18.1.1.2 „Das kann ich nicht beantworten“ ist eine zulässige Rückmeldung

Umgekehrt gilt das natürlich auch. So, wie der Richter dem Gutachter klare Fragen und vollständige Informationen schuldet, schuldet der Gutachter klare Antworten. Notfalls auch: „Das kann ich nicht beantworten, und zwar aus folgenden Gründen ... .“ Keine Sorge: Es gibt eine juristische Lösung für Fälle, die medizinisch nicht aufgeklärt werden können. Widerstehen Sie daher der Versuchung, Unklarheiten in medizinischen Halbantworten zu verstecken. Damit ist niemandem geholfen. Nebulöse Andeutungen führen nur dazu, dass jahrelang quer durch alle Gerichtsinstanzen über deren Auslegung gestritten wird.

18.1.1.3 Praxistipp: Wie finde ich klare Worte?

Was halten Sie von folgendem Gedankenspiel:

Ein Bekannter fragt Sie, was Sie gerade für einen Fall bearbeiten. Wie würden Sie ihm den Sachverhalt schildern und die Argumente für Ihre Lösung? Wo würde der Bekannte nachfragen? Wie würden Sie argumentieren, um ihn zu überzeugen?

Klingt das zu „unwissenschaftlich“? Ich habe beim Schreiben meiner Urteile die Erfahrung gemacht, dass dieses Gedankenspiel genau die Fragen hervorruft, die auch dem „offiziellen“ Leser durch den Kopf gehen. Dieses Gedankenspiel liefert den Prüfstein, ob die Entscheidung nachvollziehbar und verständlich begründet worden ist. Es geht nicht darum, dem Leser nach dem Mund zu reden. Das Ergebnis muss fachlich fundiert sein. Aber Mediziner und Juristen müssen ihr Ergebnis so beschreiben, dass der Leser versteht, wie es dazu gekommen ist. Nur dann kann er davon überzeugt werden, dass die Entscheidung richtig ist.

18.1.1.4 Meine Kernfragen an jeden Gutachter

Nach meiner Vorstellung sollte ein Gutachten folgende Fragen klar beantworten:

- Von welchen Informationen gehen Sie aus (was sagen die medizinischen Berichte, was schildert der Kläger oder die Klägerin, was ergab die eigene Untersuchung)?
- Wenn die Informationen widersprüchlich sind: Aus welchen Gründen halten Sie die eine Information für glaubwürdig und die andere nicht?
- Welche medizinischen Erfahrungssätze ziehen Sie heran, um diese Informationen zu bewerten?
- Welche Schlussfolgerungen ziehen Sie daraus für Ihre Antworten?
- Wenn andere Mediziner bereits gegenteilige Schlussfolgerungen präsentiert haben: Aus welchen Gründen folgen Sie ihnen nicht?

Einige Anregungen für die praktische Umsetzung möchte ich Ihnen in den nächsten Abschnitten vorstellen.

18.1.2 Viel wichtiger als der Streit um Meinungen: die Informationen

Nach meiner Erfahrung wird das Ergebnis des Verfahrens viel häufiger verfälscht durch Fehler bei der Ermittlung des Sachverhalts als durch eine „falsche“ Meinung im Streit über medizinische (oder juristische) Fachfragen.

Psychische Erkrankungen werfen besonders schwierige Fragen auf für die Ermittlung des Sachverhalts. Ähnliches gilt für die Schilderung von Schmerzen. Die gesundheitlichen Einschränkungen lassen sich nicht objektiv messen wie bei körperlichen Leiden. Ein Unfallchirurg kann innerhalb weniger Minuten feststellen, ob ein Knochen gebrochen ist. Aber ein Psychiater hat keine Röntgenbilder. Er ist weitgehend auf die Angaben des Betroffenen angewiesen. Dabei gibt es verschiedene Störfaktoren: Mancher Betroffene ist beeinflusst vom „sekundären Krankheitsgewinn“ (finanzielle Vorteile durch Sozialleistungen, „das Jobcenter lässt mich endlich in Ruhe“, Rechtfertigung der Arbeitslosigkeit gegenüber dem privaten Umfeld: „Ich kann ja nicht anders“). Umgekehrt verdrängen Betroffene die psychischen Komponenten ihrer Erkrankung („Ich bin doch nicht verrückt“, „Schuld ist nur meine kaputte Bandscheibe“, „Ich habe kein Suchtproblem“). Teilweise liegt das Herunterspielen von Funktionsstörungen sogar im Wesen der psychischen Erkrankung (Dissimulation, siehe dazu auch Kap. 20.2.1). Die Schilderung des Betroffenen muss daher eingeordnet werden mit Hilfe aller verfügbaren Beweismittel.

Um Missverständnisse zu vermeiden: Natürlich muss man die Schilderung des Klägers ernst nehmen – das gilt für die medizinische wie für die juristische Bewertung. Ernst nehmen bedeutet aber nicht, dass man die Schilderung ungeprüft übernimmt. Ernst nehmen bedeutet vielmehr, dass dadurch eine – unter Umständen sehr aufwändige und teure – Ermittlung ausgelöst wird, um die Schilderung zu prüfen.

18.1.2.1 Die Formel für die Informationsgewinnung: 2 × P = gG

Was sind die ersten Voraussetzungen für ein gutes Gutachten (Abkürzung: gG)? Die Auswertung der beiden „P“: Papier und Person. Beides lässt sich aus meiner Sicht nicht trennen.

Das „P“ wie Papier ist unverzichtbar. Denn Gerichte und Gutachter sind sich einig: Das Ausmaß einer psychischen Erkrankung lässt sich in der Regel nur ermitteln, wenn die gesamte Krankheitsgeschichte aufgeklärt wird und der vollständige Verlauf der Behandlung.

Daher ist jeder Kläger rechtlich verpflichtet, dem Gericht seine Krankheitsgeschichte zu offenbaren. Er muss seine Ärzte nennen und von der Schweigepflicht entbinden. Er muss der Beiziehung von medizinischen Unterlagen zustimmen (Patientenakte, Akten aus anderen Verfahren etc.). Tut er das nicht, wird der Kläger in der Regel den Prozess verlieren, weil er die Aufklärung des Sachverhalts vereitelt hat.

18.1.2.2 Kein Aktenlagegutachten bei psychischer Erkrankung

Aber selbst wenn alle medizinischen Papiere vorliegen – sie allein reichen nicht aus. Die menschliche Psyche lässt sich nicht ausschließlich in einem Aktenblatt erfassen.

Bei der Vorbereitung dieses Buchkapitels hat mich eine Ärztin mit viel Erfahrung im Gutachterwesen noch einmal deutlich darauf hingewiesen: Der Gutachter muss die gesamte Person des psychisch Erkrankten erfassen. Alle persönlichen Eindrücke liefern wertvolle Informationen: die Sprachmelodie, die Körperhaltung, die Art des Blickkontakts. Folgenden Rat an seine jungen Kollegen hat einmal ein langjähriger Gerichtsgutachter gegeben: „Wenn Ihre Untersuchungen abgeschlossen sind, dann schauen Sie Ihr Gegenüber noch einmal genau an und fragen Sie Ihr medizinisches Gefühl: Wie wirkt dieser Mensch auf mich?"

Bei psychischen Erkrankungen ist in aller Regel eine persönliche Untersuchung erforderlich. Es braucht also auch das zweite „P".

Ein weiteres Argument für das zweite „P": Auf was stützt sich ein Gutachten, das nur nach Aktenlage erstellte wurde? Zu einem wesentlichen Teil auf den Bericht des Hausarztes. Sobald das Gutachten von der Bewertung des Hausarztes abweicht, droht aus meiner Sicht ein logischer Widerspruch.

- Auf der einen Seite unterstellt man dem Hausarzt, dass die medizinische Beurteilung mangelhaft ist.
- Auf der anderen Seite werden jedoch seine tatsächlichen Schilderungen dem Gutachten zugrunde gelegt.

Bei einem Orthopäden beispielsweise wäre eine Unterscheidung zwischen Tatsachen und Wertung des Arztes noch nachvollziehbar: Die Tatsachen beruhen auf objektiven Messungen und Röntgenbilder. Die kann man auch zugrunde legen, wenn man der Wertung des Orthopäden nicht folgt. Bei psychischen Erkrankungen beruhen jedoch viele Schilderungen in der Patientenakte bereits auf Wertungen des behandelnden Arztes: „Patient heute klagsam/unruhig/verzweifelt." Wer definiert diese Vokabeln? Selbst „Konzentrationsstörung" ist ein dehnbarer Begriff.

Und schließlich: Der Hausarzt beruft sich darauf, dass er einen persönlichen Eindruck von seinem Patienten hat, dass er ihn möglicherweise über Jahre beobachtet und therapiert hat. Jetzt kommt ein Gutachter, der diesen Patienten noch nie gesehen hat, und weiß es besser? In solchen Fällen bin ich neugierig, wie der Aktengutachter seine überlegene Kenntnis belegen kann.

Niemand würde im Bekanntenkreis auf eine persönliche Befragung verzichten

Beispiel: Sie hören von einem Todesfall im Bekanntenkreis. Die Witwe verhalte sich sehr „seltsam". Wie können Sie beurteilen, ob eine „normale" Trauer besteht oder aber eine psychische Erkrankung?

Dieses Beispiel diskutiere ich immer wieder in Seminaren mit Medizinern. Dort kommen dann viele gute Ansätze für die „Ermittlungen" zur Sprache: Wie verhält sich die Witwe konkret? Seit wann ist das so? Gibt es Situationen, in denen sie sich unterschiedlich verhält? Wurde schon ein Arzt eingeschaltet? Wie ist die Behandlung verlaufen?

In einem Punkt waren sich bisher alle Teilnehmer der Seminare einig: Niemand würde auf eine persönliche Begegnung mit der Witwe verzichten, um sich ein zuverlässiges Bild von ihrem Gesundheitszustand zu machen.

Rückmeldung an den Auftraggeber: Persönliche Untersuchung erforderlich

Und wenn der Auftraggeber dennoch ein Gutachten nach Aktenlage verlangt? Dann sollte der Gutachter eine schriftliche Stellungnahme an das Gericht schicken, wo er detailliert begründet, warum die bloße Aktenlage nicht ausreicht.

Und wenn der Kläger eine persönliche Untersuchung verweigert? Dann ist es Sache des Gerichts, das Problem juristisch zu lösen. Vom Gutachter braucht es dazu nur die begründete Darlegung, warum eine persönliche Untersuchung unverzichtbar ist (siehe oben).

Haftungsrisiko bei einem oberflächlichen Aktenlagegutachten

„Erstattet ein vom Gericht ernannter Sachverständiger vorsätzlich oder grob fahrlässig ein unrichtiges Gutachten, so ist er zum Ersatz des Schadens verpflichtet, der einem Verfahrensbeteiligten durch eine gerichtliche Entscheidung entsteht, die auf diesem Gutachten beruht."

So lautet § 839a BGB. Diese Vorschrift wurde im Jahr 2002 eingeführt, um die bisherigen Unsicherheiten über die Haftung von Gutachtern auszuräumen. Die Hürden für eine Haftung sind hoch. Der Gutachter haftet nur für „grobe" Fahrlässigkeit. Im Online-Kommentar des Beck-Verlags werden Beispiele hierfür genannt:

> Im medizinischen Bereich wird es als grob fahrlässig anzusehen sein, wenn der Gutachter
> - medizinisches Basiswissen missachtet
> - und wenn er auf eine sorgfältige Anamnese verzichtet
> - oder sich auf eine Begutachtung nach Aktenlage beschränkt, ohne – worauf es in der Regel ankommen wird – den Patienten persönlich in Augenschein zu nehmen [2].

Ein sachwidriges Aktenlagegutachten wird also ausdrücklich als möglicher Haftungsfall genannt.

Tröstlich für den Gutachter: Wenn das Gericht seiner gesetzlichen „Anleitungsfunktion“ nicht hinreichend nachkommt, wird ein grob fahrlässiges Verhalten des Gutachters nach Auffassung dieses Kommentars in der Regel zu verneinen sein.

Aber selbst wenn das Gericht ausdrücklich ein Aktenlagegutachten bestellt, bleibt meiner Ansicht nach ein Haftungsrisiko für den Gutachter. Immerhin wird er ja gerade deshalb vom Gericht um Hilfe gebeten, weil er den überlegenen medizinischen Sachverstand besitzt. Laut Gesetz muss der Gutachter „unverzüglich prüfen“, ob er fachlich in der Lage ist, den Auftrag zu erledigen [3]. Müsste er dann nicht auch seine Bedenken anmelden, wenn das Gericht ein Aktenlagegutachten von ihm fordert, das medizinisch nicht vertretbar ist?

Exkurs Behördengutachten: Dem Erwartungsdruck widerstehen

Nur am Rande: Die genannte Vorschrift regelt ausdrücklich nur die Haftung für Gerichtsgutachten. Wenn der Gutachter in einem Verwaltungsverfahren von einer Behörde beauftragt wird, kommt jedoch ebenfalls eine Haftung für grobe Fahrlässigkeit in Betracht [4].

Unter Umständen lastet hier eine noch größere Verantwortung auf der Schulter des Gutachters. Im Alltag der Massenverwaltung gibt es weniger konkrete „Anleitungen“ durch die Behörde, die ihn entlasten könnten. Häufig wird es dem Gutachter überlassen, ob er eine persönliche Untersuchung durchführt. Gleichzeitig besteht aber die starke Erwartung des Auftraggebers, dass der Gutachter schnell und kostengünstig handelt. Ein solcher ausgesprochener oder unausgesprochener Erwartungsdruck befreit den Gutachter jedoch nicht von seinen medizinischen Sorgfaltspflichten.

Vielleicht ist eine solche Situation vergleichbar mit der von jungen Proberichtern. Immer wieder hört man in der Justiz, dass manch einer mit einem latenten „Erledigungsdruck“ konfrontiert wird. Es gehört zu der persönlichen Bürde von verantwortungsvollen Berufen in Recht und Medizin, sich notfalls von unseriösen Vorgaben abzugrenzen und die richtige Entscheidung über die anvertrauten Rechtsgüter zu treffen.

18.1.3 Wie kommt der Gutachter an die Informationen

18.1.3.1 Die vollständige Krankheitsgeschichte – Verantwortung des Richters

Es ist nicht Aufgabe des Gutachters, die Informationen über die Krankheitsgeschichte zu besorgen. Der Richter ist dafür verantwortlich, die erforderlichen Beweismittel für das Verfahren zu beschaffen. Schriftliche medizinische Unterlagen sind ein „Urkundenbeweis“. Sobald der behandelnde Arzt persönlich befragt wird, ist er Zeuge.

Das Gesetz sieht für die Befragung eines Zeugen grundsätzlich die mündliche Befragung durch den Richter vor. Nur, wenn es „ausreichend“ ist, kann das Gericht eine schriftliche Beantwortung der Fragen anordnen [5].

In der Praxis der Sozialgerichte ist dennoch die schriftliche Befragung die Regel. Viel zu häufig sind die Antworten der behandelnden Ärzte dann allerdings ganz und gar nicht „ausreichend“. Wichtige Fragen zum Behandlungsverlauf werden übergangen oder verschwommen beantwortet. Das kann unterschiedliche Ursachen haben: Manchmal hat bereits der Richter seine Fragen unklar formuliert. Manchmal empfindet der Arzt die Anfragen als „bürokratischen Ballast“ und macht sich daher keine Mühe mit der Antwort. Manchmal will der Arzt mit seiner ausweichenden Antwort verschleiern, dass er lediglich ein Gefälligkeitsattest für den Kläger ausgestellt hatte.

Wie auch immer: Solche unklaren Aussagen des Arztes können kein Fundament sein für eine medizinische Begutachtung. Der Richter muss daher bei dem Zeugen nachfragen. Ein probates Mittel ist es, die vollständige Patientenakte anzufordern und den Zeugen eben doch mündlich zu vernehmen.

Wenn der Gutachter mit den Lücken allein gelassen wird

Leider kommt es immer wieder vor, dass die Gerichte ihren Gutachter mit den Lücken in den Akten allein lassen. Die Richter „überlassen“ es dem Gutachter, die fehlenden Unterlagen bei Ärzten oder Krankenhäusern nachzufordern und gegebenenfalls auch Nachfragen zu stellen. Hier sollte sich der Gutachter freundlich, aber bestimmt, an das Gericht wenden und den Ball zurückspielen. Der Gutachter sollte wiederum konkret auflisten, von wem er welche Informationen benötigt und aus welchem Grund diese Informationen für sein Gutachten erforderlich sind.

Warum darf der Gutachter das nicht selbst ermitteln? Es ist gesetzlich festgelegt, dass die Beweisaufnahme „unmittelbar durch den Richter“ erfolgen muss [6]. Daher kann der Gutachter beispielsweise keine Zeugen befragen. Ganz praktische Überlegungen zeigen den Sinn dieser Regelung:

Vor jeder Vernehmung muss ein Zeuge vom Richter auf seine Wahrheitspflichten hingewiesen werden und auf die Strafbarkeit einer Falschaussage.

Gerade im medizinischen Bereich bedeutet die Vernehmung von Zeugen einen tiefen Eingriff in die Intimsphäre des Klägers. Bei Ärzten muss der Richter daher zusätzlich prüfen, ob sie wirksam von der Schweigepflicht entbunden worden sind [7]. Familienangehörige besitzen ein besonderes Zeugnisverweigerungsrecht. Das wird praktisch relevant, wenn Verwandte des Klägers bei der Untersuchung durch den Gutachter erscheinen und dort ihre Schilderung der Beschwerden loswerden möchten. Vor der Vernehmung müssen sie über ihr Zeugnisverweigerungsrecht belehrt werden [8]. Sonst ist nicht mehr gesichert, dass ihre Angaben überhaupt in dem Gerichtsverfahren verwertet werden können.

Ein weiteres Problem: Bei der Vernehmung der Zeugen können Hindernisse auftreten. Es ist keine Seltenheit, dass der behandelnde Arzt eine schriftliche Anfrage einfach nicht beantwortet oder die Vorlage von Unterlagen verweigert. Nur das Gericht kann die Aussage dennoch erreichen, notfalls durch eine zwangsweise Vorführung des Zeugen. Das Gericht kann nicht auf die Aussage eines unwilligen Zeugen „verzichten". Der Richter darf nicht stattdessen die Ermittlungen abbrechen und die Leistung ablehnen, weil ja schließlich der Kläger die „Beweislast" für den Anspruch trage. Denn die Frage der Beweislast stellt sich erst, wenn alle Ermittlungsmöglichkeiten ausgeschöpft sind. Die Vernehmung von Zeugen ist eine gängige, vom Gesetz vorgesehene Ermittlungsmöglichkeit. Also muss dieser Weg beschritten werden, damit das Gericht die richtige Entscheidung über die Rechte des Klägers treffen kann.

Und schließlich: Eine Beweisaufnahme muss grundsätzlich öffentlich sein. Zumindest die Beteiligten des Verfahrens müssen Gelegenheit haben, daran teilzunehmen. Sie dürfen sich einen eigenen Eindruck von der Aussage des Zeugen machen und diesen für ihre weitere Argumentation verwenden. Die Beteiligten haben das Recht, eigene Fragen an den Zeugen zu stellen [9]. Diese Rechte würden abgeschnitten, wenn das Gericht dem Gutachter die Vernehmung eines Zeugen übertragen würde.

Der Richter muss entscheiden, was „Sache" ist

Es gibt noch einen anderen wichtigen Grund, warum die Beweisaufnahme grundsätzlich durch den Richter selbst erfolgen muss. Am Ende muss dieser Richter entscheiden, was „Sache" ist. Mit anderen Worten: Er muss den Sachverhalt feststellen, wie er sich nach seiner Überzeugung tatsächlich zugetragen hat. Dazu muss der Richter die Überzeugungskraft von jedem einzelnen Beweismittel prüfen. Dort, wo Widersprüche auftreten, muss er prüfen, welches Beweismittel ihn überzeugt, welche Angaben er für glaubwürdig hält und welche nicht. Wie soll er das bei einem Zeugen tun, wenn er sich keinen persönlichen Eindruck von diesem Menschen machen konnte?

Der Gutachter darf dem Richter nur ganz bestimmte Ermittlungen abnehmen

Die Arbeitsteilung zwischen Richter und Gutachter ist im Gesetz daher strikt festgelegt: „Bei streitigem Sachverhalt bestimmt das Gericht, welche Tatsachen der Sachverständige der Begutachtung zugrunde legen soll. [10]" Dafür hat sich der Begriff „Anknüpfungstatsachen" eingebürgert, weil der Mediziner an diese Tatsachen bei seiner medizinischen Begutachtung anknüpfen muss.

Eigenständig ermittelt der Gutachter die „Befundtatsachen". Das sind die Dinge, die nur ein medizinisch Sachkundiger erkennen und einordnen kann. Das sind beispielsweise

- anamnestische Angaben
- Schilderung der Beschwerden
- Antworten und nonverbale Reaktionen auf Fragen des Gutachters oder im Zusammenhang mit der Untersuchung

Entscheidend ist der Zusammenhang mit der medizinischen Untersuchung. Daher darf der Gutachter auch Beobachtungen verwerten, die er im Umfeld der Begutachtung macht (siehe Kap. 3).

Beispiel: Der Gutachter schaut aus dem Fenster und sieht, wie der Kläger flotten Schrittes auf das Gutachteninstitut zuläuft. Bei der Untersuchung werden dagegen massive Gehprobleme beklagt [11].

18.1.3.2 Der Gutachter als zufälliger Ermittler von „Zusatztatsachen"

In manchen Situationen wird ein Gutachter allerdings mit neuen Tatsachen konfrontiert, die nicht in sein „Revier" gehören. Hier darf der Gutachter nicht einfach wegschauen oder weghören. Er sollte dem Gericht vielmehr davon berichten und die Bewertung des Gerichts abwarten. Bei diesem Bericht ist der Gutachter dann ein Zeuge. Ein Beispiel für die Abgrenzung:

Beispiel Arbeitsunfall: Die Klägerin hat sich den Arm gebrochen. Im Krankenhaus erzählt sie, dass der Unfall passiert sei, als sie auf dem Weg zur Arbeit war. Das bestätigt sie auch gegenüber der Berufsgenossenschaft. Über den Umfang der Leistungen kommt es zum Streit. Nun soll der Gerichtsgutachter untersuchen, welche Schäden durch diesen Arbeitsunfall verursacht wurden. Beim Gutachter erzählt die Klägerin allerdings, dass der Unfall gar nicht auf dem Weg zur Arbeit geschah. Sie sei abgebogen, um noch schnell eine private Besorgung zu erledigen. Was sollte der Gutachter nun tun?

Die neue Schilderung der Klägerin kann für das gesamte Gerichtsverfahren entscheidend sein. Wenn der Unfall nicht auf dem Weg zur Arbeit passiert ist, besaß die Klägerin keinen Versicherungsschutz durch die Berufsgenossenschaft.

Der medizinische Gutachter darf dem Richter in diesem Punkt die Arbeit nicht abnehmen und eigenständig entscheiden, auf welche Version er sein Gutachten aufbaut. Es erfordert kein medizinisches Fachwissen, um festzustellen, in welcher Straße die Klägerin gestolpert ist. Also ist es allein Aufgabe des Richters, die entsprechenden Ermittlungen durchzuführen. Danach muss er dem medizinischen Gutachter vorgeben, von welchem Sachverhalt er auszugehen hat [12].

18.1.3.3 Das Grundgesetz kennt keinen zusätzlichen „Richter in Weiß"

Klingt kompliziert? Ist es auch! Vielleicht wird diese strenge Aufgabentrennung zwischen Richter und Gutachter in der Praxis daher auch immer mal wieder übergangen. Darunter leidet dann allerdings die rechtsstaatliche Qualität des Gerichtsverfahrens. Richter haben vom Grundgesetz eine besondere Rolle zugewiesen bekommen: die unabhängige Entscheidung über Rechtsstreitigkeiten [13]. Das Grundgesetz kennt keinen zusätzlichen „Richter in Weiß" in Form von Gutachtern als weitere Entscheidungsinstanz. Richter haben nicht nur die Aufgabe, juristische Streitfragen zu entscheiden. Wie bereits erwähnt, hat die Feststellung der Tatsachen häufig einen viel entscheidenderen Einfluss auf den Ausgang eines Gerichtsverfahrens. Dieser Aufgabe dürfen Richter nicht ausweichen.

18.1.4 Umgang mit Hindernissen bei der Untersuchung

Nun kann der Gutachter endlich den Kläger untersuchen. Hier ein paar Tipps zu den Hindernissen, die dabei auftreten können:

18.1.4.1 Der Kläger kommt nicht

Letztendlich kann der Gutachter das Erscheinen nicht erzwingen. Mein Tipp: Der Gutachter sollte das Gericht bereits nach dem ersten gescheiterten Termin informieren und eine Kopie seiner Einladung beilegen. Außerdem sollte er kurz begründen, dass/warum eine persönliche Untersuchung erforderlich ist, um die Beweisfragen zu beantworten (siehe dazu oben).

18.1.4.2 Der Kläger besteht auf einer Begleitperson

Der Kläger erscheint zwar zur Begutachtung. Er besteht aber darauf, dass eine Person „seines Vertrauens" bei der Untersuchung dabei ist.

Die Frage ist unter Medizinern und Gerichten streitig

Nach meiner Erfahrung ist es unter Medizinern streitig, ob die Anwesenheit dieser Personen gerade bei einer psychiatrischen Begutachtung das Ergebnis verfälscht, (siehe dazu auch Kap. 3.2 und 18.2.3).

Bei Sozialgerichten überwiegt nach meinem Eindruck die Auffassung, dass die fachliche Einschätzung des Gutachters ausschlaggebend ist. Wenn der Gutachter nachvollziehbar begründet, dass er eine Verfälschung der Untersuchung befürchtet, dann darf er die Person von der Untersuchung ausschließen. Das entspreche den „allgemein anerkannten Kriterien für die psychiatrische Begutachtung", hat beispielsweise das Landessozialgericht Berlin-Brandenburg entschieden [14].

Auch nach meiner persönlichen Überzeugung besteht kein Recht des Klägers, dass eine weitere Person an der Untersuchung teilnimmt. Ein solches Sonderrecht für den Kläger würde aus meiner Sicht gegen die Grundsätze eines fairen Verfahrens verstoßen, aus dem sich der Grundsatz der „Waffengleichheit" für alle Prozessbeteiligten ableitet. Noch einmal zur Erinnerung: Grundsätzlich muss das Gericht alle Tatsachen selbst ermitteln (Unmittelbarkeit der Beweisaufnahme). Alle Beteiligten des Prozesses haben grundsätzlich den Anspruch, bei diesen Ermittlungen anwesend zu sein.

Es ist bereits eine große Ausnahme zugunsten des Klägers, dass die Gegenseite bei der Begutachtung nicht anwesend sein darf. Das rechtfertigt sich aus dem Schutz seiner Intimsphäre. Und es rechtfertigt sich daraus, dass speziell eine psychiatrische Begutachtung auf ein offenes Gespräch zwischen Gutachter und Kläger angewiesen ist, das nicht durch die Anwesenheit weiterer Personen verfälscht werden darf.

Diese Offenheit ist auch gefährdet, wenn der Kläger selbst sich diese Person aussucht.

Beispiel: Anwesend ist der Ehepartner – wird dann der Einfluss von familiären Konflikten auf den Gesundheitszustand noch unbefangen geschildert? Werden persönliche Schwächen noch offen geschildert (Sucht, zwanghafte Fantasien etc.). Oder gar ein persönliches Fehlverhalten gegenüber Familienmitgliedern?

Gerade bei psychisch angeschlagenen Personen besteht auch die Gefahr, dass die Vertrauensperson die Gesprächsatmosphäre dominiert, selbst wenn sie kein Wort sagt. Hier sind viele wechselseitigen Beeinflussungen denkbar. Sie könnten alle ein dankbarer Gegenstand familientherapeutischer Interventionen sein. Den Rahmen einer gerichtlichen Begutachtung würde das jedoch sprengen. In der Begutachtung geht es vorrangig um die Feststellung von Funktionseinbußen auf dem jeweils sozialrechtlich relevanten Feld (Beruf, Behinderung im Alltag etc.). Daher ist der Fokus auf eine unbeeinflusste Wahrnehmung des Betroffenen zu richten.

Und wenn die Vertrauensperson wichtige Angaben machen möchte? Dann kommt sie als Zeuge in Betracht. Eine Vernehmung muss unmittelbar durch das Gericht erfolgen, gegebenenfalls in Anwesenheit des Gutachters.

Wenn der Kläger eine Untersuchung ohne Begleitperson verweigert, dann sollte der Gutachter das Gericht informieren und dessen Entscheidung abwarten.

Wie man „Wahrnehmungsfehler“ des Gutachters vermeiden könnte

Und was ist mit den Wahrnehmungsfehlern des Gutachters, vor denen sich der Kläger nach Auffassung einiger Gerichte schützen muss?

Eine nüchterne Bestandsaufnahme der Untersuchung würde lediglich eine Videoaufzeichnung der Begutachtung bieten. Solche Videoaufzeichnungen sind nach dem Prozessrecht aber bisher nur in Ausnahmefällen zulässig. Eine Begutachtung zählt nicht dazu. Ohnehin könnte diese Videoaufzeichnung wieder die Offenheit des Gesprächs beeinträchtigen. Daher scheidet dieser Weg aus.

Praxistipp: Der Gutachter diktiert die Kernsätze aus den Angaben des Klägers ganz offen in das Diktiergerät. Der Kläger kann gefragt werden, ob er dabei richtig verstanden wurde und ob er noch ergänzende Angaben machen möchte.

So verläuft auch die Protokollierung entscheidungserheblicher Tatsachen in einer Gerichtsverhandlung. Diese Rückversicherung ist im Gesetz vorgesehen und hat auch einen guten Grund:

Hinterher muss das Urteil auf diesen Aussagen basieren. Daher sollen alle Missverständnisse ausgeräumt werden.
Und wenn es zum Streit kommt über die Protokollierung? Dann können einfach beide Versionen aufgezeichnet werden. So kann sich jeder spätere Leser (und damit auch das Gericht) ein Bild von der Situation machen. Gerade bei einer psychiatrischen Begutachtung kann ein solcher Streit auch weitere Aufschlüsse für die Begutachtung liefern. Der Gutachter kann diesen Konflikt in seine Bewertung einbeziehen.
Bei körperlichen Untersuchungen ist ebenfalls eine Protokollierung denkbar. Auch der Richter muss das Ergebnis eines Augenscheins protokollieren, damit die Beteiligten Gelegenheit haben, Missverständnisse auszuräumen oder jedenfalls ihre eigene Sichtweise zu Gehör zu bringen.

18.1.4.3 Der Kläger wirkt nicht mit bei der Untersuchung

Der Kläger ist nicht nur verpflichtet, zum Untersuchungstermin zu erscheinen. Er muss auch ernsthaft mitwirken. Ansonsten sollte der Gutachter das konkrete Verhalten des Klägers protokollieren. Dann kann er das Gericht darüber informieren, aus welchen Gründen ihm die Beantwortung der Beweisfragen nicht möglich ist [15].

18.1.4.4 Wunsch nach Beratung und Vor-Urteil des Gutachters

Jede Wertung, die der Gutachter erkennen lässt, ist im wahrsten Sinne des Wortes ein Vor-Urteil. Das eigentliche Urteil über die Rechte des Klägers steht zum Zeitpunkt der Untersuchung noch in weiter Ferne. Dazwischen liegen nicht nur die schriftliche Endfassung des Gutachtens, sondern auch Stellungnahmen, Nachfragen, Beratungen, vielleicht sogar eine weitere Beweiserhebung.

Spontane Prognosen sind auch deshalb gefährlich, weil der Gutachter nach der Untersuchung noch einmal in Ruhe überlegen sollte, wie er die Fülle der Informationen einordnet. Wenn der Gutachter auf diesen wichtigen Schritt der „inneren Beratung" erkennbar verzichtet, erweckt er den Eindruck, dass er nicht mit fachlicher Sorgfalt ans Werk geht. Das kann eine Ablehnung wegen Besorgnis der Befangenheit nach sich ziehen. Dann war die ganze Arbeit umsonst: Das Gutachten ist nicht verwertbar. Der Gutachter kann seinen Honoraranspruch verlieren.

18.1.4.5 Der Einsatz von Hilfspersonen

Das Gesetz ist hier ganz klar: „Der Sachverständige ist nicht befugt, den Auftrag auf einen anderen zu übertragen [16]." Vom Bundessozialgericht wird dieser Satz zwar wieder aufgeweicht [17]. Es gehe lediglich um die „das Gutachten prägenden und regelmäßig in einem unverzichtbaren Kern von ihm selbst zu erbringenden Zentralaufgaben". Danach soll es durchaus möglich sein, dass lediglich ein Mitarbeiter die organische Untersuchung durchführt. Aber selbst diese großzügige Entscheidung stellt klar: Bei einer psychiatrischen Begutachtung ist „die persönliche Begegnung des Sachverständigen mit dem Probanden unter Einschluss eines explorierenden Gesprächs ... unverzichtbar für die eigene Verantwortlichkeit".

Wenn also der Gutachter selbst lediglich der Form halber ein kurzes Gespräch mit dem psychiatrischen Probanden führt, ist sein Gutachten in der Regel nicht verwertbar. Das Gericht muss kein Honorar zahlen (wofür auch?).

Damit fangen aber die Probleme erst an. Das Bundessozialgericht hat in einem neueren Fall die verschiedenen juristischen Fallstricke minutiös nachverfolgt, die entstehen können, wenn der Gutachter unerlaubt die Begutachtung an einen anderen Arzt durchreicht [18]. Unter anderem droht eine Strafverfolgung wegen Verletzung der Schweigepflicht und diverser Verstöße gegen den Datenschutz.

Praxistipp: Ersparen Sie sich diese Komplikationen und Risiken! Sprechen Sie mit dem Gericht ab, ob und ggf. welche Ärzte in die Begutachtung eingebunden werden dürfen. Und legen Sie im Gutachten offen, wer was gemacht hat [19].

18.1.5 Die kritische Einordnung der Informationen

Ein mangelhaftes Gutachten unterscheidet nicht zwischen Beschwerden und Befund. Die Schilderungen des Klägers oder eines behandelnden Arztes werden kritiklos übernommen. Das verstößt jedoch nicht nur gegen die juristischen Regeln der Beweiswürdigung, sondern auch gegen die medizinischen Regeln der Kunst.

Das Vorbringen des Klägers und seiner behandelnden Ärzte muss *wahrgenommen* und im Gutachten beschrieben werden. Sonst ist das Gutachten fehlerhaft. Das bedeutet aber nicht, dass der Gutachter diese Schilderungen *unkritisch übernehmen* darf.

18.1.5.1 „Ich bin doch kein Detektiv“

Viele Ärzte wehren diesen Gedanken ab: „Ich bin doch kein Detektiv.“ Oder sie sagen: „Ich muss doch glauben, was ein Patient sagt.“ Ich finde, das Eine hat mit dem Anderen nichts zu tun.

Es geht nicht um Misstrauen, sondern um die klar definierte Aufgabe eines Arztes: Er soll das Leiden seines Patienten lindern oder gar heilen. Erst, wenn der Arzt mit professioneller Distanz festgestellt hat, welche Funktionsstörung besteht, kann er entscheiden, welche Therapie angezeigt ist. Und als Gutachter kann er erst jetzt feststellen, welche Leistungsminderung sich daraus ergibt.

Die kritische Distanz, die zu den Schilderungen des Klägers erforderlich ist, benötigt der Gutachter auch gegenüber den Berichten der behandelnden Ärzte. Die Aussage eines behandelnden Arztes ist ein ganz „normales“ Beweismittel, nämlich eine Zeugenaussage. Wie bei jedem anderen Beweismittel muss diese Aussage auf ihren Beweiswert überprüft werden. Das Ergebnis ist offen. Der Gutachter hilft dem Gericht mit seiner medizinischen Sachkunde, den Beweiswert dieser Zeugenaussage einzuordnen.

18.1.5.2 Überprüfung der ärztlichen Berichte

Was hat der Arzt wirklich selbst untersucht?

Der Gutachter kann zunächst überprüfen: Was hat der Arzt wirklich selbst untersucht? Nur darüber kann der Arzt überhaupt eine zuverlässige Aussage treffen. Viele Ärzte vermischen in ihren Berichten allerdings die Ergebnisse der eigenen Untersuchung, die Berichte ihres Patienten und die Berichte anderer Ärzte.

Natürlich darf der Arzt als Zeuge darauf hinweisen, dass sein Patient zum Beispiel von Schwierigkeiten beim Atmen berichtet. Er darf auch auf die Erkenntnisse anderer Kollegen hinweisen. Beides ist ein guter Hinweis, dass hier noch ermittelt werden könnte. Aber der Arzt ist in diesem Fall nur ein Zeuge „vom Hörensagen". Er darf fremde Erzählungen nicht als eigene Wahrnehmung ausgeben. Die Aussage dieses Arztes hat doch deshalb ein besonderes Gewicht, weil er mit seiner persönlichen Integrität und seiner Fachkunde als Arzt dafür einsteht, dass er selbst diese Dinge wahrgenommen und geprüft hat.

Im Zweifel müssen die Angaben des Arztes mit seiner Patientenakte abgeglichen werden. Dort muss ja aufgezeichnet sein, welche Untersuchung der Arzt an welchem Tag selbst durchgeführt hat. Sofern das Gericht diese Patientenakte bislang nicht angefordert hatte, sollte der Gutachter dies gegenüber dem Gericht anregen (siehe oben).

Hat der Arzt die Regeln für ärztliche Bescheinigungen eingehalten?

Ärzte handeln nicht in einem rechtsfreien Raum, wenn sie Atteste ausstellen oder einen Befundbericht. Der Gutachter kann überprüfen, ob der Arzt diese Regeln eingehalten hat. Dafür ist kein juristisches Fachwissen erforderlich.

Einige dieser Regeln:

Arbeitsunfähigkeitsrichtlinie: Daraus einige Stichpunkte: „Die Beurteilung der Arbeitsunfähigkeit setzt die Befragung des Versicherten durch den Arzt zur aktuell ausgeübten Tätigkeit und den damit verbundenen Anforderungen und Belastungen voraus." [20] Und: „Bei der Feststellung der Arbeitsunfähigkeit sind körperlicher, geistiger und seelischer Gesundheitszustand des Versicherten gleichermaßen zu berücksichtigen. Deshalb dürfen die Feststellung von Arbeitsunfähigkeit ... nur auf Grund ärztlicher Untersuchungen erfolgen." [21] Lediglich im Zusammenhang mit Corona ist die Pflicht zur persönlichen Untersuchung gelockert worden.

Gesetzlich vorgeschriebener Inhalt der Patientenakte: „Der Behandelnde ist verpflichtet, in der Patientenakte sämtliche ... wesentlichen Maßnahmen und deren Ergebnisse aufzuzeichnen." [22] Der Arzt hat ein starkes eigenes Interesse, diese gesetzliche Regel zu beachten, ansonsten droht ihm ein hohes Risiko in einem Arzthaftungsprozess [23].

Beispiel: Der Arzt behauptet wortreich in seinem Attest, dass die Erkrankung des Klägers nach jahrelangen Bemühungen „austherapiert“ sei. Wenn in der Patientenakte diese intensive Therapie nicht aufgezeichnet ist, hat sie im Zweifel auch nicht stattgefunden. Es widerspricht nämlich der allgemeinen Lebenserfahrung, dass ein Arzt diese wichtige Maßnahme in der Patientenakte verschweigt und dadurch unnötig seine persönliche Haftung im Fall einer (angeblich) so schwerwiegenden Erkrankung heraufbeschwört.

Regeln der medizinischen Logik: z. B. Behandlungsleitlinien der Fachgesellschaften – siehe dazu im nächsten Abschnitt.

Nimmt der Arzt sein Attest überhaupt ernst?

Wer eine „Erwerbsminderung“ attestiert, spricht von einem Patienten mit einer schweren Erkrankung. Daraus folgen gravierende Einschränkungen – nicht nur im Berufsleben oder im Kontakt mit dem Jobcenter, sondern auch im privaten Alltag durch Schmerzen und Behinderungen. Ein Arzt wird nicht tatenlos zusehen, wenn sein Patient auf diese Weise leidet. Seine Versuche, das Leiden wenigstens zu lindern, müssen sich in der Patientenakte wiederfinden (siehe oben). Wenn die Behandlung keinen Erfolg hat, wird der Arzt Konsequenzen ziehen und die Therapie wechseln oder einen anderen Therapeuten hinzuziehen.

Aber was ist die „richtige“ Behandlung? Juristen kennen das: Zwei Juristen haben drei Meinungen zur richtigen Lösung. Ähnliches wird über Mediziner berichtet. Auf diesen Streit braucht sich aber der Gutachter nicht einzulassen. Für viele Krankheiten sind Behandlungsleitlinien veröffentlicht (im Internet: www.leitlinien.de). Ärzte haben zwar Therapiefreiheit. Aber wenn ein Arzt diesen Leitlinien nicht folgt, muss er begründen können, warum er das trotz der – von ihm attestierten – schweren Erkrankung nicht getan hat.

Beispiel: Eine schwere Depression wird bescheinigt. Die einzige Therapie besteht aber in der Gabe von Johanniskraut. Mit welchem medizinischen Erfahrungswissen kann der Arzt diese Therapie rechtfertigen?

Gerade bei psychischen Erkrankungen stellt sich noch eine weitere Frage: Selbst, wenn der Arzt die adäquate Behandlung verordnet hat, ist noch lange nicht gesichert, dass der Patient den Behandlungsvorschlag tatsächlich einhält. Bei psychischen Erkrankungen verweigert etwa die Hälfte der Patienten die regelgerechte Einnahme der Medikamente. Dementsprechend verlangen die Behandlungsleitlinien, dass der Arzt die Compliance seines Patienten überprüft. Möglich wäre das beispielsweise durch die Bestimmung des Medikamentenspiegels. Wenn in der Patientenakte kein Ergebnis dieser Prüfung enthalten ist, stellt sich die Frage nach der Glaubwürdigkeit eines Attests, in dem der Begriff „austherapiert“ verwendet wird.

Nimmt der Patient dieses Attest überhaupt ernst?

Ein schwer kranker Patient fordert naturgemäß eine effektive Behandlung bei seinem Arzt ein. Wenn er sie dort nicht bekommt, wird er den Therapeuten wechseln.

- Es entspricht nicht der allgemeinen Lebenserfahrung, dass ein Patient trotz schwerer Erkrankung bei einem erfolglosen Therapeuten ausharrt.
- Auch monatelange Behandlungspausen sprechen gegen einen hohen Leidensdruck des Patienten.

Solche Auffälligkeiten sprechen gegen die Glaubwürdigkeit des ärztlichen Attests über die „schwere“ Erkrankung.

18.1.5.3 Praxistipp: Wie verschaffe ich mir einen Überblick über die „Aktenlage“?

Egal, was medizinische Kollegen bereits geschrieben haben zum Fall: Verschaffen Sie sich zunächst einen nüchternen, eigenen Gesamtüberblick. Verbeißen Sie sich dabei nicht gleich in eine einzelne medizinische Fachfrage.
Notieren Sie sich Stichpunkte, zum Beispiel zu folgenden Fragen:

- Was erscheint mir unlogisch?
- Passt das Verhalten des Patienten zu dem geschilderten Krankheitsbild?
- Was würde ich als Patient von meinem Arzt erwarten?
- Verhalten sich Arzt und Patient anders als das zu erwarten wäre – gibt es dafür eine Erklärung?

Erstellen Sie eine kleine Tabelle mit dem zeitlichen Ablauf.
Welche Fragen möchten Sie noch klären durch Ermittlungen des Gerichts oder durch eigene Untersuchung?

18.1.6 Nach dem Gutachten ist der Fall nicht immer zu Ende

Anlass für das Gutachten ist ein Streit. Kritische Nachfragen sind daher zu erwarten. Sie sind auch legitim. Wo „im Namen des Volkes“ Entscheidungen gefällt werden, darf das Volk auch Rechenschaft über die Vorbereitung dieser Entscheidungen verlangen – und die unmittelbar Betroffenen erst recht.

Manche Beteiligte überschreiten diese Grenze. Sie überschütten den Gutachter und das Gericht mit polemischen Unterstellungen. Manchmal wird der Gutachter bewusst provoziert, damit er wegen einer unbedachten Antwort als befangen abgelehnt werden kann. Bleiben Sie gelassen!

18.1.6.1 Ladung zur mündlichen Verhandlung – nicht nur lästig

In der Praxis der Sozialgerichte bleibt es in der Regel bei schriftlichen Nachfragen. Grundsätzlich haben jedoch alle Beteiligten das Recht auf eine mündliche Befragung des Gutachters. Die hat auch Vorteile: Missverständnisse werden schnell ausgeräumt. Neue Fragen, die sich im Gespräch ergeben, können sofort beantwortet werden. Die Endlos-Spirale eines schriftlichen Schlagabtausches wird beendet.

18.1.6.2 Richter müssen Gutachten nachvollziehen und ein eigenes Urteil bilden

Vor einigen Jahren machte der Fall von Gustl M. Schlagzeilen. Jahrelang war er zwangsweise in einem psychiatrischen Krankenhaus untergebracht. Die Strafgerichte hatten sich jeweils blind auf die medizinischen Gutachten zur angeblichen Gefährlichkeit von Herrn M. verlassen. Das Bundesverfassungsgericht warf den Richtern vor, dass sie die eigentliche Entscheidung den Gutachtern „überlassen" hätten und sah darin einen schweren Verstoß gegen die Verfassung [24].

Auch das Bundesverwaltungsgericht hat die Juristen beim Umgang mit Gutachtern in die Pflicht genommen [25]:

> Der [Jurist] muss die ärztlichen Befunde und Schlussfolgerungen inhaltlich nachvollziehen und sich auf ihrer Grundlage ein eigenes Urteil bilden. Im Hinblick auf die Verwertbarkeit der ärztlichen Stellungnahme muss er prüfen,
> – ob Zweifel an der Sachkunde oder Unparteilichkeit des Arztes bestehen,
> – dieser von zutreffenden sachlichen Voraussetzungen ausgegangen ist
> – und die entscheidungserheblichen Fragen plausibel und nachvollziehbar abgehandelt hat.

Der Richter muss also das Gutachten bereits aus verfassungsrechtlichen Gründen prüfen. Aus diesem Grund ist der Gutachter nicht befugt, Teile seines Gutachtens oder seiner Untersuchungsergebnisse gegenüber dem Richter geheim zu halten. Insoweit bestehen auch keine datenschutzrechtlichen Hürden.

18.1.7 Meine Checkliste zur Überprüfung von Gutachten

- Verständliche Sprache
  - Kann ein medizinischer Laie den Inhalt des Gutachtens verstehen?
- Vollständig
  - Ist alles berücksichtigt, was der Bürger vorträgt, was die behandelnden Ärzte schildern, was vorherige Gutachter beschrieben haben?
  - Ist der Ablauf der Untersuchung beschrieben (und ggf. Test-Ergebnisse dokumentiert)?
- Innere Logik
  - Kann ich als medizinischer Laie nachvollziehen, wie und warum der Gutachter zu seiner Bewertung gekommen ist?

  - Hat der Gutachter begründet, warum er die Beschwerden des Klägers für glaubhaft hält oder eben nicht. Hat er seine Haltung zu den Berichten und Gutachten anderer Ärzte begründet? Oder hat er sie ignoriert/ungeprüft übernommen?
- Basiert das Gutachten auf dem aktuellen Stand der Technik?
  - Hat der medizinische Gutachter plausibel gemacht, woher er die einschlägigen Kenntnisse besitzt?
  - Hat der Gutachter die erforderliche Zeit für eine sorgfältige Untersuchung aufgewendet? Hat er alle notwendigen Untersuchungsmethoden genutzt?
- Persönliche Erfüllung des Auftrags
  - Hat der Gutachter alle relevanten Beschwerden selbst untersucht?
- Keine Befangenheit?
  - Hat der Gutachter Formulierungen gewählt, aus denen ein unbefangener Beobachter den Anschein gewinnen musste, dass der Gutachter nicht mehr neutral eingestellt ist?

18.1.8 Zum Schluss: Hemmschuh oder hilfreiches Geländer?

Nun habe ich lange geschrieben, was ich mir von Gutachtern wünsche, welche Regeln und Anforderungen sich in der Rechtsprechung herausgebildet haben.

Auf den ersten Blick könnte man den Eindruck gewinnen: Das ist alles ein enormer bürokratischer Hemmschuh. Nach meiner Erfahrung bieten diese Verfahrensschritte jedoch ein hilfreiches Geländer für unsere Arbeit. Egal, ob als Gutachter oder als Richter: Wir sind mit Entscheidungen betraut, die großen Einfluss auf das Leben anderer Menschen haben können. Die Regeln sind der Versuch, ein gutes Ergebnis abzusichern.

Damit diese Arbeit nicht in leblosen Formalien versandet, hilft aus meiner Sicht: die Neugier. Dieses Wort hat ja zwei Bedeutungen. Wir reden hier nicht über Sensationslust. Wir reden über Offenheit. Und über die Freude daran, sich auf neue, ungewohnte und komplexe Situationen einzulassen. Oder mit den Worten des „Lexikon für Psychologie“ [26]: Neugier, als Grundlage für besondere wissenschaftliche Leistungen der Menschen, die mit Intelligenz und Kreativität korreliert.

Ich selbst bin nun neugierig auf Ihre künftigen Gutachten und wünsche Ihnen dazu viel Erfolg!

Literatur

[1] § 404a Zivilprozessordnung: (1) Das Gericht hat die Tätigkeit des Sachverständigen zu leiten und kann ihm für Art und Umfang seiner Tätigkeit Weisungen erteilen. (2) Soweit es die Besonderheit des Falles erfordert, soll das Gericht den Sachverständigen vor Abfassung der Beweisfrage hören, ihn in seine Aufgabe einweisen und ihm auf Verlangen den Auftrag erläutern. § 407a Zivilprozessordnung: Hat der Sachverständige Zweifel an Inhalt und Umfang des Auftrages, so hat er unverzüglich eine Klärung durch das Gericht herbeizuführen.
[2] Beck-online Großkommentar Hrsg: Spickhoff, Stand: 15.04.2020, Randnummer 41 zu § 839a BGB.
[3] § 407a Zivilprozessordnung.
[4] Wagner, Münchener Kommentar zum BGB, 7. Auflage 2017, Rn. 15–16 zu § 839a.
[5] § 377 Abs. 3 Zivilprozessordnung.
[6] § 355 Zivilprozessordnung.
[7] § 383 Abs. 3 Zivilprozessordnung.
[8] § 383 Abs. 2 Zivilprozessordnung.
[9] § 397 Zivilprozessordnung.
[10] § 404a Abs. 3 Zivilprozessordnung.
[11] Beispiel nach Krasney, SGb 1987, 381, 384.
[12] § 404a Abs. 3 Zivilprozessordnung.
[13] Artikel 97 Grundgesetz.
[14] Landessozialgericht Berlin-Brandenburg, Beschluss vom 17. Februar 2010 – L 31 R 1292/09 B.
[15] Beispiel aus der Rechtsprechung: Bayerisches Landessozialgericht, Beschluss vom 13. November 2006 – L 8 AL 351/04.
[16] § 407a Abs. 3 Zivilprozessordnung.
[17] Bundessozialgericht, 2. Senat, Beschluss vom 17.11.2006 – B 2 U 58/05 B.
[18] Bundessozialgericht, 2. Senat, Urteil vom 07. Mai 2019 – B 2 U 25/17 R.
[19] § 407a Abs. 3 Satz 2 Zivilprozessordnung: Soweit [der Gutachter] sich der Mitarbeit einer anderen Person bedient, hat er diese namhaft zu machen und den Umfang ihrer Tätigkeit anzugeben, falls es sich nicht um Hilfsdienste von untergeordneter Bedeutung handelt.
[20] § 2 Abs. 5 Arbeitsunfähigkeits-Richtlinie.
[21] § 4 Abs. 1 Arbeitsunfähigkeits-Richtlinie.
[22] § 630f BGB.
[23] § 630 h Abs. 3 BGB.
[24] Bundesverfassungsgericht, Beschluss vom 26.8.2013 – 2 BvR 371/12.
[25] Bundesverwaltungsgericht, Urteil vom 21. Juni 2007 – 2 A 6/06.
[26] https://www.spektrum.de.

18.2 Die Sicht des Zivilrichters auf den Sachverständigenbeweis

Sascha Piontek

18.2.1 Grundsätze

Der Einholung medizinischer Sachverständigengutachten kommt sowohl im Haftpflichtprozess als auch im Deckungsprozess in der Personenversicherung eine große praktische Bedeutung zu.

Nach § 144 Abs. 1 S. 1 ZPO kann zwar das Gericht auch ohne Antrag des Beweispflichtigen die Begutachtung durch Sachverständige anordnen. Der Tatrichter, dem die erforderliche Sachkunde zur Beurteilung einer Fachwissen voraussetzenden Frage fehlt und der davon absehen will, von Amts wegen sachverständige Hilfe in Anspruch zu nehmen, ist aber grundsätzlich nur gehalten, die beweisbelastete Partei auf die Notwendigkeit eines Beweisantrags nach § 403 ZPO hinzuweisen [1].

Um den oder die geeigneten Sachverständigen zu finden, obliegt es dem Prozessgericht, sich beispielsweise bei Kammern, Berufsverbänden, Instituten und durch Kontaktaufnahme mit Sachverständigen kundig zu machen. Zudem kann das Prozessgericht die Parteien auffordern, einen geeigneten Sachverständigen zu bezeichnen, § 404 Abs. 4 ZPO [2].

Jeder Prozesspartei steht nach ständiger Rechtsprechung des Bundesgerichtshofs gem. §§ 397, 402 ZPO zur Gewährleistung des rechtlichen Gehörs das Recht zu, einen Sachverständigen zu seinem schriftlichen Gutachten mündlich zu befragen. Der Tatrichter muss dementsprechend dem von einer Partei rechtzeitig gestellten Antrag, den gerichtlichen Sachverständigen nach Erstattung des schriftlichen Gutachtens zu dessen mündlicher Verhandlung zu laden, selbst dann stattgeben, wenn die schriftliche Begutachtung aus der Sicht des Gerichts ausreichend und überzeugend ist.

Einwendungen einer Partei gegen das Gutachten eines gerichtlichen Sachverständigen hat der Tatrichter zu berücksichtigen. Er ist hierbei insbesondere verpflichtet, sich mit von der Partei vorgelegten Privatgutachten auseinanderzusetzen und auf die weitere Aufklärung des Sachverhalts hinzuwirken, wenn sich hieraus ein Widerspruch zum Gerichtsgutachten ergeben kann [3]. Legt eine Partei ein Privatgutachten vor, das im Gegensatz zu den Erkenntnissen des gerichtlich bestellten Sachverständigen steht, so ist vom Tatrichter besondere Sorgfalt gefordert. Er darf in diesem Fall – wie auch im Fall sich widersprechender Gutachten zweier gerichtlich bestellter Sachverständiger – den Streit der Sachverständigen nicht dadurch entscheiden, dass er ohne einleuchtende und logisch nachvollziehbare Begründung einem von ihnen den Vorzug gibt. Einwände, die sich aus einem Privatgutachten gegen das Gutachten des gerichtlichen Sachverständigen ergeben, muss das Gericht ernst nehmen, ihnen nachgehen und den Sachverhalt weiter aufklären. Wenn der gerichtlich bestellte Sachverständige weder durch schriftliche Ergänzung seines Gutachtens noch im Rahmen seiner Anhörung die sich aus dem Privatgutachten ergebenden Einwendungen auszuräumen vermag, muss der Tatrichter im Rahmen seiner Verpflichtung zur Sachaufklärung gem. § 412 ZPO ein weiteres Gutachten einholen [4].

Das Privatgutachten ist zwar kein Beweismittel i. S. d. §§ 355 ff. ZPO. Es handelt sich bei ihm vielmehr um urkundlich belegtes (qualifiziertes) substanziiertes Parteivorbringen [5], und zwar auch dann, wenn die Partei lediglich darauf Bezug nimmt, ohne den Inhalt mit eigenen Worten zu wiederholen [6]. Der Tatrichter ist aber gleichwohl gehalten, sich mit den Streitpunkten zwischen dem gerichtlichen Sachverständigengutachten und dem Privatgutachten sorgfältig und kritisch auseinanderzusetzen und die Streitpunkte zu würdigen [7].

Hält der Tatrichter ein vorgelegtes Privatgutachten für hinreichend überzeugungskräftig, um die Beweisfrage zu beantworten, darf er seine Entscheidung zwar mit Zustimmung der Parteien, nicht aber gegen den Willen einer Partei auf dieses stützen. Demgemäß genügt auch ein gerichtliches Sachverständigengutachten, dessen Inhalt sich lediglich darauf beschränkt, die Plausibilität eines Privatgutachtens zu überprüfen, nicht, um der Pflicht des Gerichts zur Erhebung der angebotenen Beweise und zur vollständigen Sachaufklärung zu genügen [8]. Bestreitet der Prozessgegner der Partei, die das Privatgutachten vorgelegt hat, dessen Richtigkeit, muss das Gericht ein gerichtliches Gutachten einholen, sofern die beweisbelastete Partei dies beantragt hat [9].

18.2.2 Sachverständigenablehnung

Der Sachverständige kann gem. §§ 406 Abs. 1 S. 1 i. V. m § 42 Abs. 2 ZPO wegen der Besorgnis der Befangenheit abgelehnt werden, wenn ein Grund vorliegt, der geeignet ist, Misstrauen gegen seine Unparteilichkeit zu rechtfertigen. Es muss sich dabei um Tatsachen oder Umstände handeln, die vom Standpunkt des Ablehnenden aus bei vernünftiger Betrachtung die Befürchtung wecken können, der Sachverständige stehe der Sache nicht unvoreingenommen und damit nicht unparteiisch gegenüber [10].

Ein Ablehnungsgrund wird regelmäßig zu bejahen sein, wenn der Sachverständige in derselben Sache für eine Prozesspartei oder deren Versicherer bereits ein Privatgutachten erstattet hat. Gleiches gilt, wenn er für einen nicht unmittelbar oder mittelbar am Rechtsstreit beteiligten Dritten ein entgeltliches Privatgutachten zu einer gleichartigen Fragestellung in einem gleichartigen Sachverhalt erstattet hat und wenn die Interessen der jeweiligen Parteien in beiden Fällen in gleicher Weise kollidieren. Bei der Erstattung eines Privatgutachtens legt sich der Sachverständige im Auftrag einer Partei und auf der Grundlage ihrer Angaben fest, so dass die Befürchtung, er werde sich bei der gerichtlich angeordneten erneuten Begutachtung in Zweifelsfällen für ein dieser Partei günstiges Ergebnis entscheiden, nicht als unvernünftig von der Hand zu weisen ist. Zudem steht die Befürchtung im Raum, der Sachverständige werde nicht geneigt sein, bei der gerichtlich angeordneten Begutachtung einer gleichartigen Fragestellung von seinem früheren Privatgutachten abzuweichen oder sich gar in Widerspruch zu diesem zu setzen. Vor diesem Hintergrund ergibt sich die Gefahr eines Konflikts des Sachverständigen zwischen der Rücksichtnahme auf den früheren Auftraggeber und der Pflicht zu einer von der früheren Begutachtung losgelösten, objektiven Gutachtenerstattung im Auftrag des Gerichts. Dieser Umstand ist geeignet, das Vertrauen des Ablehnenden in eine unvoreingenommene Gutachtenerstattung zu erschüttern [11].

Der Umstand, dass der gerichtlich bestellte Sachverständige im Rahmen der von ihm ausgeübten ärztlichen Tätigkeit gegenüber Versicherungsnehmern eines privaten Krankenversicherers Behandlungsleistungen erbracht und abgerechnet hat, begründet hingegen für sich allein nicht die Besorgnis der Befangenheit, wenn in einem Rechtsstreit zwischen einem anderen Versicherungsnehmer und dem Versicherer die medizinische Notwendigkeit und Abrechenbarkeit entsprechender Behandlungsleistungen beurteilt werden muss. Nur bei Hinzutreten weiterer, die Unvoreingenommenheit des Sachverständigen infrage stellender Umstände kann die Annahme eines Ablehnungsgrunds gerechtfertigt sein [12]. Demgegenüber kann die wiederholte vorangegangene Tätigkeit als Privatgutachter für eine Partei geeignet sein, die Besorgnis der Befangenheit zu begründen [13]. Ein Sachverständiger ist im Rechtsstreit gegen einen Versicherer allerdings nicht allein deshalb befangen, weil er in einer Vielzahl von Fällen außergerichtlich als Gutachter für Versicherer, unter anderem auch für das beklagte Versicherungsunternehmen tätig geworden ist [14]. Eine Befangenheit setzt in derartigen Fällen zudem das Bestehen einer wirtschaftlichen Abhängigkeit zum Versicherer voraus [15].

18.2.3 Bedeutung des Grundsatzes der Parteiöffentlichkeit bei der Tatsachenfeststellung durch den Sachverständigen

Bedarf es im Rahmen der Einholung eines medizinischen Sachverständigengutachtens einer körperlichen Untersuchung des Versicherungsnehmers, steht dem Versicherer als Prozessgegner kein Anwesenheitsrecht zu. Zwar wird überwiegend in entsprechender Anwendung von § 357 Abs. 1 ZPO den Parteien ein Anwesenheitsrecht bei der Erhebung von Tatsachenfeststellungen des Sachverständigen zugebilligt [16]. Anders als etwa bei der Besichtigung einer Unfallstelle oder eines Gebäudes greift aber die ärztliche Untersuchung einer Partei in ihre durch das Allgemeine Persönlichkeitsrecht (Art. 2 Abs. 1 i. V. m Art. 1 Abs. 1 GG) geschützte Privatsphäre ein. Die Abwägung mit den Interessen der Gegenpartei führt daher regelmäßig dazu, dass sie bei der Untersuchung kein Anwesenheitsrecht (s. a. 18.1.4) hat [17].

Nicht abschließend geklärt ist die Frage, ob der medizinisch oder psychologisch zu Begutachtende die Zuziehung einer Vertrauensperson bei der Befunderhebung durch den Sachverständigen verlangen kann, was in der Praxis gelegentlich zu Zweifelsfragen führt. Einen einschränkungslosen Rechtsanspruch des Betroffenen wird man insoweit verneinen müssen [18]. Andererseits scheint es aber auch nicht richtig, das Recht auf Hinzuziehung einer Vertrauensperson generell in Abrede zu nehmen oder die Entscheidung darüber in das freie Ermessen des Sachverständigen zu stellen [19]. Ausschlaggebend ist dabei vor allem der Gesichtspunkt, dass die medizinisch oder psychologisch zu begutachtende Partei anderenfalls keine Möglichkeit hätte, gegenüber Wahrnehmungsfehlern des Sachverständigen effektiven Rechtsschutz zu erlangen. Die Gewährung effektiven Rechtsschutzes erfordert es demgegenüber nicht, einer Begleitperson, sei es dem Rechtsanwalt oder einem Privatgutachter, eine Beteiligung an dem Untersuchungsgespräch durch Fragen, Vorhalte oder sonstige Äußerungen zu gestatten. Hierdurch wäre bei einer medizinischen oder psychologischen Untersuchung eine erhebliche Störung der Untersuchung und auch Beeinflussung ihres Ergebnisses zu befürchten, wohingegen die Rechte des zu Begutachtenden in diesem Punkt durch die Möglichkeit nachträglicher schriftlicher Stellungnahmen und/oder einer mündlichen Befragung des Sachverständigen im Gerichtstermin hinreichend gewahrt sind [20]. Zu einer Verfälschung der Untersuchungsergebnisse kann es freilich auch schon durch die bloße Anwesenheit der Begleitperson kommen. In einer solchen Situation wird man verlangen können, dass der Sachverständige derartige Bedenken anmeldet und das Gericht die Partei auf sich hieraus möglicherweise für sie ergebende Beweisnachteile hinweist. Für einen Ausschluss der Anwesenheit der Begleitperson durch das Gericht oder gar den Sachverständigen selbst dürfte dagegen jedenfalls im Zivilprozess kein Raum sein [21]. *Video- und technische Tonaufzeichnungen* durch den zu Begutachtenden über den Ablauf der Untersuchung sind demgegenüber unzulässig [22].

Literatur

[1] BGH, Urteile vom 27. Februar 2019 – VIII ZR 255/17, NJW-RR 2019, 719 Rn. 18; vom 24. Juni 2015 – IV ZR 181/14, VersR 2015, 1119 Rn. 16.
[2] BGH, Urteil vom 29. März 2017 – VII ZR 149/15, NJW 2017, 2354 Rn. 12.
[3] BGH, Beschluss vom 17. Mai 2017 – VII ZR 36/15, NJW 2017, 3661 Rn. 11 mit weiteren Nachweisen.
[4] BGH, Beschlüsse vom 26. Februar 2020 – IV ZR 220/19, r + s 2020, 298 Rn. 12; vom 12. Januar 2011 – IV ZR 190/08, VersR 2011, 552 Rn. 5; vom 18. Mai 2009 – IV ZR 57/08, r + s 2010, 351 Rn. 7.
[5] BGH, Beschluss vom 14. März 2018 – V ZB 131/17, NJW 2018, 1749 Rn. 17; Urteil vom 9. Juni 2016 – IX ZR 314/14, NJW 2016, 2328 Rn. 78; Beschlüsse vom 13. November 2013 – IV ZR 224/13, r + s 2014, 17 Rn. 8; vom 22. April 2009 – IV ZR 328/07, r + s 2009, 293 Rn. 14.
[6] BGH, Beschluss vom 22. April 2009 – IV ZR 328/07, r + s 2009, 293 Rn. 14 mit weiteren Nachweisen.
[7] BGH, Beschluss vom 17. Mai 2017 – VII ZR 36/15, NJW 2017, 3661 Rn. 11 mit weiteren Nachweisen; s. auch zur Bedeutung von Privatgutachten im Zivilprozess *Ghassemi-Tabar/Nober* NJW 2016, 552.
[8] BGH, Urteil vom 16. Juli 2003 – IV ZR 310/02, r + s 2003, 378 (379).
[9] BGH, Urteil vom 16. Juli 2003 – IV ZR 310/02, r + s 2003, 378 (379).

[10] S. zuletzt BGH, Beschluss vom 6. Juni 2019 – III ZB 98/18, VersR 2020, 442 Rn. 9 f. mit weiteren Nachweisen zur ständigen Rechtsprechung. Zur Besorgnis der Befangenheit des Sachverständigen wegen seiner Reaktionen auf Vorhaltungen der Parteien s. mit zahlreichen Beispielen. *Ulrich* DS 2018, 288.

[11] BGH, Beschlüsse vom 6. Juni 2019 – III ZB 98/18, VersR 2020, 442 Rn. 11; vom 10. Januar 2017 – VI ZB 31/16, VersR 2017, 641 Rn. 9.

[12] BGH, Beschluss vom 6. Juni 2019 – III ZB 98/18, VersR 2020, 442.

[13] *Scheuch,* in: Beck'scher Online-Kommentar zur ZPO, § 406 ZPO Rn. 22.4.

[14] OLG Koblenz, Beschluss vom 10. Januar 1992 – 4 W 2/92, r + s 1992, 431; OLG Karlsruhe, Beschluss vom 11. April 2012 – 14 W 46/11, r + s 2013, 310.

[15] KG, Beschluss vom 18. November 2016 – 10 W 136/16, VersR 2017, 1104; OLG Celle, Beschluss vom 18. Januar 2002 – 14 W 45/01, r + s 2003, 307; OLG Koblenz, Beschluss vom 10. Januar 1992 – 4 W 2/92, r + s 1992, 431; OLG Köln, Beschluss vom 4. März 1992 – 27 W 12/92, VersR 1992, 849; anderer Ansicht *Scheuch,* in: Beck'scher Online-Kommentar zur ZPO, § 406 ZPO Rn. 22.4; *Zimmermann,* in: Münchener Kommentar zur ZPO, 6. Aufl. 2020, § 406 ZPO Rn. 5.

[16] *Heinrich,* in: Münchener Kommentar zur ZPO, 6. Aufl. 2020, § 357 ZPO Rn. 8.

[17] OLG München, Beschlüsse vom 1. Juni 2015 – 24 W 881/15, BeckRS 2015, 10739 Rn. 18 ff. mit weiteren Nachweisen; vom 8. August 1990 – 1 W 1996/90, NJW-RR 1991, 896; OLG Köln, Beschlüsse vom 8. April 2013 – 17 W 218/12, NJW-RR 2013, 1022; vom 25. März 1992 – 27 W 16/92, VersR 1993, 1111; OLG Hamm, Beschluss vom 16. Juli 2003 – 1 W 13/03, MedR 2004, 60; anderer Ansicht *Neuhaus,* Berufsunfähigkeitsversicherung, 4. Aufl. 2020, Kap. 7 Rn. 64, der unter Hinweis auf OLG Frankfurt a. M., Beschluss vom 10. Januar 2011 – 22 U 174/07, NJOZ 2011, 1489 eine Abwägung im Einzelfall danach verlangt, ob das Recht einer Prozesspartei auf Schutz ihrer Privat- und Intimsphäre höher anzusiedeln ist als das des Prozessgegners auf rechtliches Gehör und auf ein faires Verfahren. Die Entscheidung des OLG Frankfurt a. M. (aaO) betrifft allerdings unabhängig von der Frage, ob man ihr folgen muss, einen besonders gelagerten Ausnahmefall.

[18] So auch OLG Brandenburg, Beschluss vom 18. September 2019 – 9 WF 180/19, BeckRS 2019, 23684 Rn. 10.

[19] So aber unter ausführlicher Auseinandersetzung mit der Rspr. tendenziell *Neuhaus,* Berufsunfähigkeitsversicherung, 4. Aufl. 2020, Kap. 7 Rn. 34. S. auch *Bach,* in: Beck'scher Online-Kommentar zur ZPO, § 357 ZPO Rn. 4 mit weiteren Nachweisen; *Heinrich,* in: Münchener Kommentar zur ZPO, 6. Aufl. 2020, § 357 ZPO Rn. 8.

[20] OLG Hamm, Beschluss vom 3. Februar 2015 – 14 UF 135/14, NJW 2015, 1461 Rn. 3 f.; OLG Zweibrücken, Beschluss vom 2. März 2000 – 3 W 35/00, FGPrax 2000, 109; LSG Rheinland-Pfalz, Beschluss vom 23. Februar 2006 – L 4 B 33/06 SB, NJW 2006, 1547; VG Münster, Beschluss vom 16. Mai 2012 – 4 L 113/12, BeckRS 2012, 50976; *Huber,* in: Musielak/Voit, ZPO, 17. Aufl. 2020, § 404a Rn. 6; *Zimmermann,* in: Münchener Kommentar zur ZPO, 6. Aufl. 2020, § 404a ZPO Rn. 11.

[21] S. hingegen für das sozialgerichtliche Verfahren LSG Niedersachsen-Bremen, Urteil vom 11. Dezember 2019 – L 13 SB 4/19, BeckRS 2019, 39332 Rn. 30 ff. mit Anmerkung *Kainz,* NZS 2020, 359; LSG Stuttgart, Urteil vom 24. Oktober 2011 – L 11 R 4243/10, BeckRS 2012, 65949 mit kritischer Anmerkung *Francke,* jurisPR-MedizinR 9/2012 Anm. 3 und kritischer Anmerkung *Reyels,* jurisPR-SozR 20/2012 Anm. 4; LSG Berlin-Brandenburg, Beschluss vom 17. Februar 2010 – L 31 R 1292/09 B, BeckRS 2010, 67412. Für das verwaltungsgerichtliche Verfahren s. OVG Koblenz, Beschluss vom 11. Juni 2013– 2 A 11071/12, NVwZ-RR 2013, 972.

[22] LSG Bayern, Beschluss vom 4. April 2019 – L 7 U 396/16, BeckRS 2019, 6855.

18.3 Die ärztliche Begutachtung aus anwaltlicher Sicht

Andreas Kloth

18.3.1 Einleitung

Der im Bereich des Versicherungsrechts oder des Medizinrechts tätige Rechtsanwalt hat sich immer wieder mit ärztlichen Berichten, Attesten, Stellungnahmen und Gutachten auseinanderzusetzen. Ist er auf Seiten des Betroffenen, also einer natürlichen Person, tätig, werden ihm in der Regel bereits durch seinen Mandanten verschiedene ärztliche Unterlagen vorgelegt. Vertritt er eine juristische Person, erhält er von dieser verschiedene medizinische Unterlagen, oftmals allerdings versehen mit einem entsprechenden fachkundigen Begleitschreiben.

Zwecks Klärung entscheidungserheblicher Fragestellungen bedarf es jedoch nicht nur des Studiums derartiger ärztlicher Unterlagen durch den jeweiligen Rechtsbeistand. Häufig bedarf es zusätzlich auch einer detaillierteren medizinischen Begutachtung, die ihrerseits unter Berücksichtigung juristischer Vorgaben erfolgen muss und die sodann einer kritischen Überprüfung durch den Rechtsbeistand unterzogen werden muss. Hier ist zwischen einer außergerichtlichen und gerichtlichen Begutachtung und sich daran anknüpfender Problembereiche zu unterscheiden. Die nachfolgenden Ausführungen zeigen, worauf zu achten ist.

18.3.2 Außergerichtliche Begutachtung

Im Rahmen der außergerichtlichen Beratung wird der Rechtsbeistand den vorliegenden Sach- und Streitstand unter Berücksichtigung sämtlicher ärztlicher Dokumente tatsächlich und juristisch überprüfen, um zunächst entscheiden zu können, ob noch eine außergerichtliche einvernehmliche Lösung in Betracht kommt. Ist eine derartige Lösung nicht denkbar, wird er eine gerichtliche Klärung vorbereiten.

18.3.2.1 Obliegenheit des Versicherungsnehmers

Aus anwaltlicher Sicht muss beachtet werden, dass sämtliche privaten Versicherungsverträge eine Obliegenheit vorsehen, nach der sich der Versicherungsnehmer/die versicherte Person einer Untersuchung durch einen vom Versicherer beauftragten Sachverständigen stellen muss[1]. Auch wenn der Versicherte der Auffassung ist, der Sachverständige sei nicht ausreichend kompetent oder er andere Vorbehalte gegen den beauftragten Sachverständigen hat, entbindet ihn dies nicht von der Verpflich-

1 Vgl. z. B. Ziff. 7.3 AUB 2014/2010, § 9 IV AUB 94/88 sowie § 15 II (6) Buchst. a AUB 61.

tung, sich von diesem untersuchen zu lassen. Andernfalls droht der Verlust von Ansprüchen gegen den Versicherer aufgrund einer Obliegenheitsverletzung.

18.3.2.2 Auswahl und Anleitung des Sachverständigen

Für beide am Streit beteiligten Seiten stellt sich die Frage, inwieweit auf die Auswahl eines Sachverständigen Einfluss genommen werden kann. Grundsätzlich obliegt es dem Versicherer, einen Gutachter zu bestimmen. Der Versicherer ist insoweit in der Regel auch weitaus fachkundiger und in der Lage, das richtige medizinische Fachgebiet auszuwählen und den Sachverständigen im Hinblick auf zu beachtende rechtliche Vorgaben ordnungsgemäß anzuweisen. In der Praxis ist allerdings zu beobachten, dass Anregungen des Versicherten/des Versicherungsnehmers in Bezug auf den zu beauftragenden medizinischen Sachverständigen durchaus berücksichtigt werden, soweit es sich um neutrale Sachverständige handelt, also solche, die bislang noch für keine der beiden Seiten im konkreten Fall tätig waren. Häufig kann ein Vorschlag des Versicherungsnehmers gerade aus diesem Grunde nicht berücksichtigt werden, da der Versicherungsnehmer oftmals darauf drängt, dass der Arzt seines Vertrauens auch mit der Erstellung eines Gutachtens beauftragt wird. Dem wird der Versicherer in der Regel widersprechen, da von vorherein zumindest nicht auszuschließen ist, dass sich der behandelnde Arzt entsprechend der Erwartungshaltung seines Patienten äußern wird, wobei an dieser Stelle darauf hingewiesen werden darf, dass das Erstellen von „Gefälligkeitsattesten und/oder -gutachten" mit straf- und berufsrechtlichen Risiken für den ausstellenden Arzt verbunden ist[2] und auch eine Schadensersatzverpflichtung begründen kann.

Für den Versicherungsnehmer/den Versicherten ist es oftmals von Interesse zu erfahren, ob der beauftragte und vom Versicherer ausgewählte Sachverständige häufiger für den entsprechenden Versicherer tätig ist. Zu einer entsprechenden Angabe ist der Versicherer allerdings zumindest außergerichtlich nicht verpflichtet.

Was die entsprechende Fachrichtung eines Sachverständigen anbelangt, wird auch insoweit der Versicherer in der Regel geeignete Sachverständige auswählen. Gleichwohl ist es hier auch durchaus Aufgabe des Rechtsbeistandes des Versicherungsnehmers, zu überprüfen, ob ausreichend fachkundige Sachverständige ausgewählt werden und ob diese auch bezüglich der konkreten Fragestellungen ausreichend kompetent sind. Für den anwaltlichen Beistand des Versicherungsnehmers macht es Sinn, Einwendungen rechtzeitig geltend zu machen.

Was konkrete Fragestellungen und Themen der Begutachtung anbelangt, bedarf es zunächst der Durchleuchtung der rechtlichen Grundlagen und der maßgeblichen rechtlichen Fragestellungen. Sind diese klar umrissen, kann überprüft werden, ob die beabsichtigten Fragestellungen an den Sachverständigen aus juristischer Sicht

---

2 Siehe § 278 StGB und § 25 (Muster-)Berufsordnung-Ärzte (MBO-Ä).

überhaupt zielführend sind. Gegebenenfalls muss auf die Formulierung der Beweisfragen eingewirkt werden, damit auch die Beantwortung der Beweisfragen weiterhilft. Oftmals geht es auch um die Vorgabe des richtigen Beweismaßes (vgl. Ziff. 9.3.4 Klemm/Piontek).

18.3.2.3 Überprüfung des Gutachtens

Liegt ein außergerichtliches Privatgutachten vor, ist zu überprüfen, ob dieses inhaltlich nachvollziehbar ist und die Beweisfragen eindeutig beantwortet wurden. Bzgl. der Richtigkeit der medizinischen Ausführungen bleibt dem Vertreter des Versicherungsnehmers oftmals nur die Möglichkeit, das Gutachten an seinen Mandanten weiterzuleiten, verbunden mit der Bitte, dieses durch einen Mediziner, bspw. den Hausarzt, überprüfen zu lassen. Andernfalls wird mangels ausreichender medizinischer Sachkunde in der Regel nicht sachgerecht Stellung genommen werden können. Etwas Anderes gilt für rechtliche Rahmenumstände, die für die Begutachtung von Bedeutung sind und die möglicherweise bei Erstellung des Privatgutachtens nicht ordnungsgemäß berücksichtigt wurden. Dies gilt beispielsweise in der privaten Unfallversicherung im Hinblick auf eine Invaliditätsbemessung. Hier ist der vorzugebende Stichtag für die anzustellende Prognoseentscheidung ebenso von Bedeutung, wie auch das vorzugebende Beweismaß. Zudem sind zahlreiche Besonderheiten der Rechtsprechung zu beachten, die dem medizinischen Sachverständigen in der Regel nicht bekannt sind. Zudem sind gerade Kausalitäts- und Beweisfragen je nach betroffenem Rechtsgebiet sehr unterschiedlich zu formulieren.

Der anwaltliche Vertreter des Probanden wird auch stets eine Haftung des Sachverständigen für etwaige Gesundheitsschäden bei der Untersuchung gemäß § 823 BGB oder eine solche aufgrund eines grob fehlerhaften Gutachtens nach § 839a BGB im Blick haben.

18.3.3 Gerichtliche Begutachtung

War eine außergerichtliche Einigung nicht zu erzielen, ist eine gerichtliche Klärung erforderlich. Bei der Beurteilung medizinischer Fragestellungen fehlt es dem Gericht in der Regel an der erforderlichen Sachkunde, so dass ein gerichtliches Sachverständigengutachten eingeholt werden muss. Im Rahmen einer gerichtlichen Auseinandersetzung werden die durch das Gericht eingeholten medizinischen Sachverständigengutachten in der Regel weitaus kritischer juristisch beäugt, als dies außergerichtlich der Fall ist. Dies hat schlichtweg damit zu tun, dass letztlich der Ausgang des Rechtsstreits entscheidend ist. Dem gerichtlich bestellten Sachverständigen sollten daher die nachfolgend dargestellten Grundzüge bekannt sein, nicht zuletzt, um sich schriftlich als auch mündlich mit der gebotenen Sachlichkeit mit den Einwendungen der Parteien auseinandersetzen zu können, ohne Gefahr zu laufen, den eigenen Vergütungsanspruch zu verlieren und sein Renommee nachhaltig zu schädigen.

18.3.3.1 Auswahl des Sachverständigen

Die Auswahl der zuzuziehenden Sachverständigen und die Bestimmung ihrer Anzahl erfolgt durch das Prozessgericht[3]. Es sollen möglichst solche Sachverständige beauftragt werden, die über die erforderliche medizinische Fachkompetenz sowie auf dem einschlägigen Fachgebiet über eine Spezialausbildung und Erfahrung verfügen [1]. Bei Sachverständigen, die im Ruhestand befindlich sind, können Zweifel aufkommen, ob sie weiterhin mit dem neuesten Stand der medizinischen Wissenschaft vertraut sind [2]. Oftmals kontaktiert das Gericht die zuständige Ärztekammer und erbittet von dort aus Vorschläge. Diese werden dann in der Regel an die Parteien mit der Bitte um Stellungnahme weitergeleitet, damit bereits im Vorfeld Einwendungen und Bedenken geäußert werden können. Zwingend erforderlich ist dies aber nicht[4]. Auch hindern geringfügige Bedenken einer Partei das Gericht nicht daran, den Sachverständigen gleichwohl zu beauftragen. Das Gericht kann ohnehin auch ohne vorherige Anhörung der Parteien die Person des Sachverständigen benennen. Das Gericht kann die Parteien auch auffordern, Personen zu bezeichnen, die geeignet sind, als Sachverständige vernommen zu werden (§ 404 Abs. 4 ZPO). Einigen sich die Parteien über bestimmte Personen als Sachverständige, so hat das Gericht dieser Einigung Folge zu geben (§ 404 Abs. 5, 1. HS ZPO). Da in der Praxis zu beobachten ist, dass die jeweils andere Partei gegenüber den Personen, die von der Gegenseite vorgeschlagen werden, Skepsis hegt, kommt auf diesem Wege aber nur sehr selten ein Einvernehmen zu Stande.

Wird der Sachverständige durch das Gericht beauftragt, muss er selbst gemäß § 407a Abs. 2 ZPO prüfen, ob ein Grund vorliegt, der geeignet ist, Misstrauen gegen seine Unparteilichkeit zu rechtfertigen. Der Sachverständige hat dem Gericht solche Gründe unverzüglich mitzuteilen. Unterlässt er dies, kann gegen ihn ein Ordnungsgeld festgesetzt werden. Weitere Pflichten des Sachverständigen finden sich in § 407a ZPO, dessen Inhalt bekannt sein muss.

18.3.3.2 Grundlagen des Gutachtens

Oftmals wird das Gericht den Parteien ausdrücklich aufgeben, sämtliche ärztlichen Unterlagen vorzulegen, die bei der Begutachtung Berücksichtigung finden sollen.

---

3 § 404 Abs. 1 Satz 1 ZPO; § 106 Abs. 3 Nr. 5 SGG. Eine Ausnahme findet sich in § 109 Abs. 1 S. 1 SGG. Dort heißt es: *„Auf Antrag des Versicherten, des behinderten Menschen, des Versorgungsberechtigten oder Hinterbliebenen muß ein bestimmter Arzt gutachtlich gehört werden."*

4 § 404 Abs. 2 ZPO: „Vor der Ernennung *können* die Parteien zur Person des Sachverständigen gehört werden".

Aus anwaltlicher Sicht wird ein besonderes Augenmerk darauf zu richten sein, ob bestimmte ärztliche Unterlagen aus Rechtsgründen überhaupt Berücksichtigung finden dürfen. Schließlich kommt es oftmals auf bestimmte Stichtage für die medizinische Begutachtung an, so dass nach diesem Stichtag erstellte ärztliche Berichte ggf. nicht oder nur eingeschränkt Berücksichtigung finden können. Zudem kann eine fehlende Schweigepflichtentbindungserklärung der Vorlage medizinischer Unterlagen entgegenstehen. Sollte der gerichtliche Sachverständige Zweifel an der Verwertbarkeit ihm überlassener Unterlagen haben, empfiehlt sich eine Abklärung mit dem Gericht. Gleiches gilt ohnehin für sämtliche aufkommenden Fragen, die der Sachverständige nicht eigenmächtig selbst klären darf. Hält er es beispielsweise zwecks Beantwortung der Frage der Unfallkausalität für erforderlich, den konkreten Unfallhergang genauer aufzuklären, darf er dies nicht selbst beispielsweise durch eine eigene diesbezügliche Befragung des Probanden tun und sein Gutachten auf Basis der von ihm selbst ermittelten Anknüpfungstatsachen erstellen. Er muss vielmehr dem Gericht mitteilen, dass er die Klärung des genauen Unfallhergangs für erforderlich erachtet und/oder das Gericht um Mitteilung bitten, von welchem Unfallhergang er bei Anfertigung seines Gutachtens ausgehen soll. Zwar bestimmt schon das Gesetz, inwieweit die Tätigkeit des Sachverständigen durch das Gericht geleitet werden soll (§ 404a ZPO), doch ist in der Praxis oftmals zu beobachten, dass die Beweisbeschlüsse und Anschreiben an die Sachverständigen insoweit nicht ausreichend sind.

Das Gutachten muss natürlich den medizinischen Anforderungen an eine ordnungsgemäße Gutachtenerstellung entsprechen. Hierzu gehört auch die Angabe sämtlicher Quellen. Jedem medizinischen Sachverständigen sollte bewusst sein, dass die anwaltlichen Vertreter auch formale Mängel der Gutachten rügen und ggf. hieraus auch die Unverwertbarkeit des Gutachtens ableiten und geltend machen werden.

Der gerichtliche Sachverständige ist „Gehilfe“ des Gerichts. Es ist allein Aufgabe des Gerichts, sich mit Rechtsbegriffen näher zu befassen. Mit rechtlichen Anmerkungen sollte der Sachverständige daher äußerst zurückhaltend sein, selbst wenn sich dem erfahrenen Sachverständigen der im Einzelfall vielleicht auch zutreffende Eindruck aufdrängen sollte, dass das Gericht und/oder die Parteien rechtlich bedeutsame Umstände verkennen.

Fehlt dem Sachverständigen die für die Beantwortung der formulierten Beweisfragen erforderliche Sachkunde, hat er dies dem Gericht unverzüglich mitzuteilen und dessen Weisungen abzuwarten (siehe § 407a ZPO). Insbesondere sollte der Sachverständige ein Zusatzgutachten ohne vorherige Ermächtigung durch das Gericht nicht ohne weiteres selbst veranlassen, nicht zuletzt im Hinblick auf das damit verbundene Kostenrisiko.

Zu den ureigensten Aufgaben des Sachverständigen zählen natürlich die Anamnese, die Befunderhebung und die detaillierte Auseinandersetzung mit sämtlichen vorliegenden ärztlichen Berichten und Gutachten.

Praxistipp:
- Erfolgt eine Untersuchung, ist der Tag der Untersuchung im Gutachten anzugeben.
- Empfehlenswert ist es, dass das Gutachten auch zeitnah nach der Untersuchung des Probanden erstellt oder zumindest diktiert wird. Liegen zwischen dem Untersuchungstag und dem Tag der Erstellung des Gutachtens einige Wochen oder gar Monate, werden Zweifel daran aufkommen, ob bei der Gutachtenerstellung die Details der Untersuchung noch ausreichend in Erinnerung waren.

18.3.3.3 Besorgnis der Befangenheit des Sachverständigen

Eigenmächtige Ermittlungen des Sachverständigen können aus Sicht einer Partei die Besorgnis der Befangenheit begründen. Die ZPO bestimmt, dass ein Sachverständiger aus denselben Gründen, die zur Ablehnung eines Richters berechtigen, abgelehnt werden kann (§§ 406 Abs. 1 Satz 1, 42 ZPO). Was diesen Punkt anbelangt, sollte jedem gerichtlichen Sachverständigen bewusst sein, dass die am Rechtsstreit beteiligten Rechtsanwälte mangels medizinischer Fachkunde bei Vorliegen eines für Ihre Mandantschaft ungünstigen Gutachtens zunächst nach derartigen Befangenheitsgründen suchen werden. Tatsächlich gibt es vielfältige Gründe, die aus Sicht einer Partei eine solche Besorgnis der Befangenheit begründen könnten, was natürlich nicht heißt, dass der Sachverständige auch tatsächlich befangen ist. Es geht allein um die *Besorgnis*. Folgende Beispiele zeigen, wann eine begründete Besorgnis der Befangenheit in Betracht kommen kann [3]:
- berufliche oder private Nähebeziehung zu beteiligten Parteien oder Privatsachverständigen,
- vom Gericht vorgegebener Geschehensablauf wird als praktisch ausgeschlossen behandelt,
- eigenmächtige Ermittlungen des Sachverständigen,
- Telefonate mit einer Partei ohne vorherige Abstimmung mit dem Gericht,
- Überschreitung des Gutachtenauftrags,
- vollständige Übertragung des Gutachtenauftrags auf eine andere Person ohne entsprechende Ermächtigung durch das Gericht[5],
- Bezeichnung der vom Gericht vorgegebenen und zu beachtenden höchstrichterlichen Rechtsprechung als unsinnig.

Bei einer schriftlichen Begutachtung setzt das Gericht eine Frist zur Fertigstellung des Gutachtens. Der Sachverständige sollte direkt prüfen, ob die Fertigstellung des Gutachtens binnen der gesetzten Frist überhaupt möglich ist. Ist dies nicht der Fall,

5 Siehe hierzu § 407a Abs. 3 ZPO: *„Der Sachverständige ist nicht befugt, den Auftrag auf einen anderen zu übertragen. Soweit er sich der Mitarbeit einer anderen Person bedient, hat er diese namhaft zu machen und den Umfang ihrer Tätigkeit anzugeben, falls es sich nicht um Hilfsdienste von untergeordneter Bedeutung handelt.“*

sollte er sofort Kontakt mit dem Gericht aufnehmen, um abzuklären, ob er gleichwohl das schriftliche Gutachten anfertigen soll. Erhebliche Verzögerungen können nicht nur einen Befangenheitsgrund darstellen, sondern auch dazu führen, dass im Extremfall ein Ordnungsgeld bis zu 3.000,00 € verhängt werden kann (§ 411 Abs. 2 ZPO).

Für den Sachverständigen bedeutet ein Ablehnungsantrag einer Partei, dass er sich mit diesem auch inhaltlich auseinandersetzen muss. Er wird von dem jeweiligen Gericht stets um eine inhaltliche Stellungnahme zu dem Befangenheitsantrag gebeten, was weitere (unnötige und nicht liquidierbare) Arbeit bedeutet.

Ergibt sich aus dem vorliegenden Gutachten keine Besorgnis der Befangenheit, versuchen einige Rechtsanwälte einen Befangenheitsgrund zu provozieren. Dies kann durch unsachliche und persönliche Kritik im Rahmen eines Schriftsatzes geschehen oder auch im Rahmen einer persönlichen Anhörung des gerichtlichen Sachverständigen. Auch wenn es im Einzelfall schwerfallen mag, ist der Sachverständige gehalten, mit derartigen „Angriffen" sachlich neutral umzugehen. Reagiert er barsch und unangemessen, kann eine solche Reaktion tatsächlich einen Befangenheitsgrund darstellen.

Praxistipp:
- Umstände, die eine Besorgnis der Befangenheit aus Sicht einer Partei begründen könnten, sollten dem Gericht sofort mitgeteilt werden.
- Inhaltlich und sprachlich sollte das Gutachten so formuliert werden, dass es keine Gründe für eine Besorgnis der Befangenheit liefert.
- Werden die Grundlagen der ärztlichen Begutachtung (siehe hierzu Kap. 2) nicht beachtet, ist das Gutachten angreifbar.
- Auf Angriffe der Parteien sollte stets sachlich reagiert werden.
- Der mit Erfolg abgelehnte Sachverständige verliert seinen Vergütungsanspruch, wenn die Ablehnung wegen einer mindestens grob fahrlässigen Pflichtverletzung des Sachverständigen erging [4].

18.3.3.4 Ergänzende schriftliche Stellungnahmen

Üblich ist es, dass die medizinischen Sachverständigengutachten durch Beratungsärzte oder eigene Sachverständige überprüft werden. Das Gericht wird sodann in der Regel derartigen Parteivortrag an den Sachverständigen weiterleiten, verbunden mit der Bitte, ergänzend schriftlich Stellung zu nehmen (§ 411 Abs. 3 Satz 2 ZPO). Teilweise werden auch mehrere schriftliche Ergänzungsgutachten erforderlich werden.

18.3.3.5 Persönliche Anhörung des Sachverständigen

Ist eine abschließende Klärung allerdings nicht möglich, muss das Gericht schon von Amts wegen das persönliche Erscheinen des gerichtlichen Sachverständigen zwecks Erläuterung des Gutachtens veranlassen (vgl. § 411 Abs. 3 Satz 1 ZPO). Wie oben bereits ausgeführt wurde, muss der gerichtliche Sachverständige neutral reagieren. Selbst bei persönlichen Angriffen im Rahmen einer mündlichen Anhörung, empfiehlt es sich, Ruhe zu bewahren und auf die ordnungsgemäße Leitung der mündlichen Verhandlung durch das Gericht zu vertrauen. Auf jegliche Versuche der anwaltlichen Vertreter, durch Provokationen des Sachverständigen dessen Befangenheit hervorzurufen, sollte ruhig und gelassen reagiert werden. Im Extremfall sollte der Sachverständige das Gericht um Mitteilung bitten, ob derartige Fragen überhaupt beantwortet werden müssen.

Praxistipp:
- Die Partei, die den Antrag auf persönliches Erscheinen des Sachverständigen stellt, muss im Vorfeld nicht die Fragen, die an den Sachverständigen gerichtet werden sollen, konkret formulieren. Es genügt, wenn sie allgemein mitteilt, in welcher Richtung sie durch ihre Fragen eine weitere Aufklärung herbeizuführen wünscht. Der Sachverständige sollte daher auf zahlreiche denkbare Fragen vorbereitet sein.
- Der Sachverständige sollte auch damit rechnen, dass ein Privatgutachter als Beistand einer Partei an der mündlichen Verhandlung teilnimmt.
- In der mündlichen Verhandlung sollte der Sachverständige überzeugend begründen können, warum er seine abweichende Auffassung für unzutreffend erachtet.

18.3.3.6 „Verstehen" des Sachverständigen

Der gerichtliche Sachverständige muss spätestens im Rahmen einer persönlichen Anhörung dazu in der Lage sein, den Inhalt seines Gutachtens in allgemein verständlicher Sprache zu erläutern. Anders wird es den Parteien nicht möglich sein, etwaige inhaltliche Widersprüche zu erkennen und Bedenken gegen die Schlüssigkeit und Überzeugungskraft des Gutachtens herauszuarbeiten und zu würdigen.

18.3.4 Schlussbemerkung

Rechtsanwälte sind Parteivertreter, die in jeder Lage einer außergerichtlichen oder gerichtlichen Auseinandersetzung darum bemüht sind, das beste Ergebnis für ihre Mandanten zu erreichen. Hierzu gehört es auch, sich mit Sachverständigengutachten insbesondere dann kritisch auseinanderzusetzen, wenn das Ergebnis für den eigenen Mandanten negativ ausfällt. Bietet das Sachverständigengutachten inhaltlich keine Angriffspunkte, liegen keine formellen Fehler vor, fehlt es an einer begründeten Besorgnis der Befangenheit und lässt sich der Sachverständige auch nicht zu Äußerungen provozieren, die eine solche begründen können, wird das Gutachten des Sachverständigen als Gehilfe des Gerichts zu der erstrebten richtigen Urteilsfindung beitragen, wie dies vom Gesetz beabsichtigt ist.

Literatur

[1] Vgl. BGH, Beschl. v. 6.6.2019 – III ZB 98/18, VersR 2020, 442 mit Verweis auf BGH, Urt. v. 3.6.2008 – VI ZR 235/07, VersR 2008, 1133; Urt. v. 10.7.2012 – VI ZR 127/11, VersR 2012, 1133 Rn. 15; jeweils m. w. N.

[2] Vgl. BGH, Beschl. v. 6.6.2019 – III ZB 98/18, VersR 2020, 442 mit Verweis auf BGH, Urt. v. 3.6.2008 – VI ZR 235/07, VersR 2008, 1133; Urt. v. 10.7.2012 – VI ZR 127/11, VersR 2012, 1133 Rn. 15; jeweils m. w. N.

[3] Vertiefend wird verwiesen auf Kloth, Private Unfallversicherung, 2. Auflage 2014, Teil U Rn. 102 ff. mit zahlreichen Rechtsprechungsbeispielen und -fundstellen.

[4] LG Wuppertal, Beschl. v. 21.11.2006–6 T 650/06, VersR 2007, 1675; OLG Koblenz, Beschl. v. 8.12.2009–14 W 769/09, VersR 2010, 647.

18.4 Ein Gespräch über das tiefe Unbehagen zwischen Medizinern und Juristen und warum beide Berufe viel gemeinsam haben

Michael Kanert

Ein neugieriger Jurist befragt einen erfahrenen Gutachter. Der Gutachter ist Dr. Holm-Torsten Klemm. Er ist Vorsitzender der Fachgesellschaft Interdisziplinäre Medizinische Begutachtung (FGIMB), leitet ein Gutachteninstitut und ist einer der Herausgeber dieses Buches. Der Jurist heißt Michael Kanert. Er ist seit 25 Jahren Richter am Sozialgericht Berlin. In diesem Buch ist er Autor des Kapitels „Erwartungen eines Sozialrichters an den ärztlichen Sachverständigen“.

Kanert: Wir beide reden nun als Jurist und als Mediziner über unsere Zusammenarbeit bei der Begutachtung. Ich möchte zum Einstieg einen persönlichen Eindruck schildern: Mediziner und Juristen empfinden häufig ein tiefes Unbehagen, wenn sie sich beruflich begegnen.

Klemm: Ich beobachte tatsächlich eine Berührungsangst bei uns Medizinern. Einer, der schon Jahrzehnte Gutachten macht, hat damit keine Probleme mehr. Aber wenn man anfängt und soll zu einer Gerichtsverhandlung kommen: Da hat man Angst, durch eine falsche Formulierung in eine juristische Falle zu tappen. Gerade im Zivilrecht mit der anwaltlichen Vertretung: Da kriegt man einen Fragenkatalog von 30 Fragen. Und erst mit einiger Erfahrung merkt man, dass Frage 17 konträr steht zu Frage 2. Der Hintergrund eines so großen Fragenkatalogs ist ja oftmals, dass der Mediziner aufs Glatteis geführt werden soll, dass er sich dann in seiner Argumentation widerspricht.

Und dann gibt es Begriffe, die der Jurist ganz anders versteht als der Mediziner oder ein juristischer Laie. Denken Sie an die folgenschwere Unterscheidung von „möglich“, „wahrscheinlich“ und „hoch oder hinreichend wahrscheinlich“? Solche Begriffe verwendet der Mediziner umgangssprachlich, laienhaft. Ich habe zum Beispiel lange darüber nachgedacht: was bedeutet denn „*hinreichend* wahrscheinlich“. Das hat ja niemand definiert. Da ist rechtlich keine Prozentzahl festgeschrieben.

„Juristen verwenden denselben Begriff unterschiedlich je nach Rechtsgebiet“

Kanert: Ich verstehe diese Schwierigkeit sehr gut. Aber ist das wirklich ein spezielles Problem im Verhältnis zwischen Medizinern und Juristen? Ich denke, unscharfe Begriffe führen auch in anderen Lebensbereichen zu Unklarheiten.

Klemm: Das ist sicherlich auch ein allgemeines sprachliches Problem. Auch in der Medizin werden manche Begriffe zweideutig verwendet, zum Beispiel aus einer Schluderei heraus bei der Übersetzung der amerikanischen Literatur. Nehmen Sie das englische Wort „injury“. Die Mediziner in den USA verstehen darunter in der Regel nur einen „Schaden“, die deutsche Übersetzung erfolgt aber meist mit „Unfall“. Und schon haben Sie Missverständnisse bei der Lektüre amerikanischer Schriften.

Eine besondere Schwierigkeit für uns Mediziner ist allerdings der Umstand, dass Juristen sogar denselben Begriff manchmal unterschiedlich verstehen, je nachdem, ob er beispielsweise im Zivilrecht verwendet wird oder in der gesetzlichen Unfallversicherung.

Kanert: Ich stimme Ihnen zu. Ein Richter muss juristische Begriffe erklären, damit der Gutachter und auch die Prozessbeteiligten verstehen, was damit gemeint ist. Ich sehe da ein allgemeines Versäumnis: Wir erklären uns zu wenig. Ich erlebe es ja umgekehrt auch: Eine mehrdeutige medizinische Bemerkung im Gutachten löst heftigen Streit aus. Lange Schriftsätze werden hin und her geschickt. Dann kommt der Gutachter in die Verhandlung und erklärt noch einmal, wie er zu dem Ergebnis gekommen ist. Und plötzlich ist eine Akzeptanz da. Warum? Weil der Gutachter im direkten Gespräch Worte gefunden hat, die der andere versteht.

Klemm: Das ist auch meine Erfahrung. Wenn ich mich als Gutachter so ausdrücke, dass mich der Laie verstehen kann – dann habe ich als Gutachter schon gewonnen.

„Da sind wir beim Thema Halbgötter in Weiß“

Aber, es ist halt leider so: Die Spezies Arzt zieht sich schnell zurück auf irgendwelche lateinischen Bezeichnungen. Da sind wir beim Thema Halbgötter in Weiß. Wir wollen deutlich machen, was wir alles wissen und dass alles hochkompliziert ist, womit wir uns beschäftigen.

Kanert: Das machen Juristen nicht anders. Es ist ja kein Zufall, dass wir Juristen auf die gleiche Weise verspottet werden, nämlich als Halbgötter in Schwarz.

Klemm: Klar. Es gibt ja genügend juristische Schriftsätze, wo Formulierungen gebraucht werden, die dem Gegenüber einfach Angst machen sollen. Oder wo der Jurist einen Gutachter aufs Glatteis führen will. Das ist bei einem Anwalt vielleicht sogar legitim. Der hat ja die Interessen seines Mandanten zu vertreten.

Kanert: Nein. Aufs Glatteis führen finde ich nicht legitim. Ich finde es legitim, wenn der Anwalt hart nachfragt und rauskriegen will, ob Sie wirklich sachliche Argumente haben für Ihr Ergebnis, oder ob das nur so dahingesagt ist.

Klemm: Wenn es immer so wäre, dann wäre es schön. Dann wäre es eine Diskussion auf Augenhöhe. Dann könnte man sich auf die Sache konzentrieren.

„Mancher Zivilprozess verkommt zu einem Spiel um Spitzfindigkeiten"

Aber gerade in Zivilprozessen habe ich den Eindruck, dass das Verfahren zu einem Spiel verkommt. Jeder im Gerichtssaal passt mit innerlicher Erregung auf, ja nichts Falsches zu sagen. Der Anwalt lauert nur auf einen Fehler des Sachverständigen, um gewissermaßen das Spiel für sich entscheiden zu können. Da stehen juristische und medizinische Spitzfindigkeiten im Vordergrund. Aber es wird nicht auf den menschlich Betroffenen eingegangen.

Kanert: Ich sehe da schon wieder eine Gemeinsamkeit zwischen Medizinern und Juristen. Allerdings eine traurige Gemeinsamkeit. Es gibt ja auch medizinische Schriftsätze, die nicht sachlich sind, sondern den Leser aufs Glatteis führen sollen. Ich denke an Gefälligkeitsatteste, wo der Arzt eine schwere Krankheit bescheinigt, die in Wahrheit gar nicht existiert. Und wenn ich kritisch nachfrage, bekomme ich zu hören, dass ich als herzloser Jurist eben keine Ahnung habe von diesen komplizierten medizinischen Vorgängen.

Klemm: Wer ein Gefälligkeitsattest schreibt, kümmert sich nicht darum, was sein Patient wirklich braucht. Mancher Arzt schreibt schnell ein Attest, damit der Patient Ruhe gibt. Das kostet viel weniger Zeit, als wenn er sich um das wirkliche Problem kümmert. Ein weiterer Vorteil: Der Arzt kann schnell eine Gebühr berechnen und der Patient geht nicht für die Praxis verloren.

„Wenn ich Fehler bei Kollegen entdecke, dann schreibe ich das auch"

Kanert: Wie gehen Sie damit um, wenn Sie Fehler entdecken in den Berichten anderer Ärzte?

Klemm: Also, wenn berechtigte Zweifel bestehen an der Richtigkeit der Befunde, dann schreibe ich das auch in meinem Gutachten. Zum Beispiel: Ein Gutachter hat ordentliche Befunde erhoben und dabei die Beweglichkeit der Gelenke geprüft. Der Umfang der Muskulatur hat dazu gepasst. Und plötzlich kommt im Widerspruchsverfahren ein Arztbericht, wo drinsteht: Das Knie kann nur noch 90° gebeugt werden. Es besteht ein Muskelminus von 5 Zentimeter. Im Rahmen meiner Untersuchung stelle ich dann aber fest, dass die Befunde dem entsprechen, was der erste Gutachter festgestellt hatte. Dann muss ich sagen: Hier entspricht der Arztbericht nicht den Tatsachen. Es ist schwer vorstellbar, dass eine Muskulatur in den kurzen Zeiträumen zwischen den Untersuchungen so schnell zurückgegangen und danach wiederaufgebaut ist. Wenn ich so was ganz klar belegen kann, dann schreibe ich das auch.

Kanert: Es gibt ja noch einen Spott über unsere Berufe: Eine Krähe hackt der anderen kein Auge aus. Das stimmt also nicht?

Klemm: Nein. Davon muss man aber ein anderes Thema unterscheiden: Als junger Gutachter ist man manchmal in der Gefahr, sich zum posttherapeutischen Besserwisser aufzuschwingen. Wenn es für die Frage des Gutachtens außerhalb des Arzthaftpflichtprozesses keine Rolle spielt, sollte man sich da zurückhalten. Um beurteilen zu können, ob die bisherige Therapie richtig oder falsch gelaufen ist, da bedürfte es oft noch viel weitergehender Informationen, die aber dem Gutachter nicht vorliegen, weil sie für seinen eingeschränkten Prüfauftrag gar keine Rolle spielen.

Kanert: Vielleicht gibt es da einen Unterschied zwischen der Begutachtung von körperlichen Einschränkungen und von Funktionsstörungen, die psychisch bedingt sind. Im psychischen Bereich gibt es keine objektiven Messwerte über die Beweglichkeit des Knies oder den Umfang der Muskeln. Da hängt die Glaubwürdigkeit eines Arztberichts aus meiner Sicht auch davon ab, ob der Arzt, der eine schwere psychische Krankheit attestiert, dann auch selbst dieses Ergebnis ernst nimmt und eine adäquate Therapie durchführt.

Klemm: Ja, auch bei der Begutachtung von Schmerzen muss man sicherlich genau hinschauen, ob die Schilderungen des Klägers und seiner behandelnden Ärzte plausibel sind. Dazu braucht man als Gutachter dann auch genügend Zeit, die von den Auftraggebern nicht immer eingeräumt wird.

„Bei einem Termingutachten steht man unter einem nicht akzeptablen Zeitdruck"

Kanert: Können Sie ein Beispiel nennen?

Klemm: Es gibt u. a. bei bayerischen Sozialgerichten die Angewohnheit, dass die Gutachten direkt vor Ort im Gericht gemacht werden. Der Gutachter erhält vorher die Akte zugeschickt. Dann kommt er zur Gerichtsverhandlung und untersucht den Kläger in einem Nebenraum. Da ist noch eine Schreibkraft vom Gericht dabei, der er seine Befunde diktiert. Dann muss er seine Beurteilung und Begründung machen. Danach kommt gleich der nächste Kläger. Zwischendurch muss der Gutachter dann aber noch mal raus und vor Gericht sein Gutachten erläutern. Es gibt immer wieder Unterbrechungen, weil schon wieder neue Kläger kommen. Die Schreibkraft hat wenig Erfahrung mit medizinischen Begriffen. Bei einem solchen Termingutachten steht man enorm unter Druck.

Kanert: Auf den ersten Blick hat die Idee doch etwas Bestechendes: Die Beteiligten müssen nicht Monate warten, bis das Gutachten fertig ist, bis dann nach einem endlosen schriftlichen Schlagabtausch endlich die gerichtliche Entscheidung fällt.

Klemm: Für die Qualität des Gutachtens finde ich das aber nicht akzeptabel. Wenn ich das Gutachten bei mir im Institut erstelle, da habe ich ein größeres Zeitbudget. Da kann ich mich mit dem Kläger/Antragsteller in Ruhe unterhalten und ihn untersuchen. Und für die Bearbeitung und um das alles zu Papier zu bringen, habe ich dann den Nachmittag Zeit.

Natürlich gibt es auch gutachtliche Fragestellungen, die sind ruckzuck erledigt. Da untersuche ich und diktiere dann sofort das Gutachten. Aber das ist nicht die Regel. Die Regel ist doch, dass ich das Ergebnis wissenschaftlich korrekt und verständlich ausdrücken will. Dann muss man auch nochmal etwas umformulieren oder nachschlagen. Das braucht seine Zeit. Das ist alles in diesen Termingutachten nicht möglich.

„Manche Versicherungen regeln das inzwischen vom Schreibtisch aus“

Kanert: Wie verläuft Ihre Zusammenarbeit mit privaten Versicherungsgesellschaften? Einige Gesellschaften haben ja gar keinen direkten Kontakt mehr mit dem Gutachter. Sie haben ein Dienstleistungsunternehmen zwischengeschaltet, vermutlich um die Kosten eines qualifizierten Sachbearbeiters zu sparen?

Klemm: Das hatte in den vergangenen Jahren immer ganz gut funktioniert. Aber inzwischen gibt es Dienstleistungsgesellschaften, die machen eigentlich gar nichts mehr. Die schicken einen Gutachtenauftrag. Da ist nichts dabei, kein medizinischer Bericht, keine Dokumentation. Und wenn der Gutachter dort anruft, hilft das auch nichts. Da sitzen irgendwelche Büroangestellte, die wissen von gar nichts. Auf so einer Basis ist dann natürlich keine Begutachtung möglich.

Ich beobachte bei den privaten Versicherungen zunehmend, dass gar nicht mehr so viele Gutachten in Auftrag gegeben werden. Die regeln das vom Schreibtisch aus. Ich kenne das schon länger von Haftpflichtversicherungen: Die bieten dem Bürger irgendetwas an und sagen: Dann haben wir das schnell erledigt. Es gibt keine langen Prozesse und keine langen Gutachten. Dann ist die Sache weg.

„Ich sehe diese Vertrauenskrise gegenüber Gericht und Gutachter“

Kanert: Vielleicht können sich die Versicherungsgesellschaften so einen Weg nur deshalb leisten, weil das Vertrauen der Bürger in die klassischen Gerichtsverfahren und in die klassische Begutachtung mehr und mehr schwindet. Eine Studie der EU-Kommission hat das Verhältnis der Bürger zum Rechtsstaat untersucht. Dort werden beunruhigende Anzeichen für eine solche Entwicklung festgestellt.

Klemm: Ich sehe diese Vertrauenskrise auch. Die Gerichte müssten personell und finanziell deutlich aufgestockt werden. Damit die Prozesse nicht ewig lang liegen.

Aber auch schon die Verwaltungsbehörden müssten daran arbeiten, dass ihnen die Bürger wieder mehr vertrauen. In einem Verfahren bei der Berufsgenossenschaft ist es doch so: Der Betroffene bekommt einen Bescheid. Er ist vielleicht zufrieden, wenn er unten sieht: Aha, ich kriege soundso viel Rente. Aber was sonst noch in dem Bescheid steht, das versteht er nicht. Es könnten viele Verfahren vermieden werden, wenn sich jemand die Zeit nehmen würde, diesen Bescheid zu erläutern – sowohl juristisch als auch medizinisch.

Kanert: Ich kann das bestätigen. Es gibt Behörden, die medizinisch sauber ermitteln, sehr sorgfältig und umfangreich. Aber der Bescheid, den der Bürger schriftlich bekommt, ist nur eine Aneinanderreihung von Bausteinen. Der Bürger kann gar nicht erkennen, mit wie viel Aufwand sich die Behörde seinem Anliegen gewidmet hat. Also was passiert? Der Bürger hat den Eindruck: Ich werde hier nur als 0815-Fall abgefrühstückt. Und er erhebt Klage.

Klemm: Es müsste vielleicht auch was dafür getan werden, dass die Arbeit des ärztlichen Sachverständigen mehr anerkannt wird.

„Unsere Vorschläge für eine bessere Bezahlung sind nicht berücksichtigt worden"

Kanert: Was stellen Sie sich vor?

Klemm: Einerseits eine bessere Bezahlung. Wenn die medizinische Begutachtung finanziell lukrativ ist, kann ich natürlich auch mehr Ärzte gewinnen, die bereit sind, Gutachten zu übernehmen.

Kanert: Das wäre auch aus meiner Sicht dringend nötig. In manchen Fachgebieten gibt es ganz wenige Gutachter. Da hat man als Auftraggeber schon Sorge, den Gutachter zu kritisieren, weil der dann womöglich keine Gutachten mehr übernimmt. Und von manchen Behörden habe ich gehört, dass es da noch schlimmer ist, weil die Honorare wesentlich niedriger sind. Dort können Gutachter allenfalls Geld verdienen über die Masse der Aufträge. Ich frage mich, ob da noch genug Zeit bleibt für den einzelnen Fall.

Klemm: Es gibt ja jetzt eine Novellierung des Gesetzes über die Entschädigung von Sachverständigen. Aber da ist die Ärzteschaft zunächst überhaupt nicht gefragt worden. Erst auf unser Drängen hin wurden unsere Fachgesellschaften und die Bundesärztekammer angehört. Aber unsere Vorschläge sind so gut wie nicht berücksichtigt worden. Wenn der ärztliche Sachverständige geringer honoriert wird als der Kfz-Sachverständige, dann wird man auch immer weniger mit hochqualifizierten ärztlichen Gutachten rechnen dürfen.

Kanert: Und was müsste sich noch ändern?

Klemm: Das andere ist die Qualitätskontrolle. In Österreich beispielsweise werden ärztliche Sachverständige vereidigt. Sie müssen sich einer Prüfung unterziehen. Und dann sind sie erst bei Gericht zugelassen. Das finde ich nicht schlecht. Ein Schritt in die richtige Richtung ist die in diesem Buch dargestellte strukturierte curriculare Fortbildung.

„Mediziner und Juristen müssen mehr miteinander reden als übereinander"

Kanert: Wir haben eingangs über das Unbehagen gesprochen, das zwischen Medizinern und Juristen herrscht. Immer wieder ist die Rede davon, dass Mediziner eben anders denken als Juristen. Was halten Sie von dieser These?

Klemm: Es wollen zwar beide dasselbe. Aber beide nähern sich dem Problem von einer anderen Seite. Bevor sich ein Jurist zu einer Aussage hinreißen lässt, schaut er erst einmal, was im Gesetz steht und in seinen Kommentaren. Der Mediziner hat eher einen naturwissenschaftlichen Blick und fragt: Wie kann das entstanden sein und warum? Und dann muss er noch mit seinem Helfersyndrom kämpfen (lacht).

Kanert: Ich frage mich immer, ab welchem Semester des Jura-Studiums sich denn meine rechte Hirnhälfte umgewandelt haben soll. Aber im Ernst: Ich kann mir nicht wirklich vorstellen, dass Mediziner und Juristen anders denken. Beide haben zunächst die gleiche Aufgabe: Sie müssen erst einmal den Sachverhalt erfassen. Erst danach kommt überhaupt die besondere Kunst des Berufs zum Zug und jeder kann auf seine Weise helfen oder rechtliche Orientierung geben. Aber oft scheuen die Vertreter beider Berufe die Mühe des ersten Schritts, also des genauen Hinschauens. Und wenn dadurch Fehler passieren, ist es natürlich eine wundervolle Ausrede, wenn das „Denken" des anderen schuld ist.

Klemm: Mediziner und Juristen müssen viel mehr miteinander reden als übereinander. Da sind wir einer Meinung und mit diesem Gespräch haben wir gezeigt, dass dies auch gut funktionieren kann. Ich würde mich freuen, wenn dieses Buch zum miteinander Reden und gegenseitigen Verständnis beiträgt.

Modul II: Fachübergreifende Aspekte der Medizinischen Begutachtung

19 Beschwerdenvalidierung beispielhaft in Orthopädie und Unfallchirurgie

Michael Meyer-Clement

19.1 Begriffsbestimmung

Die Kernaufgabe eines jeden Gutachtens besteht darin, den Nachweis zu erbringen, dass die beklagten Beschwerden und die damit verbundenen Funktionsstörungen auch tatsächlich bestehen. Unter dem Begriff der Beschwerdenvalidierung sind damit alle verfügbaren Methoden der Konsistenz- und Plausibilitätsprüfung subsumiert.

Der Proband ist in der Regel davon überzeugt, dass ihm Leistungen zustehen, d. h. er möchte aus der Begutachtungssituation einen „Gewinn" erzielen. Die Aufgabe des Gutachters besteht darin, vorgetragene Beschwerden und Funktionsstörungen auf ihre Schlüssigkeit zu überprüfen.

Der Proband möchte den Gutachter vom Vorhandensein seiner Beschwerden überzeugen, dies wird in der Begutachtungsliteratur mit dem Begriff der harmlosen oder normalen „Verdeutlichungstendenz" der Probanden umschrieben.

Die „Verdeutlichung" weist aber keine klare Abgrenzung zur Aggravation auf, die von Foerster und Dreßing [1] wie folgt definiert wird:

Merke: „Aggravation bedeutet die bewusste verschlimmernde Darstellung einer tatsächlich vorhandenen Störung. Hierzu zählen auch Verdeutlichungstendenzen als der mehr oder weniger bewusste Versuch des Probanden, den Gutachter vom Vorliegen seiner Symptomatik zu überzeugen."

Rogers [2] hatte 2018 den Terminus einer „minder schweren Verdeutlichung" eingeführt, der ein unproblematisches Verhalten beschreibt, wenn

1. milde Verzerrungstendenzen ein erwartungsgemäßes, situationsbedingtes Ausmaß nicht übersteigen,
2. keine erheblichen Verzerrungen in der Beschwerdendarstellung vorliegen und
3. die mutmaßlichen Verzerrungen nicht oder nur in geringem Umfang die gutachtliche Befunderhebung behindern.

Merke: Von einer Simulation spricht man, wenn Beschwerden und Funktionsstörungen vorgetäuscht werden ohne einen entsprechenden krankhaften körperlichen Befund.

Der Gutachter muss die verschiedenen Arten der Symptomausweitung von der minder schweren Verdeutlichungstendenz bis zur Aggravation und auch die Hinweise

https://doi.org/10.1515/9783110693362-019

auf eine Simulation kennen und sich in der Begutachtungssituation darauf einstellen.

Für den Ablauf der Begutachtung ist es wichtig, dem Probanden zu vermitteln, dass man ihm Glauben schenkt, ihn ernst nimmt und ihn nicht für einen Simulanten hält. Jede Form der Symptomausweitung muss zunächst als gegeben unterstellt werden. Keineswegs ist es Aufgabe des Gutachters, Detektiv zu spielen und den Probanden unbemerkt außerhalb der Gutachtensituation zu beobachten. Jeder Proband hat das Recht, sich in der Gutachtensituation so zu präsentieren, wie er meint, dass es für ihn nützlich ist. Wenn der Gutachter die von ihm erhobenen Befunde und die vorgetragenen Beschwerden einer Beschwerdenvalidierung unterzieht, wird er die objektiven funktionellen Defizite erkennen, beschreiben und diese von Verdeutlichungen über Aggravationen bis zur Simulation abgrenzen können.

Folgende Informationsquellen stehen dem Gutachter zur Verfügung:
- Aktenlage (u. a. Vorerkrankungsverzeichnis, Patientendokumentation der behandelnden Ärzte ...)
- Anamneseerhebung (u. a. ausführliche Anamnesen im Rahmen bisheriger stationärer Aufenthalte)
- Klinische Befunderhebung (u. a. zurückliegende Befunde, die er mit den eigenen gutachtlich erhobenen vergleichen muss)
- Bildgebende Verfahren
- ggf. Medikamentenmonitoring

Merke: Eine eingehende Beschäftigung mit der Aktenlage vor der eigentlichen Begutachtung ist ein wichtiger Aspekt der Beschwerdenvalidierung.

19.2 Instrumente der Beschwerdenvalidierung

19.2.1 Aktenlage

Die anamnestischen Angaben in der Akte z. B. zu einem Unfallhergang sind sorgfältig auf Konsistenz zu überprüfen. Hier muss sich der Gutachter selbst die Fragen stellen: Wer hat welche Angaben zu welchem Zeitpunkt gemacht? Wie plausibel sind diese?

Es ist ein häufig gesehenes Phänomen, dass mit der Dauer eines Verfahrens die Schilderung eines Geschehensablaufes an Präzision und Dramatik zunimmt.

So wird z. B. aus einem Nachlaufen eines Balles auf dem Schulhof zunächst ein Schubsen durch ein anderes Kind, dann ein Beinstellen mit Verdrehung des Kniegelenkes als Auslöser einer Kniescheibenverrenkung.

Beispiel: Ein Versicherter fährt mit seinem Motoroller gegen einen PKW. Er zieht sich Schürfwunden an beiden Unterschenkeln zu. Es handelt sich um einen Bagatellunfall. Drei Wochen nach dem Ereignis wird über Schulterbeschwerden geklagt. Festgestellt wird eine Defektarthropathie eines Schultergelenkes, d. h. ein völliger Verlust der Rotatorenmanschette. Im Verlauf des Verfahrens wird ein Unfallhergang angegeben, der eine Verletzung der Rotatorenmanschette belegen soll, was schließlich im Vortrag gipfelt, dass der Verunfallte auf seinem Motoroller einen einhändigen Überschlag mit Rotation des Körpers vollführt haben will bei einem krampfhaften Festhalten am Lenkrad.

Es geschieht auch immer wieder, dass anamnestische Angaben eines Probanden in Befundberichte einfließen und dann als Tatsachen weitervermittelt werden.

Beispiel (1): In einem neurologischen Befundbericht, der einem späteren Gutachten im sozialgerichtlichen Verfahren zugrunde gelegt wurde, war zu lesen: Der Kläger hat multiple Frakturen des Unterarmes mit Nervenschäden erlitten, durch eine neunstündige Operation wurde versucht, den Nervenschaden zu reparieren. Anschließend hat sich ein CRPS (komplexes regionales Schmerzsyndrom) entwickelt.
Tatsächlich hatte der Kläger unfallbedingt eine Prellung des Ellbogengelenkes erlitten. Unfallunabhängig entwickelte sich später eine Epikondylopathie und ein Pronator-Teres-Syndrom. Letzteres wurde in einem 35-minütigen operativen Eingriff gespalten. Ein CRPS war nie belegt.

Beispiel (2): In einem anderen Fall liest man in einem Befundbericht einer Rehaklinik, dass eine Probandin eine schwere Distorsion eines Sprunggelenkes und Kniegelenkes erlitten habe mit einer anschließenden überlangen Ruhigstellung. Es habe sich ein chronisches Schmerzsyndrom entwickelt.
Tatsächlich hatte die Probandin eine Vorfußzerrung erlitten mit einer zweiwöchigen Arbeitsunfähigkeit. Eine Ruhigstellung war nie erfolgt.

Diese Beispiele belegen, dass die Beschwerdenvalidierung bereits im Vorfeld der Begutachtung beim Lesen der Akten beginnt [3]. Sie geben Hinweise, wie konsistent die Symptomatik oder eine Hergangsschilderung eines Unfallereignisses sich im Laufe der Zeit entwickelt. Durch das aufmerksame Aktenstudium vor der eigentlichen Begutachtung muss der anlässlich der Begutachtung dargestellte Beschwerdevortrag des Probanden mit den zurückliegenden Angaben in der Akte abgeglichen und überprüft werden.

19.2.2 Anamnese

Die Angaben des zu Begutachtenden sind darauf zu überprüfen, ob Diskrepanzen zwischen eigenen und fremdanamnestischen Informationen in den Akten vorliegen. Dies gelingt nur bei einer entsprechenden sorgfältigen Vorbereitung des Gutachters auf die Begutachtungssituation. Nur mit den entsprechenden Vorinformationen kann der Gutachter auch die richtigen Fragen stellen.

Wenn gravierende Funktionsbeeinträchtigungen geschildert werden, muss geprüft werden, ob Diskrepanzen zwischen diesen angegebenen Funktionsbeeinträchtigungen und zu eruierenden Aktivitäten des täglichen Lebens vorliegen.

Wenn ausgeprägte Beschwerden beschrieben werden, jedoch keine Therapiemaßnahmen oder Eigenaktivitäten zu deren Linderung ergriffen wurden, kann dies als nicht konsistent angesehen werden. Wenn gravierende funktionelle Beeinträchtigungen geschildert werden, jedoch lediglich ein Rückzug von unangenehmen Tätigkeiten in Beruf und Haushalt erfolgt, jedoch nicht von angenehmen Dingen des Lebens, wie Hobbys, Vereinsleben, Haustier und Urlaubsreisen, etc., entsteht eine Diskrepanz.

Werden schmerzbedingte Beschwerden klar, nüchtern und eindeutig vorgetragen, nehmen sie bei Belastung zu und unter Analgetikagabe ab, lässt sich ein derartiges Schmerzbild in der Regel einem organischen Befund zuordnen. Werden die Beschwerden blumig, vage und diffus vorgetragen, nehmen sie bei Ruhe zu und reagieren sie nicht auf Analgetika, lässt sich der Schmerz in der Regel nicht zuordnen (s. Kapitel 21).

Ein wesentlicher Aspekt der Anamnese ist auch die Frage nach ähnlichen Beschwerden oder Funktionsstörungen in der Vergangenheit. Sich auf die alleinigen Angaben des Versicherten hierbei zu verlassen bedeutet eine fehlende Validierung. Hier sind zurückliegende Patientendokumentationen der jeweiligen Krankenkassen, der vorbehandelnden Ärzte und Versicherungsunterlagen von besonderem Wert.

19.2.3 Klinische Befunderhebung

19.2.3.1 Beobachtung

Die Begutachtung beginnt, wenn immer möglich, im Wartezimmer. Konnte der zu Begutachtende normal und entspannt auf einem Stuhl sitzen oder ist er mehrfach aufgestanden und umhergegangen?

Wie verhält er sich auf dem Weg vom Wartezimmer zum Untersuchungszimmer? Setzt er Gehhilfen ein? Ist das Gangbild normal oder bereits an dieser Stelle hinkend?

Ist er bei der Anamneseerhebung in der Lage, z. B. 30 Minuten ruhig und entspannt auf einem Stuhl zu sitzen? Steht er des Öfteren auf oder wechselt die Haltung?

Beim Entkleiden des zu Begutachtenden sollte der Gutachter anwesend sein und ihn sich nicht in einer Kabine ausziehen lassen. Kann der Proband z. B. beim Ausziehen der Oberbekleidung die Arme über den Kopf anheben? Kann er sich beim Ausziehen der Schuhe bücken? Derartige allgemeine Spontanbewegungen müssen konsistent sein mit den in der eigentlichen Untersuchung gemessenen Bewegungen.

19.2.3.2 Gangbild

Das Gangbild des Menschen ist ein komplexes Zusammenspiel der einzelnen Glieder der Bewegungskette und kann auf krankhafte Veränderungen von den Zehen bis zum Hüftgelenk hinweisen. Schon der geprellte Zeh oder der Schmerz bei einem entzündeten Zehennagel führt zu einer deutlichen Veränderung des Gangbildes und zu einem Hinken. Es ist nur schwer vorstellbar, dass ein völlig hinkfreies Gangbild mit einer schwerwiegenden Funktionsstörung an den unteren Extremitäten in Übereinstimmung gebracht werden kann.

Bei der Benutzung von Gehstöcken erwartet man eine Mehrbeschwielung an den Händen, sowie Abnutzungsspuren der Gehstollen, es sei denn, diese wurden kürzlich gewechselt oder die Gehstützen kamen eben nicht zum Einsatz.

Bei einem langanhaltenden Schonhinken, d. h. einer Minderbelastbarkeit eines Beines sind Muskelminderung und Minderbeschwielung zu erwarten.

Wenn an die Einschränkung des Gehvermögens bestimmte Leistungen geknüpft sind (z. B. Merkzeichen G oder Wegstrecke bei der Rentenversicherung), empfiehlt es sich in der Begutachtung, den Probanden auf einer längeren Strecke, z. B. 500 m zu begleiten und zu beobachten.

Wenn in der Untersuchungssituation beim Barfußgang der Fuß nur im Vorfußbereich aufgesetzt wird, erwartet man im Seitenvergleich eine Verkürzung der Wadenmuskulatur und eine Minderbeschwielung im Hackenbereich und Mehrbeschwielung am Vorfuß insbesondere im Seitenvergleich.

Wird der Fuß nur auf der Hacke aufgesetzt, wird man eine Minderbeschwielung im Vorfußbereich feststellen können, sowie eine Mehrbeschwielung der Ferse. Wird ein Fuß außen rotiert aufgesetzt und nicht abgerollt, oder wird nur der Fußaußenrand belastet, wird eine Minderbeschwielung der Fußsohle bzw. eine Mehrbeschwielung im Außenbereich auffallen, ein derartig vorgetragenes Gangbild geht grundsätzlich mit einer Muskelverschmächtigung einher. Typisch für diese starken Gangbildveränderungen sind dann aber nach einem längeren Zeitintervall auch entsprechende Spuren eines atypischen Verschleißes der Sohlen des Schuhwerks, dass sich der Gutachter unbedingt zur Konsistenzüberprüfung ansehen muss.

19.2.3.3 Körperliche Untersuchung

Der Gutachter muss die Rangordnung der von ihm erhobenen Befunde kennen. Objektiv sind Körpergröße und Gewicht, Muskelumfänge, Verschwielungen von Händen, Füßen, ggf. Knievorderseiten, Gelenkergüsse, Kapselschwellungen, trophische Störungen, sowie Bildbefunde, wie Kalksalzminderung, etc. oder Laborbefunde.

Die semiobjektiven Befunde bedürfen der Interpretation durch den Untersucher, z. B. Schonhaltung oder Gewohnheitshaltung, Beurteilung des Muskeltonus, Bewegungseinschränkung von Gelenken mit federndem oder hartem Anschlag. Hierbei ist zu beachten, dass die Interpretation und Darstellung dieser Befunde durch verschiedene Untersucher ein breites Spektrum einnehmen kann. Die Reliabilität (Zuverlässigkeit) der semiobjektiven Befunde ist immer kritisch zu werten.

Selbst bei den Manualtherapeuten, die entsprechend trainiert wurden, veränderte Gewebestrukturen zu ertasten, finden sich immer wieder erhebliche Abweichungen in den Befunden, wenn verschiedene Therapeuten eine Funktionsstörung untersuchen. In einer Studie der Medizinischen Universität Lübeck von Richter et al. wurden 1993 61 an Rückenschmerzen leidende Patienten zeitlich unmittelbar hintereinander zweimal untersucht, 26 Patienten vom selben Untersucher und 35 Patienten von jeweils 2 Untersuchern. Alle Untersucher waren von derselben Gesellschaft in Manualmedizin ausgebildete Ärzte. In der Studie zeigte sich im Bereich der unteren Halswirbelsäule und der Iliosakralgelenke eine gute Reproduzierbarkeit, im Bereich der oberen und mittleren Halswirbelsäule eine geringe Reproduzierbarkeit, im Bereich des thorakolumbalen Überganges und der Lendenwirbelsäule keine bzw. nur eine minimale Übereinstimmung bei wiederholter Untersuchung durch 2 Untersucher. Zu ähnlich geringen Übereinstimmungsraten zwischen unterschiedlichen manualmedizinischen Therapeuten kamen auch die neueren Studien von Ferrari 2015 und Thalahmer 2019 [4–6].

Gangbildprüfung, aktiv dargebotene Bewegungsausschläge in der Neutral-Null-Methode, passive Bewegungsausschläge bei muskulärem Gegenspannen, sowie Kraftprüfung sind *semiobjektiv*, d. h. die Erhebung ist von der Mitarbeit des Probanden und der Erfahrung des Untersuchers abhängig, es handelt sich dabei um semiobjektive Befunde, die vom Untersucher immer kritisch begleitet werden müssen.

Subjektiv sind alle Befunde, die lediglich die erlebte Symptomatik des Probanden wiedergeben, insbesondere die Schmerzempfindungen, einschließlich Druck- und Bewegungsschmerz, Missempfindung, Empfindlichkeitsstörung, teilweise auch Schwindel, Sehstörungen und Ohrgeräusche (wenn diese nicht durch objektive neurophysiologische Messverfahren objektiviert wurden).

19.3 Plausibilitätsprüfung (Beispiele)

Grundsätzlich ist zu prüfen, ob eine Beschwerdesymptomatik oder beklagte Funktionsstörung mit einer organpathologischen Schädigung übereinstimmt. Siehe hierzu auch insbesondere die Ausführungen in der AWMF-Leitlinie mit der Registernummer 094-003 „ärztliche Begutachtung von Menschen mit chronischen Schmerzen“ [7].

So wird man eine schmerzhafte Bewegungsprüfung und eine Bewegungseinschränkung eines unteren Sprunggelenkes z. B. nach einer Fersenbeinfraktur problemlos einer (posttraumatischen) Arthrose eines unteren Sprunggelenkes zuordnen können. In Übereinstimmung mit diesem Befund ist typischerweise zu erwarten, dass der Proband insbesondere Schmerzen beim Gehen über unebenen Boden berichtet, da hierbei die Kräfte, die auf das untere Sprunggelenk treffen, besonders hoch sind. Häufig ist eine ausgeprägte, symptomatische Arthrose im unteren Sprunggelenk auch mit einem Schonhinken verbunden.

Eine langstreckige Versteifung der Wirbelsäule (Abb. 19.1 und 19.2) führt zwangsläufig zu einer Bewegungseinschränkung. Röntgenbefund und Untersuchungsbefund sind konsistent.

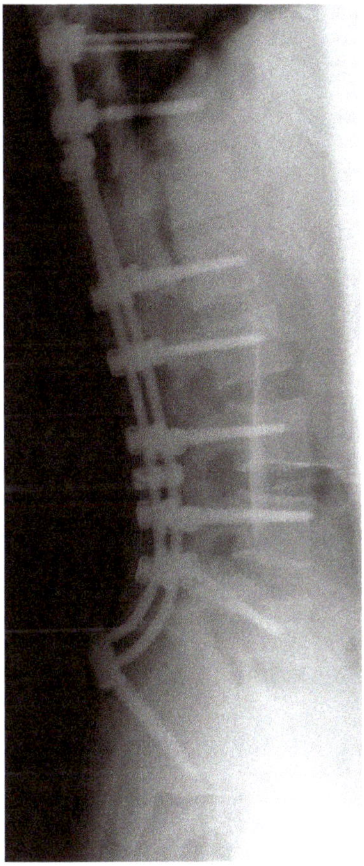

Abb. 19.1: Langstreckige Versteifung der unteren Brust- und der gesamten Lendenwirbelsäule, sowie des lumbosakralen Überganges.

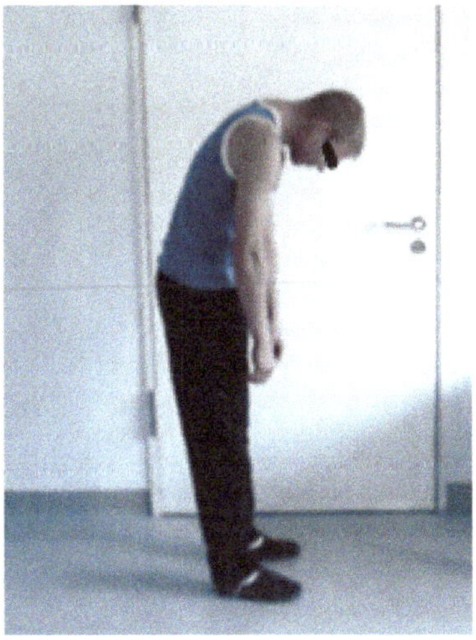

Abb. 19.2: Maximaler Fingerbodenabstand des Probanden mit der in Abb. 19.1 versteiften Brust- und Lendenwirbelsäule. Konsistenter Befund zwischen Röntgen und Klinik, bei auch freier Inklination der Halswirbelsäule.

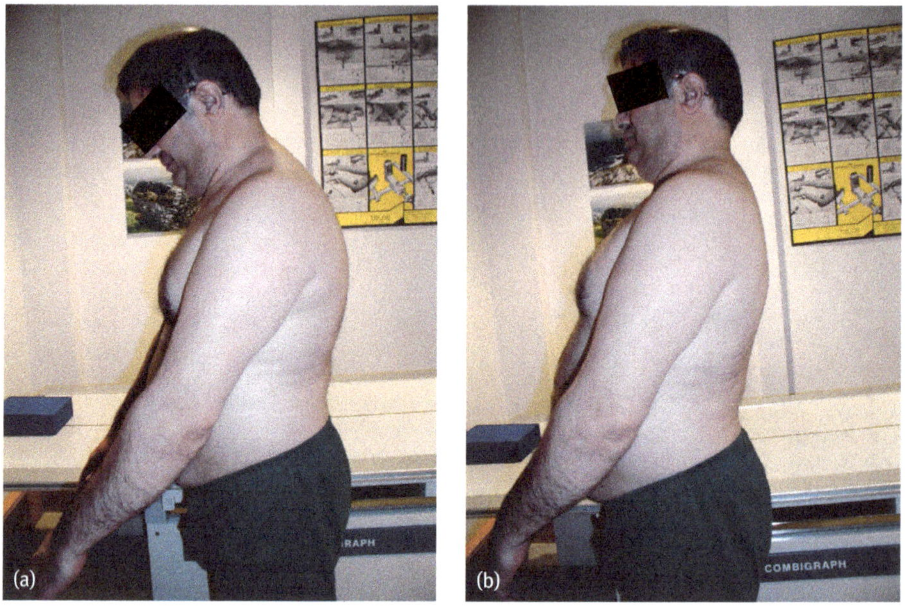

Abb. 19.3: Dokumentation des klinischen Untersuchungsbefundes bei Aufforderung an den Probanden sich maximal (a) nach vorn und (b) nach hinten zu beugen.

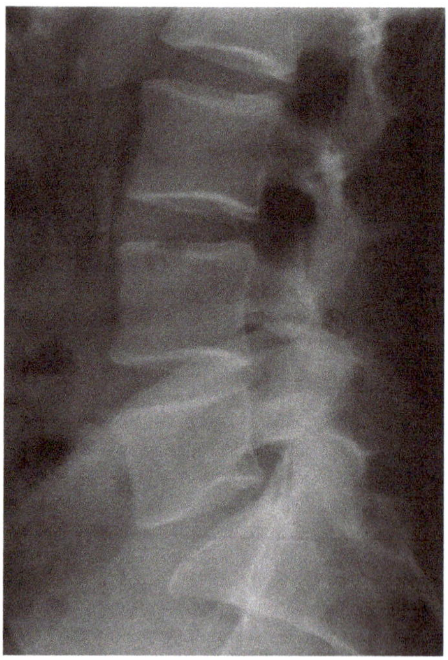

Abb. 19.4: Zu dem auf Abb. 19.3 dargestellten Probanden zugehöriger Röntgenbefund der seitlichen Lendenwirbelsäule mit einer geringgradigen Spondylarthrose.

Der Proband beklagt Rückenschmerzen und deutet darauf hin, dass bei ihm eine schwere Verschleißumformung der Wirbelsäule vorliege. Im Gegensatz zum Beispiel mit den Abbildungen 19.1. und 19.2 ist hier die demonstrierte Bewegung nicht konsistent zum Röntgenbefund.

Bei der Bewegungsprüfung großer Gelenke, insbesondere dem Schultergelenk, ist der Untersucher auf die Mitarbeit des Probanden angewiesen. Wird ein Arm gar nicht bewegt, z. B. fixiert am Körper gehalten oder nur sehr eingeschränkt aktiv bewegt, muss dies zwangsläufig zu einer Verschmächtigung der Schultergürtel- und Armmuskulatur führen, es tritt regelhaft eine Blutumlaufstörung des Armes auf, man sieht eine Minderbeschwielung der Hand und in der Regel auch eine Kalksalzminderung der knöchernen Strukturen des Armes im Röntgenbild.

Wenn die objektiven Befunde für eine gute Funktion des Schultergelenkes sprechen, weil eine seitengleiche Muskulatur vorliegt, Blutumlaufstörung und Minderbeschwielung fehlen, eine Kalksalzminderung nicht nachweisbar ist, kann aus gutachtlicher Sicht der Beweis nicht erbracht werden, dass eine wie vorgeführte Funktionsstörung des Schultergelenkes schon längere Zeit vorliegt. Diese Diskrepanz der Befunde muss im Gutachten ausführlich dargestellt und erläutert werden.

Die zu untersuchenden Bewegungen des Probanden sollen vom Untersucher „geführt" vorgenommen werden. D. h. der Proband wird aufgefordert, z. B. den Arm nach vorn vor den Körper anzuheben, während der Untersucher diese Bewegung des entkleideten Armes mit seinen Händen begleitet. Nur dadurch kann der Untersucher feststellen, ob auch die Muskeln angespannt wurden, die für die geforderte Bewegung verantwortlich sind, oder ob antagonistische Muskeln aktiviert wurden, die gerade diese Bewegung verhindern sollen.

Bei einer durch den Untersucher festgestellten Bewegungseinschränkung eines Gelenkes muss neben der aktiv geführten Bewegung durch den Untersucher auch die rein passive Beweglichkeit geprüft werden. Auch hierbei ist zu beachten, ob eine muskuläre Anspannung das passive Bewegungsausmaß begrenzt, oder ob Narbenzug, Kapselschrumpfung oder knöcherne Widerstände den normalen Bewegungsumfang behindern.

Wird bei einem so genannten Impingementsyndrom der Arm seitlich besser angehoben als nach vorne, ist dies nicht konsistent zum Erkrankungsbild, da bei jedweder Einengung des Raumes unterhalb der Schulterhöhe der Arm immer besser nach vorne als zur Seite angehoben werden kann.

Auch bei einer vorgetragenen Beugekontraktur eines Ellenbogengelenkes, für die es keine organische Erklärung gibt, kann gelegentlich ein Röntgenbild weiterhelfen. Man erlebt es immer wieder, dass der Proband auf Aufforderung der Röntgenassistentin den Arm gestreckt auf den Röntgentisch legt, was eindeutig dokumentiert werden kann.

Bei Funktionsstörungen der Hände muss jedes Fingergelenk einzeln ausgemessen werden. Wenn ein unzureichender Faustschluss demonstriert wird, jedes einzelne Fingergelenk jedoch ein Normalmaß aufweist, ist dies nicht konsistent zum unzureichenden Faustschluss.

Wird eine Kraftminderung beim Händedruck demonstriert und fehlen Muskelminderung des Armes sowie die Minderbeschwielung, dann fehlt es auch an der Konsistenz. Die Kraftmessung kann am Vigorimeter nach Martin geprüft werden, ist jedoch vom Probanden leicht zu beeinflussen. Am Kraftmesser nach Jamar (Abb. 19.5) spürt der Proband keine Bewegung des Gerätes. Die Zeiger des Manometers hat er nicht in seinem Blickfeld. Konsistent ist der Test dann, wenn über alle Griffweiten bei drei Versuchen eine konstante Kurve mit Glockenform aufgezeichnet werden kann.

Wenn bei der Bewegungsprüfung eines Hüftgelenkes in Rückenlage auf einer Liege eine Beugung von deutlich weniger als 90°, z. B. lediglich 60° festgestellt wird, muss dies verglichen werden mit der Beobachtung des Probanden beim normalen Sitzen. Wenn er aufrecht auf einem Stuhl sitzen kann, kann das Hüftgelenk auch bis 90° gebeugt werden. Die Bewegungsprüfung in der Untersuchung ist damit nicht konsistent zum normalen spontanen Bewegungsmuster.

Vorgetragene Beugekontrakturen eines Kniegelenkes in der Untersuchungssituation sind relativ häufig. Eine Beugestellung eines Kniegelenkes führt zu einem typischen Röntgenbefund. (Abb. 19.6)

Wenn der Nachweis erbracht werden kann, dass im Röntgen das Kniegelenk auf dem Röntgentisch ausgestreckt wird, dann ist dies nicht konsistent zum Befund in der Untersuchung.

Seltener sind Streckhaltungen von Kniegelenken. In derartigen Fällen empfiehlt es sich, den Probanden quer auf eine Liege zu setzen, ihn in ein längeres Gespräch zu verwickeln oder z. B. Halswirbelsäule, Rücken und obere Gliedmaßen in dieser Position zu untersuchen. Bei einer echten arthrogenen Kontraktur wird die Position beibehalten, bei reiner muskulärer Anspannung ermüdet relativ rasch die Muskulatur und das Kniegelenk wird spontan gebeugt.

Bei einer demonstrierten Bewegungseinschränkung im Sprunggelenk, z. B. Spitzfußstellung bei unauffälligem Röntgenbefund, empfiehlt sich die Überprüfung in Bauchlage bei gebeugtem Kniegelenk. (Abb. 19.7)

Man kann davon ausgehen, dass gängige Untersuchungsmethoden dem Probanden bekannt sind, wie z. B. die Prüfung des Lasègue'schen Zeichens (Abb. 19.8).

Diesen Test kann man auf vielfache Art und Weise variieren. Man kann z. B. den Probanden bitten, den Langsitz mit ausgestreckten Beinen einzunehmen, man kann ihn auffordern, sich im Stehen nach vorne zu neigen, man kann das Hüftgelenk in Rückenlage zunächst beugen und dann das Kniegelenk strecken, man kann den Probanden quer auf eine Liege setzen und die Beine dann abwechselnd anheben. Wenn ein echter Nervenreiz vorliegt, wird bei jedem dieser Tests ein entsprechender Befund nachzuweisen sein. So wird beim Sitzen quer auf einer Liege und Anheben der Beine der Proband mit dem Rücken nach hinten ausweichen.

Merke: Jeder klinische Befund ist auf Plausibilität zu überprüfen. Beschwerde- und Befundebene müssen übereinstimmen, nur so lässt sich die Frage beantworten, ob die beklagten Funktionsbeeinträchtigungen auch tatsächlich vorliegen.

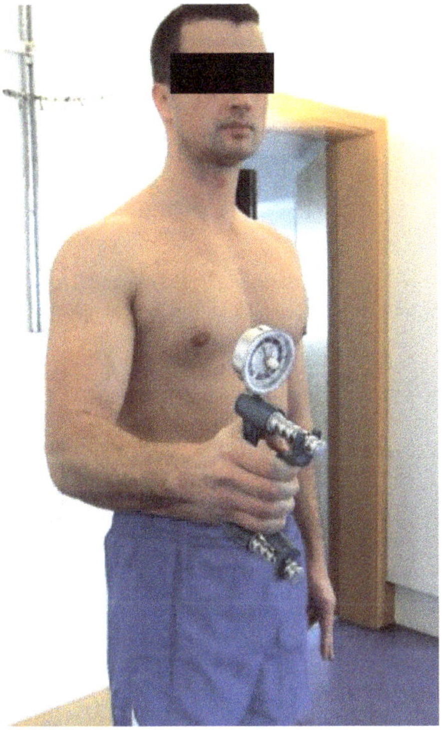

Abb. 19.5: „Objektive“ Kraftmessung mit einem Handkraftdynamometer.

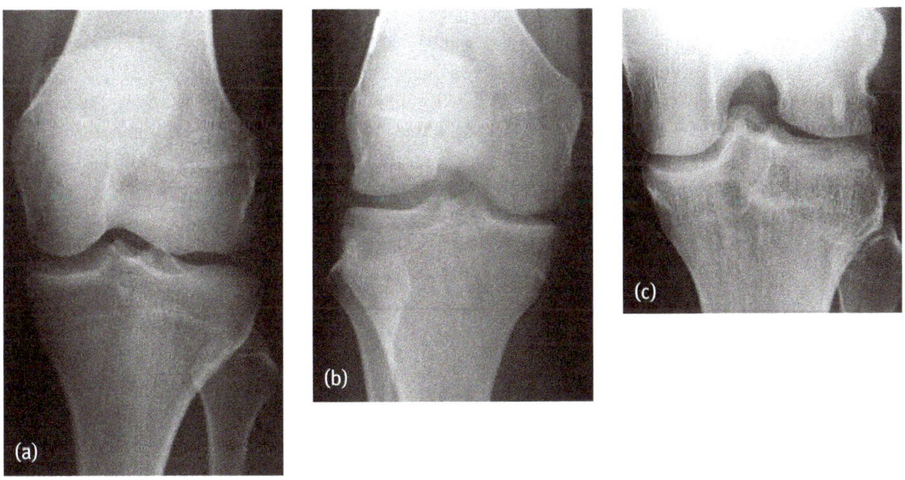

Abb. 19.6: Röntgenaufnahmen des Kniegelenkes (a) ap in Streckstellung; (b) 20°-Beugung; (c) sog. Tunnelaufnahme nach Frik.

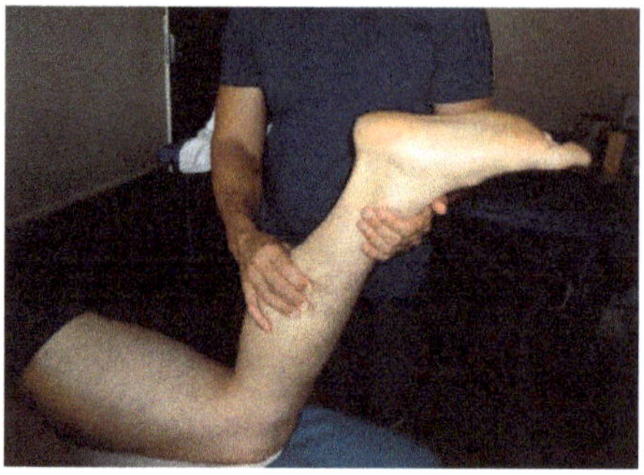

Abb. 19.7: Untersuchung der Wade und der Sprunggelenkbeweglichkeit in Bauchlage.

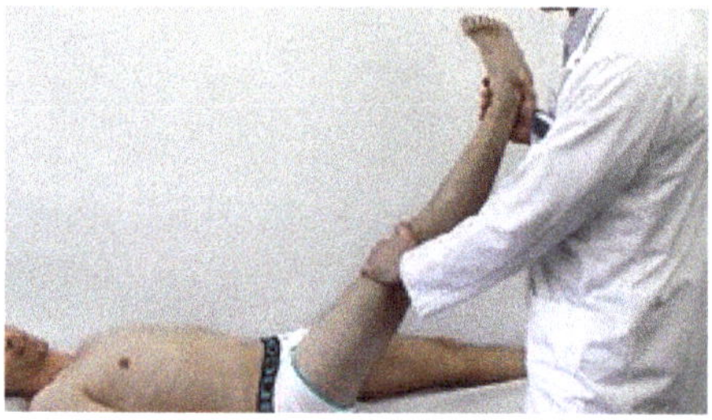

Abb. 19.8: Lasègue'sches Zeichen.

Literatur

[1] Dreßing H, Foerster K, Widder B, Schneider F, Falkai P. Zur Anwendung von Beschwerdenvalidierungstests in der psychiatrischen Begutachtung. Nervenarzt. 2011;82;388–390.

[2] Rogers R. Current status of clinical assessment of response styles. In: Rogers R, Bender SD (eds.). Clinical assessment of malingering and deception. 4th ed. New York: Guilford; 2018.

[3] Widder B, Gaidzik PW. Neurowissenschaftliche Begutachtung. Thieme Vlg. Stuttgart, 2018.

[4] Thalhamer C, Hahne J, Matthijs O, Machacek P. Inter-Rater Reliability of Pain Provocation Tests for Painful Lumbar Facet Joints. A Pilot Study. Interrater-Reliabilität von Provokationstests für schmerzhafte lumbale Facettengelenke. Eine Pilotstudie. Z Orthop Unfall. 2019;157(3):254–262.

[5] Richter T, Lawall J. Zur Zuverlässigkeit manualdiagnostischer Befunde. Manuelle Med. 2018;31:1.

[6] Ferrari et al. A literature review of clinical tests for lumbar instability in low back pain: validity and applicability in clinical practice. Chiropractic & Manual Therapies. 2015;23:14.

[7] https://www.awmf.org/uploads/tx_szleitlinien/094-003l_S2k_Schmerzbegutachtung_2018-01.pdf [letzter Zugriff 15.03.2021].

20 Beschwerdenvalidierung aus neurologisch-psychiatrischer Sicht

Bernhard Widder

20.1 Einführung

Wie bereits in Kap. 19 beschrieben, gehört es neben der Beurteilung von Zusammenhangsfragen zu den „Kernaufgaben" der ärztlichen Begutachtung zu klären, ob die von dem zu Begutachtenden geklagten Beschwerden und die damit verbundenen Funktionsstörungen auch tatsächlich vorhanden sind. Der Gutachter hat dann die anhand der Aktenlage und der eigenen Untersuchung gewonnene – oder auch nicht gewonnene – Überzeugung dem meist nichtmedizinischen Auftraggeber des Gutachtens nachvollziehbar zu vermitteln (Abb. 20.1). Die Nichtnachweisbarkeit einer Funktionsstörung geht dabei meist[6] zu Lasten des Betroffenen, ein „im Zweifel für den Antragsteller" ist im rechtlichen Kontext nicht vorgesehen.

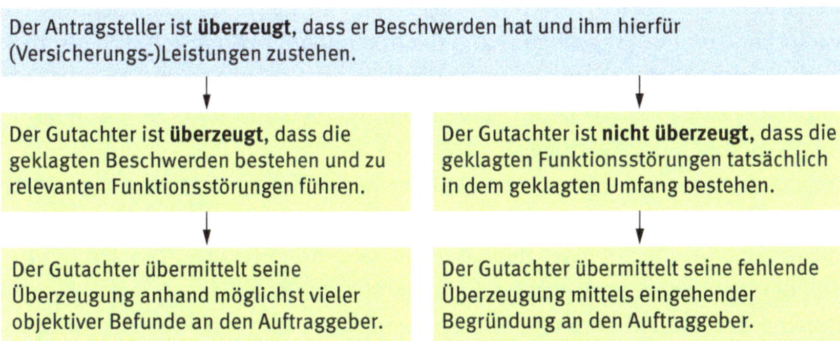

Abb. 20.1: Aussagemöglichkeiten im Rahmen der gutachtlichen Überzeugungsbildung.

Sofern hinreichend objektivierbare Befunde wie bildgebende Untersuchungen oder klinische sowie elektrophysiologische Messwerte vorliegen, kann sich die erforderliche Überzeugungsbildung unschwer an diesen orientieren. Schwierig wird die Situation jedoch immer dann, wenn überwiegend im Subjektiven verhaftete Funktionsstörungen geklagt werden wie Schmerzen, kognitive Störungen, Schlafstörungen oder auch psychische Erkrankungen wie Depressionen oder Ängste.

6 Eine Ausnahme stellen Nachprüfungsverfahren bei unbefristet anerkannten Funktionsstörungen dar. In diesem Fall hat der Versicherer nachzuweisen, dass diese nicht mehr vorliegen bzw. sich wesentlich gebessert haben.

https://doi.org/10.1515/9783110693362-020

Für die in diesem Fall erforderliche gutachtliche Überzeugungsbildung hat sich in den letzten Jahren der Begriff der „*Beschwerdenvalidierung*" in Übersetzung des angloamerikanischen „symptom validity assessment" durchgesetzt, synonym findet sich auch der Begriff der Konsistenz- oder Plausibilitätsprüfung. In der juristischen Terminologie handelt es sich dabei um einen sog. „Indizienbeweis". Je mehr *positive Indizien* vorliegen, indem das gesamte Spektrum der zur Verfügung stehenden – auch außermedizinischen – Befunde und Beobachtungen ein in sich schlüssiges Bild ergibt, umso sicherer ist der erforderliche Nachweis zu führen, wonach die subjektiv geklagten Beeinträchtigungen in tatsächlich bestehende Funktionsstörungen „transferiert" werden können. Hierzu im Gegensatz stehen *negative Indizien*, die das tatsächliche Vorliegen der geklagten Funktionsstörungen in Frage stellen, wie sie bereits in verschiedenen AWMF-Leitlinien zur Begutachtung bei Schmerzen und bei psychischen Störungen aufgeführt sind.

Hinweise auf nicht oder nicht in dem geklagten Umfang vorhandene Funktionsstörungen sind gemäß den AMWF-Leitlinien 094-003 und 051/029:

- Diskrepanzen zwischen der subjektiv geschilderten Intensität der Beschwerden und der Vagheit der Beschwerden
- Diskrepanzen zwischen massiven subjektiven Beschwerden (einschließlich Selbsteinschätzung in Fragebogen) und der erkennbaren körperlich-psychischen Beeinträchtigung in der Untersuchungssituation
- Diskrepanzen zwischen eigenen Angaben und fremdanamnestischen Informationen (einschließlich der Aktenlage)
- Diskrepanzen zwischen schwerer subjektiver Beeinträchtigung und einem weitgehend intakten psychosozialen Funktionsniveau bei der Alltagsbewältigung
- Diskrepanzen zwischen dem Ausmaß der geschilderten Beschwerden und der Intensität der bisherigen Inanspruchnahme therapeutischer Hilfe
- Diskrepanzen zwischen dem erkennbaren klinischen Bild und den Ergebnissen in Selbstbeurteilungsskalen und/oder psychometrischen Tests (einschließlich spezieller Beschwerdenvalidierungstests)
- Diskrepanzen zwischen den zeitnah zur Untersuchung als eingenommen angegebenen Medikamenten und einem fehlenden Nachweis im Blutserum.

Die grundlegenden Instrumente der Beschwerdenvalidierung (Aktenlage, Anamnese, Beobachtung) sind bereits in Kap. 19.2 beschrieben. Im Folgenden findet sich ein kurzer Überblick über die hierfür wichtigsten spezifischen Beobachtungen und Tests im neurologisch-psychiatrischen Fachgebiet.

20.2 Neurologische Beschwerdenvalidierung

20.2.1 „Psychogene" neurologische Symptome

Werden in der gutachtlichen Situation neurologische Symptome demonstriert, die nicht oder nicht vollständig einer zugrunde liegenden Erkrankung und/oder klinischen Symptomkonstellation zugeordnet werden können, kann dies nicht „automatisch" als Simulation oder Aggravation beschrieben werden. Zwar handelt es sich in diesem Fall im weitesten Sinne um „psychogene" oder „funktionelle" Beschwerden. Dies lässt jedoch offen, inwieweit es sich um eine krankheitswertige psychische Störung handelt, die Ausdruck eines seelischen Konflikts ist („*primärer Krankheitsgewinn*"), oder ob die Symptomatik dazu benutzt wird, materielle oder immaterielle Vorteile („*sekundärer Krankheitsgewinn*") zu erlangen (Abb. 20.2). Als krankheitswertige Störungen sind dabei abzugrenzen:

- **Somatoforme Störungen** (ICD-10 F45): subjektives Erleben anhaltender Symptome wie z. B. Schmerzen, Schwindel oder kardiale Sensationen ohne erklärende körperliche Ursachen.
- **Dissoziative Störungen** (ICD-10 F44): Störungen der Motorik, Sensorik und/oder des Gedächtnisses ohne erklärende körperliche Ursachen.
- **Artifizielle Störungen** (ICD-10 68.1): absichtliches Erzeugen oder Vortäuschen von Symptomen aufgrund innerseelischer Konflikte.

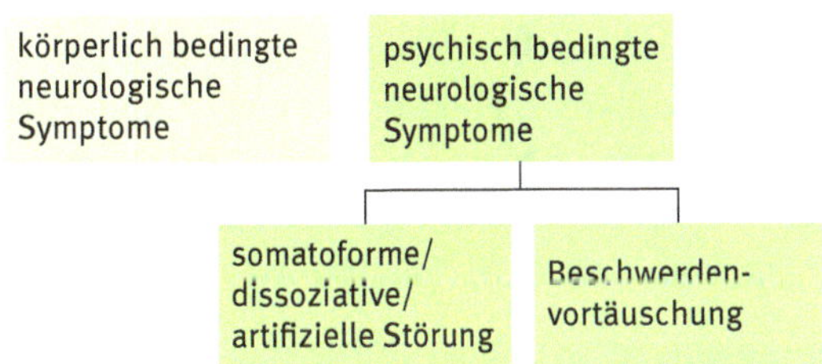

Abb. 20.2: Ursachen neurologischer Symptome.

Zusätzlich kompliziert wird die Situation dadurch, dass es zwischen den genannten Formen umfangreiche Überschneidungen gibt. Im Einzelfall kann aber auch das Gegenteil vorliegen, wenn z. B. bei Fragen der Kraftfahreignung hirnorganische Defizite bagatellisiert werden oder eine Dissimulation von Beschwerden bei Vorliegen einer hirnorganischen Wesensänderung („Frontalhirnsyndrom") besteht (Tab. 20.1). Hier ist es dann die Aufgabe des Untersuchers, die verschiedenen Anteile aufgrund seiner Kenntnis der pathoanatomischen, pathophysiologischen und psychopathologischen Zusammenhänge möglichst eindeutig herauszuarbeiten.

Tab. 20.1: Mögliche Präsentationsformen von Beschwerden im gutachtlichen Kontext.

Präsentation	Beschreibung
Dissimulation	zweckgerichtete Darstellung von Supernormalität
Bagatellisierung	zweckgerichtete Beschwerdenuntertreibung
Beschwichtigung	kontext- und kulturimmanent
Authentische Beschwerdenpräsentation	
Verdeutlichung	kontext- und kulturimmanent
Aggravation	zweckgerichtete Beschwerdenübertreibung
Simulation	zweckgerichtete Vortäuschung von Beschwerden

Von Simulation und Aggravation abzugrenzen ist die Beschwerdenverdeutlichung. Diese ist in der Untersuchungssituation als durchaus adäquat einzuschätzen und findet sich vor allem dann, wenn der Untersucher einen desinteressierten Eindruck vermittelt und/oder der Betreffende sich in seinem Leid nicht ernst genommen fühlt.

20.2.2 „Core set" der neurologischen Beschwerdenvalidierung

Vier zu jeder neurologischen Routineuntersuchung gehörende Tests stellen den Minimalstandard („Core set") der klinisch-neurologischen Beschwerdenvalidierung dar:

- **Romberg-Test**: Tatsächliches Schwanken beim Stehen mit geschlossenen Augen z. B. im Sinne einer spinalen Ataxie kann unschwer von einer funktionellen Gleichgewichtsstörung differenziert werden, indem der Untersuchte durch gleichzeitige Durchführung eines anderen Tests (z. B. Finger-Nase-Versuch) abgelenkt wird.
- **Handkraft-Test**: Wie bereits in Kap. 19.3 (S. 332) beschrieben, müssen Handkraft und ersichtliche Unterarm- und Handmuskulatur „zusammenpassen". Ein Handkraft von weniger als 10 kp (Jamar-Dynamometer) bzw. 40 kPa (Ballon-Vigorimeter) ist mit einem normalen Gebrauch der Hand bei Alltagsverrichtungen (z. B. Hochziehen einer Hose) nicht in Einklang zu bringen und findet sich üblicherweise lediglich bei bettlägerigen Bewohnern von Pflegeeinrichtungen.
- **Finger-Nase-Versuch**: Ein konstantes Vorbeizeigen ohne zunehmende Adaptation im Verlauf bei mehreren Versuchen ist pathophysiologisch nicht erklärbar und weist ein willentlich intendiertes Verhalten nach.
- **Lasègue-Test**: Wie gleichermaßen bereits in Kap. 19.3 (S. 334) beschrieben, muss ein positives Lasègue-Zeichen im Liegen auch bei anderen Testvarianten nachweisbar sein, z. B. durch eine Ausweichbewegung nach hinten beim Sitzen mit herunterhängenden Beinen, wenn zum Prüfen des Babinski-Reflexes das Bein ange-

hoben und der Fuß dabei zusätzlich noch nach dorsal flektiert wird (Bragard-Test).

20.2.3 Spezifische Tests der neurologischen Beschwerdenvalidierung

Über den o. g. „Core set" hinaus dienen bei geltend gemachten neurologischen Symptomen die in Tab. 20.2 genannten Tests und Beobachtungen der Beschwerdenvalidierung.

Tab. 20.2: (Weitere) spezifische Tests zu Beschwerdenvalidierung bei Präsentation neurologischer Ausfallserscheinungen (nach [1]).

Test	Bewertung
Motorische Beeinträchtigung an den oberen Extremitäten	
Arm-Herabfall-Test	Nach Halten und anschließendem plötzlichen Loslassen fällt der Arm bei vorgetäuschten Paresen beim liegenden Patienten nicht den Erwartungen der Schwerkraft entsprechend (z. B. auf das Gesicht) und auch nicht sofort herab.
Motorische Beeinträchtigung an den unteren Extremitäten	
Barré-Test	Werden die Beine bei einem auf dem Bauch liegenden Patienten um 90° im Knie gebeugt, sinkt ein tatsächlich paretisches Bein erst mit leichter Verzögerung und nicht sofort ab.
Hoover-Test	Bei Aufforderung zum Anheben eines Beines gegen Widerstand bei angegebener Hüftbeugerschwäche (Prüfung im Sitzen und/oder Liegen möglich) wird bei einer tatsächlichen Parese der Hüftbeugung das kontralaterale gesunde Bein kompensatorisch nach unten auf die Liege gedrückt.
Abduktions-Test	Bei Aufforderung zur Abduktion beider Beine gegen Widerstand bei angegebener Abduktionsschwäche eines Oberschenkels wird bei einer tatsächlichen Parese das kontralaterale gesunde Bein kräftig abduziert.
Sensibilitätsstörungen	
Nichtfühl-Test	Aufforderung, spontan mit „nein" zu antworten, wenn bei Bestreichen der Haut mit geschlossenen Augen „nichts gefühlt" wird.
Tast-Test	Adäquates Betasten von Gegenständen trotz angegebener völliger Gefühllosigkeit
Propriozeptions-Test	Wiederholte Prüfung der Propriozeption durch Auf- und Abbewegen der Finger- oder Zehengelenke (Augen geschlossen). Sinkt die Rate der richtigen Antworten unter 50 %, ist dies nur durch bewusstes Vortäuschen zu erklären („Alternativwahlverfahren").
Temperatur-Test	Erhaltende Temperaturempfindung (z. B. Besprühen mit Alkoholspray) bei Angabe einer fehlenden Schmerzempfindung

Tab. 20.2: (fortgesetzt)

Test	Bewertung
Stimmgabel-Test	Eine unterschiedliche Vibrationsempfindung beim Rechts-Links-Vergleich am selben Knochen (Stirn, Kiefer, Sternum) ist physikalisch nicht zu erklären.
Laser-Test	Wird bei Bestrahlung als schmerzhaft angegebener Hautareale mit einem roten Laser-Pointer eine Schmerzverstärkung angegeben, ist dies physiologisch nicht erklärbar.
Gleichgewichtsstörungen	
Pezzi-Ball-Test	Eine erhaltene Stützreaktion beim Sitzen auf einem Pezzi-Ball spricht bei einer demonstrierten Gleichgewichtsstörung gegen eine organische Ursache.
Rollstuhl-Test	Kann bei einer demonstrierten Gangstörung ein Bürostuhl mit Rollen im Sitzen normal fortbewegt werden, spricht dies gegen eine organische Ursache.

20.3 Psychiatrische Beschwerdenvalidierung

20.3.1 Befunderhebung nach dem AMDP-System

Die Erhebung des psychopathologischen Befundes erfolgt im deutschsprachigen Sprachraum üblicherweise nach der Systematik der Arbeitsgemeinschaft für Methodik und Dokumentation in der Psychiatrie (AMDP). Diese umfasst insgesamt 100 Einzelsymptome in 12 Befundkategorien:

1. Bewusstseinsstörungen
2. Orientierungsstörungen
3. Aufmerksamkeits- und Gedächtnisstörungen
4. Formale Denkstörungen
5. Befürchtungen und Zwänge
6. Inhaltliche Denkstörungen (Wahn)
7. Sinnestäuschungen
8. Ich-Störungen
9. Störungen der Affektivität
10. Antriebs- und psychomotorische Störungen
11. Circadiane Besonderheiten
12. Andere Störungen

Grundproblem der Befunderhebung ist hierbei jedoch, dass lediglich 22 der genannten 100 Einzelsymptome im Sinne einer sog. „Fremdbeurteilung" vom Untersucher beobachtbar und damit auch objektivierbar sind, während der überwiegende Teil der Symptome wie Ängste, Schlafstörungen oder ein sozialer Rückzug auf den subjektiven Selbstangaben des Untersuchten beruht. Es stellt daher bereits einen wesentlichen Teil der Beschwerdenvalidierung dar, wenn im Gutachten klar zwischen subjektiven Angaben („*Beschwerdenebene*“) und objektivierbaren Befunden („*Befundebene*“) getrennt wird (Tab. 20.3).

Tab. 20.3: Differenzierung zwischen subjektiv berichteten und objektiv beobachtbaren Symptomen.

Subjektive Beschwerden (Beschwerdenebene)	**Objektivierbare Befunde** (Befundebene)
– Grübeln	– Affekt
– Ängste	– Antrieb
– Innere Unruhe	– Psychomotorik
– Schlafstörungen	– Denkablauf
– Morgentief	– Auffassungsvermögen
– Rückzug	– Konzentrationsfähigkeit
– Suizidgedanken	– Umstellungsfähigkeit
– Leistungsminderung	– Orientierung
– usw.	– usw.

20.3.2 „Core Set“ der psychiatrischen Befunderhebung

Neben dieser essenziellen Trennung in subjektive Angaben und objektivierbare Befunde, was letztlich jedoch in allen medizinischen Fachgebieten von Bedeutung ist, ermöglicht die Beobachtung während einer mehrstündigen psychiatrischen gutachtlichen Exploration, die gleichsam einen erheblichen „Stresstest“ darstellt, wesentliche Informationen über die Plausibilität und Konsistenz geklagter Beschwerden. Ein entsprechender „Core Set“ der wichtigsten Kriterien findet sich in Tab. 20.4.

Tab. 20.4: „Core Set“ der klinisch-psychiatrischen Beschwerdenvalidierung (nach [2]).

Geltend gemachte Beeinträchtigung	**Beschwerdenvalidierung**
Orientierung	Findet sich der Proband bei einem unbegleiteten Toilettengang zurecht?
Aufmerksamkeit	Werden beim Diktat eigenanamnestischer Angaben falsche Inhalte spontan korrigiert?
Konzentrationsfähigkeit	Bleibt der Proband über den gesamten Untersuchungsverlauf über mehrere Stunden hinweg aufmerksam?
Umstellungsfähigkeit	Vermag sich der Proband auf rasch wechselnde („unerwartete“) Themen einzustellen?
Gedächtnis	Sind geltend gemachte Gedächtnisstörungen auch bei unverfänglichen Themen (z. B. Hobbys) erkennbar?
(Formales) Denken	Ändert sich das Verhalten bei konfrontativen Fragen?

Tab. 20.4: (fortgesetzt)

Geltend gemachte Beeinträchtigung	Beschwerdenvalidierung
Ängste und Zwänge	Sind unter dem Druck der gutachtlichen Exploration Zwangshandlungen erkennbar?
Affekt	Sind affektive Einbrüche während der Exploration durch Wechsel des Themas zu unterbrechen?
	Bleibt der Proband auch bei kritischen Themen steuerbar?
	Ist eine eingangs erkennbare Affektstörung auch beim Abschlussgespräch noch vorhanden?
Antrieb	Ist eine eingangs erkennbare Antriebsstörung auch beim Abschlussgespräch noch vorhanden?

20.4 Testpsychologische Beschwerdenvalidierung

Die testpsychologische Diagnostik gliedert sich im Wesentlichen in den Einsatz von Fragebögen sowie in verschiedene Tests. Der weitaus überwiegende Teil wurde dabei für klinische Verlaufsbeobachtungen und nicht für Begutachtungen entwickelt. Entsprechend verbietet sich eine unkritische Übernahme testpsychologischer Befunde ohne ergänzende Beschwerdenvalidierung. Hierbei kommt „Simulationsfragebögen", in Fragebögen eingebetteten Kontrollaussagen sowie spezifischen neuropsychologischen „Beschwerdenvalidierungstests" Bedeutung zu (Abb. 20.3).

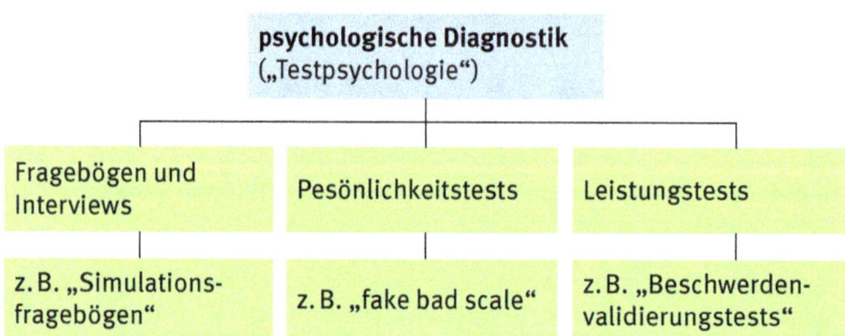

Abb. 20.3: Verfahren der testpsychologischen Diagnostik.

20.4.1 Fragebögen und Interviews

Unterschieden wird in vom Untersuchten ausgefüllte Fragebögen (Selbstbeurteilungsfragebogen) und sog. Fremdbeurteilungsfragebögen, bei denen der Untersucher seinen klinischen Eindruck festhält (z. B. Hamilton Depressionsskala HAM-D). Letzteres erfolgt häufig auch durch Verwendung strukturierter Interviews, die eine Auflistung der bei dem Untersuchten explorativ zu erhebenden Fragen und Befunde enthalten (z. B. Strukturiertes Klinisches Interview SKID). Der Vergleich von Selbst- und Fremdbeurteilung dient der Beschwerdenvalidierung.

Darüber hinaus liegen im deutschen Sprachraum derzeit drei spezifische „Simulationsfragebögen" vor, die Hinweise auf nicht-authentische Selbstangaben geben sollen – im neuropsychologischen Sprachgebrauch häufig als „negative Antwortverzerrung" bezeichnet.

- Der **Strukturierte Fragebogen simulierter Symptome (SFSS)** [3] stellt die deutsche Übersetzung des für forensische Fragestellungen entwickelten „Structured Inventory of Malingered Symptomatology" (SIMS) dar [4]. Er enthält bei insgesamt 75 mit ja/nein anzukreuzenden Aussagen je 15 Aussagen zu den Skalen niedrige Intelligenz, affektive Störung, neurologische Ausfälle, Psychose und amnestische Störungen mit atypischen (z. B. „je depressiver ich bin, umso mehr möchte ich essen"), zum Teil auch bizarren (z. B. „ich habe bemerkt, dass sich mein Schatten wild um sich bewegt, auch wenn ich still stehen bleibe") Inhalten. Bei mehr als 16 auffälligen Aussagen sei an eine bewusste Vortäuschung von Beschwerden zu denken. Der Fragebogen ist allerdings relativ leicht in seiner Intention zu durchschauen.
- Der **Self-Report Symptom Inventory (SRSI)** mit insgesamt 107 Aussagen vermeldet den Anspruch, dass dieser im Vergleich zum SFSS weniger spontan als Fragebogen zur Beschwerdenvalidierung erkennbar sei [5]. Validierungsstudien außerhalb der Entwicklergruppe des kommerziell erhältlichen Fragebogens liegen bislang jedoch nicht vor.
- Der **Fragebogen zur Beschwerdenvalidierung (BEVA)** ist speziell auf der Erfassung negativer Antwortverzerrungen bei depressiven Störungen und Schmerzen ausgelegt [6]. Auch hier liegen bislang jedoch außerhalb der Entwicklergruppe keine Validierungsstudien vor, welche die Brauchbarkeit zur Diskriminierung tatsächlicher von aggravierten depressiven Störungen im Rahmen gutachtlicher Fragen bestätigen.

20.4.2 Persönlichkeitstests

Dabei handelt es sich gleichermaßen um Fragebögen, die jedoch zu verschiedenen Persönlichkeits- und Symptomausprägungen Aussagen machen sollen. Die gebräuchlichsten derartigen Fragebögen sind die deutschsprachige Version des Minnesota Multiphasic Personality Inventory (MMPI-2), das Verhaltens- und Erlebensinventar (VEI) sowie das Freiburger Persönlichkeitsinventar (FPI-R). Allen gemeinsam ist, dass sie sehr umfangreich sind und meist mehrere hundert Aussagen („Items“) umfassen, die mit ja oder nein zu beantworten sind. Diese enthalten eingebettete Kontroll- oder Validitätsskalen (z. B. „fake bad scale“), anhand derer Aussagen möglich sind, ob der Fragebogen authentisch bearbeitet wurde.

20.4.3 Leistungstests

20.4.3.1 Neuropsychologische Leistungstests

Hierbei handelt es sich um standardisierte Verfahren zur Prüfung kognitiver Funktionen. Sie prüfen mit Hilfe speziell entwickelter Testaufgaben anhand empirisch ermittelter Normwerte die jeweils zu messende Eigenschaft. Üblicherweise werden dabei folgende Funktionen überprüft:

- allgemeine Intelligenz
- Aufmerksamkeit (Dauer-, geteilte, selektive Aufmerksamkeit)
- Merkfähigkeit und Gedächtnis (Arbeitsgedächtnis, Lernen, episodisches/semantisches Gedächtnis, Altgedächtnis)
- Exekutive Funktionen (Planung, Problemlösefähigkeit, Abstraktion, Einsicht, Kritikfähigkeit, kognitive Flexibilität).

Die Durchführung derartiger Untersuchungen ist dann indiziert, wenn durch den Probanden leistungseinschränkende kognitive Beeinträchtigungen (z. B. Störungen der Konzentrations- oder Merkfähigkeit) geltend gemacht werden und/oder wenn kognitive Beeinträchtigungen in der Begutachtung auffallen und einer weitergehenden Abklärung bedürfen. Die Ergebnisse werden üblicherweise entsprechend der Gauß’schen Normalverteilung in Prozentrangwerten (PR) angegeben, wobei PR-Werte bis 16 dem „Normalbereich“ (einfache Standarddeviation) entsprechen, zum Teil werden auch sog. T-Werte genannt (Abb. 20.4).

Isoliert betrachtet, sind Testergebnisse kaum aussagefähig. Aspekte der Beschwerdenvalidierung ergeben sich jedoch in zweierlei Hinsicht:

- Die Durchführung derartiger Tests dient auch der „Belastungserprobung“, bei der die Auseinandersetzung des Untersuchten mit den Leistungsanforderungen der Tests sowie Veränderungen der Belastbarkeit im Untersuchungsverlauf direkt beobachtbar sind.
- Die Testergebnisse sollten sich auch in den tatsächlichen Verhältnissen im täglichen Leben widerspiegeln. So fordert die Fahrerlaubnisverordnung (FeV) für das Vorliegen einer Kraftfahreignung PR-Werte von wenigstens 16 in den wesentlichsten kognitiven Teilbereichen, und PR-Werte < 2 sind letztlich kaum mit einer selbständigen Lebensführung vereinbar.

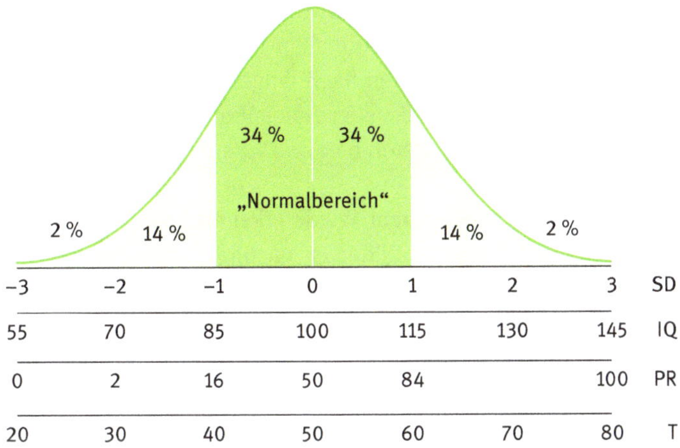

Abb. 20.4: Gauß'sche Normalverteilung mit neuropsychologischen Kennwerten. SD Standarddeviation. IQ Intelligenzquotient. PR Prozentrangwert. T T-Wert.

20.4.3.2 Neuropsychologische Beschwerdenvalidierungstests

Von neuropsychologischer Seite wurden in den vergangenen Jahren zahlreiche spezifische „Beschwerdenvalidierungstests“ zur Erkennung einer unzureichenden Leistungsmotivation entwickelt [7]. Sie beruhen im Wesentlichen auf 3 Grundprinzipien:

Scheinbar schwere Aufgabe: Bei derartigen Tests werden Probanden scheinbar komplexe Kombinationen von Zahlen, Worten, Symbolen oder Grafiken vorgelegt, die jedoch auf wenigen einfachen Grundstrukturen beruhen und daher von jedem Nicht-Dementen ohne Probleme zu erfassen und/oder zu memorieren sind. Eines der ältesten und einfachsten Verfahren mit allerdings nur geringer Sensitivität ist der sog. 15-Zeichen-Test nach Rey [8]. Hierbei werden dem Probanden unter der Vorgabe, dass es sich um einen schwierigen Gedächtnistest handelt, 15 Zeichen präsentiert, die er sich einprägen und wiedergeben soll (Abb. 20.5). Tatsächlich ist die kognitive Aufgabe aber so einfach, dass nur schwere Demenzerkrankungen zu Ergebnissen führen, die unter einem „Cut Off“ von 9 Zeichen liegen.

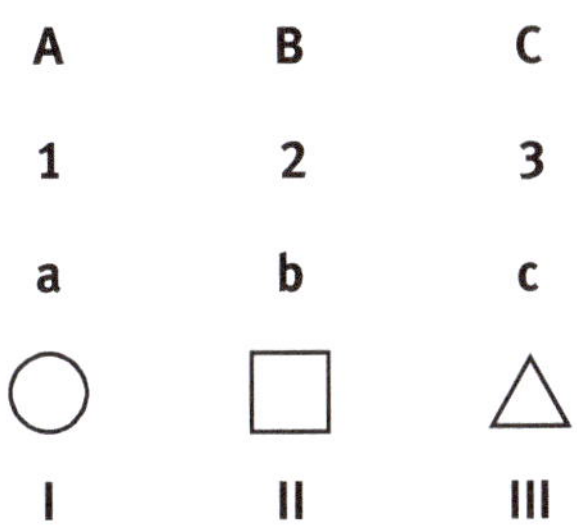

Abb. 20.5: 15-Zeichen-Test nach Rey [8] als Beispiel einer scheinbar schweren Aufgabe.

- **Leichte versus schwere Aufgabe**: Tests dieser Art beruhen auf der simplen Erfahrung, dass für die Bewältigung schwerer Aufgaben mehr Zeit benötigt wird als für einfache, die Wiedergabe von Begriffen nach längerer Zeit schwerer fällt als unmittelbar nach deren verbaler oder visueller Darstellung und/oder aktives Memorieren schwieriger ist als passives. Treten hier Diskrepanzen auf, sind diese physiologisch nicht zu erklären.
- **Alternativwahlverfahren**: Werden bei einem Wiedererkennungstest zuvor demonstrierter Worte, Zahlen, Symbole oder Bilder im nachfolgenden Durchgang zwei Alternativen angeboten, so entspricht die minimale Wiedererkennungsrate selbst bei Vorliegen einer ausgeprägten Demenz wenigstens der Ratewahrscheinlichkeit. Wird diese unterschritten, können Testergebnisse mit hoher Spezifität einer bewussten Vortäuschung zugeordnet werden, da ein solch schlechtes Ergebnis vom Probanden spezielle kognitive Fähigkeiten erfordert. Abb. 20.6 zeigt das dabei eingesetzte Prinzip.

Vorlage		Auswahl			authentisch	vorgetäuscht
Hund		Hund	Hase		**Hund**	**Hund**
Fahrrad		Fahrrad	Reifen		**Fahrrad**	Reifen
Mann		Junge	Mann		**Mann**	Mann
Zug	→	Zug	Bus	→	Bus	Bus
Hütte		Scheune	Hütte		**Hütte**	**Hütte**
Auto		Flugzeug	Auto		**Auto**	Auto
		...	...		**> 50 % richtig**	**< 50 % richtig**

Abb. 20.6: Darstellung des Grundprinzips von Alternativwahlverfahren. Im Beispiel werden dem Probanden zunächst einzeln die Begriffe der Vorlage gezeigt (meist 20–30), im zweiten Schritt soll er dann aus jeweils 2 Auswahlmöglichkeiten die in den Vorlagen gezeigten Begriffe wiedererkennen. Bei authentischer Mitarbeit werden in jedem Fall deutlich mehr als 50 % richtige Wiedergaben erreicht (50 % = Ratewahrscheinlichkeit). Weniger als 50 % richtige Wiedergaben weisen auf die bewusste Vortäuschung einer fehlerhaften Leistung hin.

Die meisten der heute eingesetzten Tests verbinden die genannten Grundprinzipien in komplexer Form, damit der Untersuchte das zugrundeliegende Testprinzip nicht durchschaut. Derzeit am häufigsten eingesetzt werden nachfolgende, kommerziell vertriebene „Beschwerdenvalidierungstests“:
- Test of Memory Malingering (TOMM),
- Amsterdamer Kurzzeitgedächtnistest (AKGT),
- Word Memory Test (WMT)

So hilfreich diese Tests im Einzelfall sind, haben sie doch auch ihre Grenzen. Wird – wie in Abb. 20.4 gezeigt – bei einem Test nach dem Alternativwahlverfahren die Ratewahrscheinlichkeit unterschritten, stellt dies zwar den Beweis für eine bewusste Vortäuschung neurokognitiver Defizite dar. In der überwiegenden Zahl der Fälle finden sich jedoch darüber liegende Werte, die dann mit mehr oder weniger gut untersuchten „Normstichproben" verglichen werden. Verminderte Leistungswerte können aber auch Ausdruck einer Depression, von Schmerzen, mangelnder Motivation und/oder einer Medikamentennebenwirkung sein. Selbstverständlich machen derartige Tests auch nur dann Sinn, wenn kognitive Einschränkungen geklagt werden oder bei der Untersuchung ersichtlich sind.

Literatur

[1] Widder B. Klinische Tests zur Beschwerdenvalidierung. Fortschr Neurol Psychiatr. 2017;85:740–6.

[2] Widder B. Beurteilung der Beschwerdenvalidität. Widder B Gaidzik PW Hrsg Neurowissenschaftliche Begutachtung. 3 rd ed., Stuttgart: Thieme; 2018, p. 103–26.

[3] Cima M, Hollnack S, Kremer K, et al. Strukturierter Fragebogen Simulierter Symptome. Nervenarzt. 2003;74:977–86.

[4] Smith GP, Burger GK. Detection of malingering: validation of the Structured Inventory of Malingered Symptomatology (SIMS). J Am Acad Psychiatry Law. 1997;25:183–9.

[5] Merten T, Merckelbach H, Giger P, Stevens A. The Self-Report Symptom Inventory (SRSI): A New Instrument for the Assessment of Distorted Symptom Endorsement. Psychol Inj Law. 2016;9.

[6] Walter F, Petermann F, Kobelt A. Erfassung von negativen Antwortverzerrungen – Entwicklung und Validierung des Beschwerdenvalidierungstests BEVA. Rehabil. 2016;55:182–90.

[7] Merten T. Beschwerdenvalidierung. Göttingen: Hogrefe Verlag; 2014.

[8] Rey A. L'examen clinique en psychologie. Paris: Presses Universitaires; 1964.

21 Allgemeine Schmerzbegutachtung

Andreas Steffen Gonschorek

Beispiel (1): Eine 53-jährige Berufsschullehrerin rutschte in der Schule auf einem Salatblatt aus und war mit dem rechten Bein im Spagat nach vorn aufgeschlagen. Im Erstbefund fanden sich außer einem Druckschmerz der hinteren Oberschenkelmuskulatur keine Verletzungszeichen. Die Unfallverletzte gab an, nicht mehr Sitzen zu können. Im MRT wurde zunächst der Verdacht auf einen Abriss der Sehne des M. bizeps femoris gestellt. Im Verlauf wurde über ein hochschmerzhaftes Areal unterhalb der Gesäßhälfte berichtet. Die Muskulatur wurde als eutroph beschrieben. Es folgten lokale Infiltrationen mit einem Lokalanästhetikum und Cortison, die Unfallverletzte wurde durchgehend physiotherapeutisch behandelt. Die Schmerzbeschwerden bestanden fort. Neun Monate nach dem Unfallereignis erfolgte eine mehrwöchige rehabilitative Behandlung, aus der sie arbeitsunfähig entlassen wurde. Ein Jahr nach dem Unfallereignis erfolgte eine berufliche Wiedereingliederung, hier äußerte sie Unzufriedenheit mit der beruflichen Situation. Die berufliche Wiedereingliederung musste auf Grund von „unerträglichen" Schmerzen abgebrochen werden. Es wurde mit einer ambulanten Schmerztherapie begonnen. In den darauffolgenden Wochen wurde über eine allmähliche Rückbildung der Beschwerden berichtet, 14 Tage vor der erneuten beruflichen Wiedereingliederung kam es wiederum zu einer erheblichen Zunahme der Schmerzen, die die Betroffene auf die gesteigerte Belastung in der Physiotherapie zurückführte. Ein Antrag auf Schwerbehinderung wurde abgelehnt, dies mündete in einem Sozialgerichtsverfahren. Die Anspruchstellerin beklagte eine mangelnde Fürsorge ohne Rücksichtnahme der Schulleitung auf ihre Beschwerden. „Warum bekomme ich nicht einen GdB von 50? Dann kann ich arbeiten gehen, weil mein Arbeitgeber zur Anpassung meines Arbeitsplatzes gezwungen ist."

Beispiel (2): Ein 52-jähriger Verkäufer war während seiner beruflichen Tätigkeit in einem Lebensmittelmarkt ausgerutscht und hatte sich das rechte Knie verdreht. Er zog sich dabei eine Verrenkung der Kniescheibe rechts zu, welche sich spontan reponierte. Eine Woche nach dem Ereignis wurde eine diagnostische Arthroskopie durchgeführt. Bei fortbestehenden Knieschmerzen erfolgte 6 Monate später eine erneute Arthroskopie. Der Unfallverletzte berichtete nachfolgend über eine Zunahme der Schmerzen. Im Rahmen der fortlaufenden physiotherapeutischen Behandlungen fielen Panikanfälle auf. In einer daraufhin veranlassten psychologischen Untersuchung wurden eine Angststörung sowie eine mittelgradige depressive Episode diagnostiziert. An psychosozialen Belastungsfaktoren wurde eine Insolvenz und ein damit einhergehender Verlust der beruflichen Tätigkeit als Inhaber eines Lebensmittelmarktes, hohe Schulden sowie familiäre Konflikte und eine aktuelle Trennung von der Ehefrau berichtet. Der Unfallverletzte gab stärkste Schmerzbeschwerden im Bereich des Knies, das Unvermögen, ohne Hilfsmittel zu gehen und eine erhebliche Einschränkung der Gehstrecke an. Eine wesentliche Beeinflussung der Schmerzen durch physiotherapeutische und physikalische Behandlungsmaßnahmen bzw. verschiedenste medikamentöse Behandlungsansätze konnte nicht erreicht werden.

https://doi.org/10.1515/9783110693362-021

21.1 Einleitung

„Schmerz ist eine unangenehme sensorische und emotionale Erfahrung, die mit einer tatsächlichen oder potenziellen Gewebeschädigung in Zusammenhang steht oder einer solchen ähnelt“ [1].

Akute und chronische Schmerzen sind in der klinischen Praxis die am häufigsten geschilderten Beschwerden und werden auch in der Begutachtung am häufigsten geklagt. Das Symptom Schmerz ist ein komplexes psychologisches Phänomen und unterliegt einer erheblichen individuellen Bandbreite. Chronische Schmerzen sind durch ein Missverhältnis zwischen objektivierbaren organischen Störungen und der subjektiv erlebten Schmerzintensität, Frequenz und Lokalisation geprägt. Eine aktive Auseinandersetzung mit dem Phänomen Schmerz ist für eine umfassende Beurteilung des vorliegenden medizinischen Sachverhalts in der Begutachtung unabdingbar. Dabei gehört die Begutachtung chronischer Schmerzsyndrome zu den schwierigsten Aufgaben in der ärztlichen Sachverständigentätigkeit. Die nachfolgenden Empfehlungen beruhen auf der nunmehr 4. aktualisierten Leitlinie zur Schmerzbegutachtung (AWMF-Registriernummer 094-003).

Die Begutachtung chronischer Schmerzen ist eine primär ärztliche Aufgabe, bei der in der Regel körperliche als auch psychische Ursachen der beklagten Schmerzen erfasst und unterschieden werden müssen. Psychologen und psychologische Psychotherapeuten können zusätzlich im Bedarfsfall zu besonderen Fragestellungen im Rahmen eines Zusatzgutachtens herangezogen werden. Die Beurteilung chronischer Schmerzen obliegt zunächst dem Gutachter des Fachgebietes, indem durch entsprechende Gewebeschädigung oder Störungen erklärbare Schmerzen bestehen. Dabei sollte der Gutachter Kenntnisse in der Entstehung chronischer Schmerzen, der Schmerzverarbeitung und Schmerzchronifizierung besitzen. Die Durchführung einer speziellen „schmerzmedizinischen Begutachtung“ ist dann indiziert, wenn sich Diskrepanzen zwischen dem subjektiven Schmerzerleben und objektivierbarer Gewebeschädigungen, einer zu vermutenden oder nachgewiesenen psychischen Erkrankung im Zusammenhang mit dem Schmerzerleben bzw. das Vorliegen eines außergewöhnlichen Schmerzsyndroms (z. B. Phantomschmerzen, komplexes regionales Schmerzsyndrom (CRPS)) ergeben. Der in der Regel interdisziplinäre Charakter in der Beurteilung mit nachvollziehbarer Integration der Einzelgutachten (z. B. unfallchirurgisch, neurologisch-psychiatrisch) muss in der abschließenden und zusammenfassenden Beurteilung des vorliegenden medizinischen Sachverhaltes erkennbar sein, um Widersprüche oder Fehleinschätzungen vor allem in der Abgrenzung körperlicher zu psychischen Schmerzen zu vermeiden.

21.2 Einteilung chronischer Schmerzsyndrome

In der Begutachtung hat es sich bewährt, chronische Schmerzsyndrome in 3 Kategorien einzuteilen, diese sind durch die entsprechenden ICD-Diagnosen zu kodieren (Abb. 21.1).

In Bezug auf die pathophysiologische Ursache von Schmerzen können sogenannte nozizeptive Schmerzen, also durch eine Gewebeschädigung z. B. in Muskeln, Gelenken oder Eingeweiden hervorgerufene Schmerzen von sogenannten neuropathischen Schmerzen durch eine Schädigung peripherer oder zentralnervöser Strukturen unterschieden werden. Für die Annahme neuropathischer Schmerzen kann allerdings nicht allein die Schmerzqualität als Maßstab herangezogen werden. Hier ist der Nachweis einer tatsächlich stattgehabten oder noch bestehenden neurogenen Schädigung obligat.

In der Begutachtung werden „übliche Schmerzen“, die ein Begleitsymptom einer körperlich fassbaren Gewebeschädigung oder Erkrankung darstellen von „außergewöhnlichen Schmerzen“ unterschieden. Letztere führen zu einer erheblichen eigenen, über die Gewebeverletzung hinausgehende Funktionsbeeinträchtigung. Beispielhaft seien hier Phantomschmerzen oder komplex regionale Schmerzsyndrome bzw. Thalamusschmerzen oder andere zentralneuropathische Schmerzsyndrome nach Läsion des zentralen Nervensystems genannt. Im Umkehrschluss kann allerdings nicht jeder Phantomschmerz oder neuropathische Schmerz als außergewöhnlicher Schmerz eingeordnet werden. Es sind jeweils die Diagnosen des ICD-10 zu verwenden, eine darüberhinausgehende detaillierte Beschreibung der mit den Schmerzen einhergehenden Funktionsstörung ist unumgänglich.

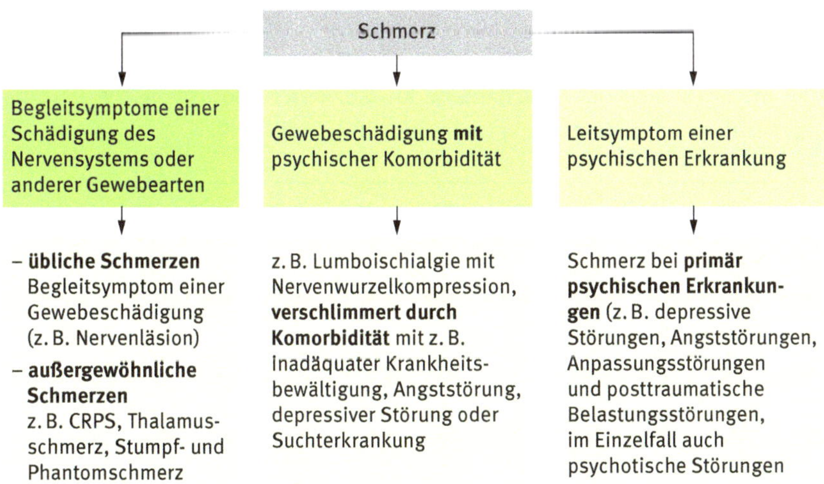

Abb. 21.1: Einteilung von Schmerzen aus gutachtlicher Sicht.

Mischbilder in Form von Schmerzen bei Gewebeschädigungen oder Erkrankungen mit psychischer Komorbidität stellen die größte zu begutachtende Gruppe dar und bereiten auch in der interdisziplinären Begutachtung die größten Probleme in der Beurteilung. Häufig handelt es sich um eine misslungene Anpassung an eine Gewebeschädigung (im Sinne einer sogenannten Schmerzfehlverarbeitung).

Durch eine erhebliche Gewebeschädigung bzw. sich daraus ergebende berufliche und soziale Teilhabestörungen können sich psychoreaktive Beeinträchtigungen mit eigenem Krankheitswert entwickeln. Diese können mit den durch die Gewebeschädigung vorliegenden Schmerzen in negative Wechselwirkungen treten bzw. einer Chronifizierung und ggf. auch Ausweitung der Schmerzen Vorschub leisten. Stehen körperliche Befunde (Organpathologie) und Befinden (Schmerz) in Übereinstimmung, dann bestimmen die mit dem fachbezogenen Befund verknüpften körperlichen Beeinträchtigungen gemäß der ICF die Leistungsbeurteilung. Stehen hier bei der Fehlverarbeitung ängstlich-depressive Symptome im Vordergrund, sollte die jeweilige psychische Störung benannt und entsprechend ICD-10-Code klassifiziert werden (z. B. Anpassungsstörung oder depressive Störung). In der Regel ist hier eine fachübergreifende Begutachtung unter Einbeziehung des psychiatrisch-psychosomatischen Fachgebietes notwendig. Ursprünglich auslösende organische Ursachen und aufrechterhaltende psychische Faktoren müssen in der Begutachtung identifiziert und sauber voneinander getrennt werden. Eine pauschale Einordnung unter der Diagnose F45.41 (chronische Schmerzstörung mit somatischen und psychischen Faktoren) sollte dabei weitgehend vermieden werden [2]. Die chronische Schmerzstörung mit somatischen und psychischen Faktoren (F45.41) wird teilweise als unscharf kritisiert und möglicherweise auch zu häufig vergeben [3,4].

Darüber hinaus kann der Schmerz Leitsymptom einer psychischen Erkrankung sein. Hier sind insbesondere somatoforme Schmerzstörungen zu nennen, es treten aber auch Schmerzen in Verbindung mit einer Depression oder Angststörung auf. Bei einer Schmerzsymptomatik ohne erkennbare organpathologische Schädigung oder Erkrankung orientiert sich die Einschätzung an den durch die psychische Erkrankung hervorgerufenen Funktionsbeeinträchtigungen (gemäß ICF).

Merke: Nur, wenn körperliche Befunde (Organpathologie) und Befinden (Schmerz) in Übereinstimmung stehen, können die mit dem fachbezogenen Befund verknüpften körperlichen Beeinträchtigungen die Leistungsbeurteilung bestimmen.

21.3 Zustandsbegutachtung

Beurteilt werden Einschränkungen der beruflichen Leistungsfähigkeit, z. B. Berufsunfähigkeitsversicherung, Rentenversicherung, Beamtenversorgung und berufsständische Versorgungswerke oder der sozialen Teilhabe, Schwerbehindertenrecht oder in der Bewertung der Kausalität unstrittiger Verletzungs- oder Schadensfolgen.

21.3.1 Anamnese

Der Anamnese kommt in der gutachtlichen Untersuchung eine besondere Bedeutung zu, hier ist in der detaillierten und umfassenden Exploration des Probanden regelmäßig ein deutlich erhöhter Zeitbedarf zu veranschlagen. Erforderlich ist eine spezielle Schmerzanamnese zu Lokalisation, Häufigkeit und Charakter der Schmerzen, tageszeitliche Bindung, biographische Schmerzerfahrung, eine Arbeits- und Sozialanamnese und allgemeine Anamnese vorhergehender Erkrankungen oder Unfallereignisse, eine ausführliche Behandlungsanamnese mit Dauer, Intensität und Ergebnis bisheriger Behandlungsmaßnahmen, Häufigkeit, Dauer und Einnahme von Medikamenten und Nebenwirkungen, Intensität physikalischer und physiotherapeutischer Behandlungen, symptomverstärkende und unterhaltende ärztliche Maßnahmen.

Wesentlich ist zudem eine detaillierte Exploration der Beeinträchtigung der Aktivitäten im alltäglichen Leben („ADL“, Schlaf, Tagesablauf, Mobilität, Selbstversorgung, Haushaltsaktivitäten, erforderliche Ruhepausen, Fähigkeiten zum Auto- und Radfahren) sowie der sozialen Partizipation im zeitlichen Verlauf (Familienleben, soziale Kontakte, Freizeitbereiche, soziale Unterstützung und Qualität der Partnerbeziehung). Die subjektive Schilderung des Probanden hinsichtlich seines Alltags- und Tagesablaufes und dessen Konfrontation mit konkreten, ihm vorgestellten Arbeitstätigkeiten bedürfen auch eines direkten Nachfragens, um einerseits bereits hier Diskrepanzen aufzudecken bzw. auch eine Information über affektive Impulskontrollen und emotionale Reaktivität zu erhalten. Soweit möglich und sinnvoll kann die Exploration durch einen Einsatz spezieller Fragebögen ergänzt werden. Die Ergebnisse müssen dann im Kontext mit den anamnestischen Angaben und Befunden im Rahmen der Konsistenzprüfung eingeordnet werden. Soweit der Proband einwilligt, kann eine ergänzende Befragung begleitender Familienangehöriger erfolgen, die Erhebung der Fremdanamnese ist allerdings, zumindest im zivilrechtlichen Prozess, problematisch und erfordert zuvor (!) die Zustimmung des Gerichtes.

Merke: Eine umfassende und detailreiche Anamnese bildet die wesentliche Grundlage der Schmerzbegutachtung.

21.3.2 Untersuchungsbefunde

(Einschließlich Zusatzuntersuchungen wie Bildgebung, neurophysiologischen Untersuchungen, Selbstbeurteilungsskalen, Spiegelbestimmung von Medikamenten und Beschwerdevalidierung)

Eine umfassende klinische Befunderhebung ist für die Begutachtung obligat. Hervorzuheben ist hier darüber hinaus die Beobachtung des Probanden in der Gutachtensituation. Dabei kann die Beobachtung des Gehens vor, während und nach der Begutachtung, der Spontanmotorik, Mimik und Gestik, des Bewegungsmusters beim An- und Auskleiden wichtige Hinweise liefern, die für die spätere Konsistenzprüfung herangezogen werden können. In der körperlichen Untersuchung ist auf Bewegungseinschränkungen, Tonusveränderungen der Muskulatur, schmerzhafte Triggerpunkte, allgemeine oder umschriebene Muskelatrophien, Hand- und Fußbeschwielung, Körperpflege, Körperbräune, Haartracht, Fähigkeit zum Stillsitzen, erforderliche Entlastungsbewegungen zu achten. Neben dem Allgemeinbefund ist dann auch der fachgebietsbezogene Untersuchungsbefund zu erheben.

Der Einsatz apparativer Verfahren wie z. B. elektrophysiologische Untersuchungen (z. B. Bestimmung von Nervenleitfunktionen) oder bildgebende Untersuchungen (Computer- und Kernspintomographie) dienen dem Nachweis und der Beurteilung des Ausmaßes von Nervenschädigungen bzw. Schädigungen von anderem Gewebe. Für die Beurteilung der individuellen Art und des Ausmaßes chronischer Schmerzen sind die Befunde allerdings von untergeordneter Bedeutung. Nach dem derzeitigen wissenschaftlichen Kenntnisstand gilt das auch für funktionelle Bildgebungsverfahren wie z. B. die funktionelle Kernspintomographie (fMRI).

Auch im Hinblick auf die spätere Konsistenzprüfung kann die Bestimmung der Serumspiegel der als eingenommen angegebenen Medikamente von Bedeutung sein. Bezüglich der Quantifizierung ist allerdings der individuelle Medikamentenstoffwechsel zu berücksichtigen, der unter Umständen sehr unterschiedlich sein kann. Ein überhaupt nicht nachweisbarer Medikamentenspiegel im Blutserum schließt jedoch weitgehend aus, dass ein am Untersuchungstag eingenommenes Medikament tatsächlich eingenommen wurde. Die Prüfung des Medikamentenspiegels setzt allerdings das Einverständnis des Probanden voraus.

Merke: Ein wichtiges Instrument für ein nachvollziehbares Gutachten ist die Konsistenzprüfung subjektiver Erlebnisschilderungen/beklagter Schmerzen/Funktionsstörungen.

21.3.3 Gutachtliche Beurteilung

Die Diagnosestellung orientiert sich an den Kriterien des ICD-10. Dabei sind eingehende differentialdiagnostische Erwägungen auf Basis der erhobenen Beschwerden und Befunde vorzunehmen. Wesentlich ist die Darstellung der nachweisbaren Funktionsbeeinträchtigungen gemäß ICF. Dabei müssen sowohl die gestellten Diagnosen als auch die resultierenden Funktionsbeeinträchtigungen in allen Rechtsgebieten ohne vernünftigen Zweifel im sogenannten „Vollbeweis“ vorliegen. Maßstab für die Bewertung von Funktionsbeeinträchtigungen sind die belegbaren Auswirkungen der geklagten Schmerzsymptomatik in der beruflichen und sozialen Teilhabe, Persönlichkeitsstruktur und persönlichkeitsstrukturellen Auffälligkeiten sowie die Würdigung der bisherigen durchgeführten Behandlungsmaßnahmen und deren Beeinflussung auf die beklagten Schmerzen. Darüber hinaus muss das Gutachten Aussagen zur Prognose des diagnostizierten Schmerzsyndroms beinhalten. Diese beruht im Wesentlichen auf 3 Faktoren.

Tab. 21.1: Wesentliche Kontextfaktoren nach ICF für die Chronifizierung von Schmerzen [5].

ICF-Bezeichnung	Hemmende/belastende Kontextfaktoren
umweltbezogene Faktoren	– Arbeitsplatzprobleme, z. B. Mobbing, Kränkungen, Arbeitsplatzverlust – Familiäre Probleme, auch überprotektives Verhalten der Familie – iatrogene Verstärkung, z. B. „katastrophisierende“ ärztliche Beratung, unreflektierte ärztliche Atteste (z. B. bzgl. Arbeitsunfähigkeit)
personbezogene Faktoren	– soziodemographische Faktoren, z. B. Alter, niedriges Bildungsniveau – biologische Faktoren, z. B. genetische Disposition, Stresserfahrungen in der Kindheit, körperliche Erkrankungen – psychosoziale Faktoren, z. B. maladaptive Stressbewältigung, psychische Komorbidität, Kompensationswünsche

Kontextfaktoren, siehe Tab. 21.1: Je mehr belastende oder hemmende Kontextfaktoren nach ICF vorliegen, umso ungünstiger ist die Prognose einzuschätzen. Positiv sind demgegenüber eine fortbestehende Sozialintegration sowie zumindest ein zum Teil somatisch erklärbares Beschwerdebild. Die **Dauer der Beschwerdesymptomatik** hat einen gewissen Einfluss auf die Prognose des Schmerzsyndroms, wird in ihrer Bedeutung allerdings häufig überschätzt.

Die **Anwendung adäquater Therapiemaßnahmen** ist kritisch zu hinterfragen. Aus dem Vorliegen stattgehabter Rehabilitationsmaßnahmen kann nicht allein auf diagnostische und therapeutische Güte der Behandlung geschlossen werden [6]. Häufig finden sich hier in den Unterlagen ausschließlich auf eine somatische Therapie ausgerichtete Behandlungsmaßnahmen. Wurde bei längerer Krankheitsdauer keine geeignete multimodale Behandlung durchgeführt, so ist das für die Prognose von Bedeutung. Die Sicht des Probanden in Bezug auf die Ergebnisse der Behandlung als auch das Fehlen adäquater Therapiemaßnahmen können Hinweise auf die Therapiemotivation des Probanden geben. Hinzuweisen ist zudem auf Aufrechterhaltung der Beschwerden z. B. durch eine nicht indizierte Opiatmedikation [7].

Konsistenzprüfung: In Hinblick auf das Fehlen objektiver Messmethoden zur Quantifizierung von Schmerzen kommt der Frage, inwieweit in der Zusammenschau von anamnestischen Angaben, klinischen Befunden und insbesondere auch der möglichst lückenlos vorliegenden Aktenlage die geklagten Beschwerden und Beeinträchtigungen plausibel sind, die entscheidende Bedeutung zu. Dabei ist dem „Prozess der Validierung" der subjektiven Erlebnisschilderung des zu Begutachtenden auf ein Wahrscheinlichkeitsniveau, welches demjenigen objektiver Befunde entspricht und damit die „Überzeugungskraft eines Vollbeweises besitzt" durch eine „fast kriminalistisch anmutende" Konsistenzprüfung Rechnung zu tragen. Zweifel am Ausmaß der geklagten Beschwerden können aufkommen, wenn die in der nachfolgenden Aufzählung genannten Kriterien erkennbar sind.

Hinweise auf nicht oder nicht in dem geklagten Umfang vorhandene Funktionsbeeinträchtigungen:

1. Diskrepanzen zwischen der subjektiv geschilderten Intensität der Beschwerden und der Vagheit der Beschwerden
2. Diskrepanzen zwischen massiven subjektiven Beschwerden (einschließlich Selbsteinschätzung in Fragebogen) und der erkennbaren körperlich-psychischen Beeinträchtigung in der Untersuchungssituation
3. Diskrepanzen zwischen eigenen Angaben und fremdanamnestischen Informationen (einschließlich der Aktenlage)
4. Diskrepanzen zwischen schwerer subjektiver Beeinträchtigung und einem weitgehend intakten psychosozialen Funktionsniveau bei der Alltagsbewältigung
5. Diskrepanzen zwischen dem Ausmaß der geschilderten Beschwerden und der Intensität der bisherigen Inanspruchnahme therapeutischer Hilfe
6. Diskrepanzen zwischen dem erkennbaren klinischen Bild und den Ergebnissen in Selbstbeurteilungsskalen und/oder psychometrischen Tests (einschließlich spezieller Beschwerdevalidierungstests)
7. Diskrepanzen zwischen den zeitnah zur Untersuchung als eingenommen angegebenen Medikamenten und deren Nachweis im Blutserum

Auffällige Inkonsistenzen sind bei den zu Begutachtenden zu hinterfragen und in ihrer Bedeutung für die gesamte Beurteilung zu wichten und entsprechend darzustellen. Gegebenenfalls kann durch die Anwendung klinischer Tests zur Beurteilung eines inadäquaten Schmerzverhaltens oder die Anwendung neuropsychologischer Tests zur Beschwerdevalidierung bei schmerzbedingt geklagten Konzentrations- oder Gedächtnisstörungen angewendet werden. In diesem Zusammenhang ist auch eine Diskussion über die willentliche Steuerbarkeit der beklagten Beschwerden und Beeinträchtigungen auf der Basis persönlicher Ressourcen vorzunehmen. Hier ist zu klären, ob und in welchem Umfang die geklagten Beschwerden bewusst oder bewusstseinsnah zur Durchsetzung von Versorgungswünschen, Zuwendungen, Entlastung von unangenehmen Pflichten gegenüber Dritten eingesetzt werden (sekundärer und tertiärer Krankheitsgewinn). Sie wären dann auch willentlich zu überwinden.

Auf der anderen Seite kann die „Schmerzkrankheit" Lebensplanung und -ablauf soweit übernommen haben, dass eine Überwindung willentlich und/oder durch Therapie nicht mehr möglich erscheint. Hinweisend für eine willentliche Steuerbarkeit ist der Rückzug von unangenehmen Tätigkeiten, jedoch nicht von angenehmen Dingen des Lebens, das Beibehalten von Führungs- und Kontrollfunktion z. B. bei der Überwachung von Hausarbeit von Angehörigen, Steuerung des Einkaufsverhalten von Angehörigen und ähnliches, trotzt erkennbarem Rückzug von aktiven Tätigkeiten.

Merke: Ein „schmerzbedingter" Rückzug von unangenehmen unter Beibehaltung angenehmer Tätigkeiten und Beibehalten von Führungs- und Kontrollfunktionen ist ein Hinweis auf die bestehende willentliche Steuerbarkeit.

21.4 Zusammenhangsbegutachtung

21.4.1 Gutachtliche Beweisführung

Die Zusammenhangsbeurteilung chronischer Schmerzen unterscheidet sich grundsätzlich nicht von der bei körperlichen oder seelischen Gesundheitsstörungen nach schädigenden Ereignissen. Nach Klärung der haftungsbegründenden Kausalität im Bereich der gesetzlichen Unfallversicherung sind in allen Rechtsgebieten im Allgemeinen drei Fragen zu beantworten:

1. Welche körperliche und/oder seelische Schädigung lag als „Erstschaden" vor?
2. Welche Gesundheitsstörungen lagen danach bzw. liegen zum Zeitpunkt der Untersuchung vor? Hierfür gelten die bereits für Zustandsgutachten genannten Kriterien.
3. Bestand zwischen dem nachgewiesenen Erstschaden und den Gesundheitsstörungen unter Berücksichtigung von Schädigungs- bzw. unfallfremder Ursachen ein Kausalzusammenhang?

Dabei sind die in den verschiedenen Rechtsgebieten unterschiedlichen Kausalitätsbegriffe und die einzelnen Glieder der „Kausalkette" in der Zusammenhangsbeurteilung mit den unterschiedlichen Beweismaßen zu beachten. Es wird hier auf die AMWF-Leitlinie zu Grundlagen der Begutachtung (Registriernummer 094-001) verwiesen.

21.4.2 Beantwortung der Gutachtenfragen

In Bezug auf die in Abb. 21.1 vorgeschlagene Einteilung von Schmerzsyndromen ergeben sich drei unterschiedliche Formen der Beurteilung.

Bei durch eine Gewebeschädigung bedingten Schmerzen bestimmen die mit den fachbezogenen Befunden verknüpften Funktionsbeeinträchtigungen die Einschätzung von Schädigungsfolgen, soweit hier körperliche Befunde (Organpathologie) und Befinden (Schmerz) nach einem Schädigungsereignis mit nachweisbarem Körperschaden in einem kongruenten Verhältnis stehen. „Übliche“ Schmerzen gehen dabei bereits in die MdE/GdB/GdS-Wertung ein. Sie berücksichtigen hierbei auch die „Erfahrung besonderer schmerzhafter Zustände“. Dies gilt auch für die Beurteilung neuropathischer Schmerzen. Außergewöhnliche Schmerzen und/oder seelische Begleiterscheinungen (die in ihrem Vorhandensein im Vollbeweis zu belegen sind), die über das übliche Maß hinausgehen und eine „spezielle ärztliche Behandlung“ erfordern, können in der Regel einen Zuschlag zu den funktionell bedingten MdE/GdB/GdS-Werten rechtfertigen [8].

Bei durch Gewebeschädigung bedingten Schmerzen mit Verstärkung durch psychische Komponenten ist die Einbeziehung des psychiatrisch-psychosomatischen Fachgebiets erforderlich. Hier ist zu klären, inwieweit in Abgrenzung zu konkurrierenden Faktoren eine Fehlverarbeitung der körperlichen Unfallfolgen vorliegt, die unter Berücksichtigung des vorliegenden Rechtsgebiets als Schädigungsfolge anzusehen wäre. Liegen keine messbaren körperlichen Unfallfolgen mehr vor, ist eine über 6 Monate bzw. längstens 2 Jahre anhaltende psychische Komorbidität nicht mehr als Schädigungsfolge zu begründen.

Bei Schmerzen als Leitsymptomatik einer psychischen Störung können ohne erkennbare Gewebeschädigung oder Erkrankung Schmerzen nur „anerkannt“ werden, wenn die Schädigungssymptomatik Folge des Schädigungserlebens im Sinne einer gutachtlichen nachweisbaren *Posttraumatischen Belastungsstörung* ist [9].

Für die Schmerzbeurteilung in der gesetzlichen Unfallversicherung kann eine analoge Betrachtung eines neuen methodischen Ansatzes für die MdE-Werte bei psychischen Unfallfolgen [10] verwendet werden. Hier werden MdE-Werte für drei Dimensionen aufgeführt:
- körperlich-funktionelle Dimension mit Beeinträchtigung körperlicher Funktion
- psychisch-emotionale Dimension mit Beeinträchtigung des inneren Erlebens
- soziokommunikative Dimension mit Beeinträchtigung der sozialen Interaktion

Diese vorgeschlagenen MdE-Werte lassen sich insbesondere bei Vorliegen einer Schmerzstörung und psychischen Beeinträchtigung besser rationalisieren.

Merke: In der gutachtlichen Bewertung ist auf die tatsächlich und nachweisbar funktionelle Beeinträchtigung und ihre Auswirkungen auf das Leistungsvermögen abzustellen, nur so können in der Regel interdisziplinäre Gutachten mit Fehl- oder Doppelbewertungen vermieden werden.

21.5 Auflösung der Fallbeispiele

Beispiel (1) – Auflösung: Eine noch fortbestehende organische Ursache der chronischen Schmerzen konnte nicht festgestellt werden. Es wurde die Diagnose einer anhaltenden somatoformen Schmerzstörung (ICD 10 F45.4) gestellt und als unfallunabhängig beurteilt.

Beispiel (2) – Auflösung: Unter Berücksichtigung der unfallchirurgischen Begutachtung war das Ausmaß der Schmerzbeschwerden durch die stattgehabte Verletzung und die Behandlungsmaßnahmen nicht erklärbar. Hier war von einer überwiegend psychischen Ursache der Schmerzbeschwerden aufgrund unfallunabhängiger psychischer Störungen auszugehen.

Literatur

[1] Raja SN, et al. The revised International Association fort he Study of Pain definition of pain: conceptts, challenges, and compromises. Pain. 2020, DOI: 10.1097/j.pain.0000000000001939 online ahead of print.

[2] Widder B, Gaidzik PW. Neurowissenschaftliche Begutachtung 3. Auflage Seite 442.

[3] Häuser W. Chronische Schmerzstörung mit somatischen und psychischen Faktoren – eine berufspolitisch initiierte Diagnose harrt ihrer wissenschaftlichen Validierung. Schmerz. 2018;32:211–212.

[4] Nilges P, Rief W, Kaiser U, et al. Diagnose F45 ist wissenschaftlich belastbar. Schmerz. 2018;32:213–215.

[5] Schneider S, Schmitt H, Zoller S, Schiltenwolf M. Workplace stress, lifestyle and social factors as correlates of back pain: a representative study oft the German working population. Int Arch Occup Environ Health. 2005;78:253–269.

[6] Huppe A, Raspe H. Efficancy of inpatient rehabilitation for chronic back pain in Germany: update of a systematic review. Rehabilitation. 2005;44:24–33.

[7] Kouyanou K, Pither CE, Weseley S. Medication misuse, abuse and dependence in chronic pain patients. J Psychosom Res. 1997;43:497–504.

[8] B. Widder. Vierte Aktualisierung der Leitlinie zur Schmerzbegutachtung. MedSach. 2018;114.

[9] Egle U, Frommberger U, Kappls B. Begutachtung bei Posttraumatischen Belastungsstörungen (PTBS mit Leitsymptom Schmerz). Schmerz. 2014;28:534–364.

[10] Philipp M. Vorschlag zu diagnoseunabhängigen Ermittlung der MdE bei unfallbedingten psychischen bzw. psychosomatischen Störungen. MedSach. 2015;111:255–262.

22 Kultursensible Aspekte der Begutachtung und Forensik

Wolfgang Hausotter

22.1 Einleitung

Die Leistungsbeurteilung von Personen, die in anderen Kulturkreisen aufgewachsen sind und dort ihre Sozialisation erfahren haben, stellt den ärztlichen Sachverständigen vor eine besondere Herausforderung. Es müssen die Kriterien Anwendung finden, nach denen die Gemeinschaft *aller* Versicherten zu beurteilen ist. Jedoch ist den Besonderheiten des Einzelnen Rechnung zu tragen. Das Verlassen der Objektivität und eine einseitige Haltung in die eine oder andere Richtung muss unbedingt vermieden werden.

Die sozialmedizinische Begutachtung, insbesondere ein „kultursensitives" Gutachten ist ohne die Berücksichtigung und kritisch-abwägende Wertung transkultureller und ethnomedizinischer Hintergründe des Einzelnen nicht vollständig.

Der Begriff *„internationale Migranten"* umfasst nach der Definition der Vereinten Nationen alle Personen, die ihren Wohnsitz für mindestens ein Jahr – eventuell auch für immer – ins Ausland verlegen, unabhängig von Motivation oder kulturellem Hintergrund, wobei Flucht und Verfolgung als Sonderfall gelten.

Zu den Menschen mit *Migrationshintergrund* zählen alle nach 1949 auf das heutige Gebiet der Bundesrepublik Deutschland zugezogenen sowie alle in Deutschland geborenen Ausländer und die in Deutschland geborenen Bürger mit zumindest einem zugezogenen oder als Ausländer in Deutschland geborenen Elternteil (Definition des Statistischen Bundesamtes).

25,5 % unserer Bevölkerung sind Menschen mit Migrationshintergrund. Dies entspricht dem Stand von Anfang 2018.

22.2 Kulturpsychologische Grundlagen

22.2.1 Türkischstämmige Migranten

Am 31.12.19 lebten nach den Daten des Statistischen Bundesamtes [16] rund 1,5 Mio. Personen mit türkischer Staatsbürgerschaft in Deutschland. Es finden sich deutliche Unterschiede im Bildungsniveau zwischen Männern und Frauen und der ersten und zweiten Migrantengeneration [6,14]. Bei den Männern sinkt der Anteil der Personen ohne Abschluss von der ersten zur zweiten Generation von 7,7 % auf 4,3 %, der Anteil der Personen mit niederem Abschluss von 44,1 % auf 40,4 %. In der ersten Generation verfügten etwas weniger als die Hälfte (zusammengerechnet 48,1 %) der Män-

https://doi.org/10.1515/9783110693362-022

ner über einen mittleren oder hohen Bildungsabschluss, in der zweiten Generation sind es 55,3 %.

22.2.1.1 Dörfliche Herkunft

Ein Teil der ersten Generation stammt aus dörflichen Verhältnissen in Anatolien und hat sehr konservative Wertvorstellungen, die sich insbesondere auch im Rollenverständnis Frauen gegenüber ausdrückt. Diese Menschen haben meist eine eingeschränkte Schulbildung: im günstigsten Fall einen fünfjährigen Volksschulbesuch und nur selten eine abgeschlossene Berufsausbildung.

In dieser Gruppe finden sich auch die größten Sprachprobleme und dadurch eine erschwerte soziale Integration. Beruflich steht eine begrenzte Zahl von Arbeitsplätzen einfachster Art mit kurzer Anlernzeit zur Verfügung. Als beispielhaft gelten der Müllwerker und der Hof- und Reinigungsarbeiter. Tätigkeiten als Facharbeiter mit differenzierten Anforderungen an Ausbildung und zunehmend an die Fähigkeit, mit Computern umzugehen, sind diesem Personenkreis verwehrt. Arbeitsplätze dieser Art sind im zeitlichen Verlauf seltener geworden.

22.2.1.2 Großstädtische Herkunft

Die Großstädter unter den türkischen Migranten der ersten Generation sind häufig eher westlich orientiert, was sich auch in einem anderen Rollenverständnis zeigt. Sie sprechen meist sehr bald und gut Deutsch und haben die geringsten Probleme mit der beruflichen und sozialen Integration. Sie bringen häufiger eine adäquate schulische und berufliche Vorbildung mit und sind beruflich flexibel und vielseitig einsatzfähig. Nicht wenige ehemalige türkische Lehrer und Büroangestellte arbeiten der besseren Verdienstmöglichkeiten wegen in Deutschland. Eine ganze Reihe dynamischer und unternehmerisch orientierter Türken gründeten eigene Geschäfte und sind als Selbständige beruflich erfolgreich.

22.2.1.3 Türkische Frauen

Die Frauen der ersten Generation haben nur selten eine berufliche Ausbildung und deren schulisches Bildungsniveau findet sich deutlich niedriger als das der gleichaltrigen Männer. Das Lebenskonzept ist auch bei den Großstädterinnen traditionell auf die Familie ausgerichtet, wodurch die Doppelbelastung der gleichzeitig berufstätigen Mütter weiter steigt.

Eine enorme soziale Erwartungshaltung bringt einen erheblichen und ungewohnten Leistungsdruck gerade für diese Frauen mit sich. Die Verlockungen der Konsumgesellschaft und die Erwartung und Verpflichtung einer finanziellen Unterstützung der zu Hause gebliebenen Mitglieder der Großfamilie führen dazu, dass die Frau mitarbeiten muss, was nicht der traditionellen Rollenverteilung im Herkunftsland entspricht.

Die Frauen der zweiten und dritten Generation haben fast stets ausgezeichnete Deutschkenntnisse und sind beruflich meist sehr ehrgeizig und engagiert.

22.2.2 Migranten aus anderen Ländern

Einwanderer aus dem ehemaligen *Jugoslawien* haben durchaus vergleichbare Probleme, obgleich hier gesellschaftlich, wie historisch eine engere Beziehung zum Westen und den Besonderheiten der deutschen Gesellschaft zu erkennen sind. Die Bürgerkriegsflüchtlinge hatten zusätzliche nachvollziehbare Konflikte, die sich aus der unmittelbaren Kriegserfahrung, dem Verlust von Familienangehörigen und ihres Eigentums ergaben. Die ethnischen Ressentiments wurden häufig auch in der neuen Umgebung beibehalten.

Die 3 Millionen deutschstämmigen Spätaussiedler aus *Russland* waren in Kasachstan oder in Sibirien oft als „Deutsche" oder „Faschisten" tituliert worden und als Angehörige einer ungeliebten Minderheit häufig benachteiligt. In Deutschland war ihr Minderheitsstatus als „Russen" auch einer sozialen Integration hinderlich. Dazu kommt, dass die Kinder der Spätaussiedler nicht selten den Kontakt zur deutschen Kultur verloren hatten, wodurch die Integration oft hohe Anstrengungsbereitschaft forderte. Andererseits bringt diese Bevölkerungsgruppe fast stets eine solide Berufsausbildung mit, wenngleich manche Tätigkeiten wie Lehrer oder Bibliothekare o. ä. in Deutschland nicht anerkannt werden, was zu Kränkungen und Enttäuschungen führt.

Migranten und Flüchtlinge aus anderen Staaten der Welt, besonders aus Syrien, Afghanistan, Irak, Somalia u. a. sind in den letzten Jahren nach Deutschland eingereist und der Umgang mit ihnen ist derzeit in den Vordergrund einer tiefen gesellschaftlichen Debatte getreten. Gutachtlich spielen sie in unserem Kon text – noch – keine Rolle. Informationen über den psychischen Zustand von Asylsuchenden in Deutschland sind bis dato defizitär. Bekannt ist jedoch, dass unfreiwillige Migration wie Flucht vor Krieg und Verfolgung mit einem erhöhten psychischen Morbiditätsrisiko einhergeht [2,12].

Asylsuchende haben allein schon Probleme durch das sich oft lang hinziehende Anerkennungsverfahren und die z. T. noch größeren kulturellen Unterschiede und Sprachprobleme. Der Persönlichkeit, der intellektuellen Begabung und der Bereitschaft zur Integration kommen hier entscheidende Bedeutung zu.

Bei Personen anderer Kulturkreise handelt es sich somit um Menschen sehr heterogener Herkunft und ganz unterschiedlicher Biografien, die es stets im Einzelfall zu würdigen gilt. Schulische und berufliche Vorbildung, Flexibilität und Anpassungsfähigkeit stellen entscheidende Faktoren für eine geglückte und erfolgreiche Integration oder – in ungünstigen Fällen – für eine psychosomatische Erkrankung dar.

22.2.2.1 Probleme der Zuwanderergenerationen

Erste Generation: Probleme mit der Sprache und der Kultur, Überlegungen der Rückkehr.

Zweite Generation: Spannung zwischen den kulturellen und traditionellen Normen des Herkunftslandes – verkörpert durch die Eltern – und dem Anpassungsdruck zur Assimilation in der Schule und am Arbeitsplatz.

Dritte Generation: schon in Deutschland geboren, dem Herkunftsland und seinen soziokulturellen Normen entfremdet, im Einwanderungsland oft nicht voll akzeptiert, mit gelegentlichen subtilen Zurückweisungen [7].

22.3 Probleme bei der Begutachtung

22.3.1 Kommunikationsprobleme

Sprachliche Verständigungsschwierigkeiten der Migranten der ersten Generation stehen in der Begutachtungssituation auch heute im Vordergrund. Viele der ausländischen Mitbürger haben sich im Laufe der Jahre einen Wortschatz angeeignet, der ausreicht, um die wichtigsten Informationen am Arbeitsplatz zu verstehen und im Supermarkt einkaufen zu gehen. Im privaten Bereich verkehren sehr viele nur unter Landsleuten, so dass sie weder Gelegenheit haben noch Möglichkeiten suchen, ihre Sprachkenntnisse zu vervollkommnen, vor allem gilt dies für die im traditionellen Rollenverständnis verhafteten Frauen.

Die Kommunikation mit dem Arzt ist entsprechend erschwert. Fällt es vielen Menschen mit deutscher Muttersprache schon schwer, manche körperlichen Missempfindungen sprachlich auszudrücken, so stellt dies den Nicht-Muttersprachler wie Gutachter vor schier unüberwindbar scheinende Probleme. Nach der Rechtsprechung des Bundessozialgerichts [4] darf die mangelnde Sprachkompetenz aus Gründen der Gleichbehandlung bei der Begutachtung keine Berücksichtigung finden.

22.3.2 Dolmetscher

Merke: Gemäß SGB IX ist bei Unkenntnis der Sprache eines ausländischen Probanden die Hinzuziehung eines Dolmetschers erforderlich.

Der Einsatz eines Dolmetschers sollte vom Gutachter aber immer auch kritisch begleitet werden. Der engagierte und empathische Dolmetscher fühlt sich nicht selten bemüßigt, das Gespräch an sich zu ziehen und viele Fragen zusammenfassend nach eigenem Gutdünken zu beantworten, was natürlich nicht akzeptiert werden darf, daher muss der Sachverständige in einem vorbereitenden Gespräch auf einer Wort-für-Wort-Übersetzung bestehen.

Gerade im klein- und mittelstädtischen Bereich stehen nur wenige qualifizierte und vereidigte Dolmetscher zur Verfügung. Die Kostenübernahme des Auftraggebers für einen Dolmetscher ist vor Antritt der Begutachtung zu klären. Ein solcher müsste natürlich auch im Rahmen der körperlichen Untersuchung anwesend sein. Selbst einfache Anweisungen bedingen oft sprachliche Probleme, erst recht differenziertere Aufforderungen im Rahmen der neurologischen und psychiatrischen Untersuchung. Dabei ist darauf zu achten, dass die Privatsphäre und auch mögliche Scham des Probanden respektiert und beachtet werden.

Merke: Für den Dolmetscher gilt im Idealfall: professionell, vereidigt, Verschwiegenheitspflicht, gleichgeschlechtlich wie Proband, aus gleicher Region, Vorbesprechung mit Dolmetscher, Wort-für-Wort-Übersetzung, Nachbesprechung mit Dolmetscher und kulturspezifische Erläuterungen für den Gutachter.

Als pragmatische Lösung hat es sich bei einfachen Fragestellungen bewährt, den Probanden zunächst allein zu explorieren und zu untersuchen und danach unklar gebliebene Fragen unter Hinzuziehung der oft begleitenden Familienangehörigen zu ergänzen. Bei gerichtlichen Gutachten ist ein Dolmetscher obligat.

Übersetzertätigkeit durch Angehörige und Bekannte kann bei psychiatrischen Gutachten einen Anfechtungsgrund darstellen [7].

Zimmermann [17] fordert statt eines Dolmetschers einen „Sprachmittler", der in der Lage sein muss, die medizinisch-wissenschaftliche Sprache des Arztes auf die Verständnisebene des Patienten zu transponieren und – umgekehrt – die von laienmedizinischem Verständnis geprägten Fragen des Patienten auf die medizinisch relevanten Sachverhalte zu hinterfragen und diese dem Arzt mitzuteilen.

22.3.3 Ausdrucksweise

Im Rentenverfahren können dem Sachverständigen beruflich unqualifizierte, einfach strukturierte Menschen begegnen, die nicht in der Lage sind, sich selbst in ihrer Muttersprache differenziert auszudrücken, geschweige denn in einer fremden Sprache. Diese Personen können dazu neigen, sich weitschweifig und umschreibend auszudrücken und Ausdrucksweisen gebrauchen, die der deutsche Arzt als demonstrativ und aggravierend empfindet, etwa eine Symbolsprache wie „Batterie leer" oder „alles kaputt", „keine Kraft" oder ähnliche feststehende Redewendungen. Die Angaben bleiben mangels sprachlicher Ausdrucksfähigkeit oft vage und unbestimmt.

22.4 Aspekte der Krankheitsentstehung

22.4.1 Probleme der Integration

In der modernen Psychosomatik wird Gesundheit und Krankheit als Anpassungsleistung in biologischer, psychischer, sozialer und kultureller Dimension aufgefasst.

Merke: Bei Migranten gilt *Akkulturation* als Aneignung von Elementen einer für sie fremden Kultur.

Gelingt diese in einzelnen Teilbereichen nicht, so kommt es zu einer Irritation des sozio-psychosomatischen Gleichgewichtes mit resultierenden Funktionsstörungen, die von Befindlichkeitsstörungen bis hin zu ernstzunehmenden Krankheiten reichen können.

Als Akkulturationsstrategien der Migranten gelten: Integration, Assimilation, Separation und Marginalisierung.

Unter *Integration* versteht man die aktive Partizipation an der Mehrheitsgesellschaft unter Beibehaltung von Bezügen der Herkunftsgesellschaft. Die *Assimilation* ist gekennzeichnet durch das Ablegen von Einstellungen der Herkunftsgesellschaft und unter der *Separation* ist die Ablehnung der Ankunftsgesellschaft unter Beibehaltung der Bezüge zur Herkunftsgesellschaft zu verstehen. Als *Marginalisierung* gilt mangelnde Partizipation an der Ankunftsgesellschaft und Aufgabe von Bezügen der Herkunftsgesellschaft.

Merke: Integration geht mit dem geringsten und Assimilation mit dem größten Ausmaß an Depressivität einher [1].

Die Sprache ist die Basis für eine adäquate Interaktion mit der Gesellschaft auf allen Ebenen und damit für die Integration, natürlich auch die Anerkennung der Verfassung und der ortsüblichen Gepflogenheiten. Die Sprachlosigkeit zwischen Arzt und Patient stellt ein besonderes Problem mit allen daraus resultierenden, auch den gesundheitlichen und sozialen Bereich betreffenden negativen Konsequenzen dar [13].

Merke: Die mit erheblichen Belastungen und Anstrengungen verknüpften komplexen Anpassungsverläufe an neue kulturelle und gesellschaftliche Bedingungen und die damit verbundenen Identitätskrisen spielen eine wesentliche Rolle in der Entstehung der funktionellen, psychosomatischen und somatisierten depressiven Störungen, die bei Migranten überproportional häufig auftreten und oft Anlass zur Begutachtung sind.

Auch stresstheoretische Ansätze unter Berücksichtigung von Bewältigungsstrategien (coping) und sozialer Unterstützung (social support) sind als Erklärungsmodell hilfreich.

Gesundheitserhalt und Krankheitsbewältigung von Migranten sind stark abhängig von sozialen Rahmenbedingungen, die in der Vergangenheit von der Prämierung des millionsten angeworbenen Gastarbeiters bis hin zur Entwicklung eines eher fremdenfeindlichen Klimas reichten. Auf der persönlichen Ebene spielen das unmittelbare Umfeld im beruflichen Bereich, das Betriebsklima und die Anerkennung ebenso wie die private Sphäre mit Nachbarschaftskontakten, Integration in Vereinen oder ähnlichen Institutionen eine wichtige Rolle.

Allerdings wird dies von den Migranten – und Frauen die in einem traditionellen Rollenverständnis gefangen sind – nicht immer angestrebt und in vielen Fällen bleibt die Familie die alleinige private Zone, wodurch die Eingliederung in das neue soziale Umfeld nur bruchstückhaft zustande kommt. Eng damit verknüpft ist der erfolgreiche Spracherwerb, der nur beim völligen „Eintauchen“ in die neue Kultur adäquat möglich ist.

22.4.2 Somatisierung

Die Somatisierung sozialer und psychischer Konflikte spielt eine besondere Rolle. Häufig sind die Migranten nicht in der Lage, ihre seelischen Probleme in einer für die deutschen Ärzte verständlichen Form zu artikulieren. Die Regression auf präverbale, körpernahe Formen der Konfliktbewältigung steht meist im Vordergrund. Die vorherrschende Präsentation körperlicher Symptome führt zu einer fehlgeleiteten und überproportionalen ärztlichen Diagnostik von funktionellen Störungen bei Migranten. Diese wiederum übt mit ihrer apparativen Hochtechnologie und der Möglichkeit, alles kostenlos in Anspruch nehmen zu können, auf die Betroffenen eine ungeheure Faszination aus. Das bloße ärztliche Gespräch wird häufig nicht gewürdigt, nicht verstanden und auch nicht angestrebt und dem Vorschlag einer Psychotherapie stehen sie oft verständnislos gegenüber. Die in unserem deutschen Kulturkreis in der Praxis übliche Zweiteilung der Medizin in organisch versus psychisch wird von den Betroffenen nicht verstanden, da sie ihren tradierten Krankheitsvorstellungen nicht entspricht. Die diesem Phänomen ebenfalls oft hilflos gegenüberstehenden deutschen Ärzte, die weder die Sprachbarriere überwinden können noch mit den kulturellen Gegebenheiten vertraut sind, nehmen nur zu gerne das körperliche Leidensangebot des Probanden an, bringt es doch zumindest kurzfristig die Möglichkeit, zu agieren. Langfristig fördert dies natürlich die Fixierung auf die somatischen Beschwerden, die später nicht mehr zu durchbrechen ist und zu immer neuen frustranen Behandlungsversuchen führt.

Somatisierungen werden als soziales Kunstprodukt der gegenseitigen Rollenerwartungen von Ärzten und Patienten gewertet.

22.4.3 Migration als Lebenseinschnitt

Grundsätzlich gilt, dass die Migration nicht per se zu Krankheit und Leiden führt [3]. Als entscheidende Faktoren sind anzusehen,
- ob sie zu einem positiven Lebensaspekt geführt hat,
- ob die Verwirklichung der persönlichen Lebensziele möglich war,
- wie die Umstände der Migration waren,
- unter welchen Bedingungen sie erfolgte und
- wie sie verarbeitet wurde.

Einer Reihe erfolgreicher Migranten, die hier sehr viel bessere Möglichkeiten der Selbstverwirklichung als in der Heimat fanden und diese auch bewusst mit positiver Einstellung akzeptierten, steht eine ebenso große Zahl von Personen gegenüber, die in irgendeiner Form gescheitert sind. Gründe dafür können sein, dass sie ihr persönliches Lebensziel nicht erreichten, enttäuscht sind und teils an tatsächlich oder vermeintlich kränkenden und zurücksetzenden Lebenssituationen, teils auch an ihrer eigenen mangelnden Flexibilität zerbrachen. Eine Bilanzierungskrise löst dann oft funktionelle Beschwerden mit der ganzen Kaskade über Krankschreibung, frustranen Behandlungsversuchen, Arbeitslosigkeit bis zum Rentenantrag aus.

Beispiel: Ein 53-jähriger türkischstämmiger Migrant stellte einen Antrag auf Erwerbsminderungsrente wegen „Schmerzen überall, Schlafstörungen, alles kaputt". Organpathologische Befunde konnten nicht erhoben werden, psychisch war der Antragsteller (AS) depressiv, gekränkt, antriebsgemindert, verdeutlichend mit hohem Leidensdruck. Nach einer Rehabilitationsbehandlung wurde er nur noch für < 3 Std. arbeitstäglich einsatzfähig gesehen und erhielt Rente auf Zeit, fühlte sich damit offiziell als „krank" anerkannt. Der frühere „Familienpatriarch" musste sich nun der tonangebenden und „das Geld verdienenden" Ehefrau unterordnen. Er fühlte sich dadurch wertlos mit Verlust der „Ehre" und der traditionellen Normen in der Familie. Bei primär somatischem Krankheitskonzept („immer Schmerz") der Behandler und vielen frustranen Behandlungsversuchen wurde er im erneuten Begutachtungsverfahren unter den Diagnosen der Fibromyalgie, somatoformen Störung und Aggravation über 6 Std. arbeitstäglich leistungsfähig gesehen. Dies hielt einer Überprüfung im gerichtlichen Verfahren nicht stand, da es inzwischen zu einer Chronifizierung mit Entzug der willentlichen Beeinflussbarkeit einer schweren Depression mit somatoformer Störung gekommen war.

Merke: Dem *ärztlichen Gutachter* kommt die Aufgabe zu, die Einzelschicksale neutral und objektiv, gleichzeitig aber auch einfühlend zu werten und hinsichtlich ihres Einflusses auf die aktuelle körperliche und/oder seelische Funktionsstörung einzuschätzen.

Ein schematisches Vorgehen ist nicht möglich und der Gutachter muss sich sowohl vor einer unsensibel-ablehnenden Haltung als auch vor einer überschießenden Empathie, der „Mitleidsfalle" hüten. Neutralität und Sachlichkeit unter dem Aspekt der Gleichbehandlung sind hier – wie auch sonst bei der Begutachtung – von entscheidender Bedeutung, ebenso adäquate interkulturelle Kompetenz.

22.4.4 Lebensgeschichtliche Probleme

Life-change-Forschung und empirische Sozialforschung gingen ursprünglich davon aus, dass die Zunahme psychosomatischer Krankheitsbilder bei den damals so genannten „Gastarbeitern" mit einer verstärkten Heimwehreaktion und einer hypochondrischen Entwurzelungsdepression korrespondiere. Heute werden diese Krankheitsbilder differenzierter betrachtet [11].

22.4.5 Überforderung durch die Migration

Die Migration ist bei vielen Betroffenen durch eine Vielzahl von Überforderungssituationen gekennzeichnet:
- rechtliche Unsicherheiten
- Diskriminierung
- Unüberschaubarkeit und mangelnde Planbarkeit der zukünftigen Gestaltung wichtiger Lebensaspekte
- Unsicherheit über weite Lebensabschnitte hinweg
- Gefühl des Ausgeliefertseins, obwohl es sich bei der Migration im Allgemeinen um eine freiwillig gewählte Änderung der Lebensumstände handelte
- Aufgabe oder zumindest Erschwernis gewohnter, Sicherheit gebender Lebensformen.

Inwieweit diesen Faktoren dann eine krankmachende Wirkung zukommt, hängt von den sozialen Rahmenbedingungen und den individuellen Gegebenheiten ab.

Dabei sind nicht nur die großen „life events" entscheidend, sondern auch die alltäglichen Ärgernisse oder – im positiven Sinn – die Freuden und Anerkennungen im Alltag.

Allgemein lässt sich sagen, dass die Mehrzahl aller Migranten die Umstellung auf die neuen Verhältnisse auch ohne längere psychiatrische und sozialrechtliche Interventionen bewältigt.

22.4.6 Beurteilung funktioneller Störungen bei Migranten

Funktionelle Störungen und vor allem *chronische Schmerzen*, für die sich kein organisches Korrelat findet, stehen in der Begutachtungssituation bei den Migranten im Vordergrund. Zu berücksichtigen ist dabei die kulturtypische Beschwerdedarstellung. Leid wird in anderen soziokulturellen Kontexten allgemein primär und elementar als körperlich erlebt, was als *kulturtypische Beschwerdedarstellung* bezeichnet wird. Das Ausagieren von Leid und Trauer unter Einbeziehung der Umgebung ist kulturelle Norm und unterscheidet sich grundsätzlich von den Vorstellungen der Mittel- und Nordeuropäer.

Merke: Der allgemeine Begriff „Schmerz" dient oft dazu, Missempfindungen und psychisches Leid auszudrücken, die rein somatische Beurteilung frustriert regelmäßig alle Beteiligten.

Die Compliance der ausländischen Patienten ist sehr unterschiedlich und hängt stark vom Gefühl ab, angenommen und verstanden zu werden. Fühlt sich der Patient hierin enttäuscht, setzt ein unkontrolliertes „doctor hopping" ein. Die Zuflucht zu aus der Heimat bekannten volkstümlichen Heilmethoden und Laienheilern ist oft die nächste Konsequenz. Bei den durch die Religion geprägten Muslimen dient der Hodscha nicht nur als religiöse Bezugsperson, sondern auch in medizinischen Fragen als Autorität, aus unserer Sicht in der Rolle des „Heilers". Allerdings bilden ausländische Mitbürger, fühlen sie sich von einem Arzt ihrer Wahl angenommen und verstanden, oft eine besonders anhängliche und dankbare Klientel.

Bei den Schmerzen stehen die *Wirbelsäulenbeschwerden* im Vordergrund. Einerseits sind Degenerationen und Texturstörungen bei niedrig qualifizierten Schwerarbeitern häufiger als bei anderen Bevölkerungsschichten, andererseits sind in unserer Zeit somatoforme Schmerzstörungen mit Bezug auf die Wirbelsäule allgemein außerordentlich häufig.

Unfälle werden oft nur schwer und unzureichend verarbeitet. Der vorgebrachte „Schmerz" korreliert meist nicht mit den somatischen Befunden. Der Antragsteller fühlt sich häufig unverstanden, schlecht beurteilt und benachteiligt und neigt dazu, beim nächsten Gutachter die Symptome in verstärkter Form vorzubringen, was ihm den Vorwurf der Aggravation einträgt. Er dagegen sieht – in seinem subjektiven Empfinden – die Schmerzsymptomatik als die entscheidende Ursache an, nicht mehr arbeiten zu können. Medikamentös lassen sich solche Beschwerden erwartungsgemäß nicht beeinflussen, einer Psychotherapie sind die Betroffenen häufig nicht zugänglich.

22.5 Gutachtliche Beurteilung

Die medizinische Begutachtung umfasst ein breites Spektrum von Fragestellungen im Zivil-, Straf- und Verwaltungsrecht – hier in Form des Sozialrechts. Die geschilderten Faktoren der Migrationsproblematik sind letztlich überall relevant und adäquat zu berücksichtigen.

An dieser Stelle sind die strafrechtlich-forensischen Aspekte ausgeklammert worden. Die grundsätzlichen Überlegungen zur Migrationsproblematik gelten jedoch auch dort. Der Schwerpunkt dieses Kapitels liegt im sozialmedizinischen Bereich und der Beurteilung des beruflichen Leistungsvermögens auf dem Arbeitsmarkt.

Bei der *Begutachtung* stellt sich zunächst die Frage, ob das Beschwerdebild hinreichend objektivierbar ist und ob eine relevante Krankheit körperlicher oder seelischer Art vorliegt. Auf Diskrepanzen zwischen Beschwerdeschilderung und objektiven Befunden ist zu achten. Liegt eine Krankheit vor, muss geklärt werden, ob sie behandelbar ist. Liegt ein objektiv fassbarer erheblicher Krankheitszustand vor und sind alle Versuche einer Behandlung gescheitert, so wird der Versicherte wohl auf nicht absehbare Zeit eine Erwerbstätigkeit in gewisser Regelmäßigkeit nicht mehr ausüben können. Wenn ein Proband allerdings nur immer wieder hartnäckig behauptet, nichts helfe gegen seine nicht objektivierbaren Schmerzen, dann reicht dies in der Regel nicht aus, eine rentenberechtigende chronische psychische Krankheit anzunehmen.

Es ist zu berücksichtigen, dass sich der Gutachter zur Beantwortung der jeweiligen Beweisfragen auf den Längsschnitt der lebensgeschichtlichen Daten und den Querschnitt der von ihm diagnostisch erhobenen medizinischen wie psychopathologischen Befunde stützen muss.

Der Leitfaden zur Beurteilung kultureller Einflussfaktoren im DSM-5 [5] stellt eine gute Orientierung für die Begutachtung dar.

Merke: Die sozialmedizinische Begutachtung muss die transkulturellen und ethnomedizinischen Hintergründe erfassen und adäquat in die Beurteilung einbauen.

Man muss sich vergegenwärtigen, dass das Klischee „Migranten“, „Asylanten“ oder „Ausländer“ in der Begutachtungssituation fehl am Platze ist. Wir haben Menschen aus ganz verschiedenen Ländern mit ganz unterschiedlichen Lebensschicksalen vor uns, von den Arbeitsmigranten aus südeuropäischen Ländern über deutschstämmige Umsiedler aus Russland, eine Vielzahl von Einwanderern aus dem ehemaligen Ostblock bis hin zu Asylsuchenden aus aller Welt. Es macht natürlich einen gewaltigen Unterschied, ob ein Arbeitsmigrant aus Griechenland freiwillig wegen besserer Arbeitsmöglichkeiten emigriert ist oder jemand aus Syrien oder Afghanistan wegen der Kriegssituation sein Land verlassen hat.

Es bedarf daher einer ganz *individuellen Betrachtung* des einzelnen Probanden unter Berücksichtigung der ganz speziellen Biografie und der jeweiligen Lebensumstände [12].

Beispiel: In einem Betreuungsverfahren war ein 44-jähriger Mann aus Afghanistan zu begutachten, der jahrelang in der Türkei und Griechenland arbeitete und dann in seine Heimat zurückkehrte. Er eröffnete einen Laden und begann eine Beziehung mit einer verheirateten Frau, deren Ehemann ihn daraufhin mit dem Tod bedrohte. Er floh über Griechenland nach Schweden, wo sein Asylantrag abgelehnt wurde, „strandete" schließlich in Deutschland. Während einer langen Bearbeitungszeit des erneuten Asylantrags fügte er sich oberflächliche Schnittverletzungen am Handgelenk zu und kam in psychiatrische Behandlung. Von der Ausländerbehörde erfolgte fürsorglich die Empfehlung einer Betreuung. Bei der gutachtlichen Exploration stellte sich heraus, dass der Betroffene nie Soldat gewesen und nie direkt in Kriegshandlungen verwickelt war, keine körperlichen oder psychischen Traumata erlitten hatte, sondern lediglich Angst vor dem „betrogenen" Ehemann hatte. Bei auch psychisch unauffälligem Befund konnte gutachtlich eine Betreuung nicht empfohlen werden.

Fazit: Eine genaue biografische Anamnese ist in diesen Betreuungsfragen von immenser Bedeutung.

Die Möglichkeit von *Fehldiagnosen* sollte bedacht werden: Körperliche Erkrankungen können aufgrund der Beschwerdepräsentation als Aggravation oder gar Simulation verkannt werden oder – umgekehrt – das organische Beschwerdeangebot wird möglicherweise zu einseitig betrachtet und die dahinterliegende seelische Störung nicht wahrgenommen. Dies gilt für den behandelnden Arzt ebenso wie für den Gutachter.

Wünschenswert ist eine *interkulturelle Kompetenz* seitens des Gutachters mit Akzeptanz anderer Kulturen, geprägt von Offenheit, Neugier und Respekt und dem Bemühen, die naheliegenden diagnostischen, therapeutischen und letztlich in der eigenen Hilflosigkeit liegenden Probleme adäquat und unvoreingenommen zu bewältigen [8,12].

Die Berücksichtigung spezifischer Aspekte, die mit Migration und Integration verknüpft sind, eine differenzierte biografische Anamnese mit Arbeitsbiografie und Exploration der sozialen Situation sind unerlässliche Bestandteile der gutachtlichen Beurteilung mit einem eigenen Passus „transkulturelle und migrationsspezifische Überlegungen".

Merke: Ziel des Gutachtens muss es sein, dem Auftraggeber ein möglichst plastisches Bild des Probanden, seiner körperlichen, psychischen und soziokulturellen Situation zu übermitteln. Gerade bei seelischen Störungen hat letztere erhebliche Bedeutung, um die vorgebrachten Beschwerden richtig einschätzen zu können.

Testpsychologische Untersuchungen sind hier äußerst problematisch, da sie im Allgemeinen für andere Populationen konzipiert wurden und validiert sind, das Sprachproblem nicht adäquat berücksichtigen und die Probanden aufgrund ihrer anders gearteten Sozialisation und Schulbildung den Umgang mit Zahlen und Symbolen kaum geübt haben [15].

Man muss sich die ungeheure *transkulturelle Spannung* klarmachen, unter der die Betroffenen stehen. Sie sind teils in der traditionellen Kultur verhaftet, teils über die Medien täglich mit den modernen westlich deutsch-anglo-amerikanisch orientierten Lebensvorstellungen konfrontiert. Der Generationenkonflikt verstärkt dies noch zusätzlich. Die traditionell gekleidete türkische Mutter mit entsprechenden Moralvorstellungen, deren Tochter Jeans trägt, die Pille nimmt und abends wie ihre Schulkameradinnen aus der Schule sich mit Gleichaltrigen treffen will, ist keine Ausnahme. Auch die bei uns selbstverständliche Emanzipation der Frau in der Ehe kollidiert mit der traditionellen Rolle in der Herkunftsfamilie. Die familiären Spannungen und die daraus resultierenden seelischen Konflikte liegen auf der Hand. Nicht selten ist dann die unbewusste „Flucht in die Krankheit" der einzige Ausweg.

Der *„Ehre"* kommt eine besondere Bedeutung zu. Sie ist streng familienbezogen – auch innerhalb der Familie – und wird oft über Generationen hinweg bei entsprechenden Kränkungen als kompensationsbedürftig und Genugtuung fordernd gewertet. Ist dies auf Grund unserer Gesetze nicht möglich, so fördert dies die innere Spannung und Wut durch die gehemmte Aggression.

22.6 Umstände und Auswirkungen der Migration

Bei der Begutachtung von Migranten sollte stets auf die Umstände der Auswanderung eingegangen werden [3,9]:

- Wann und wie erfolgte sie?
- In welchem Alter?
- Kam es zu einer Integration?
- Wurde sie gewünscht?
- Kam es zu einem sozialen Statusverlust oder zu einer Verbesserung des Sozialstatus?
- Wie ist die weitere Lebensperspektive?
- Wie ist die Situation der Ehefrau, der Kinder, der oft noch zuhause gebliebenen Großfamilie?
- Wieweit bestehen Kontakte zu Landsleuten oder zu Deutschen?
- Welche Bewältigungsstrategien und welche soziale Unterstützung bei belastenden Lebenssituationen stehen dem Probanden zur Verfügung?

Diese Fragen sind zusätzlich zu der sonst erforderlichen Krankheits- und biografischen Anamnese zu stellen und zu berücksichtigen. Sie sind zeitraubend, jedoch essenziell, um dem Probanden ausländischer Herkunft gerecht zu werden.

Die psychiatrisch-psychotherapeutischen Fachgesellschaften haben *„12 Sonnenberger Leitlinien"* zur Verbesserung der Versorgung von Migranten mit psychischen Erkrankungen erarbeitet, die hier auszugsweise wiedergegeben werden [10]: Erleichterung des Zugangs zur psychiatrisch-psychotherapeutischen Regelversorgung, Bildung multikultureller Behandlungsteams, Einsatz geschulter Fachdolmetscher als „Kulturmediatoren", Kooperation der unterschiedlichen Dienste, Verbesserung der Informationen über das regionale Versorgungsangebot, Weiterbildung der Mitarbeiter in transkultureller Psychiatrie, Entwicklung präventiver Strategien, Unterstützung der Bildung von Selbsthilfegruppen, Aufnahme der transkulturellen Psychiatrie in das Ausbildungscurriculum für Studenten u. a.

Die auf der Basis der freien Beweiswürdigung gefundene Überzeugung des Gerichts ist im Rechtsstreit allein ausschlaggebend. Der Gutachter hat die Aufgabe, das Gericht bei der Wahrheitsfindung zu unterstützen und die notwendige Sachkenntnis zu vermitteln.

Nicht die Migration als solche macht krank, sondern vielmehr, wie sie erfolgte, wieweit eine adäquate Integration gelang und welche sozioökonomischen Konsequenzen daraus resultieren.

Literatur

[1] Behrens K et al. How much orientation towards the host culture is healthy? Acculturation style as risk enhancement for depressive symptoms in immigrants. Int J Soc Psychiatry. 2015;61:498–505.

[2] Böttche M et al. Psychotherapeutische Versorgung traumatisierter geflüchteter Menschen in Deutschland. Nervenarzt. 2016;87:1136–1143.

[3] Dreßing H, Habermeyer E. Psychiatrische Begutachtung. 6. Aufl. Urban & Fischer München, 2015.

[4] Erlenkämper A. Rechtliche Grundlagen. In: Venzlaff U, Foerster K (Hrsg.): Psychiatrische Begutachtung. 3. Aufl. Urban & Fischer München, 2000.

[5] Falkai P, Wittchen HU (Hrsg.): Diagnostisches und statistisches Manual psychischer Störungen DSM-5. Hogrefe 2015.

[6] Hackhausen W. Sozialmedizin und ärztliche Begutachtung. Ecomed Landsberg.

[7] Hausotter W, Schouler-Ocak M. Begutachtung bei Menschen mit Migrationshintergrund. 2. Aufl. Urban & Fischer München, 2013.

[8] Knischewitzki V, et al. Interkulturelle Öffnung des psychiatrisch-psychotherapeutischen Versorgungssystems. Nervenheilkunde. 2014;33:434–438l

[9] Koch E, Assion HJ. Transkulturelle Psychiatrie: Alltag in Kliniken und Praxen. PSYCH up2date. 2011;5:301–312.

[10] Machleidt W. Die 12 Sonnenberger Leitlinien zur psychiatrisch-psychotherapeutischen Versorgung von MigrantInnen in Deutschland. Nervenarzt. 2002;73:208–209.

[11] Machleidt W, et al. Praxis der interkulturellen Psychiatrie und Psychotherapie. 2. Aufl. Urban & Fischer München, 2018.

[12] Schneider F, et al. Psychiatrische Begutachtung in asyl- und ausländerrechtlichen Verfahren. PSYCHup2date. 2019;13:343–358.
[13] Schouler-Ocak M, Aichberger MC. Versorgung von Migranten. PSYCH up2date. 2015;9:177–188l
[14] Schührer S. Türkeistämmige Personen in Deutschland. Erkenntnisse aus der Repräsentativuntersuchung „Ausgewählte Migrantengruppen in Deutschland 2015“ (RAM) Working Paper 81, Forschungszentrum Migration, Integration und Asyl, Herausgegeben vom Bundesamt für Migration und Flüchtlinge 2018.,
[15] Segmiller F, Dudeck M. Psychiatrische Beispielgutachten. Kohlhammer Stuttgart, 2019.
[16] Statistisches Bundesamt, Pressemitteilung vom 3. Juni 2020.
[17] Zimmermann E. Kulturelle Missverständnisse in der Medizin. Huber Bern, 2000.

23 Fallstricke der ärztlichen Begutachtung

Michael Wich, Holm-Torsten Klemm

23.1 Einleitung

Sowohl für den in der Begutachtung unerfahrenen Arzt, der erst am Anfang einer intensiveren Beschäftigung und Auseinandersetzung mit der Begutachtungsmaterie steht, wie auch für den schon erfahrenen Sachverständigen ist es von immanenter Wichtigkeit, sich mit den Fallstricken der Begutachtung auseinanderzusetzen und auch immer eine kritische Distanz zum eigenen Tun zu bewahren.

Merke: Wenn der Gutachter auf die eigene Fachkompetenz verweist und die eines anderen Sachverständigen in seinen Äußerungen herabwürdigt, zeugt dies nicht von Überlegenheit und Fachverstand, sondern von mangelnder sach- und fachlicher Überzeugungsfähigkeit.

Das Lernziel des folgenden Kapitels besteht darin, beispielhaft wesentliche Fehler in grundlegenden Fragen der Begutachtung darzustellen und aufzulösen. Neben diesen Fallstricken in der Basis der allgemeinen Begutachtung gibt es aber auch solche, die sich nur in bestimmten Rechtsgebieten finden und für den Neuling von besonderer Bedeutung sind, diese werden in einzelnen Unterkapiteln beleuchtet.

23.2 Formale Fehlerquellen

Der normalerweise als Behandler tätige Arzt, der einen einfühlsamen und empathischen Umgang mit seinen Patienten praktizieren sollte, hat als erste, wichtige Informationsquelle die Angaben seines Patienten zur Krankengeschichte, zu Beschwerden und von ihm bemerkten Symptomen. In Verbindung mit den vom Arzt erhobenen klinischen und apparativen Befunden leitet er daraus eine Verdachts- oder Behandlungsdiagnose ab, die wiederum Grundlage für eine gezielte und individuelle Behandlung seines Patienten darstellt, mit dem Ziel der Beschwerdelinderung und Heilung.

Derselbe Arzt muss für die Tätigkeit des Sachverständigen einen vollständigen Verständnis- und Rollenwechsel vollziehen. Im Vordergrund der Beurteilung eines gutachtlich zu beurteilenden Sachverhaltes haben jetzt die nachgewiesenen, entweder selbst erhobenen oder in der Behandlungsakte dokumentierten semiobjektiven und objektiven Befunde zu stehen. Die Angaben des zu Begutachtenden zur eigenen Krankengeschichte und zu den Beschwerden und Einschränkungen sind weiterhin wichtig und im Gutachten aufzunehmen, diese sind aber als sogenannter Beschwerde- oder Parteivortrag einzuordnen und nur dann als valide anzusehen, wenn dafür

https://doi.org/10.1515/9783110693362-023

entsprechende (semi-)objektive Befunde auch zeitnah zum Unfallgeschehen und im Krankheitsverlauf zu finden sind (bzw. dokumentiert wurden).

In der Behandlungssituation (Patient – Arzt) sollte der Arzt zunächst nicht an den vorgetragenen Beschwerden (Schmerzen, Beeinträchtigungen) zweifeln, wenn nicht offensichtliche Hinweise gegen eine Glaubwürdigkeit der Darstellung sprechen.

In der Begutachtungssituation (zu Begutachtender – Sachverständiger) geht es nicht mehr zentral um die „Glaubwürdigkeit" des zu Begutachtenden, sondern um eine Übereinstimmung zwischen vorgetragenen Beschwerden, Beeinträchtigungen und vom Untersucher zu erhebenden Befunden (Aktenstudium, klinische und apparative Diagnostik).

Merke: In einem Gutachten ist es nicht hilfreich, wenn der Sachverständige schreibt: „Die vom zu Begutachtenden vorgetragenen Schmerzen erscheinen glaubwürdig."

Es ist wesentlich angemessener für einen sorgfältigen Sachverständigen wenn gerade bei der Schmerzbeurteilung auf die klassischen Prozesse der Beschwerdenvalidierung (siehe Kap. 19 und 20) abgehoben wird und der Gutachter die vom Probanden vorgetragenen Schmerzen mit objektiven Parametern wie Muskelminderung und Einschränkungen in der psycho-sozialen Alltagbewältigung korreliert oder er aufführen kann, dass bereits entsprechende Hilfsangebote (Schmerzsprechstunde, -therapie) von dem zu Begutachtenden wahrgenommen wurden [1].

Die Beschwerden, die der zu Begutachtende vorträgt, sind am besten wörtlich aufzunehmen und im Gutachten wiederzugeben. Es hat sich bewährt, den Beschwerdevortrag dem zu Begutachtenden am Ende der Anamneseerhebung nochmals vorzulesen, was übrigens auch dokumentiert werden sollte. In kritischen Situationen sollte sich der Gutachter dies auch gegenzeichnen lassen oder das Diktat mit der Formulierung abschließen: „Beschwerdevortrag/anamnestische Angaben laut vordiktiert und für richtig wiedergegeben befunden".

Nicht selten finden sich dann in folgenden Erwiderungen oder am Ende in den Gerichtsverhandlungen Situationen, wo der zu Begutachtende behauptet, dass die von ihm angegebenen Beschwerden überhaupt nicht in das Gutachten Eingang gefunden hätten, dass er dazu überhaupt nicht befragt worden sei und das Gutachten damit erhebliche Mängel aufweise (selbst Vorwürfe der Befangenheit haben sich schon auf einen unvollständig wiedergegebenen Beschwerdevortrag gegründet).

Mit der oben skizzierten Dokumentationstechnik sind diesbezügliche Angriffspunkte meist zu vermeiden.

Während der Arzt in der Behandlungssituation noch mit seinen Patienten mitfühlen und besondere Hilfen anbieten darf, ist in der Begutachtungssituation die „Neutrale Haltung" eines der höchsten und auch hin und wieder am schwierigsten umzusetzenden Gütekriterien eines Sachverständigen. In der Behandlungssituation ist der Arzt Helfer und Beschützer des Patienten, in der Begutachtungssituation darf der Sachverständige sich nicht zum Anwalt des Probanden oder auch der Versicherung machen.

Seine wesentliche Aufgabe ist die einer sachverständigen Hilfsperson für den Auftraggeber des Gutachtens (siehe Kap. 2). Er soll durch seine Expertise zum Teil komplexe medizinische Sachverhalte für den Auftraggeber aufklären, transparent machen und verständlich darstellen. Seine Aufgabe besteht zudem darin, den aktuellen medizinisch-wissenschaftlichen Erkenntnisstand laienverständlich darzulegen und diesen auf die speziellen Fragen des Auftraggebers im konkreten Fall nachvollziehbar zur Anwendung bringen.

Diese grundlegenden Prinzipien der Begutachtung bieten schon reichlich Stoff für Fehler.

Beispiel: Auch die sympathische, ältere Dame, die seit Jahrzehnten in eine private Unfallversicherung eingezahlt hat und bei der der Versicherer jetzt Leistungen aufgrund einer vermeintlichen Bewusstseinstrübung als Sturzursache verweigert, sollte für den Gutachter nicht Anlass sein, hier Partei zu ergreifen und die Versicherungsnehmerin gegen die übermächtige Versicherung verteidigen zu wollen.

Merke: Der Gutachter sollte sich immer die „Natur" des Auftraggebers vor Augen halten, der am Ende aus seinem Gutachten einen Bescheid, eine Kosten- oder Leistungszusage oder ein Urteil zu fertigen hat. Nur wenn das Gutachten aus einer neutralen Position heraus in deutscher und einer für Laien verständlichen Sprache verfasst wurde, ohne dass der Auftraggeber mühsam nach den Fachbegriffen im Gutachten in Online-Lexika fahnden muss, hat dieses die Basis einer sachgerechten Begutachtung erfüllt. Erst wenn es der Gutachter geschafft hat, dass in komplexen Zusammenhangsfragen seine Argumentationslinie vom Auftraggeber vollständig nachvollzogen werden kann, wird dem Gutachten in der Regel auch gefolgt.

Ein Fehler, der von ärztlichen Sachverständigen hin und wieder begangen wird, ist, dass dieser am Ende der gutachtlichen Untersuchung eine Äußerung zum Ergebnis der Begutachtung macht. Er wird dazu häufig verleitet, wenn der Begutachtete ihn nachvollziehbarerweise fragt: „Nachdem Sie mich jetzt untersucht haben, steht mir dann auch eine Rente (Versicherungsleistung) zu?"

Im Begutachtungsprozess macht es Sinn, sich vor dem Begutachtungstermin mit den übersandten Unterlagen zu beschäftigen. Aber auch nach der Befragung und Untersuchung in der Phase der Gutachtenerstellung kann es immer wieder zu einem Neuabgleich von Befunden aus der Dokumentation und der Untersuchung kommen, sodass es nicht ungewöhnlich ist, wenn der Sachverständige hierbei nochmals zu Neubewertungen und in der Folge einem anderen Ergebnis kommt, als wenn er sich direkt nach der Untersuchung hätte festlegen müssen.

Merke: Der Gutachter sollte während der Begutachtung (auch nicht am Ende) keine Aussagen zum Ergebnis der Begutachtung und den Konsequenzen für die Zahlung der Versicherung, der Rechtmäßigkeit von Ansprüchen oder dem Ausgang des Rechtsstreites machen. Der Gutachter entscheidet nicht über Zahlung oder Gewährung von Leistungen, er ist weiter „nur" Hilfsperson im Entscheidungsprozess, der vom Sachbearbeiter der Versicherung oder Verwaltung oder dem Richter beschieden wird.

Weitere formale Kriterien sind, dass der Gutachter in seiner schriftlichen sachverständigen Äußerung alle Akten, Befunde, Bildgebung und sonstige Informationsquellen aufführt, die Grundlage seiner aktuellen Begutachtung sind. In der Begutachtung im Verwaltungs- oder Gerichtsverfahren hat es sich bewährt, immer auch die Seitenzahlen (Blätter) der jeweiligen Verwaltungs-, Ermittlungs- oder Streitakten aufzuführen.

Beispiel:
„Das vorliegende medizinische Sachverständigengutachten gründet sich auf
- das Studium der zweibändigen Gerichtsakte des Landgerichtes P mit der Bezeichnung 2 OH 2/18, bestehend aus dem Band I mit den Blättern 1 bis 222 und dem Band II mit den Blättern 223 bis 318,
- das Studium der Verwaltungsakte Blatt 1 bis 587 in 3 Bänden,
- den Inhalt von 2 CD-Datenträgern mit MRT-Aufnahmen der Klägerin (vom 05.08.2015 und vom 30.04.2015), die bereits Bestand der Gerichtsakte waren.

Und weiter beim Zitat der Anknüpfungstatsachen:
- lt. Befundbericht des Dr. XY Blatt 225 ff. Band II der Gerichtsakte ..."

Warum ist dies von Bedeutung?

Derartige gerichtliche Auseinandersetzungen dauern oft mehrere Jahre und es werden im Laufe der Zeit weitere Befunde und vielleicht auch gegensätzliche gutachtliche Beurteilungen zur Akte hinzukommen. Wenn nun ein Befund aus der Zeit vor dem von ihm erstellten Gutachten hinzukommt und sich dadurch die Beurteilungsgrundlage und das Ergebnis der Begutachtung vollständig verändern, dann ist es hilfreich zu wissen, dass dieser Befund erst in einem Aktenblatt auftaucht, das zum Zeitpunkt der eigenen Gutachtenerstellung noch nicht angelegt war, dieser Befund somit überhaupt nicht berücksichtigt werden konnte.

Der Gutachter sollte sich mit Übersendung des Gutachtenauftrages mit dem Inhalt der Akte und der Fragestellung vertraut machen. Die wichtigsten Fragen zur Fehlervermeidung, die sich in diesem Zusammenhang stellen lauten:

Bin ich auf dem gefragten Fachgebiet kompetent?

Wenn ich dies verneinen muss (Fragestellung außerhalb meiner Fachkompetenz), dann sollte ich den Gutachtenauftrag umgehend zurücksenden, eventuell mit einem

Hinweis auf die zu wählende Fachdisziplin oder den geeigneten Sachverständigenkreis. Es führt zu Unverständnis und Unmut bei den Auftraggebern (mithin zu keinen neuen Gutachtenaufträgen), wenn derartige Rückmeldungen erst erfolgen, nachdem mehrere Wochen vergangen sind.

Fallen Teile der gutachtlichen Fragen in ein anderes Fachgebiet?

Auch hier hilft eine zeitnahe Kontaktaufnahme mit dem Auftraggeber, damit das Verfahren nicht unnötig in die Länge gezogen wird und parallel zur laufenden Begutachtung schon weitere Begutachtungen in Auftrag gegeben werden können.

Besteht Anlass des Vorhandenseins einer Befangenheit?

Hierfür reicht schon der Anschein der Befangenheit (selbstkritische Prüfung durch den Sachverständigen), dies sollte dem Gericht zeitnah nach Eingang des Gutachtenauftrages angezeigt werden, damit es rechtzeitig vor der Gutachtenerstellung mit den Parteien Kontakt zur Klärung dieses Umstandes aufnehmen kann.

Beispiel: In einem Arzthaftpflichtverfahren wegen eines Behandlungsfehlers wird vom Gericht ein sachverständiger Arzt vorgeschlagen, der an der Weiterbildung des beklagten Arztes beteiligt war, dies wäre schon Anlass für eine Befangenheit und sollte dem Gericht angezeigt werden.

Ist der im Gutachtenauftrag bezeichnete Honorarvorschuss (regelhaft bei zivilrechtlichen Auseinandersetzungen) auskömmlich?

In Gerichtsgutachtenaufträgen findet sich in der Regel der Hinweis auf einen Honorarvorschuss in Bezug auf die Gutachtenerstattung. Der Gutachter tut gut daran, diesen Honorarvorschuss in Bezug auf den Umfang des Gutachtens bei Eingang des Gutachtenauftrages zu prüfen und gegebenenfalls eine Nachforderung bei Gericht schriftlich anzufragen. Wenn sich nachträglich herausstellt, dass die Begutachtung doch deutlich umfangreicher war und Mehrkosten (höherer Zeitaufwand) entstanden sind, können nachträglich keine Nachforderungen vom Sachverständigen mehr gestellt werden.

Kann der im Gutachtenauftrag bezeichnete Zeitraum für die Erstellung des Gutachtens vom Sachverständigen eingehalten werden?

Im Gutachtenauftrag vom Gericht findet sich immer ein sogenanntes Abgabedatum, zu dem das fertiggestellte Gutachten bei Gericht eingehen muss. Sollte der Gutachter erkennen, dass aufgrund des Aktenumfanges und/oder der notwendigen Arbeiten im Rahmen der Begutachtung dieser Zeitraum voraussichtlich nicht zu halten ist, sollte der Gutachter zeitnah mit dem Auftraggeber Kontakt aufnehmen und hier einen für beide Seiten verträglichen Abgabezeitpunkt vereinbaren.

Beispiel: Wenn das Gericht einen Abgabetermin für das Gutachten im Auftrag an den Sachverständigen festgesetzt hat, dann wird das Gericht zeitnah nach diesem Abgabetermin beim Gutachter nachfragen, wann mit der Übersendung zu rechnen ist. Reagiert der Gutachter hierauf nicht, wird das Gericht eine Nachfrist setzen, deren Nichteinhaltung mit einem Ordnungsgeld verbunden werden kann (§ 411 Abs. 2 ZPO). Die Höhe des Ordnungsgeldes kann dabei die veranschlagte Gutachtengebühr deutlich überschreiten.

Bei allen Begutachtungsaufträgen ist darauf zu achten, dass der Sachverständige die darin enthaltenen gesonderten Fragestellungen im Einzelnen aufnimmt und gewissenhaft beantwortet. Auch wenn für den Sachverständigen die Frage von untergeordneter Bedeutung oder irrelevant erscheint, so kann sie doch für den Auftraggeber von zentraler Wichtigkeit sein. Insbesondere bei den Gerichtsgutachten ist allerdings darauf zu achten, dass die als Beweisfragen formulierten Beratungsgegenstände nicht verlassen werden. Wenn der Gutachter hier andere Anknüpfungspunkte einbringt, die über die in den Beweisfragen enthaltenen Tatbestände hinausgehen, so verlässt der Gutachter seine Funktion als Hilfsperson und betätigt sich möglicherweise in der Ermittlungsarbeit, die allein dem Auftraggeber obliegt.

Beispiel: Wenn der sachverständige Arzt in einem Arzthaftpflichtverfahren zur Frage der fachgerechten oder fehlerhaften Behandlung des beklagten Arztes befragt wird und der Gutachter dann ausführt, dass an der Behandlung auch andere Ärzte behandlungsfehlerhaft mitgewirkt hätten (ohne dass er danach befragt wurde), verlässt er das vom Auftraggeber vorgegebene Beratungsfeld und es kann hier der Anschein einer Befangenheit seine Erläuterungen nicht mehr verwertbar machen.

Worauf ist beim Umgang mit dem Probanden in der Begutachtung zu achten?

Auch der Umgang mit dem zu Begutachtenden während des Begutachtungstermins ist von einer Reihe von Formalien begleitet, die im weiteren Verfahren immer wieder Anlass für Streitigkeiten geben können.

Wenn der Proband dem Gutachter nicht persönlich bekannt ist, sollte unbedingt eine Feststellung der Identität mittels Personaldokument stattfinden, damit hinterher keine Zweifel an der Identität des zu Begutachtenden entstehen können.

Der Gutachter sollte dies sowie den Zeitpunkt des Beginns und des Endes der Begutachtung dokumentieren und idealerweise sich diese auch vom Probanden unterschreiben lassen.

In den sich an eine Begutachtung anschließenden Gerichtsverfahren kommt es immer wieder zu Parteienäußerungen, dass die gutachtliche Untersuchung überhaupt nicht fundiert und umfassend gewesen sein könne, weil der Proband nur wenige Minuten beim Gutachter zugebracht habe.

Diesen schwerwiegenden Vorwurf kann man mit der oben beschriebenen Maßnahme sicher aushebeln.

Zur Fremd- und Eigensicherung sollte das noch immer tabuisierte Thema des sexuellen Übergriffes in der Begutachtungssituation dem Sachverständigen bewusst sein. Bei vielen angehenden Ärzten besteht eine Naivität bezüglich entsprechender Gefährdungen in der Praxis und zum anderen sind die Folgen jeglicher Vorwürfe zu sexuellen Übergriffen – ob berechtigt oder nicht – derart gravierend, dass hier eine Eigenvorsorge durch den Sachverständigen zwingend zu treffen ist.

Es empfiehlt sich für den ärztlichen Gutachter, dass eine Hilfsperson (Kollege, Krankenpflegekraft, Arzthelferin, Schreibkraft, etc.) während des gesamten Begutachtungsprozesses anwesend ist, dies sollte mit dem zu Begutachtenden abgesprochen werden.

Ein weiterer Vorteil einer anwesenden Hilfsperson ist die Tatsache, dass der Gutachter damit einen Zeugen für den Begutachtungsprozess benennen kann, für den Fall nachträglicher Streitigkeiten.

Neben dem Vorwurf, dass der Gutachter nicht ausreichend, überhaupt nicht oder falsch untersucht habe, gibt es auch hin und wieder Vorwürfe von Gesundheitsschäden, die im Rahmen der Begutachtung durch unsachgemäße Untersuchung entstanden seien.

In der ersten Kontaktaufnahme mit dem Probanden und während der Untersuchung sollte der Gutachter die Rolle des neutralen, vorurteilsfreien, sachkundigen und objektiv beurteilenden Fachmannes nicht verlassen.

Merke: Erfahrene Probanden versuchen hin und wieder, den Gutachter zu provozieren oder von vorne herein zu diskreditieren. Lassen Sie sich auf diese Versuche nicht ein, bleiben Sie in der Rolle des unabhängigen Sachverständigen.

Beispiel: Der Proband erscheint mit den Worten: „Sie sind jetzt schon der 6. Gutachter in meinem Verfahren, was wollen Sie denn noch herausfinden, was die anderen Koryphäen vor Ihnen nicht schon festgestellt haben?“
Bleiben Sie sachlich und steigen nicht auf diese Provokation des Probanden ein. Fragen Sie, ob er sich mit dieser Äußerung gegen die bevorstehende Begutachtung verwehre, wenn er das verneint, dann setzen Sie Ihren Begutachtungsprozess wie gewohnt fort und achten darauf, in diesem Fall möglichst viel an „Sicherungsdokumentation“ durchzuführen, wie es oben bereits dargestellt wurde.

23.2.1 Persönliche Gutachtenerstellung

Merke: Der beauftragte Gutachter ist verpflichtet, das Gutachten persönlich zu erstatten.

Wenn Sie als Chefarzt oder Leiter eines Gutachteninstitutes vom Gericht oder einem Träger der gesetzlichen Unfallversicherung mit einem Gutachten beauftragt werden, dann können Sie Teile des Begutachtungsprozesses zwar delegieren (dies muss kenntlich gemacht werden), die Kernaufgabe des Gutachtens, der Kontakt mit dem Probanden, dessen Befragung und Teile der klinischen Untersuchung sind dagegen *höchstpersönlich* zu erbringen.

Ein Gutachtenauftrag, der an einen persönlich gerichtet ist, den man ohne persönliche Begegnung des Probanden am Begutachtungstag an seinen Mitarbeiter (Ober-, Facharzt) weitergibt und dann das erstellte Gutachten mit „aufgrund eigener Urteilsbildung" unterzeichnet, genügt diesem Qualitätskriterium nicht und hat in der Regel vor Gericht keinen Bestand.

23.3 Fehlerquellen aus den Rechtsgebieten mit häufigen Gutachtenbeauftragungen

Der ärztliche Sachverständige ist in der Regel kein Jurist und muss auch keine juristischen Kenntnisse nachweisen. Er muss aber den Rechtsrahmen kennen, in dem sich die jeweilige Begutachtung abspielt. Er sollte zumindest wissen

- worauf sich der geltend gemachte (gesetzliche oder vertragliche) Anspruch gründet,
- welches Beweismaß für die einzelnen Anknüpfungstatsachen und den Ursachenzusammenhang bei der Fragestellung und im jeweiligen Rechtsgebiet gefordert ist,
- wie die Vorgaben zur Bemessung von Gesundheitsstörungen aussehen und woran sich diese zu orientieren haben.

23.3.1 Private Unfallversicherung

Der Sachverständige für ein Gutachten in der privaten Unfallversicherung (PUV) sollte wissen (siehe hierzu auch Kap. 11),

- dass der zivilrechtliche Anspruch einer Leistung aus dem Vertrag (AUB) zwischen Versicherungsnehmer (VN) und Versicherung resultiert,
- der Unfall und die Unfallverletzungen im Vollbeweis (zweifelsfrei) nachgewiesen sein müssen, für den Ursachenzusammenhang zwischen den Unfallverletzungen und den verbleibenden Gesundheits-/Funktionsstörungen eine überwiegende, auf gesicherter Grundlage beruhende Wahrscheinlichkeit genügt.
- dass in der Invaliditätsleistung der PUV das Primat der Gliedertaxe gilt, was bedeutet, dass alle Funktionseinschränkungen von Gliedmaßen und Sinnesorganen zunächst als Funktion der Gliedertaxe auszudrücken sind und erst, wenn diese dort nicht benannt sind, eine Invaliditätsbemessung außerhalb der Gliedertaxe zum Tragen kommt.

Beispiel: Bei einem Versicherten mit einer Wirbelsäulenverletzung geht es um die Feststellung der Invalidität nach einem Unfall. Der zu Begutachtende hat eine unfallbedingte Fehlstellung im Bereich der Wirbelsäule mit einer Einschränkung der Wirbelsäulenbeweglichkeit, eine Teillähmung der Harnblase und einen Teilausfall der rechtsseitigen Beinnerven (Plexusläsion) mit Hautempfindungsstörung und Teillähmung. In diesem Fall ist die Invalidität, was den Nervenschaden des rechten Beines betrifft als Funktion der Gliedertaxe (Beinwert) auszudrücken, während die Funktionsstörung der Wirbelsäule und die Teillähmung der Harnblase außerhalb der Gliedertaxe als Einschränkung der allgemeinen Leistungsfähigkeit in Prozent zu bemessen ist.

Merke: Die Gliedertaxe stellt für den Verlust und für die Funktionsunfähigkeit der in ihr genannten Gliedmaßen oder deren Teilbereiche durchgängig allein auf den Sitz der unfallbedingten Schädigung ab.

Beispiel: Nach einem Unfall ist bei einem Versicherten die Amputation der Finger 1–3 (jeweils im Grundgelenk) der rechten Hand nach Auftrag durch dessen private Unfallversicherung zu begutachten. Für die Bemessung der Gliedertaxe wäre es jetzt falsch, den Handwert heranzuziehen, da der Sitz der unfallbedingten Störung im Bereich der Finger liegt und für die Finger auch ein Wert in der Gliedertaxe vorgegeben ist. Die richtige Invaliditätsfeststellung im vorliegenden Fall wäre: Zeigefingerwert 1/1, Mittelfingerwert 1/1, Ringfingerwert 1/1.
Argumentativ könnte man diesem Vorgehen jetzt entgegnen, dass ein Verlust der Finger 1–3 der rechten Hand natürlich auch eine Funktionseinschränkung der Hand mit sich bringt – zum Beispiel ein unvollständiger Faustschluss oder eine Kraftminderung. Dem ist zu entgegnen, dass diese Auswirkungen schon im Fingerwert der Gliedertaxe mitberücksichtigt sind.
Die in obigem Merksatz genannte unfallbedingte Schädigung ist nicht zu verwechseln mit der unfallbedingten Erstgesundheitsschädigung.

Beispiel: Erleidet der Dachdecker durch Sturz vom Gerüst einen Wirbelkörperbruch mit Querschnittlähmung, so verbleibt zwar höchstwahrscheinlich nach operativer Therapie auch eine Funktionseinschränkung der – primär unfallgeschädigten – Wirbelsäule (Invalidität außerhalb der Gliedertaxe), die limitierenderen Unfallverletzungsfolgen werden aber im Bereich der von Lähmung betroffenen Extremitäten verbleiben und müssen nach der Gliedertaxe bemessen werden.

Der Sachverständige für ein Gutachten in der privaten Unfallversicherung sollte weiter wissen (siehe wiederum Kap. 11),
- dass vorbestehende Funktionsstörungen eine Vorinvalidität bedingen und
- Krankheiten und Gebrechen an der Unfallverletzung oder ihrem Ausmaß, dem Heilverlauf (Tagegeldansprüche) oder den Unfallverletzungsfolgen mitwirken können.

Beispiel: Stolpert der bereits mit Fixateur intern von BWK 11 auf LWK 1 Behandelte bei einem T-Wert von −3,5 in der Knochendichtemessung und fällt gegen die Zimmertür und es werden im Anschluss frische Brüche von L2, 3 und 5 festgestellt, so bestand einerseits eine Vorinvalidität auf Grund der Entfaltungsstörung des thorako-lumbalen Überganges, andererseits sind die Wirbelkörpersinterungen ganz herausragend durch die Osteoporose beeinflusst und insofern ist damit ein hoher Mitwirkungsanteil an der Entstehung und dem Ausmaß der Unfallverletzungen zu bemessen.

23.3.2 Gesetzliche Unfallversicherung

Merke: Die gesetzliche Unfallversicherung unterliegt bei der Feststellung der Unfallrente dem abstrakten Schadenersatzprinzip. Gleiche Funktionseinschränkungen führen zu gleichen Werten in der Minderung der Erwerbsfähigkeit.

Beispiel: In einem Gutachten für einen Träger der gesetzlichen Unfallversicherung schreibt der Gutachter: „Aufgrund der unfallbedingten Funktionseinschränkung schätze ich bei dem Versicherten eine MdE von 20 v. H. ein, insbesondere auch weil der Versicherte aufgrund der Unfallfolgen jetzt nicht mehr in der Lage ist, auf Leitern zu steigen, was ein wesentliches Merkmal seiner Tätigkeit als Maler ist."

In diesem Beispiel wird die Höhe der MdE unzulässiger Weise auf die Tätigkeit des Versicherten abgestellt, richtig wäre hier, den Bezug zu den MdE-Vergleichswerten in der Begutachtungsliteratur aufzuführen ohne Berücksichtigung der konkreten Tätigkeit.

Bei der Erstellung eines ersten Rentengutachtens und auch bei einem Rentengutachten zur erstmaligen Feststellung einer Rente auf unbestimmte Zeit ist der Gutachter insofern frei in seiner MdE-Einschätzung, als dass er nur an der von ihm festgestellten Funktionseinschränkung und deren Berücksichtigung in der Begutachtungsliteratur gebunden ist (siehe Kap. 10). Bei einem Rentengutachten zur Rentennachprüfung ist der Gutachter dagegen aufgefordert, sich an dem maßgeblichen Vorgutachten zu orientieren. In der Rentennachprüfung darf er nur von dem vorgegebenen MdE-Wert des Vorgutachtens (per Verwaltungsbescheid festgestellt) abweichen, wenn er eine wesentliche Änderung in den Funktionseinschränkungen des Versicherten feststellen kann.

Beispiel: In einem Rentengutachten zur erstmaligen Feststellung der Rente auf unbestimmte Zeit (2018) werden nach einer unfallbedingten Unterschenkelamputation (2015) eine reizfreie Stumpfsituation und eine gute orthopädietechnische Versorgung mittels Exoprothese des Unterschenkels festgestellt, das Gangbild ist ohne Gehstützen hinkfrei und sicher, die MdE wird mit 40 vom Hundert eingeschätzt.

Der Versicherte begehrt aufgrund von Beschwerden zwei Jahre nach der letzten maßgeblichen Begutachtung (2018) eine neue MdE-Feststellung. Der Gutachter stellt 2020 in einem Gutachten zur Rentennachprüfung eine reizfreie Stumpfsituation, eine gute orthopädie-technische Versorgung mittels Exoprothese des Unterschenkels und ein hinkfreies und sicheres Gangbild fest und schätzt jetzt eine MdE von 45 vom Hundert ein.

Der Gutachter begeht in 2020 hier zwei Fehler:

- Zum einen darf er von dem MdE-Wert des maßgeblichen Vorgutachtens (2018) nur dann abweichen, wenn er eine „wesentliche" Änderung (mehr als 5 v. H.) in den Funktionseinschränkungen objektivieren kann.
- Zum anderen weicht er von den in der Gutachtenliteratur veröffentlichten Werten für eine Unterschenkelamputation (MdE 40 v. H.) ab, ohne dies näher zu begründen.

23.3.3 Begutachtung von Haftpflichtschäden

Merke: Im Haftpflichtrecht sind besondere Schadensanlagen, die zu einer erhöhten Schadensanfälligkeit des Opfers geführt haben, grundsätzlich unbeachtlich, solange das schuldhafte Fehlverhalten des Schädigers für Eintritt oder Fortentwicklung des Schadens mitursächlich war.

Beispiel: Bei einem Verkehrsunfall wird eine Pkw-Fahrerin durch einen schuldhaft von hinten auffahrenden Verkehrsteilnehmer an der Halswirbelsäule verletzt. Die Klägerin hatte nachweisen können, dass sie vor dem Unfall noch keine Behandlungsbedürftigkeit und keine Beschwerden im Bereich der Halswirbelsäule hatte. Direkt nach dem Unfallereignis wird neben heftigen Nackenschmerzen auch eine radikuläre Ausfallsymptomatik im Bereich der Nervenwurzel C7 dokumentiert.
Der ärztliche Sachverständige stellt durch die Begutachtung der Bildgebung vom Unfalltag fest, dass die Geschädigte schwere degenerative Veränderungen an der Halswirbelsäule aufwies und auch eine mäßiggradige Enge im Bereich des Neuroforamens C7 zu erkennen war. Er schlussfolgert, weil sich bei dem Unfall nur eine geringe Differenzgeschwindigkeit nachweisen ließ, sei das Unfallereignis vernachlässigbar und der nachfolgende Gesundheitsschaden auf die vorbestehende Schadensanlage der Klägerin zurückzuführen.
Der BGH hat schon vor langer Zeit dazu ausgeführt: „Wer einen gesundheitlich geschwächten oder anfälligen Menschen verletzt, kann nicht verlangen, so gestellt zu werden, als habe er einen gesunden Menschen geschädigt."
Im Haftpflichtrecht gilt deshalb, dass auch durch den Unfall „ausgelöste" Krankheitserscheinungen, die auf vorhandenen krankhaften Anlagen beruhen, daher im Rechtssinne Folgen des Unfalls bleiben. Der Schädiger muss eine schon im Unfallzeitpunkt vorhandene Minderung der Erwerbsfähigkeit des Geschädigten hinnehmen.
Im vorliegenden Fall bedeutet dies, dass der Gutachter die vorher nicht vorhandene Nervenschädigung als Folge des Unfalles anerkennen muss, wenn nicht jedes andere zufällige Alltagserlebnis ebenfalls schon den Nervenschaden hätte auslösen können.

23.4 Schlussbemerkung

Der Vermeidung derartiger, hier exemplarisch aufgeführter Fehler hat sich dieses Buch verschrieben.

Ein wichtiger und unverzichtbarer Hinweis zur Vermeidung von Fehlern ist eine systematische Vorbereitung einer jeden Begutachtung. Der Gutachter soll sich Zeit nehmen, die übersandten Unterlagen zu sichten, er muss sich mit dem Rechtsgebiet, in dem sich die Begutachtung bewegt, vertraut machen und fachlich den aktuellen wissenschaftlichen Erkenntnisstand berücksichtigen sowie die notwendigen und angemessenen Untersuchungstechniken zur vollständigen Erhebung der Funktionseinschränkung oder des Gesundheitsschadens anwenden.

Literatur

[1] https://www.awmf.org/uploads/tx_szleitlinien/094-003l_S2k_Schmerzbegutachtung_2018-01.pdf, letzter Zugriff 17.04.2021.

24 Addendum – Praktische Hinweise zu Einzelaspekten der Begutachtung

Holm-Torsten Klemm, Michael Wich

24.1 Begutachtung in Aus- und Weiterbildung, Klinik, Praxis und Institut

Mit Erteilung der Approbation sollte der Arzt nach § 25 der Berufsordnung mit der notwendigen Sorgfalt nach bestem Wissen seiner ärztlichen Überzeugung in der Lage sein, ärztliche Gutachten und Zeugnisse zu erstellen. In der Approbationsordnung (Anlage 15 zu § 29 Abs. 3 Satz 2 der ÄApprO) findet man die „Medizinische Begutachtung" dennoch nur als fakultativen Prüfungsgegenstand des Teils 2 der ärztlichen Prüfung. Auch in den Empfehlungen der Expertenkommission zum Masterplan Medizinstudium 2020 mit dem Ziel der Neustrukturierung des Medizinstudiums und Änderung der Approbationsordnung für Ärzte [1] wird man zur medizinischen/ärztlichen Begutachtung weiterhin nichts finden. In der ärztlichen Ausbildung besteht ein erhebliches Defizit im Erlernen für die Begutachtung wichtiger Fähigkeiten.

Die Beurteilung von Unfallzusammenhangsfragen, die Einschätzungen zu Funktionsstörungen oder zu allgemeinen Leistungslimitierungen oder gar Fragen im Arzthaftpflichtrecht wird man verständlicher Weise erst nach der Erlangung des Facharztstatus abverlangen können. In der Facharztausbildung wird also der Arzt regelhaft erstmals mit gutachtlichen Fragestellungen konfrontiert werden und feststellen müssen, dass die Begutachtung im klinischen Alltag und der Weiterbildung eher eine sehr untergeordnete Rolle neben der eigentlichen klinischen Tätigkeit spielt. Natürlich, der aufstrebende Mediziner will diagnostizieren und therapieren, er will am Patienten arbeiten und sich nicht in Aktenberge vertiefen müssen. Nur wenige Kliniken haben die Kapazitäten zu eigenen Gutachtenabteilungen mit Ressourcen für eine gutachtliche Ausbildung. Auch dort wird der angehende Facharzt aber vorzugsweise die Begutachtung in der Sozialmedizin kennen lernen. In den BG-Kliniken wird speziell die Zusammenhangs- und Rentenbegutachtung auf dem Gebiet der gesetzlichen Unfallversicherungen gelehrt, während in den Rehabilitationseinrichtungen der gesetzlichen Rentenversicherungsträger die Begutachtungen im Rechtsrahmen des SGB VI und SGB IX im Vordergrund stehen.

Lediglich in der postfachärztlichen Weiterbildung zum Erwerb der Bezeichnung „Sozialmedizin" findet man im Weiterbildungsinhalt als letzten Unterpunkt:

- die Erstellung von Gutachten für Sozialleistungsträger unter Berücksichtigung von Fragestellungen der Arbeitsfähigkeit, Erwerbsfähigkeit, Pflegebedürftigkeit, Heil- und Hilfsmittelversorgung, Berufsförderung, Sozialgerichtsbarkeit und des Versorgungsrechtes.

https://doi.org/10.1515/9783110693362-024

Bezüglich weiterer Möglichkeiten, sich auch außerhalb der Strukturierten Curricularen Fortbildung „Medizinische Begutachtung“ Wissen in der ärztlichen Begutachtung aneignen zu können, wird auf Abschnitt 24.7 verwiesen.

Lässt der Arzt sich nach Erlangung des Facharztstatus in eigener Praxis nieder, so stehen zunächst natürlich die Etablierung der Praxis und die neue eigenverantwortliche Organisation von Praxisabläufen im Vordergrund der Tätigkeit. Erst im Laufe der Automatisierung von Praxisabläufen und der beruflich finanziellen Absicherung rückt in machen Niederlassungen auch die Begutachtung in den Focus einer Nebentätigkeit als zweites Standbein.

Demgegenüber gibt es privatrechtliche Einrichtungen, die sich ausschließlich der Begutachtung widmen. Hier wird man eine fundierte Auseinandersetzung mit den Grundlagen der Begutachtung erwarten dürfen, insbesondere, wenn dabei auch eine interdisziplinäre Zusammenarbeit mit Ärzten verschiedener Fachrichtungen institutionalisiert ist.

24.2 Standardisierung in der Begutachtung

Bei gesicherten Zusammenhängen (wie bei Zustandsgutachten) ist die Nutzung von entwickelten Formularen hilfreich und zu empfehlen. Dies wird auch z. B. mit den sog. Formulargutachten der gesetzlichen Unfallversicherungsträger (Erste und Zweite Rentengutachten sowie Nachprüfungsgutachten) praktiziert.

Sinnvoll ist auch, dass sich der Gutachter standardisierte Untersuchungsbögen anlegt, damit in der Begutachtungssituation nicht die Erhebung wichtiger Zusatzbefunde vergessen wird.

Regelhaft ist aber insbesondere bei unklaren Kausalitätsfragen eine ganz individuelle Betrachtungsweise notwendig und der erfahrene Gutachter weiß, welche Fragen für den Auftraggeber bei der Beurteilung von Wichtigkeit sind. Ob bei einem Streben nach Routiniertheit auch aus der privaten Versicherungswirtschaft entwickelte Systeme (vgl. https://www.gdv.de/de/themen/schwerpunkte/opusaerzte) hilfreich sein können, muss jeder für sich entscheiden.

Leider muss man in letzter Zeit gewisse Tendenzen beobachten, wo nichtärztliche Aufgaben auf den Gutachter „abgewälzt“ werden sollen. So kommt es immer häufiger vor, dass z. B. von privaten Unfallversicherern zum Gutachtenauftrag nur noch die Schadensmeldung und evtl. noch die Invaliditätsbescheinigung beigelegt werden. Diesem fachfremden Ansinnen sollte sich der Gutachter verwehren.

24.3 Datenschutz, Urheberrecht und Internet-Mobbing

24.3.1 Allgemein

Seit Inkrafttreten der europäischen Datenschutzgrundverordnung (DSGVO) im Mai 2018 sieht sich der ärztliche Sachverständige als Nichtjurist vor besondere Probleme bei der Erfüllung der gesetzlichen Vorgaben zum Datenschutz gestellt. Im Angestelltenverhältnis sollte der ärztliche Sachverständige ausreichend Unterstützung durch den Datenschutzbeauftragten der Klinik erhalten. Der Freiberufler kommt sicherlich nicht ohne juristische Unterstützung bei der Umsetzung der Datenschutzvorschriften aus.

Natürlich müssen für die Begutachtung personenbezogene Daten verarbeitet werden wie Name, Adresse etc. und die Anamneseerhebung ist ein natürlicher, unverzichtbarer Bestandteil einer Begutachtung. Voraussetzung dafür ist aber immer, dass der Betroffene Kenntnis von dieser Datenverarbeitung hat und in diese einwilligt. Bei Fragen aber nach z. B. Unfallverletzungsfolgen eines Oberarmkopfbruchs in der privaten Unfallversicherung hat eine soziale Anamnese ebenso wenig etwas zu suchen wie eine vegetative oder die Erhebung eines Untersuchungsbefundes der unteren Extremitäten.

Auch die Anonymisierung von Patientendaten bei z. B. beratungsärztlichen Stellungnahmen ist zwar gängige Praxis aber wegen der fehlenden Zuordenbarkeit z. B. digitaler Befunde (Bildgebung) völlig kontraproduktiv.

Beachtet werden muss auch, dass bei Einwilligung des zu Begutachtenden in die Datenverarbeitung die Speicherung dieser Daten problematisch sein kann, wenn kommerzielle Cloud-Lösungen Verwendung finden, die Daten auf außereuropäischen Servern speichern, was natürlich auch die Fotodokumentation mit dem Smartphone betrifft, wo meist ein automatisches Backup in einer Cloud gespeichert wird [2]. Ebenso ist daran zu denken, wie und in welchem Umfang Mitarbeiter Zugriff auf gespeicherte Daten haben müssen/dürfen und hier sollte auch die betreuende EDV-Firma nicht vergessen werden. Konsiliarien und externe Praxen wie Zusatzgutachter oder die Radiologiepraxis sollten über sog. ADV-Verträge (Auftrags-Daten-Verarbeitungs-Vertrag) in das Datenschutzkonzept eingebunden sein.

Es ist also unabdingbar, dass sich der Freiberufler und jeder in Nebentätigkeit arbeitende ärztliche Sachverständige über sämtliche Abläufe der Datenverarbeitung und -speicherung wie auch -löschung informiert und dann mit einem Juristen ein umfassendes Datenschutzkonzept erarbeitet. Hilfestellungen leistet natürlich das Internet mit zahlreichen Formularvorlagen, das Gesamtkonzept ist aber regelhaft vom Mediziner allein nicht überschaubar.

Und denken Sie immer daran, dass nicht jeder Begutachtete mit dem Ergebnis Ihres Gutachtens einverstanden sein wird. Es wäre schade, wenn ein inhaltlich aufwendig begründetes Gutachten wegen Verstößen gegen den Datenschutz unverwertbar werden würde und Sie ggf. sogar den Liquidationsanspruch verlören.

Beispiel: Das Thema des Datenschutzes in der Begutachtung hat auch durch 2 Urteile des BSG aus 2019 (B 2 U 25–17 R [3] und B 2 U 17–09 R [4]) neue Aktualität erlangt. In beiden den Urteilen zugrundeliegenden Fällen wurde ein Unfallrentengutachten im Rahmen des SGB VII nach Gutachterauswahl (§ 200 Abs 2 Halbs. 1 SGB VII) an den jeweiligen Klinikdirektor in Auftrag gegeben. Dieser hat den Gutachtenauftrag aber an seinen Oberarzt weitergegeben, ohne den Probanden je selbst gesehen zu haben. Das Verfahren wurde unter anderem zur Prüfung der folgenden Frage an das LSG zurückverwiesen: „Das LSG wird dann aber ggf. weiter zu ermitteln und zu prüfen haben, ob aufgrund der Mitarbeit des Oberarztes Dr. B. bei der Gutachtenerstellung ein Verstoß gegen datenschützende Normen vorliegt und daraus eine Verletzung des Allgemeinen Persönlichkeitsrechts der Klägerin (Art 2 Abs 1 i. V. m Art 1 GG) mit der Folge eines Verwertungsverbots resultieren könnte."

24.3.2 Befundübermittlung

„Der beauftragte Arzt als Gutachter ist kein Behandler und unterliegt somit dem Werkvertragsrecht. Er steht bei Beauftragung durch einen Dritten mit dem zu Begutachtenden nicht einmal in einem vertraglichen Verhältnis." [5] Nach der DSGVO ist bei Begutachtung für einen privaten Versicherer derzeit sogar ungewiss, ob der Sachverständige Auftragsverarbeiter, Alleinverantwortlicher oder gemeinsam Verantwortlicher ist.

Unter dem Recht der Sozialversicherung sollten bei klar geregelten Zuständigkeiten dem ärztlichen Sachverständigen die beurteilungsrelevanten medizinischen und personenbezogenen Daten übermittelt werden. Fehlende Befunde können beim Auftraggeber nachgefordert werden oder aber der Versicherte ermächtig den ärztlichen Sachverständigen im Rahmen der Begutachtung zum Einsichtsrecht in seine ärztlichen Krankenunterlagen, sodass sie auf diesem Wege beigezogen werden können.

Demgegenüber gibt es im Privatversicherungsrecht – außer im Bereich der privaten Krankenversicherung – kein allumfassendes Einsichtsrecht. Der ärztliche Sachverständige ist hier regelhaft auf die Mithilfe des Versicherten angewiesen insbesondere unter Berücksichtigung der im letzten Absatz in Kap. 24.2 angesprochenen Tendenz der fehlenden Aufarbeitung der medizinischen Akte zum Gutachtenauftrag. Bittet man im Vorfeld – z. B. im Rahmen der Einbestellung zur Untersuchung – den Versicherten um Beibringung entsprechender Befunddokumentationen, so stößt dies oft auf Unverständnis des Versicherten mit Verweis darauf, dass er seine Behandler bereits von der Schweigepflicht gegenüber dem Versicherer entbunden habe. Diese Entbindung von der Schweigepflicht gilt aber eben nicht gegenüber dem ärztlichen Sachverständigen.

24.3.3 Urheberrecht

Der ärztliche Sachverständige wird bei Erstellung eines Gutachtens darauf verweisen, dass unter Beachtung des Urheberrechts eine Weiterverwertung seines Gutachtens bzw. der daraus zu gewinnenden Schlussfolgerungen seiner ausdrücklichen Genehmigung bedarf. Dies ist allein schon deshalb sinnvoll, da die gewonnenen Erkenntnisse je nach Rechts- und Sachgebiet zu ganz anderen Auswertungen führen müssen.

Immer sollte natürlich der Betroffene ein volles Einsichtsrecht in das Gutachten haben und es muss weiter Beachtung finden, dass natürlich gegebenenfalls nicht zu rechtfertigen ist, dass sich der Versicherte nur aufgrund fehlender „Befundfreigabe" durch einen ärztlichen Sachverständigen neuen aufwendigen diagnostischen Maßnahmen bei Begutachtung in einem anderen Rechtsgebiet unterziehen muss, man denke hier nur an aufwendige Lungenfunktionsdiagnostik und laborchemische Untersuchungen, Elektroneurografien oder aber auch bildgebende Untersuchungen, bei denen der Strahlenschutz Beachtung finden muss.

In der Regel wird aber von allen Beteiligten mit dem „Verwertungsrecht" sensibel umgegangen.

Hinzuweisen ist in diesem Rahmen aber auch darauf, dass – wenn auch juristisch noch teilweise kontrovers diskutiert – „wegen des wissenschaftlichen Freihaltebedürfnisses ... Darstellungen wissenschaftlicher Erkenntnisse und Lehrsätze sowie die Verwendung der im wissenschaftlichen Bereich üblichen Ausdrucksweise grundsätzlich urheberrechtsfrei" sind [6], die gutachtlichen Ausführungen also regelhaft nicht die Schöpfungshöhe des Urheberrechtsschutzes erreichen werden, da eventuell notwendige tiefgreifende Auseinandersetzungen mit wissenschaftlichen Zusammenhangsfragen „lediglich" Ausdruck der hohen Qualität medizinischen Fachwissens sind [7].

24.3.4 Internet-Mobbing

Der primär positive Gedanke von Bewertungsportalen verschiedener Internetdienstanbieter führt inzwischen dazu, dass ärztliche Sachverständige aus der Anonymität des Bewerters systematisch verbal angegriffen werden können mit Verbreitung falscher Tatsachenbehauptungen oder sogar Ehrverletzungen. Der ärztliche Sachverständige stand diesem Cybermobbing hilflos gegenüber und konnte sich bisher wegen der Kommunikationsfreiheit der Plattformbetreiber regelhaft nicht zur Wehr setzen. Heute ist es aufgrund der DSGVO möglich, die Identität des Bewerters ausfindig machen zu lassen und bei ungerechtfertigten Angriffen auf die Person des Sachverständigen die Löschung der Eintragungen auf der Plattform zu verlangen. Bis dieser Schritt aber durchgesetzt ist, wird in der Regel so viel Zeit vergangen sein, dass der Ruf des Sachverständigen dauerhaft beschädigt sein kann.

Am 13. Mai 2014 urteilte der Europäische Gerichtshof (EuGH) auf Grundlage der Richtlinie 95/46/EG des Europäischen Parlaments, dass Personen unter bestimmten Voraussetzungen die Tilgung von Links mit auf sie bezogenen Daten, zum Beispiel auf alte Presseartikel mit nicht mehr aktuellen oder relevanten Informationen, aus den Ergebnislisten von Suchmaschinen verlangen können. Das Gericht stuft Suchmaschinen nicht mehr nur als Transporteure von Inhalten ein, sondern als Datenverarbeiter, die für verbreitete Inhalte mitverantwortlich sind [8].

Praxistipp: Als Reaktion auf das Urteil hat Google ein Löschungsformular für Betroffene online gestellt [9].

24.4 Gibt es öffentliche Gutachterverzeichnisse?

Wie kann ich als Gutachter gefunden werden und wie kann ich als ärztlicher Sachverständiger Eingang finden in Gutachterlisten?

Etabliert sind dazu die Datenbanken im Sozialrecht bei den gesetzlichen Unfallversicherungsträgern. So wie man hier nach einem Durchgangsarzt in seiner Nähe suchen kann, gibt es ebenso Datenbanken für Gutachter für Arbeitsunfälle und Berufskrankheiten (https://lviweb.dguv.de/faces/partner-task-flow/SDLG_PartnerSuchen).

Für die Aufnahme in das Gutachterverzeichnis für Arbeitsunfälle der Deutschen Gesetzlichen Unfallversicherung beispielhaft im Bereich der Unfallchirurgie/Orthopädie sind verschiedene Nachweise zu erbringen bzw. Forderungen zu erfüllen. So muss der Antragsteller u. a. eine fachliche Befähigung mit Berechtigung zur Führung der entsprechenden Facharztbezeichnung vorweisen und über eingehende Erfahrungen in der berufsgenossenschaftlichen Begutachtung verfügen. Weiter müssen seine Untersuchungsräume barrierefrei sein, es müssen ein Empfangs- und Wartebereich existieren und der Gutachter muss eine eigene Röntgeneinrichtung haben oder mit einer Röntgenpraxis in enger räumlicher Nähe zusammenarbeiten. Des Weiteren verpflichtet sich der Gutachter zur Einhaltung der Rechtsvorschriften und des Vertrages Ärzte/Unfallversicherungsträger.

Die ausführlichen Bedingungen sind auf der Website der DGUV nachzulesen (https://www.dguv.de/medien/landesverbaende/de/med_reha/documents/ga_au_anf.pdf).

Auch führen verschiedene Landesärztekammern Listen, in denen öffentlich nach Gutachtern unter verschiedenen Selektionskriterien gesucht werden kann (z. B. LÄK Berlin: https://www.aerztekammer-berlin.de/10arzt/37_Gutachter-Verzeichnis/40_Gutachter/index.html). Als Aufnahmekriterium in eine solche Liste verlangt beispielsweise die Landesärztekammer Berlin den Facharztstatus und die erfolgreiche Absolvierung der Kursreihe zur strukturieren curricularen Fortbildung „medizinische Begutachtung“ der Bundesärztekammer.

Auch führen Fachgesellschaften Dateien, die öffentlich zugänglich sind und in denen man nach bestimmten Selektionskriterien ebenso nach Gutachtern suchen kann. Beispielhaft können hier die „Deutsche Gesellschaft für neurowissenschaftliche Begutachtung“ (https://dgnb-ev.de) und im interdisziplinären Kontext die „Fachgesellschaft für Interdisziplinäre Medizinische Begutachtungen“ (https://www.fgimb.de/gutachterliste.html) benannt werden. Regelmäßig werden diese Dateien auch von Leistungserbringern und/oder Gerichten gesichtet, da man dort auch Informationen über eine ggf. vorhandene Zertifizierung des Gutachters erhält (s. a. https://www.fgimb.de/zertifizierung.html oder https://dgnb-ev.de/zertifizierung).

24.5 Wie akquiriert man Auftraggeber?

Wenn ein Gutachter in oben genannten Dateien „gelistet“ ist, so wird er auch von potenziellen Auftraggebern gefunden werden. Beginnt ein Gutachter neben seiner Praxistätigkeit mit der Begutachtung oder arbeitet in einem entsprechenden Begutachtungsinstitut mit oder gründet ein solches, kann er natürlich in einem Rundschreiben an Auftraggeber ebenso auf sich aufmerksam machen. Die einzig dauerhafte Akquise gelingt aber nur über eine hohe inhaltliche Qualität der Gutachten und eine zeitnahe Erstattung derselben. Weder vermeintlich Auftraggeber freundliche Gutachten i. S. einer generellen Ablehnung eines Leistungsanspruches noch die Darstellung des Versicherten als Opfer der Versicherungswirtschaft haben etwas mit sachgerechter Begutachtung zu tun. Beide Fallkonstellationen werden eine Flut von Prozessen nach sich ziehen, was den Gutachter am Ende disqualifiziert. Nur Gutachten, die auf wissenschaftlicher Grundlage und transparent dargelegtem Erfahrungswissen beruhen, die gut begründet und für *beide* Seiten verständlich sind, werden überzeugen können.

24.6 Welches Honorar steht dem Gutachter zu?

Die Liquidation gegenüber den Unfallversicherungsträgern ist in der UV-GOÄ unter den Nummern 160 bis 165 betreffend der ärztlich-gutachtlichen Leistung geregelt und richtet sich nach dem Schwierigkeitsgrad der Gutachten. Es sind zum Zeitpunkt der Drucklegung Höchstsätze zwischen 280,00 und 700,00 € für normale bis hohe Schwierigkeitsgrade festgeschrieben. Diese angepassten Honorarsätze gelten seit der letzten Novellierung am 01.04.2015.

Bei ärztlichen Sachverständigengutachten vor Gericht unterliegt der Gutachter bei der Liquidation seiner Leistung dem Justiz-Vergütungs- und Entschädigungsgesetz (JVEG), welches am 01.01.2021 u. a. mit erhöhten Honorarsätzen in Kraft getreten ist. Ähnlich wie in der GUV werden die Gutachten je nach Aufwand und Schwierigkeitsgrad der Gutachtenerstellung verschiedenen Gruppen von derzeit M1 bis M3 zugeordnet. Diesen liegt jetzt ein Stundensatz zwischen (M1) 80 € und (M3) 120 € zu Grunde.

Hauptproblem bei der Vergütung ärztlicher Sachverständiger ist aber, dass die Umsetzung des JVEG Ländersache ist und hier der Wert der Sachverständigentätigkeit zumindest im Sozialrecht wegen in der Regel erfolgender Kostenübernahme durch die Staatskasse erheblich different gesehen wird [10].

Die Gebühren für ärztlich-gutachtliche Leistungen im Auftrag von privaten Versicherungen orientieren sich an der Gebührenordnung für Ärzte (GOÄ). Dabei kommt Ziffer 80 (17,49 €) regelhaft nur für ärztlich-gutachtliche Bescheinigungen in Betracht, während die Ziffer 85 (29,14 € je angefangene Stunde) für die Honorierung eines Zustands- oder Zusammenhangsgutachten zum Tragen kommt. Oftmals gibt der Versicherer vor, dass er mit einer Honorierung in einem Rahmen von bis zu 3 Stunden mit dem Faktor 2,3 (entspr. 201,07 €) einverstanden ist. Dieser Satz liegt unter der niedrigsten Honorierungsstufe der gesetzlichen Unfallversicherungsträger und ist nur ausnahmsweise zu akzeptieren. Ein Telefonat mit dem Sachbearbeiter oder ein kurzes Schreiben mit dem zu erwartenden Kostenrahmen lässt dann eine aufwandsentsprechende Liquidation zu, wobei sicherlich immer eine Orientierung an den Sätzen des JVEG hilfreich sein kann, um zur Plausibilität der Abrechnung beizutragen.

24.7 Wie kann ich mich am aktuellen wissenschaftlich basierten Erkenntnisstand orientieren und gibt es Gutachter-Zertifizierungen?

Das vorliegende Werk sollte dafür die erste Grundlage darstellen. Die strukturierte curriculare Fortbildung (SCF) „Medizinische Begutachtung“ vom 16.03.2016 ist eine umfassende und von der Bundesärztekammer initiierte und den Landesärztekammern anerkannte gutachtliche Fortbildung mit zwei allgemeinen – also fachrichtungsunabhängigen Modulen und einem fachspezifischen Modul.

Die notwendigen Präsenskurse werden von den jeweiligen Landesärztekammern angeboten wie auch betreffend Modul III zur Orthopädie und Unfallchirurgie von der Fachgesellschaft für Interdisziplinäre Begutachtung.

Weiter werden zahlreiche Gutachtenfortbildungen (z. B. unter wwww.fgimb.de/veranstaltungen.html) angeboten, die in der Regel auch als Fortbildung „Begutachtung“ im Sinne der Ziffer 5.12 der Anforderungen der gesetzlichen Unfallversicherungsträger nach § 34 SGB VII zur Beteiligung am Durchgangsarztverfahren anerkannt sind. Eine Auflistung dieser SGB VII-spezifischen Fortbildungen lassen sich auf der Webseite der Landesverbände der DGUV finden [11].

Spezielle Kursangebote gibt es z. B. von FGIMB, DGOU, DGNB und DGPPN und werden jeweils über deren Webseiten angekündigt.

Literatur

[1] https://www.wissenschaftsrat.de/download/archiv/7271-18.pdf;jsessionid=E4105326C5FC504025AD778B5F71908F.delivery2-master?__blob=publicationFile&v=1, letzter Zugriff: 17.04.2021.

[2] Oehler et al. Die DSGVO – Bedeutung und Konsequenzen für den ärztlichen Sachverständigen; MedSach. 2019;115(4):138–152.

[3] https://www.bsg.bund.de/SharedDocs/Verhandlungen/DE/2019/2019_05_07_B_02_U_25_17_R.html, letzter Zugriff: 17.04.2021.

[4] https://www.bsg.bund.de/SharedDocs/Entscheidungen/DE/2019/2019_05_07_B_02_U_25_17_R.html, letzter Zugriff: 17.04.2021.

[5] Klemm. Datenschutz, Strahlenschutz und Urheberrecht – Probleme der Befundübermittlung in der Begutachtungspraxis. Unfallchirurg. 2015;118(6):564–566. DOI 10.1007/s00113-015-0010-2.

[6] Wallraf G. Urheberrecht bei Gutachten – juristische Sicht. MedSach. 2019;105:152–153.

[7] Schur O. Urheberrecht bei Gutachten – aus verwaltungspraktischer Sicht. MedSach;2009;105:154–157.

[8] https://curia.europa.eu/jcms/upload/docs/application/pdf/2014-05/cp140070de.pdf, letzter Zugriff: 17.04.2021.

[9] https://support.google.com/legal/troubleshooter/1114905, letzter Zugriff: 17.04.2021.

[10] Rau et al. Vergütung medizinischer Sachverständigengutachten nach dem JVEG – Deutsche Bundesländer im Vergleich. MedSach. 2018;114(2):50ff.

[11] https://www.dguv.de/medien/landesverbaende/de/veranstaltung/d_veranst/documents/anerk_begut.pdf, letzter Zugriff: 17.04.2021.

Stichwortverzeichnis

www.ingramcontent.com/pod-product-compliance
Lightning Source LLC
LaVergne TN
LVHW081352011026
849161LV00013BA/2792
* 9 7 8 3 1 1 0 6 9 3 3 5 5 *